भारतीय राष्ट्रीय आंदोलन

The Indian National Movement

एम॰ए॰, बी॰ए॰ (आनर्स), संघ तथा राज्य लोक सेवा आयोग
की प्रतियोगी परीक्षाओं के विद्यार्थियों के लिए उपयोगी

वस्तुनिष्ठ प्रश्नों के साथ

चन्द्रदेव प्रसाद

ATLANTIC
PUBLISHERS & DISTRIBUTORS (P) LTD

प्रकाशक :

एटलांटिक पब्लिशर्स एण्ड डिस्ट्रीब्यूटर्स (प्रा.) लि.

7/22, अन्सारी रोड, दरियागंज, नई दिल्ली–110002

दूरभाष : +91-11-40775252, 23273880, 23275880, 23280451

फैक्स : +91-11-23285873

ई.मेल : orders@atlanticbooks.com

वेबसाइट : www.atlanticbooks.com

शाखा कार्यालय :

5, नालाथम्बी स्ट्रीट, वालाजाह रोड, चेन्नई–600002

दूरभाष : +91-44-64611085, 32413319

ई.मेल : chennai@atlanticbooks.com

मुद्रक : नाईस प्रिंटिंग प्रेस, ए–33/3–ए, साईट–IV, साहिबाबाद औद्योगिक क्षेत्र, गाजियाबाद, यू॰पी॰

BHARATIYA RASHTRIYA ANDOLAN *(in Hindi)*

By Chandra Deo Prasad

स्वतंत्रता सेनानी, धर्मपरायण

एवं

गरीबों के मसीहा

अपने श्रद्धेय पूर्वज

1. चन्द्रवास कुंवर : बखोर साव
2. रामसुन्दर देवी : मुरली मनोहर लाल
3. सुशीला देवी : राधागोपाल लाल
4. कुसुम देवी : लक्ष्मी नारायण लाल
5. मदालसा देवी : सत्यनारायण लाल गुप्त (आई.जी.)

के चरणों पर

श्रद्धा–सुमन

अर्पित।

लेखक की रचनाएँ

- *तुलनात्मक राजनीति*, भाग–1 और भाग–2
- *यूनानी राजनीतिक विचारक*, भाग–1 और भाग–2
- *मध्यकालीन एवं आधुनिक राजनीतिक विचारक*
  - (i) संत आगस्टीन
  - (ii) संत एक्वीनास
  - (iii) मेकियावेली
  - (iv) मॉण्टेस्क्यू
  - (v) जीन बोदां
- *हॉब्स, लॉक और रूसो*
  - (i) टॉमस हॉब्स
  - (ii) जॉन लॉक
  - (iii) जीन जेक्स रूसो
- *आधुनिक राजनीतिक विचारक*
  - (i) जर्मी बेन्थम
  - (ii) जॉन स्टुॅअर्ट मिल
  - (iii) हीगल
  - (iv) टॉमस हिल ग्रीन
  - (v) कार्ल मार्क्स
- *कौटिल्य*
- *गाँधी–दर्शन*
- *राजनीतिक सिद्धान्त*, भाग–1 और भाग–2
- *मोदीनामा: नरेन्द्र मोदी: भारत का प्रधानमंत्री*

निवेदन

प्रस्तुत पुस्तक *भारतीय राष्ट्रीय आंदोलन* मूलतः एक टेक्स्ट बुक है। यह एम.ए., बी.ए. (आनर्स) तथा SSC, Bank, LIC, Railway एवं अन्य प्रतियोगी परीक्षाओं के लिए लिखी गयी है। सामान्य पाठक भी इससे लाभ उठा सकते हैं। इसके अंतर्गत सतरह अध्यायों का समावेश किया गया है। 1885 से 1947 के बीच भारतीय राष्ट्रीय आंदोलन की गंगा बहती है। प्रत्येक अध्याय में राष्ट्रीय आंदोलन की व्याख्या आइने की तरह की गयी है। तथ्यों को सही ढंग से सजाया और सँवारा गया है। प्रत्येक अध्याय के अंत में प्रश्न तथा वस्तुनिष्ठ प्रश्नों का उत्तर के साथ समावेश किया गया है।

इस पुस्तक की भाषा सरल, स्पष्ट और प्रवाहशील है। यदि इससे पाठकों को कुछ भी लाभ मिल सका, तो मैं अपना कठिन परिश्रम सार्थक समझूँगा। पुस्तक में विचारों की व्याख्या, सम्बद्धता, तथा आलोचना स्वतंत्र एवं निष्पक्ष रूप से की गयी है। सभी प्रकार की त्रुटियों के लिए लेखक उत्तरदायी है। इस सम्बन्ध में उचित एवं अमूल्य सुझावों का सहर्ष स्वागत किया जाएगा।

मैं अपने सभी मित्रों, सहकर्मियों, लेखकों, प्रेस के संचालकों और कर्मचारियों का आभारी हूँ, जिनके प्रयत्न एवं परोक्ष परामर्श, कठिन परिश्रम तथा सहयोग के कारण ही इस पुस्तक का प्रणयन सार्थक हुआ है। इसमें श्री हरजीत सिंह का विशेष योगदान रहा है।

शिवादेवी, बासुदेव प्रसाद गुप्त, सुधा, मीना, हर्षदेव, परागदेव, राजदेव, विजया, शिप्रा, आनंद, प्रसन्न, प्राची और ऋदेश्यादेव धन्यवाद के योग्य हैं, जिनके आशीर्वाद, सतत् प्रेरणा, प्यार और सहयोग से यह पुस्तक पल्लवित तथा पुष्पित हुई है।

अंत में, इस पुस्तक के प्रकाशन का सारा श्रेय डॉ. के. आर. गुप्ता, अध्यक्ष एवं श्री मनीष कुमार गुप्ता, प्रबंध निदेशक एटलांटिक पब्लिशर्स एण्ड डिस्ट्रीब्यूटर्स (प्रा.) लि. को है।

चन्द्रदेव प्रसाद

भूमिका

1857 के गदर में ही भारतीय स्वतंत्रता आंदोलन का बीजारोपण कर दिया गया था। जिसे अंग्रेजों ने सिपाही-विद्रोह के नाम से नकार दिया। लेकिन, वीरसावरकर ने इस विद्रोह को भारत की स्वतंत्रता का पहला संघर्ष कहा। **रैम्जेमैकडोनाल्ड** ने भी कहा, "यह एक राष्ट्र की आत्मा की मुक्ति की कहानी है।"[1] इस राष्ट्रीय आंदोलन की अवधि 1885-1947 तक मानी जाती है। वस्तुत:, 1885 में, भारतीय राष्ट्रीय कांग्रेस की स्थापना से ही राष्ट्रीय आजादी का संघर्ष प्रारम्भ होता है।

प्रत्येक राष्ट्र को स्वतंत्र और संप्रभु रहने का नैतिक अधिकार है। गुलाम राज्य मानवता के लिए अभिशाप हैं। राष्ट्रीय आंदोलन का मुख्य उद्देश्य होता है–स्वतंत्रता की रक्षा करना या उसकी प्राप्ति के लिए संघर्ष करना। भारतीय राष्ट्रीय आंदोलन की प्रमुख विशेषताएँ थीं–लम्बी अवधि तक संघर्ष, शांतिपूर्ण आंदोलन, संविधानिक विकास, सामाजिक, धार्मिक और आर्थिक आंदोलन, जन-आंदोलन, आंदोलन का राष्ट्रीय चरित्र, विश्वव्यापी प्रभाव आदि। भारतीय राष्ट्रीय आंदोलन की अवधि (1885-1947) को निम्नांकित चरणों में बाँटकर अध्ययन किया जाता है–

(क) उदारवादी युग (1885-1905),

(ख) उग्रवादी युग (1906-1918), तथा

(ग) गाँधी युग (1919-1947)।

भारत में राष्ट्रीय जागरण के राजनीतिक, सामाजिक, आर्थिक, धार्मिक एवं अन्य कारण हैं। कूपलैंड ने भी कहा है, "भारत का राष्ट्रीय आंदोलन अनेक शक्तियों और कारणों का परिणाम था।" एनी बेसेंट का भी कथन है, "इस विराट आंदोलन के पीछे शताब्दियों का इतिहास है।"

उस समय समाज में बाल-विवाह, बहु-विवाह, सतीप्रथा, पर्दाप्रथा आदि प्रचलित थी। राजा राममोहन राय, रामकृष्ण परमहंस, दयानंद सरस्वती, एनी बेसेंट, स्वामी विवेकानंद ने ब्रह्मसमाज, प्रार्थना सभा, आर्यसमाज, थियोसोफिकल

1. "The Liberation of the soul of a people."—Ramsay MacDonald

सोसाइटी रामकृष्ण मिशन, जैसी संस्थाओं की स्थापना कर–सामाजिक कुरीतियों को दूर करने का प्रयत्न किया।

जकारिया के शब्दों में, "राष्ट्र के राजनीतिक पुनरूत्थान का रूप धारण करने से पहले, राष्ट्रीय आंदोलन ने अनेक धार्मिक और सामाजिक सुधारों का रूप धारण किया।"

भारतीय राष्ट्रीय जागरण में निम्नलिखित राजनीतिक कारणों का भी हाथ रहा है–1857 का विद्रोह, राजनीतिक एकता, लार्ड लिटन की अन्यायपूर्णनीति, भारतीय लोकसेवा की आयु-सीमा में कटौती, दिल्ली दरबार समारोह, अफगानिस्तान पर आक्रमण, शास्त्र अधिनियम, प्रेस अधिनियम, कपास सीमा मूल्य की समाप्ति, इलबर्ट विधेयक आदि। अंग्रेजी भाषा ने भी भारतीयों को जोड़ने में सहायता प्रदान की। यातायात के साधनों में वृद्धि होने से, सारा भारत एकता के सूत्र में बँध गया। **गुरूमुख निहाल सिंह** के शब्दों में, "आवागमन के संसाधनों ने विशाल देश को एक कड़ी में जोड़ दिया तथा भौगोलिक एकता को वास्तविकता में बदल दिया।"

इस प्रकार, भारतीय राष्ट्रीय आंदोलन रूपी शरीर में राष्ट्रीय जागरण का रक्त प्रवाहित हुआ।

भारतीय राष्ट्रीय आंदोलन का पहला चरण-उदारवादी युग (1885-1905) कहा जाता है। इसके प्रमुख नेता–दादाभाई नौरोजी, सुरेंद्रनाथ बैनर्जी और गोपाल कृष्ण गोखले थे। वे चाहते थे कि भारतीयों की कठिनाइयों को सरकार समझें और उन्हें दूर करने का प्रयत्न करे। उदारवादी नेता के आदर्श थे, ब्रिटिश शासन के प्रति निष्ठा, अंग्रेजों की न्यायप्रियता में विश्वास, पश्चिमी सभ्यता के समर्थक, क्रमिक सुधारों में विश्वास, वैधानिक तरीके में विश्वास, ब्रिटेन के साथ अच्छा संबंध तथा स्व-शासन की प्राप्ति आदि।

उदारवादी नेता ब्रिटिश शासन को वरदान समझते थे, उसको बनाये रखना चाहते थे। **आर.सी. दत्त** के शब्दों में, "शिक्षित भारत ने ब्रिटिश राज के साथ अपने को एकाकर बना लिया है। यह ब्रिटिश राज को हमेशा बनाये रखना चाहते हैं।"

फिरोजशाह मेहता–"इंग्लैंड और भारत का संबंध, इन दोनों देशों और समस्त विश्व की आने वाली पीढ़ियों के लिए वरदान होगा।"

गोपाल कृष्ण गोखले–"हमारा भाग्य अंग्रेजों के साथ जुड़ा हुआ है, चाहे वे अच्छे के लिए हो या बुरे के लिए।"

दादाभाई नौरोजी ने भी लिखा है, "काँग्रेस ब्रिटिश सरकार के विरुद्ध विद्रोह करने वाली संस्था नहीं है, वह तो ब्रिटिश सरकार की नींव को दृढ़ करना चाहती है।"

उदारवादियों की सफलताएँ—भारतीय राष्ट्रीयता के जनक, राजनीतिक शिक्षा का प्रसार, भारतीय परिषद अधिनियम, 1892 एवं भारतीय स्वतंत्रता का आधार थीं। आग्रह, प्रार्थना और भिक्षावृत्ति आदि उदारवादियों के लिए अस्त्र-शस्त्र थे। जिनकी कटु आलोचनाएं आगे चलकर की गयी।

भारतीय राष्ट्रीय आंदोलन का दूसरा चरण—**उग्रवादी आंदोलन** (1906-1918) है। जिसके नेता थे—लाला लाजपतराय, बाल गंगाधर तिलक, विपिन चंद्रपाल और अरविंद घोष। लाल, बाल और पाल ने उदारवादियों के वैधानिक साधनों और भिक्षावृत्ति के स्थान पर संघर्षपूर्ण नीति को अपनाया।

तिलक ने कहा, "हमें राजनीतिक अधिकारों के लिए संघर्ष करना पड़ेगा। उदारवादी यह समझते थे कि केवल प्रार्थना करने से ही यह अधिकार प्राप्त हो सकते हैं, लेकिन उनका यह दृष्टिकोण गलत था।"

उन्होंने काँग्रेस की बागडोर को सँभालते हुए निर्भीकतापूर्वक कहा, "स्वतंत्रता हमारा जन्मसिद्ध अधिकार है और हम इसे लेकर रहेंगे।"[1]

लाल, बाल और पाल के नेतृत्व में राष्ट्रीय आंदोलन ने एक नया मोड़ लिया। उग्रवाद के उदय में निम्नलिखित कारणों का हाथ रहा है—सरकार द्वारा प्रारंभिक कांग्रेस की मागों की उपेक्षा, आर्थिक दुर्दशा, प्लेग का प्रकोप, टोरी कुशासन, धार्मिक राष्ट्रवाद, प्रवासी भारतीयों के साथ दुर्व्यवहार, जाति-विभेद की नीति, भिक्षावृत्ति नीति में अविश्वास, लॉर्ड कर्जन की दमनकारी नीति, केंद्रीकरण की नीति, बंगाल विभाजन, इटली की हार, इटली का एकीकरण आदि।

तिलक ने 1907 में कहा, "विदेशी शासन भारत के लिए अभिशाप है तथा नौकरशाही को दबाने के लिए प्रभावशाली आंदोलन करना होगा।"

लाला लाजपतराय के शब्दों में, "भारतीयों को अब भिखारी बने रहने से संतोष नहीं होना चाहिए और न उन्हें अंग्रेजों की कृपा के लिए गिड़गिड़ाना चाहिए।"

उग्रवादियों का मुख्य उद्देश्य था, भारत के लिए स्वराज्य की प्राप्ति करना। तिलक ने घोषणा की थी, "स्वराज्य हमारा जन्मसिद्ध अधिकार है और मैं इसे लेकर रहूँगा।"

अरविंद घोष ने भी कहा था, "स्वतंत्रता हमारे जीवन का लक्ष्य है और हिंदू धर्म ही हमारे उद्देश्य की पूर्ति में सहायक होगा। राष्ट्रीयता एक धर्म है और वह ईश्वर की देन है।"

---

1. "Freedom is our birth right and we shall have it."—Tilak

उग्रवादियों ने सांविधानिक तरीके को छोड़कर, क्रांतिकारी तरीका अपनाया। उन लोगों का कथन था कि विदेशी सरकार मांगने से नहीं, बल्कि मारने से जाएगी। तिलक ने कहा, "हमारा उद्देश्य आत्म-निर्भरता है, भिक्षावृत्ति नहीं।"[1]

उग्रवादियों ने निष्क्रिय प्रतिरोध, बहिष्कार, स्वदेशी और राष्ट्रीय शिक्षा जैसे साधनों को अपनाया। बनारस अधिवेशन (1905), कलकत्ता अधिवेशन (1906) तथा सूरतफूट (1907)–उग्रवादियों की प्रगति के मील के पत्थर हैं। अंत में, 1916 में आपसी समझौते के आधार पर, दोनों दलों का एकीकरण हो गया तथा वे सम्मिलित रूप से काम करने लगे।

भारतीय राजनीति में गणपति उत्सव (1893) तथा शिवाजी उत्सव (1895) तिलक की देन है, जो स्वर्णाक्षरों से लिखा जाएगा। उग्रवादी आंदोलन को अगर लाल, बाल और पाल युग कहा जाए, तो इसमें कोई अतिश्योक्ति नहीं होगी।

भारतीय राष्ट्रीय आंदोलन का तीसरा चरण–**क्रांतिकारी या आतंकवादी युग** (1906-1930) है। क्रांतिकारी आंदोलन का प्रारंभ महाराष्ट्र में हुआ, लेकिन इसका प्रधान केंद्र बंगाल बन गया। संक्षेप में, आतंकवाद का अर्थ है हिंसा द्वारा, अंग्रेजों को भारत से भगाकर, भारत को स्वतंत्र कराना और स्वराज्य की स्थापना करना।

भारत में क्रांतिकारी आंदोलन के उदय में निम्नलिखित कारणों का हाथ रहा है–मध्यमवर्गीय आंदोलन, आर्थिककारण, लॉर्ड कर्जन की प्रतिगामी नीति, ब्रिटिश दमन के विरुद्ध प्रतिक्रिया, सांविधानिक साधनों की असफलता, मातृभूमि प्रतिशोध, विदेशों में क्रांति आदि।

1897 में, महाराष्ट्र में **रैपड** और **एयर्स्ट** को, चापेकर बंधुओं ने गोली से उड़ाकर, भारत में क्रांतिकारी आंदोलन की नींव डाली। लेकिन, आतंकवाद का असली सूत्रपात बंगाल में हुआ। विरेन्द्र कुमार घोष और भूपेंद्रनाथ दत्त को क्रांतिकारी आंदोलन का प्रणेता माना जाता है। उन्होंने **युगांतर** और **संध्या** नामक दो पत्रों के द्वारा आतंकवाद का प्रचार किया।

1907 को बंगाल के गवर्नर **हार्डिंज** पर बम फेंका गया। 1908 में, मुजफ्फरपुर में सुदीराम बोस ने किंग्सफोर्ड की कार पर बम फेंका। पंजाब में लाला लाजपतराय, सरदार अजीत सिंह और लाला हरदथाल ने क्रांतिकारी आंदोलन को सक्रिय रूप दिया। महाराष्ट्र में तिलक ने, **केसरी** पत्रिका से उग्रवाद का प्रचार किया। मद्रास में विपिनचंद्र पाल ने आतंकवाद को साकार रूप दिया। 1925 में काकोरी स्टेशन पर सरकारी खजाना लूट लिया गया। भगतसिंह और बटुकेश्वर दत्त ने दिल्ली की केन्द्रीय असेम्बली पर बम फेंककर, अंग्रेजों में

1. "Our motto is self-reliance and not mendicancy."—Tilak

दहशत पैदा कर दी। चन्द्रशेखर आजाद, सूर्यसेन और तारकेश्वर ने भी अपने जीवन को मातृभूमि की बलिवेदी पर न्योछावर कर दिया। सुभाषचंद्र बोस ने आजाद हिंद फौज बनाकर, आतंकवाद की मशाल को प्रज्जवलित रखा। इस प्रकार क्रांतिकारियों ने, भारत को आजादी दिलाने के लिए, शहादत का मार्ग अपनाया।

लेकिन, केन्द्रीय संगठन का अभाव, अस्त्र-शस्त्र का अभाव, युवकों तक सीमित, उच्च मध्यमवर्ग की सहानुभूति का अभाव, ब्रिटिश सरकार की दमननीति, सांविधानिक सुधार, हिंदू प्रकृति के विरुद्ध, गांधी का भारतीय आंदोलन असफल सिद्ध हुआ।

भारतीय राष्ट्रीय आंदोलन के इतिहास में वारींद्र कुमार घोष, भूपेंद्रनाथ दत्त, सरदार भगत सिंह, बटुकेश्वर दत्त, चन्द्रशेखर आजाद, रामप्रसाद बिस्मिल, खुदीराम बोस, प्रफुल्लचाकी, अरविंद घोष तथा सुभाषचंद्र बोस का नाम अमर रहेगा।

भारतीय राष्ट्रीय आंदोलन के इतिहास में, 1909-1919 तक का काल बहुत ही महत्वपूर्ण है। जी.एन. सिंह का भी कथन है, "ब्रिटिश राज्याधीन भारत के इतिहास में 1909-1919 तक का युग सबसे छोटा है, लेकिन उसका महत्व उसके वर्षों की संख्या के आधार पर नहीं आँका जा सकता। वस्तुतः, यह युग अत्यन्त महत्वपूर्ण घटनाओं से भरा पड़ा है।"

इस युग की निम्नलिखित घटनायें विशेष रूप से उल्लेखनीय है, जैसे—1909 का मार्ले-मिंटो सुधार, 1911 में बंगाल का एकीकरण, 1914 में प्रथम विश्वयुद्ध का प्रारंभ, 1916 में गृह-शासन आंदोलन, कांग्रेस-लीग समझौता और उदारवादियों तथा उग्रवादियों के बीच समझौता, 20 अगस्त, 1917 को माँटेग्यू की घोषणा, रॉयट ऐक्ट, जलियांवाला बाग एवं मॉण्ट-फोर्ड सुधार (1919) आदि।

इसी युग में, महात्मा गांधी का भारतीय राजनीति में पदार्पण हुआ, जिन्होंने राष्ट्रीय आंदोलन को नये दर्शन और अस्त्र-शस्त्रों से लैस किया। राष्ट्रीय राजनीति में इसे शांति युग कहा जाता है। इसके अंतर्गत भारतीयों में राजनीतिक जागृति का संचार हुआ, होमरूल आंदोलन का उदय हुआ और ब्रिटिश सरकार को बाध्य होकर प्रांतों में द्वैध शासन की स्थापना की घोषणा करनी पड़ी। इसकी अवधि बहुत कम थी, लेकिन घटनायें बड़ी महत्वपूर्ण घटी। भारतीय राष्ट्रीय आंदोलन के इतिहास में यह काल चिरस्मरणीय रहेगा।

प्रथम विश्वयुद्ध के बाद, भारतीय राष्ट्रीय आंदोलन के इतिहास में, एक नए युग का प्रारंभ हुआ, जिसे गांधी-युग कहा जाता है। इसकी अवधि 1919-1947 तक मानी गयी है। इस बीच कांग्रेस की बागडोर को महात्मा गांधी ने सँभाला। उनके नेतृत्व में राष्ट्रीय आंदोलन ने पूर्णतः नवीन, शांतिपूर्ण, अहिंसात्मक और क्रांतिकारी रूप ग्रहण किया। **कूपलैंड** के शब्दों में, "गांधीजी ने राष्ट्रीय आंदोलन

को एक क्रांतिकारी रूप दिया। उन्होंने उसे स्वतंत्रता के ध्येय की ओर बढ़ना सिखाया। यह कार्य सरकार पर वैधानिक दबाव डालकर, अथवा वाद-विवाद या समझौते द्वारा नहीं हुआ, बल्कि अहिंसा की शक्ति द्वारा।"

1915 में, गांधी का भारत आगमन हुआ। उन्होंने 1917 में चंपारण यात्रा, 1918 में अहमदाबाद यात्रा और खेड़ा-सत्याग्रह में भाग लिया। 1920 में गांधी ने निम्नलिखित कारणों के कारण, असहयोग आंदोलन चलाया, यथा–युद्ध का परिणाम, आर्थिक संकट, अकाल, प्लेग और इनफ्लुएंजा, सरकार की दमनकारी नीति, सैनिक नीति, मॉट-फोर्ड सुधार से असंतोष, रॉयट ऐक्ट, 1919 जालियांवाला बाग हत्याकांड 1919 सैनिक शासन, हंटर समिति, 1919, कांग्रेस द्वारा जाँच, खिलाफत आंदोलन आदि।

गांधी के असहयोग आंदोलन के कार्यक्रम को दो भागों में बाँटा गया है–

(क) **ध्वंसात्मक कार्यक्रम**, जैसे–उपाधियों का त्याग, सरकारी स्कूल और कॉलेजों का बहिष्कार, सरकारी करों को न देना। विदेशी वस्तुओं और अदालत का बहिष्कार आदि।

(ख) **रचनात्मक कार्यक्रम**, जैसे–स्वदेशी वस्तुओं का प्रयोग, चरखा चलाकर सूत काटना, शराब का बहिष्कार, अस्पृश्यता की भावना को हटाना, हिंदू-मुस्लिम एकता पर जोर, राष्ट्रीय स्कूल की स्थापना आदि।

असहयोग आंदोलन का भारी असर भारत के लोगों पर पड़ा। ब्रिटिश सरकार की नींव हिलने लगी। चौरी-चौरा कांड के कारण, गांधी ने असहयोग आंदोलन को स्थगित कर दिया। जिसका विरोध चितरंजन दास, लाजपतराय, सुभाष और नेहरू ने किया।

असहयोग आंदोलन निम्नलिखित कारणों से असफल रहा, यथा–अहिंसा का मार्ग कठिन, बुरा मनोवैज्ञानिक प्रभाव, राजनीति में धर्म का प्रवेश, अविवेक-पूर्ण कदम, कांग्रेस में मैतक्य नहीं आदि। इसके बाद भी, आंदोलन ने ब्रिटिश सरकार की नींव हिला दी, जनमानस पर जादू बिखेरा, एकता, राष्ट्रीयता, स्वदेशी वस्तुओं का प्रयोग, स्वराज की कामना तथा कांग्रेस की नीति में आमूल परिवर्तन किया। **ग्रिफिथ** ने लिखा है, "भारतीय राष्ट्रीयता, एक वास्तविकता बन गयी तथा भारतीय राष्ट्रवाद, प्रत्येक भारतीय की भावना में व्याप्त होकर, सामूहिक रूप से प्रकट होने लगा।"

असहयोग आंदोलन के स्थगन और 1922 में, गांधी की गिरफ्तारी से, राष्ट्रीय आंदोलन में शिथिलता आ गई। राष्ट्र के सामने कोई निश्चित राजनीतिक कार्यक्रम नहीं था। असहयोग आंदोलन के असफल हो जाने से, नेताओं और जनता का उत्साह निराशा में बदल गया। कांग्रेस में दो विचारधाराएँ उत्पन्न

हुई। स्वराजदल की स्थापना निम्नलिखित कारणों से हुई, यथा–राष्ट्रीय आंदोलन निष्प्राण, हिंदू-मुस्लिम एकता का अंत, नौकरशाही का अत्याचार, कांग्रेस की नीति से सहमत नहीं, अवसरवादियों पर रोक, नया कार्यक्रम, अड़ंगा नीति, स्वशासन का पूर्वाभ्यास आदि।

देशबंधू चितरंजनदास और मोतीलाल नेहरू ने इलाहाबाद में 1 जनवरी, 1923 को स्वराज दल की स्थापना की। जिसका मुख्य उद्देश्य था स्वराज्य की प्राप्ति करना। स्वराज दल ने अड़ंगा नीति के पालन हेतु निम्नलिखित कार्यक्रमों को निश्चित किया था; यथा–बजट को रद्द करना, दमनकारी कानूनों का विरोध, रचनात्मक कार्यक्रम में सहयोग, राष्ट्र की शक्ति में वृद्धि करना, कौंसिल के पदों पर अधिकार, आवश्यकतानुसार पद-त्याग आदि।

परिणामतः, स्वराज दल को केंद्रीय विधानसभा में पैंतालिस स्थान प्राप्त हुए। बंगाल के विधानमंडल में स्वराज दल को स्पष्ट बहुमत प्राप्त हुआ। लेकिन, चितरंजन दास का निधन (1925), नीति परिवर्तन, 1926 में निर्वाचन में पराजय, हिंदू-मुस्लिम दंगा, जन-आंदोलन नहीं, नेशनलिस्ट पार्टी का गठन तथा स्वराज दल में फूट (1926) के कारण, स्वराज दल का पतन हो गया।

वस्तुतः, भारत की राजनीति में स्वराज दल ने नवजीवन का संचार किया। उसने केंद्रीय और प्रांतीय व्यवस्थापिका में अड़ंगा पैदा किया। उसी के प्रयास से मुडिमान समिति और साइमन कमीशन का गठन किया गया। उसने नेतृत्व विहिन जनता के हृदय में आशा, साहस और नया उत्साह भरकर स्वराज के दीप को जलाए रखा तथा यह सिद्ध कर दिया कि जनता स्वराज पाने योग्य है।

26 नवबंर, 1927 को **सरजॉन साइमन** की अध्यक्षता में एक कमीशन का गठन किया गया, जो साइमन कमीशन के नाम से विख्यात हुआ। इसमें अध्यक्ष को लेकर कुल सात सदस्य थे, जो सभी अंग्रेज और ब्रिटिश संसद के सदस्य थे। इसमें एक भी भारतीय सदस्य को नहीं रखा गया, इसलिए भारतीयों ने इसका घोर विरोध किया।

साइमन कमीशन के निम्नलिखित उद्देश्य थे–(क) कमीशन, ब्रिटिश भारतीय प्रांतों में पता लगाए कि सरकार कैसे चल रही है? (ख) प्रतिनिधि सभाएँ कहाँ तक ठीक काम कर रही हैं? (ग) शिक्षा की कहाँ तक प्रगति हुई है?

इसके साथ ही, भारतीय प्रशासन के संबंध में निम्नांकित सिफारिशें की गई थी, यथा–प्रांतीय स्वायत्तता, गवर्नर-जनरल और गवर्नर को विशेष शक्तियाँ, मताधिकार का विस्तार, केंद्र में अनुत्तरदायी सरकार, प्रातीय व्यवस्थापिका का विस्तार, केंद्रीय व्यवस्थापिका के लिए अप्रत्यक्ष निर्वाचन, सेना का भारतीयकरण, नया संविधान आदि।

साइमन कमीशन का बहिष्कार बंबई, नयी दिल्ली, लखनऊ, पंजाब तथा भारत के सभी हिस्सों में किया गया। पंजाब में लाला लाजपतराय पर अनगिनत लाठियां बरसाई गयी, जिससे उनकी मौत हो गयी। उन्होंने कहा, "ये लाठियों के आघात, जो मुझ पर किए गए हैं, एक दिन ब्रिटिश साम्राज्य की शव-मंजूषा की कीलें होगी।"[1]

साइमन कमीशन का सबसे बड़ा लाभ यह हुआ कि संपूर्ण राष्ट्र एक हो गया, लोगों में राजनीतिक जागृति आ गई और भारत का बच्चा-बच्चा स्वतंत्रता की आग में कूद पड़ा।

लॉर्ड बर्केनहेड ने भारतीयों को एक नया संविधान बनाने की चुनौती दी। 28 फरवरी 1928 को कांग्रेस ने, दिल्ली में एक सर्वदलीय सम्मेलन बुलाया। मोतीलाल नेहरू की अध्यक्षता में एक समिति का गठन किया गया, जिसने संविधान का मसविदा तैयार किया। 1928 में, लखनऊ में डॉ. अंसारी की अध्यक्षता में एक सर्वदलीय बैठक बुलायी गयी, जिसमें संविधान के मसविदा को स्वीकृति दी गयी, जो **नेहरू रिपोर्ट** के नाम से विख्यात हुआ।

नेहरू रिपोर्ट की मुख्य सिफारिशें निम्नांकित थीं; यथा—औपनिवेशिक स्वराज्य, पूर्ण उत्तरदायी सरकार, प्रांतीय स्वायत्तता, स्वंप्रदायिक युग व पद्धति की अस्वीकृति, नए प्रांतों का निर्माण, मौलिक अधिकार, संसद, भारतीय रियासतें, केंद्रीय कार्यकारिणी, सर्वोच्च न्यायालय, प्रतिरक्षा आदि।

लेकिन, आगे चलकर विभिन्न दलों और नेताओं ने, नेहरू रिपोर्ट की आलोचना की। सुभाष और जवाहर लाल नेहरू ने पूर्ण स्वाधीनता पर बल दिया। जिन्ना ने चौदह-सूत्रीय कार्यक्रम का ऐलान किया, जो भारत विभाजन का आधार बना।

ब्रिटिश सरकार के विरुद्ध भारतीयों का ऐतिहासिक संघर्ष, 1930 में सविनय अवज्ञा आंदोलन से प्रारंभ हुआ। इसका नेतृत्व महात्मा गांधी ने किया। इस आंदोलन का प्रारंभ निम्नलिखित कारणों से हुआ; यथा—नेहरू रिपोर्ट की अस्वीकृति, आर्थिक मंदी, व्यावसायिक और औद्योगिक वर्ग असंतुष्ट, मजदूरों की दशा शोचनीय, हिंसात्मक क्रांति का उदय, किसानों का वारडोली आंदोलन, मदर इंडिया का प्रकाशन, आतंकवादियों से घबराहट, औपनिवेशिक स्वराज्य नहीं देना आदि।

सविनय अवज्ञा आंदोलन के कार्यक्रम थे, मदिरा निषेध, विनिमय की दर में कमी, भूमि का लगान आधा हो, नमक-कर की समाप्ति, सेना खर्च में कटौती, विदेशी वस्त्र पर निषेध कर, गुप्तचर पुलिस की समाप्ति आदि।

---

1. "The Lathi blows that are hurled on me will one day prove as nails in the coffin of the British empire."—Lala Lajpat Rai

सविनय अवज्ञा आंदोलन का प्रारंभ गांधी ने 12 मार्च, 1930 को दाण्डी मार्च से किया। उन्होंने समुद्र तट पर जाकर, नमक कानून को तोड़ा। इससे समस्त भारतीयों में जागृति फैल गई। गांधी ने देश के सामने निम्नलिखित कार्यक्रम रखे।

"हर गांव निषिद्ध नमक को प्राप्त करे या बनाए। बहनें शराब की दुकानों, अफीम के अड्डों और विदेशी वस्त्रों के विक्रेताओं के सामने धरना दें। विदेशी वस्त्र जलाए जाएं। हिंदू, छुआछूत छोड़े। छात्र सरकारी स्कूल को छोड़ दें और सरकारी नौकर, अपनी नौकरियों से त्याग-पत्र दे दें।"

इसका व्यापक असर देश पर पड़ा। गांधी और नेहरू को गिरफ्तार कर लिया गया।

भारतीय राजनीतिक समस्याओं के समाधान हेतु, लंदन में प्रथम गोलमेज सम्मेलन (12 नवंबर 1930), दूसरा गोलमेज सम्मेलन (7 सितंबर 1931) तथा तीसरा गोलमेज सम्मेलन (17 नवंबर 1932) बुलाया गया। लेकिन, कोई ठोस परिणाम नहीं निकला।

कांग्रेस ने 1934 के निर्वाचन में भाग लिया और पंजाब को छोड़कर शेष सभी प्रांतों में बहुमत भी प्राप्त किया। इससे कांग्रेस की लोकप्रियता बढ़ी। कांग्रेस ने, भारत सरकार अधिनियम, 1935 के अंतर्गत होने वाले, फरवरी 1937 के चुनावों में शानदार सफलता प्राप्त की। कांग्रेस नेताओं का नैतिक स्तर ऊँचा उठ गया। उन्होंने स्वतंत्रता संग्राम आंदोलन को जारी रखना, अपना नैतिक कर्तव्य समझा।

पहली सितंबर, 1939 के 4.40 प्रातः, जर्मन सेना ने पोलैंड पर अचानक आक्रमण कर, द्वितीय विश्वयुद्ध का प्रारंभ किया। 3 सितंबर, 1939 को इंग्लैंड ने प्रजातंत्र और स्वतंत्रता की रक्षा के लिए पोलैंड का समर्थन करते हुए जर्मनी के विरुद्ध युद्ध की घोषणा कर दी। भारत के वायसराय लॉर्ड लिनलिथगो ने भी भारतीय नेताओं और कांग्रेस से परामर्श लिए बिना ही भारत की ओर से, जर्मनी के विरुद्ध युद्ध की घोषणा कर दी। इससे कांग्रेसी नेताओं को घोर निराशा हुई। गांधी ने कहा, "कांग्रेस ने रोटी की माँग की और उसे मिला पत्थर।"[1]

इसी बीच, इंग्लैंड में राजनीतिक परिवर्तन हुआ। चेम्बरलेन के स्थान पर चर्चिल इंग्लैंड का प्रधानमंत्री बने, जो कट्टर साम्राज्यवादी और अनुदारवादी थे।

22 मार्च 1942 को सर स्टाफोर्ड क्रिप्स को ब्रिटिश सरकार ने, भारतीय समस्या के समाधान हेतु और युद्ध में भारतीयों के पूर्ण सहयोग हेतु भारत भेजा। क्रिप्स मिशन को भारत में भेजने के कारण, यथा–युद्ध में सहयोग प्राप्त

1. "The Congress had asked for bread and it got stone."—Gandhi

करना, च्यांग काई-शेक का दबाव, रूजवेलट का दबाव, आस्ट्रेलिया का दबाव, जापान का खतरा, ब्रिटिश जनपत तथा आजाद हिंद फौज से खतरा आदि।

क्रिप्स प्रस्ताव के अंतर्गत, उपनिवेश राज्य की स्थापना, संविधान सभा की स्थापना, नया संविधान, राष्ट्रमंडल से अलग होने के अधिकार को सम्मिलित किया गया। लेकिन, कांग्रेस और मुस्लिम लीग के द्वारा, क्रिप्स प्रस्ताव को अस्वीकृत किया गया। गांधी ने कहा, "यदि यही आपका प्रस्ताव है, तो मेरी सलाह है कि दूसरे वायुयान से घर लौट जाएँ।"[1]

जब भारत के विभिन्न दलों ने क्रिप्स प्रस्ताव को अस्वीकृत कर दिया तो, 11 अप्रैल 1942 को क्रिप्स प्रस्ताव को वापस ले लिया गया और क्रिप्स इंग्लैंड वापस लौट गए।

9 अगस्त 1942 का भारत छोड़ो आंदोलन, एक ऐतिहासिक आंदोलन था। इसका सूत्रपात निम्नलिखित कारणों से हुआ; यथा-क्रिप्स मिशन की असफलता, जापानी आक्रमण का भय, बर्मा में भारतीयों के साथ दुर्व्यवहार, पूर्वी बंगाल में आतंक, आर्थिक असंतोष, युद्ध में ब्रिटिश सरकार की हार तथा इंग्लैंड का लज्जास्पद व्यवहार आदि।

कांग्रेस कार्यसमिति का अधिवेशन इलाहाबाद, वर्धा और बंबई में हुआ। जिसमें 8 अगस्त, 1942 को, भारत छोड़ो आंदोलन का प्रस्ताव पारित किया गया। नेहरू ने कहा, "हम आग के साथ खेलने जा रहे हैं। हम दुधारी तलवार का प्रयोग करने जा रहे हैं, जिसकी चोट उल्टी हमारे ऊपर भी पड़ सकती है। लेकिन, हम मजबूर हैं, हम कर ही क्या सकते हैं?"

गांधी के **करो या मरो**[2] नारा से, 9 अगस्त के प्रात: से ही भारत छोड़ो आंदोलन की लपटें, पूरे भारत में फैल गई। अचानक ब्रिटिश सरकार ने गांधी और कांग्रेस कार्यसमिति के सभी नेताओं को, 8 अगस्त की रात्रि में ही बंबई में गिरफ्तार कर लिया। सम्पूर्ण भारत में हड़ताल, प्रदर्शन, सार्वजनिक सभाएँ, जुलूस, जलसे आदि होने लगे। सरकारी इमारतों, रेलवे पट्टी, डाकखानों और थानों पर प्रहार किया गया। बलिया में लोगों ने, अपनी सरकार स्थापित कर ली। मद्रास, बंगाल, उत्तर प्रदेश, मध्य प्रदेश और बिहार में आंदोलन ने उग्ररूप ले लिया। अरुणा आसफअली, उषा मेहता, लोहिया, जय प्रकाश और अन्य नेताओं ने भूमिगत होकर, आंदोलन को सक्रिय रूप दिया। लॉर्ड वैवेल ने 6 मई 1944 को, गांधी को जेल से रिहा कर दिया।

---

1. "...If this is your entire proposal to India, I would advise you to take the next plane home."—Gandhi
2. Do or Die.

लेकिन, भारत छोड़ो आंदोलन निम्नकारणों से असफल हो गया, यथा–क्रांति की योजना, संगठन में कमियाँ, राजभक्त सरकारी कर्मचारी, शक्तिशाली सरकार, नेतृत्व का अभाव, हिंसात्मक आंदोलन, अन्य दलों द्वारा विश्वासघात, आदि।

लेकिन, इस आंदोलन ने भारत में राजनीतिक जागृति पैदा की। सम्पूर्ण भारत को एकता के सूत्र में बाँध दिया। सुभाषचंद्र बोस ने जवानों से कहा–तुम खून दो, मैं तुम्हें आजादी दूँगा।

नेहरू के शब्दों में, "1942 में जो कुछ हुआ, उसका मुझे अवश्य गर्व है–मैं यह स्पष्ट का देना चाहता हूँ कि मैं उनकी निंदा नहीं कर सकता, जिन्होंने 1942 के आंदोलन में भाग लिया।"[1]

भारत छोड़ों आंदोलन से भारत की स्वतंत्रता निकट आई और इस आंदोलन के केवल पाँच वर्ष बाद ही, 15 अगस्त 1947 को भारत को स्वतंत्रता मिली।

6 मई 1944 को गांधीजी जेल से मुक्त कर दिए गए, तो राजा जी ने उनको परामर्श दिया कि वे जिन्ना से समझौते के लिए प्रयास करें। समझौते के लिए राजा जी ने स्वयं एक योजना तैयार की, जो सी.आर. फॅार्मूला के नाम से विख्यात हुआ। जिन्ना ने सी.आर. फॅार्मूला को पूर्णरूप से अस्वीकृत कर दिया।

मौलाना आजाद ने कहा, "इस अवसर पर गांधीजी द्वारा जिन्ना से बातचीत किया जाना, एक बड़ी भारी राजनीतिक भूल थी। इससे जिन्ना को एक नया और अतिरिक्त महत्व मिल गया। जिसका प्रयोग उन्होंने अपने उद्देश्य की सिद्धि के लिए पूरी तरह किया।"[2]

मार्च 1945 में मित्र राष्ट्रों की सफलता के साथ द्वितीय विश्वयुद्ध समाप्त हुआ। चर्चिल ने भारतीय स्थिति की पूरी जानकारी के लिए और परामर्श लेने हेतु, लॉर्ड वैवेल को लंदन बुलाया। 4 जून को लॉर्ड वैवेल भारत लौटे और 14 जून को उन्होंने रेडियो भाषण में अपनी योजना प्रकाशित की, जो वैवेल योजना के नाम से विख्यात हुई।

29 जून 1945 को शिमला में एक सम्मेलन बुलाया गया। उन लोगों ने वैवेल योजना पर विचार-विमर्श किया। लेकिन, जिन्ना की हठधर्मिता के कारण शिमला सम्मेलन असफल हो गया। आजाद हिंद फौज के शाहनवाज, ढिल्लन और सहगल पर राजद्रोह का मुकदमा, नवंबर 1945 में चलाया गया। सैनिक न्यायालय ने तीनों को मुत्यु-दंड दिया। लेकिन, देश के प्रबल जनमत को देखते हुए वायसराय ने अपने विशेषाधिकार का प्रयोग करते हुए, इन तीनों फौजी अधिकारियों को रिहा कर दिया। इससे देश के लोग खुशी से नाच उठे।

1. "I am very proud of what happened in 1942 ... make it plain that cannot condemn those who took part in the 1942 movement."—Nehru
2. Maulana Azad, *India Wins Freedom*.

सी.आर. फॉर्मूला, वैवेल योजना, शिमला सम्मेलन और इंग्लैंड में मजदूर दल का सत्तारूढ़ होने से, भारत की स्वतंत्रता का मार्ग प्रशस्त हुआ।

इसी बीच ग्रेट ब्रिटेन में आम चुनाव हुए। मजदूर दल विजयी हुआ। चर्चिल के स्थान पर एटली प्रधानमंत्री बना। वे भारतीय समस्या के प्रति सहानुभूति रखते थे। इसीलिए, 15 मार्च, 1946 को कॉमन सभा में एक ऐतिहासिक घोषण की, "सम्राट की सरकार ने यह निर्णय कर लिया है कि भारत को स्वतंत्रता दे दी जाए। भारत को यह निर्णय करने का भी अधिकार होगा कि वह राष्ट्रमंडल से पृथक होना चाहता है या नहीं।"

24 मार्च, 1946 को तीन कैबिनेट सदस्यों का मिशन भारत आया। लॉर्ड पेथिक लॉरेंस, सर-स्टाफोर्ड क्रिप्स और ए.वी. एलेग्लेंडर मिशन के सदस्य थे। कैबिनेट मिशन ने 182 बैठकों में, 472 भारतीय नेताओं से बातचीत की। लेकिन, उन लोगों ने संविधान सभा के निर्माण, भारत की वैधानिक रूपरेखा और अंतरिम सरकार की स्थापना पर, भारतीयों में मतभेद पाया। कैबिनेट मिशन योजना के मुख्य उपबंध थे; यथा–पाकिस्तान की मांग की अस्वीकृति, भारत के लिए संघ का प्रस्ताव, संघ की कार्यपालिका और स्वयस्थापिका, सांप्रधायिक प्रश्न, अवशिष्ट शक्तियां प्रांतों को, भारतीय राज्यों के अधिकार, प्रांतों के ग्रुप, संविधान पर पुनर्विचार, संधि, ब्रिटिश सर्वोच्चता की समाप्ति, राष्ट्रमंडल से अलग होने का अधिकार, आदि।

लेकिन, मुस्लिम लीग ने कैबिनेट मिशन योजना को अस्वीकृत कर दिया। उसने अतंरिम सरकार में भी बाधा उपस्थ्ति की। मुस्लिम लीग द्वारा प्रत्यक्ष कार्यवाही (16 अगस्त, 1946) के कारण, भारत में खूनी सांप्रदायिक दगें हुए। इससे वातावरण विषाक्त हो गया। लीग का प्रत्यक्ष कार्यवाही दिवस, भारत के इतिहास में **काला दिवस** के नाम से अंकित हुआ।

9 दिसंबर 1946 को संविधान सभा की पहली बैठक हुई। डॉ. राजेंद्र प्रसाद इसके स्थायी अध्यक्ष हुए। इसका उद्देश्य भारत में एक सार्वभौम गणतंत्र की स्थापना करना था। 20 फरवरी 1947 को, लॉर्ड एटली ने भारत छोड़ने की घोषणा की। 23 मार्च 1947 को लॉर्ड माउंटबेटन ने दिल्ली आकर वायसराय का पदभार ग्रहण किया। उन्होंने गांधी, नेहरू और पटेल से पाकिस्तान बनाने की योजना को स्वीकार करने के लिए बाध्य किया। उन लोगों की स्वीकृति लेने पर, वे लंदन गए। वहाँ से लौटकर 3 जून 1947 को अपनी योजना प्रकाशित की, जो **माउंटबेटन योजना** के नाम से प्रसिद्ध हुई।

माउंटबेटन योजना के मुख्य उपबंध थे–पाकिस्तान की स्वीकृति, लंगड़ा पाकिस्तान, कुछ प्रांतों में जनमत संग्रह, सीमा आयोग, राष्ट्र मंडल से अलग

होने का अधिकार, आदि। कांग्रेस और मुस्लिम लीग ने मांउटबेटन योजना को स्वीकृति दे दी। परिणामतः ब्रिटिश संसद ने 4 जुलाई 1947 को, **भारतीय स्वतंत्रता अधिनियम** पारित कर दिया। इस प्रकार, भारत के विभाजन ने, ब्रिटिश साम्राज्यवाद के दीपक को बुझा दिया।

भारत विभाजन में निम्नलिखित तथ्यों का हाथ रहा है; ब्रिटिश सरकार के फूट डालो और शासन करो की नीति, हिंदू और मुस्लिम के बीच पारस्परिक अविश्वास, हिंदू सांप्रदायिकता का बुरा प्रभाव, मुस्लिम लीग के प्रति कांग्रेस की तुष्टिकरण की नीति, जिन्ना की हठधर्मी, मुसलमानों की अलगाव नीति, हिंदुओं की अछूतवादी नीति, भारत को कमजोर बनाने की ब्रिटिश नीति, अखंड भारत के लिए पाकिस्तान आवश्यक, लघु और संगठित भारत अधिक वांछनीय, सुडेटन आंदोलन, अंतरिम सरकार की असफलता, सत्ता-हस्तांतरण की धमकी, लीग की सीधी कार्यवाही और सांप्रदायिक दंगे, सत्ता का लालच, स्वतंत्रता प्राप्ति का सुनहरा अवसर, कांग्रेस द्वारा संयुक्त सरकार बनाने से इनकार, अंग्रेजों की मुस्लिम लीग के साथ सहानुभूति, लॉर्ड माउंटबेटन का प्रभाव, आदि।

इसके परिणामस्वरूप, 14 अगस्त, 1947 को पाकिस्तान और 15 अगस्त, 1947 को भारत जैसे दो, संप्रभु राज्यों का निर्माण किया गया। लेकिन, देश का बंटवारा एक दुःखद घटना थी जिसे भुलाया नहीं जा सकता है।

अंग्रेजों ने 15 अगस्त, 1947 को भारत को क्यों स्वतंत्र किया? इनमें निम्नांकित सहायक तत्वों का हाथ रहा है; यथा–राष्ट्रीय आंदोलन की शक्ति, देश में राष्ट्रीय भावना का संचार, इंग्लैंड की स्थिति की दुर्बलता, ग्रेट ब्रिटेन की भारत समर्थक जनमत, एशियाई नव जागरण की शक्ति, साम्यवाद का भय, अंतर्राष्ट्रीय दबाव, ब्रिटिश शासन का अप्रत्यक्ष योगदान, भारतीय शासन अलाभकारी, आजाद हिंद फौज के मुकदमे, पाकिस्तान की मांग पर समझौता, कूटनीति चाल, भारतीय राष्ट्रीय कांग्रेस का योगदान, महात्मा गांधी का चमत्कारिक व्यक्तित्व, ग्रेट ब्रिटेन में मजदूर दल का सत्तारूढ़ होना, माउंटबेटन योजना की स्वीकृति, लॉर्ड माउंटबेटन तथा कुछ महान व्यक्तियों का योगदान, आदि।

पट्टाभि सीतारमैय्या के अनुसार, "भारतीय स्वतंत्रता, समय की गति और परिस्थितियों के दबाव का परिणाम थी।"[1]

अंततः, 18 जुलाई, 1947 को भारतीय स्वतंत्रता अधिनियम पारित किया गया। इसके अंतर्गत निम्नांकित मुख्य उपबंधों की व्यवस्था की गयी, यथा–दो अधिराज्यों की स्थापना, उनका वर्णन, गवर्नर-जनरल की ब्रिटिश सम्राट

1. "Indian Independence was the outcome of the inexorable march of time and the force of circumstances."—P. Sitaramayya

द्वारा नियुक्ति, संविधान-सभाओं को नया संविधान बनाने का अधिकार, 1935 के अधिनियम में अधिराज्यों को संशोधन करने का अधिकार, ब्रिटिश सरकार के नियंत्रण की समाप्ति, अधिराज्यों के विधान-मंडलों को कानून बनाने की शक्ति, ब्रिटिश सम्राट की शक्तियों की समाप्ति, प्रांतीय विधेयक का आरक्षण नहीं, भारत सचिव के पद की समाप्ति, भारतीय नागरिक सेवाओं के सदस्यों के अधिकारों की रक्षा करना, देशी रियासतों के ऊपर से ब्रिटिश सर्वोच्चयता की समाप्ति, ब्रिटिश सरकार का कबीलों पर कोई प्राधिकार नहीं रहेगा, आदि।

वस्तुतः, 15 अगस्त, 1947 की आधी रात को भारत स्वतंत्र हुआ और इस प्रकार एक लम्बे संघर्ष के बाद, भारत में ब्रिटिश साम्राज्यवाद का अंत हुआ।

के.एम. मुंशी के अनुसार, "भारत को अपनी स्वतंत्रता के लिए बहुत बड़ी कीमत चुकानी पड़ी।"[1]

लॉर्ड सैमुएल ने, "इसे इतिहास में अनोखी घटना–बिना युद्ध के शांति-संधि कहा।"[2]

भारतीय राष्ट्रीय आंदोलन के इतिहास में **मदन मोहन मालवीय** की एक अहम भूमिका रही है। उनका संपूर्ण जीवन सामाजिक, शैक्षणिक और राष्ट्र सेवा में बीता। वे हिंदी, हिंदू और हिन्दुस्तान के कट्टर समर्थक थे। उनके जीवन की सबसे बड़ी उपलब्धि बनारस हिंदू विश्वविद्यालय है, जिसकी स्थापना 4 फरवरी, 1918 को की गयी। 1886 में वे पहली बार कांग्रेस में सम्मिलित हुए। उन्होंने अनेक राजनीतिक पदों पर काम किया। वे चंदा संग्रह में चतुर, पत्रकार और संपादक थे। वे हिंदू-मुस्लिम एकता के समर्थक थे। वे एक सच्चे समाजवादी, पक्के राष्ट्रवादी और कट्टर हिंदू थे।

मोतीलाल नेहरू एक नामी बैरिस्टर थे। वे स्वराज पार्टी के संस्थापक और नेहरू रिपोर्ट के जन्मदाता थे। उन्होंने विदेशी कपड़ों का होलिका दहन किया। उनका संपूर्ण जीवन राष्ट्रसेवा में लगा। वे स्वाधीन भारत में मरना चाहते थे, लेकिन उनकी यह इच्छा पूरी नहीं हुई। गांधी ने उनकी चिता की ओर संकेत करते हुए कहा था, "यह चिता नहीं, राष्ट्र-यज्ञ का हवन-कुंड है। इस यज्ञ में डाली गयी यह एक महान आहुति है।" राष्ट्रीय आंदोलन में जवाहरलाल नेहरू, उनके उत्तराधिकारी हुए।

चित्तरंजन दास एक नामी बैरिस्टर, स्वराज दल के संस्थापक और नेहरू रिपोर्ट के जन्मदाता थे। 1922 में वे गया कांग्रेस के अध्यक्ष बने। वे बंगाल

1. "It will suffice to state that India had to pay a very heavy price for freedom." —K.M. Munshi
2. "It was an event unique in history—a treaty of peace without war."—Lord Samuel

कौंसिल में दलीय नेता बने। सुभाषचंद्र बोस उनके शिष्य थे। वे बंगाल के महान देश भक्त, त्यागी और स्वतंत्रता सेनानी के रूप में विख्यात हुए। गांधी ने उनकी मृत्यु पर कहा था, "मनुष्यों में से एक देवता जाता रहा और आज बंगाल विधवा के समान हो गया।"

सरदार वल्लभ भाई पटेल भारत के एक महान नेता, बैरिस्टर और विख्यात किसान नेता थे। उन्होंने बारदोली सत्याग्रह (1928), सविनय अवज्ञा आंदोलन (1930) कांग्रेस मंत्रिमंडल, भारत छोड़ो आंदोलन (1942) और अंतरिम सरकार (1946) में महत्वपूर्ण भूमिका निभायी। भारत की राजनीति में उन्हें लौहपुरुष की संज्ञा दी गयी है। क्योंकि, उन्होंने 562 देशी रियासतों को भारत में विलय कर, एक असंभव काम को संभव कर दिया। वे भारत के उप-प्रधानमंत्री और सशक्त गृह-मंत्री के रूप में ज्यादा विख्यात है। **लंदन टाइम्स** ने लिखा था, "भारतीय रियासतों के एकीकरण का उनका कार्य, उन्हें बिस्मार्क और संभवतः उनसे भी ऊँचा स्थान प्रदान कर देता है।" पटेल निर्भीक, कोमल हृदय और सच्चे देशभक्त थे।

सरोजनी नायडू नारी आंदोलन की प्रणेता, कुशल प्रशासक, राष्ट्रभक्त, स्वतंत्रता सेनानी और एक महान कवयित्री के रूप में विख्यात है। उन्होंने असहयोग आंदोलन, नमक सत्याग्रह आंदोलन, गोलमेज सम्मेलन और भारत छोड़ों आंदोलन में सक्रिय भूमिका निभायी। उन्होंने स्वतंत्र भारत में, उत्तर प्रदेश के राज्यपाल के पद को सुशोभित किया। उनकी बोली कोयल की तरह कोमल, सुरीली और मधुर थी। जिसके कारण उन्हें भारत कोकिला कहकर सम्मानित किया गया।

चक्रवर्ती राजगोपालाचारी एक अच्छे वकील, उच्च कोटि के वक्ता, कुशल प्रशासक, अनुभवी राजनीतिज्ञ, अच्छे लेखक और महान संत थे। वे स्वतंत्र पार्टी के संस्थापक थे। उनकी अहम भूमिका, क्रिप्स प्रस्ताव और सी.आर. फॉर्मूला में थी। उन्होंने असहयोग आंदोलन, नमक आंदोलन और भारत छोड़ो आंदोलन में सक्रिय भूमिका निभायी। 1937 में राजा जी मद्रास के मुख्यमंत्री बने। अंतरिम सरकार 1946 में राजा जी मंत्री बने। वे भारत के अंतिम गवर्नर-जनरल बने और पुनः मद्रास के मुख्यमंत्री बनकर अपनी प्रशासनिक कुशलता का परिचय दिया। वे एक महान देशभक्त, कुशल प्रशासक और सेवक थे।

डॉ. राजेंद्र प्रसाद एक अच्छे वकील, राजनीतिज्ञ, समाज सेवक और कुशल प्रशासक थे। वे गाँधीजी के पक्के अनुयायी थे। उन्होंने असहयोग आंदोलन, सविनय अवज्ञा आंदोलन और भारत छोड़ो आंदोलन में भाग लिया। 1934 के बिहार में आए भूकम्प में, उन्होंने तन, मन और धन से लोगों की

सेवा की। वे अंतरिम सरकार में मंत्री बने। फिर 1946 में संविधान सभा के स्थायी अध्यक्ष बने। स्वतंत्र भारत में राजेंद्र प्रसाद दोबारा राष्ट्रपति नियुक्त किए गए और अपने पद का सही दिशा में इस्तेमाल किया। उनका अंतिम जीवन एक आम आदमी की तरह पटना के सदाकत आश्रम में व्यतीत हुआ। जहाँ से समाज और देश की सेवा करते हुए चिरनिद्रा में सो गए।

मौलान अबुल कलाम आजाद उर्दू, अंग्रेजी, अरबी और फारसी के बड़े विद्वान व्यक्ति थे। उनका जीवन एक पत्रकार का था। उन्होंने असहयोग आंदोलन, सविनय अवज्ञा आंदोलन तथा भारत छोड़ो आंदोलन में सक्रिय भूमिका निभायी। वे हिंदू-मुस्लिम एकता और स्वराज पार्टी के समर्थक थे। वे पाकिस्तान के विरोधी थे। वे स्वतंत्र भारत में नेहरू के मंत्रिमंडल में शिक्षा मंत्री के रूप में (1947-58) कार्यरत रहे।

राजगोपालाचारी ने लिखा है, "यदि इस समय भारत में कोई व्यक्ति है, जो अकबर महान के धार्मिक मेल-जोल की नीति और सामंजस्यपूर्ण धार्मिक सिद्धांत का प्रतिनिधित्व करता है, जिसने हमारे देश पर चार सौ वर्ष पूर्व राज्य किया, तो वह मौलाना अबुल कलाम आजाद है।" वस्तुत:, भारतीय राष्ट्रीय आंदोलन में मौलाना आजाद का व्यक्तित्व बेमिसाल और उनकी भूमिका सराहनीय है।

सुभाषचंद्र बोस के व्यक्तित्व पर सबसे बड़ा प्रभाव देशबंधु चित्तरंजन दास का पड़ा। वे उनके शिष्य, भक्त और सहयोगी बन गए। उन्होंने आई.सी. एस. की परीक्षा पास की और 1921 में पद से त्यागपत्र दे दिया। सुभाष, गांधी से भी काफी प्रभावित हुए। उन्होंने स्वराज दल की नीतियों और कार्यक्रमों के प्रचार-प्रसार में काफी योगदान किए। उन्होंने इंडिपेंडेंट लीग की स्थापना की। 1938 में सुभाष, गांधी की इच्छा के विरुद्ध कांग्रेस के अध्यक्ष निर्वाचित हुए। उसकी सबसे बड़ी देन आजाद हिंद फौज का नेतृत्व है। उन्होंने जवानों को ललकारते हुए कहा, "हमारी मातृभूमि स्वतंत्रता चाहती है। तुम मुझे अपना खून दो और मैं तुम्हें आजादी दूँगा। उन्होंने जयहिंद और दिल्ली चलो का नारा दिया। उनमें अपूर्व वीरता, श्रेष्ठ संगठन की अपूर्व शक्ति थीं। उनका आकस्मिक निधन एक वायुयान दुर्घटना में हो गया। वे स्वतंत्रता-संग्राम के एक अमर सेनानी थे। उनके व्यक्तित्व के बारे में **आर.सी. मजुमदार** ने कहा है, "गांधीजी के बाद भारतीय स्वतंत्रता संघर्ष में सबसे प्रमुख व्यक्ति नि:संदेह, सुभाषचंद्र बोस ही थे।"

महात्मा गांधी पेशे से एक वकील थे। वे महान देश भक्त और स्वतंत्रता सेनानी थे। वे हमेशा अन्याय वे विरुद्ध लड़ते थे। इसी संघर्ष में, उन्होंने दक्षिण-अफ्रीका की यात्रा (1993) अब्दुला के मुकदमे की पैरवी में की। जहाँ उन्हें सफलता मिली। वे 1915 में भारत लौटे और बिहार के चंपारन आंदोलन (1917) से अपना राजनीतिक जीवन प्रारंभ किया। उन्होंने रॉलट ऐक्ट,

जालियांवाला बाग का सामूहिक नरसंहार और साइमन कमीशन आंदोलन और भारत छोड़ो आंदोलन का सूत्रपात और संचालन किया। उन्हें गोलमेज सम्मेलन से निराश लौट जाना पड़ा।

9 अगस्त, 1942 को भारत छोड़ो आंदोलन में, गांधी ने करो या मरो का नाम दिया। इससे पूरे भारत में तोड-फोड़ हुई और एक बड़ा भूचाल आया। क्रिप्स प्रस्ताव, वैवेल योजना, कैबिनेट मिशन और माउंटबेटन योजना के द्वारा 15 अगस्त 1947 को, भारत आजाद हो गया। यह गांधी की सबसे बड़ी उपलब्धि थी।

जवाहरलाल नेहरू एक नामी वकील, समाजसेवी, राष्ट्रभक्त और अमर स्वतंत्रता सेनानी थे। 1912 में पहली बार उन्होंने राजनीति में प्रवेश किया। 1916 में उन्होंने एनी बेसेंट और तिलक द्वारा चलाये गए **होमरूल शासन** में भाग लिया। 1923-29 तक वे कांग्रेस के महामंत्री के पद पर आसीन रहे। उन्होंने गांधी द्वारा चलाए गए असहयोग आंदोलन और सविनय अवज्ञा आंदोलन में भाग लिया। उन्होंने नेहरू रिपोर्ट का विरोध किया। 1929 में लाहौर अधिवेशन में नेहरू ने भारत की पूर्ण स्वाधीनता की मांग की। उन्होंने भारत छोड़ो आंदोलन में सक्रिय भाग लिया। 1946 में उन्होंने अंतरिम सरकार का गठन किया। वे स्वतंत्र भारत के जीवन पर्यन्त प्रधानमंत्री बने रहे। वे एक अच्छे वक्ता, लेखक, राजनीतिज्ञ, त्यागी, समाजवादी, प्रजातंत्रवादी और मानवतावादी थे। उनके जन्मदिन पर चौदह नवंबर को पूरे देश के बच्चे चाचा नेहरू दिवस मनाते हैं। वे अहिंसा और शांति के पुजारी थे। उनका पूर्ण विश्वास अंतर्राष्ट्रीयतावाद में था। उन्होंने दुर्गापुर, बोकारो, राउरकेला में स्टील फैक्ट्री की स्थापना की। उन्होंने हटिया में भारी यंत्र मशीन का कारखाना खोला। इन उच्च योगदानों के माध्यम से वे भारत को अंतर्राष्ट्रीय पटल पर रखना चाहते थे। उनकी वीरता, उत्साह, तेज, योग्यता और सद्‌गुणों से भारत के युवक सदा प्रेरणा ग्रहण करते रहेंगे।

लालबहादुर शास्त्री का जन्म 2 अक्टूबर, 1904 को वाराणसी के मध्यमवर्गीय कायस्थ परिवार में हुआ था। वे सच्चे देशभक्त, साहसी, वीर, त्यागी और स्वतंत्रता संग्राम के अमर सेनानी थे। उन्होंने असहयोग, सविनय अवज्ञा तथा भारत छोड़ो आंदोलन में भाग लिया। 1935 में शास्त्री जी उत्तर प्रदेश कांग्रेस कमैटी के महासचिव पद पर सुशोभित रहे। वे उत्तर प्रदेश विधानसभा के सदस्य भी निर्वाचित हुए। 1952-63 तक वे सांसद रहे और परिवहन तथा रेलवे मंत्रालय को सँभाला।

नेहरू के निधन के बाद, शास्त्री भारत के प्रधानमंत्री बने। 1965 में भारत-पाक युद्ध में, उन्होंने जय जवान जय किसान का नारा देकर, पाकिस्तान को कड़ी शिकस्त दी। भारत-पाक युद्ध से उत्पन्न समस्याओं के समाधान हेतु, रूस के कोसीगिन के नेतृत्व में ताशकंद में एक बैठक बुलायी गयी। जो ताशकंद समझौता के नाम से प्रसिद्ध हुआ। इसी बीच जनवरी, 1966 को रहस्यात्मक परिस्थितियों में एक बजे रात्रि को दिल का दौरा पड़ने से, उनका निधन हो गया। भारत का यह वीर सपूत, जय जवान और जय किसान के नाम से, भारतीय इतिहास में अमर हुआ।

इंदिरा गांधी का जन्म 19 नवंबर, 1917 को इलाहाबाद के नेहरू परिवार में हुआ था। वह जवाहरलाल नेहरू की इकलौती संतान थी। उनका दाम्पत्य जीवन फिरोज गांधी से शुरू हुआ। संजय गांधी और राजीव गांधी, उनके दो पुत्र हुए। 1934 में उन्होंने कांग्रेस की सदस्यता ग्रहण की। वह भारत छोड़ो आंदोलन में महत्वपूर्ण भूमिका अदा करते हुए, जेल गयी। 1964 में इंदिरा ने सूचना एवं प्रसारण के पद को सुशोभित किया। लाल बहादुर शास्त्री के निधन के बाद, वे प्रधानमंत्री के पद पर प्रतिष्ठित हुई। 1971 के भारत-पाक युद्ध में, वे विजयी प्राप्त कर बांग्लाप्रदेश का एक स्वतंत्र राष्ट्र निर्माण कर एक नया कीर्तिमान स्थापित किया।

25 जून, 1975 को इंदिरा ने आंतरिक आपातकालीन की घोषणा करके, एक तानाशाही शासन को जन्म दिया। जिसके कारण, 1977 चुनाव में कांग्रेस की करारी हार हुई और संयुक्त सरकार के प्रधानमंत्री मोरारजी देसाई बने। पुनः 1980 में इंदिरा गांधी ने आम चुनाव में विजय हासिल कर, प्रधानमंत्री के पद को सुशोभित किया। आतंकवादियों और देशद्रोहियों को सफाया करने के लिए, इंदिरा ने गोल्डन टेम्पल में सेना को मार्च करवाया। जिसके प्रतिशोध में, इंदिराजी के सुरक्षागार्ड ने उन्हें गोलियों से भूनकर, सदा के लिए सुला दिया और भारत के एक युग का अंत हो गया।

इंदिरा गांधी, एक महान देश-भक्त, राष्ट्र नेता, राष्ट्र निर्माण, समाजवादी, गरीबों और नारी उत्थान की मसीहा, अन्तर्राष्ट्रीयवादी तथा शांति की अग्रदूत थी। उनमें आत्मविश्वास, अद्म्य साहस, बालप्रेम, नारीत्व, कुशल प्रशासक जैसे गुण भरे हुए थे। वे अपने प्रशासन के लिए, प्रियदर्शनी के रूप में भारत में सदा सम्मानित की जाएगी। उनके बलिदान का कतरा-कतरा खून भारतीयों को सदा प्रेरणा देता रहेगा। उनकी सहादत अमर रहेगी।

खाँ अब्दुल गफ्फार खाँ का जन्म 1890 में पेशावर जिला के उत्मन जाई ग्राम में हुआ था। उनके जीवन का मूल उद्देश्य था, पाठकों में जागृति

पैदा करना। गांधी के असहयोग आंदोलन से प्रभावित होकर, गफ्फार खाँ ने उत्तर-पश्चिमी सीमा प्रांत में एक आंदोलन चलाया, जिसमें उन्हें सफलता मिली। उन्होंने खितमतगार आंदोलन चलाया और 1920 में कांग्रेस के नागपुर अधिवेशन में भाग लिया। लखनऊ के अधिवेशन में गफ्फार खाँ की पहली भेंट गांधी और नेहरू से हुई। वे उन दोनों के व्यक्तित्व से काफी प्रभावित हुए और सविनय अवज्ञा आंदोलन में भाग लिया। वे भारत छोड़ो आंदोलन में भाग लेकर, चौदह वर्षों तक ब्रिटिश सरकार की जेल में यातनाएँ सहते रहे।

गफ्फार खाँ पाकिस्तान के विरोधी और जिन्ना की सीधी कार्यवाही के विरूद्ध थे। पाकिस्तान बनने के बाद, वे पठानों के लिए अलग परव्तूनिस्तान राज्य की मांग करते रहे। इस क्रम में, वे सोलह वर्षों तक पाकिस्तान की जेल में बंद रहे। पाठक लोग प्रेम और आदर से अब्दुल गफ्फार को **बादशाह खाँ** कहकर पुकारते थे। उन्हें **सीमांत-गांधी** के नाम से भी विभूषित किया गया।

इसी बीच, गफ्फार खाँ के स्वास्थ्य में काफी गिरावट आयी। वे दो बार भारत इलाज के लिए आए। उसी समय भारत सरकार ने उन्हें भारत रत्न की सर्वोच्च उपाधि से विभूषित किया। इरा सम्मान को भारत के राष्ट्रपति ने बादशाह खाँ के सुपुत्र खाँ अब्दुल वली खाँ को भेंट किया। उनका जीवन काफी सादा था। वे एक कागज में, एक कमीज और पैजामा लेकर चलते थे। उनके राजनीतिक जीवन में, भारत-रत्न बादशाह खाँ और सीमांत-गांधी की उपाधि की उपलब्धि, आने वाली पीढ़ियों को सदा स्मरण दिलाती रहेगी।

उपर्युक्त तथ्यों के विवरण से यह स्पष्ट है कि भारतीय स्वतंत्रता आंदोलन और स्वतंत्र भारत के इतिहास में मदनमोहन मालवीय, मोतीलाल नेहरू, चित्तरंजनदास, सुभाषचंद्र बोस, सरदार वल्लभ भाई पटेल, सरोजिनी नायडू, राजगोपालाचारी, डॉ. राजेंद्र प्रसाद, मौलाना अबुल कलाम आजाद, महात्मा गांधी, जवाहरलाल नेहरू, लालबहादुर शास्त्री, इंदिरा गांधी तथा खाँ अब्दुल गफ्फार खाँ का नाम स्वर्णाक्षरों से लिखा जाएगा।

चन्द्रदेव प्रसाद

पूर्व-प्रोफेसर एवं अध्यक्ष
स्नातकोत्तर राजनीति विभाग
एवं डीन ऑफ सोशल साइन्स
मगध विश्वविद्यालय
बोध गया

विषय-सूची

1

भारतीय राष्ट्रीय आंदोलन की पृष्ठभूमि (Background of the Indian National Movement)

भूमिका (Introduction)

प्राचीन भारत की सभ्यता जगत प्रसिद्ध थी। यहाँ दूध और घी की नदियाँ बहती थीं। जनता का जीवन सुखमय था। भारत को सोने की चिड़िया कहा जाता था। मौर्य साम्राज्य और गुप्त साम्राज्य में, भारत का चतुर्दिक विकास हो चुका था। कालांतर में मुसलमान, मुगल और अंग्रेजों का शासन, भारत में हुआ। भारत पराधीन हो गया। इस पराधीनता की बेड़ी को तोड़ने के लिए जो प्रयास किया गया, वह भारतीय राष्ट्रीय आंदोलन की कहानी, भारतीयों द्वारा स्वतंत्रता के लिए किए गए आंदोलन का इतिहास है। यह ब्रिटिश शासन की गुलामी से छुटकारा पाने के लिए, भारतीयों द्वारा संगठित तथा संचालित आंदोलन था। **रैम्जे मैक्डोनाल्ड** ने ठीक ही कहा है, "यह एक राष्ट्र की आत्मा की मुक्ति की कहानी है।"[1] भारतीय राष्ट्रीय आंदोलन की अवधि 1885 से 1947 तक मानी जाती है। छात्रों के लिए इसका ज्ञान आवश्यक है। इससे उन्हें राष्ट्रीय एकता और स्वतंत्रता के महत्व का ज्ञान होगा। इससे उनके हृदय में, राष्ट्र के लिए त्याग, देशभक्ति की भावना तथा पूर्वजों की वीरगाथाओं से उनकी धमनियों में स्वतंत्रता की भावना का संचार होगा। भारतीय राष्ट्रीय आंदोलन उन देशभक्त शहीदों की शहादत की कहानी है, जिसके पढ़ने से जुल्म और गुलाम के खिलाफ लड़ने के लिए हृदय को झकझोर देता है तथा शरीर में गर्म लहू का संचार कर देता है।

---

1. "The Liberation of the soul of a people."—Ramsay MacDonald

राष्ट्रीय आंदोलन का अर्थ एवं परिभाषा
(Meaning and Definition of the National Movement)

राष्ट्र का अर्थ एवं परिभाषा (Meaning and Definition of Nation)

राष्ट्रीय आंदोलन को समझने के पहले राष्ट्र और राष्ट्रीयता का अर्थ समझना आवश्यक है। राष्ट्र शब्द का उद्भव लैटिन भाषा के 'नेशियो' (Natio) से हुआ है, जिसका अर्थ है–प्रजाति या जन्म। अर्थात् राष्ट्र से तात्पर्य ऐसे व्यक्तियों के समूह से है, जो एक-संबंध द्वारा एक राजनीतिक समाज में परस्पर संबद्ध हों। विभिन्न विद्वानों ने राष्ट्र की परिभाषा इस प्रकार दी है–

जे.एस. मिल–"मानव समाज का कोई भाग तभी राष्ट्र बनता है, यदि उसके सदस्य आपस में उन सहानुभूतियों में संगठित हों, जो उनके और अन्य ऐसे ही समूहों के बीच न पाई जाएँ और उन्हें दूसरों की अपेक्षा अधिक आपसी सहयोग की ओर प्रेरित करती हों।"

रैम्जेमूर–"राष्ट्र एक ऐसा जनसमूह है, जिसके सदस्य स्वभावतः आपस में अनेक प्रकार की समानताओं से बँधे होते हैं।"

लॉर्डब्राइस–"राष्ट्र एक राष्ट्रीयता है, जिसने अपना संगठन, एक राजनीतिक संस्था के रूप में कर लिया है और जो स्वतंत्र हो या स्वतंत्रता की इच्छा रखता हो।"

बार्कर–"राष्ट्र ऐसे व्यक्तियों का समुदाय है, जो किसी निश्चित प्रदेश में निवास करते हैं और जिनमें एक ही स्थान पर निवास करने के कारण परस्पर प्रेम हो।"

बर्गेस–"राष्ट्र जातीय एकता के सूत्र में बँधी हुई वह जनता है, जो एक अखंड भौगोलिक प्रदेश में निवास करती है।"[1]

रोज–"राष्ट्र एक जनसमूह है, जो राजनीतिक रूप से संगठित हो।"

गार्नर–"राष्ट्र सांस्कृतिक समानता का एक सामाजिक समूह है, जो अपने मानसिक जीवन और अभिव्यक्ति की एकता के संबंध में पूर्ण चेतना तथा दृढ़ निश्चयी हो।"[2]

---

1. "A nation is a population of an ethnicunity inhabiting a territory of geographical unity."
2. "A nation is a culturally homogeneous social group which is at once conscious and tenacious of its unity of psychic life and expression."—Garner

उपर्युक्त परिभाषाओं के विश्लेषण के बाद ई.एच. कार के अनुसार राष्ट्र की निम्न विशेषताएँ वांछनीय हैं–

(क) समान सरकार की भावना,

(ख) सभी सदस्यों में धनिष्ठता और सामीप्य,

(ग) न्यूनाधिक रूप में निश्चित भूभाग,

(घ) सामान्य हित की भावना, एवं

(ङ) राष्ट्र के स्वरूप के संबंध में सदस्यों में सामान्य चेतना और भाषा की समानता।

राष्ट्रीयता की परिभाषा (Definition of Nationality)

व्युत्पत्ति के अनुसार राष्ट्र और राष्ट्रीयता में कोई अंतर नहीं है; क्योंकि दोनों शब्दों का उद्‌भव लैटिन भाषा के **नेशियो** शब्द से हुआ है। लेकिन, दोनों के अर्थ में भिन्नता है। विभिन्न विद्वानों ने राष्ट्रीयता की परिभाषा निम्न शब्दों में दी है।

जे.एस. मिल–"मानव जाति के एक भाग को राष्ट्रीयता कहा जाता है, यदि वह सामान्य सहानुभूति द्वारा बँधा हो।"

लास्की–"राष्ट्रीयता की भावना में एक विशेष प्रकार की एकता की भावना समाहित है, जो इसमें भाग लेने वालों को शेष मानव जाति से अलग करती है। यह एकता एक ही इतिहास, संयुक्त प्रयास से प्राप्त विजयों और संयुक्त प्रयास से निर्मित परम्पराओं का परिणाम है। इसमें रक्त-संबंध की भावना उत्पन्न हो जाती है, जिससे मानव एक सूत्र में बँध जाते हैं। वे अपने पारस्परिक सादृश्य को स्वीकार करते हैं और इस बात पर जोर देते हैं कि वे दूसरे देशों से भिन्न हैं।"[1]

मेकाइवर–"राष्ट्रीयता कुछ मनुष्यों की एक साथ रहने की भावना है।"

गिलक्राइस्ट–"राष्ट्रीयता का अर्थ एक आध्यात्मिक भावना से है, जो उस जनसमूह में पाई जाती है, जिसके सदस्य एक मूल वंश के हों, एक ही भूखंड पर निवास करते हों, एक ही भाषा बोलते हों, एक धर्म के अनुयायी

---

1. "Nationality implies the sense of the special unity which mark off those who share it from the rest of mankind. That unity is the outcome of history, victories won and traditions created by a corporate effort these grows up a sense of Kinship which binds into oneness they recognise their likeness and emphasize their difference from other men."—Laski

हों, जिनके इतिहास और परम्पराएं समान हों, आर्थिक हित समान हों तथा जो राजनीतिक एकता के सामन आदर्श रखते हों।"[1]

बेनी प्रसाद–"राष्ट्रीयता की भावना इस बात का प्रतीक है कि कुछ सामान्य बातों पर एक जनसमूह अपने को दूसरे समूहों से भिन्न समझता है।"

राष्ट्रवाद (Nationalism)

राष्ट्रीयता के साथ राष्ट्रवाद शब्द का भी प्रयोग किया जाता है। राष्ट्रवाद भी एक भावात्मक शक्ति है, जो राष्ट्रीयता की भावना पर आधृत है। **ग्रौस** ने इसकी परिभाषा निम्न शब्दों में दी है, "राष्ट्रवाद एक प्रकार की सामूहिक भावना है, जिसका आधार विभिन्न प्रकार की एकता तथा समानताएँ हैं, जिसका संबंध प्रधानतः राजनीतिक शक्ति की प्राप्ति या विकास से है।"[2]

इसके अंतर्गत देश के नागरिक अपने राष्ट्र के प्रति-निष्ठा रखते हैं और राष्ट्रीय हितों को सर्वोपरि मानते हैं। वे राजनीतिक तथा सांस्कृतिक मूल्यों को बनाये रखते हैं।

राष्ट्रीय आंदोलन का अर्थ
(Meaning of the National Movement)

राष्ट्रीय आंदोलन का शाब्दिक अर्थ है। राष्ट्रहित, इसके मुख्यतः दो रूप हो सकते हैं–(क) राष्ट्र की सामाजिक, आर्थिक और राजनीतिक प्रगति, और (ख) राष्ट्र की राजनीतिक एकता और स्वतंत्रता की प्राप्ति। पहले रूप में राष्ट्रीय आंदोलन का प्रयोग कभी-कभी किया जाता है। राष्ट्रीय आंदोलन का प्रयोग दूसरे रूप में ही किया जाता है, जिसका मुख्य उद्देश्य होता है, स्वतंत्रता की रक्षा करना या उसकी प्राप्ति के लिए संगठित संघर्ष करना। इस प्रकार, स्वतंत्रता के लिए संघर्ष राष्ट्रीय आंदोलन का मूल उद्देश्य है। वर्तमान समय में राष्ट्रीय आंदोलन का अर्थ है, विदेशी सत्ता से मुक्ति पाने के लिए संघर्ष करना। विश्व में ब्रिटिश साम्राज्य, फ्रांस, हॉलैण्ड, बेल्जियम, पोर्तुगाल, तथा

---

1. "Nationality is a spiritual sentiment or principle arising among a number of people usually of the same race, residents of the same territory, sharing a common language, the same religion, similar history and traditions, common interests with common political associations and common ideals of political unity."—Gilchrist
2. "Nationalism is a sentimental political concept directly related to the struggle for power which refutes the individuality of states, recognise the variations of law and government and segregates group from group on the basis of a common code of ideals and beliefs."—Gross

अन्य यूरोपीय देशों ने एशिया, अफ्रीका और अमेरिका के पिछड़े हुए देशों पर अपना राजनीतिक अधिकार जमा लिया था। वे वर्षों तक इन उपनिवेशों का शोषण करते रहे। उपनिवेसवासियों में धीरे-धीरे राष्ट्रीय जागरण का संचार हुआ और उन्होंने राजनीतिक दासता से मुक्ति पाने के लिए संघर्ष छेड़ा। लैटिन अमेरिका, अफ्रीका, दक्षिण-पूर्व एशिया और भारत में, गुलामी के विरुद्ध काफी लम्बे समय तक संघर्ष चलता रहा। विदेशी शासन से छुटकारा पाने के लिए रक्तरंजित और शांतिपूर्ण दोनों प्रकार की क्रांतियाँ हुई। प्रत्येक देश के राष्ट्रीय आंदोलन का अपना इतिहास बना। भारतीय स्वतंत्रता संग्राम की भी एक लम्बी कहानी है, जो राष्ट्रीय आंदोलन के इतिहास में एक विशेष स्थान रखती है।

भारतीय राष्ट्रीय आंदोलन की प्रकृति या विशेषताएँ
(Nature or Features of the Indian National Movement)

विश्व के दूसरे राष्ट्रों की तुलना में भारतीय राष्ट्रीय आंदोलन का स्वरूप भिन्न रहा है। उसकी प्रकृति या विशेषताएँ निम्नलिखित हैं–

1. लंबी अवधि (Long Period)–भारतीय राष्ट्रीय आंदोलन की सबसे बड़ी विशेषता यह है कि इसकी अवधि काफी लंबी रही है। अठारहवीं सदी के मध्य में ही इसका बीजारोपण हो चुका था। लेकिन, 1885 में भारतीय राष्ट्रीय कांग्रेस की स्थापना हुई। जिसके नेतृत्व में संगठित रूप से स्वतंत्रता के लिए संघर्ष किया गया। 1857 के सिपाही विद्रोह को भी भारतीय स्वतंत्रता संग्राम की पहली लड़ाई माना जाता है। इस प्रकार, 1885 से 14 अगस्त 1947 तक भारतीय राष्ट्रीय आंदोलन चला। 15 अगस्त 1947 को भारत स्वतंत्र हुआ। इसके विपरीत अमेरिकी और आयरिश स्वतंत्रता संग्राम कुछ ही वर्षों तक चला।

2. शांतिपूर्ण आंदोलन (Peaceful Movement)–भारतीय राष्ट्रीय आंदोलन का तरीका शांतिपूर्ण था। महात्मा गांधी ने सत्य, अहिंसा और सत्याग्रह के आधार पर, राष्ट्रीय आंदोलन को आगे बढ़ाया। उन्होंने असहयोग और सविनय अवज्ञा आंदोलन का भी सहारा लिया। लेकिन, भारतीय राष्ट्रीय आंदोलन में उग्रवादियों और क्रांतिकारियों का भी योगदान रहा है। खून-खराबी, तोड़-फोड़, हथियार बंद लड़ाई और बम बिस्फोट का भी प्रयोग किया गया। 1942 का भारत छोड़ो आंदोलन भी क्रांतिकारी था। लेकिन, भारतीय राष्ट्रीय आंदोलन मूलतः शांतिपूर्ण रहा। 15 अगस्त 1947 को अंग्रेजों ने शातिपूर्ण तरीके से ही भारतीयों को शासन सत्ता सौंपी।

3. सांविधानिक विकास (Constitutional Development)–भारत में राष्ट्रीय आंदोलन और सांविधानिक विकास साथ-साथ चला है। 1857 के गदर के बाद, भारतीय शासन, ईस्ट इण्डिया कम्पनी के हाथों से ब्रिटिश साम्राज्ञी के हाथों में चला गया। ब्रिटिश संसद की देख-रेख में भारत का प्रशासन चलने लगा। प्रारंभ में राष्ट्रीय आंदोलन का मुख्य उद्देश्य था, भारतीयों को प्रशासन में हिस्सा दिलाना। अतएव आंदोलनकारियों को खुश करने के लिए, ब्रिटिश सरकार ने अनेक अधिनियमों का निर्माण किया; जैसे–1861, 1882 और 1909 के भारतीय परिषद अधिनियम। लेकिन, भारतीय इन अधिनियमों से संतुष्ट नहीं हुए। वे पूर्ण स्वतंत्रता की माँग करने लगे। जिसके फलस्वरूप 1919 और 1935 में, भारत सरकार अधिनियम पारित किया गया। जिसके अनुसार प्रांतों में क्रमशः द्वैधशासन और प्रांतीय स्वायतता की स्थापना की गयी। इससे भी भारतीय संतुष्ट नहीं हुए। 1942 में भी भयंकर रूप से अंग्रेजों भारत छोड़ो का अभियान चलाया गया। इस बीच इंग्लैण्ड से अनेक प्रतिनिधि, ठोस समझौतों के लिए भारत भेजे गए। अंततः, ब्रिटिश सरकार ने भारत संप्रभु गणराज्य की स्थापना की।

4. सामाजिक और आर्थिक आंदोलन (Social and Economic Movement)–भारतीय राष्ट्रीय आंदोलन का रूप केवल राजनीतिक नहीं था, बल्कि सामाजिक और आर्थिक भी था। महात्मा गांधी ने जाति उन्मूलन, छूआछूत, नारी उत्थान, मध्य निषेध जैसी सामाजिक कुरीतियों को मिटाने के लिए भी आंदोलन छेड़ा। उन्होंने चर्खा का प्रचार कर, आर्थिक कार्यक्रमों को भी चलाया। इस प्रकार गांधी ने राजनीतिक कार्यक्रम के साथ सामाजिक और आर्थिक कार्यक्रमों को भी चलाया। अतएव भारतीय राष्ट्रीय आंदोलन में आर्थिक सुधार और सामाजिक कुरीतियों को दूर करने का अभियान भी तेजी के साथ चलाया गया।

5. जन-आंदोलन (People's Movement)–प्रारंभ में भारतीय राष्ट्रीय आंदोलन बुद्धिजीवियों द्वारा चलाया गया। लेकिन, महात्मा गांधी के नेतृत्व में इसने जन-आंदोलन का रूप लिया। इसमें किसान, मजदूर, महिलायें और छात्र सभी ने भाग लिया। असहयोग आंदोलन, सविनय अवज्ञा आंदोलन तथा भारत छोड़ो आंदोलन की उमड़ती भीड़ ने इस तथ्य को प्रमाणित कर दिया कि भारतीय राष्ट्रीय आंदोलन, एक जन-आंदोलन का विकराल रूप था।

6. आंदोलन का राष्ट्रीय चरित्र (National Character of the Movement)–भारतीय राष्ट्रीय आंदोलन का चरित्र राष्ट्रीय था। इसमें हिंदू, मुसलमान, सिक्ख, ईसाई, पारसी और बौद्धों ने समान रूप से भाग लिया। महिलाओं ने भाग लिया। किसान और मजदूर संघों ने ब्रिटिश सत्ता का जमकर

विरोध किया। छात्रों ने इस आंदोलन को सफल बनाने के लिए अपने प्राणों की भी आहूति दे दी। 1857 के गदर पर **सर विलियम हावर्ड रसल** का कथन था, "वह एक ऐसा युद्ध था, जिसमें लोग अपने धर्म के नाम पर, अपनी कौम के नाम पर, बदला लेने के लिए और अपनी आशाओं को पूरा करने के लिए उठे थे। उस युद्ध में संपूर्ण राष्ट्र ने अपने ऊपर से विदेशियों के जुए को फेंककर, उसकी जगह देशी नरेशों की पूरी सत्ता तथा देशी धर्मों का पूरा अधिकार फिर से स्थापित करने का संकल्प कर लिया था।"

7. विश्वव्यापी प्रभाव (Worldwide Effect)–भारतीय राष्ट्रीय आंदोलन का प्रभाव केवल अपने देश की सीमा तक ही जीवित न रहा, बल्कि, इसका व्यापक प्रभाव विदेशों पर पड़ा। भारत से प्रभावित होकर इंडोनेशिया, बर्मा और अफ्रीकी देशों ने भी स्वतंत्रता के संघर्ष का बिगुल बजाया। आगे चलकर उन्हें सफलता भी मिली। भारतीय आंदोलनकारियों ने उपनिवेशवाद और साम्राज्यवाद के विरूद्ध विश्वव्यापी आंदोलन छेड़ा। महात्मा गांधी और जवाहरलाल नेहरू के चमत्कारिक व्यक्तित्व का बहुत बड़ा प्रभाव गुलाम देशों के लोगों पर पड़ा। भारतीय नेताओं ने गुलाम देशों के राष्ट्रीय आंदोलन का समर्थन किया और सहानुभूति प्रदान की। इस प्रकार, भारतीय राष्ट्रीय आंदोलन से अनेक परतंत्र देशों ने प्रेरणा ग्रहण की।

8. राष्ट्रीय आंदोलन का संदेहात्मक रूप (Doubtful Character of the National Movement)–यूरोपीय विद्वानों ने भारतीय स्वतंत्रता संग्राम को राष्ट्रीय आंदोलन नहीं माना है। इन लोगों का यह तर्क है कि भारत कभी एक राष्ट्र नहीं रहा तथा उसमें मौलिक एकता का सदा अभाव रहा। भारत विविधताओं का देश है।

सर जॉन सीले के अनुसार, "यह विचार कि भारत एक राष्ट्र है, एक गंभीर भूल पर आधृत है, जिसे राजनीति विज्ञान दूर करता है। भारत एक राजनीतिक नाम नहीं, बल्कि यूरोप या अफ्रीका की तरह, एक भौगोलिक नाम है। यह एक राष्ट्र और एक भाषा का निर्माण नहीं करता है, बल्कि इससे अनेक राष्ट्रों तथा भाषाओं का बोध होता है।"[1]

जॉन स्ट्रेची का भी कथन है, "भारत के संबंध में प्रमुख विचारणीय बात है कि भारतवर्ष न एक है, न कभी एक था और न तो इसमें किसी प्रकार

1. "The Nation that India is a Nationality rests upon that vulgar error which Political Science principally aims at eradicating. India is not a political name but only a geographical expression like Europe or Africa. It does not make the territory of a Nation and language, but the territory of Nations and many languages."—Sir John Seeley

की भौगोलिक, राजनीतिक, सामाजिक या धार्मिक एकता ही थी। भारतीय राष्ट्र और भारतीय जैसी चीज कभी नहीं थी, जिसके विषय में हम बहुत सुनते हैं।"[1]

लेकिन, उपर्युक्त विचार गलत है। भारत में विविधताओं के बीच सदा एकता विराजमान रही है। यहाँ सांस्कृतिक और धार्मिक एकता युगों से चली आ रही है। इस संदर्भ में **विसेंट स्मिथ** ने कहा है, "वास्तव में भारत की एकता इसकी विभिन्नताओं में ही निहित है। हिंदू धर्म और संस्कृति ने संपूर्ण देश को एक सूत्र में सदा से बाँध रखा है।"

सर हर्बर्ट रिजले का भी कथन है, "भारत में उन समस्त प्राकृतिक, सामाजिक, भाषागत, रीति-रिवाजों की तथा धार्मिक विभिन्नताओं के बीच हिमालय से लेकर कन्याकुमारी तक एकता की एक स्पष्ट धारा देखी जा सकती है।"

ए.सी. मजुमदार का भी मत है, "यह स्वीकार करना भूल होगा कि भारत की मौलिक एकता, आधुनिक घटनाओं का परिणाम है तथा वह प्राचीन काल में विद्यमान नहीं थी। भारत की मौलिक एकता इसी बात से स्पष्ट हो जाती है कि समस्त देश का नाम भारतवर्ष या भारत की भूमि है।"[2]

उपर्युक्त विवेचन के आधार पर भारत एक राष्ट्र रहा है और विविधता में उसकी एकता सदा विद्यमान रही है। भारतीय स्वतंत्रता संग्राम में जाति, लिंग, भाषा, क्षेत्र और धर्म का भेदभाव किए बिना, सभी लोगों ने समान रूप से भाग लिया। अतएव उसे राष्ट्रीय आंदोलन की संज्ञा देना, सर्वथा उचित और न्यायसंगत है।

भारतीय राष्ट्रीय आंदोलन के विभिन्न चरण
(Different Phases of the Indian National Movement)

1858 में भारत में ब्रिटिश राज की स्थापना की गयी। इसमें सामाजिक संगठन को चूर-चूर किया गया, जमकर आर्थिक शोषण किया गया और भारतीय संस्कृति को नष्ट किया गया। इसकी प्रतिक्रिया स्वरूप भारत में राष्ट्रीय जागरण प्रारंभ हुआ तथा ब्रिटिश शासन के विरुद्ध भारतीयों ने संघर्ष छेड़ दिया। 1857 के सिपाही विद्रोह को, भारतीय स्वतंत्रता संग्राम का पहला संघर्ष माना जाता है लेकिन, इसका असली प्रारंभ 1885 में भारतीय राष्ट्रीय कांग्रेस की

1. "This is the first and essential thing to learn about India that these is not and never was an India or even any country of India possessing, according to European ideas, any sort of unity, physical, political, social or religious, no Indian, no people of India of which we hear so much."—Sir John Stretchy
2. A.C. Majumdar—*An Advanced History*.

स्थापना के साथ हुआ, जो 1947 तक चलता रहा। इसलिए राष्ट्रीय आंदोलन की अवधि 1885 से 1947 तक मानी जाती है। राष्ट्रीय आंदोलन की प्रकृति, लक्ष्य और तरीके में समय-समय पर परिवर्तन होते रहे हैं। प्रारंभ में इसका उद्देश्य प्रशासन में सुधार करना तथा भारतीयों को उसमें हिस्सा दिलाना था। इसके तरीके सांविधानिक और शांतिपूर्ण थे। 1885 से 1905 तक के इस काल को, उदारवादी युग कहा जाता है। राष्ट्रीय आंदोलन का दूसरा युग 1906 से 1918 तक माना जाता है, जिसे उग्रवादी युग कहा जाता है। इसमें हिंसक तरीकों को अपनाया गया। 1919 से 1947 तक की अवधि को गांधी युग कहा जाता है। इसमें गांधी ने सत्य, अहिंसा, सत्याग्रह, असहयोग और सविनय अवज्ञा आंदोलन के माध्यम से स्वतंत्रता प्राप्ति के लिए अनवरत संघर्ष किया और 15 अगस्त 1947 को यह सपना साकार हुआ।

अतएव भारतीय राष्ट्रीय आंदोलन की अवधि 1885 से 1947 तक मानी जाती है। अध्ययन की सुविधा हेतु इसे निम्नलिखित चरणों में बाँटा जा सकता है–

(क) उदारवादी युग (1885 से 1905)

(ख) उग्रवादी युग (1906 से 1918)

(ग) गांधी युग (1919 से 1947)

गांधी युग का एक लम्बा इतिहास रहा है। मुख्य घटनाओं के आधार पर इसे भी अध्ययन की सुविधा हेतु निम्न चरणों में विभाजित कर सकते हैं–

(i) गांधी युग और असहयोग आंदोलन (1919-22)

(ii) गांधी युग और सविनय अवज्ञा आंदोलन (1923-34)

(iii) गांधी युगः द्वितीय विश्वयुद्ध तथा भारत छोड़ो आंदोलन (1935-45)

(iv) गांधी युग का अंतिम चरण (1945-47)

उनका विस्तारपूर्वक अध्ययन अगले अध्यायों में किया जाएगा।

प्रश्न
(Questions)

1. भारतीय राष्ट्रीय आंदोलन की ऐतिहासिक पृष्ठभूमि की समीक्षा कीजिए।
   Examine the historical background of the Indian National Movement.
2. भारतीय राष्ट्रीय आंदोलन की प्रकृति या विशेषताओं का वर्णन करें।
   Describe the Nature or Features of the Indian National Movement.

वस्तुनिष्ठ प्रश्न

(Objective Questions)

1. बीसवीं सदी में किस देश में स्वतंत्रता प्राप्ति के लिए राष्ट्रीय आंदोलन चला?
   (क) भारत (ख) अमेरिका (ग) इंग्लैंड (घ) फ्रांस
2. भारतीय राष्ट्रीय आंदोलन का उद्देश्य था?
   (क) धार्मिक स्वतंत्रता (ख) राजनीतिक स्वतंत्रता
   (ग) आर्थिक स्वतंत्रता (घ) सामाजिक स्वतंत्रता
3. भारतीय राष्ट्रीय आंदोलन की विशेषता कौन-सी नहीं है?
   (क) सांविधानिक विकास (ख) विश्वव्यापी प्रभाव
   (ग) अल्पावधि (घ) जन-आंदोलन
4. उदारवादी युग की अवधि थी–
   (क) 1919–47 (ख) 1939–45
   (ग) 1906–18 (घ) 1885–1905
5. राष्ट्रीय आंदोलन का वास्तविक अर्थ है–
   (क) राजनीतिक स्वतंत्रता के लिए संगठित संघर्ष चलाना
   (ख) क्रांतिकारी मार्ग अपनाना
   (ग) किसी दूसरे देश से युद्ध करना
   (घ) सामाजिक और आर्थिक उत्थान के लिए संघर्ष चलाना
6. नेशियो (Natio) किस भाषा के शब्द से बना है?
   (क) ग्रीक (ख) लैटिन (ग) फ्रेंच (घ) जर्मन
7. "यह एक राष्ट्र की आत्मा की मुक्ति की कहानी है।" यह कथन किसका है?
   (क) लार्ड ब्राइस (ख) बार्कर
   (ग) रैम्जे मैकडोनाल्ड (घ) बर्गेस
8. "राष्ट्रीयता कुछ मनुष्यों की एक साथ रहने की भावना है।" यह कथन किसका है?
   (क) गिलक्राइस्ट (ख) बर्गेस
   (ग) लार्ड ब्राइस (घ) मेकाइवर
9. "राष्ट्रीयता की भावना इस बात का प्रतीक है कि कुछ सामान्य बातों पर एक जनसमूह अपने को दूसरे समूहों से भिन्न समझता है।"

यह कथन किसका है?

(क) बेनी प्रसाद (ख) गिलक्राइस्ट

(ग) मेकाइवर (घ) बर्गेस

उत्तर
(Answers)

1. (क) 2. (ख) 3. (ग) 4. (घ) 5. (क) 6. (ख) 7. (ग) 8. (घ) 9. (क)

2

भारत में राष्ट्रीय जागरण
(National Awakening in India)

भूमिका
(Introduction)

राष्ट्रीय जागरण का अर्थ राष्ट्रीयता की भावना से है। जब किसी देश के नागरिक अपनी राष्ट्रीय एकता और स्वतंत्रता के प्रति सचेत हो जाते हैं तथा संगठित होकर स्वतंत्रता की मांग करने लगते हैं, तो उसे हम राष्ट्रीय जागरण की स्थिति में पाते हैं। भारत में राष्ट्रीय-जागरण का बीजारोपण 1857 में हुआ। वीर सावरकर ने अपनी पुस्तक **भारत का स्वातंत्र्य समर** में, 1857 के विद्रोह को राष्ट्रीय आंदोलन कहा है। इसे भारत का पहला स्वतंत्रता संग्राम माना जाता है। 1885 में भारतीय राष्ट्रीय कांग्रेस की स्थापना से ही, भारतीय राष्ट्रीय आंदोलन का इतिहास चला है। इस प्रकार, भारतीय राष्ट्रीय जागरण का काल उन्नीसवीं सदी का मध्य ही माना जाता है। लेकिन 17वीं और 18वीं सदी में ही राष्ट्रीय जागरण का सूत्रपात होने लगा था।

भारत में राजनीतिक जागरण के साथ-साथ धार्मिक और सामाजिक जागरण भी चला। राजा राममोहन राय, स्वामी दयानंद सरस्वती और रामकृष्ण परमहंस ने सामाजिक तथा धार्मिक जागरण का सूत्रपात किया। भारतीय राष्ट्रीय आंदोलन विविध शक्तियों और कारणों के संयोग का परिणाम था। जिसके फलस्वरूप भारतीय राष्ट्रीय आंदोलन का बीजारोपण, अंकुरण, और पल्लवन हुआ। **कूपलैण्ड** ने भी कहा है, "भारत का राष्ट्रीय आंदोलन अनेक शक्तियों और कारणों का परिणाम था।" **एनी बेसेंट** का भी कथन है "इस विराट आंदोलन के पीछे शताब्दियों का इतिहास है।"[1]

1. "A giant of the forest with millennia it."—Annie Besant

लेकिन, वास्तविकता यह है कि भारतीय राष्ट्रीय कांग्रेस ही वह धुरी थी जिसके इर्द-गिर्द स्वतंत्रता-संग्राम का पहिया घूमता रहा।

राष्ट्रीय जागरण के उद्‌भव के कारण
(Causes of the Rise of National Awakening)

भारत में राष्ट्रीय जागरण को प्रज्वलित करने में अनेक कारणों का हाथ रहा है, जिसका वर्णन निम्नरूप से किया जा सकता है।

सामाजिक कारण (Social Factors)

भारत में राष्ट्रीय जागरण का प्रारंभिक आधार, सामाजिक कारण रहा है–

(क) सामाज सुधार आंदोलन–उन्नीसवीं सदी में सबसे पहले सामाजिक सुधार के आंदोलन का जन्म हुआ। उस समय भारतीय समाज में अनेक कुरीतियाँ फैली हुई थी, जैसे–बाल विवाह, बहुविवाह, सती प्रथा, पर्दा प्रथा आदि। राजा राममोहन राय, रामकृष्ण परमहंस, स्वामी दयानंद सरस्वती जैसे महापुरुषों ने, समाज में फैली कुरीतियों और अंधविश्वासों का जोरदार शब्दों में विरोध किया। इससे लोगों में सामाजिक चेतना की भावना का उदय होने लगा। ब्रह्म समाज, आर्यसमाज, प्रार्थना समाज, रामकृष्ण मिशन जैसी संस्थाओं की स्थापना की गयी। जिनका उद्देश्य सामाजिक सुधार के साथ, धार्मिक सुधार भी करना था।

(ख) जातीय विभेद की नीति–अंग्रेजों ने अपने को भारतीय समाज से अलग रखा। वे भारतीयों के साथ अशिष्ट और घृणित व्यवहार करने लगे। वे भारतीयों को वनमानुष और निग्रो कहते थे।

सर हेनरी कॉटन ने भी लिखा है, "अंग्रेज भारतीयों को काले हब्शी मानते थे, जो पत्थरों की पूजा करते और पिस्सुओं की तरह बाँस के घरों में रहते थे।" **गैरेट** के अनुसार "अंग्रेजों की जाति-विभेद नीति तीन सिद्धांतों पर आधारित थी–(i) एक यूरोपियन का जीवन अनेक भारतीयों के बराबर है; (ii) भारतीय केवल भय और दंड की भाषा समझ सकते हैं; और (iii) यूरोपियन भारत में लोकहित के दृष्टिकोण से नहीं बल्कि निजी स्वार्थ की सिद्धि हेतु आए थे।" अंग्रेजों की जाति-विभेद की इस नीति से भारतीयों के हृदय में राष्ट्रीय जागरण की भावना का संचार हुआ।

(ग) विदेश गमन–उन्नीसवीं सदी में अनेक भारतीय उच्च शिक्षा प्राप्ति हेतु विदेश गए। उन्होंने वहाँ स्वतंत्रता, समानता और भातृत्व जैसे प्रजातान्त्रिक सिद्धांतों का ज्ञान प्राप्त किया। उन्होंने प्रजातान्त्रिक संस्थाओं को कार्यरत होते हुए देखा। स्वदेश लौटने पर वे राष्ट्रीय आंदोलन में कूद पड़े।

(घ) शिक्षित अंग्रेजों का संपर्क–इंग्लैंड में अनेक भारतीयों का संपर्क विद्वान अंग्रेजों से हुआ। वे उनके विचारों और सिद्धांतों से काफी प्रभावित हुए। उन्होंने अपने आचरण से अंग्रेजों के हृदय में भारतीयों के प्रति प्रेम, आदर श्रद्धा और सहानुभूति के भाव को संचारित किया।

धार्मिक कारण (Religious Factors)

राष्ट्रीय जागरण में सामाजिक कारणों के साथ धार्मिक कारणों की महत्वपूर्ण भूमिका रही है।

(क) अंधकार युग–भारत में, धार्मिक संस्थाओं में अंधविश्वास, कुप्रथाएँ, देवदासी प्रथा और अनेक प्रकार की बुराइयाँ घर कर गयी थी। मूर्तिपूजा और बाह्य आडम्बरों पर अधिक जोर दिया जा रहा था। ईसाई धर्म के प्रचारक, हिन्दू धर्म के विरुद्ध प्रचार कर रहे थे। धर्म, ज्ञान और विवेक पर आधारित नहीं था। धर्म का इतना ह्रास हुआ कि भारत के धार्मिक इतिहास में इसे अंधकार युग कहा जाने लगा।

(ख) पुनर्जागरण काल–इस अंधकार युग के विरोध में पुनर्जागरण युग का प्रारंभ हुआ। राजाराम मोहन राय, केशवचंद्र सेन, महादेव गोविंद राणाडे, स्वामी दयानंद सरस्वती, रामकृष्ण परमहंस, स्वामी विवेकानंद जैसे सुधारकों ने हिंदू धर्म, समाज और संस्कृति में सुधार लाने के लिए अथक प्रयास किए। इस संघर्ष में ब्रहासमाज, आर्यसमाज, रामकृष्ण मिशन, प्रार्थना समाज और थियोसोफिकल सोसाइटी जैसी संस्थाओं की स्थापना की गयी। इन संस्थाओं के माध्यम से हिंदू धर्म का सही रूप से प्रचार-प्रसार किया गया। धर्म की व्याख्या विवेक के आधार पर की गयी। सती प्रथा और देवदासी प्रथा का विरोध किया गया। मूर्ति पूजा पर प्रचंड प्रहार किया गया।

वस्तुतः, आगे चलकर धर्म आंदोलन ने भारतीयों में राष्ट्रीयता की भावना का संचार किया। इसका व्यापक प्रभाव राज नेताओं पर पड़ा। महात्मा गांधी ने, सामाजिक और धार्मिक सुधारों की नींव पर राजनीतिक स्वतंत्रता का महल तैयार किया। गांधी ने अपनी राजनीति को धर्म पर आधारित बताया। सत्य, अहिंसा और सत्याग्रह का मार्ग अपनाकर गाँधी ने भारत को स्वतंत्रता दिलायी। **जकारिया** ने भी लिखा है, "राष्ट्र के राजनीतिक पुनरूत्थान का रूप धारण करने से पहले, राष्ट्रीय आंदोलन ने अनेक धार्मिक और सामाजिक सुधारों का रूप धारण किया।"

आर्थिक कारण (Economic Factors)

भारतीय राष्ट्रीय जागरण का एक प्रमुख कारण था, ब्रिटिश सरकार द्वारा अपनायी गयी आर्थिक नीति। जिसका मुख्य उद्देश्य था–भारत का आर्थिक शोषण।

(क) आर्थिक सम्पन्नता–ईस्ट इण्डिया कम्पनी के आगमन के पहले भारत की आर्थिक स्थिति अच्छी थी। यहाँ के गाँव और नगर, उद्योग-धन्धे, दस्तकारी, कला-कौशल तथा कृषि के क्षेत्र में सम्पन्न थे। यहाँ के लोग सुखी-सम्पन्न थे। ढाके की मलमल की मांग विदेशों में काफी थी। आर्थिक समृद्धि के कारण ही भारत को सोने की चिड़िया के नाम से पुकारा जाता था। इसी संदर्भ में एक फ्रांसीसी यात्री बर्नियार ने लिखा था, "यह भारत एक ऐसा अथाह गड्ढा है, जिसमें विश्व का अधिकांश सोना और चांदी चारों ओर से अनेक रास्तों से होकर जमा होता है, लेकिन उससे बाहर निकलने का उसे एक भी रास्ता नहीं मिलता।"

(ख) आर्थिक विपन्नता–अंग्रेजों ने स्वतंत्र व्यापार की नीति अपनाकर, भारत की अर्थव्यवस्था पर प्रचण्ड प्रहार किया। यहाँ के उद्योग-धन्धों और कला-कौशल को समाप्त किया जाने लगा। ढाके की मलमल बनाने वाले कारीगरों के हाथ काट दिए गए। भारतीय माल का विदेशों में जाना बंद हो गया। इंग्लैंड से माल आने लगा। सारा धन विदेश जाने लगा। भारत में गरीबी का साम्राज्य छाने लगा। ब्रिटिश शासन अधिक खर्चीला था। अंग्रेज, भारत को एक कृषि प्रधान देश बनाए रखना चाहते थे। जिससे इंग्लैंड को कच्चा माल मिल सके और वहाँ की चीजों के लिए भारत का बाजार बना रहे। जिसके कारण, भारत के उद्योग-धन्धें नष्ट होने लगे। निलहों के अत्याचार और भारतीयों की विभिन्न आर्थिक तथा बेकारी की समस्याएं, राष्ट्रीय अंसतोष की भावना को बढ़ाती गयी।

इस संदर्भ में, **पट्टाभि सीतारमैय्या** ने लिखा है, "पुरातन कला और दस्तकारियाँ नष्ट कर दी गई। खद्दर, जिसे गाँवों के जुलाहे और धोबी बनाकर धन कमाते थे तथा जो ईस्ट इण्डिया कम्पनी द्वारा जहाज में भरकर निर्यात किया जाता था, वह लंकाशायर के कपड़े के आयात के साथ समाप्त हो गया।"

(ग) विचारकों का मत–भारत की आर्थिक दुर्दशा पर विभिन्न विचारकों का मत उल्लेखनीय है।

ड्यूक ने लिखा है, "भारत की जनता में जितनी दरिद्रता है और रहन-सहन का स्तर जिस तेजी से गिरता जा रहा है, उसका उदाहरण पश्चिमी जगत में नहीं मिलता।" **फिशर** के अनुसार, "लाखों भारतीय आधा पेट भोजन कर जीवन बसर कर रहे थे।"

डी.आई. वाचा के शब्दों में, "भारतीयों की आर्थिक अवस्था अत्यधिक बिगड़ चुकी थी और उनमें अधिकांश को केवल दिन में एक बार भोजन कर संतुष्ट होना पड़ता था।"

गैरट का भी कथन है, "भारत की आर्थिक दुर्दशा के कारण भारतीयों में ब्रिटिश उपनिवेशवाद के खिलाफ असंतोष की भावना विकसित हुई, जिसकी अभिव्यक्ति राष्ट्रीय आंदोलन में हुई।"

गुरुमुख निहाल सिंह ने भी कहा है, "इस तथ्य को अस्वीकार नहीं किया जा सकता है कि बिगड़ती आर्थिक दुर्दशा तथा सरकार की राष्ट्र विरोधी आर्थिक नीति का अंग्रेज विरोधी विचार एवं राष्ट्रीय भावना जगाने में काफी हाथ था।"

उपर्युक्त तथ्यों से यह स्पष्ट है कि राष्ट्रीय जागरण में आर्थिक तत्वों का भी हाथ रहा है।

सांस्कृतिक एवं शैक्षिक कारण (Cultural and Educational Factors)

भारतीय राष्ट्रीयता के विकास में अंग्रेजी शिक्षा, साहित्य और विचारधारा का काफी योगदान रहा है। मैकाले की शिक्षानीति, शिक्षा का अंग्रेजी माध्यम और पश्चिमी देशों की उदार नीति ने, भारतीयों को एक मंच पर आने का अवसर प्रदान किया।

(क) अंग्रेजी राष्ट्रभाषा–लॉर्ड मैकाले ने भारत में अंग्रेजी को राष्ट्रभाषा का स्थान दिया। अभी तक संपूर्ण भारत के लिए एक सामान्य भाषा का अभाव था। जिसके कारण विभिन्न भागों के भारतीय एक-दूसरे के विचारों से अवगत नहीं होते थे। अंग्रेजी के माध्यम से आपस में विचारों का आदान-प्रदान होने लगा। विभिन्न भाषा-भाषी के लोग आपस में संपर्क स्थापित करने लगे। अखिल भारतीय स्तर पर राष्ट्रीय संगठनों की स्थापना होने लगी। अंग्रेजों ने भारतीय संस्कृति और सभ्यता के विनाश तथा पश्चिमी सभ्यता और संस्कृति के प्रसार के उद्देश्य से भारत में अंग्रेजी शिक्षा-पद्धति का प्रचलन किया। लेकिन, भारत के लिए यह वरदान सिद्ध हुआ। भारतीयों में एकता और राष्ट्रीयता का जागरण इसके माध्यम से हुआ।

(ख) पाश्चात्य शिक्षा-पद्धति–मैकाले ने भारत में जिस शिक्षा-पद्धति को लागू किया, वह पूर्णतः विदेशी थी। उसकी शिक्षा-नीति का मूल उद्देश्य था, भारतीय शिक्षा को नष्ट करना तथा ब्रिटिश साम्राज्यवाद की नींव को मजबूत करने के लिए क्लर्कों की श्रेणियाँ तैयार करना। लेकिन, इसका परिणाम विपरीत हुआ। नयी शिक्षा-पद्धति से भारतीयों में एकता और राष्ट्रीय जागरण का संचार हुआ। **लॉर्ड रोनाल्ड** ने भी कहा था, "पश्चिमी शिक्षा की नई शराब से भारतीय मात उठे।"

(ग) पाश्चात्य विचारों का प्रभाव–अंग्रेजी भाषा के माध्यम से भारतीय बर्क, जॉन लॉक, रूसो, मिल्टन, मैकाले, हर्बट स्पेंसर जैसे विचारकों के साहित्य

के संपर्क में आए। भारतीयों को समानता, स्वतंत्रता और प्रजातांत्रिक सिद्धांतों का ज्ञान हुआ। वे जर्मनी और इटली की तरह एक स्वतंत्र भारत की कल्पना करने लगे। फ्रांसीसी क्रांति, अमेरिकी स्वतंत्रता-संग्राम और ब्रिटिश सांविधानिक विकास का प्रभाव भारतीयों के मस्तिष्क पर पड़ा तथा उनमें राष्ट्रीय जागरण की भावना उठने लगी।

(घ) प्राचीन भारतीय रचनाओं का प्रकाशन–इसी बीच प्राचीन भारतीय साहित्य पर अनेक यूरोपीय और भारतीय विद्वानों ने शोध कार्य किया। मैक्समूलर, मोनियर विलियम्स जैसे यूरोपीयन विद्वान एवं रामकृष्ण गोपाल भंडारकर, हरप्रसाद शास्त्री, राजेंद्रलाल और राणाडे जैसे भारतीय विद्वानों ने प्राचीन भारतीय संस्कृति और साहित्य को अपनी रचनाओं द्वारा प्रकाश में लाये। वेद, उपनिषद, महाभारत, रामायण और अन्य पुरातन साहित्य की महत्ता को भारतीय समाज के सामने रखा गया। भारतीय अपनी प्राचीन संस्कृति को पहचानने लगे। इससे भी राष्ट्रीय आंदोलन को काफी बल मिला।

(ङ) भारतीय प्रेस तथा साहित्य का प्रभाव–भारतीय राष्ट्रीयता के विकास में भारतीय समाचार पत्रों और साहित्यिक रचनाओं का भी महत्वपूर्ण हाथ रहा है। उन्होंने ब्रिटिश सरकार की नीतियों और कार्यों की आलोचना कर राष्ट्रीयता का पोषण किया। ब्रिटिश साम्राज्यवाद और उपनिषदवाद की त्रुटियों को उजागर किया गया। उस समय देश में **इंडिया मिरर, हिंदू, पैट्रिअॅट, अमृत बाजार पत्रिका, बंबई समाचार, केसरी** और **आर्य-दर्शन** जैसे समाचार पत्रों का प्रकाशन चल रहा था।

समाचार पत्रों के अतिरिक्त लोकप्रिय साहित्य भी, भारतीय राष्ट्रीयता की भावना को जगाने में काफी सक्रिय रहा। बंकिमचंद्र के **आनंदमठ** और **वंदेमातरम** ने समस्त भारतीयों को राष्ट्रीयता की भावना से ओत-प्रोत कर दिया। दीनबंधु-रचित **नीलदर्पण**, भारतेंदु हरिश्चंद्र लिखित **भारत दुर्दशा**, रवीन्द्रनाथ टैगोर और डी.एल. राय की कविता, गीत तथा संगीत ने भारतीयों के हृदय में देशप्रेम की भावना को जगाया एवं राष्ट्रीय आंदोलन के मार्ग को प्रशस्त किया। इस संदर्भ में, मैकाले ने भी ठीक कहा, "अंग्रेजी शिक्षा ग्रहण करने के बाद भारतीयों का दृष्टिकोण विस्तृत होगा और वे धीरे-धीरे राजनीतिक सुधारों एवं संस्थाओं की माँग करेंगे।"[1]

---

1. "It would be the proudest day in English History when having become instructed in European knowledge, the Indians shall demand European Institutions."—Lord MaCaulay

राजनीतिक कारण (Political Factors)

भारतीय राष्ट्रीय जागरण में राजनीतिक कारणों का भी हाथ रहा है, जिनका उल्लेख निम्न प्रकार से कर सकते हैं।

(क) 1857 का विद्रोह—ब्रिटिश शासन के प्रति भारतीयों के हृदय में असंतोष व्याप्त था। जिसके कारण 1857 में भारत में एक सशस्त्र विद्रोह हुआ। इसे सिपाही विद्रोह के नाम से भी जाना जाता है। इस विद्रोह से ईस्ट इण्डिया कम्पनी सरकार की नींव हिल गई। यद्यपि, इस विद्रोह को दबा दिया गया, लेकिन इसका राजनीतिक परिणाम बहुत ही महत्वपूर्ण था। इसे भारतीय स्वतंत्रता संग्राम की पहली लड़ाई भी कहा जाता है। लोग अपने राजनीतिक अधिकार के प्रति सजग हो गए और भारत को स्वतंत्र कराने के लिए कटिबद्ध हो गए। **एडवर्ड थॉम्पसन** का भी कथन है, "विद्रोह के बाद भारतीयों में अंग्रेजों के प्रति भयंकर घृणा की भावना आ गई तथा भारतीयों में विद्रोह का विचार आते ही अंग्रेजों से बदला लेने की भावना बलवती हो गई।"

(ख) राजनीतिक एकता की स्थापना—ब्रिटिश शासन के पूर्व भारत छोट-छोटे राज्यों में बँटा हुआ था। अंग्रेजों ने भारत में एक सुदृढ़ और केन्द्रीय शासन की स्थापना की। संपूर्ण भारत को एक राजनीतिक सूत्र में बाँधकर, एकता की स्थापना की गयी। इस राजनीतिक एकीकरण के कारण भारतीयों में एक मत और समान हित की भावना का उदय हुआ। **पुनैया** का भी मत है, "हिमालय से कन्या कुमारी अंतरीप तक संपूर्ण भारत एक सरकार के अधीन आ गया तथा इसने भारतीयों में राजनीतिक एकता की भावना का संचार किया।"

(ग) लॉर्ड लिटन की अन्यायपूर्ण नीति—लॉर्ड लिटन की प्रतिक्रियावादी और साम्राज्यवादी नीति से भारत की जनता क्षुब्ध थी। **सुरेंद्रनाथ बैनर्जी** ने भी लिखा है, "कभी-कभी बुरे शासक, राजनीतिक प्रगति के विकास में सहायक सिद्ध होते हैं।" **लॉर्ड लिटन** की अन्यायपूर्ण नीति से राष्ट्रीय जागरण को काफी बल मिला। उसकी नीतियों का उल्लेख निम्न प्रकार से किया जा सकता है।

(i) **भारतीय लोक सेवा की आयु-सीमा में कमी**—1876 में ब्रिटिश सरकार ने भारतीय लोक सेवा[1] की परीक्षा में बैठने की आयु एक्कीस वर्ष से घटाकर उन्नीस वर्ष कर दी। इससे भारतीयों को इस परीक्षा में बैठना लगभग असंभव-सा हो गया। भारतीय नेताओं ने इसका जबर्दस्त विरोध किया और जगह-जगह बैठकें की गयी। इसके परिणामस्वरूप, संपूर्ण भारत में राष्ट्रीय संस्थाओं का जाल बिछ गया तथा भारतीयों में एकता आई।

1. Indian Civil Service.

(ii) **दिल्ली दरबार समारोह**–जिस समय लॉर्ड लिटन वायसराय होकर आया, उस समय दक्षिण भारत में भयंकर अकाल पड़ा हुआ था। फिर भी, 1877 में उसने दिल्ली में एक शानदार दरबार का आयोजन किया तथा महारानी विक्टोरिया को भारत साम्राज्ञी घोषित किया। एक पत्रकार ने इस समारोह की आलोचना करते हुए लिखा, "जब रोम में आग लग रही थी, नीरों बाँसुरी बजा रहा था।" इससे भारतीयों के हृदय में अंग्रेजों के प्रति घृणा की भावना उत्पन्न हुई और राष्ट्रीय जागृति हुई।

(iii) **अफगानिस्तान पर आक्रमण**–लॉर्ड लिटन ने अपनी साम्राज्यवादी नीति को साकार करने के लिए अफगानिस्तान पर आक्रमण किया। लेकिन, उसे सफलता नहीं मिली। इससे भारतीयों में काफी असंतोष फैला। इसमें अधिक रुपयों का भी अपव्यय किया गया।

(iv) **शस्त्र अधिनियम**–लॉर्ड लिटन ने 1878 में शस्त्र अधिनियम पारित किया। इस अधिनियम के अनुसार बिना लायसेंस के हथियार रखना, लेकर चलना या उसका व्यापार करना अपराध घोषित किया गया। जिसके कारण भारतीयों को हथियार रखने से वंचित किया गया। भारतीयों ने इस शस्त्र अधिनियम का जोरदार शब्दों में विरोध किया।

(v) **प्रेस अधिनियम**–समाचार पत्रों की आलोचना से घबरा कर लॉर्ड लिटन ने भारतीय प्रेसों और समाचार पत्रों की स्वतंत्रता के अपहरण का प्रयत्न किया। उसने वर्नाक्यूलर प्रेस एक्ट पारित किया, जिसका मूल उद्देश्य प्रेस की आजादी को समाप्त कर देना था। इस एक्ट को लोग उपहास में गला घोंट कानून भी कहते थे। इस अधिनियम का भारतीयों ने विरोध किया, लेकिन उसका कुछ भी प्रभाव लॉर्ड लिटन पर नहीं पड़ा।

(vi) **कपास सीमा शुल्क की समाप्ति**–लॉर्ड लिटन ने कपास सीमा शुल्क की समाप्ति कर दी। इससे भारतीय कोष को काफी क्षति हुई। भारतीयों ने इसका भी विरोध किया।

लॉर्ड लिटन के दमनकारी और अन्यायपूर्ण कार्यों से भारतीयों में असंतोष बढ़ा तथा वे राष्ट्रीय आंदोलन की गति को आगे बढ़ाने का प्रयत्न करने लगे।

(घ) इलबर्ट विधेयक–लॉर्ड लिटन के बाद लॉर्ड रिपन 1881 में भारत का वायसराय नियुक्त हुआ। वह एक उदारवादी और योग्य शासक था। वह शासन में सुधार लाकर भारत में शांति की स्थापना करना चाहता था। उसने

शस्त्र अधिनियम को रद्द किया और अफगान युद्ध को बंद किया। उसने भारत में स्थानीय स्वशासन को भी जन्म दिया। वह न्याय के क्षेत्र में भी समानता लाना चाहता था। भारतीय मजिस्ट्रेट अंग्रेज अपराधियों के मुकदमे को नहीं सुन सकते थे। अतएव इस जातीय भेदभाव को दूर करने के लिए, लॉर्ड रिपन ने, अपनी कार्यकारिणी परिषद के कानून सदस्य, इलबर्ट से 1883 में एक विधेयक पेश करवाया। जिसका उद्देश्य भारतीय मजिस्ट्रेटों को यूरोपियन अपराधियों के मुकदमे सुनने का अधिकार देना था। यह विधेयक विधि-शासन के अनुकूल था।

लेकिन, इस इलबर्ट विधेयक का जोरदार विरोध भारत के ही अंग्रेजों ने नहीं, बल्कि इंग्लैण्ड के भी अंग्रेजों ने किया। अंग्रेजों ने यह कहकर विरोध किया कि भारतीय न्यायाधीश, गोरे अभियुक्तों को सजा नहीं दे सकते हैं। अंग्रेजों के विरोध के कारण विधेयक को वापस लेना पड़ा।

इस घटना के कारण भारतीयों की आँखें खुली। उन्होंने अनुभव किया कि संगठन के माध्यम से अंग्रेजों को भगाया जा सकता है। वे जब तक अंग्रेजों के अधीन रहेंगे, अन्याय और अपमान सहते रहेंगे। **बैनर्जी** ने भी लिखा, "कोई भी स्वाभिमानी भारतीय अब आँख मूँद कर सुस्त बैठा नहीं रह सकता था। जो इलबर्ट विधेयक-विवाद को समझते थे।, उनके लिए यह देश-भक्ति की महान पुकार था।" **हेनरी कॉटन** ने भी कहा है, "इस विधेयक के विरोध में किए गए यूरोपीय आंदोलन ने, भारत की राष्ट्रीय विचारधारा को जितनी एकता प्रदान की, उतनी तो विधेयक पारित होकर भी नहीं कर सकता था।" वस्तुत, "इलबर्ट विधेयक के कारण उत्पन्न हुई शक्तियों और प्रतिशक्तियों के फलस्वरूप भारतीय राष्ट्रीय कांग्रेस का जन्म हुआ।"

अन्य कारण (Other Factors)

उपर्युक्त कारणों के अतिरिक्त राष्ट्रीय जागरण में निम्नलिखित अन्य कारणों का भी हाथ रहा है।

(क) भारतीयों को उच्च सरकारी पदों से वंचित रखना—ब्रिटिश शासकों ने उच्च सरकारी पदों (आई.सी.एस.) पर भारतीयों की नियुक्ति होने से रोकने का प्रयत्न किया। ब्रिटिश सरकार बार-बार यह घोषणा करती थी कि नियुक्ति योग्यता के आधार पर होगी और इसमें पक्षपात नहीं किया जायेगा। फिर भी, प्रतियोगिता की परीक्षा इंग्लैंड में करके तथा उसमें प्रवेश की आयु 21 वर्ष से घटाकर 19 वर्ष कर भारतीयों को उसमें सम्मिलित होने से रोकने का प्रयत्न किया गया। सुरेन्द्रनाथ बैनर्जी और अरविंद घोष ने आई.सी.एस. की

परीक्षा में सफलता प्राप्त की, लेकिन उन्हें कोई बहाना बनाकर छाँट दिया गया। इससे बुद्धिजीवियों में काफी असंतोष फैला। सुरेन्द्रनाथ बैनर्जी ने **इण्डियन एसोसिएशन** बनाकर, देश में घूम-घूमकर राष्ट्रीय जागरण का काम किया।

(ख) विदेशी आंदोलन का प्रभाव–ग्रेट ब्रिटेन में संसदीय सुधार आंदोलन हुआ। इटली, जर्मनी, सोमालिया और फ्रांस में राजनीतिक आंदोलन हुए। फ्रांस में स्वतंत्रता, समानता और भातृत्व का नारा लगाया गया। अमेरिका के स्वतंत्रता संग्राम तथा इन घटनाओं का जबर्दस्त प्रभाव भारतीयों के मस्तिष्क पर पड़ा। भारतीयों ने संगठित होकर भारत की आजादी के लिए संघर्ष करना प्रारंभ किया।

(ग) यातायात के साधनों में वृद्धि–ब्रिटिश शासकों ने संपूर्ण देश पर निमंत्रण रखने के लिए देश भर में रेल, सड़क, डाकघर आदि की व्यवस्था की। यातायात के सुगम साधनों के कारण सारा भारत एक सूत्र में बँध गया तथा राष्ट्रीय सभाएँ और सम्मेलन संभव हो सकीं। देश के नेतागण सारे देश में भ्रमण करके राष्ट्रीयता का प्रचार करने लगे। **गुरुमुख निहाल सिंह** ने भी लिखा है, "आवागमन के साधनों ने विशाल देश को एक कड़ी में जोड़ दिया तथा भौगोलिक एकता को वास्तविकता में बदल दिया।"[1]

(घ) भारतीयों के हृदय में आत्मग्लानि एवं क्षोभ–भारतीयों ने यूरोपीय देशों की प्रगति को देखा और वहाँ स्वतंत्र राष्ट्रों को बनते देखा। उन लोगों ने अपनी प्राचीन संस्कृति और सभ्यता को पहचाना। वे अपने देश की प्रगति और स्वतंत्रता के लिए तड़पने लगे तथा आगे चलकर राष्ट्रीय आंदोलन में कूद पड़े। वे अपने आत्मग्लानि और क्षोभ को मिटाने के लिए कटिबद्ध हुए।

निष्कर्ष–उपर्युक्त तथ्यों से यह स्पष्ट है कि राष्ट्रीय जागरण में किसी एक कारण का नहीं, बल्कि अनेक कारणों का हाथ रहा है। सामाजिक, धार्मिक, आर्थिक, सांस्कृतिक और शैक्षिक, राजनीतिक एवं अन्य कारणों की पृष्ठभूमि में ही राष्ट्रीय जागरण को समझा जा सकता है। 1857 का तथाकथित सिपाही विद्रोह ही भारतीय स्वतंत्रता संग्राम की नींव है। जैसे-जैसे अंग्रेजों का अत्याचार भारतीयों पर बढ़ता गया, राष्ट्रीय आंदोलन में तेजी आती गयी। इसलिए कुछ लोगों ने कहा है कि भारतीय राष्ट्रीयता, ब्रिटिश साम्राज्य द्वारा पाला हुआ शिशु है। इतना सत्य अवश्य है कि राष्ट्रीय जागरण में अंग्रेजों का भी अप्रत्यक्ष रूप से सहयोग रहा है, लेकिन इसके जनक मूलतः भारतीय नेता ही माने जाते हैं।

---

1. "Lines of communication knit up vast country and turned geographical unity into a tangible unity."—G.N. Singh

भारत में सामाजिक एवं धार्मिक-सुधार आंदोलन
(Social and Religious Reforms Movement in India)

भारत में उन्नीसवीं सदी में समाज और धर्म सुधार आंदोलन का सिलसिला बड़ी तेजी के साथ चला। संपूर्ण समाज अंधकार में डूबा हुआ था। यह अज्ञान, कुप्रथा, अंधविश्वास तथा रुढ़ियों से ग्रस्त था। सतीप्रथा, बालविवाह और देवदासी प्रथा का प्रचलन था। विधवा विवाह का निषेध था। जाति प्रथा और छुआछूत से समाज कलंकित था। धर्म के नाम पर कर्म-काण्ड, मूर्ति पूजा और आडंबर का बोलबाला था। ईसाई धर्म प्रचारक हिंदुओं की सभ्यता, संस्कृति और धर्म की त्रुटियों का प्रचार कर रहे थे। भारत के इतिहास में इसे अंधकार युग कहा जाता है।

इन सामाजिक और धार्मिक कुप्रथाओं के विरुद्ध पुनर्जागरण काल का उदय हुआ। भारत में नयी चेतना की लहर आयी। अंधविश्वास का स्थान विवेक और ज्ञान ने ले लिया। लोग पुरानी कुप्रथाओं और रुढ़ियों की आलोचना करने लगे। इसी बीच राजाराम मोहन राय, केशवचंद्र सेन, महादेव गोविंद राणाडे, स्वामी दयानंद सरस्वती, रामकृष्ण परमहंस, स्वामी विवेकानंद जैसे सुधारकों ने हिंदू समाज और धर्म को सुधारने में महत्वपूर्ण भूमिका निभायी।

सुधार आंदोलन के कारण–उन्नीसवीं सदी में भारत में सामाजिक और धार्मिक सुधार आंदोलन के निम्नलिखित कारण विशेष रूप से उल्लेखनीय हैं।

(i) **पश्चिमी शिक्षा**–भारतीयों ने इंग्लैंड जाकर पश्चिमी शिक्षा के अंतर्गत साहित्य, दर्शन, विज्ञान और इतिहास का अध्ययन किया। इससे उन लोगों के मस्तिष्क की संकीर्ण भावनाओं का अंत हुआ और व्यापक दृष्टिकोण का संचार हुआ।

(ii) **विचारों का आदान-प्रदान**–भारतीय संस्कृति का पश्चिमी संस्कृति से संपर्क हुआ और आपस में विचारों का आदान-प्रदान हुआ। इसके फलस्वरूप, भारतीयों पर यूरोप के धर्म सुधार आंदोलन का प्रभाव पड़ा। वे नये दृष्टिकोण के आधार पर चिंतन करने लगे।

(iii) **ईसाई धर्म का प्रचार**–ईसाई पादरी बड़ी तेजी के साथ ईसाई धर्म का प्रचार कर रहे थे और हिंदुओं को ईसाई बना रहे थे। भारतीयों पर इसका जबर्दस्त प्रभाव पड़ा। समाज सुधारक हिंदुओं को ईसाई बनने से रोकने लगे। वे घूम-घूमकर हिंदू धर्म का प्रचार करने लगे।

(iv) **प्राचीन भारतीय संस्कृति**–भारतीयों को अपनी प्राचीन सभ्यता और संस्कृति की महानता का ज्ञान हुआ। सर विलियम जोन्स, मैक्समूलर, विट्सन और मैकाले जैसे यूरोपीय विद्वानों ने भारतीय संस्कृति का अध्ययन कर उसे विश्व के सामने रखा। इससे भारतीय काफी प्रभावित हुए।

(v) **महान सुधारक**–उन्नीसवीं सदी में राजाराम मोहन राय, केशवचंद्र सेन, दयानंद सरस्वती, रामकृष्ण परमहंस और स्वामी विवेकानंद जैसे महान सुधारकों का प्रादुर्भाव हुआ। उन लोगों ने समाज और धर्म में फैली कुरीतियों का खंडन किया तथा लोगों को सही मार्ग का प्रदर्शन किया।

विभिन्न प्रकार के सुधार-आंदोलन
(Different Kinds of Reform-Movement)

भारत में सामाजिक और धार्मिक सुधार आंदोलन में प्रमुख रूप से निम्नलिखित संस्थाओं का हाथ रहा है। ब्रह्मसामज, प्रार्थना-समाज, आर्यसमाज, रामकृष्ण मिशन, थियोसोफिकल सोसाइटी तथा मुसलमानों का सुधार आंदोलन।

ब्रह्मसमाज एवं राजाराम मोहन राय (Braham Samaj and Raja Ram Mohan Rai)

ब्रह्मसमाज–1828 में राजाराम मोहन राय ने ब्रह्मसमाज की स्थापना की। ब्रह्मसमाज के प्रमुख सिद्धांत थे–

(i) ईश्वर एक है। उसी की पूजा होनी चाहिए।

(ii) ईश्वर निराकर, शाश्वत, अदृश्य और सत्य है।

(iii) जीवात्मा अमर है।

(iv) आध्यात्मिक सुख के लिए प्रार्थना और ईश्वर का ध्यान आवश्यक है।

(v) ईश्वर सर्वव्यापी है। वह किसी एक निश्चित वस्तु में नहीं है।

(vi) ईश्वर की पूजा सबके लिए है। उसकी पूजा कर्मकांड, मूर्तिपूजा और संन्यास के द्वारा नहीं, बल्कि आध्यात्मिक रूप से की जानी चाहिए।

सामाजिक सुधार–ब्रह्मसमाज ने समाज में अनेक सुधार करने का प्रयत्न किया–

(क) अंधविश्वास और रुढ़िवादिता की समाप्ति,

(ख) छुआछूत का अंत,

(ग) जाति-भेदभाव का अंत,

(घ) बाल विवाह, बाल हत्या और बहुविवाह का अंत,

(ङ) विधवा-विवाह का प्रचलन, तथा

(च) सती प्रथा, देवदासी प्रथा और पर्दा प्रथा का अंत आदि।

वस्तुतः, ब्रह्मसमाज एक धार्मिक आंदोलन नहीं, बल्कि मूलतः एक सामाजिक आंदोलन था। उसने अनेक सामाजिक कुरीतियों को दूर किया। राजा राममोहन राय ने सती प्रथा का उन्मूलन करवाया। उनके निधन के बाद, महर्षि देवेंद्र नाथ ठाकुर और केशवचंद्र सेन ने ब्रह्मसमाज का संचालन किया।

राजाराम मोहन राय (1771-1833)

1771 में राजाराम मोहन राय का जन्म बंगाल के एक ब्राह्मण परिवार में हुआ था। वे बचपन से ही क्रांतिकारी विचार के थे। वे बंगला, संस्कृत, अंग्रेजी, अरबी और फारसी के विद्वान थे। 1805 में उन्होंने ईस्ट इण्डिया कम्पनी में नौकरी कर ली। 1814 में सेवानिवृत्त होने पर, वे समाज सुधार में लग गए। उन्होंने हिंदू, ईसाई, मुस्लिम और बौद्ध धर्मों का गहरा अध्ययन किया। वे भारतीय संस्कृति के आधार पर एक विश्वधर्म की स्थापना करना चाहते थे। उन्होंने सती प्रथा और बाल विवाह का घोर विरोध किया। तथा स्त्री शिक्षा और विधवा-विवाह का समर्थन किया। उन्होंने समस्त देश का भ्रमण किया और मूर्तिपूजा का खंडन किया। 1828 में उन्होंने ब्रह्मसमाज की स्थापना की। 1833 में, उनका आकस्मिक निधन इंग्लैण्ड में हुआ।

व्यक्तित्व-राजाराम मोहन राय के व्यक्तित्व के संबंध में विद्वानों ने अपना मत निम्न प्रकार से प्रकट किया है।

एनी बेसेंट के शब्दों में, "राजाराम मोहन राय में एक अद्‌भुत शक्ति, लगन और दृढ़ता थी। उन्होंने साहसपूर्वक हिंदू कट्टरपंथी सीमा को तोड़ने का प्रयत्न किया और स्वतंत्रता का बीज बोया, जिसने पुष्पित, पल्लवित तथा फलित होकर राष्ट्र के जनजीवन को नई चेतना से अनुप्राणित किया।"

मैकनिकोल्स के अनुसार, "राजाराम मोहन राय एक नए युग के प्रवर्तक थे और उन्होंने जो ज्योति जलायी, वह आज भी अनवरत जल रही है।"

सर ब्रजेंद्र सील के शब्दों में, "राजाराम मोहन राय व्यापक मानवता के जनक थे। वे सच्चे और विशुद्ध मानवतावादी थे तथा उनकी दृष्टि के सामने विश्व मानवता का चित्र नाचता रहता था।"[1]

राजाराम मोहन राय को पुनर्जागरण की सुबह का तारा कहा जाता है। **जकारिया** ने उन्हें आध्यात्मिक पिता कहा है। राजाराम मोहन राय को आधुनिक भारत का पिता एवं नए युग का अग्रदूत भी कहा जाता है। **एम.सी. सरकार** और **के.के. दत्त** के अनुसार, "आधुनिक भारत में राजनीतिक जागृति और धर्म सुधार का आध्यात्मिक आरंभ राजाराम मोहन राय ने किया। वे एक युग प्रवर्तक के रूप में आए।"

केशवचंद्र सेन–महर्षि देवेंद्रनाथ ठाकुर के बाद केशवचंद्र सेन ने ब्रह्मसमाज की बागडोर संभाली। वे विश्वव्यापी धर्म के कट्टर समर्थक थे। उन्होंने ब्रह्मसमाज के सिद्धांतों का काफी प्रचार किया। उन्होंने ब्रह्म समाज के अंदर ब्रह्म विद्यालय और संगीत सभा की स्थापना की तथा **इंडियन मिरर** नामक पत्रिका का संपादन किया। उन्होंने विधवा-विवाह और अंतरजातीय विवाह के लिए संघर्ष किया। उनके अनुसार सभी धर्मों का मूल एक है। इस प्रकार उनके नेतृत्व में ब्रह्म समाज उन्नति के शिखर पर रहा। 1884 में उनका आकस्मिक निधन हो गया।

प्रार्थना समाज–प्रार्थना समाज ब्रह्मसमाज का दूसरा रूप था। **फ्रीसेन** ने मद्रास में वेद समाज तथा 1867 में बम्बई में प्रार्थना समाज की स्थापना की। प्रार्थना समाज के प्रमुख नेता पांडुरंग, गोपाल भंडारकर और गोविंद राणाडे थे। यह एक आकस्मिकवादी संगठन था, जिसने विवेकपूर्ण पूजा और समाज सुधार पर बल दिया। इसने जाति प्रथा और बाल विवाह का समर्थन किया। अनाथालय, विधवा आश्रम और रात्रि पाठशाला की भी स्थापना की गयी। गोविंद राणाडे के प्रयास से विधवा विवाह संघ और डेक्कन एडुकेशन सोसाइटी का संगठन किया गया। उन्होंने समाज सुधार के साथ राष्ट्रीय आंदोलन में भी भाग लिया। गोपाल कृष्ण गोखले, बाल गंगाधर तिलक और गणेश आगरकर, प्रार्थना समाज के सदस्य तथा गोविंद राणाडे के शिष्य थे।

---

1. "Raja was the harbinger of the idea of universal humanism, the humanist pure and simple, watching from his conning tower, the procession of universal history."—Seal

स्वामी दयानंद सरस्वती तथा आर्य समाज
(Swami Dayanand Saraswati and Arya Samaj)

स्वामी दयानंद सरस्वती (1824-1883)

1824 में स्वामी दयानंद सरस्वती का जन्म काठियावाड़ के एक ब्राह्मण परिवार में हुआ था। उनका मूल नाम शंकर था। वे संस्कृति, व्याकरण और वेद के प्रकांड पंडित थे। इक्कीस वर्ष की उम्र में उन्होंने संन्यास ले लिया। वे बचपन से ही सामाजिक कुरीतियों और धार्मिक आडंबरों के कट्टर विरोधी थे। उनको वेद, उपनिषद और प्राचीन हिंदू संस्कृति में पूर्ण आस्था थी। उन्होंने घूम-घूमकर वैदिक संस्कृति का प्रचार करने लगे। 1874 में उनकी प्रसिद्ध पुस्तक **सत्यार्थ प्रकाश** का प्रकाशन किया। जिसमें उन्होंने अपने सिद्धांतों का विश्लेषण किया।

1875 में स्वामीजी ने बम्बई में आर्य समाज की स्थापना की। उन्होंने 'वेदों की ओर लौटने'[1] का नारा दिया। उन्होंने ब्राह्मणवाद और मूर्तिपूजा पर कड़ा प्रहार किया। वे बाल विवाह, जाति प्रथा और पर्दा प्रथा के कट्टर आलोचक थे। उन्होंने नारी शिक्षा और विधवा विवाह का समर्थन किया तथा स्वराज्य का भी नारा दिया। वे एक भाषा, एक धर्म और एक संस्कृति के पुजारी और प्रचारक थे। **एनी बेसेंट** ने कहा, "स्वामी जी पहले व्यक्ति थे, जिन्होंने कहा कि भारत भारतीयों के लिए है।" 1883 में उनका आकस्मिक निधन हो गया।

आर्य समाज–1875 में दयानंद सरस्वती ने बम्बई में आर्य समाज की स्थापना की। जिसका मूल उद्देश्य था, भारतीयों को वैदिक संस्कृति से परिचित कराना और उसका प्रचार-प्रसार करना। सभी सुधार आंदोलनों में सबसे अधिक प्रभावशाली आंदोलन आर्य समाज का था। आर्य समाज का आंदोलन धार्मिक और राजनीतिक दोनों था। उन्होंने भारत और हिंदू जाति में नए जीवन का संचार करने का प्रयत्न किया।[2] इसके कार्यों का वर्णन निम्नलिखित रूप से कर सकते हैं।

धार्मिक कार्य–आर्य समाज ने वेद को धर्म का आधार माना। हिंदुओं को वैदिक संस्कृति अपनाने के लिए प्रेरित किया गया। उनका वैदिक धर्म निम्न सिद्धांतों पर आधारित था–

1. Back to Vedas.
2. The Arya Samaj Movement was at once religious and National revival. It sought to bring new life to India and Hindu race.—Kohm, H.

(i) ईश्वर एक है। वह सच्चिदानंद स्वरूप, निराकार, सर्वशक्तिमान, अनंत, निर्विकार, सर्वाधार, सर्वव्यापक, अमर, सर्वेश्वर, नित्य, पवित्र और सृष्टिकर्ता है।

(ii) ईश्वर का स्मरण करना चाहिए।

(iii) देव सत्य विधाओं का ग्रंथ है। वेद का पढ़ना तथा सुनना-सुनाना, सब आर्यों का परमधर्म है।

(iv) समस्त कार्यों को धर्मानुसार करना चाहिए।

(v) सत्य को ग्रहण करने और असत्य का त्याग करने के लिए सदा तैयार रहना चाहिए।

(vi) अज्ञान का नाश और ज्ञान का प्रसार होना चाहिए।

(vii) सबकी शारीरिक, आत्मिक और सामाजिक उन्नति होनी चाहिए।

(viii) सबसे प्रीतिपूर्वक, धर्मानुसार तथा योग्य व्यवहार करना चाहिए।

(ix) प्रत्येक मनुष्य को केवल अपनी उन्नति से ही संतुष्ट नहीं होना चाहिए, बल्कि दूसरे की उन्नति में अपनी उन्नति समझना चाहिए।

(x) निजी नियम के पालन में प्रत्येक व्यक्ति स्वतंत्र है। लेकिन, सर्वहितकारी नियम के पालन में वह परतंत्र हैं।

सामाजिक कार्य–आर्य समाज ने जातिप्रथा, छुआछूत, बाल-विवाह बहुविवाह आदि का विरोध किया। इसने विधवा विवाह का समर्थन किया। इसके द्वारा अनाथालय और विधवा-आश्रम खोले गए।

शैक्षणिक कार्य–आर्य समाज का बहुत बड़ा योगदान शिक्षा के क्षेत्र में है। इसके द्वारा स्कूलों और कॉलेजों की स्थापना की गई। डी.ए.वी.[1] स्कूल कॉलेज बड़ी संख्या में खोले गए।

राजनीतिक कार्य–आर्य समाज ने राष्ट्रीय जागरण में भी महत्वपूर्ण योगदान दिया है। दयानंद सरस्वती ने कहा, "भारत, भारतवासियों के लिए है।" उन्होंने **सत्यार्थ प्रकाश** में लिखा, "विदेशी शासन से, चाहे वह कितना ही अच्छा क्यों न हो, स्वदेशी शासन, चाहे उसमें हजार त्रुटियाँ क्यों न हों, अच्छा है।" उन्होंने "उठ-जाग मुसाफिर भोर भई, अब रैन कहाँ जो सोवत है," का क्रांतिकारी नारा दिया।

स्वामी दयानंद सरस्वती के बाद, स्वामी श्रद्धानंद और लाला लाजपतराय ने आर्य समाज के संचालन का भार संभाला। आर्य समाज संस्था आज भी जीवित है।

---

1. दयानंद ऐंग्लो वैदिक।

रामकृष्ण मिशन तथा स्वामी विवेकानंद
(Ram Krishna Mission and Swami Vivekanand)

रामकृष्ण परमहंस

1834 में रामकृष्ण परमहंस का जन्म हुगली के एक गरीब ब्राह्मण परिवार में हुआ था। वे बचपन से ही धार्मिक प्रवृति के थे। उनका धर्म-ज्ञान अनुपम था। वे मानवता के एक महान पुजारी थे और उनका जीवन, कठोर साधना तथा भक्ति का था। उन्होंने अनेक धर्मों का अध्ययन किया। उनकी दृष्टि में सभी धर्म समान हैं, सबका लक्ष्य एक है तथा उस लक्ष्य तक पहुँचने के मार्ग अलग-अलग हैं। वे महान संत, साधक और धर्मात्मा थे। वे दक्षिणेश्वर काली मंदिर के पुजारी थे।

पहले के सुधारकों ने केवल हिंदू धर्म की कुप्रथाओं को दूर कर उसे ईसाई धर्म तथा पश्चिमी विचारों से बचाने का प्रयत्न किया था। उन लोगों ने भक्ति और श्रद्धा पर कोई ध्यान नहीं दिया। रामकृष्ण परमहंस ने इस कमी को पूरा किया। उन्होंने हिंदू धर्म को श्रेष्ठ घोषित किया और इसकी प्राचीन परंपराओं को प्रकाश में लाए। वे एक महान मानवतावादी थे। उन्होंने गरीबों और अपाहिजों की सेवा में अपना सारा जीवन बिताया। उनके सबसे प्रिय शिष्य नरेन्द्रनाथ दत्त थे, जो आगे चलकर स्वामी विवेकानंद के नाम से प्रसिद्ध हुए।

स्वामी विवेकानंद (1863-1902)—स्वामी विवेकानंद रामकृष्ण परमहंस के प्रिय शिष्य थे। उनका जन्म 1863 में बंगाल के एक संभ्रांत कायस्थ परिवार में हुआ था। वे कलकत्ता विश्वविद्यालय के स्नातक थे। वे बचपन से ही प्रखर बुद्धि के छात्र थे। उनकी गहरी रूचि अध्यात्म में थी। भारत की प्राचीन संस्कृति के प्रति उनकी प्रगाढ़ भक्ति थी। उनके जीवन पर रामकृष्ण परमहंस का चमत्कारी प्रभाव पड़ा। 1893 शिकागो के धर्म सम्मेलन में उन्होंने सक्रिय रूप से भाग लिया। वहाँ उन्होंने अपने पांडित्य का परिचय दिया। उन्होंने अपने भाषण में कहा कि वेदांत संसार का भव्य, व्यापक और सर्वश्रेष्ठ धर्म है। उनके भाषण से प्रभावित होकर बड़ी संख्या में विदेशी शिष्य बने। उन्होंने पेरिस के भी धर्म सम्मेलन में भाग लिया। शिकागो भाषण के संबंध में **सिस्टर निवेदिता** का कथन है, "स्वामीजी ने जब बोलना शुरू किया, तब वे हिंदू धर्म के विचारों के विषय में बोले। लेकिन, जब भाषण समाप्त हुआ, तो ऐसा लगा कि उन्होंने हिंदू धर्म की सृष्टि कर दी है।" विवेकानंद ने अमेरिका, इंग्लैंड एवं यूरोप के अन्य देशों का भ्रमण किया। अंत में, उन्होंने

कन्याकुमारी में समुद्र स्थित एक चट्टान पर ध्यान लगाया। वहाँ उन्हें आभास हुआ कि प्रत्येक आत्मा में परमात्मा का निवास है। मानव की सेवा ही ईश्वर की सच्ची सेवा है। काम, क्रोध, लोभ, मोह जैसे तत्वों को दूर कर, आत्मा को दिव्य बनाया जा सकता है। उन्होंने अपने संपूर्ण जीवन को मानव की सेवा में लगा दिया। उनका आकस्मिक निधन 1902 में हुआ। कन्याकुमारी में उनकी स्मृति में, एक विवेकानंद स्मृति का निर्माण किया गया है, जो भारत का एक दर्शनीय स्थल बन गया है।

रामकृष्ण मिशन–1886 विवेकानंद ने अपने गुरु की स्मृति में रामकृष्ण मिशन की स्थापना की। रामकृष्ण मिशन का मुख्य उद्देश्य, रामकृष्ण परमहंस के सिद्धांतों का प्रचार-प्रसार करना है, इसकी शाखाएँ देश-विदेश में जाल की तरह फैली हुई है। यह संस्था पाठशाला, अस्पताल, सेवाश्रम, अनाथालय आदि के द्वारा मानव की सेवा कर रही है। बाढ़, भूकंप, अकाल, महामारी एवं अन्य प्राकृतिक आपदा के समय यह संस्था सराहनीय काम करती है।

रामकृष्ण परमहंस के निम्नांकित सिद्धांतों को विवेकानंद ने विकसित किया और रामकृष्ण मिशन का आधार बनाया। वे सिद्धांत हैं–

(i) ईश्वर निर्गुण, अज्ञेय और नैतिकता से परे है।

(ii) सब धर्म सच्चे और अच्छे हैं।

(iii) मूर्तिपूजा, आध्यात्मिक पूजा का रूप है।

(iv) भारत आध्यात्मिक क्षेत्र में विश्व का गुरु है।

(v) हिंदू संस्कृति को पश्चिमी भौतिकवादी संस्कृति से बचाना है।

निष्कर्ष–विवेकानंद ने कहा, "तुम ईश्वर की खोज में कहाँ जाओगे? क्या सभी निर्धन, दु:खी और कमजोर ईश्वर नहीं हैं? पहले उन्हीं की पूजा क्यों नहीं करते? उन्हीं लोगों को ईश्वर मानो, उन्हीं के लिए प्रार्थना करो, ईश्वर तुम्हें मार्ग दिखाएगा।" स्वामी विवेकानंद भारत के एक महान संत और राष्ट्रभक्त थे। इस संबंध में **हेन्स कोहन**[1] का कथन है, "स्वामी विवेकानंद ने देश को आत्मविश्वास, आत्मशक्ति और स्वाभिमान की शिक्षा दी। उन्होंने नवयुवकों को विदेशी सत्ता का विरोध करने के लिए नया उत्साह दिया।" इस प्रकार, स्वामी विवेकानंद, महर्षियों में महर्षि, संतों में संत, सुधारकों में सुधारक और राष्ट्रवादियों में उच्च श्रेणी के राष्ट्रवादी थे। भारत के आध्यात्मिक जगत में इनका स्थान अद्वितीय है।

1. Hans Kohan.

थियोफिकल सोसाइटी और एनी बेसेंट
(Theosophical Society and Annie Besant)

थियोसोफिकल सोसाइटी

भारत के सामाजिक और धार्मिक सुधार आंदोलन में, थियोसोफिकल सोसाइटी का बहुत बड़ा हाथ रहा है। 1875 में इसकी स्थापना न्यूयार्क में हुई। इसके प्रमुख संस्थापक रूसी महिला ब्लैवत्सकी[1] और कर्नल हेनरी ऑलकॉट[2] थे। सोसाइटी का उद्देश्य सृष्टि, मनुष्य की प्रकृति आदि का पता लगाना एवं उसके अनुसार जीवन-शैली का प्रचार करना था। इसका संबंध हिंदू धर्म से नहीं था। यह विश्व धर्म और विश्व बंधुत्व में विश्वास रखता था। इसका कहना था कि सभी धर्मों का मूलस्त्रोत एक है। इसने जाति, वर्ण, रंग, नस्ल आदि विभेदों का विरोध किया। इसका मूल उद्देश्य प्रकृति के रहस्य की खोज करना था। उदार और व्यापक दृष्टिकोण के कारण यह संस्था भारत में काफी लोकप्रिय हुई। इससे ईसाई धर्म को काफी क्षति हुई। 1886 में मद्रास के निकट आदयार नामक स्थान में थियोसोफिकल सोसाइटी की स्थापना की गयी। दक्षिण भारत के लोगों पर इसका व्यापक प्रभाव पड़ा।

एनी बेसेंट—भारत में थियोसोफिकल सोसाइटी की सफलता का सारा श्रेय एनी बेसेंट को है। उनका जन्म एक आयरिश परिवार में 1947 में हुआ था। उनका विवाह एक ईसाई पादरी से हुआ, लेकिन धर्म-मत भेद से प्रभावित होकर वे थियोसोफिकल सोसाइटी की सदस्या बनीं। 1893 में वे भारत चली आई। वे हिंदू धर्म से काफी प्रभावित हुई और उस धर्म को स्वीकार कर लिया। उनको हिंदू धर्म की प्राचीन रूढ़ियों, कर्मकांड और विश्वासों पर पूरा विश्वास था। उन्होंने वेद और उपनिषद का अध्ययन किया तथा मूर्तिपूजा का समर्थन किया।

प्राचीन भारतीय संस्कृति, आदर्शों और परंपराओं को पुनर्जीवित करने के उद्देश्य से, एनी बेसेंट ने बेसेंट में एक सेंट्रल हिंदू-स्कूल की स्थापना की, जो आगे चलकर कॉलेज बना और कुछ समय के बाद उसने हिंदू विश्वविद्यालय का रूप लिया। उन्होंने **ऑल इंडिया होमरूल लीग** की स्थापना 1915 में की। उन्होंने होमरूल आंदोलन चलाया और लोगों को कहा कि होमरूल, भारत वर्ष का मौलिक अधिकार है, इसे प्राप्त करना ही है। इस आंदोलन के दौरान में उन्हें जेल भी जाना पड़ा। बाल गंगाधर तिलक, होमरूल आंदोलन से काफी प्रभावित हुए और इस आंदोलन को आगे बढ़ाया। 1917 में एनी बेसेंट

---

1. Madame Blavatsky.
2. Col. Henry OlCott.

भारतीय राष्ट्रीय अधिवेशन की अध्यक्षा बनीं। उन्होंने एक सप्ताहिक, समाचार पत्र **द कॉमन बिल** और दैनिक समाचार पत्र **न्यू इंडिया** का प्रकाशन किया। **जवाहरलाल नेहरू** ने उनके व्यक्तित्व के संबंध में लिखा है, "वह मेरी और मुझसे पहले की पीढ़ी की एक विलक्षण विभूति थीं, जिन्होंने हमें बहुत अधिक प्रभावित किया। निस्संदेह भारत के स्वाधीनता संग्राम में उन्होंने महत्वपूर्ण भूमिका निभाई" इस प्रकार, भारत के सामाजिक, धार्मिक और राष्ट्रीय जागरण में एनी बेसेंट की भूमिका सराहनीय और प्रशंसनीय रही हैं। भारत के सुधार-आंदोलनों में इनका नाम अमर रहेगा।

अन्य संप्रदायों में सुधार आंदोलन
(Reform-Movement in Other Communities)

मुसलमानों में सुधार आंदोलन—उन्नीसवीं सदी में मुस्लिम समाज में भी अंधविश्वास और पाखंड का साम्राज्य फैला हुआ था। सामाजिक और धार्मिक कुरीतियों को दूर करने के लिए **वहाबी** और **अहमदी** आंदोलन चलाया गया। सर सैयद अहमद खाँ और इस्माइल हाजी मौलवी मुहम्मद इस्लाम धर्म के पवित्र नेता थे। इस आंदोलन में इस्लाम धर्म की पवित्रता और एकता पर बल दिया गया। इसने मुस्लिम समाज की कुरीतियों को दूर करने का प्रयत्न किया। यह आंदोलन रूढ़िवाद पर आधारित था, जिसके कारण सफल नहीं हो सका। सर सैयद अहमद खाँ मुस्लिम समाज के महान सुधारक थे। वे दास प्रथा, बहुविवाह और पर्दा प्रथा के कट्टर विरोधी थे। वे नारी शिक्षा, अंग्रेजी शिक्षा और विदेश भ्रमण के समर्थक थे। उन्होंने कुरान पर टीका लिखी और उर्दू साहित्य को आगे बढ़ाया। 1875 में उन्होंने अलीगढ़ में **मोहम्मडन ऐंग्लो ओरियंटल कॉलेज** की स्थापना की, जो आगे चलकर **अलीगढ़ मुस्लिम विश्वविद्यालय** के नाम से प्रसिद्ध हुआ।

मिर्जा गुलाम अहमद कादियानी के नेतृत्व में अहमदिया आंदोलन शुरू हुआ। उन्होंने कादियानी संप्रदाय की नींव डाली और सभी धर्मों में सुधार लाने का अपना लक्ष्य निर्धारित किया। इस आंदोलन का व्यापक प्रभाव पंजाब पर पड़ा। 1885 में **अंजुमन-ए-हिमायत इस्लाम** की स्थापना हुई, जिसका उद्देश्य मुसलमानों की सामाजिक, बौद्धिक और नैतिकता का विकास करना था। 1894 में **नदवात-उल-उलेमा** की स्थापना की गयी। इन सुधार आंदोलनों का व्यापक प्रभाव भारतीय राजनीति पर पड़ा।

सिख धर्म में सुधार आंदोलन—सिख धर्म में भी अनेक बुराइयाँ थीं। गुरुद्वारों में भ्रष्टाचार का बोल बाला था। इन बुराइयों को दूर करने के लिए शिरोमणि

गुरुद्वारा प्रबंधक समिति की स्थापना की गयी। सिखों में, स्कूल और कॉलेज खोलकर शिक्षा का प्रचार किया गया। अमृतसर का खालसा कॉलेज प्रसिद्ध है।

पारसी धर्म सुधार आंदोलन—पारसी धर्म में भी सुधार का आंदोलन चलाया गया। 1851 में पारसियों की **रहनुमाई मज्दयसन** सभा[1] की स्थापना की गयी। इसका लक्ष्य पारसी समाज और धर्म में सुधार लाना था। दादाभाई नौरोजी, जे. बी. वाचा, एच.जी. बंगाली और करदेवजी रुस्तम, इसके प्रमुख धर्म सुधारक थे। 1900 में धर्म सुधार आंदोलन को आगे बढ़ाने के लिए एक सम्मेलन हुआ। पारसी सुधारकों ने जरथुष्ट्र धर्म को पुनर्जागृत किया और अनेक सुधार लाए।

ईसाई धर्म का प्रचार—उन्नीसवीं सदी में यूरोपीय देशों से बड़ी संख्या में धर्म प्रचारक आए, व्यापार के साथ-साथ धर्म का प्रचार करना शुरू किया। उन्होंने आदिवासियों और पिछड़ी जातियों को अपना कार्य क्षेत्र बनाया। वे स्कूल, कॉलेज और अस्पताल खोलकर गरीबों की सेवा करने लगे तथा उन लोगों का धर्म परिवर्तन करने लगे। भारत में पादरियों ने सामाजिक सुधार का सराहनीय कार्य किया। इससे हिंदू जाति के लोग चिंतित हुए और पादरियों को राष्ट्र का दुश्मन बताने लगे। लेकिन, पादरियों ने शिक्षा और चिकित्सा के क्षेत्र में प्रशंसनीय काम किया है तथा कर रहे हैं। इसमें मदर टेरेसा का नाम उल्लेखनीय है।

निष्कर्ष—उपर्युक्त तथ्यों के विश्लेषण से यह स्पष्ट है कि भारत में सामाजिक, धार्मिक और राष्ट्रीय क्षेत्र में ब्रह्म समाज, प्रार्थना-सभा, आर्य समाज, रामकृष्ण मिशन थियोसोफिकल सोसाइटी एवं अन्य संस्थाओं की महत्वपूर्ण भूमिका रही है। राजाराम मोहन राय, केशवचंद्र सेन, स्वामी दयानंद सरस्वती, रामकृष्ण परमहंस, स्वामी विवेकानंद, एनी बेसेंट तथा अन्य अनगिन्त सुधारकों का नाम भारतीय इतिहास में स्वर्णाक्षरों में अंकित है।

प्रश्न

(Questions)

1. भारत में राष्ट्रीय जागरण के कारणों की विवेचना कीजिए।
   Discuss the causes for National awakening in India.
2. भारतीय राष्ट्रीय जागरण के केवल राजनीतिक कारणों का वर्णन करें।
   Describe only the political causes of the Indian National awakening.

---

1. Rehnumai Mazdayasan Sabha.

3. भारत में सामाजिक-धार्मिक आंदोलनों का संक्षेप में मूल्यांकन करें।
   Evaluate briefly the Socio-Religious Movements in India.
4. भारत के सामाजिक धार्मिक पुनर्जागरण में ब्रह्म समाज के योगदानों की समीक्षा करें।

   Examine the contributions of Brahma Samaj in the Socio-Religious Renaissance in India.
5. भारत के सामाजिक-धार्मिक पुनर्जागरण में आर्य समाज की भूमिका को स्पष्ट करें।

   Explain the role of Arya Samaj in the Socio-Religious Renaissance of India.
6. राजाराम मोहन राय को आधुनिक भारत का जनक क्यों कहा जाता है? व्याख्या करें।

   Why Raja Ram Mohan Roy is called the father of Modern India? Explain.
7. भारतीय राष्ट्रीयता के विकास में कौन-कौन से सहायक तत्व थे?
   What factors were responsible for the growth of Indian Nationalism?
8. भारतीय स्वतंत्रता-संग्राम में सामाजिक-धार्मिक जागरण की महत्वपूर्ण भूमिका रही है।

   The socio-Religious Renaissance has played an important role in the Indian National struggle.
9. भारत में राष्ट्रीय चेतना के उद्देश्य में अंग्रेजी शिक्षा के प्रभाव का मूल्यांकन करें।

   Estimate the influence of English education on the emergence of National Consciousness in India.
10. भारतीय राष्ट्रीय जागरण मूलतः राजनीतिक था, लेकिन इसकी जड़ में सामाजिक, धार्मिक, आर्थिक एवं अन्य कारण भी थे। विवेचना करें।
    The Indian National Awakening was primarily political, but it was deeply rooted in Social, Religious, Economic and other factors also. Discuss.

वस्तुनिष्ठ प्रश्न
(Objective Questions)

1. भारत में अंग्रेजी शिक्षा-पद्धति का सूत्रपात किसने किया?
   (क) लॉर्ड मैकाले (ख) विलियम बेंटिक
   (ग) लॉर्ड मॉर्ले (घ) लॉर्ड कर्जन
2. निम्नलिखित में से किसने भारत में सती-प्रथा उन्मूलन के लिए काम किया था?
   (क) दयानंद सरस्वती (ख) राजाराम मोहन राय
   (ग) स्वामी विवेकानंद (घ) रामकृष्ण परमहंस
3. "भारत का राष्ट्रीय आंदोलन अनेक शक्तियों और कारणों का परिणाम था।" यह कथन किसका है?
   (क) एनी बेसेंट (ख) वीर सावरकर
   (ग) कूपलैंड (घ) मैकाले
4. "इस विराट आंदोलन के पीछे शताब्दियों का इतिहास है।" यह कथन किसका है?
   (क) विवेकानंद (ख) दयानंद सरस्वती
   (ग) लाला लाजपतराय (घ) एनी बेसेंट
5. भारत में राष्ट्रीय जागरण का काल माना जाता है–
   (क) उन्नीसवीं सदी (ख) सोलहवीं सदी
   (ग) अठाहरवीं सदी (घ) बीसवीं सदी
6. इलबर्ट विधेयक किसके शासनकाल में लाया गया–
   (क) लॉर्ड कर्जन (ख) लॉर्ड रिपन
   (ग) लॉर्ड लिटन (घ) लॉर्ड मॉर्ले
7. "लाखों भारतीय आधा पेट भोजन कर जीवन बसर कर रहे थे।" यह कथन किसका है?
   (क) गैरट (ख) वाचा
   (ग) फिशर (घ) गुरुमुख निहाल सिंह
8. *भारत दुर्दशा* पुस्तक के रचयिता कौन हैं?
   (क) दीन बंधु (ख) टैगोर
   (ग) निहाल (घ) भारतेंदु हरिश्चंद्र

9. *आनन्दमठ* के लेखक कौन हैं?
   (क) बंकिमचंद्र (ख) शरतचंद्र
   (ग) टैगोर (घ) अरविंद घोष
10. *नीलदर्पण* के रचयिता कौन हैं?
   (क) भारतेंदु हरिशचंद्र (ख) दीनबंधु
   (ग) प्रेमचंद (घ) जयशंकर प्रसाद
11. किस वर्ष ब्रिटिश सरकार ने आई.सी.एस. (ICS) की परीक्षा की आयु 21 से 19 वर्ष घटाकर कर दी?
   (क) 1976 (ख) 1776 (ग) 1876 (घ) 1976
12. दिल्ली दरबार का आयोजन किस वर्ष किया गया?
   (क) 1887 (ख) 1777 (ग) 1867 (घ) 1877
13. शस्त्र अधिनियम किस वर्ष में पारित किया गया?
   (क) 1878 (ख) 1888 (ग) 1778 (घ) 1868
14. बंह्म समाज का संस्थापक कौन थे?
   (क) दयानंद सरस्वती (ख) राजाराम मोहन राय
   (ग) विवेकानंद (घ) रामकृष्ण परमहंस
15. आर्य समाज के संस्थापक कौन थे?
   (क) लाला लाजपतराय (ख) विवेकानंद
   (ग) दयानंद सरस्वती (घ) रामकृष्ण परमहंस
16. राजाराम मोहन राय ने किस वर्ष ब्रह्म समाज की स्थापना की थी?
   (क) 1827 (ख) 1728 (ग) 1838 (घ) 1828
17. स्वामी दयानंद सरस्वती ने किस वर्ष बम्बई में आर्य समाज की स्थापना की?
   (क) 1875 (ख) 1775 (ग) 1885 (घ) 1873
18. *सत्यार्थ प्रकाश* पुस्तक के रचयिता कौन थे?
   (क) विवेकानंद (ख) दयानंद सरस्वती
   (ग) राजाराम मोहन राय (घ) रामकृष्ण परमहंस
19. 'वेदों की ओर लौटो' का नारा किसने दिया था?
   (क) विवेकानंद (ख) रामकृष्ण परमहंस
   (ग) दयानंद सरस्वती (घ) गोविंद राणाडे

20. विवेकानंद का चमत्कारी भाषण शिकागों में किस वर्ष में हुआ?
    (क) 1883 (ख) 1873 (ग) 1793 (घ) 1893
21. रामकृष्ण मिशन की स्थापना किस वर्ष में हुई?
    (क) 1886 (ख) 1885 (ग) 1786 (घ) 1883
22. थियोसोफिकल सोसाइटी की स्थापना किस शहर में हुई?
    (क) वाशिंगटन (ख) न्यूयॉर्क (ग) लंदन (घ) मास्को
23. थियोसोफिकल सोसाइटी की स्थापना न्यूयॉर्क में किस वर्ष में हुई?
    (क) 1865 (ख) 1873 (ग) 1875 (घ) 1885
24. एनी बेसेंट का जन्म किस परिवार में हुआ?
    (क) इंग्लिश (ख) भारतीय (ग) अमरिकन (घ) आयरिश
25. भारत में होमरुल आंदोलन किसने चलाया?
    (क) एनी बेसेंट (ख) नेहरू
    (ग) गांधी (घ) सरोजनी नायडू
26. मोहम्मडन ऐंग्लो ओरियंटल कॉलेज की स्थापना किसने की थी?
    (क) मौलाना आजाद (ख) सर सैयद अहमद खाँ
    (ग) इस्माइल हाजी मौलवी (घ) मिर्जा गुलाम अहमद
27. प्रार्थना-सभा की स्थापना किस वर्ष हुई?
    (क) 1877 (ख) 1864 (ग) 1867 (घ) 1862
28. भारत में सिपाही-विद्रोह किस वर्ष में हुआ?
    (क) 1856 (ख) 1867 (ग) 1847 (घ) 1857

उत्तर

(Answers)

1. (क) 2. (ख) 3. (ग) 4. (घ) 5. (क) 6. (ख) 7. (ग) 8. (घ) 9. (क) 10. (ख) 11. (ग) 12. (घ) 13. (क) 14. (ख) 15. (ग) 16. (घ) 17. (क) 18. (ख) 19. (ग) 20. (घ) 21. (क) 22. (ख) 23. (ग) 24. (घ) 25. (क) 26. (ख) 27. (ग) 28. (घ)

3

उदारवादी आंदोलन (1885–1905)
(Liberal Movement)

भारतीय राष्ट्रीय आंदोलन का पहला चरण उदारवादी युग कहा जाता है। इसकी अवधि 1885 से 1905 तक मानी जाती है। इस काल में भारतीय राष्ट्रीय कांग्रेस की स्थापना हुई और भारतीयों ने प्रशासन में क्रमिक सुधार की मांग की तथा सांविधानिक तरीकों का प्रयोग किया।

भारतीय राष्ट्रीय कांग्रेस की स्थापना
(Establishment of the Indian National Congress)

उदारवादी युग का प्रारंभ भारतीय राष्ट्रीय कांग्रेस के आविर्भाव से होता है, इसका जन्म 1885 में **ए.ओ. ह्यूम**[1] और सुरेंद्रनाथ बैनर्जी के प्रयासों के फलस्वरूप हुआ। यह संस्था एक महत्वपूर्ण संगठन बन गयी और भारत के राष्ट्रीय आंदोलन को नेतृत्व प्रदान करने में सफल रही।

भारतीय राष्ट्रीय कांग्रेस के जन्म के कारण (Causes for the Genesis of the Indian National Congress)

भारतीय राष्ट्रीय कांग्रेस के आविर्भाव में निम्नलिखित कारण सहायक सिद्ध हुए–

1. तात्कालिक परिस्थितियाँ (The Immediate Circumstances) –कांग्रेस की स्थापना के समय भारत में अनुकूल परिस्थितियाँ विद्यमान थी। देश में अनेक राष्ट्रीय संगठनों का निर्माण हो चुका था। ऐसे संगठनों में **बाम्बे एसोसिएशन** (1852), **ईस्ट इंडिया एसोसिएशन, इंडियन एसोसिएशन** (1876) आदि प्रमुख थे। इसके साथ ही, देश अकाल, निर्धनता, अभाव और

---

1. Allan Octavian Hume

कष्टों से गुजर रहा था। देश में असंतोष की ज्वाला धधक रही थी। बेकारी और भूखमरी का साम्राज्य स्थापित हो चुका था। ब्रिटिश सरकार का ध्यान, इन समस्याओं की ओर नहीं था। देश में राजनीतिक अशांति धीरे-धीरे बढ़ रही थी। लोगों ने एक राष्ट्रीय संगठन का निर्माण करना आवश्यक समझा और आगे चलकर कांग्रेस का संगठन किया गया।

2. राष्ट्रीय चेतना (National Consciousness)–उन्नीसवीं सदी के अंत में भारत में राष्ट्रीयता का जन्म हुआ। अंग्रेजी-शिक्षा और साहित्य के संपर्क में आने से भारतीयों में स्वतंत्रता और प्रजातंत्र की आकांक्षा बलवती हुई। इससे, प्रबल राष्ट्रीय चेतना का विकास हुआ, जो आगे चलकर कांग्रेस की स्थापना में सहायक सिद्ध हुआ।

3. ब्रिटिश साम्राज्य की सुरक्षा (To Protect the British Empire)–विद्वानों का मत है कि ब्रिटिश साम्राज्य की सुरक्षा की भावना से ही कांग्रेस की स्थापना की गयी। **रजनीपाम दत्त** के अनुसार, "ब्रिटिश सरकार द्वारा प्रत्यक्ष रूप से निर्धारित नीति के अंतर्गत तथा उसके पहल पर, वायसराय के साथ गुप्त रूप से पूर्व निर्धारित एक योजना के अनुसार, राष्ट्रीय कांग्रेस की स्थापना वास्तव में इस उद्देश्य से की गयी थी कि वह भारत में अंग्रेजी साम्राज्य का संरक्षण, भारतीय जनता के बढ़ते हुए असंतोष तथा अंग्रेज-विरोधी भावना से अवगत करा सकें।" **लाला लाजपतराय** ने भी कहा था, "कांग्रेस की स्थापना का मुख्य उद्देश्य अंग्रेजी साम्राज्य को खतरे से बचाना था, भारत की राजनीतिक स्वतंत्रता के लिए प्रयत्न करना नहीं।" ह्यूम का भी कथन था, "ब्रिटिश साम्राज्य के भविष्य को अक्षुष्ण बनाये रखने के लिए तथा ब्रिटिश साम्राज्य-विरोधी बढ़ती हुई शक्तियों को निकाल देने के लिए सुरक्षा-नीति का काम करने वाली एक राष्ट्रव्यापी संस्था की इस समय बड़ी आवश्यकता है।" उपर्युक्त तथ्यों से यह स्पष्ट है कि कांग्रेस की स्थापना के पीछे ब्रिटिश साम्राज्य के हितों की पूर्ति भी एक कारण रहा। इससे भी कांग्रेस की स्थापना में काफी मदद मिली।

4. ह्यूम की भारत के प्रति सहानुभूति (Sympathy of Hume towards India)–कुछ विद्वानों का मत है कि कांग्रेस की स्थापना का मुख्य कारण ह्यूम की भारत के प्रति सहानुभूति था। उसके हृदय में भारतीयों के प्रति अत्यधिक सहानुभूति थी। उन्होंने मार्च 1883 में कलकत्ता विश्वविद्यालय के स्नातकों ने नाम अपने पत्र में लिखा था, "प्रत्येक राष्ट्र ठीक वैसी ही सरकार प्राप्त कर लेता है, जिसके योग्य वह होता है। यदि आप लोग, जो देश की आशाओं के केन्द्र हैं तथा उच्च शिक्षा प्राप्त किए हुए हैं, अपने सुख-चैन तथा स्वार्थ

का त्याग कर, स्वतंत्रता प्राप्त करने के काम में नहीं लग सकते, तब कहना होगा कि उन्नति की सब आशाएँ व्यर्थ हो गयी हैं तथा भारत उसी प्रकार के शासन के योग्य है, जो उसे मिला हुआ है।" ह्यूम के इस विचार का भारत के शिक्षित युवकों पर अत्यधिक प्रभाव पड़ा तथा वे राजनीतिक संगठन में जुट गए। इसी बीच 1884 में **ह्यूम** ने **इंडियन नेशनल यूनियन** की स्थापना की, भारतीयों के हृदय में राष्ट्रीय चेतना उत्पन्न की। इसके फलस्वरूप, कांग्रेस का जन्म हुआ और एक महान संगठन के रूप में विकसित हुआ।

5. लॉर्ड डफरिन का सहयोग (Co-operation of Lord Dufferin)– कांग्रेस की स्थापना में ब्रिटिश सरकार का भी सहयोग रहा। ह्यूम ने कांग्रेस की स्थापना से संबंधित विचार, तत्कालीन गवर्नर जनरल लॉर्ड डफरिन भारतीय जनता के असंतोष के वैधानिक निदान का उपाय ढूँढ रहे थे तथा प्रस्तावित संस्था को राजनीतिक स्वरूप देना चाहते थे। अतएव उन्होंने ह्यूम के विचारों का समर्थन किया और बताया कि प्रस्तावित संस्था उसी रूप में कार्य करे, जिस रूप में ब्रिटिश सम्राट का विरोध करता है। लॉर्ड डफरिन का आशीर्वाद प्राप्त कर ह्यूम इंग्लैंड गए और वहाँ के नेताओं से इस संबंध में विचार-विमर्श किया। उनका समर्थन मिलने पर वे भारत लौट आए।

कांग्रेस का जन्म (Birth of the Congress)

ह्यूम ने **इंडियन नेशनल यूनियन** की ओर से 1885 में काफी दिनों की छुट्टियों में पूना में, एक सभा बुलाने का निश्चय किया। लेकिन, पूना में प्लेग फैल जाने के कारण, इस सभा का आयोजन 28 दिसम्बर 1885 को, 12 बजे बम्बई के गोकुल दास तेजपाल संस्कृत पाठशाला में किया गया। यह एक राष्ट्रीय सम्मेलन था। इसमें देश के विभिन्न भागों के 72 प्रतिनिधियों ने भाग लिया। **श्री उमेशचंद्र बैनर्जी** ने इस अधिवेशन का सभापतित्व किया। मातृभूमि के इतिहास की याद में ऐसा महत्वपूर्ण और व्यापक प्रतिनिधित्वपूर्ण सम्मेलन नहीं हुआ था। इस सम्मेलन में **इंडियन नेशनल यूनियन** के स्थान पर, **भारतीय राष्ट्रीय कांग्रेस** की स्थापना की गयी। इस प्रकार, ह्यूम के प्रयासों से कांग्रेस का जन्म हुआ, इसलिए उन्हें कांग्रेस का जनक माना जाता है।

कांग्रेस का प्रारम्भिक उद्देश्य एवं अधिवेशन (Beginning Aim and Sessions of the Congress)

1885 में अखिल भारतीय राष्ट्रीय कांग्रेस की स्थापना के साथ, भारतीय राष्ट्रीय आंदोलन का उदारवादी चरण प्रारंभ होता है। 1885 से 1905 भारतीय

राष्ट्रीय आंदोलन के इतिहास में उदारवादी युग माना जाता है। उदारवादियों का उद्देश्य, अंग्रेजी शासन का विरोध करना नहीं था, बल्कि वे भारतीय प्रशासन में कुछ सुधार चाहते थे। वे सांविधानिक साधनों में विश्वास रखते थे। वे अंग्रेजों की न्यायप्रियता के भक्त थे। उदारवादी चरण का इतिहास, कांग्रेस के विभिन्न अधिवेशनों और सम्मेलनों से प्रारंभ होता है, जिनका वर्णन निम्नलिखित रूप से किया जा सकता है।

प्रारंभ में कांग्रेस के संस्थापकों ने एक घोषणा पत्र द्वारा कांग्रेस के दो उद्देश्यों का उल्लेख किया–

(क) राष्ट्र के प्रति सद्भावना रखना, कार्यकर्ताओं में निकटतम संबंधों की स्थापना करना, और

(ख) आगामी वर्ष के लिए कार्यक्रम निश्चित करना।

कांग्रेस का प्रथम अधिवेशन (1885)–1885 में कांग्रेस का प्रथम अधिवेशन उमेशचंद्र बैनर्जी के सभापतित्व में बंबई में हुआ। उमेशचंद्र बैनर्जी ने अपने अध्यक्षीय भाषण के द्वारा कांग्रेस के निम्नलिखित उद्देश्यों पर प्रकाश डाला–

(i) ब्रिटिश साम्राज्य में रहने वाले सच्चे देशवासियों के बीच मैत्रीपूर्ण संबंध।

(ii) जातीयता, साम्प्रदायिकता और प्रांतीयता के स्थान पर राष्ट्रीय भावना का विकास।

(iii) भारतीय विद्वानों का सामाजिक समस्याओं पर प्रामाणिक लेखों का संग्रह करना।

(iv) जनहित में कार्य करने के लिए विभिन्न तरीकों पर विचार करना।

इस प्रकार, कांग्रेस के प्रारम्भिक उद्देश्य बड़े ही नम्र थे। यह चाहती थी कि भारतीयों की कठिनाइयों को सरकार समझे और उन्हें दूर करने का प्रयत्न करे।

पारित प्रस्ताव–कांग्रेस के प्रथम अधिवेशन में निम्नलिखित प्रस्ताव पारित किए गए–

(i) केन्द्रीय और प्रांतीय विधानसभाओं में सदस्यों की संख्या को बढ़ाया जाए।

(ii) सिविल सर्विस की परीक्षा भारत और इंग्लैंड दोनों जगह हो।

(iii) भारतीय शासन की जाँच के लिए एक शाही कमीशन[1] की नियुक्ति हो।

1. Royal Commission.

(iv) बर्मा को भारत से अलग किया जाए।

(v) सेना के खर्च में कटौती की जाए।

उमेशचंद्र बैनर्जी के भाषण से कांग्रेस की उदारवादी विचारधारा स्पष्ट होती है। उनके शब्दों में, "भारत की भलाई के लिए ग्रेट-ब्रिटेन ने बहुत कुछ किया है। उसके लिए भारत ग्रेट-ब्रिटेन का अभारी है।"

कांग्रेस का द्वितीय अधिवेशन (1886)–कांग्रेस का दूसरा अधिवेशन दिसम्बर, 1886 को कलकत्ता में हुआ। दादाभाई नौरोजी इसके अध्यक्ष थे। इस अधिवेशन में, शासन में सुधार हेतु निम्नलिखित प्रस्ताव पारित किए गए–

(i) न्याय के क्षेत्र में जूरी प्रथा को मान्यता प्रदान की जाए।

(ii) निर्वाचन की व्यवस्था की जाये।

(iii) भारतीयों को सेना में भर्ती होने का अवसर दिया जाए।

अध्यक्षीय पद से बोलते हुए दादाभाई नौरोजी ने कहा, "हमारा रोम-रोम राज्य-भक्ति से ओत-प्रोत है।"

कांग्रेस का तृतीय अधिवेशन (1887)–1887 में कांग्रेस का तीसरा अधिवेशन, बदरुदीन तैयबजी की अध्यक्षता में मद्रास में हुआ। इसमें शासन सुधार संबंधी निम्नलिखित तीन प्रस्ताव पारित किए गए–

(i) भारत में सैनिक स्कूल की स्थापना हो,

(ii) शस्त्र-कानून के नियमों में परिवर्तन किया जाए, और

(iii) अनेक पिछले प्रस्तावों को दोहराया गया।

कांग्रेस का चतुर्थ अधिवेशन (1888)–1888 में कांग्रेस का चौथा अधिवेशन जॉन बुल की अध्यक्षता में इलाहाबाद में हुआ। इसमें भी कांग्रेस का दृष्टिकोण उदारवादी ही रहा। पुराने प्रस्तावों को दोहराया गया। कांग्रेस द्वारा ब्रिटिश सरकार से शिक्षा और उद्योग में विकास हेतु मांग की गई। ब्रिटिश सरकार ने, सरकारी कर्मचारियों को सम्मेलन में भाग लेने से मना कर दिया।

कांग्रेस की प्रगति (1889 से 1900 तक)–कांग्रेस का पंचम अधिवेशन सर विलियम वेडरबर्न की अध्यक्षता में हुआ, जो एक अंग्रेज थे। इस प्रकार कांग्रेस का अधिवेशन लगातार होता रहा। 1889 से 1900 तक के अधिवेशनों में कांग्रेस पिछले प्रस्तावों को दुहराती रही। कुछ नए प्रस्ताव भी पास किए गए, जैसे–

(i) बेगारी-प्रथा का अंत हो।

(ii) भूमि-कर पद्धति में सुधार हो।

(iii) मुद्रा-नीति में परिवर्तन हो।

(iv) भारतीयों के प्रति भेद-भाव की नीति का अंत हो।

(v) लीगल प्रैक्टिशनर्स कानून में संशोधन किया जाए।

(vi) वस्त्र-उद्योग पर उत्पादन कर नीति समाप्त की जाए।

(vii) मेडिकल सिविल सर्विस का गठन किया जाए।

(viii) मद्रास, बंगाल और बंबई रेग्यूलेशन को समाप्त किया जाए।

कांग्रेस की प्रगति (1901 से 1905)—कांग्रेस की इस अवधि में जो भी अधिवेशन हुए, उसमें शासन में सुधार हेतु प्रस्तावों को छोड़कर, ब्रिटिश सरकार की नीतियों की कटु आलोचना की गई। लेकिन, ब्रिटिश सरकार ने उदारवादियों की ओर कोई ध्यान नहीं दिया। उदारवादियों ने ब्रिटिश सरकार की दक्षिण-अफ्रीका नीति, लॉर्ड कर्जन की प्रतिगामी नीति और बंग-भंग योजना की कटु आलोचना की। उन लोगों ने प्रवासी भारतीयों की दशा में सुधार हेतु ब्रिटिश सरकार से माँग की।

इस प्रकार, 1885 से 1905 तक भारतीय राष्ट्रीय आंदोलन के इतिहास में, उदारवादियों द्वारा राष्ट्रीय आंदोलन की पृष्ठभूमि तैयार की गई। भारतीयों में शिक्षा, राष्ट्रीयता और देशभक्ति की भावना का संचार किया गया। अंग्रेज यह अनुभव करने लगे कि अब भारत पर शासन करना आसान नहीं है। किसी भी दिन भारत को स्वतंत्रता प्रदान करनी ही होगी।

उदारवादियों के आदर्श
(Ideals of Liberals)

1885 से 1905 तक कांग्रेस का राष्ट्रीय आंदोलन शैशव काल का है। इस युग के महान नेता, दादाभाई नौरोजी, सुरेंद्रनाथ बैनर्जी और गोपाल कृष्ण गोखले थे। ये नेता विदेशी शासन को वरदान मानते थे। प्रारंभ में इन नेताओं के विचार उदारवादी थे। वे अंग्रेजी शासन का विरोध करना नहीं चाहते थे, बल्कि उनके सहयोग से ही भारतीय शासन में छोटा-मोटा सुधार करना चाहते थे। वे वैधानिक साधनों में विश्वास रखते थे। इसी कारण वे उदारवादी नेता के रूप में जाने जाते हैं और 1905 तक भारतीय राष्ट्रीय आंदोलन पर उनका प्रभाव बना रहा। उनके आदर्शों, सिद्धांतों, विचारों का विश्लेषण निम्नलिखित रूप से कर सकते हैं।

1. ब्रिटिश शासन के प्रतिनिष्ठा (Loyal to the British Rule)

उदारवादी नेता ब्रिटिश शासन के बड़े प्रशंसक थे। उनको अंग्रेजों के प्रति बड़ी निष्ठा थी। वे ब्रिटिश सरकार को अपनी सरकार मानते थे। उमेशचंद्र बैनर्जी ने कांग्रेस के प्रथम अधिवेशन में ही कहा था, "मैं जब उपस्थित सज्जनों के मत को व्यक्त कर रहा हूँ, जब मैं यह कहता हूँ कि अंग्रेजी सरकार को मेरे और यहाँ बैठे हुए मेरे दोस्तों की अपेक्षा अधिक गहरे व पक्के राजभक्त व्यक्ति मिलना कठिन हैं।" **दादाभाई नौरोजी** ने भी कहा, "आओ, हम पुरुष की तरह बोलें और घोषणा कर दें कि हम अटूट राजभक्त हैं।"

2. अंग्रेजों की न्यायप्रियता में विश्वास (Faith in the Justice of English Men)

उदारवादी नेताओं को अंग्रेजों की उदारता, न्यायप्रियता और ईमानदारी में पूरा विश्वास था। इसलिए, प्रारंभ में उन्होंने ब्रिटिश शासकों की सहानुभूति और सहायता प्राप्त करने का प्रयत्न किया, लेकिन प्राप्त नहीं हुआ। उदारवादियों को अंग्रेजों की न्यायप्रियता पर पूरा विश्वास था। इस संबंध में **सुरेंद्रनाथ बैनर्जी** का कथन है, "इंग्लैंड हमारा मार्ग दर्शक है। हमको अंग्रेजों की उदारता और न्याय में विश्वास है।" **रहीम तुल्लाहसयानी** का भी कहना है, "अंग्रेजों से बढ़कर सदाचारी और सत्यप्रिय जाति इस सूर्य के नीचे कहीं नहीं बसता है।" **फिरोजशाह मेहता** का मत था, "अंग्रेज लोग न्यायप्रिय हैं और वे भारतीय माँगों पर सहानुभूति पूर्वक विचार करेंगे।"

3. पश्चिमी सभ्यता के समर्थक (Supporter of Western Civilization)

अधिकांश उदारवादियों की शिक्षा पश्चिमी देशों में हुई। वे वहाँ के रहन-सहन, वेश-भूषा, आचार-विचार, सभ्यता और संस्कृति से काफी प्रभावित हुए। **सुरेंद्रनाथ बैनर्जी** ने कहा है, "हमारे मन पश्चिम के साहित्य में डूबे हुए हैं। अंग्रेजी इतिहास में वर्णित सार्वजनिक गुणों के महान आदर्शों से हमारी आत्माओं को बड़ी प्रेरणा मिली है।" उमेशचंद्र बैनर्जी, सुरेंद्रनाथ बैनर्जी, दादाभाई नौरोजी, फिरोजशाह मेहता और गोपालकृष्ण गोखले जैसे नेताओं के मस्तिष्क पर पश्चिमी सभ्यता और शिक्षा की अमिट छाप पड़ी हुई थी। वे ब्रिटिश शासन के भक्त और प्रशंसक थे।

4. क्रमिक सुधारों में विश्वास (Fatih in Gradual Reforms)

प्रारंभ में, कांग्रेस की माँगें संयत और संतुलित होती थी। उदारवादी नेता शासन में किसी महत्वपूर्ण और मूल-भूत परिवर्तन के समर्थक नहीं थे। वे

परिषदों, नौकरियों, स्थानीय संस्थाओं, रक्षा-सेनाओं आदि में क्रमिक सुधार की माँग करते थे। कोई उदारवादी नेता, प्रशासन में क्रांतिकारी परिवर्तन नहीं चाहते थे। **गुरुमुख निहाल सिंह** ने स्पष्ट शब्दों में लिखा है, "तिलक और संभवत: गोखले को छोड़कर, कांग्रेस के उदार नेता, बलिदान करने एवं स्वतंत्रता के लिए दु:ख सहने को तैयार नहीं थे।"

5. वैधानिक तरीके में विश्वास (Faith in Constitutional Method)

उदारवादियों के राष्ट्रीय आंदोलन का मुख्य साधन वैधानिक तरीका था। वे प्रार्थना, आग्रह, समाचारपत्रों और आवेदन-पत्रों के माध्यम से, अंग्रेजों पर अपना प्रभाव डालते थे। वे किसी भी मूल्य पर सरकार से संघर्ष करना नहीं चाहते थे। वे राजनीतिक सुधार के लिए बार-बार प्रार्थना करते थे और उसके पूरा न होने पर निराशा तथा शर्म का अनुभव नहीं करते थे। **पंडित मदनमोहन मालवीय** के शब्दों में, "यद्यपि अब तक हमारे प्रयत्न में हमें सफलता नहीं मिली, हमें सरकार के पास फिर जाना चाहिए और उनसे प्रार्थना स्वीकार करने के लिए प्रार्थना करनी चाहिए।" उदारवादियों की इस विधि को भिक्षावृत्ति की संज्ञा दी गयी है।

6. ब्रिटेन के साथ अच्छा संबंध (Good Relation with Britain)

उदारवादी नेता ब्रिटेन के साथ स्थायी और अच्छे संबंध बनाए रखने के पक्ष में थे। वे ब्रिटिश शासन को वरदान मानते थे। भारत में आंतरिक शांति बनाये रखने के लिए और बाह्य आक्रमण से बचाने के लिए ब्रिटिश शासन आवश्यक समझा जाता था। **आर.सी. दत्त** ने लिखा है, "शिक्षित भारत ने ब्रिटिश राज के साथ अपने को एकाएक बना लिया है। यह ब्रिटिश राज को हमेशा बनाये रखना चाहता है।" **फिरोजशाह मेहता** का कथन है, "इंग्लैंड और भारत का संबंध इन दोनों देशों और समस्त विश्व की आने वाली पीढ़ियों के लिए वरदान होगा।"

गोपालकृष्ण गोखले के अनुसार, "हमारा भाग्य अंग्रेजों के साथ जुड़ा हुआ है, चाहे वे अच्छे के लिए हो या बुरे के लिए।" **दादाभाई नौरोजी** ने भी लिखा है, "कांग्रेस ब्रिटिश सरकार के विरुद्ध विद्रोह करने वाली संस्था नहीं है, वह तो ब्रिटिश सरकार की नीवं को दृढ़ करना चाहती है।"

7. स्वशासन की प्राप्ति (Achievement of Self-Government)

उदारवादियों का लक्ष्य भारतीयों के लिए स्वशासन की प्राप्ति भी था। वे ब्रिटिश शासन के अंतर्गत स्वशासन की स्थापना करना चाहते थे। भारत

स्वशासन के लिए पूर्ण तैयार था। **सुरेंद्रनाथ बैनर्जी** ने लिखा है, "स्वशासन ईश्वर की प्राकृतिक व्यवस्था और इच्छा है। प्रत्येक राष्ट्र को अपने भाग्य का स्वयं निर्णायक होना चाहिए।" **एनी बेसेंट** का भी कथन था, "स्वतंत्र संस्थाएं मानसिक और नैतिक अनुशासन की सर्वोत्तम शिक्षण-संस्थाएं हैं।"

उदारवादियों की सफलताएँ
(Achievement of the Liberals)

भारतीय राष्ट्रीय आंदोलन के बीच उदारवादियों को निम्नलिखित सफलताएं मिली हैं–

(i) **भारतीय राष्ट्रीयता के जनक** (Founder of the Indian Nationalism)–सर्वप्रथम उदारवादियों ने ही सांप्रदायिकता और प्रांतीयता जैसी संकीर्ण भावनाओं से ऊपर उठकर, लोगों में राष्ट्रीयता की भावना का संचार किया। संपूर्ण भारत में राष्ट्रीयता की आग फैल गयी और लोग स्वशासन तथा प्रशासनिक सुधारों की मांग करने लगे।

(ii) **राजनीतिक शिक्षा** (Political Education)–उदारवादियों ने संपूर्ण भारत में घूमकर लोगों से संपर्क स्थापित किया। लोगों के बीच विचारों का आदान-प्रदान हुआ। वे आपस में मिलकर स्वशासन और प्रशासनिक सुधार की मांग करने लगे। लोगों को प्रजातंत्र और प्रतिनिधि संस्थाओं का महत्व बताया गया। वे राजनीतिक रूप से जागरूक हुए।

(iii) **भारतीय परिषद अधिनियम, 1892** (Indian Council Act, 1892)–उदारवादियों के प्रयत्न के कारण ही, प्रशासन में सुधार लाने के उद्देश्य से भारतीय परिषद अधिनियम, 1892 पारित किया गया। इसके द्वारा प्रांतीय परिषद के अधिकारों और सदस्यों की संख्या में वृद्धि की गयी। भारत में पहली बार स्थानीय संस्थाओं के महत्व पर जोर दिया गया। **गुरुमुख निहाल सिंह** के शब्दों में, 1892 का भारतीय परिषद अधिनियम, शिशु कांग्रेस की ही उपलब्धि थी।

(iv) **भारतीय स्वतंत्रता का आधार** (Base for Indian Independence)–उदारवादियों ने ही भारतीय स्वतंत्रता की नींव डाली। उन्होंने ही भारतीयों को अपने अधिकारों के लिए ब्रिटिश सरकार से संघर्ष करने की शिक्षा दी। उनकी नीतियों में ही परिवर्तन कर बाद में कांग्रेस ने अपना लक्ष्य औपनिवेशिक स्वराज और पूर्ण स्वाधीनता

घोषित किया। **एनी बेसेंट** के शब्दों में, "नरम दल के नेताओं ने ही हमको इस योग्य बनाया कि हम स्वतंत्रता की मांग सरकार के सामने रख सकें।" **के.एम. मुंशी** का भी कथन है, "यदि पिछले तीस वर्षों में कांग्रेस के रूप में, एक अखिल भारतीय संस्था देश के राजनीतिक क्षेत्र में कार्यरत न होती, तो ऐसी अवस्था में गांधीजी का कोई महान आंदोलन सफल नहीं होता।"

उदारवादियों की आलोचनाएँ
(Criticism of the Liberals)

कुछ विद्वानों ने उदारवादियों की आलोचना निम्नलिखित रूप से की है–

(i) **ब्रिटिश शासन के प्रति मिथ्या धारणा** (Wrong Conception Towards the British Rule)–उदारवादियों की यह सबसे बड़ी भूल थी कि वे हमेशा अंग्रेजों की न्यायप्रियता में विश्वास रखते गए तथा ब्रिटिश शासन में आस्था प्रकट की। जिसके कारण उन लोगों के द्वारा छोटी-सी मांग रखने पर भी, अंग्रेजों ने कभी नहीं माना।

(ii) **भिक्षावृति** (Begging)–उदारवादियों के साधन को भिक्षावृति की संज्ञा दी गयी। उन लोगों ने सरकार से कभी संघर्ष करना नहीं चाहा। वे बलिदान देने की स्थिति में नहीं थे। प्रार्थना-पत्र, आग्रह और समाचार-पत्र देने से कोई नाम नहीं हुआ। **गुरुमुख निहाल सिंह** ने ठीक ही कहा है, "तिलक और संभवत: गोखले को छोड़कर कांग्रेस के उदार नेताओं में कोई स्वतंत्रता के लिए व्यक्तिगत बलिदान करने और कष्ट सहने को तैयार नहीं था।"[1]

(iii) **भारत और इंग्लैण्ड का हित एक** (One Interest of India and England)–उदारवादियों की सबसे बड़ी भूल यह थी कि उन लोगों ने भारत और इंग्लैंड के हित को एक माना। वस्तुत:, इंग्लैंड ने कभी-भी भारत का हित नहीं चाहा। वह तो भारत को लूटने और शासन करने आया था। इस भूल के कारण उदारवादियों को अपने उद्देश्य में सफलता नहीं मिली। उन लागों को भीख मांगने पर भी अपमानित होना पड़ा।

---

1. "With the exception of Tilak and possible Gokhale the Moderate Leaders of the Congress were not prepared to make personal sacrifices and suffer hardship for the sake of liberty."—G.N. Singh

(iv) **लाला लाजपतराय** के अनुसार, "कांग्रेस आंदोलन में राष्ट्रीय आंदोलन के तत्वों की कमी थी। यह आंदोलन जनता द्वारा न तो संयोजित था और न उनके द्वारा अनुप्राणित था।"

निष्कर्ष—उपर्युक्त आलोचनाओं के आधार पर यह नहीं समझ लेना चाहिए कि 1885 से 1905 का उदारवादी आंदोलन बिल्कुल निरर्थक रहा। वस्तुत:, उदारवादियों का प्रारंभ में जो लक्ष्य था, उसकी प्राप्ति की गयी। सीमित साधनों में उन लोगों को जो सफलताएं मिलीं, वह सराहनीय है। इसकी पुष्टि निम्नलिखित विद्वानों के मत से होती है।

सर हेनरी कॉटन—"कांग्रेस के सदस्य किसी भी दशा में सरकारी नीति में परिवर्तन लाने में सफल नहीं हुए, लेकिन अपने देश के इतिहास के विकास में और देशवासियों के चरित्र-निर्माण में निश्चित रूप से उन्होंने सफलता प्राप्त की।"

ए.आर. देसाई—"वे प्रथम अखिल भारतीय राजनीतिक राष्ट्रीय संगठन के संस्थापक थे। उन्होंने देश के विभिन्न वर्गों को राष्ट्रीय चेतना से अनुप्राणित किया। उन्होंने भारतीयों को, भारतीय जैसा अनुभव करने के लिए कहा, चाहे उनमें प्रांतीय या सांप्रदायिक विभेद ही क्यों न हो।"[1]

पट्टाभि सीतारमैय्या के शब्दों में, "प्रारंभिक राष्ट्रवादियों ने आधुनिक स्वतंत्रता की इमारत की नींव डाली। उनके ही प्रयत्नों से इस नींव पर एक-एक मंजिल करके, इमारत बनती गयी—पहले उपनिवेशों के ढंग का शासन, फिर साम्राज्य के अंतर्गत होमरूल, इससे ऊपर स्वराज और अंत में पूर्ण स्वाधीनता की मंजिल।"[2]

गुरुमुख निहाल सिंह ने उदारवादियों की सफलता पर बड़े ही सुंदर शब्दों में लिखा है, "प्रारंभिक कांग्रेस ने राजभक्ति की प्रतिज्ञाओं, नरम नीति, आवेदन, भिक्षावृति आदि के बावजूद उन दिनों राष्ट्रीय जागरण, राजनीतिक

---

1. "They were the architect of the first all India Political National Organisation. They infused National consciousness among sections of the Indian people... they exhorted them to feel as Indians, irrespective of all provincial or communal distinctions."—A.R. Desai, *Social Background of Indian Nationalism.*
2. "The early Nationalists have made possible super-structure storey by storey, of colonial self-government Home Rule within the Emire, Swarajaya and on the top of all complete Independence."—P. Sitaramayya.

शिक्षा, भारतीयों को एक सूत्र में बाँधने और उनमें सामान्य राष्ट्रीयता की भावना का निर्माण करने के लिए कठिन परिश्रम किया था।"[1]

अंत में, कहा जा सकता है कि यद्यपि उदारवादियों का कुछ भी प्रभाव अंग्रेजों पर नहीं पड़ा, फिर भी उन लोगों ने राष्ट्रीय चेतना और स्वतंत्रता-संग्राम के मार्ग को प्रशस्त किया। जिसके फलस्वरूप 15 अगस्त, 1947 को भारत स्वतंत्र हुआ।

उदारवादी नेता[2]
(The Liberal Leaders)

उदारवादी युग के प्रमुख नेताओं की जीवनी और कार्यशैली का ज्ञान आवश्यक है।

ए.ओ. ह्यूम (Allan Octavian Hume)

ए.ओ. ह्यूम स्कॉटलैंड के निवासी थे। उन्हीं के अथक प्रयास से 1885 में भारतीय राष्ट्रीय कांग्रेस की स्थापना हुई। गांधी ने उन्हें कांग्रेस का जनक कहा है। 1870 से 1879 तक ह्यूम, भारत सरकार के सचिव के पद पर थे। लेकिन, भारतीयों के प्रति सहानुभूति रखने के कारण 1880 में उन्हें अपने पद से सेवा निवृत्ति लेनी पड़ी।

ह्यूम भारत में सामाजिक सुधार लाना चाहते थे। इस संबंध में उन्होंने लॉर्ड डफरिन और इंग्लैंड जाकर अन्य नेताओं से परामर्श लिया। 1883 में उन्होंने एक राष्ट्रीय सम्मेलन बुलाया। कलकत्ता विश्वविद्यालय के विद्यार्थियों को सम्मेलन में भाग लेने के लिए ललकारा। जिसके फलस्वरूप, 1884 में इंडियन नेशनल यूनियन की स्थापना हुई। उन्हीं के प्रयास से 28 दिसम्बर, 1885 को बंबई में राष्ट्रीय सम्मेलन हुआ। जिसमें इंडियन नेशलन यूनियन का नाम बदलकर भारतीय राष्ट्रीय कांग्रेस की नींव डाली गयी।

कुछ विद्वानों का मत है कि ह्यूम ने कांग्रेस की स्थापना ब्रिटिश साम्राज्य की रक्षा के लिए की थी। लेकिन, परिणाम विपरीत निकला। ह्यूम ने **जनता**

---

1. "The early Congress with all its professions of loyalty studied moderation and appealing, begging tone, did in those days a great amount of spadework in National awakening, Political Education and in uniting Indians and in creating in them the consciousness of a common Nationality."—G.N. Singh
2. स्मरण हेतु उदारवादी नेता का फॉर्मूला: **बनौगो**–बनर्जी, नौरोजी एवं गोखले।

का मित्र[1] नामक एक पत्रिका का प्रकाशन भी किया। वे गरीब जनता के मसीहा थे। वे ब्रिटिश सरकार के मित्र के साथ ही, उसके कट्टर आलोचक भी थे। उन्होंने ब्रिटिश सरकार की गलत नीतियों की हमेशा आलोचना की। उन्होंने अंतिम समय तक कांग्रेस में रहकर भारत की सेवा की। **लाला लाजपतराय** ने कहा है, "ह्यूम स्वतंत्रता के पुजारी थे और उनका हृदय भारत की निर्धनता और दुर्दशा पर रोता था। वे इस बात को अच्छी तरह समझते थे कि कोई भी शासन चाहे देशी हो या विदेशी, बिना किसी दबाव के, जनता की मांगों को पूरी नहीं करता है।"

गोपालकृष्ण गोखले ने ह्यूम की प्रशंसा करते हुए लिखा है, "कोई भारतीय राष्ट्रीय कांग्रेस की स्थापना नहीं कर सकता था। ....राजनीतिक आंदोलन उस समय शंका की दृष्टि से देखा जाता था। अगर कांग्रेस का जन्मदाता इतना महान अंग्रेज तथा प्रमुख गैर-सरकारी व्यक्ति न होता, तो सरकार इस आंदोलन के दमन के लिए अवश्य कोई उपाय ढूंढ निकालती।"

दादा भाई नौरोजी 1825-1917 (Dada Bhai Naoroji)

दादा भाई नौरोजी का जन्म 4 सितंबर, 1825 को बंबई में हुआ था। वे सच्चे देशभक्त और समाज सुधारक थे। कुछ दिनों तक वे प्रधानाध्यापक के पद पर कार्यरत रहे। भारतीय राष्ट्रीय आंदोलन के इतिहास में उनका नाम सर्वप्रथम आता है। वे भारत के वयोवृद्ध महापुरुष[2] थे। उन्होंने 61 वर्षों तक राष्ट्र की सेवा की। **चिंतामणि** ने लिखा है, "दादाभाई नौरोजी विकट परिस्थितियों से लड़ते हुए, पूर्ण नि:स्वार्थ और विश्वास के साथ एक उद्देश्य के लिए मातृभूमि की सेवा करते रहे। वे आत्माओं में महान, निर्णयों में अधिक उदार तथा अजातशत्रु थे। व्यक्तिगत चरित्र और सार्वजनिक क्षेत्र में महान दादाभाई नौरोजी अपने देशवासियों के लिए एक अनुकरणी आदर्श थे।"

दादाभाई नौरोजी ने भारत में लगभग तीस सार्वजनिक संस्थाओं की स्थापना की। उन्होंने ब्रिटेन में **इंडिया सोसाइटी** तथा **ब्रिटिश इंडिया सोसाइटी** की नींव डाली। वे एक प्रसिद्ध पत्रकार थे। उन्होंने बंबई में पहला समाचार-पत्र **वायस ऑफ इंडिया** प्रकाशित किया।

दादाभाई नौरोजी पक्के उदारवादी थे। वे अंग्रेजों की न्यायप्रियता और ईमानदारी में विश्वास करते थे। वे पश्चिमी सभ्यता, संस्कृति और शिक्षा के बड़े प्रशंसक थे। वे बड़े शांत और संयत स्वभाव के थे। वे प्रशासन में क्रमिक

1. People's Friend.
2. The grand old man of India.

सुधार चाहते थे। वे अंग्रेजों की प्रशंसा में लिखते हैं, "यद्यपि जॉन बुल थोड़ा मंद बुद्धि का है, फिर भी एक बार उसे कोई बात समझा दी जाए कि वह ठीक और उचित है, तो आप उसके व्यवहार रूप में लाने के प्रति आशावाद हो सकते थे।"[3]

दादाभाई नौरोजी का व्यक्तित्व इतना निराला और लोकप्रिय था कि वे भारतीय राष्ट्रीय कांग्रेस के 1886, 1893 और 1906 में अध्यक्ष निर्वाचित हुए। बंग-भंग (1905) से इनका विश्वास, अंग्रेजों पर से उठ गया। 1906 में उन्होंने कांग्रेस में फूट होने से बचाया तथा स्वराज का नारा दिया। उनकी अध्यक्षता में कांग्रेस ने तीन क्रांतिकारी सिद्धांत अपनाये–

(क) विदेशी वस्तुओं का बहिष्कार,

(ख) स्वदेशी वस्तुओं का प्रचार, और

(ग) लड़के तथा लड़कियों के लिए राष्ट्रीय शिक्षा का विकास।

दादाभाई नौरोजी ने एक पुस्तक, भारत में **निर्धनता और अ-ब्रिटिश राज्य**[4] की रचना की। इसमें उन्होंने अंग्रेजों को भारत के आर्थिक शोषक के रूप में चित्रित किया। भारत का असीमित धन इंग्लैंड भेजा जा रहा है। इसलिए दिनोंदिन भारत गरीब होता जा रहा है।

दादाभाई नौरोजी के चमत्कारिक व्यक्तित्व के संबंध में **गोखले** ने लिखा है, "यदि किसी व्यक्ति में भगवान वास करता है, तो वह दादाभाई नौरोजी में है।" **चिंतामणि** के अनुसार, "उनसे अधिक सज्जन व्यक्ति का मैंने कभी दर्शन नहीं किया। उनकी तो उपस्थिति मात्र ही श्रद्धा का संचार करती थी।"

पट्टाभि सीतारमैय्या ने बड़े ही सुंदर शब्दों में कहा है, "कांग्रेस के प्रारंभ से लेकर अपने जीवनपर्यंत, उसकी सेवा करते रहे, उन्होंने कांग्रेस को सर्वसाधारण की शासन संबंधी शिकायतें कराने का प्रयत्न करने वाली सभा से बढ़ाकर, एक राष्ट्रीय सभा का रूप प्रदान किया जिसका उद्देश्य स्वराज प्राप्त करना था।"

दादाभाई नौरोजी पहले भारतीय थे, जो ब्रिटिश हॉउस ऑफ कॉमन्स के सदस्य चुने गए तथा इंग्लैंड में ही बस गए।

---

3. "Although John Bull is a little thick headed, yet once we can penetrate his head into his brain that certain thing is right and proper, you may be quite sure that will be done."—Dadabhai Naoroji.
4. Poverty and un-British Rule in India.

सुरेंद्रनाथ बैनर्जी: 1848-1925
(Surendra Nath Banerjee)

सुरेंद्रनाथ कांग्रेस के एक संस्थापक सदस्य थे। उनका जन्म बंगाल के एक कुलीन ब्राह्मण परिवार में, 1848 में हुआ था। वे पढ़ने में बड़े मेधावी थे। 1869 में इंग्लैंड में हुए आई.सी.एस. की परीक्षा में उत्तीर्ण हुए, लेकिन तकनीकी गलती के कारण उन्हें अयोग्य घोषित किया गया। न्यायालय की अपील के बाद उन्हें नियुक्त किया गया। लेकिन उन पर कुछ आरोप लगाकर दो वर्षों के बाद उन्हें पदच्युत कर दिया गया।

नौकरी से हटने के बाद सुरेंद्रनाथ बैनर्जी सामाजिक और राजनीतिक सुधार के काम में लग गये। उन्होंने रिपन कॉलेज की स्थापना की और उसमें उन्होंने प्रोफेसर के पद पर भी काम किया। 1876 में उन्होंने **इंडियन एसोसिएशन** की स्थापना की और देश सेवा में लग गए। उन्होंने बंगाली नामक समाचार पत्र का भी संपादन किया। उन्होंने ह्यूम के सहयोग से 1885 में कांग्रेस की स्थापना में सक्रिया भाग लिया। उन्होंने कांग्रेस के अध्यक्ष पद का भार दो बार सँभाला।

सुरेंद्रनाथ बैनर्जी महान देशभक्त और शिक्षा प्रेमी थे। वे बहुत बड़े वक्ता थे। उनकी तुलना ग्लैडस्टन से की जाती थी। **सर हेनरी कॉटन** का कथन था, "उनकी वाणी में किसी भी विद्रोह को प्रारंभ करने और दबाने की शक्ति थी। पेशावर से चटगाँव और संपूर्ण दक्षिण भारत, उनकी वाणी से प्रभावित था।"

सुरेंद्रनाथ बैनर्जी एक उदारवादी नेता थे। उनमें अंग्रेजों की न्यायप्रियता और सच्चाई में विश्वास रखते थे। उनके हृदय में पश्चिमी शिक्षा, सभ्यता और संस्कृति के लिए बड़ा आदर था। वे क्रमिक रूप से प्रशासन में सुधार चाहते थे। उनका तरीका वैधानिक था।

लेकिन, 1905 बंग-भंग आंदोलन में सुरेंद्रनाथ बैनर्जी का अंग्रेजों के प्रति मोह भंग हुआ। उन्होंने लॉर्ड कर्जन की नीति का घोर विरोध किया। बंग-भंग आंदोलन में उन पर लाठी का प्रहार किया गया। अब वे अंग्रजों के कट्टर दुश्मन हो गए। उन्होंने अंग्रेजों को ललकारते हुए कहा, "मैं इस सभा को स्मरण करा दूँ कि भारतीय हिंदू, मुझे जिस जाति का होने का गौरव है, एक उच्च प्राचीन रक्त के वंशज हैं और जिस समय यूरोप के सबसे सभ्य राष्ट्रों के पूर्वज जंगलों तथा गुफाओं में घूमते थे, हमारे पूर्वजों ने बड़े-बड़े साम्राज्य स्थापित कर लिए थे। वे एक धर्म पद्धति और सुंदर भाषा का जन्म दे चुके थे, जिसकी प्रशंसा सभ्य संसार आज भी करता है।"

1919 में सुरेंद्रनाथ बैनर्जी ने द्वैध शासन में बंगाल में मंत्री के पद को सुशोभित किया। ब्रिटिश सरकार ने उनकी सेवाओं से प्रसन्न होकर उन्हें सर की उपाधि दी। उन्होंने अपनी आत्मकथा लिखी, जिसका नाम **ए-नेशन इन दी मेंकिंग**[1] था। वे कांग्रेस के जन्मदाता, राष्ट्रीयता के संचालक और वैधानिक विधि के अग्रदूत थे। 1925 में भारत के इस सपूत का आकस्मिक निधन हो गया।

गोपालकृष्ण गोखले: 1866-1915
(Gopal Krishna Gokhale)

जन्म, शिक्षा एवं पेशा—गोपालकृष्ण गोखले का जन्म महाराष्ट्र के कोल्हापुर में, 1866 में हुआ था। वे बचपन से ही असाधारण प्रतिभा के धनी थे। अठारह वर्ष की उम्र में उन्होंने अपना जीवन एक स्कूल शिक्षक के रूप में प्रारंभ किया और आगे चलकर फरगुसन कॉलेज के प्राचार्य पद को सुशोभित किया। वे 22 वर्ष की उम्र में, बंबई विधान परिषद के सदस्य तथा 39 वर्ष में कांग्रेस के अध्यक्ष बने। यह उनकी विलक्षण प्रतिभा को प्रदर्शित करता है।

राजनीतिक जीवन—गोखले का राजनीतिक जीवन 1889 से प्रारंभ हुआ, जब वे कांग्रेस के सदस्य बने। उन्होंने गरीबों और किसानों के लिए संघर्ष किया। 1897 में, वे **रॉयल कमीशन** के सामने विरोध प्रकट करने के लिए, इंग्लैंड भेजे गए। 1902 में वे **राजकीय विधायिका परिषद** के सदस्य बने जहाँ कर्जन की नीति का जमकर विरोध किया। 1905 में वे कांग्रेस के बनारस अधिवेशन में अध्यक्ष नियुक्त किए गए। 1909 में मार्ले-मिण्टो सुधार में उन्होंने सक्रिय भाग लिया। 1912 में जाति-विभेद के विरुद्ध छेड़े गए आंदोलन में गांधीजी की सहायता के लिए गोखले अफ्रीका गए।

उदारवादी नेता—गोखले एक आदर्शवादी नेता थे। वे अंग्रेजों की न्यायप्रियता और सच्चाई में विश्वास करते थे। उनको ब्रिटिश शासन पर पूरी अस्था थी। उनके शब्दों में, "भारत का शानदार भविष्य अंग्रेजी ताज की अबाध सर्वोच्चता में ही प्राप्त किया जा सकता है।" अतएव भारतीयों को अंग्रेजों से स्वराज के स्थान पर प्रशासनिक सुधार की मांग करना चाहिए। तिलक ने उन्हीं विचारों के कारण गोखले को एक दुर्बल हृदय उदारवादी कहा। इसके विपरीत, ब्रिटिश सरकार ने उन्हें एक छिपे हुए राजद्रोही की संज्ञा दी। लेकिन इन दोनों विचारों को गलत बताया गया है। **पट्टाभि सीतारमैय्या** ने कहा है, "वास्तव में वे न तो दुर्बल हृदय उदारवादी थे और न ही छिपे हुए राजद्रोही ही; वे तो जनता तथा

1. A Nation in the Making.

सरकार के बीच एक सच्चे मध्यस्थ थे। वे जनता की आवश्यकताएँ, इच्छाएँ, आकांक्षाएँ तथा सरकार की कठिनाइयाँ जनता एवं कांग्रेस के सामने रखते थे।"

1905 में गोखले ने जनता की सेवा के लिए सर्वेंट्स ऑफ इंडिया सोसाइटी[1] की स्थापना की। श्रीनिवास शास्त्री, पंडित हृदयनाथ कुँजरू और अमृत लाल ठक्कर जैसे देशभक्त इसी संस्था की देन थे। वस्तुतः गोखले राष्ट्रीय आंदोलन के महान सपूत, पक्के देश भक्त और गरीबों के सेवक थे। 19 फरवरी, 1915 को, इनका आकस्मिक निधन हो गया।

महान व्यक्तित्व–गोखले के महान व्यक्तित्व पर कुछ नेताओं का मत इस प्रकार है–

पट्टाभि सीतारमैय्या, "उनमें कड़ी से कड़ी बात को भी मधुर भाषा में कहने का बड़ा गुण था।"

लॉर्ड कर्जन, "ईश्वर ने आपको असाधारण योग्यताएँ प्रदान की हैं और आपने निःसंकोच उन्हें देश सेवा में लगा दिया है।"

नेशन समाचार पत्र, "इंग्लैंड में गोखले के समान कोई कूटनीतिज्ञ नहीं है और गोखले एस्क्विथ (तत्कालीन ब्रिटिश प्रधानमंत्री) से भी महान है।"

लाला लाजपतराय–"गोखले की देशभक्ति सबसे ऊँची और विस्तृत थी।"

तिलक–"गोखले भारत का हीरा, महाराष्ट्र का रत्न और मजदूरों के राजा थे।"

महात्मा गांधी, "सर फिरोजशाह मेहता मुझे हिमालय की तरह अगम्य प्रतीत हुए, लोकमान्य तिलक समुद्र की तरह प्रतीत हुए, जिसमें व्यक्ति सरलता से गोता नहीं लगा सकता, लेकिन गोखले गंगा के समान थे, जो व्यक्तियों को अपने पास बुलाते थे। राजनीति के क्षेत्र में मेरे हृदय में गोखले के जीवन का जो स्थान था, वह अब भी है।"

गोखले के व्यक्तित्व का इतना अधिक प्रभाव गांधीजी के राजनीतिक जीवन पर पड़ा कि उन्होंने गोखले को अपना राजनीतिक गुरू घोषित किया। भारतीय राष्ट्रीय आंदोलन के इतिहास में गोखले का नाम स्वर्णक्षरों से अंकित है।

सर फिरोजशाह मेहता
(Sir Firoz Shah Mehta)

राजनीतिक जीवन–उदारवादी आंदोलन के एक अमर सेनानी फिरोजशाह मेहता भी थे। वे दादाभाई नौरोजी के अनुयायी थे। दादाभाई से उनकी भेंट

1. Servants of India Society.

विद्याध्यपन के समय इंग्लैंड में हुई। वे भारत लौटकर कांग्रेस के सदस्य बने और देश सेवा में लग गए। कांग्रेस के छठे अधिवेशन में उनको अध्यक्ष चुना गया। उनका कार्यक्षेत्र बंबई कारपोरेशन, वायसराय की कौंसिल, बंबई प्रांतीय सभा, कांग्रेस की समितियाँ, प्रतिनिधि मंडल आदि थे। 1909 में वे कांग्रेस के पुनः अध्यक्ष निर्वाचित हुए और इस सूरत अधिवेशन में नरम दल वालों का साथ दिया।

ब्रिटिश शासन के प्रशंसक–फिरोजशाह मेहता अंग्रेजों की न्यायप्रियता, सच्चाई और ईमानदारी में विश्वास रखते थे। वे ब्रिटिश शासन को भारत के लिए वरदान मानते थे। उनकी अंग्रेजी शिक्षा और संस्कृति में पूरी आस्था थी। उनके शब्दों में, "मुझे अंग्रेजी सभ्यता और शिक्षा में असीम श्रद्धा है। अंग्रेजी जीवन और समाज के सब नैतिक, सामाजिक, बौद्धिक तथा राजनीतिक बल धीरे-धीरे, पर अनिवार्यतः हमें उस ओर ले जा रहे हैं, जहाँ इंग्लैंड और भारत का संबंध उन दोनों के लिए तथा सारे संसार के लिए अनंत पीढ़ियों तक एक वरदान होगा।" वे अंग्रेजी शासन के प्रशंसक थे, इसलिए अंग्रेजों ने उन्हें सर की उपाधि दी। 1915 में उनका निधन हो गया।

प्रश्न
(Questions)

1. भारतीय राष्ट्रीय कांग्रेस के जन्म के प्रमुख कारणों का वर्णन करें।
   Describe the main causes of the birth of the Indian National Congress.
2. कांग्रेस के प्रारंभिक अधिवेशनों और उद्देश्यों की समीक्षा करें।
   Examine the early sessions and aims of the Congress.
3. उदारवादियों के प्रमुख आदर्शों की विवेचना कीजिए।
   Discuss the main Ideals of the Liberals.
4. उदारवादी आंदोलन की सफलताओं और विफलताओं पर प्रकाश डालिए।
   Throw light on the successes and failures of the Liberal Movement.
5. भारतीय राष्ट्रीय आंदोलन के उदारवादी चरण की भूमिका की विवेचना कीजिए।
   Discuss the role of the Liberal Phase of the Indian National Movement.

6. भारतीय राष्ट्रीय आंदोलन में उदारवादी परंपरा से आप क्या समझते हैं? उसकी क्या विशेषताएँ थी?
   What do you mean by liberal tradition in the Indian National Movement? What were its characteristics.
7. भारतीय राष्ट्रीय आंदोलन में उदारवादियों की भूमिका का वर्णन करें।
   Describe the role of Liberals in the National Movement of India.
8. भारतीय राष्ट्रीय आंदोलन में दादाभाई नौरोजी और ए.ओ. ह्यूम की भूमिका को स्पष्ट करें।
   Explain the role of Dadabhai Naoroji and A.O. Hume in the Indian National Movement.
9. भारतीय राष्ट्रीय आंदोलन में सुरेंद्रनाथ बैनर्जी या गोपालकृष्ण गोखले के योगदानों की समीक्षा करें।
   Examine the contributions of Surendra Nath Banerjee or Gopal Krishna Gokhale in the Indian National Movement.

वस्तुनिष्ठ प्रश्न
(Objective Questions)

1. इनमें कौन उदारवादी नेता नहीं थे?
   (क) बाल गंगाधर तिलक (ख) दादाभाई नौरोजी
   (ग) सुरेंद्रनाथ बैनर्जी (घ) गोपालकृष्ण गोखले
2. भारत में स्थानीय सरकार का जनक कौन माना जाता है?
   (क) लॉर्ड कार्नवालिस (ख) लॉर्ड रिपन
   (ग) लॉर्ड बेंटिक (घ) इनमें से कोई नहीं
3. निम्नलिखित में से किस जगह कांग्रेस का प्रथम सम्मेलन संपन्न हुआ था?
   (क) पटना (ख) कलकत्ता (ग) बम्बई (घ) दिल्ली
4. अखिल भारतीय राष्ट्रीय कांग्रेस की स्थापना किस वर्ष हुई?
   (क) 1785 (ख) 1884 (ग) 1883 (घ) 1885
5. भारतीय राष्ट्रीय कांग्रेस के जनक कौन हैं?
   (क) ए.ओ. ह्यूम (ख) दादाभाई नौरोजी
   (ग) सुरेंद्रनाथ बैनर्जी (घ) गोपालकृष्ण गोखले

6. भारतीय राष्ट्रीय कांग्रेस के प्रथम अध्यक्ष कौन थे?
   (क) सुरेंद्रनाथ बैनर्जी (ख) उमेश चंद्र बैनर्जी
   (ग) ए.ओ. ह्यूम (घ) दादा भाई नौरोजी
7. भारतीय राष्ट्रीय कांग्रेस की स्थापना 1885 में किस तिथि को हुई थी?
   (क) 28 नवंबर (ख) 30 दिसम्बर
   (ग) 28 दिसम्बर (घ) 28 जनवरी
8. भारतीय राष्ट्रीय आंदोलन का पहला चरण कौन सा है?
   (क) उग्रवादी युग (ख) गांधीवादी युग
   (ग) क्रांतिकारी युग (घ) उदारवादी युग
9. इंडियन नेशनल यूनियन की स्थापना किसने की?
   (क) ए.ओ. ह्यूम (ख) सुरेंद्रनाथ बैनर्जी
   (ग) फिरोजशाह मेहता (घ) लॉर्ड रिपन
10. भारतीय राष्ट्रीय कांग्रेस के दूसरे अधिवेशन के अध्यक्ष कौन थे?
   (क) ए.ओ. ह्यूम (ख) दादाभाई नौरोजी
   (ग) बदरूद्दीन तैयबजी (घ) सुरेंद्रनाथ बैनर्जी
11. कांग्रेस का तीसरा अधिवेशन किस स्थान पर हुआ था?
   (क) कलकत्ता (ख) दिल्ली (ग) मद्रास (घ) बम्बई
12. कांग्रेस का दूसरा अधिवेशन कहाँ हुआ था?
   (क) मद्रास (ख) अहमदाबाद (ग) पूना (घ) कलकत्ता
13. "यद्यपि अब तक हमारे प्रयत्न में हमें सफलता नहीं मिली, हमें सरकार के पास फिर जाना चाहिए और उनसे प्रार्थना स्वीकार करने के लिए प्रार्थना करनी चाहिए।" यह कथन किसका है?
   (क) मदनमोहन मालवीय (ख) गांधी
   (ग) सुरेंद्रनाथ बैनर्जी (घ) दादाभाई नौरोजी
14. "नरम दल के नेताओं ने ही हमको इस योग्य बनाया कि हम स्वतंत्रता की मांग सरकार के सामने रख सके।" यह कथन किसका है?
   (क) सरोजिनी नायडू (ख) एनी बेसेंट
   (ग) गोखले (घ) तिलक
15. ए.ओ. ह्यूम कहाँ के निवासी थे?
   (क) इंग्लैंड (ख) हॉलैंड (ग) स्कॉटलैंड (घ) नार्वे

16. दादाभाई नौरोजी का जन्म कहाँ हुआ था?
    (क) सिंध (ख) अहमदाबाद (ग) अमृतसर (घ) बम्बई
17. "ब्रिंटिश इंडियन सोसाइटी" की स्थापना किसने की थी?
    (क) दादाभाई नौरोजी (ख) फिरोजशाह मेहता
    (ग) गोखले (घ) सुरेंद्रनाथ बैनर्जी
18. इंडियन एसोसिएशन की स्थापना किसने की थी?
    (क) दादाभाई नौरोजी (ख) सुरेंद्रनाथ बैनर्जी
    (ग) फिरोजशाह मेहता (घ) ए.ओ. ह्यूम
19. *ए नेशन इन द मेकिंग* पुस्तक के रचयिता कौन हैं?
    (क) दादाभाई नौरोजी (ख) उमेशचंद्र बैनर्जी
    (ग) सुरेंद्रनाथ बैनर्जी (घ) ए.ओ. ह्यूम
20. सर्वेंट्स ऑफ इंडिया सोसाइटी की स्थापना किसने की थी?
    (क) दादाभाई नौरोजी (ख) सुरेंद्रनाथ बैनर्जी
    (ग) ए.ओ. ह्यूम (घ) गोखले
21. महात्मा गांधी किसे अपना राजनीतिक गुरू मानते थे?
    (क) गोखले (ख) तिलक
    (ग) दादाभाई नौरोजी (घ) लाला लाजपतराय
22. उदारवादियों का साधन क्या था?
    (क) क्रांतिकारी (ख) वैधानिक
    (ग) सत्याग्रह (घ) उपवास
23. "यदि किसी व्यक्ति में भगवान वास करता है, तो वह दादाभाई नौरोजी में था।" यह कथन किसका है?
    (क) तिलक (ख) ह्यूम
    (ग) गोखले (घ) फिरोजशाह मेहता
24. "ईश्वर ने आपको असाधारण योग्यताएँ प्रदान की है और आपने नि:संकोच उन्हें देश सेवा में लगा दिया है।" यह कथन किसका है?
    (क) लॉर्ड रिपन (ख) लॉर्ड मॉर्ले
    (ग) ह्यूम (घ) लॉर्ड कर्जन
25. "गोखले भारत का हीरा, महाराष्ट्र का रत्न और मजदूरों के राजा थे।" यह कथन किसका है?
    (क) तिलक (ख) गांधी
    (ग) नेहरू (घ) लाला लाजपतराय

उत्तर
(Answers)

1. (क) 2. (ख) 3. (ग) 4. (घ) 5. (क) 6. (ख) 7. (ग) 8. (घ) 9. (क) 10. (ख) 11. (ग) 12. (घ) 13. (क) 14. (ख) 15. (ग) 16. (घ) 17. (क) 18. (ख) 19. (ग) 20. (घ) 21. (क) 22. (ख) 23. (ग) 24. (घ) 25. (क)

4

उग्रवादी आंदोलन (1906-1918)
(Extremist Movement)

भूमिका
(Introduction)

भारतीय राष्ट्रीय आंदोलन का दूसरा चरण उग्रवादी आंदोलन से प्रारंभ होता है। इसकी अवधि 1906 से 1918 तक मानी जाती है। उन्नीसवीं सदी के अंत में और बीसवीं सदी के प्रारंभ में, कुछ ऐसी घटनाएँ घटीं, जिनके कारण उदारवादियों के सुधारवादी तथा शांतिपूर्ण साधन की नीतियों के प्रति, भारतीय युवकों में एक प्रकार की प्रतिक्रिया उत्पन्न हुई। उनके दृष्टिकोण में आमूल परिवर्तन हुआ। अंग्रेजों की न्यायप्रियता, सच्चाई और ईमानदारी से नई पीढ़ियों का विश्वास उठ गया। उदारवादियों के वैधानिक साधनों और भिक्षावृत्ति के स्थान पर संघर्षपूर्ण साधनों का उदय होने लगा। भारतीय राष्ट्रीय आंदोलन के रंगमंच पर लाला लाजपतराय, लोकमान्य बालगंगाधर तिलक, विपिनचंद्र पाल और अरविंद घोष, जैसे नेताओं का पदार्पण हुआ। इन लोगों के विचार कठोर और संघर्षपूर्ण थे। इन नेताओं ने उदारवादियों की भिक्षावृत्ति नीति को छोड़ा और **तिलक** ने कहा, "हमें राजनीतिक अधिकारों के लिए संघर्ष करना पड़ेगा। उदारवादी यह समझते थे कि केवल प्रार्थना करने से ही यह अधिकार प्राप्त हो सकते हैं, लेकिन उनका यह दृष्टिकोण गलत था।" उन्होंने कांग्रेस की बागडोर को सँभालते हुए निर्भीकतापूर्वक कहा, "स्वतंत्रता हमारा जन्मसिद्ध अधिकार है और हम इसे लेकर रहेंगे।"[1]

लाल, बाल और **पाल** के नेतृत्व में राष्ट्रीय आंदोलन ने एक नया मोड़ लिया। इस आंदोलन ने मध्यम और शिक्षित वर्ग के हाथों से निकलकर

1. "Freedom is our Birth Right and we shall have it."—Tilak

जनांदोलन का रूप लिया। इसमें उग्र विचारों, संघर्षपूर्ण नीतियों और उग्र साधनों का समावेश किया गया। इसलिए इसका नाम उग्रवादी आंदोलन पड़ा।

उग्रवादी आंदोलन में दो प्रकार की विचारधाराओं का विकास हुआ– (क) उग्रवादी, और (ख) क्रांतिकारी या आतंकवादी। दोनों का उद्देश्य एक था–पूर्ण स्वराज्य की प्राप्ति; लेकिन, केवल दोनों के साधनों में अंतर था।

उग्रवाद के उदय के कारण
(Causes for the Rise of Extremism)

भारतीय राष्ट्रीय राजनीति में उग्रवाद के उदय होने के निम्नलिखित कारण विशेष रूप से विचारणीय है।

1. सरकार द्वारा प्रारंभिक कांग्रेस की मांगों की उपेक्षा (Government's Indifference Towards the Demand of the Early Congress)–प्रारंभ में कांग्रेस का मूल उद्देश्य, ब्रिटिश सरकार को प्रशासनिक और आर्थिक सुधारों की ओर ध्यान आकर्षित कराना था। कांग्रेस की मांगों के अनुरूप अंग्रेजों ने कुछ सुधार-संबंधित कानूनों का निर्माण किया। भारतीय परिषद अधिनियम, 1892 के द्वारा केन्द्रीय और प्रांतीय परिषद के गठन एवं शक्तियों में कुछ सुधार लाया गया। लेकिन, इससे भारतीयों को संतोष नहीं हुआ। प्रत्येक वर्ष कांग्रेस प्रशासन में सुधार लाने हेतु अपना प्रस्ताव प्रस्तुत करती रही, लेकिन ब्रिटिश सरकार ने इस ओर कोई ध्यान नहीं दिया। जिसके कारण, युवकों का सांविधानिक साधनों और कांग्रेस की भिक्षावृत्ति नीति से विश्वास समाप्त होने लगा। उन लोगों ने उग्रवादी और क्रांतिकारी मार्ग को अपनाना उचित कहा था, "कांग्रेस की नरमी और राजभक्ति की नीति, लक्ष्य को प्राप्त करने योग्य नहीं है। केवल प्रस्ताव पारित करने और अंग्रेजों के सामने हाथ फैलाने से राजनीतिक अधिकार प्राप्त नहीं होंगे, बल्कि उसके लिए संघर्ष करना होगा।"

लाला लाजपतराय का भी कथन था, "भारतीयों को अब भिखारी बने रहने में ही संतोष नहीं करना चाहिए और न उन्हें अंग्रेजों की कृपा पाने के लिए गिड़गिड़ाना चाहिए।"

2. आर्थिक दुर्दशा (Economic Destitution)–उन्नीसवीं सदी के अंत में, भारत के विभिन्न भागों में बेकारी, भुखमरी और अकाल का साम्राज्य छाया हुआ था। 1876 से 1900 तक भारत में अनेक बार दुर्भिक्ष का प्रकोप हो चुका था। ब्रिटिश सरकार की आर्थिक नीति के कारण भारतीयों में असंतोष की लहर फैली हुई थी। उनका मुख्य उद्देश था, अंग्रेज व्यापारियों और उद्योगपतियों

का हित करना, न कि भारतीयों का। कपास पर आयात-कर बढ़ाया गया। भारतीय मिलों में उत्पादित-माल पर उत्पादन-कर लगाया गया। जिसके कारण, भारतीय माल महँगा हुआ और विदेशी माल सस्ता। इससे भारतीय उद्योगों को काफी क्षति हुई। यहाँ का व्यापार चौपट होने लगा। कांग्रेस के नेता ब्रिटिश सरकार की आर्थिक नीति का विरोध करने लगे तथा संपूर्ण भारत में विदेशी वस्तुओं का बहिष्कार होने लगा। दादाभाई नौरोजी ने अपनी पुस्तक **निर्धनता** और **अ-ब्रिटिश शासन** भारत में, देश में गरीबी और भुखमरी के लिए ब्रिटिश सरकार को दोषी ठहराया तथा उसकी आर्थिक नीतियों की कड़ी आलोचना की।

3. प्लेग का प्रकोप (Terror of Plague)–अकाल के साथ-साथ, 1877-98 में बंबई प्रांत में प्लेग फैला। पूना क्षेत्र में भयंकर प्लेग हुआ। जिसके कारण लाखों लोग मर गए। इस महामारी को रोकने के लिए ब्रिटिश सरकार ने जो कदम उठाया, उससे भारतीयों को काफी असंतोष हुआ। प्लेग कमिश्नर रैंड ने, सैनिकों को सेवा-कार्य सौंपा तथा उन्हें घरों में घुसने, निरीक्षण करने और रोगियों को अस्पताल पहुँचाने का अधिकार दिया। इससे कट्टर हिंदुओं की धार्मिक भावना पर गहरा आघात पड़ा। अनेक स्थानों पर दंगें भड़क उठे। प्रेस ने सरकारी नीति की कड़ी आलोचना की।

इस संदर्भ में, **रामगोपाल** ने लिखा है, "प्लेग कमिश्नर रैंड के पीछे-पीछे सेना और पुलिस चलती थी और वे बीमारी वाले मकानों को जबरन गिरा देते थे तथा मकानों के निवासियों को जबरन कैम्प में भेज देते थे। अनेक स्थानों पर प्लेग के कीटाणुओं को नष्ट करने के लिए बिस्तर और कपड़े जला दिए गए, लेकिन उन्हें कीटाणु-रहित वस्त्र नहीं दिए गए। रैंड और उसके सैनिक मकान के प्रत्येक हिस्से में घुस जाते थे, यहाँ तक कि रसोई घर और स्त्रियों के कमरों में भी मनमाना व्यवहार किया जाता था। समस्त कार्य इस ढंग का था जैसे कि दुश्मन द्वारा जीते गए किसी शहर को फूँका जा रहा हो।"

इसके प्रतिरोध में चापेकर बंधुओं ने प्लेग कमिश्नर **रैंड**[1] और उसके साथी **लेफ्टिनेंट एयर्स्ट**[2] को गोली मारकर हत्या का दी गयी। चापेकर बंधुओं को फाँसी दे दी गयी। केसरी के संपादक तिलक को, सरकार-विरोधी भावनाएँ उखाड़ने के लिए अठारह माह का सश्रम कारावास दिया गया। अनेक राष्ट्रवादियों को मृत्यु-दंड दिया गया और कुछ को देश से निर्वासित किया गया। इससे भारतीयों के हृदय में क्रांति की आग भड़क उठी और उन्होंने ब्रिटिश सरकार

1. Rand.
2. Ayerst.

को भारत से हटाने के लिए संघर्ष का मार्ग चुनने के लिए बाध्य हुए। **एनी बेसेंट** ने कहा कि इस घटना से उग्रवाद का जन्म हुआ।

4. राजनीतिक कारणः टोरी कुशासन (Political Cause: Tory Misrule)–1892 से 1906 तक इंग्लैंड में अनुदार दल का शासन रहा। इसने राष्ट्रीय भावनाओं को कुचलने का हर संभव प्रयास किया। इसके शासन काल में तीन ऐसे वायसराय हुए जो साम्राज्यवादी नीति के कट्टर समर्थक और भारत विरोधी थे। **लैंसडाउन** (1888–1894) ने भारतीयों के लिए ऊँची नौकरियों के द्वार बंद कर दिए। **लॉर्ड एल्गिन** (1894–1898) ने शिमला के एक क्लब में कहा, "भारत को तलवार के जोर से जीता गया है और तलवार के बल पर ही उसकी रक्षा की जायेगी।" 1897 में तिलक को अठारह माह का सश्रम कारावास दिया गया और नाटू बंधुओं को देश से बाहर निकाला गया। **लार्ड कर्जन** (1899–1905) तक भारत का वायसराय रहा। उसके शासन काल में दमन और अत्याचार की कोई सीमा नहीं रही।

इन तीनों वायसरायों ने कठोर प्रतिक्रियावादी नीति का अनुसरण किया और कांग्रेस की मांगों की ओर कोई ध्यान नहीं दिया। युवकों को यह विश्वास हो गया कि अंग्रेजों को देश से निकालना ही होगा। इससे उग्रवाद को बढ़ावा मिला।

5. धार्मिक राष्ट्रवाद (Religious Nationalism)–उदारवादी नेता पश्चिमी शिक्षा, सभ्यता, संस्कृति, धर्म और शासन के प्रशंसक थे। वे ब्रिटिश शासन को वरदान समझते थे। लेकिन, लाला लाजपतराय, लोकमान्य तिलक, विपिनचंद्र पाल, स्वामी विवेकानंद और अरविंद घोष, जैसे महर्षियों ने हिंदू धर्म, सभ्यता और संस्कृति का पुनरूत्थान किया और कहा कि हिंदू धर्म, विश्व में सबसे प्राचीन और श्रेष्ठ धर्म है। उन लोगों ने हिंदुओं में अपने धर्म और संस्कृति के प्रति जागृति उत्पन्न की। 1893 के शिकागो भाषण में, स्वामी विवेकानंद ने अपने भाषण से अमरीकनवासियों के हृदय को जीत लिया। उन्होंने हिंदू धर्म को श्रेष्ठ बताया।

रवीन्द्र नाथ टैगोर के साहित्य और बंकिमचंद्र के आनंदमठ ने सांस्कृतिक क्षेत्र में जागृति पैदा की। इस प्रकार, कट्टर हिंदुवाद का जन्म हुआ, जिसने उग्रवाद के मार्ग को प्रशस्त किया। नवयुवक स्वतंत्रता प्राप्ति हेतु अपने जीवन को उत्सर्ग करने के लिए तैयार हो उठे।

6. प्रवासी भारतीयों के साथ दुर्व्यवहार (Ill-treatment to Indians Abroad)–ब्रिटिश उपनिवेशों में रहने वाले भारतीयों के साथ अभद्र और

अन्यायपूर्ण दुर्व्यवहार किया जाता था। प्रारंभ में अंग्रेज, भारतीयों को मजदूर के रूप में उपनिवेश ले गए, जहाँ उन्हें राजनीतिक अधिकार क्या, सामाजिक अधिकार भी नहीं दिए गए। यूरोपियन स्कूल और कॉलेज में भारतीय बच्चों का प्रवेश नहीं होता था। यूरोपियन वाहन, अस्पताल और क्लब अलग थे। अंग्रेज भारतीयों को काला आदमी कहते थे और उन्हें हेय दृष्टि से देखा जाता था। ट्रांसवाल सरकार ने कानून बनाकर भारतीयों को अपनी अँगुली का निशान देकर पंजीकृत करना अनिवार्य कर दिया था। इस नियम के विरोध में गांधी ने दक्षिण-अफ्रीका में सत्याग्रह चलाया। भारतीयों ने उनको काफी सहयोग दिया। उन लोगों ने यह अनुभव किया कि गुलाम भारत के कारण ही, हम लोगों की यह दुर्दशा है। अतएव उन लोगों में राष्ट्रवाद का रक्त संचारित हुआ और उन्होंने स्वतंत्रता की प्राप्ति के लिए संघर्ष करना प्रारंभ किया।

7. जाति-विभेद की नीति (Policy of Racial Discrimination)–उपनिवेशों में भारतीयों के साथ दुर्व्यवहार का मुख्य कारण अंग्रेजों द्वारा अपनाई गई जाति-विभेद की नीति थी। भारतीयों को निम्न-जाति का समझा जाता था और उन्हें घृणा की दृष्टि से देखा जाता था। अंग्रेजी समाचार-पत्र भारतीयों के साथ किए गए दुर्व्यवहार को प्रोत्साहित करता था। दुर्व्यवहार के लिए अंग्रेज अपराधी को कोई दंड नहीं दिया जाता था। लॉर्ड कर्जन की नीति ने जाति-विभेद की नीति को काफी प्रोत्साहित किया। शिक्षित भारतीयों को गालियाँ दी जाती थी और उन्हें सरकारी नौकरी नहीं दी जाती थी। जिसके कारण शिक्षित भारतीय ब्रिटिश शासन के कट्टर शत्रु बन गए और स्वतंत्रता प्राप्ति के लिए संघर्ष का मार्ग अपनाया।

8. भिक्षावृत्ति नीति में अविश्वास (No Faith in Begging Policy)–उदारवादी नेता, ब्रिटिश सरकार से प्रार्थना पत्र और भिक्षावृत्ति के द्वारा प्रशासनिक सुधार लाना चाहते थे। उनका विरोध का तरीका सांविधानिक था। अंग्रेजों ने उनकी मांगों की ओर कोई ध्यान नहीं दिया। लॉर्ड कर्जन की दमनकारी नीतियों ने भारतीयों को क्रांतिकारी बना दिया। भारतीय नेता यह समझने लगे कि क्रांतिकारी तरीके से ही अंग्रेजों को भारत से भगाया जा सकता है। भिक्षावृत्ति के स्थान पर उग्रवाद का जन्म हुआ। भारतीय एकजुट होकर अंग्रेजों का विरोध करने लगे।

9. लॉर्ड कर्जन की दमनकारी निति (Repressive Policy of Lord Curzon)–लॉर्ड कर्जन एक कट्टर साम्राज्यवादी और भारत का दुश्मन था। वह भारतीय राष्ट्रीय आंदोलन को समूल नष्ट कर देना चाहता था। उसकी

प्रतिक्रियावादी नीतियों और कार्यक्रमों से भारतीय जनता असह्य हो उठी तथा इससे मुक्ति पाने के लिए वे संघर्ष पूर्ण रास्ता खोजने लगे। लॉर्ड कर्जन की भारत विरोधी नीतियों का उल्लेख निम्नलिखित रूप से किया जा सकता है।

(i) **केंद्रीकरण की नीति** (Policy of Centralisation)–लॉर्ड कर्जन एकीकृत और शासन के केंद्रीकरण में विश्वास रखता था। उसने केंद्रीकरण की नीति को अपनाया। वह भारतीयों को शासन के अयोग्य समझता था। उन्होंने कांग्रेस द्वारा प्रस्तावित मांगों की ओर कोई ध्यान नहीं दिया तथा ब्रिटिश साम्राज्यवाद की नींव को काफी सशक्त करना चाहा। इससे भारतीयों के मन में विरोध की भावना घर कर गई।

(ii) **कलकत्ता नगर निगम अधिनियम, 1899** (Calcutta Corporation Act)–लॉर्ड कर्जन भारत में स्थानीय स्वशासन का विरोधी था। 1899 में उसने कलकत्ता नगर निगम अधिनियम पारित करवाया। इसके अनुसार निगम के सदस्यों की संख्या 75 से घटाकर 50 कर दी गयी। नगर निगम पर सरकार का पूरा नियंत्रण हो गया। मनोनीत सदस्यों का वर्चस्व हो गया। भारतीयों ने इस अधिनियम का कड़ा विरोध किया और 28 सदस्यों ने निगम से त्याग-पत्र दे दिया।

(iii) **भारतीय विश्वविद्यालय अधिनियम, 1904** (Indian Universities Act)–भारतीय विश्वविद्यालयों पर सरकारी नियंत्रण की वृद्धि हेतु, लॉर्ड कर्जन ने 1904 में भारतीय विश्वविद्यालय अधिनियम पारित किया। इसके अनुसार सीनेट और सिंडीकेट के सदस्यों की संख्या कम कर दी गयी और मनोनीत सदस्यों की संख्या बढ़ा दी गयी। विश्वविद्यालयों की आंतरिक स्वायतत्ता को समाप्त कर दिया गया और उनका पूर्ण रूप से सरकारीकरण कर लिया गया। इससे शिक्षित भारतीयों में काफी असंतोष फैला।

(iv) **सरकारी, गोपनीय अधिनियम, 1904** (Official Secrets Act)–लॉर्ड कर्जन ने सरकारी गोपनीय अधिनियम, 1904 को पारित करके, 1899 के अधिनियम को काफी कठोर बना दिया। पुराने अधिनियम के द्वारा सेना का भेद देना अवैध था। नये संशोधित अधिनियम के द्वारा सिविल अधिनियमों के संबंध में भी कुछ कहना अपराध घोषित किया। समाचार-पत्रों की वे आलोचनाएँ भी अपराध घोषित की गयीं, जिनके कारण सरकार के प्रति संदेह या घृणा उत्पन्न होती थी।

(v) **वैदेशिक नीति** (Foreign Policy)–लॉर्ड कर्जन की वैदेशिक नीति साम्राज्यवाद पर आधारित थी। उसने साम्राज्यवाद के विस्तार हेतु पड़ोसी राज्यों को मिलाना शुरू किया। इसमें भारतीय सैनिकों को प्रयोग में लाया गया, जिस पर सरकार का अधिक धन खर्च हुआ। लॉर्ड कर्जन ने अफगानिस्तान, चीन, तिब्बत और फारस की सीमा पर सेना द्वारा प्रहार किया तथा अपने साम्राज्यवाद का अंग बनाना चाहा। इस साम्राज्यवादी नीति का भारतीयों पर विपरीत प्रभाव पड़ा। वे अंग्रेजों का डटकर मुकाबला करने के लिए तैयार हो गए।

(vi) **भारतीयों के प्रति अभद्र व्यवहार** (Arrogant Policy Towards the Indians)–लॉर्ड कर्जन का भारतीयों के प्रति शुरू से अंत तक हेय दृष्टिकोण रहा। वह भारतीयों को सदा घृणा की दृष्टि से देखता था। उन्होंने अपनी दमनकारी नीतियों से भारतीयों को अपमानित किया। 1905 में कलकत्ता विश्वविद्यालय के दीक्षांत समारोह में हिंदू और मुसलमानों के चरित्र पर भयंकर प्रहार किया। उन्होंने अपनी जाति को सत्य का मसीहा और भारतीयों को असत्यवादी घोषित किया। उनकी दृष्टि में भारतीय राष्ट्र नामक कोई वस्तु नहीं है और कांग्रेस का शीघ्र अंत हो जायेगा। कर्जन के इस विचार से भारतीय युवकों के हृदय में क्रांति की आग फैल गयी।

(vii) **बंगाल का विभाजन, 1905** (Partition of Bengal)–1905 में लॉर्ड कर्जन ने बंगाल को पूर्वी और पश्चिमी भागों में विभाजित कर दिया। विभाजन के संबंध में उनका तर्क था कि बंगाल का आकार बहुत बड़ा है। अतएव प्रशासनिक दृष्टिकोण से उसे दो भागों में बाँटना आवश्यक समझा गया। बंगालियों ने इस विभाजन का जमकर विरोध किया। इस विभाजन का मुख्य उद्देश्य था–भारतीय राष्ट्रीयता का जो बीज बंगालियों में अंकुरित हो रहा था, उसे समूल नष्ट करना। बंग-भंग योजना से भारतीय राष्ट्रीयता को गहरा धक्का पहुँचाना था। लॉर्ड कर्जन का यह सबसे घृणित और निदंनीय कार्य था। **जकारिया** का भी कथन था, "यह कदम अपने उद्देश्यों और प्रभाव में एक मूर्खतापूर्ण कार्य था।" हिंदू और मुस्लिम एकता पर भी जबर्दस्त प्रहार किया गया।

बंग-भंग योजना का बंगाल और भारत के अन्य हिस्सों में विरोध किया गया। सुरेंद्रनाथ बैनर्जी और विपिनचंद्र पाल ने बंगाल में आंदोलन का नेतृत्व सँभाला। **सुरेंद्रनाथ बैनर्जी** ने कहा, "बंगाल का विभाजन हमारे ऊपर बम की

तरह गिरा। हमने समझा कि हमारा घोर अपमान किया गया है।" 7 अगस्त 1905 को कलकत्ता के एक टाउन हॉल में सभा हुई, जिसमें यह प्रस्ताव पारित किया गया कि जब तक बंगाल विभाजन का अंत नहीं किया जाता है, तब तक विदेशी माल का बहिष्कार किया जायेगा। कांग्रेस ने 1905 और 1906 के अधिवेशनों में विदेशी माल के बहिष्कार तथा स्वदेशी आंदोलन के समर्थन में प्रस्ताव पारित किया। लेकिन, कर्जन पर इसका कोई प्रभाव नहीं पड़ा और 16 अक्टूबर, 1905 को, बंगाल विभाजन योजना को कार्यान्वित कर दिया गया।

इसकी प्रतिक्रिया के रूप में, उस दिन सारे बंगाल में विरोध दिवस मनाया गया। भूख-हड़ताल, शोक-दिवस और वंदेमातरम का नारा लगाया गया। यह आंदोलन कई वर्षों तक चलता रहा और अंत में बाध्य होकर ब्रिटिश सरकार ने 1911 में, बंगाल-विभाजन को रद्द कर दिया। इसके प्रतिशोध के लिए भारतीय युवकों ने उग्र और क्रांतिकारी मार्ग का अनुसरण किया।

(viii) **पाश्चात्य क्रांतिकारी सिद्धांत का प्रभाव** (Influence of the Western Revolutionary Doctrines)–भारतीय युवकों पर पश्चिमी देशों के क्रांतिकारी सिद्धांतों का काफी प्रभाव पड़ा। इटली, जर्मनी और अमेरिका के राष्ट्रीय आंदोलन से भारतीयों के हृदय में राष्ट्रीयता का संचार हुआ। भारतीयों को यह विश्वास हुआ कि बलिदान के द्वारा ही स्वतंत्रता की प्राप्ति की जा सकती है।

10. विदेशी घटनाओं का प्रभाव (Influence of Foreign Events)–विदेशों में घटित घटनाओं का प्रचंड प्रभाव भारतीय युवकों पर पड़ा और वे राष्ट्र के लिए बलिदान देने हेतु तत्पर हो उठे। निम्नलिखित विदेशी घटनायें विशेष रूप से उल्लेखनीय है।

(i) **मिस्र, फारस और तुर्की के स्वतंत्रता संग्राम**–मिस्र, फारस, और तुर्की के स्वतंत्रता संग्रामों में आंदोलनकारियों को काफी सफलता मिली। इससे भारतीय आंदोलनकारी प्रोत्साहित हुए।

(ii) **इटली की पराजय**–1896 में अबीसीनिया जैसे लघु राज्य ने इटली को पराजित कर दिया। इसका जबरदस्त प्रभाव भारत के राष्ट्रीय आंदोलनकारियों पर पड़ा।

(iii) **रूस की पराजय**–1905 में जापान ने भी रूस को पराजित कर दिया। एक छोटे-से राज्य ने विशाल राज्य को हरा दिया। इस घटना से लोगों में यह विश्वास हो गया कि गोरी जाति को भी हराया जा सकता है। जापानियों की राष्ट्रीयता, बलिदान और देशभक्ति की

भावना ने भारतीयों को संघर्ष करने के लिए प्रेरित किया। भारतीयों के मन में यह बात घर कर गई कि राष्ट्रीय एकता और संघर्ष के द्वारा ही भारत को स्वतंत्र किया जा सकता है।

(iv) **इटली का एकीकरण**–गैरी बाल्डी और कैवूर के अथक प्रयत्नों से इटली का एकीकरण हुआ। उन लोगों ने अपनी मातृभूमि के प्रति जो प्रेम दिखाया, उसका बहुत बड़ा प्रभाव भारतीयों पर पड़ा।

11. लाल, बाल और पाल का नेतृत्व (Leadership of Lal, Bal and Pal)–1905 के बाद कांग्रेस का नेतृत्व लाला लाजपतराय, बाल गंगाधर तिलक और विपिनचंद्र पाल ने सँभाला। उन लोगों की अटूट देश भक्ति, निर्भीकता, बलिदान, आत्मत्याग और जोशीले भाषणों से करोड़ों भारतीय प्रभावित हुए तथा ब्रिटिश सरकार के कट्टर दुश्मन बन गए। भिक्षावृत्ति नीति के स्थान पर संघर्ष का रास्ता अपनाया गया। इस संबंध में **तिलक** ने कहा, "स्वराज्य हमारा जन्मसिद्ध अधिकार है और हम इसे लेकर ही रहेंगे।" उन्होंने 1907 में कहा, "विदेशी शासन भारत के लिए अभिशाप है तथा नौकरशाही को दबाने के लिए प्रभावशाली आंदोलन करना होगा।"

लाला लाजपतराय ने भी कहा, "शिकायतें दूर करने और रियासतें प्राप्त करने के बीस वर्षों से कम-अधिक प्रयत्नों के फलस्वरूप उन्हें रोटी के बदले पत्थर ही मिले।"

इसलिए उन्होंने कहा, "भारतीयों को अब भिखारी बने रहने से संतोष नहीं होना चाहिए और न उन्हें अंग्रेजों की कृपा के लिए गिड़गिड़ाना चाहिए।"

अरविंद घोष ने भारतीय युवकों को ललकारते हुए कहा, "हमारा वास्तविक शत्रु कोई बाहरी शत्रु नहीं है, बल्कि हमारी शिथिलता और कायरता है। एक गुलाम राष्ट्र स्वतंत्रता के द्वारा ही उन्नति का द्वार खोलता है और स्वतंत्रता के लिए बलिदान की आवश्यकता होती है, राजनीति की आराम कुर्सी पर बैठकर विदेशी सत्ता नहीं हिलायी जा सकती। भारत अपने पराक्रम और शक्ति से ही विदेशी शासन का विरोध कर सकता है।"

उपर्युक्त कारणों से भारतीय राजनीति में उग्रवाद का जन्म हुआ और कांग्रेस पर इस उग्रवाद का प्रभाव बहुत अधिक पड़ा। कांग्रेस का वह हिस्सा, जो उग्रवादी सिद्धांतों से प्रभावित था, वह कांग्रेस के इतिहास में गरम दल कहलाया और इसे काफी लोकप्रियता मिली। लाल, बाल और पाल उग्रवादी आंदोलन के मुख्य सूत्रधार बने। अरविंद घोष राष्ट्रीय जागरण के मसीहा सिद्ध हुए।

उग्रवाद के उद्देश्य तथा कार्य-प्रणाली
(Objectives and Methods of Extremist)

उद्देश्य (Objective): स्वराज्य (Swarajya)

उग्रवादियों का मुख्य उद्देश्य था, भारत के लिए स्वराज्य की प्राप्ति करना। **तिलक** ने स्पष्ट शब्दों में घोषणा की थी, "स्वराज्य हमारा जन्मसिद्ध अधिकार है और मैं इसे लेकर रहूँगा।" **अरविंद घोष** ने भी कहा था, "स्वतंत्रता हमारे जीवन का लक्ष्य है और हिंदू धर्म ही हमारे उद्देश्य की पूर्ति में सहायक होगा। राष्ट्रीयता एक धर्म है और वह ईश्वर की देन है।"

सर हेनरी कॉटन ने भी लिखा है, "वे भारत वर्ष में स्वतंत्र राष्ट्रीय सरकार का निर्माण करना चाहते थे। ये लोग ब्रिटिश शासन से संबंध-विच्छेद कर लेने के पक्ष में थे।"

उपर्युक्त कथन से यह स्पष्ट है कि उग्रवादी, भारत में पूर्णतया एक स्वतंत्र राष्ट्रीय सरकार की स्थापना करना चाहते थे और इंग्लैंड से पूर्णतया संबंध-विच्छेद भी चाहते थे। उन लोगों ने स्वराज्य को एक अनिवार्य नैतिक आवश्यकता बताया।

कार्यप्रणाली या साधन (Methods): क्रांतिकारी (Revolutionary)

उग्रवादियों ने भिक्षावृत्ति-नीति को छोड़ा। उन लोगों ने अंग्रेजों में विश्वास नहीं किया। उन्होंने सांविधानिक तरीके को छोड़कर क्रांतिकारी तरीका अपनाया। उन लोगों का कथन था कि विदेशी सरकार मांगने से नहीं बल्कि मारने से जाएगी। **तिलक** ने स्पष्ट शब्दों में कहा, "हमारा उद्देश्य आत्मनिर्भरता है, भिक्षावृत्ति नहीं।"[1]

विपिनचंद्र पाल का भी कथन था, "अगर सरकार स्वत: स्वराज्य का दान देती है, तो मैं धन्यवाद दूँगा। लेकिन, मैं उसे स्वीकार नहीं करूँगा, जब तक कि मैं उसे स्वयं प्राप्त न कर पाऊँ।"[2]

उग्रवादी प्रबल विरोधी के समर्थक थे। वे एक संगठित राजनीतिक आंदोलन करना चाहते थे। वे हिंसावादी नहीं थे, बल्कि वे स्वतंत्रता प्राप्ति के लिए

---

1. "Our motto is self-reliance and not mendicancy."—Tilak
2. "If government wish to come and tell me today, take 'Swarajya'. I would say, thank you for the gift but I will not have that which I cannot conquer by my own hands."—Bipin Chandra Pal

सरकार के विरुद्ध, अहिंसक किंतु प्रभावशाली आंदोलन तथा निष्क्रिय विरोध की नीतियों एवं साधनों के प्रबल समर्थक थे। उनके साधनों का उल्लेख निम्नलिखित रूप से किया जा सकता है।

(i) **निष्क्रिय प्रतिरोध**–उग्रवादी निष्क्रिय प्रतिरोध के द्वारा ब्रिटिश सरकार को हटाना चाहते थे। **लाला लाजपतराय** ने इसके दो उद्देश्य बताए–

(क) भारतीयों के हृदय से इस भ्रम को निकालना कि अंग्रेज जाति सर्वशक्तिमान है, और

(ख) स्वतंत्रता के लिए अटूट देश प्रेम, त्याग तथा बलिदान की आवश्यकता है।

(ii) **बहिष्कार**–उग्रवादी सरकार के साथ असहयोग करने पर जोर देते थे। बहिष्कार से तात्पर्य विदेशी वस्तुओं, विदेशी सरकार, विदेशी नौकरी और पदवियों के त्याग से था। **लाला लाजपतराय** ने कहा, "इस व्यापारिक जाति के लिए, व्यापार की हानि, न्याय की नैतिकता के वाद-विवादों की तुलना में अधिक प्रभावशाली साधन रहेगा।"

(iii) **स्वदेशी**–स्वदेशी का अर्थ देश में निर्मित वस्तुओं के प्रयोग, स्वदेशी शासन और स्वदेशी संस्थाओं की स्थापना से था। यह देशी उद्योगों को प्रोत्साहन देने, आत्मनिर्भर बनाने तथा समृद्धि लाने का प्रमुख साधन था।

(iv) **राष्ट्रीय शिक्षा**–उग्रवादियों ने पश्चिमी शिक्षा का विरोध कर राष्ट्रीय शिक्षा पर बल दिया। देश के अनेक भागों में राष्ट्रीय योजनाओं को कार्यान्वित किया गया।

इन्हीं साधनों के अपनाने से कांग्रेस में उग्रवादी आंदोलन का प्रारंभ हुआ। तिलक ने स्पष्ट शब्दों में स्वीकार किया, "अपने उद्देश्य के कारण नहीं, बल्कि उसे प्राप्त करने के साधनों के कारण, हमको उग्रवादियों की उपाधि मिली है।"

उग्रवादियों की अन्य विशेषताएँ (Other Features of the Extremists)

उग्रवादियों की अन्य सैद्धांतिक विशेषताएँ विचारणीय है–

(i) उग्रवादी ईश्वर, देश और आत्मनिर्भरता में विश्वास करते थे।

(ii) उग्रवादियों की राष्ट्रीयता हिंदू धर्म से प्रेरित थी।

(iii) उग्रवादियों ने धर्म को राजनीति से जोड़ा।

(iv) उन लोगों को अंग्रेजों की न्यायप्रियता और परोपकारिता में विश्वास नहीं था।

(v) उग्रवादी भारत की प्राचीन सभ्यता और संस्कृति को पुनर्स्थापित करना चाहते थे।

(vi) उग्रवादी इंग्लैंड से व्यापारिक और आर्थिक संबंध विच्छेद के पक्ष में थे।

(vii) उग्रवादी भारतीय संस्कृति और परंपरा के आधार पर लोगों का चरित्र निर्माण करना चाहते थे।

(viii) वे त्याग, बलिदान और कष्ट सहन साधन अपनाकर अंग्रेजों को भारत से निकालना चाहते थे।

उदारवाद तथा उग्रवाद में अंतर (Differences between Liberalism and Extremist)

उदारवाद और उग्रवाद कांग्रेस के दो पक्ष थे, जिन्हें क्रमशः दक्षिणपंथी तथा वामपंथी या नरम दल एवं गरम दल कहा जाता था। दोनों के उद्देश्य में काफी समानता थी, लेकिन दोनों के तरीके भिन्न थे। उनके अंतरों को निम्न बिंदुओं के द्वारा समझा जा सकता है।

(i) **उद्देश्य**–उदारवादी और उग्रवादी दोनों का मौलिक उद्देश्य स्वशासन की प्राप्ति था। लेकिन, स्वशासन पर दोनों का मत भिन्न था। उदारवादी क्रमिक रूप से प्रशासनिक सुधार चाहते थे और ब्रिटिश शासन के अंतर्गत ही संसदीय संस्थाओं की स्थापना चाहते थे। दूसरी ओर, उग्रवादी इंग्लैंड से पूर्णतया संबंध-विच्छेद चाहते थे और भारतीयता के आधार पर स्वशासन की स्थापना करना चाहते थे। इस संबंध में **तिलक** ने कहा था, "मैं अपने घर की चाभी अपने हाथ में लेना चाहता हूँ, सिर्फ विदेशियों को घर से निकालना ही नहीं चाहता।"

(ii) **अंग्रेजों के प्रति दृष्टिकोण**–उदारवादी नेता अंग्रेजों की न्यायप्रियता, सच्चाई और ईमानदारी में पूर्ण विश्वास करते थे। लेकिन, उग्रवादी नेता को अंग्रेजों की उदारता और चरित्र में कुछ भी विश्वास नहीं था। **एनी बेसेंट** के शब्दों में, "उग्रवादियों का सरकार के अच्छे इरादों में तनिक भी विश्वास नहीं था, जबकि उदारवादियों की आशा का आधार, सरकार की निश्छलता थी।"

(iii) **साधन**–उदारवादी सांविधानिक साधन में विश्वास करते थे। वे प्रार्थना पत्र, समाचार-पत्र भाषणों और लेखों के द्वारा ब्रिटिश सरकार पर दबाव डालना चाहते थे। इसके विपरीत उग्रवादी भिक्षावृत्ति में नहीं,

बल्कि आत्मनिर्भरता में विश्वास रखते थे। वे निष्क्रिय प्रतिरोध, बहिष्कार, राष्ट्रीय शिक्षा और स्वदेशी वस्तुओं के व्यवहार से ब्रिटिश शासन को समाप्त करना चाहते थे। इस संबंध में **लाला लाजपतराय** ने लिखा था, "एक अंग्रेज सबसे अधिक घृणा एक भिखारी से करता है। मेरे विचार में भिखारी घृणा का पात्र भी है। अतः हमारी प्रार्थना है कि हम अंग्रेजों को दिखा दें कि हम भिखारी नहीं हैं। हमारे उद्देश्य आत्मनिर्भरता हैं, भिक्षा मांगना नहीं।"[1]

(iv) **इंग्लैंड और भारत के हित संबंध**–उदारवादी, इंग्लैंड और भारत वे हित को एक समझते थे। वे ब्रिटिश शासन के अंतर्गत ही भारत का हित मानते थे। दूसरी ओर उग्रवादी, इंग्लैंड से पूर्णतया संबंध-विच्छेद चाहते थे। भारत का हित ब्रिटिश शासन में संभव नहीं है। दोनों का हित एक दूसरे के विरुद्ध है। अंग्रेज का उद्देश्य निजी-स्वार्थ की पूर्ति करना है।

(v) **सभ्यता और धर्म के प्रति दृष्टिकोण**–उदारवादी नेता पशिचमी सभ्यता, संस्कृति, शिक्षा और धर्म में पूर्ण आस्था रखते थे। दूसरी ओर, उग्रवादी प्राचीन भारतीय सभ्यता संस्कृति, शिक्षा और धर्म को विश्व में श्रेष्ठ मानते थे। वे हिंदूधर्म के आधार पर राष्ट्रीयता का निर्माण करना चाहते थे।

(vi) **त्याग की भावना**–उदारवादी नेता आराम कुर्सी में बैठकर राष्ट्रीय आंदोलन चलाना चाहते थे। वे संघर्ष से भागते थे। उनमें त्याग की भावना नहीं थी। इसके विपरीत उग्रवादी त्याग, बलिदान और कष्ट सहन कर अंग्रेजों को भारत से भगाना चाहते थे।

निष्कर्ष में, कहा जा सकता है कि उदारवादियों और उग्रवादियों में अंतर होते हुए भी, विरोध नहीं था। दोनों के नेता राष्ट्रभक्त थे। इसलिए दोनों एक-दूसरे के पूरक हैं। **रामनाथ सुमन** ने अपनी पुस्तक **हमारे राष्ट्र निर्माण** में दोनों के संबंध पर लिखा है, "जब हम नरम व गरम दोनों दलों की प्रवृतियों का विश्लेषण और अध्ययन करते हैं, तो मालूम पड़ता है कि हमारी राष्ट्रीयता के विकास में दोनों एक-दूसरे के पूरक हैं, तथा दोनों हमारी राजनीति के

1. "An Englishman hates or dislikes nothing like beggary. I think beggar deserves to be hated. Therefore, it is our duty to show the Englishman that we are no longer beggars, our motto is self-reliance and not mendicancy." —Lala Lajpat Rai

स्वाभाविक उपकरण है। वस्तुतः, वे एक ही आंदोलन के दो पक्ष हैं, एक ही दीपक के दो पहलू हैं, पहला प्रकाश का द्योतक है, दूसरा गर्मी का। पहला बुद्धिपक्ष है, दूसरा भावपक्ष। पहला, जहाँ कुछ सुविधाएँ प्राप्त करना चाहता है, वहाँ दूसरे का उद्देश्य राष्ट्र में मानसिक परिवर्तन करना है।"

उग्रवादी आंदोलन की प्रगति
(Progress of the Extremist Movement)

उग्रवादी दल का जन्म–उग्रवादी दल का जन्म 1907 में कांग्रेस के सूरत फूट के बाद हुआ। ब्रिटिश शासन की प्रतिक्रियावादी नीति, कांग्रेस की मांगों की उपेक्षा, सांविधानिक साधनों और देश-विदेश की घटनाओं के कारण कांग्रेस में दो गुटों का जन्म हुआ–

नरम दल तथा गरम दल। नरम दल के नेता दादाभाई नौरोजी, सुरेंद्रनाथ बैनर्जी और गोपालकृष्ण गोखले तथा गरम दल के नेता लाला लाजपतराय, बाल गंगाधर तिलक और विपिन चंद्र पाल थे। जो लाल-बाल और पाल के नाम से प्रसिद्ध हुए।

बनारस अधिवेशन, 1905–1905 में बनारस में कांग्रेस का अधिवेशन हुआ। पहली बार दोनों गुटों में खुला संघर्ष हुआ। कांग्रेस का युवा वर्ग लाल, बाल और पाल के नेतृत्व में राष्ट्रीय आंदोलन चलाना चाहते थे। इससे भिक्षावृत्ति नीति पर गहरा आघात हुआ और यह फूट विकराल रूप लेने लगा।

कलकत्ता अधिवेशन, 1906–1906 में कलकत्ता अधिवेशन में नरम और गरम दल के बीच फूट काफी गहरी हो गई। उग्रवादी, तिलक को सभापति बनाना चाहते थे। लेकिन, उदारवादियों ने इंग्लैंड से बुलाकर, वयोवृद्ध नेता दादाभाई नौरोजी को सभापतित्व बना दिया। दादाभाई नौरोजी ने अपनी राजनीतिक सूझबूझ से कांग्रेस की एकता को सुरक्षित रखा। उन्होंने दोनों की नीतियों को मिलाकर प्रस्ताव पारित करवाया।

सूरत फूट, 1907–1907 में कांग्रेस का अधिवेशन सूरत में हुआ, जो ऐतिहासिक दृष्टि से बहुत महत्वपूर्ण था। स्वराज्य के अर्थ और उसकी प्राप्ति के साधनों को लेकर, कांग्रेस स्पष्ट रूप से दो दलों में विभाजित हो गया–नरम तथा गरम दल। गरम दल के लोग तिलक को सूरत अधिवेशन का सभापति बनाना चाहते थे, लेकिन बहुमत होने के कारण उदारवादियों ने रास बिहारी बोस को सभापति बना दिया। परिणामतः, काफी हंगामा होने के कारण, अधिवेशन

को स्थगित कर देना पड़ा। **एनी बेसेंट** ने सूरत की घटना को कांग्रेस के इतिहास में सर्वाधिक शोकपूर्ण घटना कहा है।[1]

उदारवादियों ने एक समिति गठित कर कांग्रेस का एक विधान तैयार किया, जिसकी पहली धारा में कांग्रेस के उद्देश्य को स्पष्ट किया गया–

"भारत की जनता को उसी प्रकार की शासन-व्यवस्था प्राप्त हो, जिस प्रकार की शासन-व्यवस्था ब्रिटिश साम्राज्य है–भारतवासी भी साम्राज्य के अधिकारों तथा उत्तरदायित्वों के भागी बने। यही भारतीय राष्ट्रीय कांग्रेस के उद्देश्य हैं।"

उग्रवादी कांग्रेस के इस उद्देश्य से सहमत नहीं थे। उन्होंने कांग्रेस से अलग होकर औपचारिक रूप से उग्रवादी दल का गठन किया, जिसने अनेक वर्षों तक पृथक रूप से काम किया। लेकिन, 1916 में आपसी समझौते के आधार पर दोनों दलों का एकीकरण हो गया तथा वे सम्मिलित रूप से काम करने लगे।

महाराष्ट्र में उग्रवादी आंदोलनः तिलक का नेतृत्व

सबसे पहले उग्रवादी आंदोलन की धारा महाराष्ट्र में प्रवाहित हुई। बाल गंगाधर तिलक ने इसका नेतृत्व किया। वे एक महान देशभक्त और स्वतंत्रता प्रेमी थे। उन्होंने भारतीयों की हीनदशा को देखकर काफी दुःख का अनुभव किया और इसे दूर करने के लिए दृढ़ प्रतिज्ञा की। इस संबंध में वे तीन बार जेल गए, जिससे उनकी लोकप्रियता काफी बढ़ गयी। उन्होंने केसरी और मराठा नामक दो साप्ताहिक पत्रिका का प्रकाशन शुरू किया। उत्तेजित विचारों के कारण उनको जेल में भी डाला गया।

गणपति उत्सव, 1893–तिलक भारतीय सभ्यता और संस्कृति के महान पुजारी थे। उन्होंने युवकों में आत्मविश्वास, आत्मनिर्भरता, साहस और बलिदान जैसी भावनाओं के संचार हेतु गणपति उत्सव का आयोजन किया। गोहत्या-विरोधी समितियाँ, अखाड़े और लाठी-क्लबों की स्थापना की गयी। इस उत्सव का उद्देश्य था, युवकों को अनुशासित और संगठित करके स्वतंत्रता की गाड़ी को आगे बढ़ाना। इसका महत्व धार्मिक कम और राजनीतिक अधिक था। इसने युवकों को राजनीतिक शिक्षा देने में सराहनीय कार्य किया।

शिवाजी उत्सव, 1895–तिलक ने, शिवाजी उत्सव को राजनीतिक दृष्टि से चलाया। उन्होंने शिवाजी के आदर्श को युवकों के सामने रखा और उत्सव के द्वारा उन्होंने मातृभूमि की स्वतंत्रता हेतु जीवन उत्सर्ग करने के लिए ललकारा।

---

1. "The Surat episode was the saddest episode in the History of the Congress." —Annie Besant

इस उत्सव के अंतर्गत लाठी-भाला-तलवार चलाना, जुलूस, सार्वजनिक सभाओं, राजनीतिक व्याख्यानों, धार्मिक और राष्ट्रीय गीतों का गायन आदि का आयोजन किया गया। शिवाजी उत्सव से युवकों में त्याग, बलिदाद, देशभक्ति आदि भावनाओं का संचार हुआ। आगे चलकर इसने राष्ट्रीय पर्व का रूप लिया।

दुर्भिक्ष और प्लेग–इसी समय महाराष्ट्र में भयंकर अकाल और प्लेग का प्रकोप फैला। इसमें लाखों लोग मर गए। ब्रिटिश सरकार ने इसकी रोकथाम के लिए कोई ठोस कदम नहीं उठाया। प्लेग कमिश्नर रैंड और उसके साथी ने दुर्व्यवहार किया। जिसके कारण चापेकर बंधुओं ने उन लोगों की हत्या कर दी। तिलक ने केसरी पत्रिका में सरकार की कड़ी आलोचना की। उन्होंने शिवाजी उत्सव पर एक जोशीला भाषण दिया–

"महापुरुष सामान्य नैतिक सिद्धांतों के ऊपर होते हैं। गीता में कृष्ण ने कहा है कि यदि हम स्वार्थ की भावनाओं से प्रेरित नहीं हैं, तो अपने गुरूओं और संबंधियों की हत्या करने में पाप नहीं होता। शिवाजी ने अपने पेट के लिए कुछ नहीं किया। उन्होंने दूसरों की भलाई के प्रशंसनीय उद्देश्य से ही अफजल खाँ की हत्या की। ईश्वर ने हिन्दुस्तान मलेच्छों को नहीं दिया था। कुपमंडूक की भाँति अपने दृष्टिकोण को सीमित न कर दंड संहिता से ऊपर उठकर भगवद्‌गीता के पवित्र वातावरण में महापुरुषों के कृत्यों पर विचार करो।"

तिलक को कारावास–27 जुलाई, 1897 को राजद्रोह के अपराधों में तिलक को बंदी बना लिया गया और अठारह माह का कठोर कारावास का दंड दिया गया। 1908 में पुनः उन्हें छह वर्ष का निर्वासन दंड देकर, मांडले जेल भेजा गया। इससे भारतीयों में असंतोष की लहर फैली और राष्ट्रीय आंदोलन नेतृत्वहीन हो गया।

बंगाल में उग्रवादी आंदोलनः बंग-भंग योजना, 1905

लॉर्ड कर्जन की भारत विरोधी नीतियों के कारण संपूर्ण बंगाल उग्रवादी आंदोलन की चपेट में आ गया। **आफिसियल सीक्रेटसर्विस** और **भारतीय विश्वविद्यालय अधिनियम** ने उग्रवाद की धारा को आगे बढ़ाया। 19 जुलाई, 1905 को बंग-भंग की घोषणा की गयी और 16 अक्टूबर, 1905 को इसे लागू किया गया। जिसके अनुसार बंगाल को विभिन्न प्रांतों में बाँट दिया गया।

बंग-विभाजन का विरोध—लॉर्ड कर्जन के इस बंग-विभाजन को सबसे मूर्खतापूर्ण कार्य बताया गया।[1] यह भारतीयों के लिए वरदान हुआ। उनमें घोर असंतोष और प्रबल विरोध की भावनाएँ जाग उठी। संपूर्ण भारत एक हो उठा। महापुरुष जितेंद्र मोहन की अध्यक्षता में कलकत्ता में एक बैठक हुई। उसमें कुछ संशोधन पास किए गए, लेकिन कर्जन ने उसे अस्वीकार कर दिया। जिसके फलस्वरूप, 7 अगस्त 1905 को, कलकत्ता में एक विराट जनसभा का आयोजन किया गया। समस्त बंगाल में जनसभाएँ हुई। 16 अक्टूबर, 1905 को राष्ट्रीय शोक दिवस मनाया गया, जिसमें चार कार्यक्रमों को स्वीकार किया गया—

(क) पुरुषों की कलाइयों में लाल धागे बाँधकर रक्षा बंधन का पर्व मनाया गया।

(ख) हड़ताल और उपवास किए गए।

(ग) पेरिस के एक भवन के नमूने पर जिलों की मूर्तियों को रखने के लिए, एक फेडरेशन हॉल की नींव डाली गयी।

(घ) बुनकर उद्योग की सहायता हेतु एक राष्ट्रीय निधि की स्थापना की गई।

सुरेंद्रनाथ बैनर्जी और विपिन चंद्रपाल ने नए प्रांतों का दौरा कर विभिन्न सार्वजनिक सभाओं का आयोजन किया। जनता को विदेशी माल के बहिष्कार और स्वदेशी वस्तुओं के प्रयोग के लिए प्रेरित किया गया। वंदेमातरम् के गान से सारा बंगाल गूंज उठा और सभी बंगाली, एकता के सूत्र में बँध गए। युवकों में मातृभूमि के बलिदान हेतु नई चेतना का विकास हुआ। वे अंग्रेजों से खूनी मोर्चा लेने के लिए संगठित होने लगे। इस प्रकार, राष्ट्रीय आंदोलन में बंगाल विभाजन ने घी में आग का काम किया।

सरकार का दमनचक्र—ब्रिटिश सरकार ने इस आंदोलन को प्रारंभ में ही कुचलने का प्रयत्न किया। **वंदेमातरम्** नारे पर प्रतिबंध लगा दिया गया। विद्यार्थियों को आंदोलन में भाग लेने पर कठोर दंड देने की धमकी दी गई। 1906 में बंगाल प्रांतीय सम्मेलन को पुलिस ने नहीं होने दिया। अनेक स्थानों पर सांप्रदायिक दंगें भड़काए गए, जिसमें अंग्रेजों ने मुसलमानों का साथ दिया। इस प्रकार, हिंदू-मुस्लिम एकता पर कुठाराघात किया गया।

परिणाम—बंगाल-विभाजन का राष्ट्रीय आंदोलन और भारतीय राजनीति पर अनेक महत्वपूर्ण प्रभाव पड़े—

---

1. "The partition of Bengal is the crowning act of folly of the carzonian regime in India."

(i) **जन जागरण**—बंगाल-विभाजन के विरुद्ध छेड़े गए आंदोलन ने सोई हुई जनता को जगा दिया। स्वदेशी आंदोलन और वंदेमातरम् के नारे ने प्रबल राष्ट्रीयता को जन्म दिया। लोग राष्ट्रीय एकता और स्वतंत्रता प्राप्ति हेतु एक जुट हो गए।

(ii) **उग्रवादियों का वर्चस्व**—बंग-भंग की घटना से भारतीय राष्ट्रीय आंदोलन पर उग्रवादियों का वर्चस्व स्थापित हो गया।

(iii) **क्रांतिकारियों का जन्म**—बंग विरोधी आंदोलन ने क्रांतिकारियों को जन्म दिया। सर्वप्रथम क्रांतिकारी आंदोलन का नेतृत्व वारींद्र कुमार घोष और भूपेंद्रनाथ दत्त ने किया। उन लोगों ने बम, हत्या, हिंसा और खून के मार्ग का अनुसरण किया। स्वामी विवेकानंद और अरविंद घोष ने युवकों में उर्ग-राष्ट्रीयता तथा हिंदू धर्म की महत्ता का संचार किया।

(iv) **स्वदेशी आंदोलन**—बंग-भंग के परिणामस्वरूप, संपूर्ण भारत में स्वदेशी आंदोलन चलाया गया। विदेशी मालों का बहिष्कार और स्वदेशी वस्तुओं को प्रयोग में लाया गया। स्वदेशी शैक्षणिक संस्थाओं की स्थापना की गयी।

(v) **हिंदू-मुस्लिम फूट**—लॉर्ड कर्जन ने फूट डालो और शासन करो की नीति अपनाकर संपूर्ण भारत के वातावरण को विषाक्त कर दिया। हिंदू-मुस्लिम एकता पर प्रचंड प्रहार किया गया। राष्ट्रीय एकता को समाप्त करने का प्रयत्न किया गया।

बंग-विभाजन का विरोध अनवरत रूप से चलता रहा। ब्रिटिश सरकार का भी दमन चक्र चलता रहा। आतंकवादियों का राजनीति पर प्रभाव पड़ने लगा। अंततः, ब्रिटिश सरकार ने 1911 में बंगाल-विभाजन को रद्द कर दिया, जो राष्ट्रीय आंदोलन में उग्रवादियों की एक बड़ी उपलब्धि थी।

उग्रवादी आंदोलन के अग्रदूत
(Heralds of the Extremist Movement)

लोकमान्य बाल गंगाधर तिलकः 1856-1920 (Lokmanya Balgangadhar Tilak)

जन्म और शिक्षा (Birth and Education)—23 जुलाई, 1856 को बाल गंगाधर तिलक का जन्म महाराष्ट्र के रत्नागिरी में हुआ था। बचपन में उन्हें केशवराव और बलवंतराव कहकर भी पुकारा जाता था। उनके पिता गंगाधर

राव पहले शिक्षक और बाद में स्कूल-निरीक्षक बने। तिलक को पिता से विद्या और बुद्धि तथा माता से धार्मिक संस्कार प्राप्त हुआ। उनको पाँच वर्ष की उम्र में दशहरे के दिन स्कूल में प्रवेश कराया गया। उनको गणित और संस्कृत में विशेष रूचि थी। दस वर्ष की उम्र में माता और सोलह वर्ष की उम्र में पिता से उन्हें वंचित होना पड़ा। 1872 में मैट्रिक पास करने के बाद, उन्होंने डेकन कॉलेज में प्रवेश लिया। वहाँ उन्होंने गणित, संस्कृत, पाश्चात्य दर्शन और वैदिक साहित्य का गहन अध्ययन किया। 1877 में बी.ए. और 1879 ई. में वे एल.एल.बी. की उपाधि से विभूषित हुए।

न्यू इंगलिश स्कूल, 1879 (New English School)–1879 में तिलक, आगरकर और विष्णुशास्त्री चिपलूंकर ने मिलकर न्यू इंगलिश स्कूल की स्थापना की। जनवरी 1880 में स्कूल उदघाटन के समय उसे, शुभ दिन की विजय-पताका कहा गया। तिलक इस स्कूल और युवकों को मातृभूमि की आजादी के लिए संगठित करना चाहते थे।

मराठा तथा केसरी (Maratha and Kesari)–1881 में तिलक ने मराठा और केसरी पत्रों का प्रकाशन प्रारंभ किया। तिलक मराठा और आगरकर केसरी के संपादक बनकर राष्ट्रीयता का प्रचार करने लगे। उत्तेजक लेख छापने के अपराध में तिलक को जेल भी जाना पड़ा। जेल से आने पर उन्होंने **डेकन एजुकेशन सोसाइटी** की स्थापना की, जो आगे चलकर फर्गुसन कॉलेज हुआ जिसमें गोखले ने काम किया। 1890 में तिलक ने सोसाइटी से त्याग-पत्र देकर, कानून के प्राध्यापक नियुक्त हुए।

तिलक का राजनीति में प्रवेशः उग्रवाद के जन्मदाताः 1889–सर्वप्रथम 1889 में तिलक ने भारतीय राष्ट्रीय कांग्रेस में प्रवेश करके, बंबई अधिवेशन में सम्मिलित हुए। इस अधिवेशन में लाल, बाल और पाल तीनों नेता उपस्थित थे। तिलक ने उदारवादियों की भिक्षावृत्ति की कड़ी आलोचना की। उन्होंने कहा कि प्रार्थना-पत्र और भीख माँगने से स्वराज्य नहीं मिलेगा, हम लोगों को इसके लिए कठोर संघर्ष करना होगा।

स्वतंत्रता हमारा जन्मसिद्ध अधिकार है–तिलक प्रथम नेता है, जिन्होंने राष्ट्रीय राजनीति रंगमंच से यह घोषणा की, **"स्वतंत्रता हमारा जन्मसिद्ध अधिकार है, हम इसे लेकर रहेंगे।"**

यह राष्ट्रीय नारा बन गया और युवकों को राष्ट्रीय बलिवेदी पर शहीद होने के लिए प्रेरित किया। अंग्रेजों में इससे भय का संचार हुआ।

गणपति उत्सव, 1893—तिलक भारतीय सभ्यता और संस्कृति के पुजारी थे। उन्होंने युवकों में अत्मविश्वास, आत्मनिर्भरता, साहस और बलिदान जैसी भावनाओं के संचार हेतु गणपति उत्सव का आयोजन किया। अखाड़े और लाठी-क्लबों की स्थापना की गयी। इस उत्सव का उद्देश्य था, युवकों को अनुशासित और संगठित करके, स्वतंत्रता की गाड़ी को आगे बढ़ाना। धर्म की ओट में यह एक विशुद्ध राजनीतिक आंदोलन था। इसने राष्ट्रीय शिक्षा का प्रचार किया और अंग्रेजों में भय उत्पन्न किया।

शिवाजी उत्सव, 1895—1895 में तिलक ने शिवाजी उत्सव को राजनीतिक दृष्टि से चलाया। उन्होंने शिवाजी के आदर्श को युवकों के सामने रखा और उत्सव के द्वारा उन्हें मातृभूमि की स्वतंत्रता हेतु जीवन उत्सर्ग करने के लिए ललकारा। इसके अंतर्गत लाठी, भाला और तलवार चलाना सिखाया गया। सार्वजनिक सभाओं, तथा धार्मिक और राष्ट्रीय गीतों का प्रचार किया गया। आगे चलकर इसने राष्ट्रीय पर्व का रूप लिया।

समाज सुधारकः अकाल और प्लेग—1895 में बंबई में भयंकर अकाल पड़ा। इसमें लाखों लोग मारे गए। ब्रिटिश सरकार ने कोई ठोस प्रबंध नहीं किया। तिलक ने सरकार की कड़ी आलोचना की। 1897 में पुणे में भयानक प्लेग का प्रकोप हुआ। तिलक सामाजिक सेवा में लग गए। रैंड और एयर्स्ट ने लोगों के घरों में घुसकर दुर्व्यवहार किया। परिणामतः दामोदर और बालकृष्ण चापेकर बंधुओं ने दोनों की गोली मारकर हत्या कर दी। इससे अंग्रेजी सरकार बौखला उठी, दोनों भाइयों को फाँसी पर लटका दिया। तिलक ने इसका कड़ा विरोध किया। उन्होंने किसानों के लगान की माफी के लिए भी कदम उठाया। इस प्रकार, वे सामाजिक सुधार के कार्यों से जूझते रहे।

बंगाल-विभाजन, 1905—1905 में लॉर्ड कर्जन ने बंगाल को पूर्वी और पश्चिमी प्रांत में विभाजित कर दिया। इससे बंगाल में ब्रिटिश सरकार के प्रति प्रतिशोध की ज्वाला धधकने लगी। इसमें तिलक ने बंगाली नेताओं का साथ दिया। वे बंगाल जाकर राष्ट्रीयता का प्रचार करने लगे।

कांग्रेस से अलगः सूरत फूट 1907—1907 में सूरत में कांग्रेस का अधिवेशन हुआ। जिसमें उदारवादियों और उग्रवादियों में नीति को लेकर जबरदस्त विरोध उत्पन्न हुआ। फलस्वरूप, उग्रवादी कांग्रेस से अलग हो गए, जिसका नेतृत्व तिलक ने किया। फिर 1916 में, दोनों दलों में मेल-मिलाप हो गया और तिलक ने भारतीय राष्ट्रीय कांग्रेस की बागडोर को सँभाला।

राष्ट्रीय शिक्षा और भाषा–तिलक राष्ट्रीय शिक्षा और राष्ट्रीय भाषा में विश्वास रखते थे। उन्होंने कहा कि भारत में हिंदी को एक संपर्क भाषा के रूप में स्थान मिलना चाहिए। काशी नगरी-प्रचारिणी सभा में तिलक ने स्पष्ट शब्दों में कहा, "एक लिपि राष्ट्रीय आंदोलन का अभिन्न अंग है। हमें समस्त भारत के लिए एक ही भाषा बनानी चाहिए। यदि राष्ट्र को संगठित करना है, तो इसके लिए राष्ट्रभाषा से बड़ी शक्ति अन्य कोई नहीं हो सकती।"

कारावास–राष्ट्रीय आंदोलन में तिलक को अनेक बार जेल भी जाना पड़ा। 27 जुलाई, 1897 को राजद्रोह के अपराध में, तिलक को बंदी बना लिया गया और अठारह माह का कठोर कारावास का दंड दिया गया। 1908 में पुन: उन्हें छह वर्ष का निर्वासन दंड देकर मांडले जेल भेजा गया। यहाँ पर उन्होंने **गीता रहस्य** और **दि आर्कटिक होम ऑव द वेदाज**[1] नामक पुस्तकों की रचना की।

तिलकः होम-रूल-आंदोलन–1914 में जेल से छुटने के बाद, तिलक एनी बेसेंट द्वारा चलाए गए, होम-रूल-आंदोलन में सम्मिलित हुए। 1916 में वे पुन: कांग्रेस में आ गए। उन्होंने गांधी द्वारा चलाए गए, असहयोग आंदोलन का समर्थन किया। 1918 में इंग्लैंड जाने के पहले, तिलक ने कहा, "आज इंग्लैंड के सामने दो ही रास्ते हैं–या तो हमें स्वराज्य दे या भारत से पूर्णतया हाथ धो बैठे।" 27 नवम्बर 1919 को लंदन से लौटने पर, 1919 के सुधार अधिनियम पर टिप्पणी देते हुए कहा, "हम सारी दुनिया को साफ-साफ बता देना चाहते हैं कि हम सुधारों से संतुष्ट नहीं है और हम अपना संघर्ष जारी रखेंगे।"

निधन 1920–तिलक का स्वास्थ्य काफी गिर गया था। 1920 में बंबई के सरदार-गृह में उनका अकस्मिक निधन हो गया। इससे सारा भारत शोक में डूब गया और जगह-जगह उन्हें श्रद्धांजलियाँ अर्पित की गयी। देश का महान और कर्मठ सपूत इतिहास की धरोहर बन गया। गांधी ने शवदाह के समय जनसमूह को संबोधित करते हुए कहा, "इस पवित्र घड़ी में मैं उनकी चिता की भस्म अपने सिर पर चढ़ाते हुए प्रतिज्ञा करता हूँ कि प्राण देकर भी लोकमान्य के स्वराज्य के मंत्र को पूरा करूँगा।"

तिलक का व्यक्तित्व–बालगंगाधर तिलक महान देशभक्त, राष्ट्रवादी, समाज सुधारक, उग्रवाद के जनक और स्वतंत्रता आंदोलन के जननायक थे। वे पहले नेता थे, जिन्हें **लोकमान्य** अर्थात् जनता-जनार्दन का हृदय-सम्राट होने का सौभाग्य प्राप्त हुआ। वे केवल महाराष्ट्र के ही नहीं, बल्कि संपूर्ण भारत

1. The Arctic Home of the Vedas.

के अद्वितीय नेता थे। उनमें विलक्षण बुद्धि, अप्रतिहत इच्छा-शक्ति, अदम्य साहस, कर्मठता और अटूट देश सेवा की भावना भरी हुई थी। वे राजनीतिक दार्शनिक, सुधारक, यथार्थवादी और व्यावहारिक राजनीतिक थे।

तिलक के महान व्यक्तित्व का पता कुछ विद्वानों के मतों से स्पष्ट हो जायेगा।

रोम्या रोलाँ, "तिलक कर्मपुजारी थे। उनमें तीव्र बुद्धि, दृढ़ इच्छा और उच्च चरित्र का त्रिगुणात्मक संयोग था। उनमें लगन, दृढ़ता और असीम कष्ट सहने की शक्ति थी, वहीं उनकी लोकप्रियता को लोकमान्य बना सकी।"

सरवैलेंटाइन शिरोल के शब्दों में, "तिलक, सरकार के प्रति जनता में द्वेष फैलाने वाले सबसे खतरनाक अग्रदूत थे। वे भारत में अशांति उत्पन्न करना चाहते थे। इस कथन को कोई भी भारतीय मानने के लिए तैयार नहीं होगा। भारतीयों ने तो उन्हें आदर्श, त्याग, बलिदान, योग्यता और बुद्धिमत्ता के कारण लोकमान्य की पदवी से विभूषित किया, उनको ऐसे देशभक्त के रूप में देखा, जो भारतीयों की दुर्दशा देखकर रोता था और जिनके जीवन का एकमात्र लक्ष्य था, भारत के लिए स्वराज्य की प्राप्ति।"

शेने के अनुसार, "जब भारत में वास्तविक राजनीतिक जागृति आरंभ हुई, तो सर्वप्रथम लोकमान्य तिलक ने ही स्वराज्य की आवश्यकता और उसके लाभों की ओर जनता का ध्यान आकृष्ट किया था।"

श्रीराम गोपाल–"महात्मा गांधी ने तिलक की मृत्यु के बाद जो आंदोलन किए थे, सब तिलक ने पहले किये थे।"

स्वामी श्रद्धानंद–"महाराज तिलक का, राजनीतिक कार्य करने वाले कार्यकर्त्ताओं में बहुत ऊँचा स्थान है। उन्होंने सबसे पहले राजनीतिक एकता का सिद्धांत प्रचारित किया।"

अरविंद घोष, "तिलक का नाम राष्ट्र निर्माता के रूप में आधा दर्जन महानतम राजनीतिक पुरुषों, स्मरणीय व्यक्तियों, भारतीय इतिहास के इस संकटकाल में, राष्ट्र के मुख्य व्यक्तियों में होने के नाते, सदा अमर रहेगा तथा इसे लोग तब तक कृतज्ञता पूर्वक स्मरण रखेंगे जब तक देश में अपने भूतकाल पर अभिमान और भविष्य के लिए आशा बनी रहेगी।"

महात्मा गांधी, "तिलक मुझे एक समुद्र के समान प्रतीत हुए, जिसमें डुबकी लगाने का कोई साहस नहीं करता और गोखले उस गंगा के समान थे, जो सबको अपने पास बुलाती है।"

लाला लाजपतराय (1865-1928)
(Lala Lajpat Rai)

जन्म, शिक्षा और पेशा—1865 में, लाला लाजपतराय का जन्म पंजाब के लुधियाना जिला के एक साधारण वैद्य परिवार में हुआ था। बचपन से ही वे बड़े तेज प्रखर बुद्धि के थे। उनके पिता स्कूल निरीक्षक थे। उन्होंने राजकीय कॉलेज, लाहौर में उच्च शिक्षा प्राप्त की। 1885 में वकालत पास करके उन्होंने हिसार में वकालत में काफी ख्याति प्राप्त की तथा धन भी कमाया।

स्वामी दयानंद सरस्वती की शिक्षा—उस समय पंजाब में आर्य समाज आंदोलन काफी जोर पर था। लाला लाजपतराय इस आंदोलन से काफी प्रभावित हुए और स्वामी दयानंद सरस्वती के प्रिय शिष्य बन गए। वे घूम-घूमकर आर्य समाज के सिद्धांतों और राष्ट्रीयता का प्रचार करने लगे। महाराष्ट्र में जो स्थान तिलक को प्राप्त था, वही स्थान पंजाब में लाला लाजपतराय को प्राप्त हुआ।

कांग्रेस प्रवेशः 1888—1888 में, लाला लाजपतराय भारतीय राष्ट्रीय कांग्रेस में सम्मिलित हुए। उन्होंने तिलक के साथ मिलकर एक राष्ट्रीय दल की स्थापना की। 1901 में उन्होंने अकाल आयोग के समक्ष अपनी गवाही दी, जिसका बहुत बड़ा प्रभाव सरकारी नीति पर पड़ा। वे उग्रवाद के सफल संचालक बने। वे एक शिष्टमंडल में गोखले के साथ इंग्लैंड गए, जहाँ जनता के दृष्टिकोण को ब्रिटिश सरकार के सामने रखा। इंग्लैंड से वापस आने पर उन्होंने लोगों को बताया कि ब्रिटिश सरकार से कोई आशा नहीं की जा सकती है। हम लोगों को भिक्षावृत्ति त्याग कर संघर्ष करना चाहिए।

अमेरिका प्रवास—1907 में, पंजाब में **उपनिवेशीकरण विधेयक** के विरोध में लालाजी और उनके सहयोगियों ने एक व्यापक आंदोलन चलाया। ब्रिटिश सरकार ने उन्हें देश से निकाल दिया। वे अमेरिका चले गए, जहाँ अपना आंदोलन जारी रखा। उन्होंने **यंग इंडिया** नामक पत्रिका का प्रकाशन किया और **तरुण भारत** पुस्तक की रचना भी की। जिसे सरकार ने जब्त कर लिया। इंग्लैंड और अमेरिका में, उनकी पुस्तक को काफी प्रसिद्धि मिली।

असहयोग आंदोलनः 1920—1920 में लालाजी स्वदेश लौटे, उन्हें कांग्रेस के विशेष अधिवेशन का सभापति निर्वाचित किया गया। उन्होंने पंजाब में गांधी द्वारा चलाये गये असहयोग आंदोलन का सफल संचालन किया। उन्होंने कहा, "हम अपने चेहरे सरकारी भवनों की ओर से मोड़कर जनता की झोपड़ी की ओर करना चाहते हैं।" इस पर उन्हें बंदी बना लिया गया।

लालाजी स्वराज दल के सदस्य बने और उसके कार्यक्रमों का समर्थन किया। 1923 में, वे केंद्रीय विधान सभा के लिए निर्वाचित हुए और दल के उपनेता भी रहे। कुछ समय के बाद स्वराज दल से हटकर, उन्होंने एक राष्ट्रीय दल का संगठन किया। 1925 में, वे हिंदू महासभा के कलकत्ता अधिवेशन में सभापति चुने गए।

साइमन कमीशनः 1927—1927 में साइमन कमीशन के विरोध में लाहौर में एक बड़ा जुलूस निकाला गया। जिसमें साइमन वापस जाओ का नारा लगाया गया। एक अंग्रेज सार्जेंट ने उनकी छाती पर लाठी का प्रहार किया, जो प्राण घातक सिद्ध हुआ। उस दिन लालाजी ने कहा था, "मेरे शरीर पर पड़ी हुई एक-एक चोट, ब्रिटिश साम्राज्य की शवमंजूषा की कील होगी।"

निधनः 1928—इसी लाठी प्रहार के कारण, 17 नवम्बर 1928 को भारत के इस महान देशभक्त के प्राण-पखेरू उड़ गए।

उनकी रचनाएँ—लाला लाजपतराय को लिखने-पढ़ने का बड़ा शौक था। उन्होंने गैरी बाल्डी, मेजिनी, शिवाजी, श्रीकृष्ण और दयानंद सरस्वती की जीवनियाँ लिखीं, जो काफी लोकप्रिय हुई। उनकी रचनाओं में भगवद्गीता का संदेश, ब्रिटेन का भारत के प्रति ऋण, दुखी भारत, हिंदू-मुस्लिम एकता तथा तरुण भारत आदि विशेष स्थान रखते हैं।

उच्चकोटि के वक्ता—लाला लाजपतराय एक उच्चकोटि के सार्वजनिक वक्ता थे। वे अपने जोशीले भाषण से जनता को मंत्र-मुग्ध कर देते थे। **चिंतामणि** का कहना था, "मैं सार्वजनिक वक्ता के रूप में लॉयड जॉर्ज और लाजपतराय का एक साथ स्मरण करता हूँ।"

समाज सुधारक—लालाजी एक महान समाज सुधारक भी थे। उन्होंने दलितोद्धार और अछूतोद्धार के लिए काफी कार्य किया। **सर्वेंट्स ऑफ पिपुल्स सोसाइटी** की स्थापना कर अनाथालयों और अस्पतालों की स्थापना की। वे रोगियों और अनाथ बच्चों की सेवा में लग गए।

इस प्रकार, लाला लाजपतराय एक महान देशभक्त, राष्ट्रनिर्माता, शिक्षा-विशेषज्ञ, वक्ता, लेखक, पत्रकार और समाज सुधारक थे। भारतीय राष्ट्रीय आंदोलन के इतिहास में उनका नाम उग्रवादी नेता और शेरे पंजाब के रूप में अमर रहेगा।

विपिनचंद्र पाल (1858-1932)
(Bipin Chandra Pal)

जन्म–1858 में, विपिनचंद्र पाल का जन्म असम के सिलहट जिले में हुआ था। वे बचपन से ही क्रांतिकारी स्वभाव के थे। उनकी बुद्धि प्रखर थी।

कांग्रेस–विपिनचंद्र पाल ने पहली बार 1887 के कांग्रेस अधिवेशन में भाग लिया। वे एक कट्टर उग्रवादी थे। भिक्षावृत्ति और सांविधानिक साधनों में उनको तनिक भी विश्वास नहीं था। वे अंग्रेजों को भगाने के लिए, संघर्ष की राजनीति करना चाहते थे। 1905 में बंग-भंग के समय उन्होंने बंगाल में घूम-घूमकर अंग्रेजों को भगाओ के विरुद्ध जनमत तैयार किया और बंग-भंग को गलत बताया। उन्होंने विदेशी वस्तुओं का बहिष्कार, स्वदेशी वस्तुओं का प्रयोग और राष्ट्रीय शिक्षा पर विशेष बल दिया। 1906 में, कांग्रेस के द्वारा **साम्राज्य के भीतर स्वराज्य** के पारित प्रस्ताव का, उन्होंने जमकर विरोध किया। वे पूर्ण स्वराज्य चाहते थे। इसी अधिवेशन में उन्होंने बहिष्कार शब्द की, विशद् व्याख्या की जिसे कांग्रेसियों ने स्वीकार किया।

कारावास: 1907–1907 में अरविंद घोष के विरुद्ध चल रहे अभियोग में पाल को गवाही देने के लिए बुलाया गया, लेकिन वे नहीं आये। जिसके कारण न्यायालय ने उन पर मानहानि का मुकदमा चलाकर, उन्हें छह माह की सजा दी।

मद्रास–विपिनचंद्र पाल पहले व्यक्ति हैं जिन्होंने 1907 में मद्रास जाकर आतंकवाद का प्रचार किया। वहाँ के युवकों को उन्होंने क्रांति के लिए संगठित किया। क्रांतिकारी विचारों के प्रचार के लिए, वहाँ भी उसे बंदी बनाकर सजा दी गयी।

इंग्लैंड–1908 में जेल से छूटने के बाद, वे इंग्लैंड चले गए और वहाँ पर तीन वर्षों तक विदेशी साहित्य का अध्ययन किया। वहाँ भी उन्होंने भारतीयों के बीच उग्रवाद का प्रचार किया और भारत की स्वतंत्रता प्राप्ति हेतु लोगों को जगाया।

कांग्रेस से अलग–विपिनचंद्र पाल मॉण्ट फोर्ट सुधार से सहमत नहीं थे, जिससे कांग्रेस से विरोध हुआ। इसके साथ ही, 1920 में गांधी द्वारा चलाये गये असहयोग आंदोलन का भी उन्होंने जमकर विरोध किया और कांग्रेस से अलग होकर, 1928 में, एक सर्वदल सम्मेलन में भाग लिया।

उग्रवादी नेता–विपिनचंद्र पाल एक कट्टर उग्रवादी नेता और देशभक्त थे। वे भारतीय राजनीति में उग्रवाद के समर्थक थे। लाल, बाल और पाल के नेतृत्व में उग्रवाद का प्रचार हुआ। उन लोगों के सहयोग से भारत में पहली

बार भावात्मक और व्यावहारिक एकता की स्थापना हुई। पाल एक उग्र-राष्ट्रवाद के पोषक थे। वे प्रार्थना-पत्र देने और पद-प्राप्ति के स्थान पर संघर्ष करना चाहते थे। उनका कथन था, "स्वराज्य जनता के प्रयत्न द्वारा प्राप्त करना चाहिए, सरकार के उपहार स्वरूप तथा पुरस्कार स्वरूप नहीं।" उन्होंने आगे कहा, "यदि सरकार मुझसे कहे, स्वराज्य ले लो, तो मैं उत्तर दूँगा-स्वीकार नहीं है, जो मैंने अपने बाहुबल से न लिया हो। उन्होंने पूर्ण विश्वास के साथ कहा था, "हम देश में इस प्रकार कार्य करेंगे, जनता के साधनों को इस प्रकार संयोजित करेंगे, जाति की स्वातंत्र्य भावना का इस प्रकार विकास करेंगे कि प्रत्येक विरोधी शक्ति, जो अपनी इच्छाओं के सम्मुख अवश्य झुका लेंगे।"

कट्टर हिंदू–विपिनचंद्र पाल एक कट्टर हिंदू थे और वे हिंदू धर्म के पुनर्जागरण के पक्षधर थे। वे पश्चिमी सभ्यता, संस्कृति, शिक्षा और धर्म की तुलना में भारतीय सभ्यता, संस्कृति, शिक्षा और धर्म को श्रेष्ठ समझते थे। प्राचीन सभ्यता और धर्म के द्वारा ही भारत अपना गौरव प्राप्त कर सकता है। उन्होंने स्वतंत्रता और अधिकार की व्याख्या धर्मानुसार की।

उनके कार्यक्रम–पाल का मुख्य कार्यक्रम था–विदेशी वस्तुओं का बहिष्कार, स्वदेशी वस्तुओं का प्रयोग, सत्याग्रह और राष्ट्रीय शिक्षा का प्रचार करना आदि।

विकेन्द्रीकरण–विपिन बाबू लोकतंत्रात्मक स्वराज्य में विश्वास करते थे। वे सत्ता के विकेंद्रीकरण को आवश्यक मानते थे, जो संपूर्ण भारत के लिए एक संघ बनाने के पक्ष में थे, जो स्वायत्तशाली प्रांतों, जिलों और ग्रामों में विभाजित होता। उन्होंने एक अंतर्राष्ट्रीय संस्था का भी समर्थन किया। इस प्रकार, उनके विचार काफी आधुनिक थे। वे एक सशक्त वक्ता और लोकप्रिय व्यक्ति थे।

निधन–विपिनचंद्र पाल का निधन 1932 में हो गया। भारतीय राष्ट्रीय आंदोलन में इनके विचार सदा स्मरणीय रहेंगे। भारत माता का यह सपूत अपने क्रांतिकारी सिद्धांतों और कार्यक्रमों के लिए सदा पूजित रहेगा।

प्रश्न
(Questions)

1. भारतीय राष्ट्रीय आंदोलन में उग्रवाद के जन्म और विकास के उत्तरदायी कारणों की विवेचना कीजिए।

   Discuss the causes responsible for the birth and growth of extremism in Indian National Movement.

2. भारतीय राष्ट्रीय आंदोलन में उग्रवादियों की भूमिका की विवेचना कीजिए।
Discuss the role of Extremists in the Indian National Movement.
3. भारतीय राष्ट्रीय आंदोलन में उग्रवाद के उत्तरदायी कारणों की समीक्षा कीजिए।
Examine the responsible causes for the rise of Extremism in the Indian National Movement.
4. उग्रवाद के उद्देश्य और कार्य-प्रणाली की विवेचना कीजिए।
Discuss the objectives and methods of Extremism.
5. उग्रवाद क्या है? इसकी प्रगति का वर्णन करें।
What is Extremism? Describe its progress.
6. भारतीय राष्ट्रीय आंदोलन में बाल गंगाधर तिलक की भूमिका की विवेचना कीजिए।
Discuss the role of Balgangadhar Tilak in the Indian National Movement.
7. भारतीय राष्ट्रीय आंदोलन में लाला लाजपतराय की भूमिका को स्पष्ट करें।
Explain the role of Lala Lajpat Rai in the Indian National Movement.
8. भारतीय राष्ट्रीय आंदोलन में विपिनचंद्र पाल की देनों का उल्लेख करें।
Mention the contributions of Bipin Chandra Pal in the Indian National Movement.

वस्तुनिष्ठ प्रश्न
(Objective Questions)

1. *यंग इंडिया* के रचयिता कौन थे?
(क) लाला लाजपतराय (ख) गांधी
(ग) तिलक (घ) मोतीलाल नेहरू
2. किस वर्ष 'सूरत फूट' की घटना हुई, जिससे भारतीय राष्ट्रीय कांग्रेस में विभाजन हुआ?
(क) 1905 (ख) 1907 (ग) 1906 (घ) 1914
3. 'स्वतंत्रता मेरा जन्मसिद्ध अधिकार है'–यह नारा किसने दिया था?
(क) गांधी (ख) सुभाषचंद्र बोस
(ग) तिलक (घ) लाला लाजपतराय

4. 'गदर पार्टी' के संस्थापक कौन थे?
   (क) बरकत उल्ला (ख) भगत सिंह
   (ग) धींगरा (घ) लाला लाजपतराय
5. भारतीय राष्ट्रीय आंदोलन का दूसरा चरण क्या था?
   (क) उग्रवादी (ख) उदारवादी
   (ग) गांधीवादी (घ) समन्वयवादी
6. लाल, बाल और पाल किस आंदोलन से जुड़े थे?
   (क) उदारवादी (ख) उग्रवादी
   (ग) क्रांतिकारी (घ) गांधीवादी
7. उग्रवादी आंदोलन का संबंध किससे था?
   (क) भिक्षावृत्ति
   (ख) अंग्रेजों की न्यायप्रियता में विश्वास
   (ग) बहिष्कार, स्वदेशी और राष्ट्रीयता का प्रचार
   (घ) बमबाजी
8. "भारतीयों को अब भिखारी बने रहने में ही संतोष नहीं करना चाहिए और न उन्हें अंग्रेजों की कृपा पाने के लिए गिड़गिड़ाना चाहिए। यह कथन किसका है?
   (क) विपिनचंद्र पाल (ख) तिलक
   (ग) अरविंद घोष (घ) लाला लाजपतराय
9. प्लेग कमिश्नर कौन थे?
   (क) रैंड (ख) कर्जन (ग) मेयो (घ) मिंटो
10. रैंड और एयर्स्ट की हत्या किसने की थी?
   (क) भगत सिंह (ख) चापेकर बंधु
   (ग) बटुकेश्वर दत्त (घ) खुदीराम बोस
11. *आनंद मठ* के रचयिता कौन हैं?
   (क) शरद चंद्र (ख) प्रेमचंद (ग) बंकिमचंद्र (घ) टैगोर
12. दक्षिण अफ्रीका में किसने सत्याग्रह चलाया था?
   (क) तिलक (ख) गोखले (ग) नेहरू (घ) गांधी
13. कलकत्ता नगर निगम अधिनियम किस वर्ष पारित किया गया?
   (क) 1899 (ख) 1888 (ग) 1904 (घ) 1897

14. भारतीय विश्वविद्यालय अधिनियम किस वर्ष पारित किया गया?
(क) 1899 (ख) 1904 (ग) 1903 (घ) 1900

15. बंगाल-विभाजन किस वर्ष हुआ?
(क) 1904 (ख) 1908 (ग) 1905 (घ) 1911

16. बंग-भंग योजना किसने लागू की थी?
(क) लॉर्ड मेयो (ख) किंग्सफोर्ड
(ग) लॉर्ड मिंटो (घ) लॉर्ड कर्जन

17. "बंगाल का विभाजन हमारे ऊपर बम की तरह गिरा। हमने समझा कि हमारा घोर अपमान किया गया है।" यह कथन किसका है?
(क) सुरेंद्रनाथ बैनर्जी (ख) विपिनचंद्र पाल
(ग) टैगोर (घ) तिलक

18. बंगाल-विभाजन किस वर्ष पारित किया था?
(क) 1904 (ख) 1910 (ग) 1905 (घ) 1908

19. "हम अपने चेहरे सरकारी भवनों की ओर से मोड़कर जनता की झोपड़ी की ओर करना चाहते हैं।" यह कथन किसका है?
(क) सुरेंद्रनाथ बैनर्जी (ख) अरविंद घोष
(ग) लाला लाजपतराय (घ) गांधी

20. "हमारा वास्तविक शत्रु कोई बाहरी शत्रु नहीं है, बल्कि हमारी शिथिलता और कायरता है।" यह कथन किसका है?
(क) सुरेंद्रनाथ बैनर्जी (ख) विपिनचंद्र पाल
(ग) तिलक (घ) अरविंद घोष

21. "हमारा उद्देश्य आत्म निर्भरता है, भिक्षावृत्ति नहीं।" यह कथन किसका है?
(क) तिलक (ख) गोखले
(ग) गांधी (घ) लाला लाजपतराय

22. "मैं अपने घर की चाभी अपने हाथ में लेना चाहता हूँ, सिर्फ विदेशियों को घर से निकालना ही नहीं चाहता।" यह कथन किसका है?
(क) गोखले (ख) तिलक
(ग) लाला लाजपतराय (घ) अरविंद घोष

23. "एक अंग्रेज सबसे अधिक घृणा एक भिखारी से करता है। मेरे विचार में भिखारी घृणा का पात्र भी है।" यह कथन किसका है?
(क) तिलक (ख) अरविंद
(ग) लाला लाजपतराय (घ) गोखले

24. उग्रवादी दल का जन्म किस वर्ष हुआ था?
(क) 1905 (ख) 1906 (ग) 1911 (घ) 1907

25. इनमें कौन नरम दल के नेता नहीं थे?
(क) अरविंद घोष (ख) गोखले
(ग) दादाभाई नौरोजी (घ) सुरेंद्रनाथ बैनर्जी

26. इनमें कौन गरम दल के नेता नहीं थे?
(क) तिलक (ख) सुरेंद्रनाथ बैनर्जी
(ग) लाला लाजपतराय (घ) विपिन चंद्र पाल

27. कांग्रेस के कलकत्ता अधिवेशन, 1906 के सभापति कौन थे?
(क) तिलक (ख) गोखले
(ग) नौरोजी (घ) पाल

28. कांग्रेस के सूरत अधिवेशन, 1907 के सभापति कौन थे?
(क) सुरेंद्रनाथ बैनर्जी (ख) तिलक
(ग) अरविंद घोष (घ) रासबिहारी बोस

29. "सूरत की घटना कांग्रेस के इतिहास में सर्वाधिक शोकपूर्ण घटना थी।" यह कथन किसका है?
(क) एनी बेसेंट (ख) तिलक
(ग) गोखले (घ) अरविंद

30. गणपति और शिवजी उत्सव के संस्थापक कौन थे?
(क) गोखले (ख) तिलक
(ग) अरविंद (घ) लाला लाजपतराय

31. "1908 में किस नेता को मांडले जेल में रखा गया था।"
(क) गोखले (ख) अरविंद
(ग) तिलक (घ) विपिनचंद्र पाल

32. बंग-विभाजन कब लागू किया गया था?
(क) 15 अक्टूबर 1905 (ख) 16 अक्टूबर 1907
(ग) 16 अक्टूबर 1906 (घ) 16 अक्टूबर 1905

33. मराठा और केसरी पत्रों का प्रकाशन किसने किया था?
(क) तिलक (ख) गोखले (ग) अरविंद (घ) गांधी

34. *गीता रहस्य* के रचयिता कौन हैं?
(क) गांधी (ख) तिलक (ग) विनोबा (घ) अरविंद

35. द *आर्कटिक होम ऑफ द वेदाज* के रचयिता कौन हैं?
(क) गोखले (ख) अरविंद (ग) तिलक (घ) गांधी

36. लाला लाजपतराय का जन्म किस प्रांत में हुआ था?
(क) महाराष्ट्र (ख) बंगाल (ग) बिहार (घ) पंजाब

37. *तरुण भारत* पुस्तक के रचयिता कौन थे?
(क) लाल (ख) बाल (ग) पाल (घ) बैनर्जी

38. "मेरे शरीर पर पड़ी हुई एक-एक चोट ब्रिटिश साम्राज्य की शव मंजूषा की कील होगी।" यह कथन किसका है?
(क) सुरेंद्रनाथ बैनर्जी (ख) लाला लाजपतराय
(ग) तिलक (घ) अरविंद

उत्तर
(Answers)

1. (क) 2. (ख) 3. (ग) 4. (घ) 5. (क) 6. (ख) 7. (ग) 8. (घ) 9. (क) 10. (ख) 11. (ग) 12. (घ) 13. (क) 14. (ख) 15. (ग) 16. (घ) 17. (क) 18. (ख) 19. (ग) 20. (घ) 21. (क) 22. (ख) 23. (ग) 24. (घ) 25. (क) 26. (ख) 27. (ग) 28. (घ) 29. (क) 30. (ख) 31. (ग) 32. (घ) 33. (क) 34. (ख) 35. (ग) 36. (घ) 37. (क) 38. (ख)

5

क्रांतिकारी या आतंकवादी आंदोलन
(1906–1930)
(Revolutionary or Terrorist Movement)

क्रांतिकारी आंदोलन का अर्थ (Meaning of Revolutionary Movement)

बीसवीं सदी के प्रारंभ में उग्रवादी आंदोलन के साथ-साथ एक उग्रतर आंदोलन का जन्म हुआ, जिसे क्रांतिकारी या आतंकवादी आंदोलन की संज्ञा दी गई। इसका प्रारंभ महाराष्ट्र में हुआ, लेकिन इसका प्रधान केंद्र बंगाल बन गया। क्रांतिकारी आंदोलन के नेता अरविंद घोष के अनुज वारींद्र कुमार घोष और स्वामी विवेकानंद के अनुज, भूपेंद्रनाथ दत्त थे। इन दोनों ने **युगांतर** और **संध्या** नामक पत्रों द्वारा आतंकवाद का प्रचार किया तथा इस आंदोलन के अग्रदूत बन गए।

वारींद्र कुमार घोष ने युवकों को एक लेख द्वारा ललकारा, "भारतीयों, डरो मत, ईश्वर असावधान नहीं, वह अपने वचन का पालन करेगा। ईश्वर पर पूर्ण विश्वास रखकर, उसकी शक्ति का प्रयोग करो। जब ईश्वरीय शक्ति मनुष्यों के हृदय में चमकती हैं, तो मनुष्य असंभव कार्य कर लेते हैं।"

भगत सिंह और **बटुकेश्वर दत्त** ने भी सेशन जज के सामने अपने वक्तव्य में क्रांतिकारी आंदोलन अर्थ को स्पष्ट किया, "क्रांति के विरोधियों द्वारा भ्रांतिवश यह विचार स्वीकार कर लिया गया है कि क्रांति का अर्थ शस्त्रों, हथियारों या अन्य साधनों से हत्या या हिंसक कार्य करना है। लेकिन, क्रांति का अर्थ वध या पिस्तौल मात्र नहीं है। क्रांति से हमारा तात्पर्य यह है कि आज की वस्तु स्थिति और समाज-व्यवस्था, जो स्पष्ट रूप से अन्याय पर टिकी हुई है, उसको बदला जाय। क्रांति, व्यक्ति द्वारा व्यक्ति के शोषण को समाप्त करने और हमारे राष्ट्र के लिए पूर्ण आत्म-निर्णय का अधिकार

प्राप्त करने के लिए है। क्रांति का अंतिम लक्ष्य यही है। स्वतंत्रता व्यक्ति का जन्मसिद्ध अधिकार है और उच्च आदर्श की प्राप्ति के लिए सभी प्रकार का त्याग करने और कष्ट सहन करने के लिए हम तत्पर हैं। क्रांति जिंदाबाद।"

क्रांति के अग्रदूतों ने युवकों को आतंकवाद के मार्ग को अपनाने के लिए प्रेरित किया। चारों तरफ गुप्त और खुले संगठन स्थापित किए गए। विदेशों में भी इसकी शाखाएं खुली। तोड़-फोड़, हत्या और बमबाजी का कार्य शुरू हो गया। धीरे-धीरे क्रांतिकारी आंदोलन संपूर्ण भारत में फैल गया। संक्षेप में, आतंकवाद का अर्थ है, हिंसा द्वारा अंग्रजों को भारत से भगाकर, भारत को स्वतंत्र कराना और स्वराज्य की स्थापना करना।

क्रांतिकारी आंदोलन के उदय के कारण (Causes for the Rise of Revolutionary Movement)

भारत में क्रांतिकारी आंदोलन के उदय में निम्नलिखित कारणों का हाथ रहा है।

मध्यमवर्गीय आंदोलन–विद्वानों का मत है कि बंगाल में मध्यमवर्ग के युवकों ने क्रांतिकारी आंदोलन चलाया। कट्टर ब्राह्मण युवकों ने पश्चिमी सभ्यता, संस्कृति, शिक्षा और सरकार के विरुद्ध यह आंदोलन चलाया। लेकिन, गैरेट के अनुसार, "क्रांतिकारी आंदोलन केवल ब्राह्मणों द्वारा आयोजित षड्यंत्र नहीं था। बंगाल और पंजाब में इसके नेता अन्य जाति के भी थे।"

आर्थिक कारण–उन्नीसवीं सदी के अंत में भारत अकाल, प्लेग और भूचाल के चपेट में आ गया था। जिस कारण भारत के लोगों की आर्थिक दुर्दशा हो रही थी। वे गरीबी और भुखमरी से पीड़ित थे। इस आर्थिक असंतोष ने क्रांतिकारी आंदोलन को जन्म दिया। **बेकन** का भी कथन है, "आर्थिक दरिद्रता और असंतोष क्रांति को जन्म देते हैं।"

लॉर्ड कर्जन की प्रतिगामी नीति–भारत में क्रांतिकारी आंदोलन के उदय में लॉर्ड कर्जन की प्रतिगामी नीतियों का बहुत बड़ा हाथ है। सरकारी गोपनीय अधिनियम, भारतीय विश्वविद्यालय अधिनियम और बंग-विभाजन जैसे कार्यों से सोई हुई जनता जाग उठी और बंगाल में आतंकवाद का बादल मँडराने लगा।

ब्रिटिश दमन के विरुद्ध प्रतिक्रिया–युवकों ने लॉर्ड कर्जन की प्रतिगामी नीतियों का जमकर विरोध किया। बंगाल-विभाजन के विरोध में शोक दिवस मनाया गया। विदेशी वस्तुओं का बहिष्कार और स्वदेशी वस्तुओं के प्रयोग का आंदोलन चलाया गया। लेकिन ब्रिटिश सरकार ने क्रूरता से इस आंदोलन

का दमन किया। तिलक को कारावास दिया गया। अतएव ब्रिटिश दमन की प्रतिक्रिया में क्रांतिकारी युवकों का जन्म हुआ, जिन्होंने शस्त्र और बम से ब्रिटिश सरकार को नाश करने के लिए संकल्प लिया।

1908 में **लॉर्ड मार्ले** ने लॉर्ड मिंटो को लिखा था, "राजद्रोह और अन्य अपराधों के संबंध में, जो दिल दहलाने वाले दंड दिए जा रहे हैं उसके कारण मैं अत्यन्त चिंतित और चकित हूँ। हम व्यवस्था चाहते हैं, लेकिन व्यवस्था लाने के लिए घोर कठोरता के उपयोग से सफलता नहीं मिलेगी। इसका परिणाम उल्टा होगा और बम का सहारा लेंगे।"

1910 में **मांटेग्यू** ने भी स्वीकार किया था, "दंड संहिता की सजाओं ने और चाकू चलाने की नीति ने, साधारण और बिगड़े युवकों को शहीद बनाया तथा विप्लवकारी पत्रों की संख्या बढ़ा दी। स्पष्ट है कि भारत में क्रांतिकारी आंदोलन के उदय एवं विस्तार के मूल में, सरकार की प्रतिक्रियावादी दमनकारी नीति थी।"

सांविधानिक साधनों की असफलता–उग्रवादियों को सांविधानिक साधनों से विश्वास उठ गया था। प्रार्थना-पत्र, समाचार-पत्र और हाथ जोड़ने से स्वतंत्रता मिलना असंभव प्रतीत हुआ। अतएव युवकों ने शस्त्र और बम का सहारा लेकर आतंकवाद को आगे बढ़ाया।

मातृभूमि प्रतिशोध–लॉर्ड कर्जन का जो तांडव नृत्य हो रहा था, उससे युवकों में राष्ट्रीयता और मातृभूमि प्रतिशोध की भावना का संचार हुआ। वे भारत माता को स्वतंत्र कराने के लिए अपने जीवन को बलिदान करने के लिए कटिबद्ध हो गए और अंग्रेजों पर बम का प्रहार करना शुरू किया। इससे आंतकवाद का जन्म हुआ।

विदेशों में क्रांति–फ्रांस, इटली, जर्मनी, अमेरिका और आयरलैंड जैसे देशों में क्रांतिकारी हुई थी। जिनका गहरा प्रभाव भारत के युवकों पर पड़ा और वे समझ गए कि अंग्रेज, बम से ही भारत छोड़ेंगे।

क्रांतिकारियों की कार्यप्रणाली (Methods of Revolutionaries)

उग्रसाधन (Violent Method)–क्रांतिकारियों ने उदारवादियों के वैधानिक साधनों के स्थान पर, उग्र साधनों को अपनाया। उन लोगों ने हिंसा, हत्या, डकैती और बमबाजी का सहारा लिया। उनका संदेश था–"तलवार हाथ में लो और सरकार को मिटा दो।" उन लोगों का कथन था कि ब्रिटिश सरकार पाशविक बल पर स्थित है और यदि अपने-आपको स्वतंत्र कराने के लिए पाशविक बल का प्रयोग करते हैं, तो वह उचित ही है। गोली और बम से ही भारत

को आजाद कराया जा सकता है। इस प्रकार, क्रांतिकारियों ने उग्र साधन का सहारा लिया। उनकी कार्यप्रणाली में निम्नलिखित साधनों का प्रयोग किया गया।

(i) पत्रों की सहायता से शिक्षित युवकों के मस्तिष्क में दासता के प्रति घृणा उत्पन्न करना।

(ii) साहित्य और संगीत द्वारा बेकारी तथा भुखमरी से त्रस्त लोगों को निडर बनाकर, उनमें मातृभूमि एवं स्वतंत्रता का प्रेम भरना।

(iii) शक्ति का प्रदर्शन करना और आंदोलन में व्यस्त रहना।

(iv) बम बनाना, बंदूक आदि चोरी से उपलब्ध करना तथा विदेशों से आग्लेयास्त्रों को प्राप्त करना।

(v) चंदा, दान और क्रांतिकारी डकैतियों द्वारा खर्च के लिए धन का प्रबंध करना।

(vi) युवकों को शारीरिक व्यायाम, शस्त्र प्रयोग और शक्ति उपासना की शिक्षा देना। उन्हें क्रांतिकारी साहित्य पढ़ाना और अनुशासित कर दल के भेद को गुप्त रखना।

राजद्रोह-जाँच समिति, 1918 (Sedition Committee)

1918 में राजद्रोह-जाँच समिति के प्रतिवेदन में क्रांतिकारियों के कार्यक्रम पर विस्तार से प्रकाश डाला गया था। क्रांतिकारी, शिवाजी और भवानी की पूजा द्वारा अंग्रेजों में आतंक फैलाना चाहते थे। वे बम और पिस्तौल के द्वारा अंग्रेजों को भारत से भगाना चाहते थे। प्रतिवेदन में कहा गया–

"यूरोपियनों को गोली से मारने के लिए अधिक शक्ति की आवश्यकता नहीं है। छुपे ढंग से शस्त्र व हथियार तैयार किए जा सकते हैं तथा भारतीयों को हथियार बनाने का कार्य सीखने के लिए विदेश भेजा जा सकता है। भारतीय सैनिकों की सहायता अवश्य ली जानी चाहिए और उन्हें देशवासियों के कष्टों की दुर्दशा के बारे में समझना चाहिए। शिवाजी की वीरता अवश्य ही याद रहे। क्रांतिकारी आंदोलन के प्रारंभिक व्यय के लिए चंदा किया जाए। लेकिन, जैसे ही काम पड़े, समाज अर्थात धनिकों से शक्ति द्वारा धन प्राप्त किया जाना जरूरी है। इस धन का प्रयोग समाज कल्याण के लिए होगा।"

क्रांतिकारी आंदोलन की प्रगति
(Progress of Revolutionary Movement)

बंगाल क्रांतिकारी आंदोलन का अग्रगणी–1897 में महाराष्ट्र में **रैण्ड** और **एयर्स्ट** को चापेकर बंधुओं ने गोली से उड़ाकर, भारत में क्रांतिकारी

आंदोलन की नींव डाली। लेकिन, आतंकवाद का असली सूत्रपात बंगाल में हुआ। **वारींद्र कुमार घोष** और **भूपेंद्रनाथ दत्त** को क्रांतिकारी आंदोलन का प्रणेता माना जाता है। उन्होंने **युगांतर** और **संध्या नामक** दो पत्रों के द्वारा आतंकवाद का प्रचार किया। युवकों को धार्मिक और राजनीतिक शिक्षा दी गई और क्रांति के लिए ललकारा गया, यथा, "ऐसे सैकड़ों और हजारों लोगों की आवश्यकता है, जो वर्षों की दासता को अपने रक्त की धार से बहाने को तैयार हों।"

वारींद्र कुमार घोष ने **अनुशीलन समिति** नामक संस्था की स्थापना की। पाँच सौ से अधिक इसकी शाखाएँ खुली। इसमें आतंकवादी कार्यों की शिक्षा दी जाती थी और कार्यवाहियों को गुप्त रखा जाता था। इसका मुख्य स्थान कलकत्ता और ढाका था। युवकों से कहा गया, "इस देश में अंग्रेजों की संख्या डेढ़ लाख है। प्रत्येक जिले में ब्रिटिश पदाधिकारियों की संख्या अधिक नहीं है। यदि हम अपने संकल्प में दृढ़ हैं, तो एक ही दिन में ब्रिटिश शासन को जड़ से समाप्त कर सकते हैं। अपने प्राण देने के पहले, प्राण ले लीजिए।"

मेदनीपुर 1907–क्रांतिकारियों का ब्रिटिश सरकार के प्रति हिंसात्मक कार्य 1907 में प्रारंभ हुआ। जिसमें 6 दिसम्बर, 1907 को बंगाल के गवर्नर हार्डिज, जो रेल यात्रा कर रहे थे, बम फेंका गया। पुन: 23 दिसम्बर 1907 को क्रांतिकारियों ने ढाका के पूर्व जिलाधीश एलेन को गोली मारने का असफल प्रयास किया।

मुजफ्फरपुर 1908: खुदीराम बोस–संध्या के संपादक को गिरफ्तार कर लिया गया, जिनका निधन जेल के अस्पताल में हो गया। अरविंद घोष को भी गिरफ्तार किया गया। इससे देशवासी और छात्र उत्तेजित हुए और अदालत के सामने प्रदर्शन किया। कलकत्ता के प्रधान प्रेसीडेंसी-मजिस्ट्रेट किंग्सफोर्ड ने **सुशील कुमार सेन** छात्र को बुरी तरह बेंत से पीटा और विपिन चंद्र पाल को छह माह की कैद दी। इसी बीच किंग्सफोर्ड का स्थानांतर मुजफ्फरपुर कर दिया गया। प्रतिशोध की भावना से खुदीराम बोस और प्रफुल्ल मुजफ्फरपुर गए और 30 अप्रैल 1908 को किंग्सफोर्ड की गाड़ी पर बम फेंका। किंग्सफोर्ड, गाड़ी में नहीं थे। वे बच गए। गाड़ी में सवार माँ-बेटी, मिस और मिसेज कैनेडी मारी गई। प्रफुल्ल ने आत्महत्या कर ली और खुदीराम बोस को पकड़कर फाँसी दे दी गई। इस घटना से ब्रिटिश साम्राज्यवाद की नींव हिल गयी और देशवासी स्वदेश प्रेम से झूम उठे। इस संबंध में **सर वैलेंटाइन शिरोल** ने लिखा–

"खुदीराम बंगाल के क्रांतिकारियों के लिए राष्ट्रवीर और शहीद बन गया। विद्यार्थियों और अन्य व्यक्तियों ने उसके लिए शोक के वस्त्र धारण

किए, दो-तीन दिनों के लिए स्कूल बंद कर दिए गए तथा उसकी स्मृति में श्रद्धांजलियाँ अर्पित की गई। बहुत-से लोगों ने उसके चित्र बेचे और बहुत-से लोगों ने ऐसी धोतियाँ पहनीं, जिनके किनारे पर खुदीराम का नाम अंकित था।"

अलीपुर षड्यंत्र केस, 1910—इसी बीच ब्रिटिश सरकार ने कलकत्ता के मानिकतल्ला मुहल्ले में बम बनाने के एक कारखाने का पता लगाया। पुलिस ने कुछ बम, डायनामाइट और कारतूस बरामद किये। सम्राट के विरुद्ध षड्यंत्र रचने के अपराध में अरविंद घोष, वारींद्र कुमार घोष, हेमचंद दास, नरेंद्र गोसाई सहित उन्नतालीस लोगों को गिरफ्तार किया गया। यह मुकदमा अलीपुर षड्यंत्र के नाम से प्रसिद्ध हुआ। चितरंजन दास ने मुकदमें की पैरवी निःशुल्क की। लेकिन, इसमें कन्हाईलाल और सत्येंद्र को फाँसी दी गई और वारींद्र कुमार घोष को द्वीपांतर की। उनके शवों के लेने के समय जनता रोने लगी, तभी अंग्रेज ने कहा, "आप रोते क्यों हैं? जिस देश में ऐसे वीर पैदा होते हैं, वह देश धन्य है। मरेंगे तो सभी, किंतु ऐसी मौत कितने मरते हैं?" प्रतिशोध में क्रांतिकारियों ने सरकारी वकील आशुतोष विश्वास, दारोगा नंदलाल और पुलिस उप-अधीक्षक शमसुल आलम को गोली मार दी। इस प्रकार, बंगाल आतंकवाद की ज्वाला से धधकने लगा और अंग्रेजों का हृदय काँपने लगा।

पंजाब—पंजाब में लाला लाजपतराय, सरदार अजीत सिंह (भगत सिंह के चाचा) और लाला हरदयाल ने क्रांतिकारी आंदोलन को सक्रिय रूप दिया। पंजाब सरकार की भूमि-संबधी नीति के कारण किसानों में बड़ा असंतोष फैला। लायलपुर में लाला लाजपतराय ने एक सभा का आयोजन किया और सरकार की नीतियों की कटु आलोचना की। उन्हें देश निकाला की सजा दी गई। इससे पंजाब की जनता बौखला उठी और 'नहस जा फिरंगिया' तथा 'हट जा दुरंगिया' का नारा दिया गया। आगे चलकर अंग्रेजों ने भूमि-संबंधी नीति में परिवर्तन कर, पंजाब को शांत किया।

महाराष्ट्र—लोकमान्य बाल गंगाधर तिलक **केसरी** के माध्यम से महाराष्ट्र में उग्रवाद का प्रचार कर रहे थे। श्याम जी कृष्ण वर्मा, वीर दामोदर सावरकर, गणेश सावरकर और दामोदर चापेकर क्रांतिकारी आंदोलन के मुख्य अग्रदूत थे। उन लोगों का संदेश था—"प्राण देने से पहले प्राण ले लीजिए।" दामोदर चापेकर ने कहा, "अब शत्रु को खदेड़ने के लिए अपनी तलवारें तेज करने का समय आ गया है। आज हमको प्रतिज्ञा करनी चाहिए कि हम आखिरी दम तक देश के लिए लड़ेंगे और सहर्ष जान देंगे।"

महाराष्ट्र में क्रांतिकारी आंदोलन का प्रमुख स्थान नासिक था। गणेश दामोदर ने **अभिनव भारत समाज** की स्थापना कर आतंकवाद का प्रचार किया। उनकी कविता के कारण मजिस्ट्रेट जैक्सन ने उन्हें कालापानी की सजा दे दी, जिसकी क्रांतिकारियों ने गोली से हत्या कर दी। इस संबंध में सताईस व्यक्तियों को लम्बी कैद और तीन को फाँसी दी गई। नवम्बर 1909 में, लॉर्ड मिंटो और उनकी पत्नी पर बम फेंककर हत्या का असफल प्रयास किया गया।

मद्रास–विपिन चंद्र पाल ने मद्रास में जाकर आतंकवाद का प्रचार किया। उन्होंने वहाँ के युवकों को संगठित किया। अक्टूबर 1907 में, क्रांतिकारी विचारों के कारण उन्हें बंदी बनाकर छह माह की सजा दी गयी। दूसरे क्रांतिकारी नेताओं को गिरफ्तार कर उन पर मुकदमा चलाया गया। प्रतिशोध में 17 जून 1911 में, तिनेवली के मजिस्ट्रेट की गोली मारकर हत्या कर दी गयी।

विदेशों में क्रांतिकारी आंदोलन–भारत के क्रांतिकारी आंदोलन का संचालन इंग्लैंड, अमेरीका, पेरिस, जापान और अन्य देशों से भी किया गया। 1905 में, लंदन में श्यामजी कृष्ण वर्मा ने, **इंडिया होमरूल सोसाइटी** की स्थापना की। उन्होंने पेरिस में जाकर **इंडियन सोशियोलोजिस्ट** नामक एक मासिक पत्रिका का प्रकाशन प्रारंभ कर, विदेशों में रहे भारतीयों को संगठित किया। 1906 में विनायक सावरकर लंदन पहुँचे और वहाँ से पिस्तौल और क्रांतिकारी साहित्य भारत भेजे। 9 जून 1909 को गणेश सावरकर को आजीवन देश निकाला गया। मदनलाल धींगड़ा ने सर कर्जन विली की हत्या कर दी। उन्हें गिरफ्तार कर मृत्युदंड दिया गया।

लाला हरदयाल ने अमेरिका में **गदर पार्टी** की स्थापना की। उन्होंने कनाडा और सेन फ्राँसिस्को जाकर भारतीयों को संगठिन किया। उन्होंने फ्री-हिन्दुस्तान नामक एक पत्रिका का प्रकाशन भी किया। इसके साथ ही, **इंडो-अमेरीकन** एसोसिएशन और **यंग इंडिया** एसोसिएशन संस्थाओं की भी नींव डाली गयी। इन संस्थाओं का मुख्य कार्य था–बम बनाना और हथियार भारत भेजना। इस प्रकार, विदेशों से भी क्राँतिकारी आंदोलन को गति प्रदान होती रही।

क्राँतिकारी आंदोलन 1914 के बाद: लाहौर षड्यंत्र केस–1914 के बाद भी आतंकवाद की गतिविधियाँ चलती रहीं। प्रथम विश्वयुद्ध में कांग्रेस ने ब्रिटिश सरकार को सहायता देने का निश्चय किया। रासबिहारी घोष, शचींद्र सन्याल, गणेश पिंगले, करतार सिंह जैसे लोगों ने, 1915 को सशस्त्र विद्रोह करने की योजना बनायी लेकिन, कृपाल सिंह ने पुलिस को इस योजना की

सूचना पहले ही दे दी। परिणामस्वरूप, सभी क्रांतिकारियों को गिरफ्तार किया गया। इस योजना को लाहौर षड्यंत्र केस के नाम से जाना जाता हैं। 61 लोगों पर मुकदमा चलाया गया। जिनमें 24 लोगों को फाँसी की सजा और अनेक व्यक्तियों को कालापानी दिया गया। करतार सिंह, जगत सिंह और ऊधम सिंह को फाँसी दी गयी। इससे भारत गरम हो उठा।

काकोरी षड्यंत्र केस, 1925–रौलट ऐक्ट के विरोध में 16 अप्रैल 1919 में, अमृतसर के जलियाँवाला बाग में एक महती जनसभा हुई, जिसमें **जरनल डायर** ने लोगों को मशीनगन से भूँन डाला। इसका प्रतिशोध लेने के लिए क्रांतिकारियों ने बड़ी मात्रा में हथियार खरीदे और इसका मूल्य चुकाने के लिए 9 अगस्त 1925 को, काकोरी स्टेशन पर सरकारी खजाने को लूट लिए। इसी को काकोरी षड्यंत्र केस कहा जाता है। इनके नाम थे, पं. रामप्रसाद बिस्मिल। चालीस लोगों को बंदी बनाया गया। मुकदमे में रामप्रसाद बिस्मिल, राजेंद्र लाहिड़ी और अशफाक उल्ला को फाँसी, शचींद्रनाथ सन्याल और शचींद्र बख्शी को आजीवन कारावास, मन्मथ नाथ गुप्त को चौदह साल की कैद तथा अन्य को कई वर्षों का कारावास दंड दिया गया।

सरदार भगत सिंहः असेम्बली बम विस्फोट 1929–क्रांतिकारी आंदोलन के इतिहास में 8 अप्रैल 1929 की घटना सबसे महत्वपूर्ण है। उस दिन पब्लिक सेफ्टी बिल पर मतदान होने वाला था, जो भारतीयों के हित के विरुद्ध था। भगत सिंह और बटुकेश्वर दत्त ने, दिल्ली की केन्द्रीय असेम्बली पर बम फेंक कर, अंग्रेजों में दहशत पैदा कर दी। दोनों गिरफ्तार हुए और 23 मार्च 1931 को भगत सिंह, शिवराज, राजगुरु और सुखदेव को फाँसी दे दी गई और लाश को चुपके से फिरोजपुर में जला दिया गया। सारा देश शोक में डूब गया। क्रांतिकारी '**सरफरोशी की तमन्ना अब हमारे दिल में है**' और '**मेरा रंग दे बसंती चोला**' का गीत गाने लगे। **पट्टाभि सीतारमैय्या** ने कहा, "सरदार भगत सिंह का नाम, भारत में उतना ही सर्वप्रिय हो चुका था, जितना कि गांधी का।"

चन्द्रशेखर आजाद–चंद्रशेखर आजाद ने भगत सिंह को जेल से छुड़ाने की योजना बनायी, लेकिन सफल नहीं हुए। यशपाल और आजाद ने लॉर्ड इरविन की गाड़ी को उड़ा देने का असफल प्रयास किया। यशपाल को पकड़कर चौदह वर्ष का कारावास दिया गया। चंद्रशेखर आजाद को इलाहाबाद के अल्फ्रेड पार्क में, सिपाहियों ने घेर लिया और गोलियों की बौछार से उन्हें छलनी कर दिया। चंद्रशेखर आजाद ने डटकर मुकाबला किया और अपनी अंतिम गोली से शहीद बन गए।

चटगाँव शस्त्रागार-कांड, 1932—1 मार्च 1932 को चटगाँव शस्त्रागार-कांड में बारह युवकों को आजीवन कारावास हुआ। अंबिका चटर्जी को कालापानी दिया गया। सूर्यसेन और तारकेश्वर को 12 फरवरी, 1934 को फाँसी दी गई।

भारत छोड़ो आंदोलन, 1942—9 अगस्त 1942 को गांधी द्वारा चलाया गया भारत छोड़ो आंदोलन, शहीदों के सपने को साकार करने में काफी सहायक सिद्ध हुआ।

सुभाषचंद्र बोसः आजाद हिंद फौज—अंतिम दिनों में क्रांतिकारी आंदोलन की बागडोर को सुभाषचंद्र बोस और रासबिहारी बोस ने सँभाला। जापान में जाकर स्वतंत्रता की प्राप्ति हेतु उन्होंने आजाद हिंद फौज को संगठित किया। सिंगापुर पहुँचकर सुभाषचंद्र बोस, आजाद हिंद फौज के सेनापति बने और 4 फरवरी, 1944 को अंग्रेजों पर आक्रमण कर दिया और अनेक भारतीय प्रदेशों को जीता। 22 सितम्बर, 1944 को शहीद दिवस मनाते हुए, सुभाष ने सैनिकों से कहा, "हमारी मातृभूमि स्वतंत्रता की खोज में है। तुम मुझे अपना खून दो और मैं तुम्हें स्वतंत्रता देता हूँ। यह स्वतंत्रता देवी की मांग है।"

इसी बीच जापान और जर्मनी, युद्ध में पराजित हुए। सुभाषचंद्र बोस टोकियों के लिए रवाना हुए और किवंदती है कि जिस जहाज से वे यात्रा कर रहे थे, वह दुर्घटनाग्रस्त हो गया तथा उनका जीवन अभी भी रहस्यमय बना हुआ है।

क्रांतिकारी आंदोलन की असफलता के कारण (Causes for the Failure of the Revolutionary Movement)

क्रांतिकारी आंदोलन की असफलता के निम्नलिखित मुख्य कारण थे।

(i) **युवकों तक सीमित** (Confined to Young Men Only)—क्रांतिकारी आंदोलन मध्यम वर्ग के शिक्षित युवकों तक सीमित रहा। यह जनांदोलन का रूप नहीं ले सका। आम जनता इस आंदोलन में भाग नहीं ले सकी। यह आंदोलन लोकप्रिय नहीं बन सका।

(ii) **उच्च मध्यम वर्ग की सहानुभूति का अभाव** (No Sympathy of High Middle Class)—समाज का उच्च वर्ग, जो कि कांग्रेस का नेतृत्व कर रहा था, वह हिंसा से डरता था। वे सांविधानिक साधनों में विश्वास रखते थे। धनी वर्ग लूटमार और हत्या से घबराते थे। सुरेंद्रनाथ बैनर्जी ने तो सरकार को क्रांतिकारी आंदोलन दबाने की सलाह दी थी। इस प्रकार क्रांतिकारियों को उच्च मध्यम वर्ग की सहानुभूमि नहीं मिल सकी।

(iii) **केंद्रीय संगठन का अभाव** (No Central Organisation)–क्रांतिकारियों का भारतीय राष्ट्रीय कांग्रेस की तरह कोई केंद्रीय संगठन नहीं था, जो उनके कार्यों को विभिन्न प्रांतों में संगठित और समन्वय कर सके। संगठन के अभाव में विभिन्न प्रांतों में क्रांतिकारी आंदोलन सफल नहीं हो सका।

(iv) **अस्त्र-शस्त्र का अभाव** (Lack of Arms)–क्रांतिकारी बड़े साहसी और उत्साही थे। वे सहर्ष फाँसी पर लटकने को तैयार थे। लेकिन, ब्रिटिश सरकार से लड़ने के लिए उनके पास पर्याप्त हथियार नहीं थे। वे चोरी-छिपे हथियार प्राप्त करते थे। सरकार का गुप्तचर विभाग उनके पीछे लगा रहता था। **आर्म्स ऐक्ट** बनाकर सरकार ने भारतीयों को पहले ही निहत्था कर दिया था। अतएव थोड़े-से हथियारों और जनता के सहयोग के अभाव में ब्रिटिश सरकार से लड़ना आसान नहीं था।

(v) **ब्रिटिश सरकार की दमन नीति** (Repressive Policy of the British Government)–ब्रिटिश सरकार की दमन नीति के कारण क्रांतिकारी आंदोलन असफल रहा। ब्रिटिश सरकार ने 1907 में राजद्रोहात्मक सभाओं पर रोक लगाने के उद्देश्य से **सेडीशन्स मीटिंग ऐक्ट**[1] पास किया। 1908 में फौजदारी कानून में संशोधन लाकर युवकों को कठोर दंड दिया गया। क्रांतिकारियों द्वारा प्रकाशित समाचार पत्रों को बंद करने के उद्देश्य से, 1908 में प्रेस-संबंधी कानून बनाए गए। 1911 में विद्रोही-सभाओं से संबद्धित कानून बनाये गए, जिसके अधीन अधिकारियों को सभाओं पर पूर्ण नियंत्रण रखने और अस्त्र-शस्त्र प्रयोग करने का अधिकार दिया गया। ब्रिटिश सरकार ने क्रांतिकारियों को फाँसी, कालापानी, देश-निर्वासन और कठोर दंड देकर, आम जनता को भयभीत तथा आतंकित कर दिया। केसरी में प्रकाशित लेख के कारण, तिलक को छह वर्ष का कठोर कारावास दंड दिया गया। इस प्रकार, सरकार क्रांतिकारियों की गतिविधियों को सदा कुचलती रहीं, जिसके कारण उनका स्वप्न पूरा नहीं हो सका।

(vi) **सांविधानिक सुधार** (Constitutional Reforms)–क्रांतिकारियों के प्रभाव को रोकने के लिए तथा उदारवादियों और मुसलमानों को संतुष्ट करने के लिए 1909, 1919 और 1935 में कुछ सांविधानिक

1. Seditions meeting Act.

सुधार किए। भारतीयों को उच्च पद दिए गए। प्रशासन और सेना पर व्यय कम किया गया। इससे भारतीयों में प्रसन्नता की लहर दौड़ी और क्रांतिकारियों का हौसला पस्त हुआ।

(vii) **हिंदू प्रकृति के विरुद्ध** (Against, Hindu's Nature)–सुरेंद्रनाथ बैनर्जी ने क्रांतिकारी आंदोलन की असफलता का मुख्य कारण ब्रिटिश सरकार की दमन नीति माना है। लेकिन, इसके साथ ही इस कारण भी असफल रहा कि, "हिंदुओं की प्रकृति हिंसा के अनुकूल नहीं है। वे लोग क्रांति और यहाँ तक कि उसकी छाया से भी घृणा करते हैं।"[1]

(viii) **गांधी का भारतीय राजनीति में प्रवेश** (Entrance of Gandhi into Indian Politics)–गांधी के भारतीय राजनीति में प्रवेश से क्रांतिकारी आंदोलन को बड़ा धक्का लगा। उन्होंने राजनीति में सत्य और अहिंसा का प्रयोग करना शुरू किया। उन्होंने सत्याग्रह आंदोलन चलाया। इससे भारतीय जनता काफी प्रभावित हुई और क्रांतिकारी आंदोलन का महत्व समाप्त होने लगा। दक्षिण अफ्रीका में गांधी का सत्याग्रह आंदोलन सफल हो चुका था। इससे भारतीय आशान्वित हुए।

निष्कर्ष–क्रांतिकारी आंदोलन की उदारवादियों ने आलोचना की, ब्रिटिश सरकार ने दमन किया और आम जनता का समर्थन नहीं मिल सका। फिर भी, भारतीय राष्ट्रीय आंदोलन के इतिहास में, उसका स्थान अविस्मरणीय है। उसी के भय से भारत में अनेक सांविधानिक सुधार हुए। 1942 का भारत छोड़ो आंदोलन, उसी की चरम परिणति था। खुदीराम बोस, रामप्रसाद बिस्मिल, सरदार भगत सिंह, चंद्रशेखर आजाद और अनेक वीर सपूतों की शहादत ने स्वतंत्रता के मार्ग को प्रशस्त किया। इस ध्रुव सत्य को भुलाया नहीं जा सकता है।

उग्रवादी तथा क्रांतिकारी आंदोलन में अंतर (Difference between Extremist and Revolutionary Movement)

उग्रवादी और क्रांतिकारी आंदोलन दोनों का उद्देश्य एक था–भारत को स्वतंत्र करना और अंग्रेजों को भारत से भगाना। दोनों सांविधानिक सुधार के विरोधी थे और पश्चिमी सभ्यता, शिक्षा तथा संस्कृति के कट्टर आलोचक थे। दोनों में अंतर केवल कार्य प्रणाली में था। उग्रवादी निष्क्रिय प्रतिरोध, विदेशी

1. "The movement has failed because of the repressive method of government and also because the appeal to violence is uncongenial to Hindu mind. The Hindu abhor revolutions, even the semblance of it."—S.N. Banerjee

वस्तुओं का बहिष्कार और स्वदेशी वस्तुओं के प्रयोग में विश्वास रखते थे, जबकि क्रांतिकारी हत्या, डकैती और बमबाजी का प्रयोग कर, अंग्रेजों को भारत से भगाकर, मातृभूमि को स्वतंत्र कराना चाहते थे।

अरविंद घोष (1872-1950)
(Aurobindo Ghose)

जन्म और शिक्षा—महर्षि अरविंद घोष का जन्म 15 अगस्त 1872 को कलकत्ता में हुआ था। उनके माता-पिता का नाम स्वर्णलता देवी और डॉ. कृष्णधन घोष था। जिन्हें पाँच संताने थीं—विनय भूषण, मनमोहन, अरविंद, सरोजिनी और वारींद्र कुमार। इनमें अरविंद का तीसरा स्थान था। वे सात वर्ष की आयु में ही लंदन पढ़ने गए। वारींद्र का जन्म लंदन में हुआ। कृष्णधन, उग्र नास्तिक थे। उन्होंने लंदन के अभिभावको को यह निर्देश दिया कि बच्चों को भारतीयों और भारतीय संस्कृति से दूर रखा जाए। अरविंद की शिक्षा-दीक्षा पूर्णतः अंग्रेजी वातावरण में प्रारंभ की गई।

अरविंद ने लंदन के सेंटपॉल स्कूल में प्रवेश लिया। 1890 से 1892 तक उन्होंने कैम्ब्रिज के किंग्स कॉलेज में विद्या अध्ययन किया। वे बड़े मेधावी और कुशाग्र बुद्धि के विद्यार्थी थे। उनका अचानक खिचाव भारतीय संस्कृति और भारत माता की ओर हुआ। भारतीय छात्रों ने इंग्लैंड में **मजलिस** नाम का एक संघ स्थापित किया। अरविंद इसके मंत्री रहे और संक्रिय भूमिका निभायी। उन्होंने भारत की स्वतंत्रता पर एक जोशीला भाषण दिया, जिससे उसकी प्रसिद्धि बढ़ गई।

आई.सी.एस. परीक्षा उत्तीर्ण—अरविंद के पिता की हार्दिक इच्छा थी कि उनका पुत्र आई.सी.एस. की परीक्षा उत्तीर्ण कर, एक सरकारी पदाधिकारी बने। 1890 में अरविंद ने आई.सी.एस. की परीक्षा में सफलता पाई, लेकिन घुड़सवारी की परीक्षा छोड़ देने के कारण, वे असफल घोषित किए गए। इससे उनके पिता को काफी दुःख हुआ।

कमल और कटार संस्था—इंग्लैंड में एक क्रांतिकारी गुप्त संस्था का संगठन, 1892 में किया गया। जिसका मुख्य उद्देश्य था, भारत को स्वतंत्र कराना। अरविंद ने इसके सक्रिय सदस्य के रूप में काम किया।

पेशाः बड़ौदाः 1893—1893 में, बड़ौदा राज्य के महाराज सयाजीराव गायकवाड़ लंदन गए हुए थे। जेम्स कॉटन ने अरविंद का परिचय महाराजा से

कराया। महाराज ने अरविंद के तेजस्वी गुण को पहचानते हुए, उन्हें बड़ौदा राज्य की सेवा के लिए नियुक्त कर लिया। चौदह वर्षों के बाद अरविंद भारत आए और 8 फरवरी, 1893 से बड़ौदा राज्य की सेवा में लग गए। यहाँ उन्होंने भारतीय साहित्य का गहन अध्ययन किया और **इंदुप्रकाश** पत्र में अपना क्रांतिकारी लेख छपवाते रहे। वे एक कुशल प्रशासक, महान देशभक्त और क्रांतिकारी नेता के रूप में चमकने लगे।

बंगाल लौटे: 1894—फरवरी 1893 में, अरविंद स्वदेश लौट रहे थे। उनके पिता को गलत सूचना मिली कि जिस जहाज में अरविंद आ रहे थे, वह समुद्र में डूब गया। इससे उन्हें दिल का दौरा लगा और ऑरो, मेरा ऑरो का रट लगाते हुए कालकवलित हो गए। 1894 में अरविंद पहली बार बंगाल आए। विक्षिप्त मां–स्वर्णलता, अरविंद को देखकर नहीं पहचानी। कुछ देर समझाने के बाद, वह **आमार अरविन्देर आंगुल काटा छिलो** (अर्थात् मेरे अरविंद की अँगुली पर कटे का निशान था) संबोधित कर अरविंद के गले से लिपट गई और आँखों में खुशी के आँसू छलक पड़े।

राजनीति में प्रवेश: क्रांतिकारी नेता: 1898—1898 से अरविंद भारतीय राजनीति में एक क्रांतिकारी नेता के रूप में काम करने लगे। वे क्रांति के द्वारा भारत को स्वतंत्र कराना चाहते थे। उन्होंने 1902 से 1905 के बीच बंगाल में, अनेक क्रांतिकारी गुप्त संगठनों की स्थापना की। उन्होंने बंगाल के युवकों को क्रांतिकारी साहित्य और प्रशिक्षण से अवगत कराया। पी. मित्तर और हेमचंद्र दास ने उनके निर्देशन में हाथ में तलवार तथा गीता रखकर क्रांति की शपथ ली थीं। अरविंद ने महाराष्ट्र के ठाकुर रामसिंह से संपर्क स्थापित कर, भारत में क्रांतिकारियों का जाल बिछा दिया। उन्हें दृढ़ विश्वास था कि अंग्रेज बम के प्रचंड प्रहार से ही भारत छोड़ेंगे और इस उद्देश्य की पूर्त्ति में लग गए।

बंग-भंग: 1905—लॉर्ड कर्जन ने बड़ी कठोरता से 1905 में बंगाल को पूर्वी और पश्चिमी दो प्रांतों में बाँटकर, बंगालियों को क्रांतिकारी बनने के लिए आग में घी का काम किया। अरविंद ने समझौता नहीं, एक पुस्तिका का प्रकाशन कर क्रांतिकारियों को उत्तेजित किया। इसी बीच बंग-भंग आंदोलन में निर्दोष सुशील कुमार सेन को गिरफ्तार किया गया और किंग्सफोर्ड ने दस बेंत की सजा सुनायी। बेंतों के प्रहार से सुशील कुमार शहीद हो गए। अरविंद के हृदय में प्रतिशोध की भावना धधकने लगी। किंग्सफोर्ड का स्थानांतर मुजफ्फरपुर कर दिया गया। अरविंद ने ही खुदीराम बोस और प्रफुल्ल चाकी को किंग्सफोर्ड की हत्या के लिए तैयार किया था, जिसमें दुश्मन बच गया तथा बीस-उन्नीस वर्ष के क्रांतिकारी शहीद हो गए।

वंदेमातरम्–विपिन चंद्र पाल ने **वंदेमातरम्** नाम से एक दैनिक समाचार पत्र का प्रकाशन प्रारंभ किया, लेकिन आर्थिक कठिनाई के कारण इसका भार अरविंद पर सौंपा गया। अरविंद ने वंदेमातरम् के माध्यम से, अपने क्रांतिकारी विचारों का प्रचार किया। उन्होंने निष्क्रिय प्रतिरोध, सत्याग्रह, बहिष्कार, राष्ट्रीय शिक्षा और स्वदेशी वस्तुओं के प्रयोग का आंदोलन चलाया।

कारावास 1906-1908–1906 में अरविंद ने बड़ौदा की नौकरी छोड़कर कलकत्ता के नेशनल कॉलेज में प्राचार्य का पद सँभाला। इसी वर्ष के कांग्रेस अधिवेशन में उन्होंने स्वराज्य शब्द को प्रस्तावित करवाया। 1907 में सूरत अधिवेशन में नरम और गरम दल में काफी मतभेद बढ़ गया। अरविंद पर उत्तेजना फैलाने के आरोप में मुकदमा चलाया गया, लेकिन प्रमाण नहीं मिलने पर वे मुकदमा जीत गए। इससे संपूर्ण भारत में उसकी प्रसिद्धि फैल गयी। 1908 में अलीपुर षड्यंत्र केस में, उन्हें गिरफ्तार किया गया और आरोप सिद्ध नहीं होने पर, एक वर्ष बाद उन्हें जेल से छोड़ दिया गया।

पत्रिकायें–इसके बाद अरविंद ने **धर्म** और **कर्मयोगिन** पत्रिकाओं का संपादन किया। **कर्मयोगिन** में उनका अंतिम लेख था–**देश के नाम खुली चिट्ठी**। इसमें उन्होंने धर्म के आधार पर भारत को स्वतंत्र करने का आह्वान किया।

रचनाएँ–अरविंद ने अनेक ग्रंथों की रचनाएँ की जिनमें निम्नलिखित विशेष रूप से उल्लेखनीय हैं–

1. *The Life Divine*, 1951
2. *The Human Cycle*, 1950
3. *The Superman*, 1950
4. *The Ideal of Human Unity*, 1950
5. *Essay on Gita*, 1950
6. *The Element of Yoga*, 1953
7. *Eight Upanishadas*, 1953
8. *The Foundation of Indian Culture*, 1953
9. *The Ideal of Karma Yogi*, 1950
10. *Conversations of The Dead*, 1951
11. *The Riddle of the World*, 1951

महर्षिः पांडिचेरी आश्रम–इंग्लैंड से भारत आने पर ही अरविंद को ब्रह्म का ज्ञान हो गया था। वे कहने लगे थे, "ब्रह्म की सत्ता ही वास्तविक है, शेष

सब कुछ असत्य और अवास्तविक है।" स्वतंत्रता संग्राम की नींव को मजबूत करके, वे अचानक आंतरिक प्रेरणा से पांडिचेरी जाकर ब्रह्मज्ञान में लीन होकर, थोड़े ही दिनों में महर्षि कहलाने लगे। पांडिचेरी आध्यात्म का केंद्र बना। इनके 75वें जन्मदिन के अवसर पर ही 15 अगस्त, 1947 को, भारत स्वतंत्र हुआ और उनका चिर सपना पूरा हुआ।

निधन–पांडिचेरी आश्रम की आध्यात्म बागडोर को मां के हाथों में सौंपकर 5 दिसम्बर, 1950 को समाधि ले ली जो सभी मानव के लिए एक पूजा-स्थल बन गया है। जहाँ लाखों लोग आकर आध्यात्म की प्रेरणा लेते हैं और उनकी आँखों में आँसू अनायास आ जाते हैं।

सुशील कुमार सेन
(Sushil Kumar Sen)

बंग-भंग विरोधः 1905–अरविंद ने बंग-भंग का जुलूस निकालकर और सभायें करके जोरदार विरोध किया। वंदेमातरम् का नारा लगाकर क्रांतिकारियों को ललकारा और संगठित किया। लॉर्ड कर्जन इस आंदोलन को कुचलने के लिए कटिबद्ध थे। मजिस्ट्रेट किंग्सफोर्ड के सामने वंदेमातरम् कहने वाले युवकों को पेश किया जाता था। इसके लिए वह दस से बीस बेंत लगाने की सजा सुनाता था।

सुशील कुमार का अदम्य साहस–जब क्रांतिकारी बंग-भंग का विरोध कर रहे थे, इसी बीच एक नई घटना घटी। कलकत्ता के नेशनल स्कूल का एक तेरह वर्षीय छात्र सुशील कुमार सेन, लाल बाजार स्थित कसाई काजी की कचहरी के सामने से भागती भीड़ का कारण जानने के लिए उत्सुकतावश खड़ा हो गया। उन्होंने देखा एक सर्जेंट निहत्थी भीड़ पर निर्दयता से डंडे बरसा रहा है। सेन ने आगे बढ़कर सर्जेंट के डंडे को पकड़ लिया और उसे दो-चार डंडे लगा दिए। सुशील कुमार को गिरफ्तार किया गया और किंग्सफोर्ड ने उसे दस बेंत मारने की सजा सुनायी। 22 अगस्त, 1907 को वे टिकटिकी पर बाँध दिए गए। बिना हिले-डुले वे टिकटिकी पर तने खड़े रहे और वंदेमातरम् का नारा लगाते रहे। बेंत के मार से सेन की पीठ की खाल कटकर लटक गई और धरती रक्त रंजित हो गई।

अरविंदः किंग्सफोर्ड का ट्रांसफर–इस लोमहर्षक घटना से सारा बंगाल काँप उठा। अरविंद ने किंग्सफोर्ड की हत्या के लिए योजना बनाई। इसी बीच किंग्सफोर्ड का ट्रांसफर मुजफ्फरपुर कर दिया। अरविंद ने खुदीराम बोस और

प्रफुल्लचाकी को इस कार्य के लिए नियुक्त किया। लेकिन, वे असफल प्रयास करते हुए शहीद हो गए।

पुलिस चौकी पर हमला—अप्रैल 1915 की रात सुशील कुमार ने अपने कुछ साथियों के साथ नदिया जिला के परागपुर गाँव की पुलिस चौकी पर आक्रमण किया। वहाँ के थानेदार के अत्याचार से, वे लोगों की मुक्ति दिलाना चाहते थे। पुलिस वालों ने चतुराई से डाकुओं के आक्रमण का शोर मचाया और गाँव वाले बहकावे में आ गए।

निधन—सुशील कुमार सेन अपने साथियों के साथ पुलिस के भय से भाग निकले। लेकिन, रास्ते में उन्हें गोली लग गयी और वे गिर पड़े। उनके साथी ने उन्हें ढोना शुरू किया, लेकिन सेन ने ऐसा करने से मना किया, क्योंकि सभी साथी पकड़ लिए जाते। अतएव सेन ने साथियों से कहा कि मेरा सिर धड़ से अलग कर दो, मुझे मरने दो और तुम लोग भाग जाओ। साथियों ने ऐसा ही किया और सेन ने मातृभूमि की बलिवेदी पर अपने को न्यौछावर कर दिया। भारतीय राष्ट्रीय आंदोलन के इतिहास में तेरह वर्षीय सुशील कुमार सेन का नाम स्वर्णाक्षरों से अंकित है और सारे भारत को उस सपूत पर गर्व है।

खुदीराम बोस तथा प्रफुल्लचाकी
(Khudi Ram Bose and Prafulla Chaki)

खुदीराम बोस का जन्म—3 दिसम्बर, 1887 को पश्चिम बंगाल के मिदनापुर जिले के हबीबपुर गाँव में खुदीराम बोस का जन्म हुआ था। दीर्घायु की कामना हेतु जनमते ही उनकी माता ने तीन मुट्ठी खुद्दी देकर उन्हें खरीद लिया था। छह वर्ष की आयु में उनकी माता लक्ष्मी प्रिया और एक वर्ष बाद उनके पिता गैलोक्यनाथ का निधन हो गया। उसकी बड़ी बहन अपरूपा ने खुदीराम बोस का लालन-पालन किया और उसकी शिक्षा-दीक्षा छोटगछिया में प्रारंभ हुई।

मुजफ्फरपुर: किंग्सफोर्ड की हत्या का प्रयास

सुशील कुमार सेन के विवाद को लेकर किंग्सफोर्ड का ट्रांसफर मुजफ्फरपुर कर दिया गया था। अरविंद प्रतिशोध लेने के लिए खुदीराम बोस और प्रफुल्ल चाकी को नियुक्त किया। मार्च 1908 के अंतिम सप्ताह में दोनों युवक मुजफ्फरपुर आकर एक धर्मशाला में ठहरे और किंग्सफोर्ड की दिनचर्या पर निगाह रखने लगे। किंग्सफोर्ड नियमित रूप से शाम के समय अपनी बग्घी में बैठकर क्लब जाते और काफी रात में लौटते थे।

बम प्रहार 1908–30 अप्रैल, 1908 बृहस्पतिवार अमावस्या की रात थी। दोनों युवक क्लब के सामने वाली सड़क के किनारे एक पेड़ के पीछे किंग्सफोर्ड की प्रतीक्षा करने लगे। नियमित समय पर बग्घी आयी और खुदीराम बोस ने बम का प्रहार किया। मिस और मिसेज कैनेडी राख का ढेर बन गयी, किंग्सफोर्ड उस बग्घी पर नही था। अतः, वह बच गया। दोनों युवक भाग निकले और खुफिया पुलिस उन लोगों के पीछे दौड़ पड़ी।

पूसा रोडः दोनों का बिछड़नः खुदीराम की गिरफ्तारी

खुदीराम बोस और चाकी दोनों बेतहाशा रेल पटरी के किनारे-किनारे भाग रहे थे। वानी स्टेशन (पूसा रोड) पहुँचते ही सवेरा हो गया। पुलिस से बचने के लिए दोनों बिछुड़ गए। चाकी समस्तीपुर की ओर बढ़े और बोस वानी की ओर।

खुदीराम बोस एक हलवाई की दुकान पर चाय पी रहे थे। इसी में किसी ने मुजफ्फरपुर बम विस्फोट की चर्चा की और कहा कि उसमें श्रीमती कैनेडी और उसकी पुत्री मारी गई। खुदीराम बोस के अनायास मुँह से निकल पड़ा, क्या किंग्सफोर्ड नहीं मरा? शिवप्रसाद मिश्र और फतेह सिंह जैसे गद्दार ने उसकी सूचना पुलिस को दे दी। पुलिस ने घेराबंदी कर खुदीराम को गिरफ्तार कर लिया। बोस ने अपना नाम और परिचय स्पष्ट कर दिया।

चाकीः समस्तीपुर–प्रफुल्लचाकी तीस मील की यात्रा करके समस्तीपुर पहुँचे। वहाँ उनकी भेंट एक रेलवे कर्मचारी त्रिगुण नारायण घोष से हुई। घोष ने सेवा-सत्कार और समाचार को गुप्त रखने का वचन दिया। घोष ने चाकी को नए परिधान और जूते दिए तथा इंटर श्रेणी का टिकट भी खरीद दिया। उन्होंने चलते समय होशियारी रखने की चेतावनी दी, क्योंकि चारों तरफ संदिग्ध व्यक्तियों को बंदी बनाया जा रहा था।

आत्महत्या–प्रफुल्लचाकी जिस डिब्बे में बैठा, वहाँ पुलिस इंस्पेक्टर नंदलाल बैनर्जी भी बैठा था। नंदलाल को चाकी पर संदेह हुआ। वह चाकी से बातें करने लगा। चाकी बात करना नहीं चाह रहा था। इसी बीच उन्होंने दूसरे स्टेशन पर डिब्बा बदल दिया। नंदलाल को पूरा शक हुआ और मोकामा स्टेशन पर कुछ सिपाहियों का सहयोग लेकर चाकी को घेर लिया। चाकी गिरफ्तार नहीं होना चाहता था। अंग्रेजों के हाथ उसकी दुर्गति न हो, उसने अपने ही रिवाल्वर से एक गोली सीने में और मौत धोखा नहीं दे, दूसरी गोली सिर में मारकर शहीद हो गए। अंग्रेजों ने उसका सिर कटवा कर मुजफ्फरपुर मँगवाया और खुदीराम बोस से उसकी पुष्टि की गयी। अंग्रेजों के इस क्रूर कुकर्म को ईश्वर भी माफ नहीं करेगा।

खुदीराम मुकदमा–खुदीराम पर मुकदमा चला। कठघरे में वे ऊँघते रहते थे। जज ने मौत की सजा सुनाई और बोस से इसका मतलब पूछा। बोस ने मुस्कराते हुए सिर हिला दिया। उसने कहा, "मेरा कदम न्याय संगत और जनहितार्थ था, लेकिन दो बेगुनाह महिलाओं की मौत से उन्हें काफी दुःख है।"

फाँसी 1908–11 अगस्त, 1908 को खुदीराम बोस को मुजफ्फरपुर जेल में फाँसी दे दी गई। उन्नीस वर्षीय युवक ने वंदेमातरम् भारत माता की जय और इन्कलाब जिंदाबाद का नारा लगाते हुए, मुस्कराते हुए फाँसी की तख्ती पर झूलते हुए, मातृभूमि की बलिवेदी पर शहीद हो गए। लोगों ने उनकी चिता की भस्म को मस्तक पर लगाया, बच्चों ने भस्म की ताबीज बनायी और महिलाओं ने उसे अपने स्तन पर मर्दन किया, ताकि उसके दूध में वही असर आए, जो उसकी माँ के दूध में था। संपूर्ण भारत शोक में डूब गया। शोक सभायें आयोजित की गयी। खुदीराम बोस खुदा और मानव के प्यारे बन गए। उनकी शहादत क्रांतिकारियों के लिए प्रेरणा स्त्रोत बनी।

प्रश्न
(Questions)

1. क्रांतिकारी आंदोलन का क्या अर्थ है? इसके उदय के कारणों की समीक्षा करें।
   What is the meaning of Revolutionary Movement? Examine the causes of its rise.
2. भारतीय राष्ट्रीय आंदोलन में क्रांतिकारी आंदोलन की प्रगति की विवेचना कीजिए।
   Discuss the progress of Revolutionary Movement in the Indian National Movement.
3. भारतीय राष्ट्रीय आंदोलन में क्रांतिकारी आंदोलन की असफलताओं के कारणों का मूल्यांकन कीजिए।
   Evaluate the causes of the failure of the Revolutionary Movement in the Indian National Movement.
4. भारतीय राष्ट्रीय आंदोलन में अरविंद घोष के योगदानों की समीक्षा करें।
   Examine the contributions of Aurobindo Ghose in the Indian National Movement.

वस्तुनिष्ठ प्रश्न

(Objective Questions)

1. क्रांतिकारी आंदोलन का सर्वप्रथम किसने नेतृत्व किया था?
   (क) वारींद्र कुमार घोष (ख) अरविंद घोष
   (ग) खुदीराम बोस (घ) भगत सिंह
2. *युगांतर* और *संध्या* पत्रों के संस्थापक कौन थे?
   (क) तिलक (ख) वारींद्र कुमार घोष
   (ग) गोखले (घ) अरविंद
3. "तलवार हाथ में लो और सरकार को मिटा दो।" यह संदेश किसका था?
   (क) उदारवादी (ख) उग्रवादी
   (ग) क्रांतिकारी (घ) गांधीवादी
4. अनुशीलन समिति की स्थापना किसने की थी?
   (क) अरविंद घोष (ख) सुरेंद्रनाथ बैनर्जी
   (ग) भगत सिंह (घ) वारींद्र कुमार घोष
5. 1908 में खुदीराम बोस ने किस शहर में बम का प्रहार किया था?
   (क) मुजफ्फपुर (ख) दरभंगा
   (ग) मुजफ्फर नगर (घ) पटना
6. किंग्सफोर्ड पर असफल बम फेंकने का प्रयास किसने किया था?
   (क) भगत सिंह (ख) खुदीराम बोस
   (ग) बटुकेश्वर दत्त (घ) रास बिहारी बोस
7. इंडिया होमरूल सोसाइटी की स्थापना किसने की थी?
   (क) एनी बेसेंट (ख) लाला हरदयाल
   (ग) श्यामजी कृष्ण वर्मा (घ) विनायक सावरकर
8. सर कर्जन विली की हत्या किसने की थी?
   (क) लाला हरदयाल (ख) भगत सिंह
   (ग) खुदीराम बोस (घ) मदनलाल धींगड़ा
9. काकोरी षड्यंत्र केस, 1925 के नायक कौन थे?
   (क) रामप्रसाद बिस्मिल (ख) भगत सिंह
   (ग) चंद्रशेखर आजाद (घ) वारींद्र कुमार घोष

10. चन्द्रशेखर आजाद का निधन किस शहर में हुआ था?
(क) वाराणसी (ख) इलाहाबाद
(ग) कानपुर (घ) लखनऊ

11. "सरफरोशी की तमन्ना अब हमारे दिल में है" और "मेरा रंग दे बंसती चोला" जैसे गीत कौन गाते थे?
(क) उग्रवादी (ख) उदारवादी
(ग) क्रांतिकारी (घ) गांधीवादी

12. आजाद हिंद फौज के संस्थापक कौन थे?
(क) नेहरू (ख) अरविंद
(ग) गांधी (घ) सुभाष चंद्र बोस

13. "तुम मुझे अपना खून दो और मैं तुम्हें स्वतंत्रता दूँगा।" यह कथन किसका है?
(क) बोस (ख) घोष
(ग) बैनर्जी (घ) चटर्जी

14. 30 अप्रैल 1908 को मुजफ्फपुर में किस मजिस्ट्रेट पर बम प्रहार का असफल प्रयास किया गया था?
(क) कर्जन (ख) किंग्सफोर्ड
(ग) मिंटो (घ) मेयो

15. 11 अगस्त 1908 को किसको फाँसी दी गई थी?
(क) प्रफुल्लचाकी (ख) भगत सिंह
(ग) खुदीराम बोस (घ) चन्द्रशेखर आजाद

16. आई.सी.एस. (ICS) की परीक्षा किसने पास की थी?
(क) वारींद्र कुमार घोष (ख) टैगोर
(ग) विपिन चंद्र पाल (घ) अरविंद घोष

17. *धर्म* और *कर्मयोगिन* पत्रिकाओं के संपादक कौन थे?
(क) अरविंद घोष (ख) टैगोर
(ग) तिलक (घ) सुरेंद्रनाथ बैनर्जी

18. सुशील कुमार सेन को दस बेंत लगाने की सजा किसने दी थी?
(क) कर्जन (ख) किंग्सफोर्ड
(ग) मेयो (घ) मिंटो

उत्तर

(Answers)

1. (क) 2. (ख) 3. (ग) 4. (घ) 5. (क) 6. (ख) 7. (ग) 8. (घ) 9. (क) 10. (ख) 11. (ग) 12. (घ) 13. (क) 14. (ख) 15. (ग) 16. (घ) 17. (क) 18. (ख)

6

भारतीय राष्ट्रीय आंदोलन (1909–1919) मॉर्ले-मिंटो सुधार से प्रथम विश्वयुद्ध तक (The Indian National Movement: Morley-Minto Reforms to the First World War)

भूमिका
(Introduction)

भारतीय राष्ट्रीय आंदोलन के इतिहास में, 1909 से 1919 तक का काल बहुत ही महत्वपूर्ण है। **जी.एन. सिंह** का भी कथन है, "ब्रिटिश राज्याधीन भारत के इतिहास में 1909 से 1919 तक का युग सबसे छोटा है, लेकिन उसका महत्व उसके वर्षों की संख्या के आधार पर नहीं आँका जा सकता। वस्तुतः यह युग अत्यन्त महत्वपूर्ण घटनाओं से भरा पड़ा है।" इस युग की निम्नलिखित घटनायें विशेषरूप से उल्लेखनीय हैं; जैसे–1909 का मॉर्ले-मिंटो सुधार, 1911 में बंगाल का एकीकरण, 1914 में प्रथम विश्वयुद्ध का प्रारंभ, 1916 में गृह-शासन आंदोलन, कांग्रेस-लीग समझौता और उदारवादियों तथा उग्रवादियों के बीच समझौता, 20 अगस्त 1917 को मॉँटेग्यू की घोषणा, रॉलट ऐक्ट एवं जालियांवाला बाग आदि। इसी युग में, महात्मा गांधी का भारतीय राजनीति में पदार्पण हुआ, जिन्होंने राष्ट्रीय आंदोलन को नये दर्शन और अस्त्र-शस्त्रों से लैस किया।

भारतीय राजनीति का शांतिकाल

1909 से 1919 तक का काल भारतीय राष्ट्रीय राजनीति में शांतियुग कहा जाता है। कांग्रेस की बागडोर नरम दल वालों के हाथों में थी, जो अंग्रेजों

की न्यायप्रियता और सांविधानिक साधनों में विश्वास रखते थे। निम्नलिखित कारणों के कारण भारतीय राजनीति शांतिपूर्ण रही।

1. मॉर्ले-मिंटो सुधार अधिनियम 1919—लॉर्ड कर्जन की नीतियों के कारण भारत में ब्रिटिश शासन के प्रति काफी असंतोष फैल रहा था। इसलिए भारतीयों को शांत करने के लिए, ब्रिटिश सरकार ने 1909 में मॉर्ले-मिंटो सुधार अधिनियम पारित किया। इसके अनुसार भारतीयों को प्रशासन में भाग लेने का अवसर दिया गया और उनकी संख्या में वृद्धि की गई। निर्वाचन-पद्धति को अधिक प्रजातांत्रिक बनाया गया। मुसलमानों के लिए पृथक प्रतिनिधित्व की व्यवस्था की गई। इस सुधार अधिनियम से भारतीयों को थोड़ा संतोष हुआ।

2. उग्रवादी और क्रांतिकारी आंदोलन का दमन—ब्रिटिश सरकार ने उग्रवादी और क्रांतिकारी आंदोलन को कठोरता से कुचल दिया। 1908 में खुदीराम बोस को फाँसी दी गई। तिलक को जेल में बंद कर दिया गया। क्रांतिकारी नेता विदेश भाग गए और उनकी गतिविधियाँ शांत हो गयी। सभाओं, संगठनों और समाचारपत्रों पर प्रतिबंध लगा दिया गया। ब्रिटिश सरकार की दमनकारी नीति ने भारतीय राजनीति में एक शांति का वातावरण उत्पन्न कर दिया।

3. कांग्रेस पर उदारवादियों का प्रभाव—1907 के सूरत-फूट से ही कांग्रेस पर आधिपत्य उदारवादी नेताओं का हो गया था। क्योंकि उग्रवादी, साधनों में और प्रशासनिक सुधारों में विश्वास रखते थे। इस बीच कांग्रेस ने कोई उग्र-आंदोलन नहीं चलाया और भारतीय राजनीति में शांति बनी रही।

4. लॉर्ड हार्डिज की प्रगतिवादी नीति—1910 में लॉर्ड कर्जन के स्थान पर लॉर्ड हार्डिज को भारत का वायसराय नियुक्त किया गया। वे एक प्रगतिशील व्यक्ति थे। उन्होंने 1911, में बंगाल-विभाजन को रद्द करा दिया और कलकत्ता के स्थान पर दिल्ली को राजधानी बनवा दिया। उन्होंने प्रांतों में स्वायत्त-शासन की स्थापना के लिए ब्रिटिश सरकार को सुझाव दिया था। इससे भारतीयों को सुधार की कुछ आशा बंधी। लेकिन, भारत सचिव लॉर्ड क्रिउ ने लॉर्ड सभा में इसके विरोध में भाषण दिया, "भारत में एक ऐसा वर्ग है, जो यह सोचता है कि भारत में सांविधानिक सुधार का अगला कदम ऐसे स्वशासन के लिए होगा, जो अन्य उपनिवेशों को दिया गया है। इस दिशा में भारत का कोई भविष्य नहीं दिखता।" इसका विपरीत प्रभाव भारतीयों पर पड़ा।

प्रथम विश्वयुद्ध तथा भारतीय राष्ट्रीय आंदोलन
(The First World War and The Indian National Movement)

1914 में प्रथम विश्वयुद्ध छिड़ गया। इसमें एक तरफ ब्रिटेन, अमेरिका और बत्तीस राष्ट्र और दूसरी ओर जर्मनी तथा इटली ने भाग लिया। यह युद्ध बड़ा प्रभावकारी था। इसमें लाखों लोग मारे गए। इस युद्ध का अंत 1918 में हुआ।

क्रांतिकारी पुनः सक्रिय–प्रथम विश्वयुद्ध के समय भारतीय राजनीति में एक नये जीवन का संचार हुआ। इंग्लैंड को युद्ध में फँसा देखकर क्रांतिकारियों ने उसकी विवशता और लाचारी से लाभ उठाना चाहा। 1914 में लाला हरदयाल ने तुर्की जाकर गदर पार्टी और फिर जर्मनी जाकर भारतीय राष्ट्रीय दल का संगठन किया। हजारों भारतीय क्रांतिकारी विदेशों से भारत आए और अपने कार्यों में लग गए। बंगाल, महाराष्ट्र और दिल्ली में उन लोगों का कार्य जारी रहा इसी बीच हजारों क्रांतिकारी नजरबंद किए गए और बहुतों को फांसी दी गई। कुछ क्रांतिकारियों को कालापानी भी दिया गया। राजा महेंद्र प्रताप ने जर्मनी जाकर, आजाद हिंद सरकार की स्थापना की। विदेशों से हथियार भारत आता रहा, ताकि यहाँ सशस्त्र आंदोलन करके अंग्रेजों को भगाया जा सके। लेकिन, ब्रिटिश सरकार की दमनकारी नीतियों के कारण, क्रांतिकारियों का सपना पूरा नहीं हो सका।

युद्ध में भारतीयों द्वारा सहायता–एक ओर क्रांतिकारी ब्रिटिश सरकार को भारत से भगाने के लिए प्रयत्नशील थे और दूसरी ओर उदारवादी नेता युद्ध में अंग्रेजी सरकार की मदद कर रहे थे। सुरेंद्रनाथ बैनर्जी, गोखले, मदनमोहन मालवीय और महात्मा गांधी ने युद्ध में अंग्रेजी सरकार को मदद करने के लिए जनता से अपील की। सुरेंद्रनाथ बैनर्जी के शब्दों में, "युद्ध के जो भार और उत्तरदायित्व हैं, हमें उनका वहन करना चाहिए और साम्राज्य की रक्षा हेतु युद्ध करना चाहिए।" भारतीयों ने तन, मन और धन से इंग्लैंड की सहायता की। लाखों भारतीय सैनिक शहीद हुए। राजाओं और महाराजाओं ने धन देकर ब्रिटिश सरकार की मदद की। ब्रिटिश सरकार ने इसके लिए भारतीयों की काफी प्रशंसा की। **लॉर्ड हल्डने** ने कहा, "भारतीय सैनिक हमारी तरह मानव स्वतंत्रता के लिए लड़ रहे हैं। मानवता की रक्षा के लिए भारत ने विविध रूप से अपने जवानों और संपत्ति का बलिदान दिया है।" **लॉर्ड बर्केनहेड** ने तो यहाँ तक कहा कि भारत की सहायता के बिना युद्ध बहुत दिनों तक जारी नहीं रहता, इंग्लैंड के लिए भारतीय सहायता अमूल्य थी। लेकिन, क्रांतिकारियों ने युद्ध में भाग नहीं लिया और गांधी के विचारों की कड़ी आलोचना की।

भारतीयों द्वारा युद्ध में सहयोग देने के कारण

निम्नलिखित कारणों से प्रेरित होकर भारतीयों ने प्रथम विश्वयुद्ध में अंग्रेजों की सहायता की।

1. लॉर्ड हार्डिज की प्रगतिवादी नीति–भारत के तत्कालीन वायसराय लॉर्ड हार्डिज ने अपनी प्रगतिवादी नीति से अनेक सुधार किए। जैसे, (क) उन्होंने 1911 में बंगाल विभाजन को समाप्त किया, (ख) भारत की राजधानी कलकत्ता से दिल्ली ले गया, और (ग) दक्षिण-अफ्रीका में भारतीयों पर हो रहे अत्याचार का विरोध किया और गांधी के विचारों को माना। इस प्रकार, हार्डिज के सुधारों से भारतीयों को संतोष हुआ और उन्होंने युद्ध में भाग लिया।

2. ब्रिटिश राजनीतिज्ञों की घोषणाएँ–समय-समय पर ब्रिटिश राजनीतिज्ञों ने भारत को स्वराज्य देने के संबंध में घोषणाएँ की। भारतीय नेताओं ने इन घोषणाओं पर विश्वास किया और युद्ध में साथ देने के लिए भारतीयों से अपील की। युद्ध के प्रारंभ होते ही ब्रिटिश प्रधानमंत्री एस्क्विथ ने घोषणा की, भविष्य में भारत के प्रश्न को एक नए दृष्टिकोण से देखा जाएगा। कॉपर जार्ज ने भी कहा कि स्वभाग्य निर्णय का अधिकार सभी राष्ट्रों के लिए लागू होगा। मित्र राष्ट्रों ने भी यह घोषणा की, वे निजी स्वार्थों के लिए युद्ध नहीं लड़ रहे हैं, बल्कि विश्व में प्रजातंत्र की रक्षा के लिए। भारतीयों ने इन घोषणाओं पर विश्वास करके, युद्ध में इंग्लैंड की सहायता की।

3. कांग्रेस पर उदारवादी नेतृत्व–उस समय कांग्रेस का नेतृत्व उदारवादियों के हाथ में था, जो अंग्रेजों की न्यायप्रियता, सच्चाई और ईमानदारी में विश्वास करते थे। वे लोग शांति के प्रेमी और मानव की रक्षा के पुजारी थे। मानवता की रक्षा हेतु उन लोगों ने इंग्लैंड को युद्ध में मदद पहुँचाना अपना कर्तव्य समझा। इसीलिए गांधी और अन्य नेताओं ने भारतीयों को युद्ध में भाग लेने के लिए प्रोत्साहित किया।

4. स्वशासन की आशा–कांग्रेस नेताओं ने ब्रिटिश घोषणाओं के आधार पर यह समझा कि युद्ध समाप्ति के बाद भारत को स्वशासन की प्राप्ति हो जाएगी।

भारतीय राष्ट्रीय आंदोलन पर युद्ध का प्रभाव

प्रथम विश्वयुद्ध का भारतीय राष्ट्रीय आंदोलन पर निम्नलिखित प्रभाव पड़ा–

1. भारतीयों में चेतना–प्रथम विश्वयुद्ध के कारण भारतीयों में नवचेतना का संचार हुआ। मित्र राष्ट्रों ने यह घोषणा की कि वे प्रजातंत्र की रक्षा के

लिए और पराधीन राष्ट्रों को आत्मनिर्णय का अधिकार देने के लिए युद्ध लड़ रहे हैं। इससे गांधी को आशा बँधी।

2. पराधीन राष्ट्रों की दुर्दशा का अवलोकन–इस युद्ध के समय भारतीयों ने पराधीन राष्ट्रों की दुर्दशा को समझा। उन्होंने स्वशासन के महत्व को समझा और इसकी प्राप्ति हेतु संगठित होने लगे।

3. गृह-शासन आंदोलन के लिए प्रेरित–विश्वयुद्ध से ही गृह-शासन आंदोलन चलाने की प्रेरणा नेताओं को मिली। उन लोगों ने इसके द्वारा स्वराज्य पाने की आशा की।

4. स्वराज्य की मांग–विश्वयुद्ध के समय कांग्रेस के दृष्टिकोण में परिवर्तन हुआ। उन्होंने स्वराज्य की मांग को रखा और अपने आंदोलन को गति प्रदान की।

5. मांटेग्यू घोषणा–विश्वयुद्ध के समय ही ब्रिटिश सरकार ने भारत में सुधार लाने के लिए, 20 अगस्त 1917 को भारतमंत्री मांटेग्यू ने घोषणा की। जिसके आधार पर 1919 में मॉर्ले-मिंटो सुधार अधिनियम पारित किया गया।

कांग्रेस-लीग समझौता (1916)
(Congress-League Agreement)

प्रथम युद्ध के समय शिक्षित मुसलमान युवकों के दृष्टिकोण में महान परिवर्तन हुआ। अब वे राष्ट्रीयता और स्वशासन की बात सोचने लगे। इसकी प्राप्ति हेतु उन लोगों ने कांग्रेस से मिल-जुलकर काम करने की प्रतिज्ञा की।

लीग के दृष्टिकोण में परिवर्तन के कारण

निम्नलिखित कारणों का हाथ लीग के दृष्टिकोण में परिवर्तन लाने का था।

1. बंगाल-विभाजन का अंत, 1911–1905 में लॉर्ड कर्जन ने बंगाल को विभाजित करके हिंदुओं और मुसलमानों में कटुता पैदा कर दी। 1911 में **लॉर्ड हार्डिंज** ने इस बंगाल-विभाजन को समाप्त कर दिया। इससे मुसलमानों को संतुष्टि मिली और हिंदुओं के प्रति भाईचारे की भावना का संचार हुआ।

2. राष्ट्रवादी मुस्लिम नेता–लीग में कुछ राष्ट्रवादी मुस्लिम नेताओं का उदय हुआ। वे अंग्रेजों की पृथकतावादी नीति को समझने लगे। उन लोगों को अंग्रेजों की न्यायप्रियता से विश्वास उठ गया। वे हिंदू-मुस्लिम एकता पर जोर देने लगे। मुहम्मद अली द्वारा संपादित **कॉमरेड** और **हमदर्द** तथा मौलाना आजाद द्वारा संपादित **अलहिलाल** नामक पत्रों ने, मुसलमानों में राष्ट्रीय जागरण

का संचार किया एवं कांग्रेस के निकट लाकर खड़ा कर दिया। दोनों राष्ट्रीयता आंदोलन में एक साथ कूद पड़े।

3. पान-इस्लामिक आंदोलन—फारस और तुर्की में राष्ट्रीय आंदोलन चल रहा था। तुर्की के नेता खलीफा ने पान-इस्लामिक आंदोलन चलाया। जिसके माध्यम से उन्होंने विश्व के मुसलमानों को संगठित करके, अंग्रेजों से विरोध करना चाहा। इस आंदोलन का प्रचंड प्रभाव भारतीयों, मुसलमानों पर पड़ा और वे अंग्रेज विरोधी बन गए।

4. बाल्कन युद्ध—1912-13 में बाल्कन युद्ध में, अंग्रेजों ने तुर्की के खलीफा के विरुद्ध नीति अपनायी। इससे मुस्लिम समाज अंग्रेजों से रूष्ट हो गया। हिंदुओं ने खलीफा के प्रति सहानुभूति दिखाई। जिसके कारण हिंदू-मुसलमान काफी निकट आ गए।

5. कुप्रभावों से मुक्ति—1913 में लीग का मुख्यालय अलीगढ़ हो गया। जिसके कारण अंग्रेज प्राचार्य बेक और आर्यबाल्ड से इसका संपर्क छूट गया और उन लोगों के कुप्रभावों से लीग को मुक्ति मिल गयी। राष्ट्रवादी नेता कांग्रेस के निकट आ गए।

6. लॉर्ड हार्डिज की उदारवादी नीति—लॉर्ड हार्डिज ने हिंदुओं और मुसलमानों के प्रति उदारवादी नीति का अनुसरण किया। इससे कांग्रेस और लीग के नेताओं में मेल-मिलाप बढ़ा।

7. इंग्लैंड और रूस में समझौता—इंग्लैंड और रूस, तुर्की के शत्रु थे। दोनों ने आपस में समझौता किया। इससे मुसलमानों में भय उत्पन्न हुआ और वे अंग्रेज के दुश्मन बन बैठे तथा कांग्रेस से मिलकर मोर्चा लेने का उपाय सोचने लगे।

लखनऊ समझौता (1916)
(Lucknow Pact)

मुस्लिम लीग के उद्देश्य में क्रांतिकारी परिवर्तन हुआ। 1913 के अधिवेशन में लीग ने अपना उद्देश्य औपनिवेशिक स्वराज्य घोषित किया। 1914 के अधिवेशन में लीग ने अन्य जातियों का सहयोग लेना स्वीकार किया। 1915 में, कांग्रेस और लीग ने एक साथ मिलकर शासन सुधार हेतु एक योजना बनाने की सहमति प्रकट की। जिसके फलस्वरूप एक संयुक्त समिति का निर्माण हुआ।

दोनों दलों का संयुक्त अधिवेशन 1916 में लखनऊ में हुआ। इसने लखनऊ समझौता का रूप लिया। इस प्रतिवेदन में निम्नलिखित बातें थी–

(i) केंद्रीय नियंत्रण समाप्त कर प्रांतों को अधिकाधिक स्वायत्तता प्रदान की जाए।

(ii) प्रांतीय व्यवस्थापिका को सभी आंतरिक विषयों में स्वतंत्रता प्रदान की जाए और कार्यकारिणी समिति के सदस्यों में आधे सदस्य प्रांतीय व्यवस्थापिका द्वारा निर्वाचित हों।

(iii) केंद्रीय और प्रांतीय व्यवस्थापिकाओं के सदस्यों की संख्या में वृद्धि हो और आधे सदस्य निर्वाचित हों।

(iv) केंद्रीय कार्यकारिणी समिति में व्यवस्थापिका द्वारा निर्वाचित सदस्य हों। गवर्नर-जनरल को रक्षा और वैदेशिक मामला दिया जाए।

(v) मुसलमानों के लिए पृथक चुनाव-क्षेत्र हो।

(vi) अल्पसंख्यकों को विशेष सुविधा दी जाए।

(vii) अल्पसंख्यकों को अप्रिय और अहितकारी विधेयक को विरोध करने का अधिकार दिया जाए।

(viii) भारत मंत्री की परिषद को समाप्त किया जाए।

लखनऊ समझौता का मूल्यांकन–लखनऊ समझौते से, कांग्रेस और लीग में एकता स्थापित की गई। **सुरेंद्रनाथ बैनर्जी** ने कहा कि यह भारतीय इतिहास में सुनहरा दिन था।[1] **जी.एन. सिंह** ने कहा, "इस प्रकार, भारत की दो बड़ी जातियों ने और दो बड़ी राजनीतिक संस्थाओं ने एक कार्यक्रम अपनाया तथा नरम और गरम दल के विलय से भारतीय राजनीति में संपूर्ण भारत का प्रतिनिधित्व हुआ।" वस्तुतः लखनऊ समझौता, कांग्रेस द्वारा लीग को संतुष्ट करने की नीति का प्रारंभ था।[2]

लेकिन, आलोचकों ने लखनऊ समझौते की आलोचना भी की है। इसमें मुसलमानों के अलग प्रतिनिधित्व के सिद्धांतों को स्वीकार किया गया, जो राष्ट्र के लिए घातक सिद्ध हुआ और आगे चलकर देश का विभाजन हुआ।

उदारवादी और उग्रवादी में मेल, 1916–1907 में सूरत अधिवेशन में नरम और गरम दल दोनों अलग हो गए। गरम दल वालों ने अलग कार्य करना शुरू किया। 1914 में तिलक जेल से रिहा किए गए और बाहर आकर गरम दल

1. "It is red letter day in our History."
2. "The Pact marked the beginning of the appeasement policy of the Congress towards the league."—Ishwari Prasad

को संगठित करना शुरू किया। 1915 में गोपालकृष्ण गोखले और फिरोजशाह मेहता के निधन से नरम दल नेतृत्वहीन होने लगा। उग्रवादी क्रांतिकारी से मिल नहीं जाए और कांग्रेस को शक्तिशाली बनाने के उद्देश्य से, एनी बेसेंट के प्रयास से 1916 में नरम और गरम दल का मेल हो गया। अब कांग्रेस का नेतृत्व तिलक के हाथों में आ गया। कांग्रेस में नए जीवन का संचार हुआ। जो आगे चलकर भारतीय राजनीति के लिए शुभ सिद्ध हुआ।

गृह-शासन आंदोलन (1916)
(Home Rule Movement)

पृष्ठभूमि–भारत में गृह-शासन आंदोलन चलाने का सारा श्रेय एनी बेसेंट को जाता है। वह एक आयरिश महिला थी। उनका राजनीतिक जीवन इंग्लैंड में प्रारंभ हुआ। वह इंग्लैंड में थियोसोफिकल सोसाइटी की संचालिका बनी और 1893 में इसके प्रचार हेतु भारत आई। भारतीय दर्शन का उन पर गहरा प्रभाव पड़ा और वह भारत को अपनी मातृभूमि मानने लगी थी। उनके देश आयरलैंड में, रेडमांड नेता होमरूल लीग की स्थापना करके, स्वतंत्रता के लिए आंदोलन चला रहे थे। एनी बेसेंट उससे प्रेरणा लेते हुए भारत में गृह-शासन आंदोलन चलाना चाहती थी। इसी हेतु वह कांग्रेस में सम्मिलित हुई। तिलक और एनी बेसेंट दोनों ने मिलकर भारत में गृह-शासन आंदोलन की नींव डाली।

गृह-शासन आंदोलन का उद्देश्य–गृह-शासन आंदोलन एक शांतिपूर्ण वैधानिक आंदोलन था। एनी बेसेंट वैधानिक तरीके से भारत में स्वशासन की स्थापना करना चाहती थी। इस आंदोलन का मुख्य उद्देश्य था–भारतीयों को स्वशासन दिलाना। संक्षेप में, इसके निम्नलिखित मुख्य चार उद्देश्य थे।

1. स्वशासन की स्थापना करना–इस आंदोलन का पहला उद्देश्य था, स्थानीय संस्थाओं और विधान सभाओं में जनता द्वारा चुने हुए प्रतिनिधियों का स्वशासन स्थापित करना। भारत में औपनिवेशिक राज्यों के समान शासन की स्थापना करना। एनी बेसेंट का कथन है, "राजनीतिक सुधारों से हमारा उद्देश्य ग्राम-पंचायतों से लेकर जिला, नगरपालिका का और प्रांतीय विधान सभाओं तक, राष्ट्रीय संसद के रूप में स्वशासन की स्थापना करना है।"

2. ब्रिटिश साम्राज्य के हित में–एनी बेसेंट का कहना था कि स्वशासन देने से, भारतीय सेना युद्ध में अधिक तन्मयता से भाग लेगी। ब्रिटिश सरकार को अपने हित में स्वशासन दे देना चाहिए। भारतीयों को इससे संतुष्टि मिलेगी।

3. उग्रवादी विचारधारा पर रोक–भारतीय राजनीति में उग्रवादी विचारधारा बहुत जोर पकड़ रही थी और साथ ही क्रांतिकारियों को जन्म दे रही थी। अतएव एनी बेसेंट ने, वैधानिक साधनों को अपनाना श्रेयस्कर समझा और गृह-शासन आंदोलन की ओर नेताओं का ध्यान आकृष्ट किया।

4. सुषुप्त जनता को जगाना–प्रथम विश्वयुद्ध के समय भारतीय राजनीति में शिथिलता आ गई थी। प्रभावशाली नेतृत्व के अभाव में राष्ट्रीय आंदोलन की गति रूक गई थी। एनी बेसेंट ने परिस्थिति की पहचान की और गृह-शासन आंदोलन चलाकर सोयी हुई जनता को जगाया। उनका कहना भी था, "मैं भारत में वैतालिक का कार्य कर रही हूँ और सब सोने वालों को जगा रही हूँ ताकि वे उठ बैठें और अपनी मातृभूमि के लिए काम कर सकें।"[1]

भारत में स्वशासन की मांग वैधानिक और नैतिक दोनों थी। यह ब्रिटिश सरकार की कृपा पर निर्भर नहीं थी, बल्कि इसे मिलना ही था। **तिलक** ने तो स्पष्ट शब्दों में कहा, "स्वराज्य हमारा जन्म सिद्ध अधिकार है, मैं इसे लेकर रहूँगा।" **एनी बेसेंट** का भी कथन था, "भारत एक जाति के रूप में इस बात का दावा करता है कि उसे साम्राज्य के लोगों में न्याय का अधिकार प्रदान किया जाए। भारत ने, इसके लिए युद्ध से पूर्व मांग की थी, भारत युद्ध में भी इसकी मांग कर रहा है, भारत युद्ध के बाद भी इसकी मांग करेगा, परंतु किसी पारितोषिक के रूप में नहीं, अपितु अधिकार के रूप में वह इसकी मांग करता है।"

गृह-शासन आंदोलन की प्रगति–सर्वप्रथम तिलक ने गृह-शासन आंदोलन का प्रारंभ किया। 23 अप्रैल, 1916 में, उन्होंने पूना में होमरूल लीग की स्थापना की। छह महीने के बाद एनी बेसेंट ने भी मद्रास में, अखिल भारतीय होमरूल लीग की नींव डाली। दोनों का उद्देश्य एक था–स्वराज्य की प्राप्ति। अतएव, लखनऊ अधिवेशन के बाद तिलक और एनी बेसेंट ने मिल-जुलकर इस आंदोलन को चलाने का निर्णय लिया। दोनों नेताओं ने घूम-घूमकर इस आंदोलन का प्रचार किया। जगह-जगह पर सम्मेलनों और भाषणों का आयोजन किया गया।

एनी बेसेंट ने दैनिक पत्र **न्यू इंडिया** और साप्ताहिक **कॉमन बिल** तथा तिलक ने **केसरी** और **मराठा** पत्रों के द्वारा गृह-शासन आंदोलन का प्रचार किया। लोगों में आशा और उत्तेजना की लहर उठी। वे राजनीति में अभिरूचि लेने लगे और आंदोलन में कूद पड़े।

---

1. "I am an Indian tom-tom waking up all the sleepers so that they may awake and work for their mother land."—Annie Besant

के.वी. पुनैया ने लिखा है कि संपूर्ण भारत में नए विचारों से आंदोलन हो उठा और ऐसे नवजीवन से भर उठा जो पहले कभी नहीं हुआ था। इस संदर्भ में **जवाहरलाल नेहरू** ने भी लिखा है, "देश के वातावरण में बिजली सी दौड़ गई, हम युवक एक विचित्र उत्साह और स्फूर्ति का अनुभव कर रहे थे तथा हम यह आशा करते थे कि इसका परिणाम भविष्य में अच्छा होगा।"

गृह-शासन आंदोलन का दमन–1917 में गृह-शासन आंदोलन अपने शिखर पर पहुँच गया था। इसका लड़ने का तरीका वैधानिक और शांतिपूर्ण था, फिर भी ब्रिटिश सरकार ने इसे दबाने के लिए कठोर कदम उठाया। एनी बेसेंट और उसके दो साथियों को गिरफ्तार कर लिया गया। तिलक के पंजाब और दिल्ली प्रवेश पर रोक लगा दी गई। जनता को इस आंदोलन में भाग लेने से वंचित कर दिया गया। विद्यार्थियों को भी इस आंदोलन में भाग लेने से रोक दिया गया। इससे भारत के लोगों में काफी-रोष उत्पन्न हुआ और असंतोष फैला। सभी नेता एकजुट होकर इस दमन का विरोध करने लगे। तिलक ने सत्याग्रह करने की धमकी दी। असहयोग आंदोलन का वातावरण तैयार किया जाने लगा।

ब्रिटिश सरकार लोगों की उत्तेजना से घबरा उठी। उसे भारतीय सैनिकों से युद्ध में काम लेना था। अतएव तत्कालीन भारत मंत्री **मांटेग्यू** ने ऐतिहासिक घोषणा की, युद्ध के बाद भारत में उत्तरदायी सरकार की स्थापना की जाएगी। इस घोषणा से लोगों को संतोष हुआ और होमरूल आंदोलन की गति रूक गई। एनी बेसेंट को जेल से छोड़ दिया गया।

उपलब्धियाँ–भारत में होमरूल आंदोलन व्यर्थ सिद्ध नहीं हुआ। इसने सोये हुए भारतीयों को जगाया और राष्ट्रीय आंदोलन में गति प्रदान की। इसने पूरे देश में ऐसा वातावरण तैयार किया कि ब्रिटिश सरकार को उत्तरदायी शासन के लिए मांटेग्यू द्वारा घोषणा करवानी पड़ी। इसकी सबसे बड़ी उपलब्धि यह हुई कि महात्मा गांधी ने प्रेरित होकर राष्ट्रीय आंदोलन की मशाल को प्रज्वलित रखी, जिसने स्वतंत्रता के मार्ग को प्रशस्त किया।

मेसोपोटामिया की घटना–भारतीय राजनीति में मेसोपोटामिया आयोग की नियुक्ति और उसके प्रतिवेदन ने होमरूल आंदोलन में चार चाँद लगा दिये। 1914 में मित्र राष्ट्रों के विरुद्ध तुर्की ने युद्ध में प्रवेश किया। तुर्की के विरुद्ध युद्ध-संचालन का काम भारत सरकार कर रही थी। युद्ध-संचालन में अनेक दोष थे। घायल सैनिकों के उपचार की अच्छी व्यवस्था नहीं थी और सेना को साधारण सुविधायें भी नहीं थी। इस कारण इंग्लैंड में बड़ा विवाद उठा और

मेसोपोटामिया आयोग की नियुक्ति की गई। इस आयोग ने भारत सरकार को दोषी और अयोग्य बताया तथा उसकी कड़ी आलोचना की। फलतः, चेम्बरलेन के स्थान पर, मांटेग्यू को भारत सचिव बनाया गया और भारत में सुधार योजना लागू करने के लिए कदम उठाया जाने लगा।

मांटेग्यू घोषणा, 20 अगस्त, 1917
(Montagu's Declaration)

गृह-शासन आंदोलन और मेसोपोटामिया आयोग के प्रतिवेदन के कारण ब्रिटिश सरकार के दृष्टिकोण में परिवर्तन हुआ। नए भारत सचिव मांटेग्यू एक उदार और प्रगतिशील विचार के व्यक्ति थे। अतः, उन्होंने 20 अगस्त 1917 को ब्रिटिश संसद में ऐतिहासिक घोषणा करते हुए कहा–"सम्राट सरकार की नीति, जिससे भारत सरकार पूर्णतः सहमत है, यह है कि भारतीय शासन के प्रत्येक विभाग में, भारतीयों का संपर्क उत्तरोत्तर बढ़े और उत्तरदायी शासन-प्रणाली का धीरे-धीरे विकास हो, जिससे अधिकाधिक प्रगति करते हुए, स्वशासन प्रणाली भारत में स्थापित हो तथा वह ब्रिटिश साम्राज्य के एक अंग के रूप में रहे। उन्होंने यह तय कर लिया है कि इस दिशा में जितना शीघ्र हो ठोस रूप से कुछ कदम आगे बढ़ाए जाएँ।"

भारतीयों ने इस घोषणा का स्वागत किया और इसे **मैग्नाकार्टा** कहा। एक लेखक ने लिखा है, "घोषणा पत्र, भारत के सांविधानिक इतिहास में एक अध्याय समाप्त करके, दूसरे अध्याय का जन्म देता है।" **सुरेंद्रनाथ बैनर्जी** ने भी लिखा है, "आँग्ल-भारतीय इतिहास के पृष्ठ टूटी हुई प्रतियोजनाओं के खंडों से भरे पड़े हैं, अब संभवतः एक नूतन अध्याय प्रारंभ होने वाला है।"

इसके विपरीत, उग्रवादियों ने इस घोषणा को अंग्रेजों का वाग्जाल बताया और आंदोलन को जारी रखने का निर्णय लिया।

मांटेग्यू की भारत यात्रा–भारतीय राजनीति का अध्ययन करने के लिए मांटेग्यू ने छह माह की भारत की यात्रा की और तत्कालीन वायसराय चेम्सफोर्ड से मिलकर एक सुधार योजना बनाई, जिसे मॉट-फोर्ड योजना कहा गया और इसी आधार पर 1919 में भारत सरकार अधिनियम पारित किया गया।

मॉट-फोर्ड सुधार 1919–मांटेग्यू ने भारत से वापस लौटने के समय, यह उद्घोषणा की, "मेरी भारत-यात्रा का अर्थ यह है कि मैं कुछ करने जा रहा हूँ। मैं इंग्लैंड खाली हाथ या कोई साधारण वस्तु लेकर नहीं लौट सकता। जिस

वस्तु को लेकर मैं लौटूँगा, उसमें नए युग का निर्माण होना चाहिए, अन्यथा मेरे प्रयास निष्फल होंगे।" मांटेग्यू ने जो सुधार योजना बनाई, वह मॉट-फोर्ड योजना के नाम से जानी जाती है। इसी सुधार योजना पर **भारत सरकार अधिनियम**, **1919** पारित किया गया, जिसे मॉट-फोर्ड **सुधार अधिनियम** भी कहा जाता है। इसके अंतर्गत केंद्रीय सरकार को अनुत्तरदायी और निरंकुश रखा गया। लेकिन, प्रांतों में द्वैध सरकार की स्थापना को प्रस्तावित किया गया।

मॉट-फोर्ड रिपोर्ट से निराशा—मॉट-फोर्ड सुधार अधिनियम का उदारवादियों ने स्वागत किया। लेकिन, उग्रवादी नेता-तिलक, विपिनचंद्र पाल, चितरंजन दास और एनी बेसेंट ने, इसका जबरदस्त विरोध किया। **तिलक** ने कहा, "यह योजना किसी भी रूप में स्वीकार करने योग्य नहीं है।" **एनी बेसेंट** का भी कथन था, "ऐसे सुधार इंग्लैंड के लिए अशोभनीय है और भारत के लिए उन्हें स्वीकार करना अपमानजनक है।"

कांग्रेस के 1918 के अधिवेशन में इन सुधारों को अपर्याप्त और असंतोषजनक बताया गया। कांग्रेस के 1919 के अमृतसर अधिवेशन में भी इन सुधारों की निंदा की गई। लेकिन, गांधी के प्रभाव के कारण इसी अधिवेशन में प्रयोग के रूप में, उत्तरदायी सरकार के निर्माण में सहायता मिल सकी और ब्रिटिश सरकार ने भारतीयों पर कोई दोष नहीं लगाये। गांधी के शब्दों में, "सुधार कानून और उसके साथ की गई घोषणा ब्रिटिश जनता की इस इच्छा का प्रतीक है कि अब वह भारतीयों के साथ न्याय करना चाहती है तथा इसलिए अब भारतीयों को संदेह से परे रहना चाहिए। हमारा यह कर्तव्य नहीं कि हम इन सुधारों की आलोचना करें, हमको सुधारों को सफल बनाने के लिए इन पर अमल करना चाहिए।"

अखिल भारतीय राष्ट्रीय उदार संघ की स्थापना
(Establishment All India National of Liberal Federation)

उग्रवादियों से क्षुब्ध होकर नवम्बर 1918 में **सुरेंद्रनाथ बैनर्जी** के नेतृत्व में बम्बई में उदारवादियों ने एक संघ का निर्माण किया, जो अखिल भारतीय राष्ट्रीय उदार संघ के नाम से प्रसिद्ध हुआ। 1919 के अधिवेशन में, इस संघ के नेताओं ने मॉट-फोर्ड सुधार अधिनियम को पूर्णरूप से स्वीकार किया।

मॉट-फोर्ड सुधार ने भारत का बड़ा अहित किया। इसने कांग्रेस को पुनः विभाजित कर दिया और हिंदू-मुस्लिम एकता में दरार पैदा कर दी। **जी.एन.**

सिंह ने भी स्वीकार किया, "मॉट-फोर्ड योजना वस्तुतः भारतवासियों के लिए झगड़े की जड़ सिद्ध हुई।"

निष्कर्षतः, 1909 से 1919 के बीच भारतीयों में राजनीतिक जागृति का संचार हुआ, होमरूल आंदोलन का उदय हुआ और ब्रिटिश सरकार को बाध्य होकर प्रांतों में द्वैधशासन की स्थापना की घोषणा करनी पड़ी। इसकी अवधि बहुत कम थी, लेकिन घटनायें बड़ी महत्वपूर्ण घटी। भारतीय राष्ट्रीय आंदोलन के इतिहास में यह काल चिरस्मरणीय रहेगा।

प्रश्न
(Questions)

1. 1909 से 1919 तक के भारतीय राष्ट्रीय आंदोलन के इतिहास की संक्षिप्त रूप से समीक्षा करें।
   Examine briefly the history of the Indian National Movement between 1909 and 1919.
2. प्रथम विश्वयुद्ध में भारतीयों ने ब्रिटिश सरकार का क्यों साथ दिया? विवेचना कीजिए।
   Why did Indians help to the British Government in the First World War? Discuss.
3. भारतीय राष्ट्रीय आंदोलन पर प्रथम विश्वयुद्ध के प्रभावों का आकलन कीजिए।
   Estimate the influences of the First World War on the Indian National Movement.
4. कांग्रेस-लीग समझौते की विवेचना कीजिए।
   Discuss the Congress League Agreement.
5. लखनऊ-समझौता, 1916 की मुख्य बातों का वर्णन करें।
   Describe the main facts of the Lucknow-Pact, 1916.
6. गृह-शासन आंदोलन में एनी बेसेंट की भूमिका को स्पष्ट करें।
   Explain the role of Annie Besant in the Home Rule Movement.

वस्तुनिष्ठ प्रश्न

(Objective Questions)

1. भारत में होमरूल आंदोलन किसने प्रारंभ किया है?
   (क) एनी बेसेंट (ख) चितरंजन दास
   (ग) मोतीलाल नेहरू (घ) गांधी
2. मॉर्ले-मिंटो सुधार अधिनियम कब पारित हुआ?
   (क) 1907 (ख) 1909 (ग) 1908 (घ) 1919
3. बंगाल का एकीकरण किस वर्ष हुआ?
   (क) 1907 (ख) 1910 (ग) 1911 (घ) 1909
4. प्रथम विश्वयुद्ध का प्रारंभ किस वर्ष हुआ?
   (क) 1919 (ख) 1916 (ग) 1910 (घ) 1914
5. मुस्लिम-लीग समझौता कब हुआ?
   (क) 1916 (ख) 1911 (ग) 1914 (घ) 1916
6. लखनऊ समझौता किस वर्ष हुआ?
   (क) 1909 (ख) 1916 (ग) 1917 (घ) 1914
7. होमरूल आंदोलन किस वर्ष हुआ?
   (क) 1907 (ख) 1911 (ग) 1916 (घ) 1914
8. उदारवादियों और उग्रवादियों का मिलाप किस वर्ष हुआ?
   (क) 1911 (ख) 1914 (ग) 1917 (घ) 1916
9. मांटेग्यू घोषणा किस वर्ष की गई?
   (क) 20 अगस्त 1917 (ख) 15 अगस्त 1917
   (ग) 20 अगस्त 1909 (घ) 11 अगस्त 1909
10. बंगाल विभाजन को किसने रद्द किया था?
    (क) लॉर्ड कर्जन (ख) लॉर्ड हार्डिज
    (ग) लॉर्ड मिंटो (घ) लॉर्ड किंग्सफोर्ड
11. दैनिक पत्र न्यू इंडिया को किसने प्रारंभ किया?
    (क) तिलक (ख) गोखले
    (ग) एनी बेसेंट (घ) अरविंद घोष
12. साप्ताहिक कॉमन बिल को किसने प्रारंभ किया?
    (क) तिलक (ख) गोखले
    (ग) अरविंद (घ) एनी बेसेंट

13. "ऐसे सुधार इंग्लैंड के लिए अशोभनीय है और भारत के लिए उन्हें स्वीकार करना अपमानजनक है।" यह कथन किसका है?
(क) एनी बेसेंट (ख) तिलक
(ग) गांधी (घ) सुरेंद्रनाथ बैनर्जी

14. "ब्रिटिश राज्याधीन भारत के इतिहास में 1909 से 1919 तक का युग सबसे छोटा है, लेकिन उसका महत्व उसके वर्षों की संख्या के आधार पर नहीं आँका जा सकता।" यह कथन किसका है?
(क) एनी बेसेंट (ख) जी.एन. सिंह
(ग) तिलक (घ) गांधी

15. गदर पार्टी की स्थापना किस वर्ष की गई?
(क) 1911 (ख) 1909 (ग) 1914 (घ) 1916

उत्तर
(Answers)

1. (क) 2. (ख) 3. (ग) 4. (घ) 5. (क) 6. (ख) 7. (ग) 8. (घ)
9. (क) 10. (ख) 11. (ग) 12. (घ) 13. (क) 14. (ख) 15. (ग)

7

गांधी-युग एवं असहयोग आंदोलन (1920) (Gandhian Era and Non-Cooperation Movement)

पृष्ठ-भूमिका (Background)–प्रथम विश्वयुद्ध के बाद भारतीय राष्ट्रीय आंदोलन के इतिहास में एक नए युग का आरंभ हुआ, जिसे गांधी युग कहा जाता है। इसकी अवधि 1919 से 1947 तक मानी गयी है। इस बीच कांग्रेस की बागडोर को महात्मा गांधी ने सँभाला। इससे पूर्व राष्ट्रीय आंदोलन का संचालन बंद कमरों में आराम कुर्सियों पर बैठे राजनीतिज्ञों के द्वारा होता था। यह आंदोलन केवल शिक्षित मध्यमवर्ग तक सीमित था। इसने जनांदोलन का रूप नहीं लिया था। गांधी ने, राष्ट्रीय आंदोलन को जनता के द्वार तक पहुँचाया और इसे जनांदोलन का रूप दिया। उन्होंने इसके क्षेत्र का विस्तार किया। सत्य और अहिंसा के मंत्र से, उन्होंने कांग्रेस में एक नए जीवन का संचार किया और जनता में नयी स्फूर्ति आयी। राष्ट्रीय आंदोलन ने पूर्णतः नवीन, शांतिपूर्ण, अहिंसात्मक और क्रांतिकारी रूप ग्रहण किया। **कूपलैंड** के शब्दों में, "गांधीजी ने राष्ट्रीय आंदोलन को एक क्रांतिकारी रूप दिया। उन्होंने उसे स्वतंत्रता के ध्येय की ओर बढ़ाना सिखाया यह कार्य सरकार पर वैधानिक दबाव डालकर, अथवा वाद-विवाद समझौते द्वारा नहीं हुआ, बल्कि अहिंसा की शक्ति द्वारा।"

युद्धोत्तर भारतीय राजनीति में असंतोष (Dissatisfaction in the Post-War Indian Politics)

प्रथम विश्वयुद्ध में भारतीयों ने तन, मन और धन से ब्रिटिश सरकार की मदद की। युद्ध में लड़ने के लिए, लगभग 9,53,374 भारतीय सैनिक बाहर भेजे गए। सैनिकों पर लगभग डेढ़ अरब रुपया खर्च हुआ, जो भारत के कोष से दिया गया। देशी नरेशों ने भी दस करोड़ रुपया, ब्रिटिश सरकार को दिया।

महात्मा गांधी ने युद्ध में ब्रिटिश सरकार को पूरा सहयोग दिया। जिसके लिए अंग्रेजों ने, उन्हें केसरे हिंद स्वर्ण पदक से विभूषित किया।

लेकिन, भारतीय राजनीति में कुछ ऐसी घटनायें घटी, जिसके कारण ब्रिटिश सरकार के विरुद्ध जनता में असंतोष की लहर फैली। रॉलट ऐक्ट, जालियाँवाला बाग की घटना, आर्थिक दुर्दशा और मांट-फोर्ड सुधार ने, गांधी और जनता दोनों को क्रांतिकारी बना दिया। उन लोगों को यह आशा थी कि युद्ध के बाद भारत में स्वशासन की स्थापना की जाएगी, लेकिन ऐसा नहीं हुआ। अत: गांधी का अंग्रेजों पर से विश्वास उठ गया। उन्होंने कांग्रेस को नया नेतृत्व प्रदान किया और उसमें नवीन जीवन का संचार किया। **पट्टाभि सीतारमैय्या** ने भी कहा, "खिलाफत, पंजाब की भूलों और अपर्याप्त सुधारों की त्रिवेणी से पानी किनारे से ऊपर बढ़ चला और उनके संगम ने राष्ट्रीय आंदोलन की धारा को आकार तथा प्रकृति में बढ़ा दिया।"

महात्मा गांधी का भारतीय राजनीति में प्रवेश
(Entrance of Mahatma Gandhi in the Indian Politics)

सहयोगी गांधी (Co-operative Gandhi): **दक्षिण अफ्रीका 1893**–गांधीजी का राजनीतिक जीवन दक्षिण अफ्रीका से प्रारंभ होता है। 1893 में वे एक मुकदमे के संबंध में दक्षिण अफ्रीका गए। वहाँ पर गोरी सरकार, भारतीयों पर काफी अत्याचार कर रही थी। भारतीयों को राजनीतिक या नागरिक अधिकार प्राप्त नहीं था। वहाँ की गोरी सरकार ने गांधीजी के साथ दुर्व्यवहार किया। गांधीजी ने प्रवासी भारतीयों के सहयोग से, गोरी सरकार के अत्याचार के विरुद्ध, सत्याग्रह का आंदोलन चलाया। आगे चलकर गोरी सरकार को गांधीजी के सामने झुकना पड़ा। राजनीति में यह गांधीजी की पहली विजय थी।

गांधी का भारत आगमन 1915–गांधी जनवरी 1915 में दक्षिण अफ्रीका से भारत लौटे और भारतीय राजनीति में प्रवेश किया। दक्षिण अफ्रीका में अहिंसात्मक आंदोलन में सफलता पाने के कारण, वे देश-विदेश में ख्याति प्राप्त कर चुके थे। **पोलक** के शब्दों में, "गांधीजी अफ्रीका से अपने साथ जीवन का एक विशिष्ट दर्शन और एक ऐसी राजनीतिक पद्धति लाये थे, जिनकी उपयोगिता सिद्ध हो चुकी थी।"[1] यहाँ गांधी ने गोखले को अपना राजनीतिक गुरु माना और उन्हीं के मार्ग दर्शन में कार्य करना शुरू किया। उन्होंने गोखले के निर्देशन पर भारतीय राजनीति का गहन अध्ययन करने के लिए दो वर्षों

1. "He brought with him a clear cut philosophy of life and a political technique which had proved its efficacy."—Polak

तक भारत के विभिन्न क्षेत्रों का दौरा किया। प्रारंभ में वे ब्रिटिश सरकार के सहयोगी थे। उन्होंने प्रथम विश्वयुद्ध में भारतीयों को पूर्ण सहयोग देने के लिए प्रेरित किया। उन्होंने भारतीयों को सेना में भर्ती के लिए कहा और दिल्ली के युद्ध सम्मेलन में स्वयं भाग लेकर, युद्ध में अंग्रेजों की सहायता की।

चंपारण यात्रा 1917—भारत में गांधी के राजनीतिक जीवन का प्रारंभ, बिहार के चंपारण में सत्याग्रह से होता है। बिहार के चंपारण जिले में, अंग्रेजों ने नील बनाने के कुछ कारखाने स्थापित किए थे। वे किसानों को इस शर्त पर पेशगी धन देते थे कि वे अपनी भूमि के कुछ भाग पर नील की खेती करेंगे तथा उस फसल को पूर्व-निर्धारित मूल्य पर बेच देंगे। जो किसान ऐसा नहीं करते थे, उन्हें बुरी तरह मारा-पीटा जाता था। मजदूरों का भी शोषण किया जाता था।

15 अप्रैल 1917 को, गांधी किसानों और मजदूरों पर किए जा रहे अत्याचारों की जाँच करने हेतु, मोतिहारी के लिए रवाना हुए। उनको गिरफ्तार कर लिया गया। उन्होंने किसानों और मजदूरों के दु:खों के विरुद्ध सत्याग्रह चलाया। तत्कालीन लेफ्टीनेंट गवर्नर, सर एडवर्ड गेट ने, गांधी से वार्ता करके एक आयोग का गठन किया। प्रत्येक किसान को नील की खेती करने की अनिर्वायता को समाप्त कर दिया गया और अंग्रेजों के शोषण को समाप्त किया गया। इस प्रकार, भारत में गांधी की यह पहली बड़ी विजय थी।

अहमदाबाद यात्रा 1918—अहमदाबाद की मिलों के मजदूर अपने वेतन में पचास प्रतिशत वृद्धि चाहते थे। निमंत्रण पाकर, गांधी अहमदाबाद पहुँचे। उन्होंने मजदूरों की दशाओं का गहरा अध्ययन किया। उन्होंने मजदूरों को हड़ताल करने का परामर्श दिया और स्वयं अनशन पर बैठ गए। मिल-मालिकों को झुकना पड़ा। मजदूरों के विवाद का निर्णय पंचों द्वारा मान लिया गया। यह गांधी की दूसरी विजय थी।

खेड़ा-सत्याग्रहः गुजरातः 1918—गुजरात के खेड़ा जिला में किसानों की फसल नष्ट हो गयी थी। वहाँ अकाल पड़ गया। किसान करों को कड़ाई के साथ वसूल करना चाहती थी। गांधी ने सरकार से एक निष्पक्ष जाँच समिति नियुक्त करने की अपील की। लेकिन, ब्रिटिश सरकार ने इस अपील को अस्वीकार कर दिया। परिणामत:, गांधी की सलाह पर खेड़ा के दो हजार किसानों ने सत्याग्रह शुरू किया। काफी यातना और दमन के बाद, अंत में ब्रिटिश सरकार को झुकना पड़ा तथा किसानों की मांगों को मान लिया। इससे गुजरात के किसानों में जागृति आयी और गांधी की प्रसिद्धि संपूर्ण भारत में फैल गई।

उपर्युक्त घटनाओं में गांधी, सत्याग्रह और अनशन के सफल प्रयोग करने के बाद, इस निष्कर्ष पर पहुँचे कि इन अस्त्रों से अंग्रेजों को भारत से भगाया जा सकता है। 1919 तक, गांधी ब्रिटिश सरकार के सहयोगी बने रहे। वे राजभक्त और अंग्रेजों के प्रशंसक थे। इसी कारण, उन्होंने प्रथम विश्वयुद्ध में ब्रिटिश सरकार का साथ दिया और 1919 के मॉट-फोर्ड सुधार अधिनियम को कांग्रेस से स्वीकृत कराया। उन्होंने **यंग इंडिया** में लिखा, "हमारा कर्तव्य नहीं है कि हम उनकी आलोचना करे, वरन अब हमको उन्हें सफल बनाने के लिए प्रयत्नशील होना चाहिए।" इस प्रकार, प्रारंभ में गांधी ने ब्रिटिश सरकार का सहयोग किया, इसीलिए उन्हें सहयोगी गांधी कहा गया है।

गांधी: असहयोग आंदोलन (1920)
(Gandhi: Non-Cooperation Movement)

असहयोगी गांधी (Non-Cooperator Gandhi)–इसी बीच भारतीय रंगमंच पर कुछ ऐसी घटनायें घटीं, जिसके कारण सहयोगी गांधी, असहयोगी बन गए। वे घटनायें मुख्यतया तीन थीं–(i) रॉलट ऐक्ट, (ii) जालियाँवाला बाग हत्याकांड, और (iii) खिलाफत का प्रश्न। अगस्त 1920 में गांधी ने, वायसराय को लिखा था, "पिछले महीनों में जो घटनायें हुई हैं, उनसे मेरी यह राय दृढ़ हो गयी है कि खिलाफत के प्रश्न पर सरकार ने अनैतिकता और अन्याय से कार्य किया है तथा वे अपनी अनैतिकता की सफाई देने के लिए, गलत के बाद गलत कार्य कर रही है। ऐसी सरकार के लिए मेरे मन में कोई आदर व प्रेम नहीं रह सकता है। मुझे मौजूदा सरकार में कोई श्रद्धा नहीं रही है और अब तक मैं जो सहयोग दे रहा था, वह देने के लिए मैं सर्वथा असमर्थ हो गया हूँ।"

अब गांधी, ब्रिटिश सरकार को शैतान कहने लगे और उसके साथ असहयोग का कार्यक्रम तैयार करने लगे। अंग्रेजों के अत्याचारों से निपटने के लिए असहयोग के अलावा, गांधी के पास कोई दूसरा रास्ता नहीं था।

असहयोग आंदोलन के कारण (Causes of the Non-cooperation Movement)

गांधी ने निम्नलिखित कारणों से प्रेरित होकर असहयोग आंदोलन चलाने का निर्णय लिया।

1. युद्ध का परिणाम (Effects of War)–**राष्ट्रीयता का विकास** (Brith of Nationality)–प्रथम विश्वयुद्ध के समय मित्र राष्ट्रों ने यह घोषणा की

थी, "हम लोग प्रजातंत्र की रक्षा के लिए आत्म-निर्णय के सिद्धांत को लागू करने और विश्व में शांति की स्थापना हेतु युद्ध लड़ रहे हैं।" युद्ध के समाप्त होने पर अनेक पराधीन राज्यों में प्रजातंत्र की स्थापना की गई। आत्म-निर्णय के सिद्धांत के आधार पर अनेक नए राज्यों का निर्माण किया गया। भारत को स्वराज्य नहीं दिया गया। इससे भारतीय राष्ट्रीय आंदोलन को धक्का लगा। गांधी ने अपने दृष्टिकोण में परिवर्तन किया और राष्ट्रीय आंदोलन को एक नयी दिशा देने के लिए उपाय सोचने लगे।

2. आर्थिक संकट (Economic Crisis)–प्रथम विश्वयुद्ध में भारतीय सरकार ने सरकारी खजाने से मनमाने ढंग से खर्च किया, जिसके कारण भारत की आर्थिक स्थिति अत्यधिक खराब हो गई। मुद्रास्फीति के कारण चीजों की कीमत में काफी वृद्धि हो गई। आम जनता के लिए जीवन-निर्वाह करना कठिन हो गया। देश में गरीबी, बेरोजगारी और भुखमरी का साम्राज्य फैल गया। किसानों और मजदूरों की आर्थिक हालत बड़ी नाजुक हो गई। किसान लगान चुकाने में असमर्थ हो गए। ऐसी स्थिति में, गांधी ने चंपारण, अहमदाबाद और खेड़ा में किसानों और मजदूरों के हित में सफल सत्याग्रह चलाया।

3. अकाल, प्लेग और इनफ्लुएंजा (Famine, Plague and Influenza)–1917 में भारत के अनेक प्रांतों में अनावृष्टि के कारण भयंकर अकाल पड़ा। ब्रिटिश सरकार की ओर से कोई ठोस कदम नहीं उठाया गया, जिसके कारण लाखों लोग मर गए। इससे भारतीयों में भारी असंतोष हुआ। इसके साथ ही, अनेक स्थानों पर प्लेग, हैजा, इनफ्लुएंजा, जैसी भयानक बीमारियों का प्रकोप बड़ी तेजी से फैला। सरकार इसे रोकने में विफल रहीं, जिसके कारण लाखों लोग काल कवलित हुए। भारतीयों अंग्रेजों से इसका बदला लेने के लिए बेचैन हो उठे।

4. सरकार की दमनकारी नीति (Repressive Policy of the Govt.)–युद्धोपरांत भारत के विभिन्न भागों में ब्रिटिश सरकार की दमनकारी नीतियों के विरुद्ध जुलूस और प्रदर्शन निकाले गये। जनता पर सरकार ने लाठियाँ बरसायी। राष्ट्रीय आंदोलन को कुचलने के लिए, ब्रिटिश सरकार ने प्रेस अधिनियम, राजद्रोहात्मक अधिनियम, एक्सप्लोसिव सब्सटेन्स ऐक्ट, क्रिमिनल लॉ एमेंडमेंट ऐक्ट आदि का निर्माण किया। भारतीयों ने इन अधिनियमों का कड़ा विरोध किया। क्रांतिकारियों को फाँसी, कालापानी, आजीवन कारावास और नाना प्रकार की यातनाएँ दी गई। होमरूल आंदोलन को दबा दिया गया। पंजाब में डायर के कठोर शासन से जनता त्राहि-त्राहि कर रही थी। अतएव सरकार की दमनकारी नीतियों के प्रतिशोध में गांधी ने असहयोग आंदोलन चलाने का उपाय सोचा।

5. सैनिक-नीति (Army Policy)–प्रथम विश्वयुद्ध के समय ब्रिटिश सरकार ने, बड़ी संख्या में भारतीयों को सेना में भर्ती किया और युद्ध में लगा दिया। लेकिन, युद्ध-समाप्ति के बाद, उन लोगों की छँटनी कर दी, जिससे लाखों की संख्या में युवक बेकार हो गए। सरकार की इस नीति से भारतीयों के हृदय में असंतोष की लहर उठी। युद्ध में हुए व्यय को जनता से बड़ी कठोरता से, सरकार वसूलने लगी। इससे भी जनता में रोष फैला। नेता इस समस्या के समाधान हेतु कुछ उपाय सोचने लगे।

6. मॉट-फोर्ड सुधार से असंतोष (Dissatisfaction on Mont-Ford Reform)–मॉट-फोर्ड सुधार अधिनियम 1919 ने, नेताओं की आशाओं पर पानी फेर दिया। नेतागण यह समझ रहे थे कि युद्ध समाप्ति के बाद भारत में स्वराज्य की स्थापना होगी। लेकिन, ब्रिटिश सरकार ने ऐसा नहीं किया। मॉट-फोर्ड सुधार अधिनियम के अंतर्गत, केंद्रीय सरकार को अनुत्तरदायी रखा गया। प्रांतों में द्वैध सरकार की स्थापना की घोषणा की गई, जो एक धोखा था। उदारवादियों ने इस सुधार का स्वागत किया। इसके विपरीत, उग्रवादियों ने इसका घोर विरोध किया। कांग्रेस ने इसे अपर्याप्त, असंतोषप्रद और निराशाजनक बताया। **एनी बेसेंट** ने कहा, "ऐसे सुधारों को देना न इंग्लैंड के लिए श्रेयस्कर है और न भारत के लिए इनको स्वीकार करना।" अतएव इन सुधारों से लोगों में असंतोष फैला और कांग्रेसी नेता इसके विरोध में जुट गए।

7. रॉलट ऐक्ट 1919 (Rowlatt Act)–प्रथम विश्वयुद्ध के समय उग्रवाद और आतंकवाद के दमन के लिए **भारतीय सुरक्षा अधिनियम** पारित किया गया था। यह अधिनियम केवल युद्धकाल के लिए इतनी भयभीत थी कि युद्ध के बाद भी इस अधिनियम को बनाये रखना चाहती थी। अतएव ब्रिटिश सरकार ने 10 दिसम्बर 1917 को एक अंग्रेज न्यायाधीश **सर सिडनी रॉलट**[1] की अध्यक्षता में एक समिति का गठन किया। उसका मुख्य उद्देश्य था, भारत में फैले हुए क्रांतिकारी आंदोलन की जाँच करना और उसके दमन के लिए उपाय बताना। अप्रैल 1918 में समिति ने अपना प्रतिवेदन प्रस्तुत किया। समिति की सिफारिश पर, सरकार ने केंद्रीय धारा सभा में फरवरी 1919 में दो विधेयक प्रस्तुत किए, जो **रॉलट विधेयक** कहलाया। संपूर्ण भारत में इस विधेयक का विरोध किया गया। कांग्रेस के नेताओं ने कहा कि अगर यह विधेयक पारित कर दिया जाएगा, तो भारत में क्रांति की आग फैल जाएगी। गांधी ने इसके विरुद्ध सत्याग्रह करने की चेतावनी दी। लेकिन,

1. Sir Sydney Rowlatt.

ब्रिटिश सरकार ने कोई ध्यान नहीं दिया। **चिंतामणि** ने लिखा है, "इन दोनों विधेयकों का विरोध परिषद के गैर-सरकारी भारतीयों, निर्वाचित सदस्यों और मनोनीत सदस्यों ने समान रूप से किया, लेकिन, सरकार अपनी बात पर अड़ी रही और तनिक भी नहीं झुकी।"

अंतोगत्वा 18 मार्च, 1919 को, दोनों विधेयकों को पारित कर दिया गया, जो **रॉलट ऐक्ट** के नाम से विख्यात हुए। इन कानूनों के अनुसार सरकार किसी को भी गिरफ्तार करके बिना मुकदमा चलाये जेल में डाल सकती थी और उसको चाहे जितने समय तक जेल में रख सकती थी। राष्ट्रवादी को भय हुआ कि सरकार किसी को भी असीमित समय तक जेल में बंद कर सकती है और राष्ट्रीय आंदोलन की बढ़ती लहर को समाप्त कर सकती है। इसी कारण **रॉलट ऐक्ट** को **काला अधिनियम**[1] एवं आतंकवादी और **अपराध अधिनियम**[2] कहा गया। मोतीलाल नेहरू ने कहा, "इस अधिनियम द्वारा अपील, वकील और दलील की व्यवस्था का अंत कर दिया गया।"

गांधी द्वारा रॉलट ऐक्ट का विरोध–गांधी ने रॉलट ऐक्ट का जबरदस्त रूप से विरोध किया। 6 अप्रैल 1919 को देशव्यापी हड़ताल की गई और जुलूस निकाले गए। दिल्ली में जुलूस का नेतृत्व श्रद्धानंद ने किया। जुलूस पर गोली चलायी गई, जिससे पाँच व्यक्तियों की मृत्यु हो गई और अनेक जख्मी हुए। लाहौर और कलकत्ता में भी गोली चलायी गई। गांधी पंजाब जा रहे थे, लेकिन उन्हें रास्ते में गिरफ्तार कर, बम्बई वापस भेज दिया गया। गांधी की गिरफ्तारी से आंदोलन, और विकराल रूप ले लिया। हिंदू और मुसलमान दोनों ने समान रूप से आंदोलन में भाग लिए। संपूर्ण भारत में एकता की लहर दौड़ गई। पंजाब में **जनरल डायर** ने जुलूस पर कहर बरसाया। 10 अप्रैल 1919 को डॉ. सत्यपाल और डॉ. किचलू को गिरफ्तार करके, अज्ञात स्थान पर भेज दिया गया। अमृतसर की जनता ने मस्जिस्ट्रेट की कोठी घेर ली। पुलिस ने गोली चलायी, जिससे दो व्यक्ति की मृत्यु हो गई और अनेक घायल। जनता ने सरकारी भवन को जलाना शुरू किया और अनेक अंग्रेजों की हत्या कर दी। इसके बाद, 10 अप्रैल 1919 को पंजाब में मार्शल लॉ लागू कर दिया गया।

8. जालियांवाला बाग हत्या कांड 1919 (Jallianwala Bagh Massacre)–ब्रिटिश सरकार के अन्यायपूर्ण और अमानुषिक कार्यों के कारण पंजाब की जनता में बड़ी उत्तेजना फैली हुई थी। अमृतसर में अराजकता फैली

1. Black Act.
2. Anarchist and Revolutionary Crimes Act.

हुई थी। अमृतसर की उत्तेजित जनता को कुचलने के लिए नगर को, सेना के अधिकार में दे दिया गया। जनरल डायर सैनिक अधिकारी नियुक्त किया गया। 12 अप्रैल 1919 को नगर में सार्वजनिक सभा करने पर रोक लगा दी गई, जिसकी पूरी सूचना जनता को नहीं थी। 13 अप्रैल को बैशाखी का पर्व था। इसी दिन सरकार की अन्यायपूर्ण नीतियों का विरोध करने के लिए, जलियांवाला बाग में एक सार्वजनिक सभा का आयोजन किया गया। यह बाग शहर के बीच में था और चारों तरफ से दीवारों से घिरा हुआ था। इसमें आने-जाने के लिए केवल एक संकरी गली थी। हजारों की संख्या में स्त्री-पुरुष और बच्चे सभा में एकत्रित हुए थे। सभा की कार्यवाही शांतिपूर्ण चल रही थी। लोग, डॉ. सत्यापाल, डॉ. किचलू और महात्मा गांधी की रिहाई की मांग कर रहे थे। रॉलट ऐक्ट का विरोध किया जा रहा था।

इसी बीच जनरल डायर, देशी और गोरे सिपाहियों तथा हथियार बंद गाड़ी लेकर पहुँचे। गाड़ी अंदर नहीं जा सकी। अतएव उसने संकरी गली के दरवाजे को बंद कर दिया और निहत्थी जनता पर गोलियों की बौछार शुरू कर दी। मशीनगन से हजारों व्यक्तियों को चंद मिनटों में मौत के घाट उतार दिया। 303 नम्बर की 1650 गोलियां चलाई गई। सेना ने गोली चलाना तभी बंद किया, जब कारतूस समाप्त हो गया। आतंकित भीड़ तितर-बितर होने लगी थी। भागने के लिए कोई रास्ता नहीं था। सेना गोलियों की वर्षा लगातार कर रही थी। यह बड़ा ही अमानुषिक और लोमहर्षक घटना थी। जिसके लिए अंग्रेजों को भगवान भी क्षमा नहीं कर सकते। **शिरोल** ने लिखा है, "चूहेदानी में फँसे चूहों की तरह उबलते हुए, इस मानव-समूह पर 1650 चक्रगोलियाँ चलायी गयी। लोग निकलने की संकरी गली की ओर निष्फल दौड़ते या गोलियों की वर्षा से बचने के लिए पेट के बल लेट जाते।" इस गोली कांड में हजारों लोग मौत के घाट उतार दिए गए और हजारों घायल हुए, जिनके इलाज के लिए कोई प्रबंध नहीं किया गया। जनरल डायर हँसते हुए चलता बना और हुक्म जारी किया कि आठ बजे रात के बाद जो भी घर के बाहर देखा जायेगा, उसे गोली मार दी जायेगी। पंजाब के गवर्नर ने डायर की इस अमानुषिक कार्यवाही की, तार द्वारा प्रशंसा की और सूचित किया, "तुम्हारी कार्यवाही ठीक है, गवर्नर इसको स्वीकार करता है।"[1]

इस घटना का बड़ा अच्छा चित्र गिरिधारी लाल ने हंटर कमीशन के समक्ष बयान देते हुए कहा, "मैंने सैकड़ों व्यक्तियों को वहीं मरे देखा। सबसे खराब बात यह थी कि गोली उस दरवाजे की तरफ चलाई जा रही थी, जिससे

1. "Your action correct, governor approves."

होकर लोग भाग रहे थे। बहुत-से लोग भागते हुए भीड़ में पैरों तले कुचलकर मर गए। खून की धारा बह रही थी। अधिकारियों ने मृतकों और घायलों की देखभाल के लिए कोई प्रबंध नहीं किया था। मृतकों में बड़ी उम्र के आदमी और छोटे लड़के भी थे। कुछ की आँखों पर भी गोलियाँ लगी थीं और धड़, बाँह या टाँगें भी छितरा गई थीं। मेरा अनुमान है कि उस समय वहाँ एक हजार से ज्यादा मृतक और आहत व्यक्ति थे।"

9. सैनिक शासन (Martial Law)–दूसरे दिन सरकार ने अमृतसर में फौजी शासन लागू कर दिया। 15 अप्रैल को पंजाब के पाँच जिलों लाहौर, कसूर, गुजरांवाला, शेखपुरा और वजीराबाद में भी सैनिक शासन की घोषणा कर दी गई। जनता के साथ बड़ी निर्ममता और कठोरता से व्यवहार किया गया। लोगों को तरह-तरह के दंड दिए गए। उनकी सम्पत्ति को जब्त कर लिया गया, उन्हें कोड़ों से पीटा गया और पेट के बल रेंगने के लिए मजबूर किया गया। अमृतसर में पानी और बिजली की आपूर्ति बंद कर दी गयी। रेलवे के तीसरे दर्जे की टिकट की बिक्री बंद कर दी गयी। "यह आदेश जारी कर दिया गया कि जब कोई हिन्दुस्तानी अंग्रेज-अफसर से मिले, तो वह उसकों सलाम करे, अगर वह सवारी में जा रहा हो या घोड़े पर सवार हो, तो उतर जाये, अगर छाता लगाये हुए हो, तो नीचे झुका ले, यह आदेश इसलिए दिया गया था ताकि लोगों को मालूम हो जाए कि उसके नए मालिक आये हैं।"

10. हंटर समिति 1919 (Hunter Committee)–जालियांवाला बाग हत्या कांड से संपूर्ण भारत में आवाज उठने लगी। रवींद्रनाथ टैगोर ने अपनी सर की उपाधि लौटा दी। सर शंकर नायर ने वायसराय की कार्यकारिणी परिषद से अपना त्याग-पत्र दे दिया। चारों तरफ से अमृतसर की घटना की जाँच की मांग की गयी। ब्रिटिश सरकार को लाचार होकर अमृतसर की हत्या की जाँच के लिए, अक्टूबर 1919 में लॉर्ड हंटर की अध्यक्षता में एक समिति बनाई गई। इसमें दो भारतीय-सर चिमनलाल सितलवाद और पंडित जगत नारायण तथा तीन अंग्रेज सदस्य थे। हंटर समिति ने अपना प्रतिवेदन मार्च, 1920 में दिया और मई, 1920 में इस पर भारत सचिव के आदेश जारी हुए। हंटर समिति का प्रतिवेदन निष्पक्ष नहीं था। उसने अधिकारियों के नृशंस कार्यों पर पर्दा डालने का प्रयास किया। सत्याग्रहियों को दोषी ठहराया गया। जनरल डायर के कार्य को उचित ठहराया गया। लेकिन, हंटर समिति ने इतना स्वीकार किया कि डायर ने अनुचित साधनों को प्रयोग किया था तथा अधिकारियों ने जनता के साथ अमानुषिक व्यवहार किया था।

कांग्रेस द्वारा जाँच (Investigation by the Congress)

पंजाब की घटनाओं की जाँच के लिए कांग्रेस ने भी एक समिति का गठन किया। इसके अध्यक्ष महात्मा गांधी और सदस्य चितरंजन दास, मोतीलाल नेहरू, अब्बास तैयबजी तथा डॉक्टर जयकर थे। समिति ने अपने प्रतिवेदन में अधिकारियों के अमानुषिक कार्यों की घोर निंदा की, महात्मा गांधी ने अपनी आत्मकथा में लिखा है, "यह प्रतिवेदन पाठक को यह समझाने में सहायक होगा कि ब्रिटिश सरकार कितनी कठोर कार्रवाई कर सकती है और अपनी शक्ति स्थिर रखने के लिए वह कितने अमानवीय तथा बर्बरतापूर्ण अत्याचार कर सकती है।"

परिणाम (Result)–पंजाब की घटनाओं की जाँच-पड़ताल का कोई विशेष परिणाम नहीं निकला। पंजाब के गवर्नर सर माइकल ओडवायर को निरपराध घोषित किया गया। जनरल डायर को केवल इतना दंड दिया गया कि उसे नौकरी से निकाल दिया। भारत के वायसराय के कार्यों की प्रशंसा की गयी। लॉर्ड सभा में ब्रिटिश साम्राज्य को शेर और सम्मान की तलवार से विभूषित किया गया तथा उसे दो हजार पौंड भेंट किए गए। इससे भारतीयों के हृदय में अंग्रेजों के प्रति घृणा उत्पन्न हो गयी और महात्मा गांधी को काफी दुःख हुआ। जिसके कारण वे ब्रिटिश सरकार के असहयोगी बन गए।

खिलाफत आंदोलन (Khilafat Movement)–प्रथम विश्वयुद्ध में तुर्की ने जर्मनी का साथ देकर मित्र राष्ट्रों के विरुद्ध लड़ा था। युद्ध के समय अंग्रेजों ने भारतीय मुसलमानों से सहयोग लेने के लिए यह आश्वासन दिया था कि युद्ध की समाप्ति के बाद इंग्लैंड, तुर्की से कोई बदला नहीं लेगा और उसके साम्राज्य को छिन्न-भिन्न नहीं करेगा। लेकिन, अंग्रेज ने, अपने वचन से हटकर, **सेवर्स-संधि** द्वारा तुर्की साम्राज्य को छिन्न-भिन्न कर दिया। उसके कुछ प्रदेशों को स्वतंत्र राज्य बना दिया और कुछ को इंग्लैंड तथा फ्रांस के अधीन कर दिया। खलीफा को राज्य सिंहासन से उतार कर, उसे कैदी जीवन व्यतीत करने को विवश कर दिया। इससे भारतीय मुसलमान काफी क्षुब्ध हुए और अंग्रेजों के विरुद्ध लड़ने को तैयार हो गए। जिससे यह मांग की गयी, "तुर्की साम्राज्य को अक्षुण्ण रखा जाए और खिलाफत का ऐकिक एवं आध्यात्मिक संस्था के रूप में अविच्छिन्न अस्तित्व बना रहे।" मुस्लिम लीग तथा मुल्ला और उलेमाँ, जैसे मुस्लिम संप्रदायों ने खिलाफत आंदोलन में भाग लिया।

गांधी और खिलाफत आंदोलन–गांधी ने, हिंदू–मुस्लिम एकता स्थापित करने का एक सुनहरा अवसर समझा। उन्होंने खिलाफत आंदोलन के समर्थन में, 24 नवम्बर, 1919 को, अपनी अध्यक्षता में **अखिल भारतीय सम्मेलन** का आयोजन, दिल्ली में किया। उन्होंने हिंदुओं से अपील की कि वह खिलाफत आंदोलन में मुसलमानों का साथ दे। एक पारित प्रस्ताव में कहा गया, "यदि सरकार खिलाफत जैसे प्रश्न पर धोखा देती है, तो हम उससे असहयोग करने को बाध्य हैं।" इस खिलाफत आंदोलन को सफल बनाने के लिए गांधी ने पूरे देश का दौरा किया।

गांधी के परामर्श पर 19 जनवरी, 1920 को, डॉक्टर अंसारी के नेतृत्व में एक शिष्टमंडल वायसराय से मिला और मुसलमानों के दृष्टिकोण से उसे अवगत कराया। लेकिन, चेम्सफोर्ड ने कोई आश्वासन नहीं दिया। तत्पश्चात, गांधी के परामर्श पर ही, 20 मार्च, 1920 को मौलाना मुहम्मद अली के नेतृत्व में, एक शिष्टमंडल इंग्लैंड भी गया। लेकिन, इसे खाली हाथ लौटना पड़ा। फलत:, मुहम्मद अली अपने साथियों के साथ कांग्रेस में सम्मिलित हो गए। खिलाफत समिति ने आंदोलन को चालू रखने का निश्चय किया और आगे चलकर यह खिलाफत आंदोलन गांधी के असहयोग आंदोलन में मिल गया।

निष्कर्ष–इस प्रकार, उपर्युक्त कारणों से विवश होकर, गांधी असहयोगी बन गए। 1922 में गांधी ने, **ब्रूमफील्ड** के न्यायालय में असहयोगी बनने के कारणों पर उल्लेख किया था।

"मुझे, सर्वप्रथम आघात रॉलट ऐक्ट से लगा, जिसका निर्माण जनता की स्वतंत्रता का अपहरण करने के लिए किया गया था। मुझे अपनी अंतरात्मा की ओर से प्रेरणा मिली कि इसके विरुद्ध तीव्र आंदोलन चलाना चाहिए। इसके उपरांत मेरे सामने पंजाब के अत्याचार आए, जो जालियांवाला बाग के कत्लेआम के साथ प्रारंभ हुए और पेट के बल चलने के आदेशों, खुलेआम कोढ़े लगाए जाने तथा इसी प्रकार के अन्य अवर्णनीय अपमान और तिरस्कार के साथ समाप्त हुए। मैंने यह भी अनुभव किया कि ब्रिटिश प्रधानमंत्री द्वारा तुर्की को स्वाधीनता और इस्लाम की धार्मिक संस्थाओं की स्वतंत्रता के संबंध में दिए गए आश्वासन कदाचित कभी पूर्ण नहीं होंगे।"

गांधी ने आगे कहा, "मैंने यह भी अनुभव किया कि इन सुधारों ने न केवल हृदय परिवर्तन किया, बल्कि वे भारत में आर्थिक शोषण और दासता को स्थायी रखने के साधन तथा उपाय भी थे।"

असहयोग आंदोलन का जन्म एवं कार्यक्रम
(Birth and Programmes of Non-Cooperation Movement)

कांग्रेस की नीति में परिवर्तन (Change in the Policy of the Congress)–उपर्युक्त घटनाओं के कारण असहयोग आंदोलन की पृष्ठभूमि तैयार की गयी। तिलक के निधन के बाद, गांधी ने कांग्रेस की बागडोर को सँभाला। उन्होंने कांग्रेस की नीति में क्रांतिकारी परिवर्तन किया और राष्ट्रीय आंदोलन को एक नया मोड़ दिया। उन्होंने परिस्थिति को पहचाना और यह अनुभव किया कि असहयोग आंदोलन चलाने का उपयुक्त समय आ गया है। इसमें हिंदू-मुस्लिम दोनों का सहयोग भी प्राप्त हो जाएगा।

कांग्रेस का विशेष अधिवेशन, कलकत्ता सितम्बर 1920 (Special Session of the Congress, Calcutta)–सितम्बर 1920 में, असहयोग आंदोलन की स्वीकृति हेतु, महात्मा गांधी के प्रयास से अखिल भारतीय कांग्रेस महासमिति का एक विशेष अधिवेशन, कलकता में बुलाया गया। जिसके अध्यक्ष लाला लाजपतराय बने। इस अधिवेशन में गांधी ने एक प्रस्ताव रखा जिसमें कहा गया–

"ब्रिटिश सरकार ने खिलाफत के बारे में दिए गए अपने वचनों का पालन नहीं किया और न केवल पंजाब के निर्दोष लोगों की अत्याचारी अधिकारियों से रक्षा की, बल्कि उनकी बर्बरतापूर्ण कार्यवाहियों को क्षमा भी कर दिया। इसलिए इस कांग्रेस का यह विचार है कि भारत में तब तक कोई संतोष नहीं हो सकता, जब तक कि ये दोनों गलतियाँ ठीक न कर दी जाए, और भविष्य में ऐसी गलतियों की पुनरावृति को रोकने तथा राष्ट्रीय सम्मान को प्रदर्शित करने के लिए सबसे प्रभावशाली तरीका केवल यह है कि स्वराज्य की स्थापना की जाए।"

प्रस्ताव में आगे कहा गया, "भारत के लोगों के पास अब इसके सिवाय और कोई चारा बाकी नहीं रहा कि वे महात्मा गांधी द्वारा बताए हुए प्रगतिशील हिंसात्मक असहयोग आंदोलन को, स्वीकार करें तथा तब तक चलाएं, जब तक ऊपर कही हुई गलतियां ठीक न हो जाएं और स्वराज्य की स्थापना न हो जाए।"

इस प्रकार, पंजाब और खिलाफत की गलतियों को ठीक करवाने तथा स्वराज्य की स्थापना के उद्देश्य से, असहयोग आंदोलन का प्रस्ताव रखा गया था। पंडित मोतीलाल नेहरू, मौलाना शौकत अली और मुहम्मद अली के समर्थन और सहयोग से, यह प्रस्ताव बहुमत से पारित हो गया। लेकिन, देशबंधु चितरंजन दास, पंडित मदनमोहन मालवीय और एनी बेसेंट ने इस प्रस्ताव का

विरोध किया। गांधी और अली बंधुओं ने देश का दौरा कर, असहयोग आंदोलन चलाने का वातावरण तैयार किया।

कांग्रेस का नागपुर अधिवेशन: दिसम्बर 1920: स्वराज्य लक्ष्य (Nagpur Session of the Congress: Aim Swarajya)

दिसम्बर 1920 में, कांग्रेस का नियमित अधिवेशन नागपुर में हुआ। इस अधिवेशन में गांधी के असहयोग आंदोलन के कार्यक्रम को पुनः भारी बहुमत से स्वीकृत किया गया। चितरंजन दास और लाला लाजपतराय ने भी इस प्रस्ताव का समर्थन किया। कांग्रेस के विधान में दो महत्वपूर्ण परिवर्तन लाए गए। पहला, कांग्रेस का लक्ष्य स्वराज्य घोषित किया और दूसरा, वैधानिक साधनों के स्थान पर, अब घोषित किया कि सभी शांतिपूर्ण और उचित साधन लक्ष्य की प्राप्ति हेतु प्रयोग में लाए जा सकते हैं।

इस प्रकार, कांग्रेस के लक्ष्य और साधन दोनों में क्रांतिकारी परिवर्तन लाए गए। नागपुर का यह अधिवेशन भारतीय राष्ट्रीय आंदोलन के इतिहास में एक नए युग का सूत्रपात किया, जो गांधी-युग कहलाया। **पट्टाभि सीतारमैय्या** ने लिखा है, "नागपुर कांग्रेस से वस्तुतः भारत के इतिहास में एक नया युग प्रारंभ होता है, निर्बल क्रोध और प्रार्थनाओं का स्थान उत्तरदायित्व के एक नए भाव तथा आत्म-निर्भरता की एक नवीन भावना ने लिया। भारतीयों ने अनुभव किया कि यदि उन्हें स्वतंत्र होना है, तो इसके लिए उन्हें स्वयं ही प्रयत्न करना होगा।"

असहयोग आंदोलन का कार्यक्रम
(Programmes of the Non-Cooperation Movement)

गांधी के असहयोग आंदोलन के कार्यक्रम को दो भागों में बाँटा जा सकता है, (क) ध्वंसात्मक और (ख) रचनात्मक कार्यक्रम।

(क) असहयोग आंदोलन के ध्वंसात्मक कार्यक्रम (Destructive Programme of the Non-Cooperation Movement)–इसके अंतर्गत निम्नलिखित कार्यक्रम चलाए गए–

(i) अवैतनिक पदों का बहिष्कार।

(ii) सरकारी उपाधियों का त्याग।

(iii) सरकारी कॉलेजों और स्कूलों का बहिष्कार।

(iv) सरकारी उत्सवों और दरबारों का बहिष्कार।

(v) व्यवस्थापिका का बहिष्कार।

(vi) सरकारी करों को न देना।

(vii) विदेशी वस्तुओं का बहिष्कार।

(viii) बैरिस्टरों और वकीलों द्वारा अदालत का बहिष्कार।

(ix) स्थानीय संस्थाओं के मनोनीत सदस्यों का पदत्याग।

(x) सैनिक, क्लर्कों और मजदूरों द्वारा मेसोपोटामिया के लिए अपनी सेवाओं को अर्पित नहीं करना।

(ख) असहयोग आंदोलन के रचनात्मक कार्यक्रम (Constructive Programme of the Non-Cooperation Movement)–इसके रचानात्मक कार्यक्रम निम्नांकित थे–

(i) स्वदेशी वस्तुओं का प्रयोग और प्रचार करना।

(ii) घर-घर में चरखा और सूत कातना।

(iii) शराब का बहिष्कार करना।

(iv) अस्पृश्यता की भावना को हटाना।

(v) हिंदू-मुस्लिम एकता को मजबूत करना।

(vi) राष्ट्रीय स्कूलों की स्थापना करना।

(vii) ग्राम पंचायत की स्थापना करना।

(viii) घरेलू उद्योग पर जोर देना।

असहयोग आंदोलन की प्रगति
(Progress of Non-Cooperation Movement)

उपाधि का परित्याग–असहयोग आंदोलन के प्रस्ताव पारित होने के बाद, महात्मा गांधी ने संपूर्ण भारत का दौरा कर, लोगों को आंदोलन में भाग लेने के लिए प्रोत्साहित किया तथा इसके कार्यक्रमों से अवगत कराया। 1921 में असहयोग आंदोलन चलाया गया। गांधी ने केसरे हिंद की उपाधि का परित्याग किया। सैकड़ों व्यक्तियों ने अपनी उपाधियाँ वापस कर दी।

स्कूल और कॉलेज का बहिष्कार–गांधी के आह्वान पर लाखों छात्रों ने स्कूल और कॉलेजों का बहिष्कार किया।

राष्ट्रीय शिक्षण-संस्थाओं की स्थापना–भारत के विभिन्न हिस्सों में राष्ट्रीय शिक्षण-संस्थाओं की स्थापना की गई, जैसे–गुजरात विद्यापीठ, बिहार विद्यापीठ, बनारस विद्यापीठ, तिलक महाराष्ट्र विद्यापीठ, काशी विद्यापीठ, बंगाल

नेशनल विद्यापीठ, नेशनल मुस्लिम युनिवर्सिटी अलीगढ़, दिल्ली का जामिया मिलिया, नेशनल कॉलेज लाहौर, आदि।

अदालत का बहिष्कार–अनेक वकीलों ने अदालत का बहिष्कार किया और वकालत छोड़कर, असहयोग आंदोलन में कूद पड़े। चितरंजन दास, मोतीलाल नेहरू, जवाहरलाल नेहरू, लाला लाजपतराय, विट्ठल भाई पटेल, वल्लभभाई पटेल, राजेन्द्र प्रसाद और हजारों वकीलों ने वकालत छोड़कर, आंदोलन में सक्रिय भाग लिया।

हिंदू-मुस्लिम एकता–डॉक्टर अंसारी, शोकतअली, मुहम्मद अली और मौलाना अबुलकलाम आजाद ने सारे देश का दौरा कर, हिंदू और मुसलमानों को आंदोलन में भाग लेने के लिए प्रोत्साहित किया। हिदू-मुस्लिम एकता का पहली बार ऐसा सैलाब उमड़ा। जवाहरलाल नेहरू ने कहा, "सर्वत्र हिंदू-मुस्लिम की जय का बोलबाला था।"

विधानमंडल का बहिष्कार–राष्ट्रवादियों ने विधानमंडल का बहिष्कार किया। जनता ने मतदान में भाग नहीं लिया। सरकार के वफादार व्यक्तियों से विधानमंडल भर गया।

स्वदेशी वस्तुओं का प्रयोग–विदेशी वस्तुओं का बहिष्कार किया गया। विदेशी कपड़ों का होलिका दहन किया गया। स्वदेशी वस्तुओं के प्रयोग का आंदोलन चलाया गया। चरखा चलाने की अपील की गई।

तिलक स्वराज्य फंड–आंदोलन के खर्च के लिए एक तिलक स्वराज्य फंड की स्थापना की गई। इसमें करोड़ों रूपये जमा किए गए।

सरकार का दमनचक्र (Repression of the Government)–1921 में, कन्नौट के ड्यूक का कांग्रेस ने भारत-आगमन पर बहिष्कार किया। 17 नवम्बर, 1921 को, **प्रिंस ऑफ वेल्स** भी भारत आए। बम्बई में उस दिन पूर्ण हड़ताल रखी गई। राजकुमार का कहीं भी स्वागत नहीं किया गया। होटल और दुकानें बंद रही। युवराज जहाँ-जहाँ भी गये जीवन-हीन नगरों ने उनका स्वागत किया और विदेशियों को उस दिन विवश होकर व्रत रखना पड़ा, क्योंकि होटल में नौकर हड़ताल पर थे। हड़ताल करने वालों और स्वागत करने वालों के संघर्ष में पुलिस गोली से बावन व्यक्ति मारे गए। आंदोलन का रूप हिंसक होने लगा। गांधी को छोड़कर, अन्य सभी नेताओं–अलीबंधुओं, चितरंजन दास, मोतीलाल नेहरू, लाला लाजपतराय, मौलाना अबुल कलाम आजाद, जवाहरलाल नेहरू, सुभाष चंद्र बोस आदि को जेल में बंद कर दिया गया। लगभग साठ हजार लोग जेल में थे। कांग्रेस और खिलाफत कमिटि को गैर-कानूनी घोषित कर

दिया गया। सरकार और कांग्रेस के बीच कोई समझौता नहीं हो सका। सरकार का दमनचक्र चलता रहा। इससे आंदोलनकारियों के उत्साह में कमी नहीं हुई।

डॉ. राजेन्द्र प्रसाद ने लिखा है, "जब से भारत का ब्रिटेन के साथ संबंध स्थापित हुआ था, इसके इतिहास में जनता का क्षोभ और उत्साह इस सीमा तक, पहले कभी नहीं पहुँचा था।"

सरकार द्वारा चलाए गए दमनचक्र के प्रतिक्रिया स्वरूप, अहमदाबाद अधिवेशन (दिसम्बर 1921) में कांग्रेस ने सविनय अवज्ञा आंदोलन चलाने का निश्चय किया। इसके लिए गांधी को कार्यकारी अधिकारी नियुक्त किया गया। फरवरी 1922 को गांधी ने भारत के वायसराय को एक पत्र लिखा, जिसमें उन्होंने सरकार की कठोर दमनकारी नीति की निंदा की तथा उसे चेतावनी दी कि सात दिनों के अंदर वह अपनी नीति नहीं बदलेगी तो, **कर नहीं दो अभियान**[1] चलाया जाएगा।

चौरी-चौरा कांड आंदोलन का स्थगन

(Chauri-Chaura Incident and Suspension of the Movement)

अभी गांधी के पत्र लिखे सात दिन भी नहीं हुआ कि चौरी–चौरा में एक दुर्घटना हो गयी। उत्तर प्रदेश के गोरखपुर जिले के चौरी–चौरा नामक स्थान पर 5 फरवरी 1922 को, एक उत्तेजित भीड़ ने एक पुलिस चौकी में आग लगा दी, कारण यह था कि पुलिस एक जुलूस को आगे बढ़ने से रोक रही थी। इसमें एक दारोगा और इक्कीस सिपाही जिंदा जल मरे। इस हिंसात्मक घटना के कारण गांधीजी बहुत दु:खी हुए और वारडोली में कांग्रेस कार्य समिति की बैठक में एक प्रस्ताव पारित कर, असहयोग आंदोलन को 12 फरवरी 1922 को स्थगित कर दिया।

असहयोग आंदोलन स्थगन का विरोध–चितरजंन दास, लाला लाजपतराय, अलीबंधु, मोतीलाल नेहरू, राजगोपालाचारी, सुभाष चंद्र बोस, जवाहरलाल नेहरू तथा अन्य नेताओं ने, आंदोलन स्थगन का कड़ा विरोध किया।

लाला लाजपतराय के शब्दों में, "किसी एक स्थान के पाप के कारण समस्त देश को दंड देने के लिए आड़े हाथों लिया।"

मोतीलाल नेहरू ने पूछा, "यदि कन्याकुमारी के निकट कोई ग्राम अहिंसापूर्ण आचरण नहीं कर पाये, तो उसका दंड हिमालय स्थित ग्राम को क्यों दिया जाये।"

1. No tax compaign.

सुभाष चंद्र बोस ने कहा, "ऐसे अवसर पर जबकि जनता का हौसला बहुत ऊँचा था, तब पीछे लौटने का आदेश देना, राष्ट्रीय संकट से कम नहीं था।"

जवाहरलाल नेहरू ने लिखा, "हम सबको बहुत दु:ख हुआ, जब हमने सुना कि हमारी लड़ाई उस समय समाप्त कर दी गई, जबकि हम सफलता की ओर बढ़ रहे थे।"

आंदोलन-स्थगन से हिंदू-मुस्लिम एकता पर भी प्रतिकूल प्रभाव पड़ा। **पोलक** ने लिखा, "इसके (आंदोलन-स्थगन) बाद वे कांग्रेस से खिंचते चले गए और एक बार पुन: उस विश्वास व भाईचारे की प्रतिष्ठा करना असंभव हो गया, जो थोड़े-से काल में इन जातियों के बीच देखी गई थी।"

गांधी की गिरफ्तारी–आंदोलन-स्थगन से गांधी की लोकप्रियता में कमी आई। उनकी तीव्र आलोचना की गई। 24 फरवरी 1922 को दिल्ली में जो कांग्रेस विषय समिति की बैठक हुई, उसमें डॉ. मुँछे और जे.एम. सेनगुप्त ने गांधी के विरुद्ध अविश्वास का प्रस्ताव भी पेश किया। 10 मार्च 1922 को, गांधी को गिरफ्तार कर लिया गया और 18 मार्च को अहमदाबाद के सेशन जज की अदालत में मुकदमा चलाया गया। जिसमें उनको छह वर्ष का कारावास दिया गया, लेकिन बीमारी के कारण छह वर्ष पूर्व ही 5 फरवरी 1924 को, उन्हें जेल से छोड़ दिया गया।

असहयोग आंदोलन की असफलता के कारण
(Causes of the Failure of the Non-Cooperation Movement)

विद्वानों का मत है कि निम्नलिखित त्रुटियों के कारण गांधी का असहयोग आंदोलन असफल रहा।

1. अहिंसा का मार्ग कठिन (Non-violent Path Difficult)–अहिंसा के मार्ग पर चलना कठिन है। भारतीय जनता इसकी आदी नहीं थी। अतएव असहयोग आंदोलन में चौरी-चौरा में लोगों ने हिंसा का मार्ग अपना लिया, जिसके कारण गांधी ने आंदोलन को स्थगित कर दिया।

2. बुरा मनोवैज्ञानिक प्रभाव (Bad Psychological Effect)–असहयोग आंदोलन से लोगों में आशाएँ बंधी थी कि स्वराज्य मिलेगा। उन लोगों में नया उत्साह और राजनीतिक चेतना का आविर्भाव हुआ था। लेकिन, आंदोलन के अचानक स्थगन से भारतीयों पर बुरा मनोवैज्ञानिक प्रभाव पड़ा। सुभाषचंद्र बोस

ने कहा, "एक वर्ष में स्वराज्य प्राप्त करने का वचन न केवल अविवेकपूर्ण, बल्कि बालक सदृश्य था।"

3. राजनीति में धर्म का प्रवेश (Entry of Religion in Politics)–गांधी ने हिंदू-मुस्लिम एकता को मजबूत करने के लिए, खिलाफत आंदोलन को असहयोग आंदोलन में मिला दिया, जो उनकी भारी भूल थी। उन्होंने राजनीति में धर्म को मिलाया। तुर्की की समस्या से भारत का कोई संबंध नहीं था। **मजुमदार** ने कहा, "हिंदू-मुस्लिम एकता के लिए चुना गया आधार बहुत कमजोर था।"

बेग के अनुसार, "कांग्रेस-खिलाफत गठबंधन केवल सुविधा पर आधारित था। **सावरकर** का भी कहना था, "खिलाफत आंदोलन के साथ समन्वय कांग्रेस की बड़ी भारी भूल थी। तिलक की चेतावनी के बावजूद, गांधी ने मुसलमानों को खुश करने के लिए, एक सांप्रदायिक, धार्मिक, अतिरिक्त भूभागीय प्रश्न पर कांग्रेस की स्वीकृति प्राप्त कर ली।"

4. हंसराज रहवर (Hansraj Rahwar)–हंसराज रहवर का कथन है कि खिलाफत आंदोलन कट्टर धार्मिक और प्रतिक्रियावादी आंदोलन था। हमारे राष्ट्रीय आंदोलन से मेल बिठाना गांधी का निरा अवसरवाद था।

5. अविवेकपूर्ण कदम (Unwise Step)–कुछ आलोचकों का कथन है कि आंदोलन का अचानक स्थगन अविवेकपूर्ण कदम था। इसकी सफलता पर वैधानिक सुधार निर्भर था। **वी.पी. मेनन** ने लिखा है, "यदि गांधीजी द्वारा असहयोग आंदोलन, उस समय समाप्त नहीं किया जाता, जबकि यह शासन के लिए अधिक चिंता का विषय बन रहा था, जो संभवतः सरकार जनमत को संतुष्ट करने के लिए, कोई कार्य करने को बाध्य हो जाती।"

6. कांग्रेस में मैतक्य नहीं (No Unanimity in the Congress)–असहयोग आंदोलन पर कांग्रेस के नेताओं में मैतक्य नहीं था। गांधी ने व्यक्तिगत प्रभाव के कारण आंदोलन का प्रस्ताव पारित करवा लिया। विपिनचंद्र पाल, जिन्ना, एनी बेसेंट और अन्य नेताओं ने इस आंदोलन का विरोध किया और कांग्रेस को छोड़ दिया। आंदोलन का स्थगन उन लोगों के विरोध की सार्थकता को प्रकट करता है।

असहयोग आंदोलन का प्रभाव सफलता
(Effects or Success of Non-Cooperation Movement)

असहयोग आंदोलन की जो भी आलोचना की जाए, लेकिन उसकी महत्ता, सफलता और प्रभाव को नकारा नहीं जा सकता है।

1. ब्रिटिश साम्राज्य पर कुठाराघात (Attack on the British Empire)–गांधी ने असहयोग आंदोलन चलाकर ब्रिटिश साम्राज्य की नींव को हिला दिया। उन्होंने अंग्रेजों की न्यायप्रियता, सच्चाई और ईमानदारी को मिट्टी में मिला दिया। भारतीय यह अनुभव करने लगे कि संघर्ष के द्वारा ही स्वराज्य की प्राप्ति की जा सकती है।

2. जन-आंदोलन (People's Movement)–भारतीय राष्ट्रीय आंदोलन के इतिहास में पहली बार भिक्षावृत्ति के स्थान पर प्रत्यक्ष कार्यवाही करके, जनता में एक नयी जागृति उत्पन्न की गयी और आंदोलन को घर-घर तक पहुँचाकर, इसे जनादोलन का रूप दिया गया। **कूपलैंड** ने लिखा है, "गांधी ने वह कार्य किया, जो तिलक से नहीं हुआ। उन्होंने राष्ट्रीय आंदोलन को एक क्रांतिकारी आंदोलन के रूप में परिवर्तित कर दिया।"

3. सरकार भयभीत (Government Fearful)–असहयोग आंदोलन का रूप इतना व्यापक और उग्र था कि ब्रिटिश सरकार इसके कुप्रभावों से भयभीत होने लगी। तत्कालीन वायसराय ने भारत मंत्री को लिखा भी था, "शहरों में आम जनता पर आंदोलन का गहरा प्रभाव पड़ रहा है। ऐसा संकट पहले कभी नहीं देखा गया था। इस बात को छिपाया नहीं जा सकता कि संभावनाएँ खतरनाक है।"

4. निडरता (Fearlessness)–इस आंदोलन से भारतीयों में निडरता की भावना का संचार हुआ। अब वे अंग्रेजों का विरोध करने और जेल जाने से नहीं घबराने लगे। सभाओं और प्रदर्शनों का आयोजन किया जाने लगा। जनता की हीन भावना समाप्त हो गयी। **जवाहरलाल नेहरू** ने कहा, "आंदोलन के साथ हीनता और उलझन की पुरानी भावना समाप्त हो गयी।"

5. राष्ट्रीयता और एकता (Nationality and Unity)–असहयोग आंदोलन ने लोगों में राष्ट्रीयता और देशप्रेम की भावना का संचार कर, संपूर्ण भारत में एकता स्थापित कर दी। स्वराज्य के नाम पर भारत एक हो गया। हिंदू-मुस्लिम एकता का अपूर्व दृश्य सामने आया। इससे ब्रिटिश सरकार में घबराहट पैदा हो गई। देश के युवकों को अपने प्राणों की आहुति के लिए प्रेरणा मिली।

6. कांग्रेस की नीति में परिवर्तन (Change in the Policy of the Congress)–गांधी ने असहयोग आंदोलन चलाकर कांग्रेस की नीति में क्रांतिकारी परिवर्तन किया। भिक्षावृति और वैधानिक साधनों के स्थान पर सत्याग्रह, सविनय अवज्ञा आंदोलन और असहयोग आंदोलन को चलाया गया, जिससे ब्रिटिश साम्राज्य चकनाचूर होने लगा। शासन सुधार के स्थान पर स्वराज्य लक्ष्य घोषित

किया गया, जो कांग्रेस के इतिहास में क्रांतिकारी परिवर्तन था। इससे कांग्रेस के एक नये युग का सूत्रपात हुआ, जो गांधी युग कहलाया।

7. स्वदेशी वस्तुओं का प्रयोग (Uses of Home Made Goods)–असहयोग आंदोलन से लोगों में स्वदेशी वस्तुओं के प्रयोग की रूचि बढ़ी। लोग चरखा चलाने लगे और खादी का जमकर प्रचार हुआ। विदेशी वस्तुओं का बहिष्कार किया गया। विदेशी कपड़ों का होलिका दहन हुआ। इससे ब्रिटिश वस्तुओं की बिक्री पर जबरदस्त धक्का लगा और उसकी आर्थिक नीति चरमराने लगी।

8. रचनात्मक कार्य (Constructive Works)–आंदोलन के द्वारा देश में सुधारों और रचनात्मक कार्यों की ओर ध्यान दिया जाने लगा। मध्य-निषेध, जातिप्रथा उन्मूलन, छुआछूत निवारण आदि के विरोध में आंदोलन जारी किया गया। राष्ट्रीय स्कूल और कॉलेजों की स्थापना की गई। हिंदी का व्यापक प्रचार किया जाने लगा। शराब और ताड़ी की दुकानों पर धरना दिया गया। इससे लोगों में सामाजिक सुधार की भावना का संचार हुआ।

9. स्वराज्य की कामना (Desire for Swarajya)–असहयोग आंदोलन ने जनता को स्वराज्य के मार्ग के समीप लाकर खड़ा कर दिया। भारत के शहरों, ग्रामों और कस्बों में आंदोलन की आग की लपट फैली। इससे भारतीयों में नया जोश उत्पन्न हुआ और स्वराज्य प्राप्त करने के लिए मर मिटने को तैयार हो गए। स्कूल, कॉलेज और अदालत के बहिष्कार से अंग्रेजी शासन हिल गई। भारत के घर-घर में स्वराज्य का संदेश पहुँच गया। पुरुष-स्त्री, युवक और बच्चे सभी स्वराज्य प्राप्ति के लिए बेचैन हो उठे। भारतीय राजनीति में गरमाहट आ गई।

निष्कर्ष–उपर्युक्त तथ्यों से यह स्पष्ट है कि असहयोग आंदोलन ने स्वतंत्रता के मार्ग को प्रशस्त किया और राष्ट्रीय आंदोलन के इतिहास में एक महत्वपूर्ण स्थान प्राप्त किया। इसकी सफलता और महत्ता पर विद्वानों का मत उल्लेखनीय है। **सुभाष चंद्र बोस** ने लिखा है, "1921 के वर्ष ने निस्संदेह एक सुव्यवस्थित दलीय संगठन प्रदान किया। इससे पूर्व कांग्रेस एक वैधानिक संगठन और बात करने वाली संस्था थी। महात्मा जी ने इसे नया विधान दिया और देशव्यापी बनाया।"

जवाहरलाल नेहरू के अनुसार, "गांधी के असहयोग आंदोलन ने आत्म-निर्भरता एवं अपनी शक्ति संचित करने का पाठ पढ़ाया। असहयोग के

कार्यक्रम और गांधी की असाधारण प्रतिभा ने देशवासियों को अपनी ओर आकर्षित किया तथा उनमें आशा का संचार किया।"

ग्रिफिथ ने लिखा है, "भारतीय राष्ट्रीयता एक वास्तविकता बन गयी तथा भारतीय राष्ट्रवाद प्रत्येक भारतीय की भावना में व्याप्त होकर सामूहिक रूप से प्रकट होने लगा।"

इस प्रकार, लॉर्ड चेम्सफोर्ड का यह कथन कि असहयोग आंदोलन सबसे मूर्खतापूर्ण योजना थी, बिल्कुल गलत साबित हुई। वस्तुत:, गांधी द्वारा आंदोलन स्थगन का कदम भी सही था, क्योंकि अगर ऐसा कदम नहीं लिया जाता, तो संपूर्ण भारत जालियांवाला बाग घटना में परिवर्तित हो जाता। इसमें महात्मा गांधी की दूरदर्शिता सराहनीय और प्रशंसनीय है। असहयोग आंदोलन भारतीय स्वतंत्रता के इतिहास में पहली ईंट साबित हुई।

प्रश्न
(Questions)

1. भारतीय राष्ट्रीय आंदोलन में गांधीवादी चरण की विवेचना कीजिए।
   Discuss the Gandhian Phase of the Indian National Movement.
2. 1920 में महात्मा गांधी द्वारा छेड़े गए असहयोग आंदोलन पर एक आलोचनात्मक टिप्पणी लिखिए।
   Write a critical note on the Non-Cooperation Movement launched in 1920 by Mahatma Gandhi.
3. भारतीय राष्ट्रीय आंदोलन में गांधी युग के महत्व की विवेचना कीजिए।
   Discuss the significance of Gandhian Era in the Indian National Movement.
4. भारतीय राजनीति में प्रवेश पाने पर महात्मा गांधी के प्रारंभिक कार्यकलापों का वर्णन करें।
   Describe the early activities of Mahatma Gandhi after the entrance in the Indian Politics.
5. असहयोग आंदोलन के कारणों की विवेचना कीजिए।
   Discuss the causes of the Non-Cooperation Movement.

6. 1920 में महात्मा गांधी ने किन परिस्थितियों से बाध्य होकर असहयोग आंदोलन चलाया?
   Which circumstances did compell Mahatma Gandhi in 1920 to launch the Non-Co-Operation movement?
7. असहयोग आंदोलन के जन्म एवं कार्यक्रमों की समीक्षा करें।
   Examine the birth and programmes of the Non-Co-operation movement.
8. असहयोग आंदोलन से आप क्या समझते हैं? इसकी प्रगति का सविस्तार वर्णन कीजिए।
   What do you mean by Non-Cooperation movement? Describe its progress in details.
9. असहयोग आंदोलन क्या है? यह क्यों असफल हुआ?
   What is Non-Cooperation Movement? Why did it fail?
10. असहयोग आंदोलन क्या है? इसके प्रभावों या सफलता की समीक्षा करें।
    What is Non-Cooperation movement? Examine its effects or success.

वस्तुनिष्ठ प्रश्न
(Objective Questions)

1. किस शहर में ऐतिहासिक जालियांवाला बाग अवस्थित है?
   (क) अमृतसर (ख) जालंधर
   (ग) अहमदनगर (घ) अटारी
2. भारतीय राष्ट्रीय आंदोलन के इतिहास में 1919 से 1947 की अवधि किस युग से संबंधित है?
   (क) उदारवादी युग (ख) गांधीवादी युग
   (ग) उग्रवादी युग (घ) आतंकवादी युग
3. महात्मा गांधी ने किस वर्ष भारतीय राजनीति में प्रवेश किया?
   (क) 1914 (ख) 1919 (ग) 1915 (घ) 1917
4. महात्मा गांधी की चंपारण यात्रा किस वर्ष हुई?
   (क) 1919 (ख) 1915 (ग) 1916 (घ) 1917
5. गांधी का खेड़ा-सत्याग्रह किस वर्ष हुआ?
   (क) 1918 (ख) 1917 (ग) 1916 (घ) 1919

6. रॉलट ऐक्ट किस वर्ष पारित किया गया?
   (क) 18 मार्च, 1918 (ख) 18 मार्च, 1919
   (ग) 15 मार्च, 1917 (घ) 16 मार्च, 1920
7. रॉलट ऐक्ट के जनक कौन थे?
   (क) मांटेग्यू (ख) चेम्सफोर्ड
   (ग) सरसिडनी रॉलट (घ) जनरल डायर
8. जालियांवाला बाग हत्याकांड किस वर्ष हुआ?
   (क) 1917 (ख) 1918 (ग) 1920 (घ) 1919
9. जालियांवाला बाग हत्याकांड का हत्यारा कौन था?
   (क) जनरल डायर (ख) लॉर्ड कर्जन
   (ग) लॉर्ड मांटेग्यू (घ) लॉर्ड रिपन
10. हंटर समिति की रिपोर्ट किस वर्ष दी गई?
    (क) 1919 (ख) 1920 (ग) 1921 (घ) 1918
11. कांग्रेस का विशेष अधिवेशन कलकत्ता में कब हुआ?
    (क) 1921 (ख) 1919 (ग) 1920 (घ) 1918
12. 1920 में कांग्रेस के कलकत्ता अधिवेशन में कौन-सा प्रस्ताव पारित किया गया?
    (क) सविनय अवज्ञा आंदोलन (ख) खिलाफत आंदोलन
    (ग) सत्याग्रह (घ) असहयोग आंदोलन
13. चौरी-चौरा कांड किस वर्ष हुआ?
    (क) 1922 (ख) 1920 (ग) 1921 (घ) 1919
14. चौरी-चौरा उत्तर प्रदेश के कौन से जिला में अवस्थित है?
    (क) वाराणसी (ख) गोरखपुर
    (ग) लखनऊ (घ) इलाहाबाद
15. चौरी-चौरा किस राज्य में स्थित है?
    (क) बिहार (ख) पंजाब
    (ग) उत्तर प्रदेश (घ) मध्य प्रदेश
16. असहयोग आंदोलन स्थगन की तिथि और वर्ष कौन सी थी?
    (क) 11 फरवरी 1922 (ख) 12 फरवरी 1923
    (ग) 13 फरवरी 1920 (घ) 12 फरवरी 1920

17. गांधी ने खिलाफत आंदोलन का समर्थन क्यों किया?
   (क) गांधी अंग्रेजों के विरुद्ध मुसलमानों का समर्थन चाहते थे।
   (ख) खलीफा हिंदू धर्म के प्रेमी थे।
   (ग) खलीफा भारतीय स्वतंत्रता का समर्थक था।
   (घ) खलीफा ने भारतीय सेनापतियों का युद्ध में समर्थन किया था।

18. 1920 के कांग्रेस के विशेष अधिवेशन, कलकत्ता के अध्यक्ष कौन थे?
   (क) गांधी (ख) लाला लाजपतराय
   (ग) तिलक (घ) मोतीलाल नेहरू

19. किसके शासन काल में गांधी ने असहयोग आंदोलन चलाया?
   (क) लॉर्ड विलिंगडन (ख) लॉर्ड रीडिंग
   (ग) लॉर्ड चेम्सफोर्ड (घ) लॉर्ड वैवेल

20. असहयोग आंदोलन से लाभ हुआ।
   (क) स्वराज्य का आश्वासन
   (ख) स्वराज्य की प्राप्ति
   (ग) शासन की नीतियों में सुधार
   (घ) राष्ट्रीय चेतना का विकास।

21. "खिलाफत, पंजाब की भूलों और अपर्याप्त सुधारों की त्रिवेणी से पानी किनारे से ऊपर बह चला तथा उनके संगम ने राष्ट्रीय आंदोलन की धारा को आकार एवं प्रकृति में बढ़ा दिया।" यह कथन किसका है?
   (क) पट्टाभि सीतारमैय्या (ख) कूपलैंड
   (ग) गुरुमुख निहाल सिंह (घ) नेहरू

22. "मुझे सर्वप्रथम आघात रॉलट ऐक्ट से लगा, जिसका निर्माण जनता की स्वतंत्रता का अपहरण करने के लिए किया गया था। मुझे अपनी अंतरात्मा की ओर से प्रेरणा मिली कि इसके विरुद्ध तीव्र आंदोलन चलाना चाहिए।" यह कथन किसका है?
   (क) तिलक (ख) गांधी
   (ग) लाला लाजपतराय (घ) सुभाषचंद्र बोस

23. "नागपुर कांग्रेस से वस्तुत: भारत के इतिहास में एक नया युग प्रारंभ होता है।" यह कथन किसका है?
   (क) तिलक (ख) लाला लाजपतराय
   (ग) पट्टाभि सीतारमैय्या (घ) कूपलैंड

24. "सर्वत्र हिंदू-मुस्लिम की जय का बोलबाला था।" यह कथन किसका है?

(क) मोतीलाल नेहरू (ख) कूपलैंड

(ग) पट्टाभि सीतारमैय्या (घ) जवाहरलाल नेहरू

25. "हिंदू-मुस्लिम एकता के लिए चुना गया आधार बहुत कमजोर था।" यह कथन किसका है?

(क) मजुमदार (ख) सावरकर

(ग) गांधी (घ) बेग

26. "भारतीय राष्ट्रीयता एक वास्तविकता बन गयी तथा भारतीय राष्ट्रवाद, प्रत्येक भारतीय भावना में व्याप्त होकर सामूहिक रूप से प्रकट होने लगा।" यह कथन किसका है?

(क) गांधी (ख) ग्रिफिथ

(ग) तिलक (घ) नेहरू

उत्तर

(Answers)

1. (क) 2. (ख) 3. (ग) 4. (घ) 5. (क) 6. (ख) 7. (ग) 8. (घ) 9. (क) 10. (ख) 11. (ग) 12. (घ) 13. (क) 14. (ख) 15. (ग) 16. (घ) 17. (क) 18. (ख) 19. (ग) 20. (घ) 21. (क) 22. (ख) 23. (ग) 24. (घ) 25. (क) 26. (ख)

8

स्वराज दल (1 जनवरी, 1923)
(Swaraj Party)

पृष्ठभूमि (Background)–असहयोग आंदोलन के स्थगन और 1922 में गांधी की गिरफ्तारी से, राष्ट्रीय आंदोलन में शिथिलता आ गई। राष्ट्र के सामने कोई निश्चित राजनीतिक कार्यक्रम नहीं था। असहयोग आंदोलन के असफल हो जाने से नेताओं और जनता का उत्साह निराशा में बदल गया। कांग्रेस में दो विचारधाराएँ उत्पन्न हुई। चितरंजन दास, मोतीलाल नेहरू और एन.सी. केलकर, कांग्रेस की नीतियों में परिवर्तन कर कौंसिल में प्रवेश करना चाहते थे। अतएव, उन लोगों को परिवर्तनवादी कहा गया। इसके विपरीत, डॉ. राजेन्द्र प्रसाद, राजगोपालाचारी और सरदार वल्लभभाई पटेल एवं अन्य नेता, कांग्रेस की नीतियों में कोई परिवर्तन नहीं चाहते थे। वे गांधी के पक्के अनुयायी थे। इसलिए उन लोगों को अपरिवर्तनवादी की संज्ञा दी गई।

सविनय अवज्ञा समिति (Civil Disobedience Committee)–चितरंजन दास, असहयोग आंदोलन में भाग लेने के कारण जेल में थे और उन्होंने वहीं स्वराज दल बनाने की योजना तैयार कर ली थी। जुलाई 1922 में, उन्होंने जेल से छूटने के बाद, स्वराज दल के निर्माण हेतु संपूर्ण देश का दौरा किया। लेकिन, कांग्रेस ने इसी बीच एक सविनय अवज्ञा समिति की नियुक्ति की। इस समिति के सदस्य–मोतीलाल नेहरू, हकीम अजमत खाँ और विट्ठलभाई पटेल ने सुझाव दिया कि असहयोग आंदोलन असफल हो गया है, इसलिए कांग्रेस की नीतियों और कार्यक्रमों में परिवर्तन होना चाहिए। समिति ने भविष्य में कांग्रेस के कार्यक्रम में, निम्नलिखित कार्यक्रमों को सम्मिलित करने की सिफारिश की–

1. पंजाब और खिलाफत संबंधी भूलों को दूर करने के लिए कांग्रेस को निर्वाचनों में भाग लेना चाहिए।

2. कौंसिल में बहुमत प्राप्त करने पर, कांग्रेस वहाँ सरकार की समस्त नीतियों और कार्यवाहियों का खुलकर विरोध करे। कांग्रेस स्वराज्य की मांग से संबंधित प्रस्ताव प्रस्तुत करे।
3. यदि कौंसिलों में कांग्रेस को बहुमत न मिले, तो वह इसकी कार्यवाही में भाग न ले।

लेकिन, समिति के तीन सदस्यों–राजगोपालाचारी, डॉ. अंसारी और कस्तूरी रंगा अय्यर ने, कौंसिल प्रवेश के प्रस्ताव का विरोध किया। ये सभी गांधी के पक्के अनुयायी थे। इन लोगों को अपरिवर्तनवादी कहा जाने लगा।

स्वराज दल की स्थापना (1 जनवरी, 1923)
(Foundation of Swaraj Party)

स्वराज दल निर्माण के कारण (Causes of Formation of Swaraj Party)–स्वराज दल के निर्माण में निम्नलिखित कारणों का हाथ रहा था।

1. राष्ट्रीय आंदोलन निष्प्राण–असहयोग आंदोलन के स्थगन और गांधी के जेल जाने से, राष्ट्रीय आंदोलन गतिहीन और निष्प्राण हो चुका था। स्वराज्य प्राप्ति के लिए केवल रचनात्मक कार्यक्रम ही पर्याप्त नहीं थे।

2. हिंदू-मुस्लिम एकता का अंत–असहयोग आंदोलन के स्थगन के बाद बड़े पैमाने पर हिंदू-मुस्लिम दंगे हुए। इससे हिंदू-मुस्लिम एकता पर आघात हुआ और दोनों की एकता का अंत हो गया। 1925 में मौलाना मुहम्मद अली ने सांप्रदायिकता की नीति को अपना लिया।

3. नौकरशाही का अत्याचार–ब्रिटिश प्रधानमंत्री लॉयड जार्ज, भारतीय सिविल सर्विस के प्रशंसक थे, जिसके कारण नौकरशाही जनता पर अत्याचार कर रही थी। अतएव, यह सोचा गया कि कौंसिल प्रवेश ही स्वराज्य पाने का सुरक्षित मार्ग है।

4. कांग्रेस की नीति से सहमत नहीं–चितरंजन दास, मोतीलाल नेहरू और एन.सी. केलकर सीधी कार्यवाही के स्थान पर संसदवाद पर जोर देने लगे कि कौंसिल प्रवेश और निर्वाचन में भाग लेना चाहिए।

5. अवसरवादियों पर रोक–उदारवादी, अवसरवादी और सरकारी चाटुकारों को विधान मंडल में जाने से रोकने के लिए भी, स्वराज दल का निर्माण आवश्यक समझा गया।

6. नया कार्यक्रम–असहयोग आंदोलन के स्थगन से कांग्रेस की छवि खराब हो गयी थी। लोगों में उत्साह लाने के लिए नेताओं ने, नए कार्यक्रमों को लागू करना उचित समझा।

7. अड़ंगा नीति–चितरंजन दास ने कहा कि कौंसिल में जाकर अड़ंगा नीति का अनुसरण कर, सरकार की निरंकुशता पर प्रतिबंध लगाया जाएगा।

8. स्वशासन का पूर्वाभ्यास–नेताओं ने कहा कि कौंसिल में जाने से स्वशासन का पूर्वाभ्यास करने का अवसर मिलेगा और लोक-कल्याणकारी योजनाओं को लागू किया जाएगा।

स्वराज दल का जन्मः इलाहाबाद (1 जनवरी 1923)
(Birth of Swaraj Party: Allahabad)

कांग्रेस अधिवेशन गयाः दिसंबर 1922–उपर्युक्त कारणों के कारण तथा 1922 में, कांग्रेस के कलकत्ता अधिवेशन में कौंसिल में प्रवेश को लेकर नेताओं में भीषण वाक-युद्ध चला। कांग्रेस दो गुटों में विभाजित होने की स्थिति में आ गई। दिसंबर 1922 में कांग्रेस का अधिवेशन गया में हुआ, जिसके सभापति चितरंजन दास थे। उन्होंने अध्यक्षीय भाषण में कौंसिल प्रवेश पर तर्क देते हुए कहा, "हम शेर को उसकी मांद में जाकर पराजित करेंगे। खर्चे की स्वीकृति नहीं देंगे, निंदा का प्रस्ताव पारित करेंगे और सरकारी यंत्र चलना असंभव कर देंगे।"

अपरिवर्तनवादियों ने इस भाषण का जमकर विरोध हुआ। परिणामतः, चितरंजन दास ने सभापति पद और मोतीलाल नेहरू ने महामंत्री पद से त्यागपत्र दे दिया। इसके बाद इलाहाबाद आकर देशबंधु चितरंजन दास और मोतीलाल नेहरू ने, 1 जनवरी, 1923 को स्वराज दल की स्थापना की।

पहला अधिवेशन इलाहाबाद मार्च 1923–स्वराज दल का पहला अधिवेशन इलाहाबाद में मार्च 1923 में बुलाया गया। इसमें स्वराज दल के संविधान और अभियान योजना को स्वीकृति दी गई। चितरंजन दास ने इसकी नीतियों और कार्यक्रमों के प्रचार हेतु देश का तूफानी दौरा किया। उन्होंने अपने भाषणों में कहा, "क्या मैं विद्रोही हूँ? हाँ, मैं कांग्रेस का अन्य किसी संस्था के विरुद्ध विद्रोह अवश्य करूँगा, यदि मुझे मालूम हो जाए कि स्वराज्य प्राप्ति के लिए ऐसा करना आवश्यक है। मैं स्वराज्य चाहता हूँ। मैं स्वतंत्रता चाहता हूँ। मैं संघर्ष करने को तैयार हूँ। मैं अपने जीवन में कभी भी कायर नहीं रहा

हूँ। मैं अपना जीवन बलिदान करने को तैयार हूँ। आज से मेरी परीक्षा लो, मैं सिद्ध करूँगा कि आपके स्तर तक पहुँच गया हूँ या नहीं।"

उन्होंने आगे कहा, "मैं विश्वास दिलाता हूँ कि कांग्रेस से भी पवित्र एक और वस्तु है, और वह भारतीयों की स्वतंत्रता।"

समझौते का प्रयासः कांग्रेस का विशेष अधिवेशन दिल्लीः सितंबर 1923: मौलाना अबुल कलाम आजाद अध्यक्ष—स्वराज दल के निर्माण के बाद कांग्रेस में फूट और वैमनस्य की भावना का जन्म हुआ। परिवर्तनवादियों और स्वराज्यवादियों का मतभेद गहराने लगा। इस मतभेद को दूर करने के लिए सितंबर, 1923 में मौलाना अबुल कलाम आजाद की अध्यक्षता में, कांग्रेस का एक विशेष अधिवेशन दिल्ली में बुलाया गया। इसमें दोनों दलों में एक समझौता हुआ और एक प्रस्ताव पारित किया गया—"कांग्रेस के सदस्य, जिन्हें कौंसिल में प्रवेश करने के विरुद्ध, किसी प्रकार की धार्मिक और नैतिक आपत्ति न हो, आगामी निर्वाचन में उम्मीदवार के रूप में खड़े हो सकते हैं और अपने मत देने के अधिकार का प्रयोग कर सकते हैं।" इस प्रकार, कांग्रेस के सदस्यों को नवंबर 1923 में, कौंसिल के निर्वाचन में भाग लेने की अनुमति दी गई। उसी वर्ष कोकंडा कांग्रेस अधिवेशन में कौंसिल प्रवेश संबंधी प्रस्ताव का समर्थन किया गया और कहा गया कि असहयोग आंदोलन कौंसिल के अंदर भी चलाया जा सकता है। स्वराजवादियों ने इस प्रस्ताव का स्वागत किया। अतएव, कांग्रेस ने स्वराजवादियों के कौंसिल प्रवेश को मान लिया और चितरंजन दास ने भी गांधी के रचनात्मक कार्यक्रमों को स्वीकार कर लिया। स्वराज दल कांग्रेस का एक अंग बन गई और कांग्रेस का विभाजन रूक गया।

गांधी का आशीर्वादः कांग्रेस अधिवेशन बेलगाँवः 1924—1924 में गांधी को जेल से मुक्त कर दिया गया। उसी वर्ष उनकी अध्यक्षता में कांग्रेस का अधिवेशन बेलगाँव में हुआ। असहयोग आंदोलन के स्थगन से गांधी की लोकप्रियता में कमी आई और कांग्रेस किसी भी प्रकार के आंदोलन चलाने की स्थिति में नहीं थी। इसलिए गांधी ने, स्वराज दल के उद्देश्य और नीतियों में विश्वास नहीं करते हुए भी, अपनी मौन सहमति तथा आशीर्वाद दिया। उन्होंने स्पष्ट शब्दों में कहा, "हमारे बीच में वास्तविक और मौलिक मतभेद है, फिर भी मैं स्वराजवादियों के मार्ग में अवरोध या उसके विरुद्ध प्रचार में भाग नहीं ले सकता, लेकिन ऐसी योजना को मैं सक्रिय सहायता प्रदान नहीं कर सकता, जिसमें मुझे विश्वास न हो।"

स्वराज दल के उद्देश्य एवं सिद्धांत
(Objects and Principles of Swaraj Party)

उद्देश्यः स्वराज्य की प्राप्ति–स्वराज दल का मुख्य उद्देश्य था, स्वराज्य की प्राप्ति करना। गांधीवादियों का भी यही उद्देश्य था। दोनों के उद्देश्य एक थे, लेकिन साधन में अंतर था। स्वराजवादी कांग्रेस के असहयोग नीति में आस्था नहीं रखते थे। उनको विश्वास था कि कौंसिल में प्रवेश करके ही असहयोग नीति को गतिशील बनाया जा सकता है और स्वराज्य की प्राप्ति की जा सकती है। उनका लक्ष्य था कांग्रेस में प्रवेश कर, सरकार के कार्य में अड़ंगा लगाना और अंदर से नष्ट करना। 1925 में चितरंजन दास ने, बंगाल विधान सभा में भाषण देते हुए स्वराज दल के उद्देश्य और सिद्धांतों पर निम्नरूप से प्रकाश डाला था।

"यह कहा गया है कि हमारा नारा है–नष्ट करो, हम नष्ट करना क्यों चाहते हैं? हम किससे मुक्त होना चाहते हैं? हम उस परिपाटी को नष्ट करना तथा उससे मुक्त होना चाहते हैं, जो हमारे लिए हितकर नहीं है और न हो सकती है। हम उसे इसलिए नष्ट करना चाहते हैं कि हम ऐसी पद्धति का निर्माण करना चाहते हैं, जो सफलतापूर्वक कार्य कर सकें तथा सार्वजनिक हित में सहायता पहुँचाए।"[1]

स्वराज दल के प्रमुख उद्देश्य थे–

1. भारत के लिए स्वराज्य की प्राप्ति।
2. उस परिपाटी का अंत करना, जो ब्रिटिश सत्ता के अधीन भारत में विद्यमान थी।
3. कौंसिल में प्रवेश कर, असहयोग नीति क्रियान्वयन करना।
4. सरकार की नीति का घोर विरोध कर, उसके कार्यों में अड़ंगा लगाना, जिससे उसके कार्य सुचारू रूप से नहीं चल सके तथा सरकार अपनी नीति में परिवर्तन करने को विवश हो।

अड़ंगा नीति (Obstruction Policy)–स्वराजवादी अपने उद्देश्यों को अड़ंगा नीति के द्वारा प्राप्त करना चाहते थे। वे अड़ंगा शब्द का अर्थ इस प्रकार बताते थे–

1. "It has been said that our cry is to destroy, destroy why do we want to destroy? What do we want to get rid of? We want to destroy and get rid of the system which does no good and can do no good. We want to destroy it because we want to construct a system which can be worked with success and will enable us to do good to the masses."—C.R. Das

"हमने अपने कार्यक्रम में अड़ंगा शब्द का जो व्यवहार किया है, वह ब्रिटिश संसद के इतिहास के वैधानिक अर्थ में नहीं। सुधार-कानूनों के अंतर्गत संगठित असेंबली और प्रांतीय कौंसिलों में, जो मातहत तथा सीमित अधिकारों वाली है, में उस दृष्टि में अड़ंगा डालना संभव नहीं है। हमारा तो ध्येय नौकरशाही द्वारा स्वराज्य के मार्ग में डाली गयी रूकावटों का मुकाबला करना है एवं इसी मुकाबले से हमारा तात्पर्य है, जब हम **अड़ंगा** शब्द का प्रयोग करते हैं।"

स्वराज दल के कार्यक्रम
(Programmes of Swaraj Party)

स्वराज दल ने अड़ंगा नीति के पालन हेतु निम्नलिखित कार्यक्रमों को निश्चित किया था-

1. बजट को रद्द करना-स्वराजवादी उस समय तक सरकारी बजट को रद्द करना चाहते थे, जब तक कि सरकार प्रचलित शासन व्यवस्था में कोई परिवर्तन नहीं करती है।

2. दमनकारी कानूनों का विरोध-स्वराजवादी उन सभी कानूनों का विरोध करेगी, जो नौकरशाही को शक्तिशाली बनाए।

3. रचनात्मक कार्य में सहयोग-स्वराजवादी कौंसिल से बाहर रहकर, कांग्रेस द्वारा स्वीकृत रचनात्मक कार्यों के कार्यन्वयन में सहयोग करेंगे।

4. राष्ट्र की शक्ति में वृद्धि करना-उन प्रस्तावों, योजनाओं और विधेयकों को विधान मंडल में प्रस्तुत करना, जिनके द्वारा राष्ट्र की शक्ति में वृद्धि हो तथा नौकरशाही की शक्ति का अंत हो।

5. कौंसिल के पदों पर अधिकार-कार्यक्रम को अधिक प्रभावशाली बनाने के उद्देश्य से उन सभी पदों पर अधिकार करने का प्रयत्न करना, जिन पर कौंसिल के सदस्य अधिकार करने में सफल हो सकते थे।

6. आवश्यकतानुसार पद-त्याग-स्वराजवादियों ने यह भी स्पष्ट किया कि यदि उन्हें यह आभास हुआ कि नौकरशाही को सुधारने में वे असफल रहे, तो वे पदत्याग कर गांधी के नेतृत्व में सत्याग्रह करेंगे।

इस प्रकार, स्वराजवादियों का कार्यक्रम था, विधान मंडल के भीतर और बाहर सरकार का विरोध करना।

स्वराज दल की सफलता एवं उपलब्धियाँ
(Success and Achievements of Swaraj Party)

मॉट-फोर्ड सुधार अधिनियम, 1919 को नष्ट करने के उद्देश्य से, चितरंजन दास और मोतीलाल नेहरू के नेतृत्व में, 1923 के आम चुनाव में भाग लिया। बंगाल और मध्यप्रदेश में दल को पूर्ण बहुमत मिला। केंद्रीय विधान मंडल में 145 स्थानों में से, दल को 45 स्थान प्राप्त हुए। बंबई और उत्तर प्रदेश में भी इसे अच्छी सफलता मिली। पंजाब और मद्रास में जातिवाद एवं सांप्रदायिकता की लहर के कारण इसे कोई विशेष सफलता नहीं मिली।

केंद्रीय विधानसभा (Central Legislative Assembly)–स्वराज दल को केंद्रीय विधानसभा में पैंतालीस स्थान प्राप्त हुए। इसमें पार्टी के नेताओं ने साझा राजनीतिक मोर्चा बनाया, जिसके नेता मोतीलाल नेहरू हुए। 8 फरवरी 1924 में, मोतीलाल नेहरू ने केंद्रीय विधानसभा से एक प्रस्ताव भारी बहुमत से पारित करवाया। प्रस्ताव इस प्रकार था, "यह असेंबली, परिषद सहित गवर्नर जनरल से सिफारिश करती है कि भारत में पूर्ण उत्तरदायी सरकार स्थापित करने की दृष्टि से, 1919 के भारत सरकार अधिनियम में संशोधन करें और इस हेतु निकट भविष्य में भारत के प्रतिनिधियों का एक गोलमेज सम्मेलन बुलाया जाये। यह सम्मेलन अल्पसंख्यक जातियों के हितों को ध्यान में रखते हुए, भारत के लिए नया संविधान बनाए। वर्तमान केंद्रीय विधानसभा को भंग करके नए विधानसभा के समक्ष संविधान को स्वीकृत के लिए रखा जाए तथा फिर ब्रिटिश संसद के समक्ष उसकी स्वीकृति के लिए रखा जाए।"

इस प्रस्ताव के मुख्य तीन बिंदु थे–

(क) भारत में पूर्ण उत्तरदायी सरकार की स्थापना,

(ख) एक गोलमेज सम्मेलन बुलाना, और

(ग) भारत के लिए एक नए संविधान का निर्माण करना।

ब्रिटिश सरकार और भारत सरकार ने स्वराज दल के इस प्रस्ताव को अस्वीकृत कर दिया। अब दल ने सरकार के प्रति अपना दृष्टिकोण कड़ा और असहयोग पूर्ण किया। उसने अड़ंगा नीति का खुलकर प्रयोग किया और 1924-25, 1925-26 तथा 1926-27 के बजटों को स्वीकृत होने से रोक दिया। बजट की स्वीकृति के लिए गवर्नर जनरल ने अपने विशेषधिकारों का प्रयोग किया। दमनकारी अध्यादेश और कानूनों को समाप्त करने के लिए प्रस्ताव पास किए गए। नहीं मानने वाले प्रश्नों पर बहिर्गमन किया गया। सर

तेज बहादूर सप्रू इसे **देशभक्ति का गमनागमन** कहते थे। **चिंतामणि** ने भी लिखा है, "मार्च 1926 से, व्यवस्थापिका सभा समाप्ति के मध्य में यह एक साधारण दृश्य था कि स्वराजवादी व्यवस्थापिका सभा के भीतर जाते थे और तुरंत बाहर चले आते थे। इस कार्य का मर्म वे ही समझते थे।"

आगे चलकर भारत सरकार ने **सर अलेक्जेंडर मुड्डिमान**[1] की अध्यक्षता में एक **सुधार जाँच समिति**[2] की स्थापना की, जिसका उद्देश्य था–मॉट-फोर्ड सुधारों की आलोचनात्मक समीक्षा करना।

प्रांतीय व्यवस्थापिका (Provincial Legislature)–बंगाल के विधानमंडल में स्वराज दल को स्पष्ट बहुमत प्राप्त था। यहाँ चितरंजन दास दल के नेता थे। उन्होंने बंगाल में द्वैध शासन को निष्क्रिय बना दिया। 26 मार्च 1924 को विधानमंडल में दो मंत्रियों के वेतन का प्रस्ताव अस्वीकृत कर दिया। जिसके कारण मंत्रियों को त्यागपत्र देना पड़ा। बंगाल के गवर्नर लॉर्ड लिटन ने चितरंजन दास को मंत्रिमंडल बनाने के लिए आमंत्रित किया, लेकिन उन्होंने असहमति प्रकट कर दी और राष्ट्रवादियों के सहयोग से एक सशक्त विरोधी दल का निर्माण किया। फलतः, गवर्नर को बंगाल में द्वैध शासन को असफल घोषित करना पड़ा। मध्य प्रदेश में भी द्वैध शासन असफल रहा। दूसरे प्रांतों में स्वराज दल को कोई विशेष सफलता नहीं मिली।

स्वराज दल की नीति में परिवर्तन
(Change in the Policy of Swaraj Party)

उत्तरदायित्वपूर्ण सहयोग (Responsive Co-operation)–प्रारंभ में स्वराज दल ने सरकार के साथ असहयोग की नीति अपनाई और उसके कार्यों में अड़ंगे लगाए। इससे कोई विशेष लाभ नहीं हुआ। उसकी नीति में स्वतः परिवर्तन होने लगा। उसने असहयोग के स्थान पर, **उत्तरदायित्व पूर्ण सहयोग** की नीति का अनुसरण करना शुरू किया। **सुभाषचंद्र बोस** ने भी कहा था, "1925 के मध्य से स्वराज दल की मूल अड़ंगा नीति में क्रमिक परिवर्तन होता गया।" चितरंजन दास ने भी यह अनुभव किया कि असहयोग की नीति ठीक नहीं है।

1925 में चितरंजन दास का निधन हो गया। उसके बाद स्वराज दल ने खुलकर सहयोग नीति का अनुसरण किया। सरकार ने इससे लाभ उठाकर स्वराजवादियों को विभिन्न समितियों में स्थान देकर खुश करना शुरू किया। मोतीलाल नेहरू

1. Sir Alexander Muddiman.
2. Reforms Inquiry Committee.

ने **स्क्रीन समिति** की सदस्यता स्वीकार कर ली। इस प्रकार, स्वराज दल की मूलनीति में परिवर्तन हो गया। अड़ंगा और असहयोग नीति के स्थान पर, उत्तरदायित्वपूर्ण सहयोग नीति का पालन किया जाने लगा। जिसके कारण स्वराज दल पतन की ओर जाने लगा और उसका आकर्षण समाप्त होने लगा।

स्वराज दल के पतन के कारण
(Causes of Failure of Swaraj Party)

1926 तक स्वराज दल की शक्ति और लोकप्रियता समाप्त हो चुकी थी। इसके निम्नलिखित कारण थे–

1. **चितरंजन दास का निधन**–1925 में चितरंजन दास का निधन हो गया। स्वराज दल के जनक और बंगाल विधानमंडल के नेता के चले जाने से दल की गति स्वतः समाप्त होने लगी।

2. **नीति परिवर्तन**–प्रारंभ में स्वराज दल ने सरकार के प्रति असहयोग और अड़ंगा की नीति अपनायी थी। केंद्रीय व्यवस्थापिका और प्रांतीय परिषदों में स्वराज दल ने अड़ंगा नीति अपनाकर, द्वैध शासन को निष्क्रिय बना दिया था। लेकिन, 1925 में स्वराज दल की मूलनीति में अचानक परिवर्तन हुआ। अब असहयोग के स्थान पर, सहयोग नीति का अनुसरण किया जाने लगा और सरकार के चमचे उनके तलवे चाटने लगे। इससे स्वराज दल से लोगों का विश्वास उठने लगा और अंततः इसकी लोकप्रियता समाप्त हो गई।

3. **1926 निर्वाचन में पराजय**–1923 में स्वराज दल को बंगाल और मध्य प्रदेश में विशेष सफलता मिली थी। लोगों में इसके प्रति बड़ा आकर्षण और प्रेम था। लेकिन, 1926 के निर्वाचन में स्वराज दल को पराजय का मुँह देखना पड़ा और यह पतन की ओर शीघ्र अग्रसर होने लगा।

4. **हिंदू-मुस्लिम दंगा**–इसी अवधि में भारत के विभिन्न भागों में हिंदू-मुस्लिम दंगे हुए, जिसके कारण स्वराज दल की एकता को आघात पहुँचा। मुस्लिम सदस्य इससे अलग होने लगे और हिंदुओं से घृणा करने लगे। मोतीलाल नेहरू पर हिंदुओं की उपेक्षा करने का आरोप लगाया गया और यहाँ तक कहा गया कि वे गो मांस भी खाते हैं। मुसलमानों और हिंदुओं के हृदय में स्वराज दल के लिए जो आस्था थी, वह जाती रही।

5. **जन-आंदोलन नहीं**–गांधी के असहयोग ने आंदोलन ने जन-आंदोलन का रूप ले लिया था। जनता में स्वराज्य पाने के लिए उत्साह और बेचैनी थी।

गांधी के जेल में जाने से कांग्रेस गतिहीन हो गयी। स्वराज दल का राष्ट्रीय आंदोलन के मंच पर आगमन हुआ। लेकिन, इसका कार्यक्षेत्र, केंद्रीय और प्रांतीय विधानमंडल की चाहार दिवारी तक सीमित रहा। इसने सरकारी नीतियों में अड़ंगा लगाया और द्वैध शासन को असफल कर दिया। इसका आम जनता से संपर्क नहीं के बराबर था। अतएव जन-आंदोलन का रूप नहीं लेने के कारण स्वराज दल का शीघ्र पतन हो गया।

6. नेशनलिस्ट पार्टी का गठन—पंडित मदनमोहन मालवीय और लाला लाजपतराय ने हिंदुओं के हितों की रक्षा के लिए एक नेशनलिस्ट पार्टी का गठन किया और इसके झंडे के नीचे, उत्तर भारत के हिंदू संगठित होने लगे। इससे स्वराज दल की छवि धूमिल हो गई और वह मृतप्राय होने लगा।

7. स्वराज दल में फूट—1926 में स्वराज दल दो भागों में बँट गया। नेताओं में नीति परिवर्तन लेकर आपसी फूट पैदा हो गई। पहला पक्ष, असहयोग और अड़ंगा नीति चलाना चाहता था, जबकि दूसरा पक्ष, उत्तरदायित्वपूर्ण सहयोग नीति में विश्वास करता था। मोतीलाल नेहरू प्रथम पक्ष और बम्बई के स्वराजवादी दूसरे पक्ष के समर्थक थे। इसी आधार पर मध्य प्रदेश की विधानसभा के अध्यक्ष एस.वी. ताम्बे ने गवर्नर की कार्यकारिणी परिषद की सदस्यता स्वीकार कर ली। इस फूट से स्वराज दल टुकड़े-टुकड़े हो गया और उसकी लोकप्रियता समाप्त हो गई। फरीदपुर सम्मेलन में स्वराज दल के नेताओं की आपसी फूट स्पष्टरूप से झलकने लगी थी।

स्वराज दल की आलोचना
(Criticism of Swaraj Party)

विभिन्न विद्वानों ने स्वराज दल की आलोचना निम्नलिखित रूप से की है।

1. अड़ंगा नीति अव्यावहारिक—आलोचकों ने कहा है कि स्वराज दल की अड़ंगा नीति तर्कविहीन, निरर्थक और अव्यावहारिक सिद्ध हुई। विपिनचंद्र पाल और जोसेफ ने अड़ंगा नीति को निरर्थक बताया।

2. सुरेंद्रनाथ बैनर्जी—उदारवादी नेता भी अड़ंगा नीति के पक्ष में नहीं थे। सुरेंद्रनाथ बैनर्जी ने इस नीति को बेकार और अर्थशून्य बताया।

3. कष्ट सहन नहीं—आलोचकों का कहना है कि स्वराज दल के नेता उन कष्टों को सहने के लिए तैयार नहीं थे, जो कि सविनय अवज्ञा आंदोलन में होते थे।

4. केवल दो प्रांतों में सफलता–विद्वानों का कहना है कि स्वराज दल को केवल बंगाल और मध्य प्रदेश में द्वैध शासन को रोकने में सफलता मिली, शेष प्रांतों में नहीं।

5. सरकारी कार्यों में बाधा नहीं–स्वराजवादी अड़ंगा नीति के माध्यम से सरकारी कार्यों में बाधा उपस्थित करते थे। लेकिन, गवर्नर अपने विशेषधिकारों के द्वारा सरकार का सारा कार्य करवा लेते थे।

6. **जकारिया** के शब्दों में, "स्वराजवादियों की वास्तविक स्थिति यह थी कि वे रोटी खाना भी चाहते थे और उसे बचाना भी। उन्हें जनता में भी अपनी प्रसिद्धि बनाए रखने के लिए गरम-गरम बातें करना आवश्यक हो गया था, फिर भी वे अपने को संसदवाद के सरल कार्यों तक ही सीमित रखना चाहते थे। परिणामत:, जिस मार्ग का उन्होंने अनुसरण किया, उसमें सहयोग का अर्थ था असहयोग।"[1]

स्वराज दल का महत्व
(Importance of Swaraj Party)

भारतीय राष्ट्रीय आंदोलन में स्वराज दल के महत्व का उल्लेख निम्नलिखित रूप से किया जा सकता है–

1. आशा की किरण–असहयोग आंदोलन के स्थगन और गांधी के कारावास जाने के बाद, भारतीय राजनीति में अंधकार छा गया था। देश में निराशा का वातावरण छाया हुआ था। राष्ट्रीय आंदोलन में निष्क्रियता आ गई थी। राष्ट्रीय भावना को गहरा धक्का लगा। ऐसी स्थिति में, 1923 में चितरंजन दास और मोतीलाल नेहरू के द्वारा स्वराज दल का निर्माण, राष्ट्रीय आंदोलन में आशा की किरण सिद्ध हुई राष्ट्र प्रेमियों के हृदय में नए जीवन का संचार किया।

2. नवजीवन का संचार–स्वराज दल ने राष्ट्रीयता की बुझी हुई आग को फिर से प्रज्वलित किया और देश प्रेमियों के हृदय में नए जीवन का संचार किया।

3. सरकार विरोध के लिए साहस–स्वराजवादियों ने सरकार की दमन नीति का घोर विरोध किया और हतोत्साहित जनता के हृदय में साहस का दीप जलाया।

1. "The Swarajists were in the position of people who wanted to keep their cake and eat it. At the same time, they considered it necessary, in order to retain their popularity, to talk extremism and yet were resolved to carry parliamentarianism. As a consequence, the Swarajists were driven a course of equilibrium, as to when cooperation was non-cooperation."—Zacharia

4. केंद्रीय और प्रांतीय व्यवस्थापिका में विरोध–स्वराजवादियों ने केंद्रीय और प्रांतीय व्यवस्थापिका में जाकर सरकार के कार्यों में अड़ंगा लगाकर ठप कर दिया। गवर्नर को अनेक कार्यों के संपादन हेतु विशेषाधिकारों का प्रयोग करना पड़ा।

5. राष्ट्रीय कार्य करने का अवसर–पामर के अनुसार, "स्वराज दल के प्रवेश के कारण प्रांतीय और केंद्रीय विधानमंडल राष्ट्रीय प्रचार के रंगमंच बने।"

6. रचनात्मक कार्य करने का अवसर–स्वराजवादियों ने कांग्रेस के नेताओं को गांधी के रचनात्मक कार्यों करने का अवसर प्रदान किया। कांग्रेस के कार्यकर्ताओं ने गाँव-गाँव में जाकर रचनात्मक कार्य का प्रचार किया और देश में कांग्रेस की प्रसिद्धि को बढ़ाया।

7. मुड्डिमान समिति और साइमन कमीशन की नियुक्ति–स्वराज दल ने मॉट-फोर्ड सुधार की आलोचना की और दिए गए सुधारों को निरर्थक बताया। इसकी जाँच हेतु सरकार ने मुड्डिमान समिति और बाद में पूर्व निर्धारित समय के पहले साइमन कमीशन की नियुक्ति की। इसका सारा श्रेय स्वराज दल को जाता है।

8. सरकार का विरोध–स्वराज दल ने सरकारी कार्यों की आलोचना, बजट की अस्वीकृति और अनुदानों को नहीं माना और सरकार की गलत नीतियों की कड़ी आलोचना की।

9. चितरंजन दास और मोतीलाल नेहरू का योगदान–चितरंजन दास और मोतीलाल नहरू का, स्वराज दल के संस्थापक नेता के रूप में, राष्ट्रीय आंदोलन में दिए गए योगदानों के लिए सदा स्मरण किया जाएगा।

10. गोलमेज सम्मेलन–1930 में ब्रिटिश सरकार ने भारतीय प्रशासन में सुधार हेतु जो गोलमेज सम्मेलन इंग्लैंड में बुलाया गया, इसका भी श्रेय स्वराजवादियों को जाता है। इसमें प्रांतों में द्वैध शासन के स्थान पर उत्तरदायी सरकार की स्थापना के सिद्धांत को स्वीकार कर लिया।

निष्कर्ष–उपर्युक्त तथ्यों से यह स्पष्ट है कि स्वराज दल अपनी त्रुटियों के बावजूद, हतोत्साहित, निराशाहीन, दिशाविहीन और नेतृत्वविहीन जनता के हृदय में आशा, साहस और नया उत्साह भरकर स्वराज के दीप को जलाए रखा। चितरंजन दास और मोतीलाल नेहरू ने स्वराज दल के द्वारा यह सिद्ध कर दिया कि जनता स्वराज पाने योग्य है, अतएव, भारतीय राष्ट्रीय आंदोलन के इतिहास में स्वराज दल भोर के तारा की तरह महत्वपूर्ण भूमिका निभा रहा है।

प्रश्न
(Questions)

1. भारतीय राष्ट्रीय आंदोलन में स्वराज दल की भूमिका की विवेचना कीजिए।
   Discuss the role of Swaraj Party in the Indian National Movement.
2. स्वराज दल के निर्माण के कारणों की समीक्षा करें।
   Examine the causes of the formation of Swarajya Party.
3. स्वराज दल के जन्म, उद्देश्यों और कार्यक्रमों का मूल्यांकन करें।
   Evaluate the birth, objects and programmes of Swaraj Party.
4. स्वराज दल क्या है? क्या आप इस विचार से सहमत है कि 'यह दल असहयोग आंदोलन के पूरक के रूप में था'?
   What is Swaraj Party? Do you agree with the view that the party was in a way complementary to the Non-Co-Operation movement?
5. स्वराज दल की सफलता एवं उपलब्धियों का वर्णन करें।
   Describe the success and achievements of Swaraj Party.
6. स्वराज दल के पतन के कारणों और महत्व की समीक्षा करें।
   Examine the causes of failure and importance of Swaraj Party.
7. "स्वराजवादियों की विचारधारा सविनय अवज्ञा आंदोलन और संघर्ष की गांधीवादी विचारधारा के नैतिक सिद्धांतों के प्रति अविश्वास से उत्प्रेरित थी" विवेचना कीजिए।
   "The creed of the Swarajists was inspired by distrust of civil disobedience and ethical principles of the Gandhian ideology of struggle." Discuss.

वस्तुनिष्ठ प्रश्न
(Objective Questions)

1. असहयोग आंदोलन का स्थगन किस वर्ष में हुआ था?
   (क) 1922 (ख) 1924 (ग) 1920 (घ) 1923
2. चितरंजन दास किस वर्ष जेल से छूटे थे?
   (क) 1923 (ख) 1922 (ग) 1921 (घ) 1924

3. स्वराज दल की स्थापना किस तिथि और वर्ष में हुई थी?
   (क) 15 जनवरी, 1923 (ख) 26 जनवरी, 1923
   (ग) 1 जनवरी, 1923 (घ) 5 जनवरी, 1924
4. स्वराज दल की स्थापना किसने की थी?
   (क) चितरंजन दास और जवाहरलाल नेहरू
   (ख) मोतीलाल नेहरू और महात्मा गांधी
   (ग) चितरंजन दास और मदनमोहन मालवीय
   (घ) चितरंजन दास और मोतीलाल नेहरू
5. स्वराज दल का पहला अधिवेशन कहाँ हुआ था?
   (क) इलाहाबाद (ख) कलकत्ता
   (ग) लखनऊ (घ) वाराणसी
6. सितम्बर 1923 में कांग्रेस का एक विशेष अधिवेशन दिल्ली में किसकी अध्यक्षता में बुलाया गया था?
   (क) महात्मा गांधी (ख) मौलाना अबुल कलाम आजाद
   (ग) चितरंजन दास (घ) मोतीलाल नेहरू
7. गांधीजी किस वर्ष जेल से छूटे थे?
   (क) 1922 (ख) 1923 (ग) 1924 (घ) 1925
8. स्वराज दल का मुख्य उद्देश्य था–
   (क) उत्तरदायी शासन का विरोध करना
   (ख) द्वैध शासन की प्राप्ति
   (ग) औपनिवेशिक राज्य की प्राप्ति
   (घ) स्वराज की प्राप्ति
9. 1923 के निर्वाचन में स्वराज दल को किस प्रांत में बहुमत प्राप्त हुआ था?
   (क) बंगाल (ख) उत्तर प्रदेश
   (ग) बिहार (घ) बम्बई
10. चितरंजन दास का निधन किस वर्ष में हुआ था?
   (क) 1924 (ख) 1925 (ग) 1932 (घ) 1926
11. किस वर्ष के निर्वाचन में स्वराज दल को पराजय देखनी पड़ी?
   (क) 1923 (ख) 1924 (ग) 1926 (घ) 1925

12. स्वराज दल की मूल नीति में किस वर्ष परिवर्तन किया गया था?
    (क) 1924 (ख) 1926 (ग) 1923 (घ) 1925
13. किस वर्ष स्वराज पार्टी में फूट हुई?
    (क) 1926 (ख) 1924 (ग) 1925 (घ) 1923
14. "हमारे बीच में वास्तविक और मौलिक मतभेद हैं, फिर भी मैं स्वराजवादियों के मार्ग में अवरोध या उसके विरुद्ध प्रचार में भाग नहीं ले सकता, लेकिन ऐसी योजना को मैं सक्रिय सहायता प्रदान नहीं कर सकता, जिसमें मुझे स्वयं विश्वास न हो।"
    (क) नेहरू (ख) गांधी
    (ग) सुभाषचंद्र बोस (घ) मदनमोहन मालवीय
15. "1925 के मध्य से स्वराज दल की मूल अड़ंगा नीति में क्रमिक परिवर्तन होता गया।"
    (क) मोतीलाल नेहरू (ख) चितरंजन दास
    (ग) सुभाषचंद्र बोस (घ) गांधी
16. "स्वराजवादियों की वास्तविक स्थिति यह थी कि वे रोटी खाना भी चाहते थे और उसे बचाना भी।" यह कथन किसका है?
    (क) लॉर्ड लिटन (ख) चितरंजन दास
    (ग) लाला लाजपतराय (घ) जकारिया

उत्तर

(Answers)

1. (क) 2. (ख) 3. (ग) 4. (घ) 5. (क) 6. (ख) 7. (ग) 8. (घ) 9. (क) 10. (ख) 11. (ग) 12. (घ) 13. (क) 14. (ख) 15. (ग) 16. (घ)

9

साइमन कमीशन (1927) और नेहरू रिपोर्ट (1928)
(Simon Commission and Nehru Report)

पृष्ठभूमि (Background)–भारतीय राष्ट्रीय आंदोलन के इतिहास में 1927 का वर्ष एक महत्वपूर्ण स्थान रखता है। 1922 में असहयोग आंदोलन की समाप्ति के बाद से लेकर 1927 तक, भारतीय राष्ट्रीय आंदोलन जन-आंदोलन से सिमटकर, कौंसिल की दिवारों तक सीमित हो गया था। राष्ट्रीय आंदोलन निष्प्राण और मृतप्राय हो चुका था। 1923 में स्वराज दल के गठन से भारतीय राजनीति में कुछ गतिविधियाँ आई, लेकिन 1925 में चितरंजन दास के निधन के बाद समाप्त हो गया। 1924 में स्वास्थ्य गिर जाने के कारण गांधी को जेल से मुक्त कर दिया गया। उन्होंने कांग्रेस का नेतृत्व सँभाला और संपूर्ण भारत में घूम-घूमकर अपने रचनात्मक कार्यों की ओर लोगों का ध्यान आकृष्ट करवाया। उस समय साम्यवादी और समाजवादी विचारों का उदय हो रहा था, जिसका प्रभाव कांग्रेस पर पड़ा। मजदूरों और किसानों का भी आंदोलन जारी था। वारदोली में सरदार पटेल के नेतृत्व में किसानों ने लगान-वृद्धि के विरोध में तीव्र आंदोलन किया, जिसके सामने सरकार झुक गई। 1927 में राष्ट्रीय आंदोलन जोर पकड़ने लगा और भारतीयों में पुनः देशभक्ति की भावना का संचार होने लगा। इसी पृष्ठभूमि के आलोक में 1927 में साइमन कमीशन और 1928 में नेहरू रिपोर्ट की नियुक्ति की गई।

साइमन कमीशन 8 नवंबर, 1927
(Simon Commission)

साइमन कमीशन की नियुक्ति (Appointment of the Simon Commission)–1919 के भारत सरकार अधिनियम की धारा 84(क) में यह व्यवस्था की गई थी कि सुधारों के कार्यान्वित रूप पर विचार करने और नए

सुधारों का सुझाव देने के लिए, दस वर्षों के बाद सरकार एक रॉयल कमीशन की नियुक्ति करेगी। इस धारा के अनुसार रॉयल कमीशन की नियुक्ति 1929 में होनी चाहिए थी, लेकिन कतिपय कारणों से उसकी नियुक्ति दो वर्ष पूर्व अर्थात् 1927 में हो गई। 5 नवंबर 1927 को वायसराय इरविन ने महात्मा गांधी और अन्य नेताओं को दिल्ली में भेंट करने के लिए आमंत्रित किया। गांधी रॉयल कमीशन की योजना को सुनकर काफी उदास हुए और उन्हें इसमें कोई लाभ नहीं दिखाई पड़ा। उन्होंने इरविन से कहा कि आप इस सूचना को एक आने के लिफाफे द्वारा मेरे पास भेज सकते थे। अंत में, दो वर्ष पूर्व ही 8 नवंबर 1927 को, वायसराय ने एक रॉयल कमीशन की नियुक्ति की घोषणा की जो साइमन कमीशन के नाम से विख्यात हुआ, क्योंकि उसके अध्यक्ष सर जॉन साइमन थे।

दो वर्ष पूर्व कमीशन की नियुक्ति के कारण (Causes of Appointment of the Commission Before Two Years)

8 नवंबर, 1927 को कमीशन की नियुक्ति के संबंध में सरकार का यह तर्क था कि वह भारतीयों की मांग और 1919 के सुधारों के प्रति असंतोष के कारण ही ऐसा कर रही है। लेकिन, समय से पूर्व कमीशन नियुक्ति के वास्तविक कारण निम्न थे–

1. इंग्लैंड में आम चुनाव और मजदूर दल का विजय होना–1929 में इंग्लैंड में आम चुनाव होने वाला था। सत्तारूढ़ अनुदार दल को भय था कि कहीं मजदूर दल सत्ता में आ गया, तो वह भारत को पूर्ण स्वराज्य प्रदान कर देगा।

2. स्वराज दल को छिन्न-भिन्न करना–ब्रिटिश सरकार ने भारत में फैले स्वराज दल को नष्ट करने का यह उपयुक्त समय समझा।[1]

3. सांप्रदायिक दंगे–1927 में भारत के विभिन्न भागों में हिंदू-मुस्लिम में सांप्रदायिक दंगे हो रहे थे। सरकार ने समझा कि कमीशन भारत की सामाजिक, आर्थिक और राजनीतिक स्थिति पर खराब रिपोर्ट देगी।

4. युवा आंदोलन–प्रो. कीथ[2] का विचार है कि भारत में जवाहरलाल नेहरू और सुभाषचंद्र बोस द्वारा संगठित युवा आंदोलन शक्तिशाली रूप धारण

1. "The tempo of National Movement had reigned such a high peak that the British government had no option but to send a commission to study the political situation in India."—Pattabhi Sitaramayya. *The History of the Indian National Congress.*
2. Prof. A.B. Keith is of the opinion that the appointment of the commission was expedited because of the growth of the youth movement in India.

कर रहा था। अतएव इसे कुचलने के लिए सरकार ने शीघ्रता के साथ कमीशन की नियुक्ति की।

कमीशन का गठन (Composition of the Commission)

26 नवंबर, 1927 को, **सर जॉन साइमन** की अध्यक्षता में एक कमीशन का गठन किया गया, जो साइमन कमीशन के नाम से विख्यात हुआ। इसमें अध्यक्ष को लेकर कुल सात सदस्य थे, जो सभी अंग्रेज और ब्रिटिश संसद के सदस्य थे। इसमें एक भी भारतीय सदस्य को नहीं रखा गया, इसलिए भारतीयों ने इसका घोर विरोध किया। सरकार ने इस संबंध में पहला तर्क यह दिया कि 1919 अधिनियम के अनुसार कमीशन बिल्कुल संसदीय होगा। लेकिन, उनका यह तर्क एक बहाना मात्र था। उस समय दो भारतीय ब्रिटिश संसद के सदस्य थे। रायपुर के **लॉर्ड सिन्हा**[1] लॉर्डसभा और **शपूरजी सकलतवाला**[2] हॉउस ऑफ कॉमन्स के सदस्य थे। उन लोगों को कमीशन का सदस्य नहीं बनाया गया। सरकार ने दूसरा तर्क यह दिया कि भारत में अनेक जातियों, वर्गों और धर्मों के लोग रहते हैं, सभी का प्रतिनिधित्व करना संभव नहीं था, इससे भारतीय जनता असंतुष्ट हो जाती। इसके साथ ही, ब्रिटिश सरकार 1919 अधिनियम की प्रस्तावना को अक्षरशः पालन करना चाहती थी कि ब्रिटिश संसद समय और भावी कदम का निर्णायक रहेगी।[3]

लॉर्ड बर्केनहेड को पहले ही सूचना दी गई थी कि भारतीय इसका जमकर विरोध करेंगे लेकिन, उसने कोई ध्यान नहीं दिया और राष्ट्रीय भावना को कुंठित किया।[4]

कमीशन का उद्देश्य (Object of the Commission)–साइमन कमीशन के निम्नलिखित उद्देश्य थे–

1. कमीशन ब्रिटिश भारतीय प्रांतों में पता लगाए कि सरकार कैसे चल रही है?
2. प्रतिनिधि सभाएँ कहाँ तक ठीक काम कर रही हैं।
3. शिक्षा की कहाँ तक प्रगति हुई है।

1. Lord Sinha.
2. Shapurji Saklatwala.
3. "The British parliament must be the judge of time and measure of each advance."
4. "But Lord Birken head paid no heed to such warnings and rode rough shod our national sentiment."

4. उत्तरदायी सरकार के सिद्धांत को अधिक बढ़ाया जाए या सीमित किया जाए या इसमें कोई उचित परिवर्तन किया जाए।

साइमन कमीशन का बहिष्कार
(Boycott of the Simon Commission)

साइमन कमीशन के उद्देश्य और सदस्यता से भारतीयों को बहुत दुःख हुआ। उन्होंने इसे अपमान जनक कहा। मुस्लिम लीग, हिंदू महासभा, कांग्रेस और लिबरल फेडरेशन ने एक स्वर से कमीशन का कड़ा विरोध किया। सब ने यह निश्चय किया कि कमीशन का बहिष्कार किया जाए।

कांग्रेस का मद्रास अधिवेशन, दिसंबर 1927 का पारित प्रस्ताव–कांग्रेस ने दिसंबर 1927 के मद्रास अधिवेशन में साइमन कमीशन का बहिष्कार करने का निश्चय किया और निम्नलिखित प्रस्ताव पारित किया–"चूँकि ब्रिटिश सरकार ने भारत के आत्मनिर्णय के अधिकार की पूर्ण उपेक्षा करके एक गोरा कमीशन नियुक्त किया है? यह कांग्रेस निश्चय करती है कि भारत के लिए आत्मसम्मान पूर्ण एक मात्र मार्ग यही है कि वह कमीशन को हर हालत में और हर तरह से बहिष्कार करे।" विशेषकर–

1. **प्रदर्शन**–यह कांग्रेस, भारत की जनता और देश की समस्त कांग्रेस संस्थाओं से अनुरोध करती है कि वे

(क) कमीशन के भारत में आने के दिन, सामूहिक प्रदर्शनों का आयोजन करें,

(ख) भारत के जिन-जिन शहरों में कमीशन जाए, वहाँ भी उस दिन इसी प्रकार का प्रदर्शन करें, तथा

(ग) जोरों के साथ प्रचार कार्य करके, जनमत को इस प्रकार संगठित करें कि हर तरह के राजनीतिक विचार वाले भारतीय, कमीशन का जोरों से बहिष्कार करने के लिए तैयार हो जाए।

2. **गवाही और सहयोग नहीं**–यह कांग्रेस भारतीय कौंसिलों के गैर-सरकारी सदस्यों और भारत के राजनीतिक दलों तथा जातियों के नेताओं से एवं दूसरे लोगों से अनुरोध करती है कि वे न तो कमीशन के सामने गवाही दें, न सार्वजनिक और व्यक्तिगत तौर पर उसके साथ सहयोग करें। उसके उत्सवों में भी भाग न लें।

3. **सदस्यता और प्रस्ताव को ठुकरा दे**–यह कांग्रेस, भारतीय धारा सभाओं के गैर-सरकारी सदस्यों से अनुरोध करती है कि वे

(क) कमीशन के सिलसिले में बैठायी जाने वाली किसी भी चयन समिति के लिए न तो राय दें और ना उसकी सदस्यता स्वीकार करें और

(ख) कमीशन के कार्य के संबंध में, जो प्रस्ताव या खर्च की मांग पेश की जाए, उसे ठुकरा दें।

4. धारा सभाओं में भाग न लें–यह कांग्रेस, भारतीय धारा सभा के सदस्यों से यह भी अनुरोध करती है कि वे निम्नांकित दशाओं के अतिरिक्त धारा सभा की बैठकों में भाग न लें–यदि उनका स्थान रिक्त होने से बचाने के लिए या बहिष्कार को सफल और जोरदार बनाने के लिए या किसी मंत्रिमंडल को गिराने के लिए या किसी ऐसे महत्वपूर्ण कानून का विरोध करने के लिए, जो कांग्रेस की कार्य समिति की राय में भारत के हितों के विरुद्ध हों।

5. बहिष्कार को प्रभावशाली बनाना–यह कांग्रेस कार्यसमिति को अधिकार देती है कि बहिष्कार को प्रभावशाली और पूर्ण बनाने के लिए जहाँ तक हो सके, यह दूसरी संस्थाओं और पार्टियों से परामर्श करे और उनका सहयोग प्राप्त करे।

इसी अधिवेशन में कांग्रेस ने अपना लक्ष्य, पूर्ण राष्ट्रीय स्वतंत्रता प्राप्त करना घोषित किया।

साइमन कमीशन पर कुछ नेताओं के विचार

एनी बेसेंट ने कहा, "यह जले पर नमक छिड़कना है।"

दिनशावाया ने कमीशन के विरुद्ध एक घोषणा पत्र तैयार किया, जिस पर कई राजनीतिक दलों के प्रतिनिधियों ने हस्ताक्षर किया।

लाला लाजपतराय ने केंद्रीय व्यवस्थापिका सभा में एक प्रस्ताव पेश किया, जिसमें यह कहा गया था कि कमीशन की योजना सर्वथा अमान्य है।

मोतीलाल नेहरू ने इसे एक दिखावा मात्र कहा।

तेजबहादुर सप्रू का कहना था कि उदार दल को न केवल कमीशन को अमान्य ठहराना चाहिए बल्कि पार्लियामेंट द्वारा, भारत की वैधानिक प्रगति के प्रश्न पर प्रदर्शित भावना का भी विरोध करना चाहिए।

मिस विलिकिन्सन के अनुसार, "अमृतसर कांड के पश्चात् सरकार के किसी भी कार्य की भारत में इतनी निंदा नहीं हुई, जितनी कि साइमन कमीशन की।"

भारत में साइमन कमीशन का बहिष्कार (Boycott of the Simon Commission in India)

बंबई: 7 फरवरी, 1928–7 फरवरी, 1928 को साइमन कमीशन बंबई पहुँचा, तो उसका विरोध देशव्यापी हड़ताल द्वारा किया गया। इसके विरुद्ध प्रदर्शन किए गए। जहाँ भी साइमन कमीशन गया, वहाँ काले झंडों, हड़ताल और प्रदर्शनों से इसका स्वागत किया गया। साइमन वापस जाओ का नारा लगाया गया। संपूर्ण भारत, **साइमन वापस जाओ**[1] के नारों से गूँज ऊठा। कुछ चाटुकारों और संप्रदायवादियों ने कमीशन का स्वागत भी किया, लेकिन यह नक्कारखाने में तूती की आवाज के समान थी।

नई दिल्ली–लोग कहते हैं कि साइमन नई दिल्ली के **वेस्टर्न होटल** में ठहरा हुआ था, जहाँ रात्रि के समय गीदड़ों के चिल्लाने से वह सो न सका। उसे यह भ्रम हुआ कि रात्रि के समय भी जनता उसके विरुद्ध प्रदर्शन कर आवाजें लगा रही है।

पंजाब: लाला लाजपतराय पर प्राण घातक हमला: निधन–जब साइमन पंजाब के लाहौर में पहुँचा, तो इसके विरुद्ध पंजाब केसरी लाला लाजपतराय के नेतृत्व में भारी जुलूस निकाला गया। पुलिस अधिकारी सैंडर्स ने भीड़ को तितर-बितर करने के लिए लाठी प्रहार किया और लाला लाजपतराय पर अनगिनत लाठी प्रहार किए गए, जिससे वे बुरी तरह घायल हो गए। लालाजी ने दहाड़ते हुए कहा, "ये लाठियों के आघात, जो मुझपर किए गए हैं, एक दिन ब्रिटिश साम्राज्य की शव-मंजूषा की कीलें होंगी।"[2] लाठियों के प्राण घातक हमलों के कारण, लालाजी बुरी तरह जख्मी हो गए और अंत में उनका निधन हो गया।

लालाजी के निधन से सारा भारत शोक में डूब गया। सरदार भगत सिंह, चंद्रशेखर आजाद और अन्य क्रांतिकारियों के हृदय में सैंडर्स से बदला लेने की ज्वाला धधकने लगी। उन लोगों से सैंडर्स की हत्या, गोली मारकर कर दी और इस प्रकार राष्ट्रीय अपमान तथा लालाजी का बदला लिया।

लखनऊ–जब साइमन लखनऊ पहुँचा तो उसके विरुद्ध पंडित गोविंद वल्लभपंत और जवाहरलाल नेहरू के नेतृत्व में एक विशाल प्रदर्शन किया गया, जिसमें दोनों नेताओं के साथ दुर्व्यवहार किया गया। पुलिस ने प्रदर्शनकारियों पर अत्याचार किए।

---

1. Simon go back.
2. "The lathi blows that are hurled on me will one day prove as nails in the coffin of the British Empire."—Lala Lajpat Rai

भगत सिंह और बटुकेश्वर द्वारा असेंबली में बम फेंकना–सरदार भगत सिंह और बटुकेश्वर दत्त के हृदय में ब्रिटिश सरकार से प्रतिशोध लेने के लिए ज्वाला धधक रही थी। उन्होंने एक मजदूर बिल के विरोध में केंद्रीय असेंबली में बम-विस्फोट कर, अंग्रेजों में दहशत पैदा करके, भगत सिंह मातृभूमि की बलिवेदी पर न्यौछावर हो गए।

इस प्रकार, साइमन कमीशन का विरोध संपूर्ण भारत में किया गया और इससे राष्ट्रीय आंदोलन में एक नयी जान आ गयी तथा इसकी गति तीव्र हो गई। स्वतंत्रता संग्राम की गाड़ी बड़ी तेजी के साथ आगे बढ़ने लगी। लोगों में राष्ट्रीय चेतना और एकता का संचार हुआ। वे स्वराज्य पाने हेतु मर-मिटने को कटिबद्ध हो गए।

साइमन कमीशन की रिपोर्ट: मई 1930
(Report of the Simon Commission)

भारत में साइमन कमीशन का दोबारा आगमन हुआ। जबरदस्त विरोध के बाद भी, कमीशन ने दो वर्षों तक कठिन परिश्रम करके, एक प्रतिवेदन भारतीय प्रशासन का सांविधानिक ढाँचा तैयार किया। जिसे मई 1930 में प्रकाशित किया गया और वह साइमन कमीशन रिपोर्ट के नाम से विख्यात हुआ। इसमें भारतीय प्रशासन के संबंध में निम्नलिखित सिफारिशें की गई थी।

1. प्रांतीय स्वायत्तता (Provincial Autonomy)–1919 के भारत सरकार अधिनियम के अंतर्गत प्रांतों में द्वैध शासन की स्थापना की गई थी, जो असफल सिद्ध हुई। साइमन आयोग ने द्वैध-शासन को समाप्त कर दिया और उसके स्थान पर प्रांतीय स्वायत्तता की घोषणा की गई। इसके अनुसार प्रांत का पूरा प्रशासन निर्वाचित मंत्रियों के हाथों में दे दिया गया, जो प्रांतीय व्यवस्थापिका की ओर उत्तरदायी बना।[1] राज्यपाल को विशेष शक्तियाँ दी गई, ताकि वह विशेष परिस्थितियों में मंत्रियों के परामर्श के विरुद्ध अपनी इच्छानुसार कार्य कर सके। संविधान के असफल होने पर वह विशेष शक्तियों के आधार पर राज्य के शासन को सँभाल सके। गवर्नर जनरल का प्रांतों पर बाहरी नियंत्रण हो और प्रांतों की स्वतंत्रता में हस्तक्षेप न करे। प्रांत अपना प्रशासन स्वच्छ, स्वतंत्र और शांत वातावरण में चला सके।

1. "Each province should as far as possible, be mistress in her own house including the control our department of law, order and finance."

2. गवर्नर जनरल और गवर्नर को विशेष शक्तियाँ (Special Powers to Governor-General and Governor)–साइमन कमीशन ने सिफारिश की कि केंद्र और प्रांतों में अल्पसंख्यक वर्गों के हितों की रक्षा के लिए गवर्नर-जनरल और राज्यपाल को विशेष अधिकार दिए जाए। केंद्र और प्रांतों के शासन को सुचारू रूप से चलाने के लिए, गवर्नर-जनरल और राज्यपाल दोनों को विशेषाधिकार दिए गए। राज्यपाल को यह अधिकार दिया गया कि वह अपने मंत्रिमंडल में एक या अधिक अनुभवी सरकारी कर्मचारी सम्मिलित कर सकता है, जो प्रांतीय विधानमंडल की ओर उत्तरदायी रहेगा।

3. मताधिकार का विस्तार (Extension of Franchise)–1926 में भारत की कुल 2.8 प्रतिशत आबादी को मताधिकार प्राप्त था। साइमन आयोग ने सिफारिश की कि कम से कम दस या पंद्रह प्रतिशत आबादी को वोट देने का अधिकार मिलना चाहिए। निर्वाचन सांप्रदायिक पद्धति को भी सुरक्षित रखा गया।

4. केंद्र में अनुत्तरदायी सरकार (Irresponsible Govt. in the Centre)–साइमन आयोग ने, केंद्र में द्वैध शासन को अव्यावहारिक बताया और पहले की तरह अनुत्तरदायी सरकार बने रहने की सिफारिश की। इसने एक शक्तिशाली केंद्र पर बल दिया। जब प्रतिरक्षा की समस्या का ठीक तरह से समाधान हो जायेगा, इसके बाद ही केंद्र में उत्तरदायी सरकार की स्थापना के बारे में विचार किया जाएगा।

5. प्रांतीय व्यवस्थापिका का विस्तार (Enlargement of Provincial Legislature)–साइमन कमीशन ने सिफारिश की कि अधिक महत्वपूर्ण प्रांतों में 200 से 250 तक सदस्य सम्मिलित किए जाएगें। प्रांतीय व्यवस्थापिका में मनोनीत सदस्यों की संख्या, कुल सदस्य संख्या से दसवें भाग से अधिक नहीं होगी। मुसलमानों को व्यवस्थापिका में विशेष प्रतिनिधित्व देने की भी सिफारिश की गई।

6. वृहत्तर भारत के लिए एक परिषद की स्थापना (Establishment of a Council for Greater India)–भारत में संघात्मक-व्यवस्था की स्थापना को ध्यान में रखते हुए, साइमन कमीशन ने वृहत्तर भारत के लिए एक ऐसी परिषद की स्थापना के लिए सिफारिश की, जिसमें ब्रिटिश प्रांतों और देशी रियासतों के प्रतिनिधि सम्मिलित हो सकें तथा वे कुछ सामान्य समस्याओं पर विचार कर सकें।

7. केंद्रीय व्यवस्थापिक के लिए अप्रत्यक्ष निर्वाचन (Indirect Election for the Central Legislature)–साइमन कमीशन ने यह सिफारिश की कि केंद्रीय व्यवस्थापिका का गठन अप्रत्यक्ष रूप से प्रांतीय कौंसिल द्वारा चुने गए प्रतिनिधियों के द्वारा किया जाएगा। इसके दोनों सदनों के गठन का आधार अप्रत्यक्ष निर्वाचन होगा।

8. बर्मा, सिंध और उत्तर-पश्चिमी सीमा प्रांत का जन्म (Birth of Burma, Sindh and North-West Frontier)–साइमन कमीशन ने बर्मा को भारत से अलग, सिंध[1] और उड़ीसा को अलग प्रांत बनाने के लिए पुन: विशेष समिति विचार करेगी तथा उत्तर-पश्चिमी सीमाप्रांत के लिए एक व्यवस्थापिका कौंसिल की स्थापना करेगी जिसका प्रतिनिधित्व केंद्रीय व्यवस्थापिका में होगी, आदि बातें सिफारिश की गई।

9. सेना का भारतीयकरण (Indianisation of Army)–साइमन कमीशन ने सिफारिश की कि सेना में भारतीयों को भी लिया जाएगा। इस प्रकार सेना का भारतीयकरण किया गया।

10. भारत परिषद की शक्ति में कमी (Lesser powers to the India Council)–साइमन कमीशन ने यह सिफारिश की कि भारत सचिव को परामर्श देने के लिए भारत-परिषद को सुरक्षित रखा जाए, लेकिन उसकी शक्तियों में कमी की जाए। उसने यह भी कहा कि नागरिक और पुलिस सेवाओं में पहले की तरह ही नियुक्तियाँ की जाएँ।

11. नया संविधान (New Constitution)–हर दस वर्ष के बाद भारत की सांविधानिक प्रगति की संसदीय जाँच-पड़ताल की पद्धति को छोड़ दिया जाए तथा नया संविधान इस लचीलेपन से तैयार किया जाए कि यह स्वंय ही विकसित हो सके।[2]

---

1. "The report recommended that the question of making Sindh and Orissa as separate provinces should be given further expert examination. However, it should be decided forth with the separate Burma from the Government of India. The North-West Frontier Province was considered to be ripe for the first step in constitutional advance. That province should be given a legislative council and its representation in the central legislature should be strengthened."
2. "The Method of periodically parliamentary inquiry should be abandoned and the new constitution should be so classically framed as to enable it to develop by itself."

साइमन कमीशन के गुण
(Merits of the Simon Commission)

साइमन कमीशन के निम्नलिखित गुण विशेष रूप से उल्लेखनीय हैं। इसका सबसे बड़ा गुण यह था कि इसमें भारतीय राजनीति की सरकारी कठिनाइयों और समस्याओं पर विचार किया है।

कूपलैंड का कथन है, "साइमन कमीशन भारतीय समस्याओं का सबसे अधिक गहन और संपूर्ण अध्ययन था। इसने राजनीति शास्त्र के पुस्तकालय को एक और उच्चकोटि की रचना प्रदान की।"[1]

रॉबर्ट्स ने इसकी प्रशंसा करते हुए कहा, "यह रिपोर्ट भारतीय समस्याओं का सबसे महत्वपूर्ण अध्ययन था।"[2]

प्रो. कीथ के अनुसार, "साइमन रिपोर्ट को पूर्ण रूप से अस्वीकार कर देना भारतीय जनमत की मूर्खता थी।"[3]

1935 अधिनियम का बड़ा स्त्रोत–साइमन कमीशन रिपोर्ट को भारतीय सांविधानिक विकास में महत्वपूर्ण स्थान प्राप्त है। 1935 में इसकी रिपोर्ट को बहुत बड़े पैमाने पर अपनाया गया। प्रांतों में स्वायत्तता लाई गई और अल्पसंख्यकों के हितों की रक्षा की गई। राज्यपाल को विशेषाधिकार दिया गया, जो 1935 की देन है।

इस प्रकार, साइमन कमीशन से काफी लाभ भी हुआ है।

साइमन कमीशन के दोष या आलोचना
(Demerits or Criticisms of the Simon Commission)

विभिन्न आलोचकों ने साइमन कमीशन की आलोचना निम्नलिखित रूप से की गई है। भारतीयों ने निम्न कारणों से साइमन कमीशन रिपोर्ट को ठुकरा दिया था–

औपनिवेशिक स्वराज्य–साइमन कमीशन का सबसे बड़ा दोष यह है कि इसने औपनिवेशिक स्वराज्य की मांग पूरी नहीं की।

---

1. "It was by far the most competent study of the Indian problems that had yet been made and that it added another work of first rate value to the library of political science."—Coupland
2. According to P.E. Roberts, "the Simon Commission report will always stand out as one of the greatest of Indian state papers." (From British India)
3. "It was probably foolish of Indian opinion to repudiate the report out and out."—A.B. Keith

केंद्र में अनुत्तरदायी शासन–इस रिपोर्ट में केंद्र में पूर्व की ही तरह अनुत्तरदायी शासन की स्थापना की सिफारिश की गई थी।

द्वैधशासन दिखावा-मात्र–आलोचकों ने कहा कि रिपोर्ट में प्रांतों में द्वैध-शासन को समाप्त तो कर दिया गया, लेकिन राज्यपाल को विशेषाधिकार दिए गए।

प्रतिरक्षा नहीं दिया गया–साइमन कमीशन रिपोर्ट में सेना के भारतीयकरण की सिफारिश अवश्य की गई, लेकिन भारतीयों के हाथों में प्रतिरक्षा विभाग नहीं सौंपा गया।

सर शिवस्वामी अय्यर–ने उपर्युक्त दोषों के आधार पर कहा, "यह रिपोर्ट फटे कागजों की ढेरी में रखने योग्य है।"

सर शफात अहमद के शब्दों में, "साइमन कमीशन की योजना के अनुसार गवर्नर-जनरल के अधिकार शाहजहाँ से भी अधिक हो जाते और उसका उत्तरदायित्व शाह आलम से भी कम होता।"

एंड्रूज जैसे अंग्रेज ने भी रिपोर्ट की निंदा करते हुए कहा था कि "आयोग ने, अहिंसात्मक असहयोग आंदोलन से समस्त देश में उत्पन्न हुए परिवर्तन और जनता की आकांक्षाओं की पूर्ण अपेक्षा की।"

उन्होंने कहा, "उसने उस भारत को अपने सामने रखा, जो मैंने राष्ट्रीय आंदोलन के प्रारंभ होने से तीस वर्ष पूर्व, जब मैं यहाँ से बाहर गया था, देखा था; राष्ट्रीय जागृति के परिणामस्वरूप उदीयमान युवक भारत का इससे परिचय नहीं मिलता।"[1]

सरतेज बहादुर सप्रू ने कहा, "कमीशन में भारतीयों को नहीं लेना भारतीयों के लिए अपमानजनक था।"[2]

निष्कर्ष–इंग्लैंड के मजदूर दल ने भी कमीशन की रिपोर्ट की निंदा की। कमीशन में सभी गोरे लोग थे। केंद्रीय व्यवस्थापिका का निर्वाचन अप्रत्यक्ष रखा गया। रिपोर्ट में राज्यों की संघात्मकता की घोषणा केवल भविष्यवाणी थी। 1919 के भारत सरकार अधिनियम के अनुसार प्रांतों में चलाया गया, द्वैध-शासन असफल हो गया। अतएव इसने स्वराज्य के मार्ग को प्रशस्त किया और

1. "Its great demerit was that it dealt with that old India which I knew thirty years ago, it did not deal with young India which was rising that time."
—Andrews
2. "The exclusion of Indians as a deliberate insult to the people of India."
—Sapru

इसी के लिए महात्मा गांधी ने आगे चलकर सविनय अवज्ञा आंदोलन चलाया, जिससे ब्रिटिश सरकार की जड़े हिल गई। साइमन कमीशन का सबसे बड़ा लाभ यह हुआ कि संपूर्ण राष्ट्र एक हो गया, लोगों में राजनीतिक जागृति आ गई और भारत का बच्चा-बच्चा स्वतंत्रता की आग में कूद पड़ा।

नेहरू रिपोर्टः अगस्त 1928
(Nehru Report)

सर्वदलीय सम्मेलन (All Parties Conference)

लॉर्ड बर्केनहेड के संविधान बनाने की चुनौती—साइमन कमीशन में भारतीयों को सम्मिलित नहीं करने का कारण बताते हुए, भारत-सचिव लॉर्ड बर्केनहेड ने कहा था कि भारतीय विभिन्न जातियों, संप्रदायों और वर्गों में बँटे थे, सभी को प्रतिनिधित्व या खुश करना संभव नहीं था इसलिए उनको कमीशन में नहीं रखा गया। इस मतभेद को ध्यान में रखते हुए वे सोच रहे थे कि भारतीय कभी भी एक संविधान का निर्माण नहीं कर सकते हैं, जो सभी भारतवासियों को मान्य हों इसीलिए, उन्होंने भारतीयों को चुनौती देते हुए, भारत के लिए एक सर्वमान्य संविधान बनाने को कहा। कांग्रेस ने इस चुनौती को स्वीकार कर लिया।

दिल्ली 28 फरवरी, 1928—28 फरवरी, 1928 को, कांग्रेस ने दिल्ली में एक सर्वदलीय सम्मेलन बुलाया। इसमें उन्नतीस संस्थाओं ने भाग लिया सभी पक्ष इस बात पर सहमत हो गए कि **पूर्ण उत्तरदायी शासन** को आधार बनाकर संविधान तैयार किया जाए।

बंबई 10 मई, 1928—फिर सर्वदलीय सम्मेलन की बैठक बंबई में 10 मई, 1928 को बुलाई गई। इसमें संविधान का मसविदा तैयार करने के लिए पंडित मोतीलाल नेहरू की अध्यक्षता में एक समिति का गठन किया गया। इस समिति में कुल आठ सदस्य थे, जिसमें दो मुसलमान और एक सिक्ख भी थे। सुभाषचंद्र बोस, सरतेज बहादुर सप्रू, श्वैब कुरेशी, सरदार मंगल सिंह, एम.एस. अणे, सर अली इमाम, जी.आर. प्रधान, समिति के सदस्य नियुक्त किए गए। इस समिति ने उन्नीस बैठकों में संविधान का मसविदा या प्रारूप तैयार किया।

लखनऊ 1928: डॉ. अंसारी—पुनः सर्वदलीय सम्मेलन, लखनऊ 1928 में डॉ. अंसारी की अध्यक्षता में बुलाया गया, जिसमें संविधान के मसविदा की स्वीकृति प्रदान की गई, जो **नेहरू रिपोर्ट** के नाम से विख्यात हुआ।

नेहरू रिपोर्ट की मुख्य सिफारिशें
(Main Recommendations of Nehru Report)

नेहरू रिपोर्ट का प्रकाशन अगस्त 1928 में हुआ, जिसमें निम्नलिखित सिफारिशें की गई।

1. औपनिवेशिक स्वराज्य और पूर्ण उत्तरदायी सरकार (Dominion Status and Full Responsible Government)–नेहरू रिपोर्ट में यह सिफारिश की गई कि भारत को औपनिवेशिक स्वराज्य प्रदान किया जाना चाहिए और उसका स्थान ब्रिटिश साम्राज्य के अंतर्गत अन्य उपनिवेशों के समान होना चाहिए।

इसके साथ ही केंद्र में पूर्ण उत्तरदायी शासन स्थापित किया जाए तथा कार्यकारिणी को उनकी ओर उत्तरदायी बनाया जाए।

2. प्रांतीय स्वायत्तता (Provincial Autonomy)–प्रांतों में द्वैध-शासन के स्थान पर पूर्ण उत्तरदायी सरकार की स्थापना की जाए। मंत्रिमंडल का सामूहिक उत्तरदायित्व हो। अवशिष्ट शक्तियाँ केंद्र के अधीन हो।

3. सांप्रदायिक चुनाव-पद्धति की अस्वीकृति (Rejection of Communal Election)–सांप्रदायिक चुनाव-पद्धति का अंत कर, उसके स्थान पर संयुक्त चुनाव-पद्धति का सुझाव दिया गया। इसके साथ ही, यह भी सिफारिश की गई कि अल्पसंख्यक वर्गों को उनकी जनसंख्या के आधार पर आरक्षण प्रदान किया जाए।

4. नए प्रांतों का निर्माण (Creation of New Provinces)–मुसलमान बहुत दिनों से मांग कर रहे थे कि सिंध को बंबई प्रांत से अलग किया जाए, उत्तर-पश्चिम सीमाप्रांत को दूसरे प्रांतों के समान दर्जा दिया जाए, ताकि पंजाब, बंगाल, सिंध और उत्तर-पश्चिमी सीमाप्रांत में उनका बहुमत हो जाए। मुसलमानों की इस मांग को रिपोर्ट में स्वीकार कर लिया गया।

5. मौलिक अधिकार (Fundamental Rights)–नेहरू रिपोर्ट में मौलिक अधिकारों का समावेश किया गया और उन्हें संविधान में सम्मिलित करने की सिफारिश दी गई।

6. संसद (Parliament)–नेहरू रिपोर्ट में यह सिफारिश की गई कि भारत सरकार की विधायिनी शक्तियाँ एक संसद में निहित रहेंगी, जो सम्राट और दो सदनों से मिलकर बनेगी। उच्च सदन में दो सौ सदस्य होंगे, जो प्रांतों की विधान-परिषदों द्वार अप्रत्यक्ष रूप से चुने जायेंगे। निम्न सदन में पाँच सौ सदस्य होंगे, जो वयस्क मताधिकार के आधार पर जनता द्वारा प्रत्यक्ष रूप से

चुने जाएगे, जिनकी आयु इक्कीस वर्ष होगी। इसका कार्यकाल पाँच वर्ष का होगा। वैदेशिक मामलों में संसद को वही शक्तियाँ प्राप्त होगीं, जो अधिराज्यों के संसदों की हैं।

7. भारतीय रियासतें (Indian States)—नेहरू रिपोर्ट में यह कहा गया कि औपनिवेशिक स्वराज्य की प्राप्ति के बाद केंद्रीय सरकार को देशी रियासतों के ऊपर वही अधिकार और शक्तियाँ प्राप्त होंगी, जो अब केंद्रीय सरकार को प्राप्त है।

8. केंद्रीय कार्यकारिणी (Central Executive)—नेहरू रिपोर्ट में यह सिफारिश की गई कि कार्यकारिणी शक्तियाँ सम्राट में निहित होंगी, जिनका प्रयोग गवर्नर-जनरल सम्राट के रूप में करेगा। गवर्नर-जनरल की एक कार्यकारिणी परिषद भी होगी, जिसमें प्रधानमंत्री और छह अन्य मंत्री होंगे। प्रधानमंत्री की नियुक्ति गवर्नर जनरल और अन्य मंत्रियों की नियुक्ति गवर्नर जनरल प्रधानमंत्री के परामर्श से करेंगे। कार्यकारिणी परिषद अपने समस्त कार्यों के लिए सामूहिक रूप से संसद की ओर उत्तरदायी होगी।

9. सर्वोच्च न्यायालय (Supreme Court)—भारत में एक सर्वोच्च न्यायालय की स्थापना करने और **प्रिवी कौंसिल**[1] को सभी अपीलें बंद करने का सुझाव दिया गया। इसके साथ ही, सर्वोच्च न्यायालय संविधान की व्याख्या करेगा और प्रांतों में झगड़ों का निर्णय करेगा।

10. प्रतिरक्षा (Defence)—नेहरू रिपोर्ट ने एक प्रतिरक्षा समिति बनाने की सिफारिश की, जिसमें प्रधानमंत्री, प्रतिरक्षा मंत्री, प्रधान सेनापति, वायु और जल सेना के सेनापति, जनरल स्टाफ के अध्यक्ष तथा दो अन्य सैनिक विशेषज्ञ होंगे। भारतीय सेनाओं के संबंध में सभी नियम और विनियम प्रतिरक्षा समिति की अनुशंसाओं के अनुसार बनाए जाएगे। प्रतिरक्षा संबंधी सारे खर्चों की स्वीकृति निम्न सदन से लेनी पड़ेगी। लेकिन, भारत पर विदेशी आक्रमण होने या इनकी संभावना होने पर, केंद्रीय कार्यकारिणी को किसी भी धन राशि के खर्च करने की शक्ति प्राप्त होगी।

नेहरू रिपोर्ट का मूल्यांकन
(Evaluation of the Nehru Report)

नेहरू रिपोर्ट की आलोचना (Criticisms of the Nehru Report)—1928 में, लखनऊ में हुए सर्वदलीय सम्मेलन ने नेहरू रिपोर्ट को स्वीकार किया गया। लेकिन, आगे चलकर विभिन्न दलों और नेताओं में मतभेद उत्पन्न हो गया।

1. Privy Council.

बोस और नेहरू–सुभाषचंद्र बोस और जवाहरलाल नेहरू जैसे तरूण नेताओं ने पूर्ण स्वाधीनता पर बल दिया।

सिक्ख असंतुष्ट–सिक्ख समुदाय के लोग नेहरू रिपोर्ट की सांप्रदायिक धाराओं से असंतुष्ट थे, क्योंकि उनके लिए स्थान सुरक्षित नहीं रखा गया था।

मुहम्मद अली द्वारा अस्वीकृत–मुस्लिम लीग के बड़े नेता शफी मुहम्मद ने, नेहरू रिपोर्ट की कड़ी आलोचना की और उसे अस्वीकृत का दिया।

मुहम्मद अली जिन्ना द्वारा परिवर्तन की मांग–मुहम्मद अली जिन्ना नेहरू रिपोर्ट में कुछ ऐसे मौलिक परिवर्तन करना चाहते थे, जिससे इसका वास्तविक रूप ही नष्ट हो जाता। उन्होंने चौदह सूत्रीय कार्यक्रम को रखा, जिसे कांग्रेस ने अस्वीकृत कर दिया।

मुस्लिम सम्मेलन की मांग–मुस्लिम सम्मेलन ने मुसलमानों के लिए पृथक चुनाव-पद्धति, आबादी के अनुपात से अधिक प्रतिनिधित्व तथा केंद्रीय और प्रांतीय मंत्रिमण्डलों में उचित प्रतिनिधित्व की मांग की। इसने यह भी मांग की कि अवशिष्ट शक्तियाँ केंद्र के पास नहीं, बल्कि प्रांतों के पास रहें।

सर्वमुस्लिम सम्मेलन द्वारा अस्वीकृति–31 दिसंबर, 1928 में मुसलमानों ने एक सर्वमुस्लिम सम्मेलन का आयोजन किया, जिसने नेहरू रिपोर्ट को अस्वीकृत कर दिया।

नेहरू रिपोर्ट की प्रशंसा (Appraisal of the Nehru Report)–एक ओर नेहरू रिपोर्ट की भर्त्सना की गई, तो दूसरी ओर उसकी प्रशंसा भी की गई।

मोतीलाल गुट की स्वीकृति–पंडित मोतीलाल नेहरू के नेतृत्व में कांग्रेस का पुराना दल इसे पूर्णतया स्वीकार करने के पक्ष में था।

गांधी द्वारा स्वीकृति–महात्मा गांधी ने दोनों गुटों का समझौता कर, नेहरू रिपोर्ट को स्वीकृति करा दिया।

राष्ट्रवादी मुसलमानों द्वारा स्वीकृति–मौलाना अबुल कलाम आजाद हकीम अजमल खाँ और डॉ. अंसारी जैसे राष्ट्रवादी मुसलमान नेतागण, इस रिपोर्ट को पूर्णतया स्वीकार करने के पक्ष में थे।

जकारिया द्वारा प्रशंसा–"नेहरू रिपोर्ट को विस्तारपूर्वक पढ़ा जाना आवश्यक है; क्योंकि यह प्रत्येक विषय पर, जिसका इसमें उल्लेख किया गया है, पूर्ण प्रकाश डालती है और सामान्य व्यावहारिक बुद्धि से जो न अपने

को सैद्धांतिक कल्पनाओं में खोती है और न निरर्थक बातों का आश्रय लेती है, परिपूर्ण है।"[1]

सरशफात अहमद खाँ ने कहा है, "नेहरू रिपोर्ट अत्यन्त महत्वपूर्ण रचनात्मक प्रयास था। अब तक जो भी इस प्रकार के प्रयास अन्य संगठनों द्वारा किए गए, उनमें इसका अपना विशेष महत्व था। रिपोर्ट ने देश के सामने एक महान आदर्श उपस्थित किया था। जिसके स्थान की पूर्ति कभी नहीं की जा सकती।"

जी.आर. प्रधान के शब्दों में, "1928 की नेहरू रिपोर्ट, सांप्रदायित्व की भावना मिटाने का उग्र और स्पष्ट प्रयत्न था।"[2]

जकारिया के शब्दों में, "नेहरू रिपोर्ट भारतीयों की बुद्धिमत्ता और राजनीतिज्ञता का सर्वोत्कृष्ट उदाहरण है।"

निष्कर्ष–कांग्रेस ने दिसंबर 1928 में, कलकत्ता अधिवेशन में नेहरू रिपोर्ट को स्वीकृति दे दी और ब्रिटिश संसद से 31 दिसंबर, 1929 तक (एक वर्ष की अवधि में) या इससे पूर्व ज्यों का त्यों स्वीकार करने का प्रस्ताव रखा। ससंद द्वारा निर्धारित अवधि में इसे स्वीकार न करने पर, अहिंसात्मक असहयोग आंदोलन प्रारंभ करने की विवशता को दोहराया।

जिन्ना चौदह–सूत्रीय कार्यक्रम
(Fourteen Points—Programmes of Jinnah)

जिन्ना ने नेहरू रिपोर्ट की सांविधानिक योजना को अस्वीकार किया और इसके स्थान पर उन्होंने एक चौदह-सूत्रीय कार्यक्रम प्रस्तुत किया। **डॉ. राजेंद्र प्रसाद** ने निम्नलिखित रूप से उसका सारांश प्रस्तुत किया है–

1. भारत का भावी रूप संघात्मक हो और अवशिष्ट शक्तियाँ प्रांतों को दी जाए।
2. सभी प्रांतों में एक समान स्वायत्त शासन अधिकार हो।
3. सभी प्रांतों की विधान सभाओं और अन्य लोक प्रतिनिधि संस्थाओं में, थोड़ी संख्या वाली जातियों का निश्चित रूप से उचित तथा

1. The Nehru Report deserves to be used and studied in all its details as it sheds light on every subject it touches and displays a practical commonsense which never loses itself in doctrinaire to pain, but which equally runs to shelter itself behind the enunciation of mere platitudes.—Zacharia
2. "The Nehru report of 1928 embodied the burn kept attempt yet made by Indians to face squarely the difficulties of communalism."—G.R. Pradhan

काफी प्रनिनिधित्व रहे। जहाँ उनका बहुमत हो, उसे घटाकर बराबर या अल्पमत न कर दिया जाए।

4. केंद्रीय विधानमंडल में मुसलमानों का प्रतिनिधित्व कम-से-कम एक तिहाई हो।
5. सांप्रदायिक वर्गों का प्रतिनिधित्व पृथक निर्वाचन पद्धति से हो, लेकिन कोई भी संप्रदाय, जब चाहे तब संयुक्त निर्वाचन-पद्धति स्वीकार कर सकता है।
6. किसी भी प्रादेशिक पुनर्विभाजन द्वारा पंजाब, बंगाल और पश्चिमोत्तर सीमाप्रांत में मुसलमानों के बहुमत पर कोई प्रभाव नहीं पड़ना चाहिए।
7. सभी संप्रदायों को अपने धार्मिक विश्वास, उपासना, उत्सव, प्रचार, सम्मेलन और शिक्षा की पूर्ण स्वाधीनता रहनी चाहिए।
8. किसी भी संविधान सभा या लोक-प्रतिनिधि-संस्था में ऐसा कोई भी विधेयक या प्रस्ताव स्वीकृत नहीं होना चाहिए, जिसका किसी के संप्रदाय के तीन-चौथाई सदस्य, अपने संप्रदाय के हितों के विरुद्ध बताते हुए विरोध करें।
9. सिंध को बंबई प्रांत से पृथक किया जाए।
10. अन्य प्रांतों में जिस प्रकार के सुधार किए जाए, इसी प्रकार के सुधार सीमा प्रांत और बलूचिस्तान में किए जाए।
11. संविधान में सभी नौकरियों में योग्यता की आवश्यकता के अनुरूप मुसलमानों को उचित भाग मिले।
12. मुस्लिम संस्कृति, शिक्षा, भाषा, धर्म, व्यक्तिगत कानून और धार्मिक संस्थाओं की रक्षा और उन्नति के लिए उचित संरक्षण तथा काफी सरकारी सहायता मिले।
13. केंद्रीय या प्रांतीय विधानमंडल में कम-से-कम तिहाई मंत्री मुसलमान रहें।
14. केंद्रीय विधानमंडल को संविधान में कोई परिवर्तन करने का केवल तभी अधिकार रहें, जब भारतीय संघ के सभी अधिकार रहें, जब भारतीय संघ की सभी इकाइयां उसे स्वीकार कर लें।

निष्कर्ष—राष्ट्रवादियों के अनुसार जिन्ना की चौदह शर्तें सांप्रदायिक समस्या का कोई हल नहीं है। जिन्ना ने चौदह शर्तों के आधार पर मुस्लिम लीग के

दोनों पक्षों में मेल स्थापित किया। **डॉ. राजेंद्र प्रसाद** के शब्दों में, "जिन्ना की चौदह शर्तों का इसलिए महत्व है, क्योंकि **मैक डोनाल्ड** के सांप्रदायिक निर्णय में ये प्राय: मान ली गई थीं।"[1] वस्तुत:, जिन्ना के चौदह-सूत्रीय कार्यक्रम ने पाकिस्तान की नींव के बीज का रोपन किया, जो पाकिस्तान पृथक राज्य के रूप में 14 अगस्त, 1947 को फलित हुआ तथा पाकिस्तान के भावी संविधान का आधारशिला बना।

प्रश्न
(Questions)

1. साइमन कमीशन-रिपोर्ट की विवेचना कीजिए।
   Discuss the Simon Commission Report.
2. साइमन कमीशन से आप क्या समझते हैं? उसके प्रमुख प्रतिवेदन क्या थे?
   What do you mean by the Simon Commission? What were its main Reports?
3. साइमन कमीशन के उद्देश्य क्या थे? इसका बहिष्कार क्यों किया गया?
   What were the objects of the Simon Commission? Why it was Boycotted.
4. साइमन कमीश्न के गठन, उद्देश्य और बहिष्कार का वर्णन करें।
   Describe the composition, objects and Boycott of the Simon Commission.
5. साइमन कमीशन की मुख्य सिफारिशों का उल्लेख करें।
   Mention the main recommendations of the Simon Commission.
6. साइमन कमीशन के गुण-दोषों का वर्णन करें।
   Describe the merits and demerits of the Simon Commission.
7. नेहरू रिपोर्ट की मुख्य सिफारिशों की समीक्षा करें।
   Examine the main recommendations of the Nehru Reports.
8. नेहरू रिपोर्ट का मूल्यांकन कीजिए।
   Evaluate the Nehru Reports.

---

1. "These fourteen points have an importance of their own as they were adopted practically in their entirely by MacDonald's communal decision or reward."—Dr. Rajendra Prasad

9. भारतीय सांविधानिक समस्या के समाधान की दृष्टि से 1928 की नेहरू रिपोर्ट की विवेचना कीजिए।
   Discuss the Nehru Reports of 1928 as a contribution to the solution of the Indian Constitutional problem.
10. जिन्ना के चौदह-सूत्रीय कार्यक्रमों की समीक्षा करें।
    Examine the fourteen point Programmes of Jinnah.

वस्तुनिष्ठ प्रश्न
(Objective Questions)

1. किस वर्ष में नेहरू रिपोर्ट प्रकाशित किया गया था?
   (क) 1928 (ख) 1926 (ग) 1927 (घ) 1929
2. साइमन कमीशन की नियुक्ति किस वर्ष हुई थी?
   (क) 1925 (ख) 1927 (ग) 1928 (घ) 1929
3. नेहरू रिपोर्ट की नियुक्ति किस वर्ष हुई थी?
   (क) 1927 (ख) 1929 (ग) 1928 (घ) 1930
4. लॉर्ड सिन्हा किसके सदस्य थे?
   (क) प्रतिनिधि सभा (ख) सीनेट
   (ग) हाउस ऑफ कॉमन्स (घ) लॉर्ड सभा
5. सकलतवाला किस सदन के सदस्य थे?
   (क) हाउस ऑफ कॉमन्स (ख) सीनेट
   (ग) लोक सभा (घ) लॉर्ड सभा
6. साइमन कमीशन ने किस तिथि और किस वर्ष बंबई की यात्रा की थी?
   (क) 3 फरवरी, 1928 (ख) 7 फरवरी, 1928
   (ग) 4 फरवरी, 1928 (घ) 8 फरवरी, 1928
7. किस अंग्रेज ने लाला लाजपतराय पर लाठी चलायी थी?
   (क) जनरल डायर (ख) लॉर्ड कर्जन
   (ग) सैंडर्स (घ) लॉर्ड लिटन
8. केंद्रीय असेम्बली में मजदूर बिल पर चल रहे बहस में किसने बम-विस्फोट किया था?
   (क) खुदीराम बोस (ख) चंद्रशेखर आजाद
   (ग) प्रफुल्ल चाकी (घ) भगत सिंह

9. केंद्रीय असेम्बली में बम-विस्फोट के समय भगत सिंह के साथ दूसरा क्रांतिकारी कौन था?

(क) बटुकेश्वर दत्त (ख) खुदीराम बोस

(ग) चंद्रशेखर आजाद (घ) अरविंद घोष

10. साइमन कमीशन रिपोर्ट किस वर्ष प्रकाशित किया गया?

(क) 1929 (ख) 1930 (ग) 1928 (घ) 1931

11. लॉर्ड बर्केनहेड ब्रिटिश शासन में किस पद पर थे?

(क) गवर्नर जनरल (ख) गवर्नर

(ग) भारत-सचिव (घ) ब्रिटिश प्रधानमंत्री

12. सर्वदलीय सम्मेलन बंबई में किस वर्ष बुलाया गया?

(क) 1929 (ख) 1927 (ग) 1930 (घ) 1928

13. चौदह-सूत्री कार्यक्रम को किसने बनाया था?

(क) जिन्ना (ख) नेहरू

(ग) मोतीलाल नेहरू (घ) मुहम्मद अली खाँ

14. नेहरू रिपोर्ट के अध्यक्ष कौन थे?

(क) जवाहरलाल नेहरू (ख) मोतीलाल नेहरू

(ग) अरूण नेहरू (घ) गांधी

15. "यह जले पर नमक छिड़कना है।" यह कथन किसका है?

(क) लाला लाजपतराय (ख) दिनशा वाचा

(ग) एनी बेसेंट (घ) तेजबहादुर सप्रू

16. "अमृतसर-कांड के पश्चात सरकार के किसी भी कार्य की भारत में इतनी निंदा नहीं हुई, जितनी कि साइमन कमीशन की।" यह कथन किसका है?

(क) लाला लाजपतराय (ख) एनी बेसेंट

(ग) मोतीलाल नेहरू (घ) मिस विलिकिन्सन

17. "ये लाठियों के आघात, जो मुझ पर किए गए हैं, एक दिन ब्रिटिश साम्राज्य की शव-मंजूषा की कीलें होंगी।" यह कथन किसका है?

(क) लाला लाजपतराय (ख) लाला हरदयाल

(ग) स्वामी दयानंद (घ) गांधी

18. "साइमन रिपोर्ट को पूर्णरूप से अस्वीकार कर देना भारतीय जनमत की मूर्खता थी?"
    (क) रॉबट्स (ख) प्रो. कीथ
    (ग) कूपलैंड (घ) मोतीलाल नेहरू
19. "साइमन कमीशन भारतीय समस्याओं का सबसे अधिक गहन और संपूर्ण अध्ययन था। इसने राजनीति शास्त्र के पुस्तकालय को एक और उच्चकोटि की रचना प्रदान की।" यह कथन किसका है?
    (क) प्रो. कीथ (ख) रॉबट्स
    (ग) कूपलैंड (घ) एंड्रूज
20. "यह रिपोर्ट फटे कागजों की ढेरी में रखने योग्य है।" यह कथन किसका है?
    (क) एंड्रूज (ख) सरशफात अहमद
    (ग) कूपलैंड (घ) स्वामी अय्यर
21. "साइमन कमीशन की योजना के अनुसार गवर्नर जनरल के अधिकार शाहजहाँ से भी अधिक हो जाते और उसका उत्तरदायित्व शाह आलम से भी कम होता।" यह कथन किसका है?
    (क) सरशफात अहमद (ख) जिन्ना
    (ग) मुहम्मद अली खाँ (घ) मौलाना आजाद
22. "आयोग ने अहिंसात्मक असहयोग आंदोलन से समस्त देश में उत्पन्न हुए परिवर्तन और जनता की आकांक्षाओं की पूर्ण अपेक्षा की।" यह कथन किसका है?
    (क) प्रो. कीथ (ख) एंड्रूज
    (ग) एनी बेसेंट (घ) लाला लाजपतराय
23. "कमीशन में भारतीयों को नहीं लेना भारतीयों के लिए अपमानजनक था।" यह कथन किसका है?
    (क) कीथ (ख) कूपलैंड
    (ग) तेज बहादुर सप्रू (घ) मोतीलाल नेहरू
24. "1928 की नेहरू रिपोर्ट सांप्रदायिकता की भावना मिटाने का उग्र और स्पष्ट प्रयत्न था।" यह कथन किसका है?
    (क) जकारिया (ख) गांधी
    (ग) मोतीलाल नेहरू (घ) जी.आर. प्रधान

25. "नेहरू रिपोर्ट भारतीयों की बुद्धिमता और राजनीतिज्ञता का सर्वोत्कृष्ट उदाहरण है?" यह कथन किसका है?
(क) जकारिया (ख) तेज बहादुर सप्रू
(ग) गांधी (घ) नेहरू

उत्तर
(Answers)

1. (क) 2. (ख) 3. (ग) 4. (घ) 5. (क) 6. (ख) 7. (ग) 8. (घ) 9. (क) 10. (ख) 11. (ग) 12. (घ) 13. (क) 14. (ख) 15. (ग) 16. (घ) 17. (क) 18. (ख) 19. (ग) 20. (घ) 21. (क) 22. (ख) 23. (ग) 24. (घ) 25. (क)

10

सविनय अवज्ञा आंदोलन (1930) तथा गोलमेज सम्मेलन (1930-1932)
(Civil Disobedience Movement and Round Table Conference)

पृष्ठभूमि (Background)

कांग्रेस द्वारा सरकार को चेतावनी (Warning of the Government by the Congress)–1929 भारत में अशांति और उत्थल-पुथल का वर्ष था। देश की आर्थिक स्थिति बहुत खराब हो गई थी। आर्थिक मंदी थी, जिसके कारण वस्तुओं के दाम बढ़ गए थे। व्यापारियों, किसानों और मजदूरों की स्थिति खराब थी। हड़ताल का बाजार गर्म था। किसान और मजदूर संगठित होकर अपनी मांगों के लिए संघर्ष कर रहे थे। उन पर साम्यवादी विचारधारा का प्रभाव पड़ रहा था। युवक क्रांतिशील साम्यवादी थे। मेरठ षड्यंत्र केस इसी प्रभाव का परिणाम था, इसमें तीस साम्यवादी नेता गिरफ्तार हुए थे। जनता के संघर्षशील राजनीति से ब्रिटिश सरकार घबरा गई।

लॉर्ड इरविन की घोषणाः 31 अक्टूबर, 1929 (Lord Irwin's Declaration)–मई 1929 में इंग्लैंड में चुनाव हुआ, इसमें मजदूर दल की विजय हुई और मैक्डोनाल्ड प्रधानमंत्री बने। उन्होंने राष्ट्रमंडलीय देशों के मजदूर दलों के सम्मेलन में कहा, "मुझे आशा है कि कुछ वर्षों में नहीं, बल्कि कुछ ही महीनों में राष्ट्रमंडल में एक और डोमिनियन, एक अन्य प्रजाति का डोमिनियन, वह डोमिनियन जो राष्ट्रमंडल में बराबर का स्थान प्राप्त करेगा, शामिल हो जाएगा, मेरा अभिप्राय भारत से है।" इस घोषणा से भारतीयों के हृदय में नयी आशा का संचार हुआ।

प्रधानमंत्री मैक्डोनाल्ड ने भारतीय समस्याओं पर परामर्श हेतु वायसराय लॉर्ड इरविन को जून माह में इंग्लैंड बुलाया। इंग्लैंड से लौटकर, लॉर्ड इरविन ने 31 अक्टूबर, 1929 को यह घोषणा की–

"मुझे ब्रिटिश सरकार की ओर से स्पष्ट शब्दों में यह घोषित करने का अधिकार मिला है कि सरकार के अनुसार 1917 की घोषणा में यह बात अंतर्निहित है कि भारत को अंत में औपनिवेशिक स्वराज्य प्रदान किया जाएगा।"[1]

लॉर्ड इरविन ने यह भी बताया, "साइमन कमीशन की रिपोर्ट प्रकाशित होते ही, ब्रिटिश सरकार एक गोलमेज सम्मेलन बुलायेगी, जिसमें ब्रिटिश सरकार और भारत के प्रतिनिधि बैठकर साइमन कमीशन की रिपोर्ट तथा भारत के सांविधानिक सुधारों से संबंधित मामलों पर विचार-विमर्श करेंगे।"

दिल्ली घोषणा पत्र (Delhi Declaration)–लॉर्ड इरविन की घोषणा अस्पष्ट थी। भारत को तुरंत औपनिवेशिक राज्य प्रदान करने का वचन नहीं दिया गया। फिर भी, इससे भारतीयों को कुछ आशा बंध गई। घोषणा के चौबीस घंटे बाद ही एक सर्वदलीय सम्मेलन बुलाया गया। गांधी, मोतीलाल नेहरू, तेज बहादुर सप्रू, मदनमोहन मालवीय, डॉ. अंसारी, एनीबेसेंट, डॉ. मुँजे आदि नेताओं ने एक घोषणा पत्र पर हस्ताक्षर किए।

ब्रिटिश सरकार की प्रशंसा की गई और घोषणा में कहा गया, "प्रस्तावित गोलमेज सम्मेलन, औपनिवेशिक स्वराज्य की स्थापना का समय निश्चित करने के लिए नहीं, बल्कि ऐसे स्वराज्य का संविधान बनाने के लिए बुलाया जाएगा।"

जवाहरलाल नेहरू और सुभाषचंद्र बोस इस प्रस्ताव से संतुष्ट नहीं थे। वे पूर्णस्वराज्य की मांग कर रहे थे। अतएव उन्होंने कांग्रेस कार्यसमिति की सदस्यता से त्यागपत्र दे दिया।

लॉर्ड इरविन की घोषणा के प्रति प्रतिक्रिया (Reaction Against Lord Irwin's Declaration)–इंग्लैंड में लॉर्ड इरविन की घोषणा का जबर्दस्त विरोध किया गया। चर्चिल ने इसका जमकर विरोध किया और लॉयड जार्ज ने समर्थन किया। मजदूर दल को बहुमत प्राप्त नहीं था, इसलिए उसने लिबरल पार्टी के साथ मिलकर सरकार बनायी थी, जो भारत में औपनिवेशिक स्वराज्य की विरोधी थी। इस प्रकार, सरकार ने दोहरी नीति का पालन किया। एक

1. "I am authorised on behalf of His majesty's Government to state clearly that in their judgement, it is implicit in the declaration of 1917 that the natural issue of India's constitutional progress as these contempleted, is the attainment of Dominion status."

ओर तो वह भारतीयों को बहकाती रही और दूसरी ओर भारत संबंधी नीति में कोई परिवर्तन नहीं हुआ।

गांधी-इरविन भेंट (Gandhi met Irwin)–सरकार की नीति का स्पष्टीकरण करने के उद्देश्य से गांधी और मोतीलाल नेहरू ने इरविन से भेंट की। गांधी ने इरविन से पूछा, "क्या सरकार इंग्लैंड में गोलमेज सम्मेलन, भारत के लिए औपनिवेशिक स्वराज्य के आधार पर, नए संविधान का निर्माण करने के लिए बुला रही है?" लेकिन, वायसराय इरविन ने गांधी को कोई स्पष्ट उत्तर नहीं दिया। अतएव गांधी खाली हाथ लौटे।

कांग्रेस का लाहौर अधिवेशनः दिसंबर 1929: पूर्ण स्वतंत्रता की मांग (Lahore Session of the Congress: Demand for Full Independence)

जवाहरलाल नेहरू अध्यक्ष–भारतीय नेता मजदूर दल की कमजोरी को समय गए और उन्होंने यह अनुभव किया कि सरकार को बिना विवश किए स्वराज्य नहीं मिल सकता। उत्तेजनापूर्ण वातावरण में कांग्रेस का अधिवेशन दिसंबर 1929 में लाहौर में हुआ। इस अधिवेशन का सभापतित्व जवाहरलाल नेहरू ने किया। गांधी ने राष्ट्र की नाड़ी को पहचान लिया और हिंसात्मक क्रांति को रोकने के लिए सविनय अवज्ञा आंदोलन चलाने का निर्णय लिया। उन्होंने लाहौर अधिवेशन में एक पूर्ण स्वाधीनता का प्रस्ताव पारित किया जिसमें कहा गया है, "गतवर्ष कलकत्ता के अधिवेशन में किए हुए, अपने निश्चय के अनुसार कांग्रेस यह घोषण करती है कि कांग्रेस विधान के पहले कॉलम में स्वराज का अर्थ पूर्ण स्वाधीनता होगा। कांग्रेस यह भी घोषणा करती है कि नेहरू कमैटी, रिपोर्ट में वर्णित योजना को समाप्त समझा जाए। कांग्रेस आशा करती है कि समस्त कांग्रेस अपना सारा ध्यान भारत वर्ष की स्वाधीनता को प्राप्त करने में लगाएंगे। यह कांग्रेस, अपने रचनात्मक कार्यक्रम को उत्साहपूर्वक पूरा करने के लिए, राष्ट्र से अनुरोध करती है और महासमिति को अधिकार देती है कि जब और जहां चाहे, आवश्यक प्रतिबंधों के साथ सविनय अवज्ञा का कार्यक्रम आरंभ कर दें।"

स्वतंत्रता दिवस, 26 जनवरी (Independence Day, 26 Jan.)–कांग्रेस कार्यकारिणी समिति ने निश्चय किया कि 26 जनवरी को स्वतंत्रता दिवस मनाया जाए। एक प्रतिज्ञापत्र तैयार किया गया, जो प्रतिवर्ष इस दिन पढ़ा जाता और इस हेतु लोग शपथ लेंगे। प्रतिज्ञापत्र में कहा गया कि भारतीय अहिंसापूर्ण सविनय अवज्ञा के साधन से अपने जन्मसिद्ध अधिकार को प्राप्त करके रहेंगे।

संपूर्ण देश में स्वतंत्रता दिवस मनाया जाता था। इससे भारतीयों के हृदय में असीम भावना, देशभक्ति और उत्साह का संचार हुआ। इसीलिए 26 जनवरी 1950 को भारतवर्ष में, गणतंत्र दिवस के रूप में मनाया जाता है।

सविनय अवज्ञा आंदोलनः 1930
(Civil Disobedience Movement)

कारण (Causes)–ब्रिटिश के विरुद्ध भारतीयों का ऐतिहासिक संघर्ष 1930 में सविनय अवज्ञा आंदोलन से प्रारंभ हुआ। इसका नेतृत्व महात्मा गांधी ने किया। इस आंदोलन का प्रारंभ निम्नलिखित कारणों से हुआ।

1. नेहरू रिपोर्ट की अस्वीकृति (Rejection of the Nehru Report)–ब्रिटिश सरकार ने नेहरू रिपोर्ट को अस्वीकृत कर दिया। इससे भारतीय नेता काफी दुःखी हुए और संघर्ष के अतिरिक्त कोई दूसरा मार्ग नहीं उचित समझा। अतएव सविनय अवज्ञा आंदोलन के प्रारंभ करने में नेहरू रिपोर्ट की अस्वीकृति का बहुत बड़ा हाथ था।

2. आर्थिक मंदी (Economic Depression)–1930 में विश्व के विभिन्न हिस्सों में आर्थिक संकट का दौर आया। चारों तरफ आर्थिक मंदी का वातावरण छा गया। वस्तुओं की कीमतें काफी बढ़ गई। किसानों की हालत में गिरावट आई। वे एक गज कपड़ा या केरोसिन तेल खरीदने की स्थिति में नहीं थे। वे लगान या कर चुकाने की स्थिति में नहीं थे। इस आर्थिक संकट का बहुत बड़ा प्रभाव भारतीय राजनीति पर पड़ा। इससे यहाँ के राष्ट्रीय आंदोलन में गति आई।

3. व्यावसायिक और औद्योगिक वर्ग असंतुष्ट (Dissatisfaction among Commercial and Industrial Classes)–व्यावसायिक और औद्योगिक वर्ग भी ब्रिटिश सरकार की आर्थिक नीति से असंतुष्ट थे। सरकार ने अंग्रेजों को लाभ पहुँचाने के लिए रुपए के मूल्य में परिवर्तन कर दिया। अतएव, इन वर्गों ने भी सरकार के विरुद्ध कांग्रेस द्वारा संचालित आंदोलन में भाग लेना प्रारंभ कर दिया।

4. मजदूरों की दशा शोचनीय (Pitiable Condition of Workers)–औद्योगिक मजदूरों की दशा काफी शोचनीय थी। कल-कारखानों में हड़तालें आम बात हो गई थीं। ब्रिटिश सरकार ने मजदूरों की जागृति से घबराकर मार्च 1929 में, अनेक साम्यदायी नेताओं को गिरफ्तार कर लिया था। उनको मेरठ

जेल में बंद करके, उनपर मुकदमा चलाना शुरू कर दिया था, जो **मेरठ षड्यंत्र केस** के नाम से प्रसिद्ध हुआ। मुकदमा चार वर्ष तक चलता रहा और इसमें अनेक व्यक्तियों को राजद्रोह के अपराध में, कई वर्षों का कठोर कारावास दिया गया। कुछ लोगों को देश से निष्कासित भी किया गया। इस घटना का व्यापक प्रभाव मजदूरों पर पड़ा। उन लोगों में चेतना आई और अपने अधिकार के लिए संघर्ष का मार्ग अपनाना उचित समझा। वे संगठित होकर संघर्ष करने लगे। इस संदर्भ में, **जवाहरलाल नेहरू** का कथन है, "मजदूर आंदोलन सिद्धांत और संगठन दोनों में वर्ग चेतनापूर्ण, उग्र और खतरनाक हो रहा था।"[1]

5. हिंसात्मक क्रांति का उदय (Rise of Revolutionary Movement)–महात्मा गांधी ने अनुभव किया कि यदि शीघ्र ही देश की स्वतंत्रता के लिए शांतिपूर्ण ढंग से आंदोलन न प्रारंभ किया गया, तो देश में हिंसात्मक क्रांति का उदय हो जाएगा। गांधी ने समय की नाड़ी को पहचाना। उन्होंने अपने मित्र **आर. रेनॉल्ड्स**[2] के माध्यम से वायसराय को पत्र लिखकर चेतावनी दी। उनके शब्दों में, "हिंसात्मक दल अपनी जड़ जमा रहा है और उसका प्रभाव बढ़ रहा है। मेरे द्वारा आयोजित अहिंसात्मक आंदोलन न केवल ब्रिटिश शासन की हिंसात्मक शक्ति, बल्कि बढ़ते हुए हिंसात्मक दल का भी सामना करेगा।" उन्होंने आगे लिखा–"मुझे वायसराय महोदय के उत्तर पर कोई आश्चर्य नहीं है। हमारे राष्ट्र के भाग्य में तो जेलखाने की शांति ही, एक मात्र शांति है। सारा भारत एक विशाल कारागृह है। मैं यह अंग्रेजी कानून मानने से इन्कार करता हूँ और मैं जबरदस्ती की शांति के मनहूस रास्ते को भंग करना अपना पवित्र कर्तव्य समझता हूँ। इस शांति में राष्ट्र का गला रूँधा हुआ है। उसमें हृदय की चितकार प्रकट होनी चाहिए।"

6. किसानों का वारडोली आंदोलन (Wardoli Movement of Peasants)–वारडोली (सूरत) में सरदार वल्लभभाई पटेल के नेतृत्व में भूमि कर के विरुद्ध एक बहुत बड़ा आंदोलन हुआ था। इसमें पटेल को सफलता मिली। अतएव, कांग्रेस भी अपनी मांगों को पूरा कराने के लिए इसे प्रयुक्त करना चाहती थी।

7. मदर इंडिया का प्रकाशन (Publication of Mother India)–इसी समय एक अमेरिकन महिला **मिस मेयो** ने भारत में अंग्रेज अधिकारियों के

---

1. "The Labour Movement was becoming class-conscious, militant and dangerous both in ideology and organisation."—J.L. Nehru
2. R. Reynalds.

सहयोग से एक पुस्तक **मदर इंडिया** का प्रकाशन किया। इसमें भारत विरोधी बातें भरी हुई थीं, जिसके कारण भारतीय काफी दु:खी हुए। पश्चिम के प्रति भारतीयों के हृदय में घृणा की भावना उत्पन्न हुई।

8. आतंकवादियों से घबराहट (Puzzlement from Anarchists)– आतंकवादियों की कार्यविधियों से अंग्रेजों में घबराहट उत्पन्न हुई। उन लोगों ने, **रॉलट ऐक्ट** जैसा एक और काला कानून बनाने के उद्देश्य से, पब्लिक सेफ्टी **बिल** पहली बार सितंबर 1928 में, केंद्रीय विधान मण्डल में पेश किया गया। इस बिल के पक्ष और विपक्ष में बराबर मत आए, लेकिन स्पीकर विट्ठल भाई पटेल ने अपने निर्णायक मत द्वारा इसे अस्वीकृत करा दिया। 29 जनवरी, 1929 को यह बिल पुन: विधानमंडल में सरकार द्वारा पेश किया गया। 8 अप्रैल को इस बिल के विरोध में भारतीयों की उग्र भावनाओं को प्रकट करने के लिए सरदार भगत सिंह और बटुकेश्वर दल ने असेम्बली में बम फेंका। चारों तरफ दहशत फैल गई। इसमें सरदार भगत सिंह को फाँसी दी गई।

9. औपनिवेशिक स्वराज्य नहीं देना (Not given Dominion Status)–कांग्रेस की प्रमुख मांग थी, भारत में औपनिवेशिक स्वराज्य की स्थापना करना। अंग्रेजों ने इस पर कोई ध्यान नहीं दिया। गांधी को यह विश्वास हो गया कि बिना आंदोलन चलाए, भारत को स्वतंत्रता नहीं मिलेगी।

अतएव, उपर्युक्त कारणों के कारण भारत में ऐसी परिस्थितियों का निर्माण हुआ कि महात्मा गांधी को, 1930 में सविनय अवज्ञा आंदोलन के मार्ग को अपनाना पड़ा।

सविनय अवज्ञा आंदोलन के कार्यक्रम
(Programmes of Civil Disobedience Movement)

सविनय अवज्ञा आंदोलन प्रारंभ करने के पहले गांधी ने ग्यारह सूत्रों की सूची वायसराय के पास भेजी थी। ये मांगे ही उनके आंदोलन के कार्यक्रम थे–

1. मदिरा निषेध।
2. विनिमय की दर में कमी।
3. भूमि कर लगान आधा हो।
4. नमक कर को समाप्त किया जाए।
5. सेना के खर्च में कटौती हो।
6. बड़ी-बड़ी सरकारी नौकरियों का वेतन आधा किया जाए।

7. गुप्तचर पुलिस को उठा दिया जाए।
8. भारतीय समुद्रतट केवल भारतीय जहाजों के लिए सुरक्षित रहें।
9. सभी राजनीतिक कैदी छोड़ दिए जाए, राजनीतिक मामले उठा लिए जाएँ। निर्वासित भारतीयों को देश में वापस आने दिया जाए।
10. आत्मरक्षा के लिए हथियार रखने के लाइसेंस दिए जाए।

सविनय अवज्ञा आंदोलन का प्रारंभ (Beginning of Civil Disobedience Movement)–फरवरी 1930 में, कांग्रेस की कार्यकारिणी समिति ने गांधी और उनके साथियों को सविनय अवज्ञा आंदोलन करने का अधिकार प्रदान किया। आंदोलन प्रारंभ करने के पूर्व गांधी ने, वायसराय को पत्र लिखकर सरकार से समझौता करना चाहा। लेकिन, सरकार पर इसका कोई प्रभाव नहीं पड़ा। उसने विपरीत लिखा कि गांधी के कार्य से देश में अव्यवस्था और अशांति ही उत्पन्न होगी। इसके उत्तर में गांधी ने लिखा था, "मैंने रोटी माँगी, पर लाठी मिली। अतः, आंदोलन प्रारंभ करने के अतिरिक्त मेरे सामने कोई रास्ता नहीं रहा। आंदोलन शुरू कर दिया गया।"

सविनय अवज्ञा आंदोलन का प्रारंभ दाण्डी यात्रा से, 12 मार्च, 1930–गांधी ने सविनय अवज्ञा आंदोलन का प्रारंभ नमक कानून के तोड़ने से किया। इसमें गांधी के साथ विद्यापीठ और साबरमती आश्रम के 79 सदस्यों ने भाग लिया। यह निश्चय किया गया कि ये लोग समुद्र तट के एक गाँव दाण्डी जाकर नमक बनाएंगे और इस प्रकार नमक कानून को तोड़ा जाएगा। 12 मार्च, 1930 को, गांधी ने अपने साथियों के साथ साबरमती आश्रम से दाण्डी के लिए प्रस्थान किया। दो सौ मील की दूरी पैदल ही चौबीस दिन में तय की गई। मार्ग में नर–नारियों ने सत्याग्रहियों की जय–जयकार की। सरदार वल्लभभाई पटेल, जो गाँव का दौरा कर, जनता को सजग कर रहे थे, की गिरफ्तारी और कारावास ने लोगों में उत्तेजना और सनसनी पैदा कर दी। ऐतिहासिक दाण्डी यात्रा के महत्व पर प्रकाश निम्न प्रकार डाला गया है।

सुभाषचंद्र बोस ने इसकी तुलना नेपोलियन के पेरिस मार्च और मुसोलिनी के रोम मार्च से की।

बंबई क्रॉनिकल के अनुसार, "इस महान राष्ट्रीय घटना से पहले और उसके साथ–साथ बाद में जो दृश्य देखने में आए वे इतने उत्साहपूर्ण, शानदार और जीवन–फूँकने वाले थे कि वर्णन नहीं किया जा सकता। इस महान अवसर पर मनुष्यों के हृदय में देश प्रेम की जितनी प्रबल धारा बह रही थी, उतनी

पहले कभी नहीं बही थी। यह एक आंदोलन का महान आरंभ था और निश्चय ही भारत की राष्ट्रीय स्वतंत्रता के इतिहास में इसका महत्वपूर्ण स्थान होगा।"

जवाहरलाल नेहरू ने लिखा, "जैसे-जैसे दिन-प्रतिदिन जनता इस सत्याग्रही जनता का साथ देती गई, देश में उत्तेजना की मात्रा बढ़ती गई।"[1]

अंग्रेजों ने गांधी के सविनय अवज्ञा आंदोलन का उपहास किया।

स्टेट्समैन ने कहा, "महात्मा गांधी उस समय तक पानी की तरह खौलते रहेंगे, जब तक कि भारत को औपनिवेशिक स्वराज्य प्राप्त न हो जाए।"

ब्रेल्सफोर्ड के अनुसार, "सम्राट को केतली में खौलते हुए पानी द्वारा अपदस्थ कराया जा सकता है।"[2]

छह अप्रैल को आत्मशुद्धि के बाद गांधी ने, समुद्र तट से थोड़ा नमक उठाकर कानून को भंग किया। देश के विभिन्न भागों के लोगों ने स्वयं नमक बनाकर कानून को तोड़ना शुरू किया। जिन जगहों में नमकीन पानी नहीं था, वहाँ के लोगों ने अन्य कानूनों को तोड़कर सत्याग्रह आंदोलन जारी रखा। नौ अप्रैल को, गांधी ने देश के सामने निम्नलिखित कार्यक्रम रखा।

"हर गाँव निषिद्ध नमक को प्राप्त करे या बनाए। बहनें शराब की दुकानों, अफीम के अड्डों और विदेशी वस्त्रों के विक्रेताओं के सामने धरना दें। विदेशी वस्त्र जलाए जाएँ। हिंदू छुआछूत छोड़े। छात्र सरकारी स्कूल को छोड़ दें और सरकारी नौकर, अपनी नौकरियों से त्यागपत्र दे दें।"

सविनय अवज्ञा आंदोलन की प्रगति
(Progress of Civil Disobedience Movement)

नमक कानून भंग की लहर—गांधी द्वारा दाण्डी में नमक बनाने के बाद सत्याग्रह में तेजी आई। उत्तर प्रदेश, मध्य प्रदेश, मद्रास, बंबई और बंगाल में गैर-कानूनी तरीके से नमक बनाना शुरू किया गया। भारत के विभिन्न स्थानों पर नमक कानून को वृहत रूप से तोड़ा गया।

महिलाओं द्वारा धरना—गांधी ने महिलाओं को शराब की दुकान पर धरना देने को कहा। फलस्वरूप, दिल्ली में 1600 महिलाओं ने, पर्दा उतार कर सत्याग्रह में भाग लिया, जो सदा के लिए राष्ट्रीय आंदोलन के इतिहास में स्मरणीय बन गया। सभी महिलाओं को गिरफ्तार कर जेल में डाल दिया गया।

1. "As people followed the fortunes of this marching column of pilgrims from day-do-day, the temperature of the country went up."—Nehru
2. "The king emperor can be unseated by boiling sea-water in a Kettle." —Brailsford

धारसाना घटना–धारसाना में, 2500 सत्याग्रहियों ने नमक के गोदाम पर चढ़ाई की। पुलिस ने इनको बहुत बुरी तरह से पीटा। अनेक घायल हुए और मारे गए।

विदेशी कपड़े का बहिष्कार–भारत के कोने-कोने पर विदेशी कपड़ों का बहिष्कार किया गया। मोतीलाल नेहरू ने स्वयं विदेशी कपड़ों का होलिका दहन किया। **एच.एन. ब्रेल्सफोर्ड** के अनुसार, "1930 की सदी तक सूती कपड़ों का व्यापार पहले वर्ष की अपेक्षा एक-तिहाई या एक चौथाई के लगभग रह गया था। बंबई में अंग्रेज व्यापारियों की सोलह मिलें बंद हो गई तथा बत्तीस हजार मजदूर बेरोजगार हो गए। इसके विरुद्ध भारतीय व्यापारियों की मिलें दुगुनी तेजी के साथ काम कर रही थी।"

राजद्रोह अधिनियम का उल्लंघन–कलकत्ता में राजद्रोहात्मक साहित्य को सार्वजनिक सभाओं में सुनाकर राजद्रोह अधिनियम का उल्लंघन किया गया।

जंगल कानून का उल्लंघन–मध्य प्रदेश में जंगल कानून का उल्लंघन किया गया।

करबंदी–भारतीय किसानों ने करबंदी आंदोलन में खुलकर भाग लिया।

मुसलमानों की भूमिका–सविनय अवज्ञा आंदोलन में केवल राष्ट्रवादी भारतीय मुसलमान और अब्दुल गफ्फार खाँ के नेतृत्व में पठानों ने भाग लिया। जिन्ना के नेतृत्व वाले मुसलमानों ने इस आंदोलन का विरोध किया। उनके शब्दों में, "हम गांधी के साथ शामिल होने से इन्कार करते हैं, क्योंकि उनका आंदोलन भारत की पूर्ण स्वतंत्रता के लिए न होकर, भारत के सात करोड़ मुसलमानों को हिंदू महासभा के आश्रित बना देने के लिए है।"[1]

सरकार का दमनचक्र (Repression by the Government)–सरकार ने सविनय अवज्ञा आंदोलन का दमन बड़ी क्रूरता से किया। सार्वजनिक सभाओं और प्रदर्शनों पर लाठी चार्ज और गोलियां चलायी गयी। असंख्य लोगों को घायल किया गया और अनेक व्यक्ति मारे गए। बड़े पैमाने पर जनता को गिरफ्तार किया गया। कड़ा जुर्माना लगाया गया। औरतों के साथ दुर्व्यवहार किया गया। कर नहीं देने वालों की संपत्ति जब्त की गई। धारसना धावा के समय अंग्रेजों ने सत्याग्रहियों के साथ बहुत बड़ा अत्याचार किए।

---

1. "We refused to join Gandhi because his movement is not a movement for the complete Independence of India, but for making the seventy millions of India Musalmans dependents of Hindu Mahasabha."—Jinnah

वेबमिलर के शब्दों में, "मैं बीस देशों में अठारह वर्षों से संवाददाता का काम कर रहा हूँ। इस काल में मैंने असंख्य उपद्रव, मारपीट और विद्रोह देखे हैं। किंतु, धारसाना के समान पीड़ाजनक दृश्य मेरे देखने में कभी नहीं आए। कभी-कभी तो ये इतने दुःखद हो जाते थे कि क्षण भर के लिए आँखें फेर लेना पड़ता था। स्वयं सेवकों का अनुशासन अद्‌भुत था। मालूम होता था कि इन लोगों ने गांधी जी के अहिंसा धर्म को घोलकर पी लिया हो।"[1]

समझौते का असफल प्रयास–सरकारी दमन के साथ-साथ आंदोलन का रूप उग्र होता गया। **आचार्य नरेंद्रदेव** ने आंदोलन के संबंध में लिखा है, "इस युद्ध में देश ने अहिंसा और आत्मबलिदान का अभूतपूर्व परिचय दिया। कम से कम अस्सी हजार लोग जेल गए और एक हजार मारे गए। इसमें स्त्रियों का भाग भी विशेष उल्लेखनीय रहा और बच्चों की वानर सेना तो प्रसिद्ध हो गई थी।"

एक ओर सरकार आंदोलन से परेशान थी, दूसरी ओर उदारवादी भारतीयों की पीड़ा से मर्माहत। डॉ. जयकर और तेजबहादूर सप्रू ने अंग्रेजों से समझौते का प्रयत्न किया, लेकिन वार्ता असफल रही।

नेहरू और गांधी की गिरफ्तारी–इसी बीच 16 अप्रैल, 1930 को जवाहरलाल नेहरू और अन्य कांग्रेसी नेताओं को गिरफ्तार कर लिया गया। 5 मई, 1930 को, गांधी को गिरफ्तार कर लिया गया और यरवदा जेल भेज दिया गया। कुल साठ हजार लोगों को जेल में डाल दिया गया।

आंदोलन पूर्ववत चलता रहा–मोतीलाल नेहरू, गांधी और जवाहरलाल नेहरू से कुछ नेता जेल में मिले थे और उसके बाद सविनय अवज्ञा आंदोलन के स्थगन हेतु और इंग्लैंड में गोलमेज सम्मेलन भाग के लिए निम्न प्रस्ताव गांधी ने रखा।

(क) भारतीयों को ब्रिटिश साम्राज्य से अलग होने का अधिकार दिया जाए।

(ख) भारत में तुरंत उत्तरदायी सरकार की स्थापना की जाए।

(ग) सभी राजनीतिक बंदियों को छोड़ दिया जाए।

भारत के वायसराय ने उपर्युक्त प्रस्ताव को स्वीकार नहीं किया और इस प्रकार सविनय अवज्ञा आंदोलन पूर्ववत चलता रहा।

1. "In eighteen years of my reporting in twenty countries, during which I have witnessed in numberable civil disturbances, riots, street fights and rebellions, I have never witnessed such narrowing scenes as at Dharsana." —Web Millar

प्रथम गोलमेज सम्मेलनः 12 नवंबर, 1930
(First Round Table Conference)

भारतीय राजनीतिक समस्या के समाधान हेतु, 12 नवंबर, 1930 को लंदन में प्रथम गोलमेज सम्मेलन प्रारंभ हुआ। ब्रिटिश सम्राट ने इसका उद्घाटन किया और तत्कालीन प्रधानमंत्री रैम्जे मैक्डोनाल्ड ने इसकी अध्यक्षता की। इसमें नवासी प्रतिनिधियों ने भाग लिया, जिनमें सोलह भारतीय देशी राज्यों के, सोलह प्रतिनिधि ब्रिटिश संसद के तीनों दलों के और सतावन सदस्य ब्रिटिश भारत के प्रतिनिधि थे, जिन्हें वायसराय ने मनोनीत किया था। कांग्रेस ने इस सम्मेलन में भाग नहीं लिया जैसा कि **ब्रेल्सफोर्ड**[1] ने कहा, "सेंटजेम्स महल में भारतीय नरेश, हरिजन, सिख, मुसलमान, हिंदू, ईसाई, जमींदार, मजदूर संघों और वाणिज्य संघों के प्रतिनिधियों ने भाग लिया, किंतु भारत माता वहाँ उपस्थित नहीं थी।"

कूपलैंड के शब्दों में, "यह सम्मेलन एक अत्यंत ही महत्वपूर्ण ऐतिहासिक घटना थी। इसके पूर्व चालीस करोड़ जनता का प्रतिनिधित्व करने वाले तथा एक सम्राट के प्रति श्रद्धा रखने वाले प्रतिनधि, समान हित के लिए एक समान महत्व के विषय पर, विचार-विमर्श हेतु कभी एक स्थान पर एकत्र नहीं हुए थे।"

सम्मेलन में वार्ता का आधार (Basis of Talk in the Conference)–**मैक्डोनाल्ड** ने सम्मेलन में वार्ता का आधार, निम्नलिखित सिद्धांतों को बताया।

(क) संघात्मक शासन–भारत में संघात्मक शासन की व्यवस्था की जाएगी। जिसमें ब्रिटिश भारत और देशी रियासतें दोनों ही होंगी।

(ख) संरक्षणों सहित उत्तरदायी शासन–प्रांतों में पूर्ण उत्तरदायी शासन की व्यवस्था की जाएगी, लेकिन अल्पसंख्यकों के लिए राज्यपालों को विशेषाधिकार प्रदान किए जाएँगे।

(ग) केंद्र में दोहरा शासन–केंद्र में द्वैध-शासन की स्थापना की जाएगी, जिसमें शासन को आंशिक रूप से उत्तरदायी बनाया जाएगा।

(घ) अंतरिम काल में रक्षात्मक विधान–सम्मेलन में आंतरिक काल को ध्यान में रखकर कुछ रक्षात्मक विधान की भी सिफारिश की गई।

प्रतिनिधियों की प्रतिक्रिया (Reaction of Representatives)–प्रथम गोलमेज सम्मेलन में प्रतिनिधियों की प्रतिक्रियाएँ निम्नांकित रूप से हुई।

---

1. "In St. James' palace these did assemble princes and untouchables, Sikhs, Muslims, Hindus and Christians and spokes men of landowners, trade unions and chamber of commerce, but Mother India was not there."—Brailstord

संघात्मक शासन का समर्थन–सभी प्रतिनिधियों ने संघात्मक शासन को स्वीकार कर लिया। देशी-नरेशों ने भी संघ में सम्मिलित होना स्वीकार किया। **महाराज बीकानेर** ने स्पष्ट रूप से कहा, "अखिल भारतीय संघ ही भारतीय समस्या का संतोषजनक हल है।" **सर तेजबहादुर सप्रू** ने इसका स्वागत करते हुए कहा, "वे (देशी नरेश) हमारे संविधान को सुस्थिरता प्रदान करने वाले तत्व सिद्ध होंगे।" उन्होंने औपनिवेशिक स्वराज्य की स्थापना पर जोर दिया। **जयकर** के शब्दों में, "यदि आप आज भारत को औपनिवेशिक स्वराज्य प्रदान कर दें, तो स्वतंत्रता की आवाज स्वयं समाप्त हो जाएगी। जिन्ना और मुहम्मद शफी ने भी, संघात्मक शासन का विरोध नहीं किया।"

सांप्रदायिक समस्या का हल नहीं–सम्मेलन में प्रतिनिधियों के बीच सांप्रदायिक समस्या पर कोई समझौता नहीं हो सका। इस समस्या के समाधान हेतु प्रधानमंत्री की अध्यक्षता में एक उप-समिति का गठन भी हुआ। मुसलमान पृथक निर्वाचक मंडल के पक्ष में और हिंदू संयुक्त निर्वाचक मंडल के पक्ष में थे।

डॉ. अम्बेडकर ने हरिजनों के लिए पृथक प्रतिनिधित्व की मांग की।

सम्मेलन स्थगित–प्रतिनिधिगण किसी एक निष्कर्ष पर नहीं पहुँच सके। अतएव, 29 जनवरी, 1931 को, सम्मेलन को अनिश्चित काल के लिए स्थगित कर दिया गया।

मूल्यांकन (Evaluation)–आलोचकों के अनुसार प्रथम गोलमेज सम्मेलन बिल्कुल असफल रहा। इसमें भारत की भूखी और नंगी जनता का प्रतिनिधित्व नहीं हो सका। कांग्रेस की कुछ मांगों को आंशिक रूप से स्वीकार किया गया, लेकिन, पूर्ण स्वराज्य की मांग को अस्वीकृत कर दिया गया।

सुभाषचंद्र बोस[1] ने सम्मेलन में कहा था, "इसने भारत को दो तीखी गोलियाँ दीं, अभिरक्षण और संघ-राज्य। गोलियों को खाने योग्य बनाने के लिए उन पर उत्तरदायित्व का मीठा मुलम्मा चढ़ा दिया गया था।"

ईश्वरी प्रसाद ने लिखा है, "नौ सप्ताह की लम्बी और अस्पष्ट वार्ता के बाद, प्रथम गोलमेज सम्मेलन ने भारत के सांप्रदायिक मतभेदों को अंतर्राष्ट्रीय प्रचार के अलावा और कुछ भी प्राप्त नहीं किया।"

वस्तुत:, प्रथम गोलमेज सम्मेलन से भारतीय राजनीतिक समस्या का कोई निदान नहीं निकल सका।

---

1. "The conference offered India two bitter pills Safequard and Federation. To make the pills eatable they were sugarcoated with responsibility."—S.C. Bose

गांधी-इरविन समझौताः 5 मार्च, 1931
(Gandhi-Irwin Pact)

ब्रिटिश सरकार ने यह अनुभव किया कि बिना कांग्रेस का सहयोग लिए भारतीय समस्याओं का समाधान संभव नहीं है। अतएव, अच्छा वातावरण तैयार करने के लिए, कांग्रेस पर से पांबदी हटा दी गई और गांधी को रिहा कर दिया गया। तेज बहादूर सप्रू और जयकर के प्रयत्न से, 17 फरवरी, 1931 को गांधी की वार्ता इरविन के साथ प्रारंभ हुई, जो कि 5 मार्च, 1931 तक चली। दोनों में काफी विचार-विमर्श के बाद पाँच मार्च को एक समझौता हुआ, जो गांधी-इरविन समझौते के नाम से जाना जाता है।

इरविन द्वारा स्वीकृत बात—समझौते में लॉर्ड इरविन ने सरकार की ओर से निम्नलिखित बातों को स्वीकार कर लिया।

1. सरकार सभी अध्यादेशों और चालू मुकदमों को वापस ले लेगी।
2. सरकार उन सभी राजनीतिक कैदियों को छोड़ देगी, जिन्होंने हिंसा का मार्ग नहीं अपनाया।
3. सरकार समुद्र के पास रहने वाले लोगों को बिना टैक्स के नमक जमा करने और बनाने देगी।
4. सरकार विदेशी कपड़ों, शराब और अफीम की दुकानों पर शांतिपूर्ण धरना रखने देगी और उसमें कोई रूकावट उत्पन्न नहीं करेगी।
5. सरकार सत्याग्रहियों की जब्त की हुई संपत्ति को वापस कर देगी।

गांधी द्वारा स्वीकृत बातें

1. कांग्रेस सविनय अवज्ञा आंदोलन को स्थगित कर देगी।
2. महात्मा गांधी पुलिस की ज्यादतियों के बारे में निष्पक्ष जाँच की मांग छोड़ देंगे।
3. कांग्रेस दूसरे गोलमेज सम्मेलन में भाग लेगी। वह उत्तरदायी शासन को अभिरक्षणों[1] सहित भारतीयों के हित में स्वीकार कर लेगी।
4. कांग्रेस सब बहिष्कारों को बंद कर देगी।
5. यदि कांग्रेस समझौते की शर्तों पर अमल नहीं करेगी, तो सरकार शांति और व्यवस्था बनाये रखने के लिए आवश्यक कार्यवाही कर सकेगी।

---

1. Sefequards.

समझौते पर प्रतिक्रिया (Reaction to the Pact)

आलोचना–गांधी-इरविन समझौते पर भारत में मिली-जुली प्रतिक्रिया हुई। इंग्लैंड में इस समझोते को अपमान समझा गया।

मसानी के शब्दों में, "एक ओर तो जवाहरलाल नेहरू और सुभाषचंद्र बोस जैसे वामपंथी कांग्रेसियों ने सोचा कि गांधीजी ने अनजाने में भारत को बेच दिया है; तो दूसरी ओर इंग्लैंड के चर्चिल जैसे कट्टर अनुदारवादियों ने सोचा कि इरविन ने ग्रेट ब्रिटेन को बेच दिया है।"

वामपंथी और **युवावर्ग** ने समझौते की निंदा की। युवावर्ग ने गांधी मुर्दाबाद के नारे लगाये, क्योंकि गांधी भगत सिंह, सुखदेव और राजगुरु को फाँसी के तख्ते से नहीं बचा सके। उन लोगों को 23 मार्च 1931 को फाँसी दी गई और लाश को चुपचाप जला दिया गया, इससे युवावर्ग क्रांति की आग में तड़पने लगे।

रजनी पामदत्त ने लिखा है, "समझौते द्वारा कांग्रेस की कोई मांग पूरी नहीं हुई, यहाँ तक कि नमक कानून भी नहीं हटाया गया, सविनय अवज्ञा आंदोलन स्थगित कर दिया गया। कांग्रेस ने उस गोलमेज सम्मेलन में भाग लेना स्वीकार कर लिया, जिसका बहिष्कार करने की शपथ दी गयी थी। स्वराज की दिशा में कोई भी कदम नहीं उठाया गया।"

माइकेल ब्रेचर के शब्दों में, "गांधीजी को केवल एक ही बात में महत्वपूर्ण विजय मिली। वायसराय का वार्ता के लिए सहमत होना, कांग्रेस को भारतीय जनता के प्रतिनिधि के रूप में मान्यता देना था। अन्य बातों की दृष्टि से समझौता कांग्रेस की पूर्ण पराजय थी।"

प्रशंसा–कुछ विद्वानों ने गांधी-इरविन समझौते की प्रशंसा भी की है।

उदारवादी–उदारवादियों ने इस समझौते को कांग्रेस की महान विजय बताया और कहा कि इस समझौते के द्वारा कांग्रेस के मान और शक्ति में वृद्धि हुई।

के.एम. मुंशी ने कहा, "इस समझौते का होना, भारतीय इतिहास की एक महत्वपूर्ण घटना है।"

फिशर के अनुसार, "एक राष्ट्र के नेता ने बराबरी के स्तर पर दूसरे राष्ट्र के नेता से वार्ता की और यह स्पष्ट हो गया कि इंग्लैंड के द्वारा भारत पर गांधी की इच्छा के बिना या उसके विरुद्ध, शासन नहीं किया जा सकता। चर्चिल ने इसे समझते हुए कहा कि इस समझौते का तात्पर्य यह है कि ब्रिटिश साम्राज्य अधनंगे फकीर की कृपा पर निर्भर करता है और ब्रिटेन ने भारत की

स्वतंत्रता को सिद्धांत रूप में स्वीकार कर लिया है, यद्यपि कुछ समय के लिए व्यवहार में इसे प्रदान किया गया है।"

जकारिया के मतानुसार, "यह समझौता दोनों पक्षों की उच्च देश-शक्ति और उत्तम बुद्धि का स्मारक है।"

जवाहरलाल नेहरू[1] ने लिखा, "इस समझौते के बाद अनेक व्यक्ति जो तूफानी दिनों में कष्टों से डरकर कांग्रेस से बच रहे थे, कांग्रेस की ओर आकर्षित होने लगे और उन्होंने अपने पूर्व व्यवहार को सुधारने का प्रयत्न किया। यहाँ तक कि सांप्रदायिकतावादियों ने भी इसके निकट आने का प्रयत्न किया। कष्टों के बीच गुजरने से कांग्रेस के मान और प्रतिष्ठा में वृद्धि हुई और राष्ट्र का नैतिक स्तर उच्च हुआ।"

वस्तुत:, गांधी-इरविन समझौता समय की मांग थी। अनेक कांग्रेसी नेता कांग्रेस से दूर भाग रहे थे और उसके कार्यक्रमों में अभिरूचि भी नहीं रख रहे थे। इस समझौते ने कांग्रेस की प्रतिष्ठा को बढ़ाया और उसके प्रभाव के विस्तार को बढ़ाया। इनके साथ ही, वे कांग्रेस के निकट आकर राष्ट्रीय आंदोलन में सक्रिय भाग लेने लगे।

कांग्रेस का कराँची अधिवेशन 25 मार्च, 1931

25 मार्च, 1931 को कराँची में कांग्रेस का अधिवेशन बुलाया गया। भारतीय युवक दो कारणों से, सरकार और गांधी दोनों से अप्रसन्न थे।

सरदार भगत सिंह की फाँसी–युवकों का कहना था कि सरकार ने दुरंगी चाल चलते हुए जहाँ एक ओर 23 मार्च 1931 को सरदार भगत सिंह, सुखदेव और राजगुरु को फाँसी पर लटका दिया और शासन द्वारा तीनों के शवों को चुपचाप सतलज के किनारे जला दिया गया। 25 मार्च 1931 को इसके विरोध में बंबई, मद्रास, लाहौर, कानपुर और अन्य नगरों में हड़तालें हुई। सांप्रदायिक दंगे भी हुए। मुसलमानों ने दुकाने नहीं बंद की, जिसके कारण दंगे हुए।

गणेश शंकर विद्यार्थी की हत्या–**प्रताप** समाचार पत्र के संपादक गणेश शंकर विद्यार्थी ने, इन सांप्रदायिक दंगों को शांत करने के उद्देश्य से दौरा किया, लेकिन किसी दंगाई ने इनकी नृशंसा हत्या कर दी।

इन्हीं दो दु:खद घटनाओं के कारण जब 25 मार्च 1931 में, कांग्रेस का अधिवेशन कराँची में प्रारंभ हुआ, तो युवकों ने गांधी को भला-बुरा कहा और काले झंडे का प्रदर्शन किया। सरदार वल्लभभाई पटेल इस अधिवेशन

1. *Discovery of India*.

की अध्यक्षता कर रहे थे। बड़ी कठिनाई के बाद, गांधी-इरविन समझौते को स्वीकार कर लिया। इसके साथ ही, गांधी को दूसरे गोलमेज सम्मेलन में भाग लेने के लिए कांग्रेस ने उन्हें नियुक्त किया।

दूसरा गोलमेज सम्मेलनः 7 सितंबर, 1931
(Second Round Table Conference)

सम्मेलन का प्रारंभ—दूसरा गोलमेज सम्मेलन 7 सितंबर, 1931 को प्रारंभ हुआ। इसमें कांग्रेस के एकमात्र प्रतिनिधि गांधी थे। सरकार ने पंडित मदनमोहन मालवीय और सरोजनी नायडू को व्यक्तिगत रूप से सम्मेलन में भाग लेने के लिए आमंत्रित किया। गांधी 29 अगस्त, 1931 को गोलमेज सम्मेलन में भाग लेने के लिए इंग्लैंड गए और बारह सितंबर को सम्मेलन में पहुँचे।

सम्मेलन एक प्रतिकूल राजनीतिक स्थिति में शुरू हुआ, इंग्लैंड और भारत के राजनीतिक जीवन में कुछ परिवर्तन हुआ।

राष्ट्रीय सरकार का गठन—इंग्लैंड में गंभीर आर्थिक संकट के कारण 26 अगस्त, 1931 को मजदूर दल की सरकार ने अपना त्यागपत्र दे दिया। एक राष्ट्रीय सरकार का निर्माण किया गया, जिसमें अनुदार दल का प्रभाव रहा। इसी बीच अक्टूबर में आम चुनाव हुए उसमें अनुदारवादी दल को सफलता मिली।

भारतीय सचिव में परिवर्तन—बेजबुड बेन के स्थान पर सर सैम्युल होर को भारत सचिव नियुक्त किया गया।

नया वायसराय—भारत में इरविन के स्थान पर नया वायसराय लॉर्ड विलिंगडन को बनाया गया, जो भारत के कट्टर दुश्मन थे।

सरकार का दमन—लॉर्ड विलिंगडन एक प्रतिक्रियावादी विचार के व्यक्ति थे। उन्होंने गांधी-इरविन समझौते का पालन नहीं किया। सभाओं को जबरन भंग कर दिया। बंदियों को रिहा नहीं किया। जब्त संपत्ति नहीं लौटाई गयी। सरकार का क्रूर दमन चलता रहा। गांधी ने स्वयं दुःखी होकर वायसराय को तार दिया, "संयुक्त प्रांत, सीमाप्रांत और दूसरे प्रांतों में जारी दमन से लगता है कि मुझे गोलमेज सम्मेलन के विचार-विमर्श में भाग लेने के लिए नहीं जाना चाहिए।"

इस बदलती हुई परिस्थिति में गोलमेज सम्मेलन, भारत के लिए कोई महत्वपूर्ण काम नहीं कर सका। यह निरर्थक और भड़कीली वाद-विवाद का सम्मेलन बनकर रह गया। प्रतिनिधिगण भारत की प्रमुख समस्याओं पर कुछ निर्णय नहीं ले सके। इसका कारण था कि एक ओर गांधी, उच्च आदर्शों के

पुजारी और दूसरी ओर संकीर्ण विचारों के लोग इसमें भाग ले रहे थे। गांधी ने केंद्र में द्वैध-शासन की स्थापना का विरोध किया। सांप्रदायिक समस्या पर कोई निर्णय नहीं लिया गया। अल्पमतों और अनुसूचित जातियों के लोगों ने पृथक प्रतिनिधित्व की मांग की। जिसके कारण सम्मेलन को सफलता नहीं मिल सकी।

मुख्य बातें–फिर भी, दूसरे गोलमेज सम्मेलन में निम्नलिखित बातों के संबंध में निर्णय लिया गया–

1. नए संविधान का ढाँचा।
2. संघीय न्यायपालिका का स्वरूप।
3. संघीय व्यवस्थापिका सभा का निर्माण।
4. केंद्र और प्रांतों के बीच आर्थिक साधनों का बँटवारा।
5. भारत संघ में देशी राज्यों के सम्मिलित होने का आधार।

असफल रहा–दूसरा गोलमेज सम्मेलन पहली दिसंबर, 1931 को समाप्त हुआ। ब्रिटिश सरकार के विरोधी रूख के कारण यह असफल रहा। वह भारत की समस्याओं का निदान नहीं करना चाहता था। भारत की नौकरशाही को समानता के आधार पर, गांधी के साथ समझौता करना पसंद नहीं था।

जवाहरलाल नेहरू के शब्दों में, "सम्मेलन में हमारा पलड़ा बहुत हल्का था। हमने उन दीन और अनिर्बल प्रयत्नों को देखा, जो राष्ट्रीय एवं आर्थिक समस्याओं में केवल धरातल को खुरचने के लिए किए गए थे। विभिन्न दल भूखे भेड़िये की तरह अपने शिकार की लूट में भाग लेने की प्रतीक्षा कर रहे थे। किसी ने स्वतंत्रता, लोकतंत्रात्मक भारत को शक्ति-हस्तांतरण, भारतीय जनता की सबसे आवश्यक आर्थिक और अन्य समस्याओं के समाधान के विषय में नहीं सोचा। उस खचाखच भरे हुए हॉल में गांधीजी बैठे हुए थे, चुप और शांत, आश्चर्यजनक धैर्य के साथ अपने कार्य में व्यस्त रहे और उन्होंने समझौते का सामान्य आधार मालूम करने के अनेक प्रयत्न किये।"

जकारिया ने कहा, "यदि गांधीजी प्रथम गोलमेज सम्मेलन में भाग लेते, जिस समय कि वहाँ मजदूर दल की सरकार थी, तो हमारे लिए अधिक लाभप्रद होता, क्योंकि उस समय तक कोई निर्णय नहीं किया गया था।"

सम्मेलन में अनेक शक्तियाँ–विचारकों का मत है कि सम्मेलन में अनेक शक्तियाँ थीं, जो दिमागी कुश्ती का काम कर रही थी। प्रथम, ब्रिटिश सरकार सांप्रदायिकता को बढ़ावा दे रही थी। दूसरा, गांधी अधिक से अधिक

स्वतंत्रता चाहते थे। तीसरा, उदारवादी नेता औपनिवेशिक स्वराज्य चाहते थे। चौथा, राजा-महाराजा अपना हित चाहते थे।

इन्हीं कारणों से दूसरा गोलमेज सम्मेलन असफल रहा। गांधी ने सम्मेलन स्थगित होते समय कहा था, "मैं नहीं जानता कि मेरा रास्ता किस दिशा में होगा, परंतु मुझे इसकी चिंता नहीं है। यदि मुझे आपसे सर्वथा भिन्न भी हो जाना पड़े, तो भी आप मेरे धन्यवाद के अधिकारी तो है ही।"

सविनय अवज्ञा आंदोलन की पुनरावृत्ति (1932-34)
(Revival of the Civil Disobedience Movement)

गांधी इंग्लैंड से खाली हाथ लौटे—गांधी लंदन से खाली हाथ स्वदेश लौटे। 21 सितंबर, 1931 को बंबई में एक जन-समूह को संबोधित करते हुए कहा, "मैं खाली हाथ लौटा हूँ, लेकिन मैंने अपने देश की इज्जत पर बट्टा नहीं लगने दिया।"

लॉर्ड विलिंगडन की दमनकारी नीति—लॉर्ड विलिंगडन का दमन-चक्र, भारत में बड़ी तेजी के साथ चल रहा था। अध्यादेशों को लागू किया गया। उन्होंने गांधी-इरविन समझौते का खुलम-खुला उल्लंघन किया। उत्तर प्रदेश के कृषि संबंधी झगड़ों के कारण जवाहरलाल नेहरू को गिरफ्तार कर लिया गया था। उत्तर-पश्चिमी सीमा प्रांत में अब्दुल गफ्फार खाँ और उनके बड़े भाई डॉ. खाँ भी गिरफ्तार कर लिए गए। बंगाल में सैनिक शासन लागू किया गया। गांधी ने वायसराय से मिलने के लिए पत्राचार किया, लेकिन वायसराय ने मिलने से इन्कार कर दिया।

पुनः सविनय अवज्ञा आंदोलन और दमनः 3 जनवरी, 1932

जब वायसराय किसी भी तरह परिस्थिति को सुलझाने के लिए तैयार नहीं हुए, तो कांग्रेस की कार्य-समिति ने सविनय अवज्ञा आंदोलन को पुनः शुरू करने का निर्णय लिया। 3 जनवरी, 1932 को, गांधी ने राष्ट्र को इस अग्नि-परीक्षा का सामना करने के लिए आह्वान किया। सरकार ने 4 जनवरी, 1932 को, गांधी को गिरफ्तार कर दिया। कांग्रेस अध्यक्ष सरदार वल्लभभाई पटेल भी गिरफ्तार कर लिए गए। कांग्रेस गैर-कानूनी संस्था घोषित की गई। उन लोगों की संपत्ति लूट ली गई। लॉर्ड विलिंगडन ने घोषणा की कि वे आंदोलन को छह सप्ताह में कुचल देंगे, लेकिन उसे सफलता नहीं मिली। लगभग एक लाख बीस हजार व्यक्तियों को गिरफ्तार किया गया और दंड दिया गया। गोली और लाठी चलाना आम बात थी। **सी.वाई. चिंतामणि** ने

लिखा, "सरकार अपने कार्यों में दृढ़ थी, पर कांग्रेस भी झुकने को तैयार नहीं थी। कांग्रेस का लगभग हर नेता गिरफ्तार कर, आंदोलन से पृथक कर दिया गया था, लेकिन आंदोलन समाप्त नहीं हुआ।"

आंदोलन की समाप्ति–7 अप्रैल, 1934 को गांधी ने जनता का उत्साह कम देखकर, सविनय अवज्ञा आंदोलन समाप्त कर दिया। जवाहरलाल नेहरू, सुभाषचंद्र बोस और सरदार वल्लभभाई पटेल ने इसके लिए गांधी की आलोचना की। इसके बाद, गांधी ने अपना समय हरिजन कल्याण में लगाया।

सांप्रदायिक निर्णयः 16 अगस्त 1932
(Communal Award)

दूसरे गोलमेज सम्मेलन के अंत में रैम्जे मैकडोनाल्ड ने कहा था कि यदि विभिन्न जातियों की सांप्रदायिक समस्या का समाधान नहीं हुआ, तो ब्रिटिश सरकार अपना निर्णय देने के लिए विवश हो जाएगी। विभिन्न जातियों में समझौता नहीं होने के कारण, 16 अगस्त 1932 को रैम्जे मैक्डोनाल्ड ने अपना निर्णय दिया, जो **सांप्रदायिक निर्णय या मैक्डोनाल्ड निर्णय**[1] से जाना गया। साथ ही, यह भी कहा गया कि अगर विभिन्न दल किसी अन्य योजना पर सहमत हो जाते हैं, तो उसे लागू करने के लिए ब्रिटिश संसद से सिफारिश कर दी जाएगी।

सांप्रदायिक निर्णय की मुख्य बातें–मैक्डोनाल्ड द्वारा घोषित निर्णय की मुख्य बातें थीं–

1. प्रांतीय व्यवस्थापिका सभा की संख्या दोगुनी कर दी गई।
2. अल्पसंख्यक वर्ग के लोगों के लिए पृथक निर्वाचन की व्यवस्था की गई। अल्पसंख्यक वर्ग में मुसलमान, सिख और भारतीय ईसाई सम्मिलित थे।
3. अछूतों को, हिंदुओं से भिन्न मानकर, अलग निर्वाचन और प्रतिनिधित्व का अधिकार प्रदान किया जाए।
4. प्रांतीय व्यवस्थापिका सभाओं में महिलाओं के लिए तीन प्रतिशत स्थान सुरक्षित कर दिए गए।
5. श्रम, व्यवसाय, उद्योग आदि के संगठनों को व्यवस्थापिका सभाओं में विशेष स्थान प्रदान किया जाए।

---

1. MacDonald Award.

6. भू-स्वामियों के सुरक्षित स्थानों के लिए पृथक निर्वाचन क्षेत्रों की व्यवस्था की गई।
7. विभिन्न प्रांतों में प्रतिनिधित्व के संबंध में गुरुभार[1] की व्यवस्था की गई, लेकिन उसे विशेष रीति से लागू किया गया।

आलोचना—सांप्रदायिक निर्णय की आलोचना इस प्रकार की गई।

1. **भारतीयों पर लादा निर्णय**—आलोचकों ने सांप्रदायिक निर्णय को गलत और भारतीयों पर लादा हुआ निर्णय बताया है। निर्णय दो पक्षों के बीच में होता है। ब्रिटिश सरकार ने कांग्रेस को इसके लिए आमंत्रित नहीं किया।

2. **हिंदुओं के प्रति अन्याय**—सांप्रदायिक निर्णय के द्वारा हिंदुओं के प्रति अन्याय किया गया, विशेषकर पंजाब और बंगाल में, जहाँ हिंदू अल्पमत में थे, हिंदुओं को जनसंख्या के अनुपात में व्यवस्थापिका सभा में कम स्थान दिए गए थे। मुसलमानों और सिखों को हिंदुओं की तुलना में अधिक स्थान प्रदान किए गए।

3. **यूरोपियन के साथ पक्षपात**—भारतीय ईसाइयों, आंगल भारतीयों और यूरोपियनों के साथ अत्यधिक पक्षपात किया गया। यहाँ तक कि भारतीय ईसाइयों को तीन सौ प्रतिशत और यूरोपियनों को पचीस हजार प्रतिशत गुरुभार दिया गया।

4. **हिंदू जाति की एकता नष्ट करने का प्रयास**—सांप्रदायिक निर्णय हिंदू जाति की एकता को नष्ट करने का प्रयास था। पृथक निर्वाचन-व्यवस्था और प्रतिनिधित्व को अपनाकर करोड़ों अनुसूचित जातियों को, हिंदू समुदाय से अलग करने का प्रयास किया गया।

5. **भारतीय एकता में फूट**—इसके माध्यम से भारतीय एकता में फूट डालने का प्रयत्न किया गया।

6. **पाकिस्तान का बीजवपन**—सांप्रदायिक निर्णय ने ही पाकिस्तान के बीज का वपन किया, जो पौधा 14 अगस्त, 1947 को तैयार हुआ।

7. **अप्रजातांत्रिक सिद्धांत**—सांप्रदायिक निर्णय अप्रजातांत्रिक सिद्धांत पर आधृत था। मदनमोहन मालवीय के शब्दों में, "यह एक प्रजातंत्र नहीं होगा। यह एक विशेष प्रकर की अधिनायकवादी सरकार होगी। यह एक संप्रदाय का दूसरे संप्रदाय पर निरंकुश शासन होगा, सांप्रदायिक निर्णय का यही लक्ष्य है।"

8. **ऐतिहासिक एवं सांविधानिक आधार नहीं**—आलोचकों का कथन है कि सांप्रदायिक निर्वाचन प्रणाली का ऐतिहासिक और सांविधानिक आधार नहीं

---

1. Weightage.

है। किसी भी सभ्य देश में जाति, लिंग या धर्म के आधार पर प्रतिनिधित्व प्रणाली नहीं पाई जाती है।

उपर्युक्त कारणों से राष्ट्रवादियों ने सांप्रदायिक निर्णय का घोर विरोध किया। कांग्रेस ने इसे न स्वीकृत और न अस्वीकृत ही किया। इसके अधिकांश सदस्यों ने इसे खतरनाक बताया। मुस्लिम लीग इससे संतुष्ट थी। सांप्रदायिक निर्णय अंग्रेजों की एक चाल थी, जिसका लक्ष्य हिंदू-मुस्लिम एकता को समाप्त कर भारत में ब्रिटिश साम्राज्य की नींव को मजबूत करना था।

गांधी का आमरण अनशनः 20 सितंबर, 1932 एवं पूना पैक्टः 26 सितंबर 1932
(Gandhi's Fast unto Death and Poona Pact)

गांधी का आमरण अनशन—सांप्रदायिक निर्णय गांधी के लिए कष्टदायक था। क्योंकि, इसमें हरिजनों को हिंदुओं से अलग किया गया और उसकी एकता भी नष्ट कर दी। गांधी ने सरकार को चेतावनी दे दी थी कि अगर सांप्रदायिक निर्णय लागू किया गया, तो वह जान की बाजी लगाकर घोर विरोध करेंगे। उनके शब्दों में, "कांग्रेस अपना अस्तित्व समाप्त कर सकती है, लेकिन वह उन सांप्रदायिक निर्णय को स्वीकार नहीं कर सकती, जिनके कारण स्वतंत्रता का पौधा आगे नहीं बढ़ता।"

इसी आलोक में 20 सितंबर, 1932 को, गांधी ने अपना आमरण व्रत प्रारंभ किया। इससे संपूर्ण भारत में बेचैनी फैल गई। गांधी के प्राण बचाने के उपाय खोजने प्रारंभ हो गए। पंडित मदनमोहन मालवीय ने प्रमुख हिंदू नेताओं का एक सम्मेलन पूना में बुलाया। इस सम्मेलन में डॉ. राजेंद्र प्रसाद, डॉ. अम्बेडकर, एम.एम. राजा, घनश्याम दास बिड़ला, श्री पुरुषोत्तम दास, सरदार पटेल, हृदयनाथ कुँजरू और अन्य नेताओं ने भाग लिया। उन लोगों ने काफी विचार-विमर्श करने के बाद एक योजना तैयार की, जिसे 25 सितंबर, 1932 को गांधी ने स्वीकार कर लिया और 26 सितंबर को गांधी ने अपना आमरण अनशन समाप्त किया। यह नयी योजना **पूना पैक्ट** के नाम से विख्यात हुआ।

पूना पैक्टः 26 सितंबर, 1932—पूना पैक्ट पर 26 सितंबर, 1932 को हस्ताक्षर हुए और इसके साथ गांधी ने अपना आमरण व्रत तोड़ा। इस समझौते में हरिजनों का पृथक प्रतिनिधित्व समाप्त कर दिया गया। पूना समझौते में प्रमुख निम्न बातों पर जोर दिया गया।

1. हरिजनों को सांप्रदायिक निर्णय में दी गई सीटों से दोगुनी सीट प्रदान की गई। सांप्रदायिक निर्णय में, उन्हें 71 सीटें दी गई थी, लेकिन उनके लिए 148 सीटें सुरक्षित कर दी गई।
2. केंद्रीय विधानमंडल में भी हरिजनों के प्रतिनिधित्व की व्यवस्था की गई। यहाँ अठारह प्रतिशन स्थान उनके लिए सुरक्षित कर दी गई।
3. इस सुरक्षित स्थानों के लिए चुनाव दो भागों में होगा। सर्वप्रथम हरिजन के सुरक्षित स्थान के लिए चार प्रत्याशी चुनेंगे। दूसरे दौर में हरिजन और स्वर्ण मिलकर इनमें से एक का निर्वाचन करेंगे।
4. हरिजनों को स्थानीय संस्थाओं और सार्वजनिक सेवाओं में उचित प्रतिनिधित्व दिया जाएगा।
5. हरिजनों की शिक्षा के लिए आर्थिक सहायता दी जाएगी।

प्रो. कीथ ने पूना पैक्ट के संबंध में टिप्पणी की है, "यह समझौता हरिजनों के लिए स्पष्ट रूप से भौतिक लाभ और गांधी के लिए नि:संदेह आध्यात्मिक लाभ के रूप में था।"[1]

तीसरा गोलमेज सम्मेलन: 17 नवंबर, 1932
(Third Round Table Conference)

तीसरा गोलमेज सम्मेलन बुलाया गया—भारत सचिव सर सैमुअल होर ब्रिटिश साम्राज्य के कट्टर समर्थक और भारत विरोधी थे। वे भारतीयों को शासन-संचालन में कोई विशेष भाग नहीं देना चाहते थे। वे सम्मेलन में भारतीयों के साथ बैठना भी पसंद नहीं करते थे। इसलिए उन्होंने बड़ी अनिच्छा से तीसरा गोलमेज सम्मेलन लंदन में, भारतीय समस्याओं को निपटाने के लिए बुलाया। यह सम्मेलन लंदन में 17 नवंबर 1932 तक चला। इसमें केवल छयालीस भारतीय प्रतिनिधियों को निमंत्रित किया गया। ब्रिटिश सरकार ने केवल उन लोगों को भारत से बुलाया, जो राजभक्त और पिट्ठू थे। कांग्रेस ने इस सम्मेलन में भाग नहीं लिया। क्योंकि, वह गांधी के नेतृत्व में सविनय अवज्ञा आंदोलन चला रही थी और ब्रिटिश सरकार उसको कुचलने के लिए कटिबद्ध थी। ग्रेट ब्रिटेन के मजदूर दल ने भी इस सम्मेलन में भाग नहीं लिया और इसकी कड़ी आलोचना की।

---

1. "He secured a pact, which was of manifest material advantage to depressed classes, and doubtless of spiritual advantage to Mr. Gandhi."—Prof. Keith

तीसरा गोलमेज सम्मेलन भी असफल रहा। इसमें कोई नयी बात निश्चय नहीं हुई, पहले दो सम्मेलनों के निर्णयों की ही पुष्टि की गई। भारतीयों की दो मांगे थी–(क) मूल अधिकार, और (ख) गवर्नर जनरल के विशेषाधिकारों पर प्रतिबंध लगे। लेकिन, सरकार ने दोनों ही मांगों को अस्वीकृत कर दिया। वास्तविकता यह थी कि अनुदारवादी सरकार भारत को कुछ देना नहीं चाहती थी।

श्वेत पत्र का प्रकाशन, मार्च 1933 (Publication of White Paper)–मार्च 1933 में, ब्रिटिश सरकार ने श्वेतपत्र प्रकाशित किया, जिसमें भारत के भावी संविधान की रूपरेखा खींची गई। यह तीनों गोलमेज सम्मेलन के निर्णयों पर आधारित था। भारत के सभी दलों ने इसका विरोध किया। यह श्वेत पत्र बहुत ही प्रतिक्रियावादी था। **चिंतामणि** ने लिखा है, "प्रस्ताव इतने प्रतिगामी थे कि भारत के प्रत्येक प्रगतिशील जनमत के लिए सर्वथा अस्वीकार्य थे।"[1]

संयुक्त प्रवर समिति की रिपोर्ट (Joint Select Committee Report)–भारत के सभी वर्गों के विरोध के बावजूद भी श्वेत-पत्र पर विचार करने और उसे विधेयक का रूप देने के लिए लॉर्ड लिनलिथगो की अध्यक्षता में, ब्रिटिश संसद के दोनों सदनों की एक प्रवर समिति नियुक्त हुई। नवंबर में इस समिति की रिपोर्ट प्रकाशित की गई। उसने श्वेत पत्र के संबंध में जो अपना परामर्श दिया, उससे उसका रूप और भी बिगड़ गया। जैसा कि **चिंतामणि** ने लिखा है, "संयुक्त प्रवर समिति ने अपनी सिफारिशों में श्वेत पत्र की योजना को और भी निखार दिया। समिति ने अपनी ओर से जो प्रस्ताव रखे वह श्वेत पत्र से भी बुरे थे। सबसे बुरा परिवर्तन तो यह था कि केंद्रीय विधानमंडल के लिए प्रत्यक्ष निर्वाचन प्रणाली अस्वीकार कर दी गई।"

भारत सरकार अधिनियम, 1935 (The Government of India Act, 1935)–श्वेत पत्र और प्रवर समिति के संशोधनों के आधार पर ब्रिटिश संसद ने **भारत सरकार अधिनियम**, 1935 पारित किया, जो थोड़े बहुत परिवर्तन के साथ स्वतंत्रता के बाद भी नए संविधान के लागू होने तक चला।

सविनय अवज्ञा आंदोलन का अंतः मई 1934 (End of Civil Disobedience Movement)–ब्रिटिश सरकार की दमन नीति और महान नेताओं के कारावास में होने के कारण, सविनय अवज्ञा आंदोलन धीमा पड़ गया। उधर मैक्डोनाल्ड के सांप्रदायिक निर्णय के बाद, हरिजनों के उद्धार के लिए गांधी ने इक्कीस दिनों का व्रत प्रारंभ करते ही, सरकार ने उन्हें जेल से

1. "The proposals in the white paper were so reactionary as to be utterly unacceptable to any section of progressive public opinion."—G.V. Chintamani

छोड़ दिया। इस व्रत के सफलतापूर्वक समाप्त होने पर, गांधी ने कांग्रेस को आंदोलन समाप्त करने का परामर्श दिया। उनका व्यक्तिगत सत्याग्रह मार्च 1934 तक चलता रहा। इसी बीच गांधी पुनः गिरफ्तार कर लिए गए। गांधी द्वारा जेल में अनशन शुरू कर देने के कारण, सरकार ने उन्हें रिहा कर दिया। मई 1934 में, कांग्रेस के पटना अधिवेशन में सविनय अवज्ञा आंदोलन को समाप्त कर दिया गया। गांधी देश भ्रमण कर, हरिजनों के उद्धार के लिए काम करने लगे।

कांग्रेस संसदवाद की ओर (The Congress towards Parliamentarianism)–दूसरा सविनय अवज्ञा आंदोलन भी अधिक सफल नहीं रहा। कांग्रेस और देश, ब्रिटिश सरकार की दमन नीति से हार मान चुका था। कुछ नेता संसदवाद को अपनाने के पक्ष में भी थे। पटना अधिवेशन में कांग्रेस को चुनाव में भाग लेने की अनुमति दे दी। कांग्रेस ने 1934 के निर्वाचन में भाग लिया और पंजाब को छोड़कर शेष सभी प्रांतों में बहुमत भी प्राप्त किया। इससे कांग्रेस की लोकप्रियता बढ़ी। कांग्रेस ने भारत सरकार अधिनियम, 1935 के अंतर्गत होने वाले फरवरी 1937 के चुनावों में शानदार सफलता प्राप्त की। कांग्रेसी नेताओं का नैतिक स्तर ऊँचा उठ गया। उन्होंने स्वतंत्रता संग्राम आंदोलन को जारी रखना, अपना नैतिक कर्त्तव्य समझे।

प्रश्न
(Questions)

1. महात्मा गांधी द्वारा चलाए गए सविनय अवज्ञा आंदोलन की विवेचना कीजिए। इसका क्या फल निकला?
   Discuss the Civil Disobedience Movement launched by Mahatma Gandhi. What were its results?
2. 1930 के महात्मा गांधी द्वारा संचालित सविनय अवज्ञा आंदोलन का संक्षिप्त वर्णन कीजिए। यह आंदोलन कहाँ तक सफल हो सका?
   Give a brief account of the Civil Disobedience Movement launched by Mahatma Gandhi in 1930. To what extent did it succeed?
3. सांप्रदायिक निर्णय के बारे में आप क्या जानते हैं? इसकी मुख्य शर्तें क्या थी? गांधी ने इसके विरुद्ध आमरणव्रत क्यों रखा?
   What do you know about the Communal Award? What were its main provisions? Why Gandhi started his fast against it?

4. सविनय अवज्ञा आंदोलन का संक्षेप में वर्णन कीजिए तथा गांधी-इरविन पैक्ट की मुख्य बातें स्पष्ट कीजिए।
   Describe briefly the Civil Disobedience Movement and point out the main terms of the Gandhi-Irwin Pact.
5. उन घटनाओं का वर्णन करें जिनके कारण तीन गोलमेज सम्मेलनों का आयोजन किया गया। सम्मेलनों की देनों का मूल्यांकन कीजिए।
   Trace out the events that led to the three Round Table conferences evaluate the contributions of the conferences.
6. किन परिस्थितियों में 1931 का गांधी-इरविन समझौता संपन्न हुआ?
   What were the circumstances that led to the Gandhi-Irwin Pact, 1931?
7. सविनय अवज्ञा आंदोलन के कारणों और कार्यक्रमों की विवेचना कीजिए।
   Discuss the causes and programmes of Civil Disobedience Movement.
8. सविनय अवज्ञा आंदोलन के प्रारंभ और प्रगति पर प्रकाश डालिए।
   Throw light on the beginning and progress of the Civil Disobedience Movement.
9. प्रथम गोलमेज सम्मेलन का विस्तारपूर्वक वर्णन कीजिए।
   Describe in details the first Round Table Conference.
10. द्वितीय गोलमेज सम्मेलन का मूल्यांकन कीजिए।
    Evaluate the second Round Table Conference.
11. तृतीय गोलमेज सम्मेलन का मूल्यांकन कीजिए।
    Evaluate the third Round Table Conference.

वस्तुनिष्ठ प्रश्न

(Objective Questions)

1. लॉर्ड इरविन की घोषणा कब हुई?
   (क) 1929 (ख) 1928 (ग) 1930 (घ) 1931
2. कांग्रेस का लाहौर अधिवेशन किस माह में और किस वर्ष हुआ?
   (क) नवंबर, 1929 (ख) दिसम्बर, 1929
   (ग) नवंबर, 1930 (घ) दिसम्बर, 1928

3. स्वतंत्रता दिवस की तिथि और माह क्या थी?
   (क) 26 अगस्त (ख) 26 जनवरी
   (ग) 15 अगस्त (घ) 26 फरवरी
4. सविनय अवज्ञा आंदोलन किस वर्ष प्रारंभ किया गया?
   (क) 1928 (ख) 1929 (ग) 1931 (घ) 1930
5. *मदर इंडिया* के रचयिता कौन थे?
   (क) मिस मेयो (ख) मेयो
   (ग) लॉर्ड इरविन (घ) एनी बेसेंट
6. गांधी ने दाण्डी यात्रा कब की?
   (क) 12 मार्च, 1929 (ख) 12 मार्च, 1930
   (ग) 12 मार्च, 1928 (घ) 12 मार्च, 1931
7. गांधी ने किस तिथि, माह और वर्ष में नमक कानून तोड़ा?
   (क) 6 अप्रैल, 1929 (ख) 6 अप्रैल, 1931
   (ग) 6 अप्रैल, 1930 (घ) 5 मार्च, 1930
8. प्रथम गोलमेज सम्मेलन किस तिथि, माह और वर्ष में हुआ?
   (क) 12 नवंबर, 1931 (ख) 12 नवंबर, 1929
   (ग) 18 नवंबर, 1930 (घ) 12 नवंबर, 1928
9. गांधी-इरविन समझौता किस तिथि, माह और वर्ष को हुआ?
   (क) 5 मार्च, 1931 (ख) 5 मार्च, 1930
   (ग) 5 मार्च, 1929 (घ) 8 मार्च, 1931
10. *डिस्कवरी ऑफ इंडिया* के रचयिता कौन हैं?
   (क) गांधी (ख) नेहरू
   (ग) मोतलाल नेहरू (घ) सुभाषचंद्र बोस
11. दूसरा गोलमेज सम्मेलन किस तिथि, माह और वर्ष में हुआ?
   (क) 7 सितम्बर, 1930 (ख) 17 सितम्बर, 1932
   (ग) 7 सितम्बर, 1931 (घ) 12 मार्च, 1931
12. सविनय अवज्ञा आंदोलन की पुनरावृत्ति किस वर्ष हुई?
   (क) 1934 (ख) 1933
   (ग) 1931 (घ) 1932
13. सांप्रदायिक निर्णय की तिथि, माह और वर्ष क्या थे?

(क) 16 अगस्त, 1932 (ख) 15 अगस्त, 1932
(ग) 16 अगस्त, 1931 (घ) 16 अगस्त, 1933

14. गांधी का आमरण व्रत कब प्रारंभ हुआ?
(क) 20 सितंबर, 1930 (ख) 20 सितंबर, 1931
(ग) 20 सितंबर, 1933 (घ) 20 सितंबर, 1932

15. पूना पैक्ट की तिथि, माह एवं वर्ष क्या थे?
(क) 26 सितंबर, 1933 (ख) 26 सितंबर, 1934
(ग) 26 सितंबर, 1932 (घ) 26 सितंबर, 1931

16. तीसरा गोलमेज सम्मेलन किस तिथि, माह और वर्ष में हुआ?
(क) 17 नवंबर, 1933 (ख) 16 नवंबर, 1932
(ग) 19 नवंबर, 1932 (घ) 17 नवंबर, 1932

17. श्वेतपत्र का प्रकाशन किस माह और वर्ष में हुआ?
(क) मार्च 1933 (ख) अप्रैल 1933
(ग) मार्च 1934 (घ) मार्च 1932

18. सविनय अवज्ञा आंदोलन का अंत किस माह और वर्ष में हुआ?
(क) मई 1933 (ख) मई 1934
(ग) अप्रैल 1935 (घ) अप्रैल 1934

19. "मैंने रोटी मांगी, पर लाठी मिली। अतः आंदोलन प्रारंभ करने के अतिरिक्त मेरे सामने कोई चारा नहीं रहा। आंदोलन शुरू कर दिया।" यह कथन किसका है?
(क) नेहरू (ख) सुभाष (ग) गांधी (घ) पटेल

20. "सम्राट को केतली में खौलते हुए पानी द्वारा अपदस्थ कराया जा सकता है।" यह कथन किसका है?
(क) गांधी (ख) नेहरू
(ग) इरविन (घ) ब्रेल्सफोर्ड

21. "इस युद्ध में देश ने अहिंसा और आत्म-बलिदान का अभूतपूर्व परिचय दिया। कम से कम अस्सी हजार लोग जेल गए और एक हजार मारे गए। इसमें स्त्रियों का भाग भी विशेष उल्लेखनीय रहा और बच्चों की वानर सेना तो प्रसिद्ध हो गई थी।" यह कथन किसका है?
(क) आचार्य नरेंद्रदेव (ख) नेहरू
(ग) गांधी (घ) सुभाषचंद्र बोस

22. "सेंट जेम्स महल में भारतीय नरेश, हरिजन, सिख, मुसलमान, हिंदू, ईसाई, जमींदार, मजदूर संघों और वाणिज्य संघों के प्रतिनिधियों ने भाग लिया, किंतु भारत माता वहाँ उपस्थित नहीं थी।" यह कथन किसका है?

(क) नेहरू (ख) ब्रेल्सफोर्ड

(ग) लॉर्ड इरविन (घ) गांधी

23. "इसने भारत को दो तीखी गोलियाँ दीं, अभिरक्षण और संघ-राज्य/गोलियों को खाने योग्य बनाने के लिए उन पर उत्तरदायित्व का मीठा मुलम्मा चढ़ा दिया गया था।" यह कथन किसका है?

(क) ईश्वरी (ख) गांधी

(ग) सुभाषचंद्र बोस (घ) पटेल

24. "एक ओर तो जवाहरलाल नेहरू और सुभाषचंद्र बोस जैसे वामपंथी कांग्रेसियों ने सोचा कि गांधीजी ने अनजाने में भारत को बेच दिया है; तो दूसरी ओर इंग्लैंड के चर्चिल जैसे कट्टर अनुदारवादियों ने सोचा कि इरविन ने ग्रेट ब्रिटेन को बेच दिया है।" यह कथन किसका है?

(क) नेहरू (ख) चर्चिल

(ग) गांधी (घ) मसानी

25. "इस समझौते का होना भारतीय इतिहास की एक महत्वपूर्ण घटना है।" यह कथन किसका है?

(क) के.एम. मुंशी (ख) फिशर

(ग) नेहरू (घ) गांधी

26. "यह समझौता दोनों पक्षों की उच्च देश-भक्ति और उत्तम बुद्धि का स्मारक है।" यह कथन किसका है?

(क) फिशर (ख) जकारिया

(ग) के.एम. मुंशी (घ) नेहरू

27. "पूना पैक्ट हरिजनों के लिए स्पष्ट रूप से भौतिक लाभ के रूप में था।" यह कथन किसका है?

(क) गांधी (ख) नेहरू

(ग) प्रो. कीथ (घ) सुभाषचंद्र बोस

उत्तर

(Answers)

1. (क) 2. (ख) 3. (ग) 4. (घ) 5. (क) 6. (ख) 7. (ग) 8. (घ) 9. (क) 10. (ख) 11. (ग) 12. (घ) 13. (क) 14. (ख) 15. (ग) 16. (घ) 17. (क) 18. (ख) 19. (ग) 20. (घ) 21. (क) 22. (ख) 23. (ग) 24. (घ) 25. (क) 26. (ख) 27. (ग)

11

द्वितीय विश्वयुद्ध (1939) तथा क्रिप्स प्रस्ताव (22 मार्च, 1942)
(The Second World War and Cripps Proposals)

द्वितीय विश्वयुद्ध का प्रारंभः 1 सितंबर, 1939
(Beginning of the Second World War)

भारत का युद्ध में सम्मिलित होना (India to Participate in War)–पहली सितंबर, 1939 को 4.40 प्रात:, जर्मन सेना ने पोलैंड पर अचानक आक्रमण कर, द्वितीय विश्वयुद्ध का प्रारंभ किया। 3 सितंबर 1939 को, इंग्लैंड ने प्रजातंत्र की रक्षा के लिए पोलेंड का समर्थन करते हुए जर्मनी के विरुद्ध युद्ध की घोषणा कर दी। भारत के वायसराय लॉर्ड लिनलिथगो ने भी भारतीय नेताओं और कांग्रेस से परामर्श किए बिना ही भारत की ओर से जर्मनी के विरुद्ध युद्ध की घोषणा कर दी तथा भारत से सहायता की आशा प्रकट करते हुए कहा, "मुझे विश्वास है कि भारत पशुबल के विरुद्ध मनुष्य की स्वाधीनता का पद ग्रहण करेगा और विश्व की ऐतिहासिक सभ्यता के नाते दुनिया के महान राष्ट्रों के बीच अपने स्थान के अनुरूप अपने हिस्से को पूरा करेगा।"[1]

इस प्रकार, ब्रिटिश सरकार ने भारतीय जनता की राय लिए बिना ही भारत को, द्वितीय विश्वयुद्ध की ज्वाला में झोंक दिया। भारतीयों ने इसे अपना अपमान समझा। इस संदर्भ में, **मौलाना अबुल कलाम आजाद** ने लिखा है, "वायसराय के इस कार्य ने सिद्ध कर दिया कि ब्रिटिश सरकार भारत को

---

1. "I am confident that India will make her contribution on the side of human freedom as against the ruling force and will play a part worthy of her place among great nations and historic civilization of the World."—Lord LinLithgo

अपनी इच्छा का प्रतिबिंब समझती थी और युद्ध जैसे मामलों में भी भारत के आत्म-निर्णय के अधिकार को मानने के लिए तैयार नहीं थी।"[1]

14 सितंबर, 1939 का कांग्रेस प्रस्ताव (The Congress Proposal of 14 Sept. 1939)–14 सितंबर, 1939 को, कांग्रेस कार्य-समिति की एक बैठक युद्ध से उत्पन्न परिस्थिति पर विचार करने के लिए बुलायी गयी। समिति ने विचार-विमर्श के बाद यह निर्णय लिया, "पिछले विश्वयुद्ध के अनुभवों ने हमको यह सिखाया है कि ब्रिटिश सरकार या भारत सरकार के युद्धकालीन वक्तव्यों और वचनों पर विश्वास नहीं किया जा सकता है, समिति सरकार से अनुरोध करती है कि भारत के भविष्य के संबंध में केवल स्थिति का ही स्पष्टीकरण नहीं चाहिए, बल्कि इन सिद्धांतों पर अमल भी चाहिए।" उसने अपने निर्णय में यह स्पष्ट किया, "जब देश को सरकार के साथ सहयोग करने का परामर्श नहीं दे सकती है।" स्वतंत्रता की घोषणा करने पर ही भारत युद्ध में सहायता प्रदान करेगा। **जवाहरलाल नेहरू** ने भी कहा, "हम जर्मनी के नाजीवाद की विजय नहीं चाहते हैं और हमारी सहानुभूतियां उनके साथ हैं, जिन पर आक्रमण हुआ है।" **ब्रेल्सफोर्ड**[2] का भी कहना था, "भारतीय स्वयं तो परधीन थे और हम उन्हें दूसरों को स्वतंत्र कराने के लिए लड़ने के लिए कह रहे थे।"

इस प्रकार, कांग्रेस कार्य-समिति ने अपने प्रस्ताव के द्वारा यह स्पष्ट किया कि ब्रिटिश सरकार भारत को स्वतंत्र घोषित करे, पूर्ण लोकतंत्र की स्थापना करे और संविधान-सभा द्वारा संविधान निर्माण का अधिकार दे, तभी भारत युद्ध में मदद करेगा। **मौलाना अबुल कलाम आजाद** ने भी कहा, "भारत को प्रजातांत्रिक शक्तियों का साथ देना चाहिए, बशर्ते वह स्वतंत्र हो।"

मुस्लिम लीग का दृष्टिकोण (The Attitude of the Muslim-League)–मुस्लिम लीग भी बिना किसी शर्त के ब्रिटिश सरकार को सहायता देने के पक्ष में नहीं थी। वह सरकार से मुसलमानों के प्रति न्याय का आश्वासन चाहती थी। मुस्लिम लीग की कार्यकारिणी ने, 18 सितंबर, 1939 की बैठक में एक प्रस्ताव पारित कर, नाजी हमले की निंदा की और मित्र राष्ट्रों के प्रति सहानुभूति प्रकट की। उसने सरकार को सहायता देने का वादा किया, लेकिन

1. "The Viceroy's action proved that the British government looked on India as a creature of its will and was not willing to recognize India's right to decide her course for itself even in a matter like war."—Maulana Azad
2. "Unfree themselves the Indians were to fight at our bidding to free others." —Brailsford

शर्त यह थी कि कांग्रेस-शासित प्रांतों में मुसलमानों के साथ, जहाँ उनकी स्वतंत्रता, जीवन, संपत्ति और प्रतिष्ठा पर खतरा है और उनके उचित अधिकारों को कुचला जा सकता है, न्याय किया जाए।

वायसराय की घोषणा 17 अक्टूबर, 1939 (Viceroy's Declaration 17 Oct. 1939)–लॉर्ड लिनलिथगो ने भारतीय जनता की राय जानने के लिए विभिन्न दलों के लगभग पचास प्रतिनिधियों से बातचीत की। 17 अक्टूबर 1939 को, उन्होंने एक वक्तव्य प्रकाशित कर, दो बातों का उल्लेख किया–

1. ब्रिटिश सरकार ने वायसराय को यह कहने की शक्ति प्रदान की कि युद्ध-समाप्ति पर वह अनेक व्यक्तियों से परामर्श करने के लिए इच्छुक होगी, जिससे उनकी सहायता और सहयोग से भारत के संविधान में वांछनीय सुधार किये जा सके।
2. युद्ध के समय सरकार एक परामर्शक समूह को, जिसमें चुने हुऐ भारतीय होंगे, आमंत्रित करेगी। इसकी बैठक की अध्यक्षता वायसराय करेंगे। इसका उद्देश्य युद्ध-संचालन और युद्ध कार्यों से संबद्ध प्रश्न पर, भारतीय जनमत प्राप्त करना होगा।

वायसराय की घोषणा के द्वारा मुस्लिम लीग और देशी-राजाओं की माँगों को पूरा करने का प्रयत्न किया गया। इससे कांग्रेस को सबसे बड़ी निराशा हुई, क्योंकि उसकी माँगों की ओर सरकार ने ध्यान नहीं दिया, गांधी के शब्दों में, "कांग्रेस ने रोटी की माँग की और मिला पत्थर।"[1]

प्रांतों में कांग्रेस मंत्रिमंडलों के त्यागपत्र (Resignation of the Congress Cabinets in Provinces)–22 अक्टूबर, 1939 को कांग्रेस कार्य-समिति ने एक प्रस्ताव पारित किया, जिसमें ब्रिटिश सरकार के दृष्टिकोण के विरुद्ध रोष प्रकट करने के लिए, कांग्रेसी मंत्रिमंडलों को त्यागपत्र देने के लिए कहा। आठ प्रांतों में कांग्रेसी मंत्रिमंडल ने तुरंत अपना त्यागपत्र दे दिया। शासन का सारा भार राज्यपालों के हाथों में आ गया, विधान सभाओं को भंग कर दिया गया और स्वशासन का अंत कर दिया गया। इस प्रकार, राज्यपालों के तानाशाही युग का प्रारंभ हुआ।

वायसराय द्वारा समझौते का प्रयास (Viceroy's attempt for settlement)–कांग्रेसी मंत्रिमंडल के त्यागपत्र देने के बाद, वायसराय ने 1 नवंबर, 1939 को गांधी, डॉ. राजेंद्र प्रसाद और जिन्ना को बातचीत के लिए बुलाया। इस बातचीत में कोई ठोस परिणाम नहीं निकला। वायसराय ने 6

1. "The Congress had asked for bread and it got stone."—Gandhi

नवंबर, 1939 को यह घोषणा की कि भारतीय नेताओं से उसकी वार्ता विफल हो गई। सांप्रदायिक दंगे के कारण भारत का सांविधानिक विकास अवरुद्ध हो गया। इससे यह स्पष्ट हो गया कि सरकार, भारतीयों की मांग को ठुकरा रही है और सांप्रदायिक दंगे ज्यादा बढ़ गए हैं।

मुक्ति दिवस 22 दिसंबर 1939 (Day of Deliverance)–कांग्रेसी मंत्रिमंडल के त्यागपत्र से भारतीयों को दु:ख हुआ, लेकिन मुस्लिम लीग ने प्रसन्नता प्रकट की। मुस्लिम लीग ने 22 दिसंबर, 1939 को मुक्ति दिवस मनाया, गांधी ने जिन्ना को मुक्ति दिवस मनाने से रोका, लेकिन जिन्ना नहीं माने। जिन्ना ने कहा कि कांग्रेस के अत्याचारी शासन से मुसलमानों को मुक्ति मिली। उन पर सरकार द्वारा अत्यधिक अत्याचार किए गए। सार्वजनिक सभा की गई। कांग्रेस पर झूठे आरोप लगाते हुए, निम्न प्रस्ताव पारित किए गए–

"कांग्रेसी सरकार ने छोटे-छोटे मामलों में भी जिला अफसरों के वैध और दैनिक कार्यों में निरंतर हस्तक्षेप किया है, जिससे मुसलमानों को गंभीर क्षति पहुँची और इससे ऐसा वातावरण पैदा हो गया, जिससे हिंदुओं में यह विश्वास फैल गया कि हिंदू राज्य स्थापित हो गया है। इसलिए यह सभा कई प्रांतों में कांग्रेसी शासन की समाप्ति पर चैन की एक गहरी अनुभूति प्रकट करती है तथा इस दिवस को अत्याचार, उत्पीड़न और अन्याय के रूप में मुक्ति दिवस मनाने में आनंद का अनुभव करती है।"

मुस्लिम लीग के इस दृष्टिकोण से हिंदू-मुस्लिम एकता में कटुता उत्पन्न हुई। फलत:, मार्च 1940 के लाहौर अधिवेशन में, लीग ने पाकिस्तान की माँग रख दी।

कांग्रेस द्वारा सशर्त सहयोग का प्रस्ताव (Proposal of Conditional Co-operation by the Congress)–1940 में इंग्लैंड के लिए मुद्रा की स्थिति बहुत बदतर हो गई। डेनमार्क की पराजय और भीषण हवाई हमले ने इंग्लैंड के लिए संकट की घड़ी पैदा कर दी। ऐसी स्थिति में कांग्रेस ने, इंग्लैंड के साथ सहयोग करने का निश्चय किया, लेकिन यह सहयोग आदरपूर्ण शर्तों पर देने का निश्चय किया। 7 जुलाई, 1940 को कांग्रेस की कार्य समिति में सरकार को निम्नांकित शर्तों पर युद्ध में सहायता देने का प्रस्तावित पारित हुआ–

1. युद्ध-समाप्ति पर भारत को पूर्ण स्वतंत्रता प्रदान की जाये, और
2. केंद्र में तत्काल मुख्य-मुख्य राजनीतिक दलों को संयुक्त कर, एक अस्थायी सरकार बना दी जाये। यह सरकार भारत की संसद के प्रति उत्तरदायी हो।

अगस्त प्रस्तावः 8 अगस्त, 1940–युद्ध के साथ कांग्रेस ने ब्रिटिश सरकार से सहयोग करने के लिए हाथ बढ़ाया। लेकिन, सरकार ने कोई उत्तर नहीं दिया और उत्तरदायी राष्ट्रीय सरकार की स्थापना के लिए तैयार नहीं हुई। इसके स्थान पर सांविधानिक गतिरोध को दूर करने के लिए लॉर्ड लिनलिथगो ने, 8 अगस्त, 1940 को एक घोषणा की, जिसमें औपनिवेशिक स्वराज भारत का लक्ष्य घोषित किया गया। इस घोषणा को अगस्त प्रस्ताव कहा जाता है। इसकी मुख्य बातें निम्न थीं–

1. वायसराय को यह शक्ति दी गई कि वह अपनी कार्यकारिणी समिति का विस्तार करे और इसमें उन लोगों को नियुक्त करे, जो भारतीय जनता का प्रतिनिधित्व करते हों।
2. वायसराय एक युद्ध–सलाहकार समिति की नियुक्ति करे, जिसमें भारत के समस्त वर्गों को स्थान प्रदान किया जाए।
3. अल्पसंख्यकों के संबंध में कहा गया कि ब्रिटिश सरकार किसी एक दल को सरकार बनाने के लिए आमंत्रित नहीं करेगी, अर्थात् जब तक भारत के समस्त राजनीतिक दल तैयार न हो जाएँ, तब तक ब्रिटिश सरकार किसी दल के हाथ में शासन सत्ता नहीं सौंपेगी।
4. संविधान का निर्माण भारतीय ही करें, किंतु उन्हें अल्पसंख्यकों के हितों का ध्यान रखना होगा।
5. जनता से अनुरोध किया गया कि ब्रिटिश सरकार की वह पूर्णरूपेण सहायता करे और कॉमनवेल्थ का अंग रहते हुए, स्वतंत्रता प्राप्त करने का प्रयत्न करें।

अगस्त प्रस्ताव के प्रति कांग्रेस की प्रतिक्रिया–**कूपलैंड** के मतानुसार, "अगस्त प्रस्ताव वैधानिक समस्याओं को सुलझाने की दिशा में अत्यन्त ही महत्वपूर्ण और सराहनीय प्रयत्न था।" वस्तुतः, इस घोषणा में कांग्रेस की माँगों को स्वीकार कर लिया गया था और भारत के संविधान निर्माण का उत्तरदायित्व भारतीयों को दिया गया था। लेकिन, निम्नलिखित दोषों के कारण, कांग्रेस ने अगस्त प्रस्ताव को ठुकरा दिया।

1. इसमें कांग्रेस की तत्कालीन परिवर्तनों की माँग की ओर ध्यान नहीं दिया गया।
2. भारत के सांविधानिक विकास पर अल्पसंख्यकों को निषेधाधिकार प्रदान किया गया। अल्पसंख्यकों को यह आश्वासन दिया गया कि उनकी स्वीकृति के बिना कोई भी सांविधानिक योजना सरकार को मान्य नहीं होगी।

3. इस घोषणा में यह भी नहीं कहा गया था कि युद्ध-समाप्ति के बाद भारत को कब स्वशासित उपनिवेश का स्तर प्रदान किया जाएगा।

इन्हीं कारणों से कांग्रेस ने अगस्त प्रस्ताव को अस्वीकार कर दिया। घोषणा के बाद वायसराय ने कांग्रेस के अध्यक्ष मौलाना आजाद को भेंट करने के लिए आमंत्रित किया, लेकिन उन्होंने अस्वीकार कर दिया और कहा, "कांग्रेस की स्वतंत्रता की मांग और वायसराय की कार्यकारिणी समिति को विस्तृत करने में कोई समन्वय नहीं है।"

अगस्त प्रस्ताव के प्रति मुस्लिम लीग की प्रतिक्रिया—मुस्लिम लीग ने भी अगस्त प्रस्ताव को अस्वीकार कर दिया। लेकिन, उसकी अस्वीकृति का कारण कुछ और था। उसके अनुसार भारत की सांविधानिक समस्या के समाधान का एक मात्र हल, पाकिस्तान की मांग को स्वीकार करना था। इसके अतिरिक्त, मुस्लिम लीग ने इस बात पर विशेष बल दिया कि उसकी सहमति प्राप्त किए बिना भारत का कोई भी भावी संविधान, चाहे वह अंतरिम हो या अंतिम, निर्मित नहीं किया जा सकता।

व्यक्तिगत सविनय अवज्ञा आंदोलन 17 अक्टूबर, 1940 (Individual Civil Disobedience Movement)—कांग्रेस ने अगस्त प्रस्ताव से नाराजगी प्रकट करते हुए 17 अक्टूबर, 1940, को व्यक्तिगत सत्याग्रह प्रारंभ कर दिया। गांधी ने युद्ध और सरकार की कठिनाइयों को ध्यान में रखते हुए सामूहिक सत्याग्रह के स्थान पर व्यक्तिगत सत्याग्रह शुरू किया।

गांधी ने सत्याग्रहियों का चयन बहुत ही सावधानी से किया। उन्होंने विनोबा भावे को पहला सत्याग्रही चुना। विनोबा भावे ने कहा कि युद्ध में ब्रिटिश सरकार को किसी भी प्रकार की सहायता न दे। सरकार ने सत्याग्रहियों की गिरफ्तारियाँ तुरंत शुरू कर दी। जवाहरलाल नेहरू, सात नवंबर को सत्याग्रह करने वाले थे, लेकिन उन्हें इकतीस अक्टूबर को ही इलाहाबाद में गिरफ्तार कर लिया गया। मई 1941 तक लगभग पचीस हजार लोगों को सत्याग्रह के संबंध में गिरफ्तार कर जेलों में भेज दिया गया, जिनमें छह प्रांतों के भूतपूर्व मुख्यमंत्री, उन्नतीस मंत्री और दो सौ नब्बे विधानमंडलों के सदस्य भी शामिल थे। गांधी पर आरोप लगाया कि उस समय, जबकि इंग्लैंड अपने जीवन-मरण के संघर्ष में फँसा है, गांधी द्वारा सत्याग्रह करना, उनकी पीठ में छुरा घोंपने के समान है।

व्यक्तिगत सत्याग्रह आंदोलन का स्थगन (Suspension of Individual Satyagraha Movement)–7 दिसंबर, 1941 को जापान ने मित्रराष्ट्रों के विरुद्ध युद्ध की घोषणा कर दी। जापान ने शीघ्र ही सिंगापुर, मलाया, इंडोनेशिया आदि को जीत लिया। जापान की सेना, बर्मा और भारत की ओर तेजी से बढ़ने लगी। उधर जर्मनी, फ्रांस को हटाकर रूस को जीतने के लिए बढ़ रहा था। रूस के प्रति भी भारतीय नेताओं की सहानुभूति थी, क्योंकि वह साम्राज्य विरोधी था।

इन परिस्थियों में, दिसंबर के अंतिम सप्ताह में बारडोली में कांग्रेस कार्य समिति ने आंदोलन को स्थगित करने का निर्णय किया। गांधी को कांग्रेस के नेतृत्व से मुक्त कर दिया गया। अब कांग्रेस, आम जनता को देश की रक्षा के लिए, संगठित करने के काम में लग गई।

इंग्लैंड में चर्चिल का प्रधानमंत्री बनना (Churchill became Prime Minister in England)–इसी बीच, इंग्लैंड में राजनीतिक परिवर्तन हुआ। चेम्बर लेन के स्थान पर चर्चिल इंग्लैंड का प्रधानमंत्री बना, जो कट्टर साम्राज्यवादी और अनुदारवादी थे। लॉर्ड जेटलैंड[1] के स्थान पर एमरी[2] भारत सचिव बने। इन लोगों को भारत के प्रति कोई सहानुभूति नहीं थी। लेकिन, गंभीर अंतर्राष्ट्रीय स्थिति के कारण, उन्होंने वायसराय को भारतीय नेताओं से वार्ता करने एवं भारतीय को कुछ अधिकार देकर संतुष्ट करने की आज्ञा दे दी।

क्रिप्स का प्रस्तावः 22 मार्च 1942
(Cripps Proposals)

भूमिका (Introduction)

22 मार्च, 1942 को **सर स्टाफोर्ड क्रिप्स** को ब्रिटिश सरकार ने, भारतीय समस्या के समाधान हेतु और युद्ध में भारतीयों को पूर्ण सहयोग हेतु भारत भेजा। क्रिप्स एक समाजवादी थे और जवाहरलाल नेहरू के मित्र थे। वे इसके पूर्व दो बार भारत आ चुके थे। उन्होंने ही रूस को अंग्रेजों के पक्ष में युद्ध में सम्मिलित किया था। वे इंग्लैंड के युद्ध-मंत्रिमंडल के एक सदस्य थे। भारतीयों को इनसे बड़ी आशा थी।

1. Jetland.
2. Amery.

क्रिप्स मिशन को भारत भेजने के कारण (Causes Which Led to the Mission of Cripps)

ब्रिटिश सरकार ने निम्नलिखित कारणों से बाध्य होकर क्रिप्स मिशन को भारत भेजा–

1. युद्ध में सहयोग प्राप्त करना (For getting co-operation in War)–गांधी ने युद्ध में इंग्लैंड का साथ देने के प्रस्ताव को अस्वीकृत कर दिया था, क्योंकि कांग्रेस की माँगों को ब्रिटिश सरकार ने ठुकरा दिया था, इसके साथ ही, उन्होंने व्यक्तिगत सत्याग्रह चलाकर भारतीयों को युद्ध में सम्मिलित होने से मना किया। अतएव, इंग्लैंड में यह भावना उत्पन्न हो गई कि भारतीयों को कुछ अधिकार दिए बिना, उनका सक्रिय सहयोग युद्ध में प्राप्त नहीं किया जा सकता है।

2. च्यांग-काई-शेक का दबाव (Pressure of Chiang Kai Shek)–फरवरी, 1942 में च्यांग-काई-शेक भारत आए और गांधी से भेंट की। उन्होंने जाते समय कहा कि भारत के प्रतिनिधियों को वास्तविक राजनीतिक शक्ति दे दी जाए और जब तक भारत अपनी स्वतंत्र इच्छा से युद्ध में भाग नहीं लेता, तब तक वह उतनी सहायता नहीं देगा, जितनी वह दे सकता है।

3. रूजवेल्ट का दबाव (Pressure of Roosevelt)–भारत की राजनीतिक समस्या के समाधान हेतु इंग्लैंड पर मित्र राष्ट्र दबाव डाल रहे थे। रूजवेल्ट ने चर्चिल से स्पष्ट कहा कि एटलांटिक चार्टर भारत पर भी लागू होता है। अतएव, आत्म-निर्णय का अधिकार भारत को भी मिलना चाहिए।

4. आस्ट्रेलिया का दबाव (Pressure of Australia)–आस्ट्रेलिया के विदेश मंत्री, **इवाट्ट**[1] ने आस्ट्रेलिया की संसद में कहा कि भारत को स्वराज्य दे दिया जाये, ताकि भारत युद्ध में अपना पूर्ण सहयोग दे सके।

5. जापान का खतरा (Danger of Japan)–जापान की सेना बड़ी तेजी के साथ पूर्वी एशिया को जीतने में लगी थी। उसने फिलीपिंस, मलाया, इंडोनेशिया, इंडोचायना, सिंगापुर पर विजय प्राप्त कर ली। 8 मार्च 1942 को जापान ने रंगून पर कब्जा कर लिया। उसकी सेना भारत की सीमाओं में प्रवेश कर गई। इससे चर्चिल को बड़ी बेचैनी हुई और उसने यह अनुभव किया कि ऐसी स्थिति में युद्ध जीतने के लिए भारतीयों का सहयोग आवश्यक है। चर्चिल ने स्वयं अपनी आत्मकथा में लिखा है, "8 मार्च को जापानी सेना रंगून में प्रवेश कर गई। मेरे सब मित्रों को यह अनुभव हुआ कि यदि भारत को ठीक ढंग से रक्षा करनी है, तो राजनीतिक गतिरोध को दूर करने के लिए

1. Evatt.

हर संभव तरीके से प्रयत्न करना चाहिए।" तत्पश्चात् भारत के राजनीतिक गतिरोध को दूर करने के लिए ब्रिटिश सरकार ने एक योजना तैयार की और इस हेतु क्रिप्स को भारत भेजा गया।

6. **ब्रिटिश जनमत** (British Public Opinion)–इंग्लैंड में भारत की स्वतंत्रता के पक्ष में जनमत तैयार हो रहा था। ब्रिटिश संसद के अनेक सदस्यों ने भारत की स्वतंत्रता का जोरदार समर्थन किया और सरकार पर अपना वचन पूरा नहीं करने का आरोप लगाया। उन लोगों ने सांविधानिक गतिरोध को दूर करने के लिए और स्वतंत्रता की घोषणा करने के लिए ब्रिटिश सरकार से आग्रह किया।

7. **आजाद हिंद फौज से खतरा** (Danger from Azad Hind Fauz)–सुभाषचंद्र बोस ने जर्मनी, जापान, बर्मा, इंडोनेशिया, मलाया, सिंगापुर का दौरा कर, वहाँ बसे भारतीयों को संगठित कर, आजाद हिंद फौज का गठन किया। इससे भी ब्रिटिश सरकार की चिंता बढ़ गई।

8. **माइकेल ब्रेचर** (Machael Breacher) ने लिखा है, "क्रिप्स मिशन भारत भेजे जाने का एक कारण, गांधी द्वारा संचालित व्यक्तिगत सत्याग्रह था।"

क्रिप्स भारत में 22 मार्च 1942 में आए और बीस दिन बाद इंग्लैंड वापस चले गए। वह कांग्रेस, मुस्लिम लीग, हिंदू महासभा, हरिजनों, राजाओं और उदारवादियों के प्रतिनिधियों से मिले।

क्रिप्स के प्रस्ताव
(Cripps Proposals)

भारत के राजनीतिक गतिरोध को दूर करने के लिए क्रिप्स ने जो प्रस्ताव रखे, उसे क्रिप्स प्रस्ताव को दो भागों में बाँटा जाता है–युद्ध के उपरांत, संबंधी प्रस्ताव और तात्कालिक स्थिति, संबंधी प्रस्ताव।

युद्ध के उपरांत संबंधी प्रस्ताव–निम्नलिखित प्रस्ताव युद्ध समाप्त होने पर लागू किए जाने वाले थे, लेकिन लागू नहीं किए गए।

1. **उपनिवेश अधिराज्य की स्थापना** (Establishment of the Dominion State)–ब्रिटिश सरकार एक नए भारतीय संघ की स्थापना चाहती है, जो एक ऐसा अधिराज्य होगा, जो ब्रिटिश सम्राट की तरफ अपनी शक्ति रखने के कारण इंग्लैंड से तथा दूसरे उपनिवेशों से अपना संबंध रखेगा। यह अधिराज्य प्रत्येक दृष्टि से दूसरे उपनिवेशों की तरह होगा और आंतरिक तथा बाहरी मामलों में किसी के अधीन न होगा।

2. संविधान सभा की स्थापना (Establishment of Constituent Assembly)–युद्ध के बाद एक संविधान-निर्मात्री सभा बुलाई जाएगी। इस सभा का गठन आनुपातिक प्रतिनिधित्व पद्धति के अनुसार नव-निर्वाचित प्रांतीय सभाओं के सदस्यों द्वारा किया जाएगा। संविधान सभा के सदस्यों की संख्या निर्वाचन मंडल की कुल संख्या का दशांश होगी।

3. नया संविधान (New Constitution)–ब्रिटिश सरकार नए संविधान को, निम्नलिखित शर्तों के अधीन स्वीकार करेगी और उसे व्यावहारिक रूप देगी।

- **(क) पृथक संघ बनाने का अधिकार** (Right to Make Separate Federation)–जो प्रांत नए संविधान को स्वीकार न करें, वे वर्तमान सांविधानिक स्थिति बनाये रखेंगे और बाद में चाहने पर संघ में सम्मिलित हो सकते हैं। वे अपना पृथक संघ भी बना सकते हैं, जिसे भारतीय संघ के समान स्थिति प्राप्त होगी।
- **(ख) संधि** (Treaty)–भारतीय संविधान सभा और ब्रिटिश सरकार को उत्तरदायित्व हस्तांतरित करने की व्यवस्था की जाएगी। इसमें अल्पसंख्यकों के हितों की रक्षा की जाएगी।

4. राष्ट्रमंडल से अलग होने का अधिकार–अगर भारत चाहेगा, तो राष्ट्रमंडल से अलग भी हो सकता है।

तात्कालिक स्थिति संबंधी प्रस्ताव–इसमें निम्न दो बातों का उल्लेख किया गया–

1. **भारत की सुरक्षा**–इस युद्ध के संकट काल में भारत की सुरक्षा का उत्तरदायित्व ब्रिटिश सरकार पर होगा।
2. **भारतीयों का सहयोग**–उपर्युक्त सभी कार्यों में भारतीयों का सहयोग अपेक्षित होगा।

क्रिप्स प्रस्ताव का मूल्यांकन
(Evaluation of the Cripps Proposal)

भारत के विभिन्न दलों ने क्रिप्स प्रस्ताव को कुछ दोषों के कारण अस्वीकृत कर दिया।

कांग्रेस द्वारा क्रिप्स प्रस्ताव की अस्वीकृति (Rejection of Cripps Proposals by the Congress)–कांग्रेस ने निम्नलिखित कारणों से क्रिप्स प्रस्ताव को अस्वीकृत कर दिया।

1. रियासतों की जनता को प्रतिनिधि नहीं भेजने का अधिकार—कांग्रेस इस बात को भी अस्वीकार नहीं कर सकती थी कि संविधान सभा में रियासतों के प्रतिनिधियों को भेजने का अधिकार वहाँ की जनता को न हो, बल्कि केवल रियासतों के शासन को ही हो।

2. प्रांतों और देशी राज्यों को संघ से अलग होने का अधिकार—देशी राज्यों को पहले संघ में सम्मिलित होने का अधिकार दे दिया गया और बाद में उन्हें उससे अलग होने का भी अधिकार दे दिया गया। प्रांत भी संघ से अलग हो सकते थे। इससे भारतीय एकता खंडित होती, इसलिए कांग्रेस ने इस प्रस्ताव को ठुकरा दिया।

3. प्रतिरक्षा विभाग पर नियंत्रण—प्रस्ताव के अनुसार प्रतिरक्षा विभाग, ब्रिटिश सरकार के अधीन रहा, जो कांग्रेस को मान्य नहीं था।

4. राष्ट्रीय सरकार की स्थापना और वायसराय सांविधानिक प्रधान की मांग को ठुकराना—कांग्रेस ने राष्ट्रीय सरकार की स्थापना की मांग की थी और वायसराय को एक सांविधानिक प्रधान बनाना चाहती थी। क्रिप्स प्रस्ताव में कांग्रेस की इन दोनों माँगों को ठुकरा दिया गया।

5. औपनिवेशिक राज्य की निश्चित अवधि नहीं—क्रिप्स प्रस्ताव में भारत में औपनिवेशिक राज्य की स्थापना की कोई निश्चित अवधि निश्चित नहीं की गई थी। ब्रिटिश सरकार की ओर से इस तरह की घोषणायें बराबर होती रही थीं।

6. भारत को विभाजित करने की योजना—क्रिप्स प्रस्ताव के द्वारा प्रांतों और देशी राज्यों को संघ से अलग होने का अधिकार दिया गया। उन्हें पृथक संविधान बनाने का भी अधिकार दिया गया। इससे भारत टुकड़ों-टुकड़ों में बँट जाता। अप्रत्यक्ष रूप से मुस्लिम लीग की मांग, पाकिस्तान निर्माण की मांग स्वीकार कर ली गई थी।

7. ब्रिटिश सरकार का सुझाव—क्रिप्स योजना ब्रिटिश सरकार की घोषणा नहीं थी, बल्कि सुझाव मात्र था।

मुस्लिम लीग द्वारा क्रिप्स की अस्वीकृति (Rejection of Cripps Proposals by the Muslim League)—11 अप्रैल, 1942 को, मुस्लिम लीग ने निम्नलिखित कारणों के आधार पर क्रिप्स प्रस्ताव को अस्वीकृत कर दिया।

1. पाकिस्तान निर्माण की मांग की स्वीकृति नहीं—क्रिप्स प्रस्ताव में प्रत्यक्ष रूप से पाकिस्तान निर्माण का उल्लेख नहीं किया गया था, जिसके कारण मुस्लिम लीग ने प्रस्ताव का जोरदार शब्दों में विरोध किया।

2. पृथक् संविधान सभा नहीं–क्रिप्स योजना में मुसलमानों के लिए एक पृथक् संविधान सभा की व्यवस्था नहीं की गई थी।

3. बहुसंख्यक का प्रमुख–मुस्लिम लीग का मत था कि हिंदू बहुसंख्यक होने के कारण सभी प्रांतों में अपनी इच्छा अल्पसंख्यकों पर थोप देंगे।

4. समझौते की शर्तें निश्चित नहीं–संविधान सभा और ब्रिटिश सरकार के बीच समझौते की शर्तें भी निश्चित नहीं की गई थी।

5. विधानमंडल में मुसलमानों को उचित प्रतिनिधित्व नहीं–मुस्लिम लीग का कहना था कि प्रांतीय विधानमंडलों में मुसलमानों को संतोषजनक प्रतिनिधित्व नहीं दिया गया था।

6. अंतरकालीन व्यवस्था के लिए सुझाव नहीं–अंतरकालीन व्यवस्था के लिए कोई सुनिश्चित सुझाव नहीं थे।

7. संधि की शर्तें निश्चित नहीं–भारत और ग्रेट ब्रिटेन के बीच में संधि की शर्तें निश्चित नहीं की गई थी।

हिंदू महासभा, हरिजन और सिख द्वारा क्रिप्स प्रस्ताव की अस्वीकृति
(Rejection of Cripps proposals by Hindu Mahasabha, Harijan and Sikh)

हिंदू महासभा, हरिजनों और सिखों ने क्रिप्स प्रस्ताव को अस्वीकार कर दिया। सिखों ने पाकिस्तान बनाने का विरोध किया और कहा कि पंजाब भारत में रहेगा। सरतेज बहादुर सप्रू और जयकर जैसे उदारवादियों ने, क्रिप्स प्रस्ताव को आत्म-निर्णय के सिद्धांत का उपहास कहकर अस्वीकार कर दिया।

विभिन्न लोगों का मत (Opinion of Different People)

महात्मा गांधी ने कहा था, "यदि यही आपका प्रस्ताव है, तो मेरी सलाह है कि दूसरे वायुयान से घर लौट जाएँ।"[1]

डी. क्विन्सी के शब्दों में, "चालाक क्रिप्स महज धोखेबाजी, छल-कपट, विश्वासघात और दोहरी चालों से काम कर रहे थे और उनको इस बात का जरा भी पश्चाताप नहीं था।"

1. "Why did you come it this what you have to offer? If this is your entire proposal to India, I would advise you to take the next plane home."—Gandhi

पट्टाभि सीतारमैय्या के अनुसार, "क्रिप्स प्रस्ताव उस बच्चे की चिकित्सा का असफल प्रयत्न था, जो अभी पैदा भी नहीं हुआ था।"

उसने आगे कहा, "क्रिप्स प्रस्तावों में विभिन्न रूचियों को संतुष्ट करने के विभिन्न पदार्थ थे; जैसे–कांग्रेस के लिए औपनिवेशिक स्वराज और संविधान सभा, मुस्लिम लीग के लिए किसी भी प्रांत को भारत से अलग होने का अधिकार और देशी नरेशों के लिए संघ में सम्मिलित होने या न होने का स्वेच्छाधिकार।"

महात्मा गांधी, "क्रिप्स योजना उस चेक के समान था, जिसे आगे आने वाली तारीखों में भुनाया जा सकता था।"

लॉस्की "चर्चिल की सरकार ने क्रिप्स को भारत की समस्या हल करने के लिए सच्चे इरादे से नहीं भेजा, वास्तविक उद्देश्य भारत को स्वाधीनता देना नहीं, बल्कि मित्र राष्ट्रों की आँखों में धूल झोंकना था....ब्रिटिश सरकार का उद्देश्य जापान के आक्रमण को रोकना था।"

जवाहरलाल नेहरू–"मुझे यह देख कर दु:ख होता है कि क्रिप्स जैसे व्यक्ति ने भी अपने को शैतान का प्रवक्ता बना लिया है।"

"क्रिप्स योजना मान लेने से भारत के अनगिनत पाकिस्तानों में विभाजन की संभावना थी।"

क्रिप्स प्रस्ताव का वापस लिया जाना (Withdrawal of Cripps Proposals)–जब भारत के विभिन्न दलों ने क्रिप्स प्रस्ताव को अस्वीकृत कर दिया तो 11 अप्रैल, 1942 को क्रिप्स प्रस्ताव को वापस ले लिया गया और क्रिप्स इंग्लैंड वापस लौट गए।

प्रश्न
(Questions)

1. द्वितीय विश्वयुद्ध के समय भारतीय राष्ट्रीय आंदोलन की प्रगति का वर्णन करें।

   Describe the progress of the Indian National Movement during the Second World War.

2. भारतीय समस्या को हल करने के लिए सर स्टॉफोर्ड क्रिप्स, जो 1942 में सुझाव लाए, उनका वर्णन कीजिए। कांग्रेस तथा मुस्लिम लीग ने उन सुझावों को क्यों रद्द कर दिया।?

   Describe the main features of the proposals brought by Sir Stafford Cripps in 1942 for the solution of the Indian problem. Why were they rejected by the Congress and the muslim league?

3. 1942 के भारत छोड़ो आंदोलन के लिए कौन से हालात उत्तरदायी थे? इससे भारतीय स्वतंत्रता की प्राप्ति कहाँ तक हुई और देश के बँटवारे में कहाँ तक सहायता मिली?

   What were the circumstances which led to the Quit India Movement of 1942? How did it contribute to the achievement of Indian Independence and the partition of the country?

4. द्वितीय विश्वयुद्ध के प्रारंभ में भारत में सांविधानिक गतिरोध के प्रति ब्रिटिश सरकार और भारतीय राजनीतिक दलों के रूझान की विवेचना कीजिए।

   Discuss the attitude of the British Government and the Indian Political parties towards the constitutional dead lock in India in the beginning of the Second World War?

5. भारतीय राष्ट्रीय आंदोलन पर द्वितीय विश्वयुद्ध का क्या प्रभाव पड़ा? विवेचन कीजिए।

   What was the impact of the Second World War upon the Indian National Movement? Discuss

6. क्रिप्स प्रस्ताव के क्या सुझाव थे? क्यों कांग्रेस और मुस्लिम लीग ने इसे अस्वीकार किया?

   What were the proposals of Cripps? Why did the Congress and the Muslim League Reject it?

वस्तुनिष्ठ प्रश्न

(Objective Questions)

1. द्वितीय विश्वयुद्ध का प्रारंभ किस तिथि, माह और वर्ष में हुआ?

   (क) 1 सितंबर, 1939 (ख) 5 सितंबर, 1939

   (ग) 2 अक्टूबर, 1940 (घ) 26 जनवरी, 1938

2. जर्मन सेना ने किस देश पर आक्रमण कर, द्वितीय विश्वयुद्ध का प्रारंभ किया?

   (क) फ्रांस (ख) पोलैंड

   (ग) रूस (घ) चेकोस्लोवाकिया

3. कितने प्रांतों में कांग्रेसी मंत्रिमंडल ने त्यागपत्र दिया?
   (क) नौ प्रांतों (ख) सात प्रांतों
   (ग) आठ प्रांतों (घ) अठारह प्रांतों
4. मुक्ति दिवस किस तिथि, माह और वर्ष में मनाया गया?
   (क) 22 नवंबर, 1939 (ख) 22 अक्टूबर, 1939
   (ग) 22 सितंबर, 1940 (घ) 22 दिसंबर, 1939
5. अगस्त प्रस्ताव किस तिथि, माह और वर्ष में पारित किया गया?
   (क) 8 अगस्त, 1942 (ख) 7 अगस्त, 1942
   (ग) 9 अगस्त, 1942 (घ) 5 अगस्त, 1943
6. गांधी ने व्यक्तिगत सविनय अवज्ञा आंदोलन किस तिथि, माह और वर्ष को प्रारंभ किया?
   (क) 17 अक्टूबर, 1942 (ख) 17 अक्टूबर, 1940
   (ग) 17 अक्टूबर, 1943 (घ) 17 अक्टूबर, 1944
7. चेम्बरलेन के बाद ब्रिटिश प्रधानमंत्री कौन बने?
   (क) लॉयड जार्ज (ख) मिसेज थेचर
   (ग) चर्चिल (घ) मेजर जौन
8. रूजवेल्ट कहाँ के राष्ट्रपति थे?
   (क) आस्ट्रेलिया (ख) फ्रांस
   (ग) जर्मनी (घ) अमेरिका
9. च्यांग-काई-शेक कहाँ के शासक थे?
   (क) चीन (ख) बर्मा
   (ग) इंडोनेशिया (घ) कोरिया
10. क्रिप्स भारत कब आए?
   (क) 22 मार्च, 1941 (ख) 22 मार्च, 1942
   (ग) 22 मार्च, 1943 (घ) 12 मार्च, 1942
11. क्रिप्स प्रस्ताव को वापस कब लिया गया?
   (क) 11 अप्रैल, 1943 (ख) 11 अप्रैल, 1944
   (ग) 11 अप्रैल, 1942 (घ) 11 अप्रैल, 1941
12. "यदि यही आपका प्रस्ताव है, तो मेरी सलाह है कि दूसरे वायुयान से घर लौट जाएँ। यह कथन किसका है?

(क) नेहरू (ख) सुभाष
(ग) मौलाना आजाद (घ) गांधी

13. "क्रिप्स प्रस्ताव उस बच्चे की चिकित्सा का असफल प्रयत्न था, जो अभी पैदा भी नहीं हुआ था।" यह कथन किसका है?
(क) पट्टाभि सीतारमैय्या (ख) गांधी
(ग) मौलाना आजाद (घ) कूपलैंड

14. "क्रिप्स योजना उस चेक के समान था, जिसे आगे आने वाली तारीखों में भुनाया जा सकता था।" यह कथन किसका है?
(क) नेहरू (ख) गांधी
(ग) पटेल (घ) मौलाना आजाद

15. "मुझे यह देखकर दु:ख होता है कि क्रिप्स जैसे व्यक्ति ने भी अपने को शैतान का प्रवक्ता बना लिया है।" यह कथन किसका है?
(क) गांधी (ख) सुभाष
(ग) नेहरू (घ) मौलाना आजाद

उत्तर
(Answers)

1. (क) 2. (ख) 3. (ग) 4. (घ) 5. (क) 6. (ख) 7. (ग) 8. (घ) 9. (क) 10. (ख) 11. (ग) 12. (घ) 13. (क) 14. (ख) 15. (ग)

12

भारत छोड़ो आंदोलन (9 अगस्त, 1942) (Quit India Movement)

भारत छोड़ो आंदोलन के कारण (Circumstances Leading to Quit India Movement)

भारत छोड़ो आंदोलन के पीछे निम्नलिखित कारणों का हाथ रहा है।

1. **क्रिप्स मिशन की असफलता**–(Failure of Cripps Mission)–क्रिप्स प्रस्ताव की असफलता के कारण, भारतीयों में निराशा और असंतोष की लहर फैल गई। ब्रिटिश सरकार सच्चे दिल से भारत के राजनीतिक गतिरोध को दूर करना नहीं चाहती थी। क्रिप्स ने, क्रिप्स प्रस्ताव की असफलता का सारा उत्तरदायित्व कांग्रेस पर थोपा। इस संदर्भ में मौलाना अबुल कलाम आजाद ने लिखा है, "अनेक राजनीतिक दलों के साथ लम्बी वार्ताओं का एक मात्र उद्देश्य संसार के देशों के सामने यह सिद्ध करना था कि कांग्रेस, भारत की सच्ची प्रतिनिधि संस्था नहीं है और भारतीयों में एकता के अभाव के कारण ही ग्रेट ब्रिटेन भारत को हस्तान्तरित नहीं कर सका।"

ऐसी परिस्थिति में, कांग्रेस ने जनता में फैली निराशा को दूर करने के लिए और स्वतंत्रता प्राप्ति हेतु गांधी ने, नया आंदोलन प्रारंभ करने का निर्णय लिया।

2. **जापानी आक्रमण का भय** (Fear of Japanese Attack)–जापान की सेना निरंतर आगे बढ़ रही थीं, इससे भारत को भी खतरा उत्पन्न हो गया था। गांधी ने यह अनुभव किया कि अंग्रेजों द्वारा भारत छोड़ने पर ही, भारत सुरक्षित रह सकता है। जापान, भारत पर आक्रमण नहीं करेगा और भारत सुरक्षित बच जाएगा। गांधी के शब्दों में, "अंग्रेजों, भारत को जापान के लिए मत छोड़ो, बल्कि भारत को भारतीयों के लिए व्यवस्थित रूप में छोड़ जाओ।"

3. बर्मा में भारतीयों के साथ दुर्व्यवहार (Maltreatment with Indians in Burma)–बर्मा से आये भारतीय शरणार्थियों ने यह बताया कि उनमें और यूरोपियनों में काफी भेदभाव किया जा रहा है और उन लोगों के साथ दुर्व्यवहार भी किया जा रहा है। **अणे** का कथन है, "भारतीय शरणार्थियों से ऐसा अपमानजनक व्यवहार किया जा रहा है, जैसे वे किसी घटिया जाति से संबंधित हों।" गांधी ने **हरिजन**, 10 मई, 1942 में लिखा था, "भारतीय और यूरोपियन शरणार्थियों से व्यवहार में जो भेद किया जा रहा है और सेनाओं का जो बुरा व्यवहार है, उससे अंग्रेजों के इरादों और घोषणाओं की तरफ अविश्वास बढ़ रहा है।"[1]

अतएव, इस घटना से प्रेरित होकर गांधी ने नए आंदोलन का प्रारंभ करना चाहा।

4. पूर्वी बंगाल में आतंक (Anarchy in East Bengal)–पूर्वी बंगाल में आतंक और भय का वातावरण व्याप्त था। सरकार ने वहाँ पर सैनिक उद्देश्य के लिए, बहुत से किसानों की भूमि पर अपना कब्जा कर लिया था और उन लोगों को मुआवजा नहीं दिया गया। हजारों देशी नावों को नष्ट कर दिया गया, जिनसे हजारों परिवार जीविका कमाते थे। इस प्रकार, संपूर्ण बंगाल में सरकार के शोषण का भय चल रहा था।

5. आर्थिक असंतोष (Economic Dissatisfaction)–इस बीच जनता के आर्थिक कष्टों में भी वृद्धि हुई। वस्तुओं की कीमतों में बेतहाशा वृद्धि हुई। कागज के नोटों के प्रति लोगों का विश्वास उठ चुका था। देश के चारों तरफ आर्थिक असंतोष की लहर फैली हुई थी, जिसके कारण आंदोलन प्रारंभ करने के लिए गांधीजी विवश हुए।

6. युद्ध में ब्रिटिश सरकार की पराजय (Defeat of the British Govt. in War)–द्वितीय विश्वयुद्ध में इंग्लैंड की जबरदस्त हार जापान से हुई। मलाया, सिंगापुर और बर्मा में ब्रिटिश की सेना को पराजय का मुँह देखना पड़ा। सभी स्थानों पर जापान का झँडा फहराने लगा। इससे भारतीयों को यह विश्वास हो गया कि ब्रिटिश सरकार, रक्षा नहीं कर सकती है।

7. इंग्लैंड का लज्जास्पद व्यवहार (Shamefull Behaviour of England)–भारत में भ्रष्टाचार और चोरबजारी का बाजार गर्म था। सताईस

1. "The admitted inequality of treatment of Indian and European evacuees and the manifestly over bearing behaviour of troops are adding to the distrust of British intentions and declarations."—Gandhi, *Harijan*, 10 May, 1942.

जुलाई को ब्रिटिश सरकार ने लंदन में यह घोषणा की, कि भारत को युद्ध का अड्डा बनाया जाएगा और उसके लिए आवश्यक कार्रवाई की जायेगी। भारतीय नेता इससे काफी क्षुब्ध हुए और आंदोलन चलाने के लिए कटिबद्ध हो गए।

इन्हीं कारणों के आलोक में गांधी ने भारत छोड़ो आंदोलन चलाने का निर्णय लिया। उनके शब्दों में, "भारत को ईश्वर के जिम्मे छोड़ दो और अगर यह अधिक हो तो, उसे अराजकता की स्थिति में छोड़ दो।"[1] 9 जून, 1942 को **लूई फिशर** से गांधी ने कहा था, "भारत छोड़ने और नहीं छोड़ने के बीच दूसरा कोई रास्ता नहीं है।" इस प्रकार, गांधी ने भारत छोड़ो आंदोलन चलाने का दृढ़ निश्चय किया।

कांग्रेस कार्यसमिति का इलाहाबाद अधिवेशन, 27 अप्रैल, 1942
(Allahabad Session of the Congress Working Committee)

कांग्रेस कार्यसमिति का अधिवेशन 27 अप्रैल, 1942 को इलाहाबाद में हुआ। इस अधिवेशन में सरकारी नीतियों के प्रति क्षोभ व्यक्त किया गया और युद्ध में इंग्लैंड का साथ देने से मना किया गया। गांधी ने कहा कि भारत की समस्या का एक मात्र निदान, अंग्रेजों का भारत छोड़ने में है। उन्होंने अधिवेशन में निम्न बातों का उल्लेख किया–

1. ग्रेट ब्रिटेन भारत की रक्षा करने में असमर्थ है। वह जो कुछ भी कर रहा है, अपने स्वार्थ में कर रहा है।
2. अंग्रेजों को भारत छोड़ देना चाहिए।
3. भारत की स्वतंत्रता हेतु, विदेशी सहायता आवश्यक नहीं है।
4. भारत किसी भी राज्य का शत्रु नहीं है।
5. भारत में विदेशी सैनिकों का रहना, भारत के हित के विरुद्ध है।

कांग्रेस कार्यसमिति का वर्धा अधिवेशन, 14 जुलाई, 1942
(Vardha Session of the Congress Working Committee)

गांधी ने जो विचार अप्रैल 1942 में इलाहाबाद में रखे थे, उनका समर्थन 14 जुलाई, 1942 को वर्धा अधिवेशन में दिया गया। अंग्रेजों को भारत छोड़ देना चाहिए। वर्धा अधिवेशन में निम्नलिखित प्रस्ताव पारित किया गया–

"जो घटनाएँ प्रतिदिन घट रही हैं और भारतवासियों को जो अनुभव हो रहे हैं, उनसे कांग्रेसी कार्यकर्ताओं की यह धारणा पुष्ट होती जा रही है कि

1. "Leave India to God and if that be too much, leave her to anarchy."—Gandhi

भारत में ब्रिटिश शासन का अंत अतिशीघ्र होना चाहिए। यदि यह अपील व्यर्थ गई, तो कांग्रेस को अपनी समस्त अहिंसात्मक शक्ति का अनिच्छापूर्वक उपयोग करने को बाध्य होना पड़ेगा। इस प्रकार के व्यापक संघर्ष का नेतृत्व अनिवार्य रूप से महात्मा गांधी करेंगे।"

वर्धा प्रस्ताव के पश्चात् (After Vardha Resolution)–वर्धा प्रस्ताव के बाद गांधी ने हरिजन के द्वारा भारत छोड़ो आंदोलन का प्रचार करने लगे। उन्होंने पत्रकारों को कहा कि अब हम लोग खुला आंदोलन करेंगे। जनता में जागृति और नैतिकता का विकास किया जाने लगा।

जवाहरलाल नेहरू–पहली अगस्त, 1942 को, तिलक दिवस पर जवाहरलाल नेहरू ने कहा, "हम आग के साथ खेलने जा रहे हैं। दुधारी तलवार का प्रयोग करने जा रहे हैं, जिसकी चोट उल्टी हमारे ऊपर भी पड़ सकती है। लेकिन, हम मजबूर हैं, हम कर ही क्या सकते हैं?"

डॉ. राजेंद्र प्रसाद ने कहा, "हमको इस बार गोली खाने और तोप का सामना करने के लिए तैयार रहना चाहिए।"

सरदार वल्लभभाई पटेल ने बंबई में कहा, "इस बार का आंदोलन थोड़े दिन का, लेकिन भयानक होगा।"

कांग्रेस कार्यसमिति का बंबई अधिवेशन 7 अगस्त, 1942 (Bombay Session of the Congress Working Committee)

वर्धा प्रस्ताव के अनुसार मौलाना अबुल कलाम आजाद की अध्यक्षता में कांग्रेस कार्यसमिति का अधिवेशन 7 अगस्त, 1942 को, बंबई के ग्वालियर टैंक मैदान में बुलाया गया। पंडाल में बीस हजार से अधिक व्यक्ति ऐतिहासिक फैसले को सुनने के लिए एकत्रित हुए थे। अनेक देश-विदेशी पत्रकार भी थे। बहुत विचार-विमर्श के बाद, कांग्रेस कार्यसमिति ने **भारत छोड़ो प्रस्ताव** 8 अगस्त, 1942 को पारित कर दिया, जिसे जवाहरलाल नेहरू ने पेश किया था।

आठ अगस्त का पारित प्रस्ताव इस प्रकार था–"यह समिति, कांग्रेस कार्यसमिति के 14 जुलाई, 1942 के प्रस्ताव का समर्थन करती है और उसका यह विश्वास है कि बाद की घटनाओं ने इसे और भी औचित्य प्रदान कर दिया है तथा इस बात को स्पष्ट कर दिया है कि भारत में ब्रिटिश शासन का तुरंत अंत करना, भारत के लिए और मित्रराष्ट्रों के उद्देश्यों की सफलता के लिए अत्यन्त आवश्यक है। इस देश में ब्रिटिश शासन का अंत एक आवश्यक

और महत्वपूर्ण प्रश्न है, जिस पर युद्ध का भविष्य एवं स्वतंत्रता और प्रजातंत्र की सफलता निर्भर है। स्वतंत्र भारत इस सफलता को निश्चित बना सकता है, क्योंकि स्वतंत्र होने पर वह अपने समस्त साधन नाजीवाद, फासीवाद और साम्राज्यवाद के उन्मूलन में लगा देगा...... अंग्रेजों के चले जाने के बाद, देश के प्रमुख राजनीतिक दलों और वर्गों की एक अस्थायी सरकार का निर्माण किया जाएगा, जिसका मुख्य उद्देश्य अपनी सैनिक और अहिंसात्मक शक्ति के प्रयोग से, विदेशी आक्रमण के विरुद्ध देश की सुरक्षा करनी होगी।"

गांधी ने उक्त प्रस्ताव पारित होने से पूर्व, कांग्रेस कार्यसमिति के समक्ष सत्तर मिनट तक विद्वतापूर्ण और जोशीला भाषण दिया और **करो या मरो**[1] का नारा जनता को दिया। यह उनका युगांतकारी भाषण था।

इंद्र विद्यावाचस्पति के अनुसार, "गांधीजी उस दिन ऐसे बोल रहे थे, मानो उनकी अंतरात्मा से भगवान बोल रहा हो।"

पट्टाभि सीतारमैय्या के शब्दों में, "वास्तव में गांधीजी उस दिन एक अवतार और पैगंबर की प्रेरक शक्ति से, प्रेरित होकर भाषण दे रहे थे। उनके अंदर आग धधक रही थी। गांधीजी उस दिन राजनीति के निम्न धरातल से ऊपर उठकर उत्कृष्ट मानवता, विश्वव्यापी भ्रातृत्व, शांति और मानवमात्र के प्रति सद्भाव से परिपूरित होकर विश्वलोक की चर्चा कर रहे थे।"

जवाहरलाल नेहरू, "कांग्रेस का उपर्युक्त संकल्प कोई धमकी नहीं था, यह तो, एक आमंत्रण और स्पष्टीकरण था। यह एक सहयोग करने का प्रस्ताव था।"

महात्मा गांधी ने कार्यसमिति में कहा था, "मैं स्वतंत्रता के लिए और अधिक प्रतीक्षा नहीं कर सकता। मैं जिन्ना साहब के हृदय परिवर्तन की प्रतीक्षा भी नहीं कर सकता...यह मेरे जीवन का अंतिम संघर्ष है ....या तो हम विजयी होंगे या फिर नष्ट ही हो जायेंगे।"

उन्होंने यह भी कहा था, "मैं इस संघर्ष में आपके नेतृत्व का उत्तरदायित्व सेना नायक या तानाशाह के रूप में नहीं, बल्कि आपके सेवक के रूप में ग्रहण कर रहा हूँ। जो कोई सबसे अधिक सेवा करेगा, वह पहला सेवक होगा। मैं राष्ट्र का पहला सेवक हूँ।"

गांधी ने कांग्रेस के कार्य करने हेतु, एक व्यवहार संहिता भी निश्चित की, उन्होंने कहा, "प्रत्येक भारतीय को अपनी स्वतंत्रता का महत्व अनुभव करना चाहिए। स्वतंत्रता की प्राप्ति के लिए प्रत्येक को प्रयत्न करना चाहिए, प्राण देने

1. Do or Die.

के लिए तैयार रहना चाहिए। जेल जाने से, उद्देश्य पूरा नहीं होगा....स्वतंत्रता की मांग से अब कोई समझौता संभव नहीं.....। कायर मत बनो। कायरों को जीवित रहने का कोई अधिकार नहीं है। स्वतंत्रता हमारा मंत्र होना चाहिए।"

इस प्रकार, 1942 की उपर्युक्त क्रांति को, अगस्त क्रांति या भारत छोड़ो आंदोलन की संज्ञा दी गई।

अगस्त क्रांति का सूत्रपात एवं सरकारी दमन (Beginning of August Revolution and Repression by the Govt.)

कांग्रेस ने तुरंत भारत छोड़ो आंदोलन का आरंभ नहीं किया। गांधी पुन: सरकार से वार्ता करना चाहते थे। मीराबेन को वार्ता के लिए भेजा गया, लेकिन वायसराय ने मिलने से इन्कार कर दिया। गांधी ने रूजवेल्ट और च्याँग-काई-शेक के पास पत्र लिखा, लेकिन कोई परिणाम नहीं निकला। अचानक ब्रिटिश सरकार ने गांधी और कांग्रेस कार्यसमिति के सभी नेताओं को, आठ अगस्त की रात्रि में ही बंबई में गिरफ्तार कर लिया। गांधी को आगा खाँ महल, पूना में अन्य नेताओं को अहमदनगर जेल में रखा गया। कांग्रेस को गैर-कानूनी संस्था घोषित कर, उसके कार्यालय में ताला बंद कर दिया गया। भारत के कोने-कोने में कांग्रेस के कार्यकर्त्ताओं को गिरफ्तार किया गया और उन पर जुल्म ढाये गए।

आंदोलन का रूप (Character of the Movement): **अहिंसात्मक** (Non-Violent)–गांधी और अन्य नेताओं की गिरफ्तारी के बाद आंदोलन नेतृत्वहीन हो गया। जनता को यह पता नहीं था कि क्या करना चाहिए? गांधी ने केवल करो या मरो का संदेश छोड़ा था। कांग्रेस कमेटी की एक पुस्तिका में संपूर्ण भारत में, हड़ताल, सार्वजनिक सभाएँ, नमक बनाने, लगान न देने, स्कूल, कॉलेज और कार्यालय छोड़ने का निर्देश दिया गया। इसमें अहिंसात्मक आंदोलन पर विशेष बल दिया गया।

भारत छोड़ो आंदोलन के विकास की अवस्था (Phases of the Quit India Movement)

पहली अवस्था (First Phase)–पहली अवस्था गांधी की गिरफ्तारी से लेकर तीन-चार दिन तक चली। इस अवस्था में संपूर्ण भारत में हड़ताल, प्रदर्शन, सार्वजनिक सभाएँ, जुलूस, जलसे आदि हुए। मजदूरों की हड़तालें हईं। 11 अगस्त, 1942 को बंबई में, पुलिस ने निहत्थी जनता पर तेरह बार गोलियाँ चलाईं। इसमें कई लोग मारे गए और जख्मी हुए। औरत और बच्चे भी शहीद हुए। भीड़ ने हिंसा का रूप धारण किया।

दूसरी अवस्था (Second Phase)–दूसरी अवस्था में आंदोलनकारियों ने उग्र रूप धारण किया, हिंसा का खुलकर प्रयोग किया। नगरपालिका भवनों, सरकारी इमारतों और संपत्ति पर आक्रमण किया गया। रेलवे पटरी, डाकखानें और थानों पर प्रहार किया गया। रेलवे और तार लाइन काट दी गई। बलिया में लोगों ने अपनी सरकार भी स्थापित कर ली। सरकार ने आंदोलन दबाने के लिए काफी अत्याचार किए। बिहार के एक गांव में, 21 और 22 अगस्त तथा 6 सितंबर, 1942 को मशीनगनों द्वारा लोग मारे गए।

तीसरी अवस्था (Third Phase)–सितंबर, 1942 के मध्य में आंदोलन की तीसरी अवस्था आरंभ हुई। पुलिस और सेना के अत्याचार से क्षुब्ध होकर मद्रास, बंगाल और अन्य स्थानों पर सरकारी कार्यालयों और थानों को जलाया गया। बंबई, उत्तर प्रदेश, मध्य प्रदेश और बिहार में, बम का प्रयोग किया गया। रेलवे पटरी उखाड़ी गई। थाने जला दिए गए। आम जनता, किसान, मजदूर, वकील और छात्र खुलकर अंग्रेजों के खिलाफ लड़े। यह आंदोलन 1943 तक चला।

चौथी अवस्था (Fourth Phase)–इस अवस्था में आंदोलनकारी गति से तब तक चला, जब तक कि गांधी नहीं छोड़े गए। तिलक दिवस और स्वतंत्रता दिवस मनाया गया। अरूणा आसफ अली, उषा मेहता, डॉ. राममनोहर लोहिया, जय प्रकाश नारायण एवं अन्य नेताओं ने भूमिगत होकर आंदोलन को सक्रिय रखा।

संक्षेप में, सरकारी आँकड़ों के अनुसार, 1942 के आंदोलन में पुलिस और सेना ने, 538 बार गोलियाँ चलायी, जिसके कारण लगभग 950 व्यक्ति मारे गए और 3,215 घायल हुए, 200 स्टेशन नष्ट किए गए, 550 डाकखानों पर हमला हुआ, 3,500 स्थानों पर टेलीफोन की लाइनों को काटा गया तथा 70 थानों और 85 सरकारी भवनों को जला दिया गया।

माइकेल ब्रेचर ने लिखा है, "सरकार का दमनचक्र बहुत कठोर था और उस खतरे को दबाने के लिए पुलिस राज की स्थापना हो गई, जो 1857 के विद्रोह के पश्चात्, ब्रिटिश शासन के लिए सबसे बड़ी धमकी थी।"[1]

जवाहरलाल नेहरू के अनुसार, "उन सभी परंपराओं और धोखाधड़ियों को, जिनकी ओट में सरकार साधारणतः काम करती है, त्याग दिया गया और केवल नग्नशक्ति, शासन का प्रतीक बन गई।"[2]

---

1. "In short everywhere government repression was very harsh and police state was established to deal with danger, which constituted the gravest threat to British rule since the rebellion of 1857.—M. Breacher
2. "All conventions and subterfuges, that usually were the activities of government, were turn aside and only naked force remained as the symbol of authority."—J.L. Nehru

भारत छोड़ो आंदोलन में अन्य दलों की भूमिका
(Role of Other Parties in Quit India Movement)

भारत छोड़ो आंदोलन में अन्य दलों की भूमिका का वर्णन निम्न प्रकार से कर सकते हैं।

साम्यवादी दल–द्वितीय विश्वयुद्ध को भारत साम्यवादी दल ने साम्राज्यवादी घोषित किया। लेकिन, जब रूस पर जर्मनी का आक्रमण हुआ और रूस इंग्लैंड से मिल गया, तो साम्यवादी दल ने इसे जनता का युद्ध कहना शुरू किया तथा भारतीयों को अंग्रेजों की सहायता करने को कहा। उसने भारत छोड़ो आंदोलन की निंदा की। कांग्रेस ने देशद्रोही कहकर साम्यवादियों को पार्टी से निकाल दिया।

मुस्लिम लीग–मुस्लिम लीग के सर्वेसर्वा नेता जिन्ना ने भारत छोड़ो आंदोलन की खुलकर निंदा की और मुसलमानों को इसमें भाग लेने से मना किया। उन्होंने इस आंदोलन को खतरनाक बताया, क्योंकि यह हिंदू साम्राज्य की स्थापना में विश्वास करता है। उन्होंने केंद्रीय विधानमंडल में गैर-कांग्रेसी सदस्यों के मेल से एक अस्थायी सरकार बनाने का असफल प्रयास भी किया।

हिंदू महासभा–हिंदू महासभा के नेता वीर सावरकर और अन्य नेताओं ने, ब्रिटिश सरकार की आलोचना की, लेकिन लोगों को इस आंदोलन से दूर रहने को कहा।

उदारवादी, अकाली और ईसाई–उदारवादी, अकाली और ईसाई नेताओं ने भी भारत छोड़ो आंदोलन का विरोध किया, क्योंकि वे अंग्रेजों को अप्रसन्न नहीं करना चाहते थे।

डॉ. अम्बेडकर–डॉ. अम्बेडकर ने भी आंदोलन का विरोध किया।

देशी नरेश–देशी राज्यों के राजाओं और महाराजाओं ने भी भारत छोड़ो आंदोलन का विरोध किया।

भारत छोड़ो आंदोलन की विदेशों में प्रतिक्रिया
(Reactions in Abroad of Quit India Movement)

विभिन्न विदेशी राज्यों पर भी भारत छोड़ो आंदोलन का व्यापक प्रभाव पड़ा। उन लोगों की प्रतिक्रियाओं का वर्णन निम्नलिखित रूप से किया जा सकता है।

अमेरिका–भारत छोड़ो आंदोलन का व्यापक प्रभाव अमेरिकी जनता पर पड़ा। **रूजवेल्ट** ने, इंग्लैंड को भारतीयों को स्वतंत्रता देने के लिए कहा।

चीन–चीन में भारत छोड़ो आंदोलन का जनता पर प्रभाव पड़ा। **च्यांग-काई-शेक** ने 25 जुलाई, 1942 को अमेरिकी राष्ट्रपति **रूजवेल्ट** को लिखा था, "अंग्रेजों के लिए सबसे श्रेष्ठ नीति यह है कि भारत को पूर्ण स्वतंत्रता दे दें।"

इंग्लैंड–इंग्लैंड का जनमत भारत छोड़ो आंदोलन के पक्ष में इतना प्रबल था कि अंत में अंग्रेजों को भारत छोड़ना पड़ा। तत्कालीन ब्रिटिश प्रधानमंत्री चर्चिल, भारतीय स्वतंत्रता के कट्टर विरोधी थे। च्यांग-काई-शेक के पत्र लिखने पर, उन्होंने धमकी देते हुए कहा, "यदि चीन भारत के आंतरिक मामलों में हस्तक्षेप करता रहा, तो अंग्रेज चीन के साथ अपनी संधि तोड़ देंगे।"

गांधी का उपवास तथा जेल से रिहा
(Gandhi's Fast and Release from Jail)

गांधी की गिरफ्तारी के बाद सारे देश में जो हिंसात्मक कार्य हुए, उसके लिए सरकार ने सारी जिम्मेवारी गांधी पर डाल दी। गांधी ने आरोपों का खंडन किया और सरकार से सारी घटनाओं की जाँच के लिए एक निष्पक्ष न्यायालय के गठन की माँग की। लेकिन, सरकार ने इस पर कोई ध्यान नहीं दिया, उल्टे उसने कांग्रेस से, अगस्त प्रस्ताव को वापस लेने को कहा। गांधी ने कांग्रेस समिति से बिना पूछे और सभी सदस्यों के जेल से रिहा हुए बिना, ऐसा करने से इन्कार कर दिया। वे ब्रिटिश सरकार के अत्याचार से ऊब गए थे। अतएव, उन्होंने आत्मशुद्धि के उद्देश्य से 10 फरवरी, 1944 को एक्कीस दिनों के लिए उपवास शुरू किया, तेरह दिनों के बाद गांधी की हालत शोचनीय हो गई। वायसराय ने गांधी को जेल से मुक्त करने को अस्वीकार कर दिया। **वायसराय लिनलिथगो** की कार्यकारिणी परिषद के तीन सदस्य–**एच.पी. मोदी, एन.आर. सरकार** और **एम.एस. अणे** ने वायसराय के निर्णय का विरोध करने के लिए त्यागपत्र दे दिया। गांधी के स्वास्थ्य में सुधार हुआ और वे बच गए।

कुछ महीनों के बाद गांधी के सचिव महादेव देसाई और 22 फरवरी, 1944 को, उनकी धर्मपत्नी कस्तूरबा का जेल में निधन हो गया। अप्रैल 1944 में गांधी बहुत सख्त बीमार पड़े। इसी बीच, अक्टूबर, 1943 को **लॉर्ड वैवेल** भारत के नए भारत सचिव बने और उन्होंने गांधी को 6 मई, 1944 को जेल से रिहा कर दिया।

भारत छोड़ो आंदोलन की असफलता के कारण
(Causes for the Failure of Quit India Movement)

डॉ. श्यामा प्रसाद मुखर्जी और अन्य विद्वानों के अनुसार भारत छोड़ो आंदोलन की असफलता में निम्नांकित कारणों का हाथ रहा है–

1. क्रांति की योजना और संगठन में कमियाँ (Lack of Planning and Organisation of Revolution)–विद्वानों का मत है कि अगस्त क्रांति में योजना और संगठन की कमी थी, जिस कारण आंदोलन असफल रहा। डॉ. श्यामा प्रसाद मुखर्जी के शब्दों में, "इस जन आंदोलनों से इसमें पृथक कार्यपद्धति की आवश्यकता थी। यह आवश्यक था कि नेताओं को पहले से ही समस्त रणनीति का ज्ञान हो और इससे सरकार उनको गिरफ्तार करे, उनको अज्ञात स्थान पर चला जाना चाहिए था। आंदोलन का अध्ययन करने से यह स्पष्ट हो जाता है कि किसी को यह पता नहीं था कि आगे क्या करना है।"

जवाहरलाल नेहरू ने भी लिखा है, "हमको यह सुनकर आश्चर्य होता था कि गांधीजी इस विश्वास को अभी तक अपनाये हुए हैं कि सरकार से कोई भी समझौता अब भी संभव है। वे कहते थे कि मैं स्वतंत्रता प्राप्त करने के लिए भरसक प्रयत्न करूँगा। यद्यपि वे सरकार के विरुद्ध कार्यवाही करने की बहुत बात करते थे, लेकिन उन्होंने यह निश्चित रूप से नहीं बताया कि क्या करना चाहते हैं।"

2. राजभक्त सरकारी कर्मचारी (Loyal Government's Officers)–सरकारी कर्मचारी, सेना, पुलिस, देशी रजवाड़े आदि ब्रिटिश सरकार के राजभक्त थे, जिसके कारण आंदोलन असफल रहा।

3. शक्तिशाली सरकार (Powerful Government)–ब्रिटिश सरकार के पास आंदोलनकारियों को कुचलने के लिए पर्याप्त शक्ति थी। आंदोलनकारियों के पास पर्याप्त आर्थिक साधन, गुप्तचर विभाग और संचार के साधन नहीं थे।

4. नेतृत्व का अभाव (Lack of Leadership)–भारत छोड़ो आंदोलन पारित होते ही, बंबई में सभी नेता गिरफ्तार कर लिए गए। स्थानीय स्थानों पर भी नेताओं को पकड़कर जेल में डाला गया। आंदोलन नेतृत्व विहीन हो गया, जिसके कारण यह असफल सिद्ध हुआ।

5. हिंसात्मक आंदोलन (Violent Revolution)–गांधी ने अहिंसात्मक आंदोलन चलाने का निर्देश दिया था, लेकिन उनकी गिरफ्तारी के बाद आंदोलन हिंसात्मक हो गया। थाना, डाकखाना और सरकारी कार्यालयों को जलाया गया। पुलिस की हत्या की गई। इससे आम जनता भी घबरा गई और इस

आंदोलन के प्रति उदासीन हो गई। सरकार ने हिंसा का दमन पूरी कठोरता के साथ किया गया। देश में पुलिस और सेना का शासन हो गया, जिससे जनता भयभीत हो गई।

6. अन्य दलों द्वारा विश्वासघात (Treachery by Other Parties)–भारत की साम्यवादी पार्टी, मुस्लिम लीग, हिंदू महासभा आदि, आंदोलन का विरोध किया। डॉ. अम्बेडकर ने भी इसका विरोध किया। अतएव आपस की फूट के कारण भी आंदोलन सफल नहीं हो सका।

क्रांति का महत्व
(Importance of Revolution)

उपर्युक्त तथ्यों से यह नहीं समझ लेना चाहिए कि भारत छोड़ो आंदोलन बिल्कुल ही व्यर्थ सिद्ध हुआ। वस्तुतः, भारतीय राष्ट्रीय आंदोलन के इतिहास में इसकी अहम भूमिका रही है। इस आंदोलन के महत्व का वर्णन निम्न शब्दों में किया जा सकता है।

1. राष्ट्रीय जागरण–भारत छोड़ो आंदोलन से राष्ट्रीय जागरण हुआ। देश का बच्चा-बच्चा राष्ट्रीय राजनीति में अभिरूचि रखने लगा और स्वतंत्रता की माँग में सम्मिलित होने लगा।

2. शासन का सामना करने की शक्ति–इस आंदोलन से जनता में ब्रिटिश शासन का सामना करने की शक्ति में निखार आ गया। डॉ. राजेंद्र प्रसाद ने लिखा है, "आंदोलन के कारण जनता में सरकार का सामना करने के साहस और शक्ति में अत्यधिक वृद्धि हुई।"

3. देशव्यापी आंदोलन–भारत छोड़ो आंदोलन ने देशव्यापी रूप धारण किया, संपूर्ण भारत में इसका प्रभाव पड़ा और जनता ने इसमें भाग लिया।

4. जवाहरलाल नेहरू के शब्दों में, "1942 में जो कुछ हुआ, उसका मुझे अवश्य गर्व है... मैं यह स्पष्ट कर देना चाहता हूँ कि मैं उनकी निंदा नहीं कर सकता, जिन्होंने 1942 के आंदोलन में भाग लिया।"[1]

5. सरदार वल्लभभाई पटेल–"भारत में ब्रिटिश राज्य के इतिहास में ऐसा विप्लव कभी नहीं हुआ, जैसा कि पिछले तीन वर्षों में हुआ। लोगों ने जो प्रतिक्रिया की, हमें उस पर गर्व है।"[2]

1. "I am very proud of what happened in 1942 ... make it plain that cannot condemn those who took part in the 1942 movement."—J.L. Nehru
2. "Never before had such widespread uprisings happened in India in the history of the British Raj, as they did during the last three years. We are proud of the spirit in which the people reacted."—Sardar Patel

6. **महात्मा गांधी** ने **सर रेगीनाल्ड मैक्सवेल** को कहा, "मैं कांग्रेस विप्लव को स्थगित नहीं कर सकता, जो कि बिल्कुल अहिंसात्मक ढंग का है। मैं इसके लिए गर्वित हूँ। मुझे कुछ सुधार नहीं करना है, क्योंकि मेरे मन में पाप नहीं है।"[1]

7. **ईश्वरी प्रसाद** ने आंदोलन की महत्ता पर कहा है, "इस विद्रोह की आग में औपनिवेशिक स्वराज्य की सारी बातें जल गईं। भारत अब पूर्ण स्वतंत्रता से कम कुछ नहीं चाहता था। अंग्रेजों का भारत छोड़ना निश्चित हो गया। यह ब्रिटिश साम्राज्यवाद को बड़ा भारी धक्का था।"[2]

आजाद हिंद फौज का संघर्ष
(Struggle of Indian National Army)

जिस समय कांग्रेस के नेतृत्व में भारतीय जनता भारत के भीतर, करने या मरने के संघर्ष में लगी हुई थी, उसी समय भारतीय स्वतंत्रता संग्राम देश के बाहर, उसकी उत्तरी-पूर्वी सीमा पर भी चल रहा था। रासबिहारी बोस का निर्वासन हो चुका था, वे जापान चले गए थे। युद्ध के समय जापान का आधिपत्य बर्मा, सिंगापुर और मलाया पर हो चुका था। रासबिहारी बोस ने लगभग साठ हजार उन भारतीय सैनिकों को भर्ती करके, जो ब्रिटिश सेना के जवानों के रूप में जापान के पास बंदी थे, एक सेना का संगठन किया, जिसका नाम आजाद हिन्द फौज रखा।[3] सुभाषचंद्र बोस भी भेष बदलकर जर्मनी होते हुए जापान आ गए थे। उन्होंने आजाद हिंद फौज का नेतृत्व किया और दिल्ली चलो का नारा दिया। इसके साथ ही, सेनाओं के उत्साह को बढ़ाते हुए कहा कि जवानों खून दो, मैं तुम्हें आजादी दूँगा। आजाद हिंद फौज ने बड़ी बहादुरी के साथ भारत की पूर्वी सीमा पर मित्रराष्ट्रों की सेना से लड़ा। लेकिन, जापान की हार के कारण, उसे भी आत्म-समर्पण करना पड़ा।

निष्कर्ष–भारत छोड़ो आंदोलन से भारत की स्वतंत्रता निकट आई और इस आंदोलन के केवल पाँच वर्ष बाद ही, 15 अगस्त, 1947 को भारत को

1. "Gandhiji told Sir Reginald Maxwell in unequivocal terms. I cannot cancel the Congress rebellion which is of a purely non-violent character. I am proud of it. I have no reparations to make for. I have no consciousness of guilt." (Letter of Gandhi ji to Sir Reginald Maxwell)
2. "All talk of Dominion status was consumed in the fires of revolt. India could have nothing short of Independence. Quit India had come to stay. I was a terrific below to be imperial India."—Ishwari Prasad
3. Indian National Army: I.N.A.

स्वतंत्रता मिली। इसका सारा श्रेय भारत छोड़ो आंदोलन और इसके मसीहा महात्मा गांधी को है। भारतीय राष्ट्रीय आंदोलन के इतिहास में महात्मा गांधी का नाम स्वर्णक्षरों से लिखा हुआ, सदा अमर रहेगा।

प्रश्न
(Questions)

1. 1935 से 1945 तक भारतीय स्वतंत्रता संग्राम की समीक्षा करें।
   Examine the Indian National Movement from 1935 to 1945.
2. भारतीय राष्ट्रीय आंदोलन पर द्वितीय विश्वयुद्ध का क्या प्रभाव पड़ा। विवेचना कीजिए।
   What was the impact of the Second World War upon the Indian National Movement? Discuss.
3. उन परिस्थितियों का वर्णन कीजिए, जिनसे 1942 के भारत छोड़ो आंदोलन का जन्म हुआ?
   What were the circumstances which led to the Quit Indian Movement of 1942?
4. 1942 की अगस्त क्रांति का मूल्यांकन कीजिए।
   Evaluate the August Revolution of 1942.
5. भारतीय राष्ट्रीय आंदोलन के इतिहास में 1942 के भारत छोड़ो आंदोलन का क्या महत्व है? इस आंदोलन की असफलता के क्या कारण थे?
   What is the importance of Quit India Movement of 1942 in the history of the Indian National Movement? What were the causes of the failure of this Movement?
6. भारत छोड़ो आंदोलन के प्रस्ताव और उसके कार्यान्वन का वर्णन करें। ब्रिटिश सरकार ने इसका दमन कैसे किया?
   Describe the resolution and execution of the Quit Indian Movement? How it was suppressed by the British Government?
7. भारत छोड़ो आंदोलन में महात्मा गांधी के योगदानों की समीक्षा करें।
   Examine the contributions of Mahatma Gandhi in the Quit India Movement?

8. भारत छोड़ो आंदोलन की सफलता और विफलता पर प्रकाश डालिए।
   Throw light on the success and failure of the Quit India Movement.
9. भारत छोड़ो आंदोलन की विभिन्न अवस्थाओं का वर्णन करें।
   Describe the different stages of the Quit India Movement.
10. भारत छोड़ो आंदोलन में भारतीयों पर किए ब्रिटिश सरकार के अत्याचारों की समीक्षा करें।
    Estimate the cruelties done by the British Government on Indians in the Quit India Movement.

वस्तुनिष्ठ प्रश्न
(Objective Questions)

1. भारत छोड़ो आंदोलन कब से लागू किया गया?
   (क) 9 अगस्त, 1942 (ख) 1 अगस्त, 1942
   (ग) 7 अगस्त, 1942 (घ) 8 अगस्त, 1942
2. कांग्रेस कार्यसमिति का वर्धा अधिवेशन कब हुआ?
   (क) 14 जुलाई, 1941 (ख) 14 जुलाई, 1942
   (ग) 4 जुलाई, 1942 (घ) 8 जुलाई, 1942
3. कांग्रेस कार्यसमिति का बंबई अधिवेशन कब हुआ?
   (क) 9 अगस्त, 1942 (ख) 9 अगस्त, 1942
   (ग) 7 अगस्त, 1942 (घ) 8 अगस्त, 1942
4. कांग्रेस कार्यसमिति का अधिवेशन भारत छोड़ो आंदोलन को पारित करने हेतु किस शहर में बुलाया गया था?
   (क) दिल्ली (ख) मद्रास
   (ग) कलकत्ता (घ) बंबई
5. अगस्त क्रांति में गांधीजी कब जेल से रिहा किए गए?
   (क) 6 मई, 1944 (ख) 6 मई, 1945
   (ग) 9 मई, 1944 (घ) 7 मई, 1943
6. आजाद हिंद फौज का नेतृत्व किसने किया था?
   (क) रासबिहारी बोस (ख) सुभाषचंद्र बोस
   (ग) शाहनवाज (घ) ढिल्लन

7. भारत छोड़ो आंदोलन में किस क्रांतिकारी महिला की प्रमुख भूमिका थी?
(क) सरोजिनी नायडू (ख) विजयालक्ष्मी पंडित
(ग) अरूणा आसफअली (घ) इंदिरा गांधी

8. जापान में आजाद हिंद फौज की स्थापना किसने की थी?
(क) सुभाषचंद्र बोस (ख) वीर सावरकर
(ग) शाहनवाज (घ) रासबिहारी बोस

9. भारत छोड़ो आंदोलन के समय भारत का वायसराय कौन थे?
(क) लॉर्ड लिनलिथगो (ख) लॉर्ड विलिगडन
(ग) लॉर्ड वैवेल (घ) लॉर्ड चेम्सफोर्ड

10. करो या मरो का नारा किसने दिया था?
(क) सुभाषचन्द्र बोस (ख) गांधी
(ग) नेहरू (घ) रासबिहारी बोस

11. दिल्ली चलो का नारा किसने दिया था?
(क) गांधी (ख) नेहरू
(ग) सुभाषचन्द्र बोस (घ) मौलाना आजाद

12. तुम मुझे खून दो, मैं तुम्हें आजादी दूंगा का नारा किसने दिया था?
(क) गांधी (ख) नेहरू
(ग) रासबिहारी बोस (घ) सुभाषचंद्र बोस

13. कांग्रेसी मंत्रिमंडल द्वारा त्यागपत्र के बाद किस दल ने मुक्ति दिवस मनाया?
(क) मुस्लिम (ख) कांग्रेस पार्टी
(ग) साम्यवादी दल (घ) समाजवादी दल

14. 1940 के व्यक्तिगत सविनय अवज्ञा आंदोलन के प्रथम सत्याग्रही के लिए गांधी ने किसे चुना था?
(क) नेहरू (ख) विनोबा भावे
(ग) जयप्रकाश (घ) लोहिया

15. महात्मा गांधी ने किस प्रस्ताव की प्रतिक्रिया में कहा था कि यदि यही आपका प्रस्ताव है, तो मेरी सलाह है कि दूसरे वायुयान से घर लौट जाएँ?
(क) वैवेल (ख) कैबिनेट मिशन
(ग) क्रिप्स प्रस्ताव (घ) साइमन कमीशन

16. 10 फरवरी, 1944 को गांधी ने इक्कीस दिनों के लिए उपवास किस उद्देश्य से शुरू किया था?
    (क) पूर्ण स्वराज्य की प्राप्ति हेतु
    (ख) औपनिवेशिक राज्य हेतु
    (ग) नमक-कर के विरोध में
    (घ) आत्मशुद्धि हेतु
17. "कांग्रेस ने रोटी की मांग की और उसे मिला पत्थर।" यह कथन किसका है?
    (क) गांधी (ख) मौलाना आजाद
    (ग) नेहरू (घ) डॉ. राजेंद्र प्रसाद
18. "अगस्त प्रस्ताव वैधानिक समस्याओं को सुलझाने की दिशा में अत्यन्त ही महत्वपूर्ण और सराहनीय प्रयत्न था।"
    (क) गांधी (ख) कूपलैंड
    (ग) प्रां. कीथ (घ) नेहरू
19. "क्रिप्स मिशन भारत भेजे जाने का एक कारण, गांधी द्वारा संचालित व्यक्तिगत सत्याग्रह था।" यह कथन किसका है?
    (क) कूपलैंड (ख) प्रो. कीथ
    (ग) माइकेल ब्रेचर (घ) ब्रेल्सफोर्ड
20. "भारत को ईश्वर के जिम्मे छोड़ दो और अगर यदि अधिक हो, तो उसे अराजकता की स्थिति में छोड़ दो।" यह किसने कहा?
    (क) नेहरू (ख) सुभाषचन्द्र बोस
    (ग) पटेल (घ) गांधी
21. "हम आग के साथ खेलने जा रहे हैं। हम दुधारी तलवार का प्रयोग करने जा रहे हैं, जिसकी चोट उल्टी हमारे ऊपर भी पड़ सकती है। लेकिन, हम मजबूर हैं, हम कर ही क्या सकते हैं?" यह कथन किसका है?
    (क) नेहरू (ख) गांधी
    (ग) पटेल (घ) मौलाना आजाद
22. "हमको इस बार गोली खाने और तोप का सामना करने के लिए तैयार रहना चाहिए।" यह कथन किसका है?
    (क) नेहरू (ख) डॉ. राजेंद्र प्रसाद
    (ग) गांधी (घ) पटेल

23. "इस बार का आंदोलन थोड़े दिन का, लेकिन भयानक होगा।" यह कथन किसका है?
(क) गांधी (ख) नेहरू
(ग) पटेल (घ) राजेंद्र प्रसाद

24. "गांधीजी उस दिन ऐसे बोल रहे थे, मानो उनकी अंतरात्मा से भगवान बोल रहा हो।" यह कथन किसका है?
(क) गांधी (ख) नेहरू
(ग) पटेल (घ) इंद्र विद्यावाचस्पति

25. "कांग्रेस का उपर्युक्त संकल्प कोई धमकी नहीं थी, यह तो एक आमंत्रण और स्पष्टीकरण था। यह एक सहयोग करने का प्रस्ताव था।" यह किसने कहा था?
(क) नेहरू (ख) गांधी
(ग) पटेल (घ) सुभाषचन्द्र बोस

26. "मैं स्वतंत्रता के लिए और अधिक प्रतीक्षा नहीं कर सकता। मैं जिन्ना साहब के हृदय परिवर्तन की प्रतीक्षा भी नहीं कर सकता.... यह मेरे जीवन का अंतिम संघर्ष है ...या तो हम विजयी होंगे या फिर नष्ट ही हो जायेंगे।" यह कथन किसका है?
(क) नेहरू (ख) गांधी
(ग) पटेल (घ) राजेंद्र प्रसाद

27. "मैं इस संघर्ष में आपके नेतृत्व का उत्तदायित्व, सेना नायक या तानाशाह के रूप में नहीं, बल्कि आपके सेवक के रूप में ग्रहण कर रहा हूँ। जो कोई सबसे अधिक सेवा करेगा, वह पहला सेवक होगा। मैं राष्ट्र का पहला सेवक हूँ।" यह किसने कहा था?
(क) पटेल (ख) नेहरू
(ग) गांधी (घ) सुभाषचन्द्र बोस

28. "सरकार का दमन चक्र बहुत कठोर था और उस खतरे को दबाने के लिए पुलिस राज की स्थापना की गई, जो 1857 के विद्रोह के पश्चात् ब्रिटिश शासन के लिए सबसे बड़ी धमकी थी।" यह कथन किसका है?
(क) कूपलैंड (ख) प्रो. कीथ
(ग) ब्रेल्सफोर्ड (घ) माइकेल ब्रेचर

29. "1942 में जो कुछ हुआ, उसका मुझे अवश्य गर्व है... मैं यह स्पष्ट कर देना चाहता हूँ कि मैं उनकी निंदा नहीं कर सकता, जिन्होंने 1942 के आंदोलन में भाग लिया।" यह कथन किसका है?

(क) नेहरू (ख) पटेल

(ग) गांधी (घ) मौलाना आजाद

30. "भारत में ब्रिटिश राज्य के इतिहास में ऐसा विप्लव कभी नहीं हुआ जैसा कि पिछले तीन वर्षों में हुआ। लोगों ने जो प्रतिक्रिया की, हमें उस पर गर्व है।" यह कथन किसका है?

(क) गांधी (ख) पटेल

(ग) नेहरू (घ) सुभाषचंद्र बोस

उत्तर

(Answers)

1. (क) 2. (ख) 3. (ग) 4. (घ) 5. (क) 6. (ख) 7. (ग) 8. (घ) 9. (क) 10. (ख) 11. (ग) 12. (घ) 13. (क) 14. (ख) 15. (ग) 16. (घ) 17. (क) 18. (ख) 19. (ग) 20. (घ) 21. (क) 22. (ख) 23. (ग) 24. (घ) 25. (क) 26. (ख) 27. (ग) 28. (घ) 29. (क) 30. (ख)

13

सी.आर. फॉर्मूला (मार्च, 1944) तथा वैवेल योजना (14 जून, 1945)
(C.R. Formula and Wavell Plan)

चक्रवर्ती राजगोपालाचारी सूत्र
(Chakravarti Rajagopalachari Formula)

सी.आर. फॉर्मूला की पृष्ठभूमि (Background of C.R. Formula)

क्रिप्स वार्ता असफल हो जाने के बाद से ही राजगोपालाचारी का यह विचार था कि मुस्लिम लीग से पाकिस्तान के आधार पर ही बातचीत की जाए। कांग्रेस कार्यसमिति के अप्रैल, 1942 के अधिवेशन में, जब कांग्रेस ने उनके प्रस्ताव को स्वीकार नहीं किया, तो उन्होंने कांग्रेस से त्यागपत्र दे दिया।

6 मई, 1944 को गांधीजी जेल से मुक्त कर दिए गए तो राजाजी ने उनको परामर्श दिया कि वे जिन्ना से समझौते के लिए प्रयास करें। समझौते के लिए राजाजी ने स्वयं एक योजना तैयार की, जो सी.आर. फॉर्मूला[1] के नाम से विख्यात हुआ।

सी.आर. फॉर्मूला की मुख्य बातें (Main Provisions of C.R. Formula)

सी.आर. फॉर्मूला की मुख्य बातें इस प्रकार थीं–

1. मुस्लिम लीग को भारत की स्वतंत्रता की मांग का समर्थन करना था और जब तक भारत को पूर्ण स्वतंत्रता न मिले, तब तक संक्रमण काल में अंतरिम सरकार की स्थापना में उसे पूरा सहयोग देना था।

---

1. **सी.आर., चक्रवर्ती राजगोपालाचारी** का छोटा नाम है।

2. युद्ध के बाद आयोग नियुक्त किया जाना था, जिसे भारत के उत्तर-पूर्व तथा उत्तर-पश्चिम में मुसलमानों की अधिक संख्या वाले प्रदेशों की सीमा निर्धारित करनी थी।
3. यह जानने के लिए कि ये प्रदेश भारत से अलग होना चाहते हैं या नहीं, उन प्रदेशों में जनमत लिया जाना था एवं जनमत से पहले सभी पक्षों को अपने-अपने दृष्टिकोण पर प्रचार करने के लिए स्वतंत्र होना था।
4. मुस्लिम बहुसंख्या वाले प्रदेश यदि जनमत से भारत से अलग होने का निर्णय करते, तो उन प्रदेशों का एक अलग राज्य बन जाना था।
5. मूल भारत और उक्त जनमत के आधार पर निर्मित राज्य के बीच प्रतिरक्षा, व्यापार, संचार तथा अन्य आवश्यक बातों के विषय में संधि होनी थी।
6. ये शर्तें तभी लागू होनी थीं, जब ग्रेट ब्रिटेन भारत को पूरी शक्ति और दायित्व सौंप देता, अन्यथा ये शर्तें लागू नहीं होनी थीं।
7. गांधी और जिन्ना को इन शर्तों को मानना था और दोनों के द्वारा उन्हें क्रमशः कांग्रेस, मुस्लिम लीग द्वारा मनवाना था।

मुस्लिम लीग द्वारा सी.आर. फॉर्मूला की अस्वीकृति (Rejection of C.R. Formula by the Muslim League)

सी.आर. फॉर्मूला के आधार पर गांधी और जिन्ना में मुसलमानों की सांप्रदायिक समस्या के समाधान हेतु पत्र व्यवहार हुआ और स्वयं गांधी जिन्ना से भी मिले। लेकिन जिन्ना ने, सी.आर. फॉर्मूला को निम्नलिखित तर्कों के आधार पर ठुकरा दिया।

1. सी.आर. फॉर्मूला में दिए गए पाकिस्तान का विरोध करते हुए जिन्ना ने उसे सड़े, अंगकटे और दीमक लगे पाकिस्तान की संज्ञा दी। वे तो पाकिस्तान में उत्तर-पश्चिम सीमाप्रांत, सिंध, बलूचिस्तान, समस्त पंजाब, बंगाल और असम चाहते थे।

2. जिन्ना उपर्युक्त सभी प्रांतों को बिना किसी जनमत-संग्रह कराये ही लेना चाहते थे। वे चाहते थे कि गैर-मुस्लिम लोग भी जनमत-संग्रह में भाग लें।

3. जिन्ना सुरक्षा, व्यापार और यातायात के साधनों के संबंध में भी दोनों राज्यों में किसी प्रकार की संधि नहीं चाहते थे। वे पूर्वी और पश्चिमी पाकिस्तान को मिलाने के लिए एक गलियारा चाहते थे।

गांधी ने, जिन्ना का अनावश्यक रूप से महत्व बढ़ा दिया, जैसा कि मौलाना अबुल कलाम आजाद ने अपनी पुस्तक **इंडिया विंस फ्रीडम**[1] में लिखा है, "इस अवसर पर गांधीजी द्वारा जिन्ना से बातचीत किया जाना, एक बड़ी भारी राजनीतिक भूल थी। इससे जिन्ना को एक नया और अतिरिक्त महत्व मिल गया। जिसका प्रयोग उन्होंने अपने उद्देश्य की सिद्धि के लिए पूरी तरह किया।"

वैवेल योजना: 14 जून, 1945
(Wavell Plan)

पृष्ठभूमि (Background)

अक्टूबर 1943 में, लॉर्ड लिनलिथगो के स्थान पर लॉर्ड वैवेल भारत के वायसराय नियुक्त किए गए। वे भारतीय सेना के सर्वोच्च सेनापति रह चुके थे और क्रिप्स वार्ता में महत्वपूर्ण भाग लिया था। वे भारतीय समस्याओं से परिचित थे और उनका दृष्टिकोण उदारवादी था। उन्होंने लंदन से भारत को रवाना होने से पहले कहा था, "वे अपने थैले में भारत के लिए अनेक चीजें ले जा रहे हैं।" लेकिन, मई 1944 तक, गांधी को जेल से रिहा करने के अतिरिक्त उन्होंने और कार्य नहीं किया।

मार्च 1945 में, मित्र राष्ट्रों की सफलता के साथ द्वितीय विश्वयुद्ध समाप्त हुआ। चर्चिल ने भारतीय स्थिति की पूरी जानकारी के लिए और परामर्श लेने हेतु, लॉर्ड वैवेल को लंदन बुलाया। 4 जून को लॉर्ड वैवेल भारत लौटे और 14 जून को उन्होंने रेडियो-भाषण में अपनी योजना प्रकाशित की, जो **वैवेल योजना** के नाम से विख्यात हुआ।

वैवेल योजना के कारण (Causes of Wavell Plan)—ब्रिटिश सरकार की वैवेल योजना के पेश करने के संबंध में निम्नलिखित कारणों का हाथ रहा था—

1. **मित्र राष्ट्रों की विजय** (Victory of Allied Powers)—इस समय तक यूरोप में युद्ध समाप्त हो गया था, लेकिन जापान के साथ युद्ध चल रहा था। पूर्वी मोर्चे पर जापान को पराजित करने के लिए, भारतीयों के सहयोग की आवश्यकता थी। वैवेल इस बात को समझ रहे थे। अतएव, भारत में राजनीतिक संकट को दूर करने के लिए नयी योजना पेश की गई।

---

1. *India Wins Freedom.*

2. **रूस, अमेरिका और चीन का दबाव** (Pressure of Russia, America and China)–ग्रेट ब्रिटेन के मित्र राष्ट्र रूस, अमेरिका और चीन के राष्ट्रपति और प्रधानमंत्री निरंतर, चर्चिल पर दबाव डाल रहे थे कि भारतीय राजनीतिक संकट का समाधान करें।
3. **कांग्रेसी नेताओं की गिरफ्तारी से भारतीय जनता में आक्रोश** (Great resentment among Indians due to arrest of the Congress Leaders)–भारत छोड़ो आंदोलन के समय कांग्रेसी नेताओं और आम कार्यकर्त्ताओं को गिरफ्तार कर, सरकार ने जेल में डाल दिया। इससे भारतीय जनता में काफी आक्रोश फैला हुआ था, जिसे दूर करने के लिए नयी योजना पेश की गई।
4. **भीषण अकाल** (Terrific Famine)–1943-44 में भारत के अनेक हिस्सों में भीषण अकाल पड़ा। बंगाल, उड़ीसा, मालाबार, बीजापुर आदि बुरी तरफ प्रभावित हुए। हजारों व्यक्तियों ने अन्न के अभाव में प्राण तोड़ दिए। युद्ध के कारण चारों तरफ महंगाई फैली हुई थी। लोगों के पास सामान खरीदने के लिए पैसे नहीं थे। अतएव, इसका भी प्रभाव ब्रिटिश सरकार पर पड़ा।
5. **आजाद हिंद फौज की गतिविधियाँ** (Activities of Azad Hind Fauz)–सुभाषचंद्र बोस के नेतृत्व में आजाद हिंद फौज भारत की पूर्वी सीमा में घुसकर, जमकर युद्ध का संचालन कर रही थी। उसने मणिपुर पर अपना आधिपत्य जमा लिया था। आजाद हिंद, रेडियो से भारतीयों को ब्रिटिश सरकार के विरुद्ध लड़ने के लिए निरंतर प्रेरित किया जा रहा था। इसका भी जबरदस्त प्रभाव ब्रिटिश सरकार पर पड़ा।
6. **इंग्लैंड में आगामी चुनाव** (Coming Election in England)–इधर इंग्लैंड में कॉमन सभा का चुनाव होने वाला था। मजदूर दल यह प्रचार कर रहा था कि चर्चिल सरकार, भारतीय समस्या को सुलझाने में सर्वथा असमर्थ रही है। अतएव, चुनाव में पुनः जीतने के लिए नयी योजना द्वारा चर्चिल ब्रिटिश जनता को आश्वत करना चाहते थे कि अनुदार दल भारतीय समस्या के समाधान के लिए तत्पर है।

इस प्रकार, उपर्युक्त कारणों के आधार पर 14 जून, 1945 को लॉर्ड वैवेल ने, भारतीय समस्याओं के समाधान हेतु नयी योजना पेश की।

वैवेल योजना के मुख्य उपबंध (Main Provisions of Wavell Plan)

वैवेल योजना के मुख्य उपबंध निम्नलिखित हैं–

1. सरकार भारत के राजनीतिक गतिरोध को दूर कर, उसे स्वशासन की ओर अग्रसर करना चाहती है।
2. गवर्नर-जनरल की कार्यकारिणी परिषद में सम्मिलित होने के लिए, सभी राजनीतिक दलों के नेताओं को निमंत्रित किया जाएगा। स्वयं गवर्नर-जनरल और प्रधान सेनापति के अतिरिक्त, इस परिषद के अन्य समस्त सदस्य, भारतीय राजनीतिक दलों के नेता ही होंगे।
3. सरकार का विदेश विभाग भी एक भारतीय सदस्य के हाथ में होगा।
4. कार्यकारिणी परिषद में सवर्ण हिंदुओं और मुसलमानों की संख्या बराबर होगी।
5. कार्यकारिणी परिषद के इस स्वरूप के कारण राष्ट्रीय सरकार की वे मांगें पूरी हो जाएंगी, जिनके लिए संक्रांति काल में भारतीयों द्वारा प्रयास किया जाता रहा है।
6. भारत सरकार अधिनियम, 1935 द्वारा प्रदत्त गवर्नर-जनरल के विशेषाधिकारों का अकारण प्रयोग नहीं किया जाएगा।
7. गवर्नर-जनरल की दोहरी स्थिति–भारत सरकार का प्रधान और ब्रिटिश हितों का संरक्षक–को दूर करने के लिए भारत में एक ब्रिटिश हाई कमिश्नर की नियुक्ति की जाएगी।
8. युद्ध की समाप्ति पर, भारतीय लोग अपने संविधान का स्वयं निर्माण करेंगे।
9. शिमला में शीघ्र ही भारत के विभिन्न राजनीतिक दलों के नेताओं का एक सम्मेलन बुलाया जाएगा।

वैवेल योजना में भारतीय स्वतंत्रता की समस्या का कोई समाधान नहीं किया गया। इस योजना का कार्यक्षेत्र वर्तमान तक ही सीमित था। इसके प्रस्तावों और क्रिप्स योजना के अंतरिम प्रस्तावों में कोई अंतर नहीं था। फिर भी, भारत के सांविधानिक संकट को दूर करने की दिशा में यह एक सराहनीय कदम था। इसीलिए, भारत के सभी राजनीतिक दलों ने वैवेल योजना को स्वीकार किया।

शिमला सम्मेलनः 29 जून, 1945
(Simla Conference)

वैवेल योजना पर विचार-विमर्श करने और शिमला सम्मेलन में भाग लेने के लिए, कांग्रेस की कार्यसमिति के सभी सदस्यों को 16 जून, 1945 को, जेल से रिहा कर दिया गया। अन्य सभी बंदियों को भी जिन पर हिंसात्मक कार्य करने का अपराध नहीं था, छोड़ दिया गया। 29 जून, 1945 को शिमला सम्मेलन बुलाया गया। इसमें बाईस भारतीय प्रतिनिधि थे, जिनमें गांधी, जिन्ना, कांग्रेस अध्यक्ष मौलाना अबुल कलाम आजाद, प्रांतों के मुख्यमंत्री, भूतपूर्व मुख्यमंत्री, भूलाभाई देसाई और मास्टर तारा सिंह आदि सम्मिलित थे। शिमला सम्मेलन एक आशाभय के वातावरण में आरंभ हुआ, लेकिन मुहम्मद अली जिन्ना की हठधर्मी के कारण, शिमला सम्मेलन सफल नहीं हो सका। वायसराय की कार्यकारिणी परिषद के गठन पर कोई समझौता नहीं हो सका। जिन्ना का हठ था कि मुस्लिम लीग को ही मुसलमानों का प्रतिनिधित्व करने का एक मात्र अधिकार दिया जाए, कांग्रेस को नहीं। 14 जुलाई, 1945 को वैवेल ने घोषणा की कि नयी कार्यकारिणी परिषद के गठन पर एक मत नहीं होने के कारण, शिमला सम्मेलन भंग कर दिया गया।

शिमला सम्मेलन की असफलता के कारण (Causes for the Failure of Simla Conference)

शिमला सम्मेलन के असफलता के मुख्य कारण थे–

1. मुस्लिम लीग की हठवादिता (Stern Attitude of the Muslim League)–शिमला सम्मेलन की असफलता का मुख्य कारण था, मुस्लिम लीग के नेता जिन्ना की हठवादिता। जिन्ना की मांग थी कि मुस्लिम लीग ही एक मुसलमानों की प्रतिनिधि संस्था है, इसलिए वायसराय की कार्यसमिति परिषद के सारे मुस्लिम सदस्यों की नियुक्ति का अधिकार इसे ही मिलना चाहिए। उधर कांग्रेस अखिल भारतीय संस्था होने के कारण, कह रही थी कि वह भी मुस्लिम सदस्यों को नियुक्त करने का अधिकार रखती है। कांग्रेस के अध्यक्ष मौलाना आजाद, राष्ट्रीय मुसलमानों और जमियत उलउलेमा ने जिन्ना की मांग का विरोध किया।

जिन्ना कार्यकारिणी परिषद में हिंदुओं के समान, मुसलमानों का भी बराबर प्रतिनिधित्व चाहते थे। जब कि हिंदुओं की संख्या सत्तर प्रतिशत और मुसलमानों की तीस प्रतिशत थी। जिन्ना की यह मांग असंगत थी। लेकिन, उनका तर्क

था कि सिख और हरिजन सदस्य, तो हमेशा हिंदुओं का ही समर्थन करेंगे, इसलिए मुसलमान अल्पसंख्यक ही बने रहेंगे।

2. मुस्लिम लीग को निषेधाधिकार प्रदान करना (To give Veto Power to the Muslim League)–वायसराय मुस्लिम लीग की स्वीकृति और सहयोग के बिना समझौते के लिए तैयार नहीं थे। इस प्रकार, लीग को निषेधाधिकार दे देने से, शिमला सम्मेलन असफल हो गया।

3. राजनीतिक गतिरोध समाप्त करने की इच्छा नहीं (No desire to end the Political Deadlock)–ब्रिटिश सरकार हृदय से राजनीतिक गतिरोध को दूर करना नहीं चाहती थी। चर्चिल ने अमेरिका, रूस और चीन को दिखाने के लिए ढोंग रचा था।

4. एम.एन. राय के शब्दों में, "केवल योजना में क्रिप्स प्रस्ताव को ही दुहराया गया था।"

5. मौलाना आजाद के अनुसार, "भारत के राजनीतिक इतिहास में शिमला सम्मेलन एक दुर्घटना है। यह प्रथम अवसर था जबकि वार्ता भारत और ग्रेट ब्रिटेन के बीच आधारभूत राजनीतिक प्रश्न पर नहीं, बल्कि विभिन्न भारतीय वर्गों को विभाजित करने वाले सांप्रदायिक प्रश्न पर असफल हो गई।"

6. जवाहरलाल नेहरू के एक अंग्रेज मित्र ने उन्हें लंदन में लिखा था, "वैवेल योजना केवल ब्रिटिश चुनाव से संबंधित चाल थी और जिन्ना के बिना किसी सरकार का गठन न करने की योजना भी इंग्लैंड में ही निश्चित हुई थी।"

शिमला सम्मेलन के लाभदायक परिणाम (Good Result of Simla Conference)

वैवेल योजना और शिमला सम्मेलन के कुछ लाभदायक परिणाम भी निकले, जो निम्नलिखित है–

1. नेताओं को जेल से मुक्ति (Release of Political Leaders)–शिमला सम्मेलन का एक लाभदायक परिणाम यह हुआ कि भारत छोड़ो आंदोलन के दौरान, जो नेता बंदी बना लिए गए थे, उनको जेल से छोड़ दिया गया। जिस कारण भारतीयों को पुनः अपने लोकप्रिय नेताओं का नेतृत्व मिला।

2. सांविधानिक गतिरोध सांप्रदायिक समस्या पर आधारित (Constitutional Deedlock based on Communal Problem)–शिमला सम्मेलन से यह स्पष्ट हो गया कि सांप्रदायिक समस्या के समाधान के बिना,

भारत का सांविधानिक गतिरोध समाप्त नहीं हो सकता है। चर्चिल ने इसके लिए जिन्ना को प्रोत्साहित किया और उसके हृदय में सांप्रदायिकता का विष घोला। जिन्ना की सहमति के बिना, भारत का राजनीतिक संकट दूर करना संभव नहीं है।

3. जनता में नयी आशा (New Hope in People)–कांग्रेसी नेताओं और आम कार्यकर्त्ताओं के जेल से मुक्त होने पर, भारतीयों में एक नयी आशा का संचार हुआ। भारत छोड़ो आंदोलन की विफलता से जनता उदास हो गई थी और इसके लिए ब्रिटिश सरकार ने कांग्रेस और गांधी की निंदा भी की थी।

4. सरदार और जवाहरलाल नेहरू का जादुई भाषण (Magical Speech of Sardar Patel and Jawaharlal Nehru)–सरदार पटेल, जवाहरलाल नेहरू ने जेल से छूटने के बाद, अपने जादुई भाषण से लोगों को मंत्र-मुग्ध कर लिए। उन लोगों ने भारत छोड़ो आंदोलन को सही बताया और हिंसात्मक कदम को भी न्यायोचित कहा, इससे लोगों के जीवन में सोचने के ढंग में बदलाव आया। पटेल और नेहरू ने कहा कि मातृभूमि की आजादी के लिए संघर्ष जारी रहेगा। इस प्रकार, इन दोनों नेताओं ने कांग्रेस की प्रतिष्ठा को आगे बढ़ाया और स्वतंत्रता संग्राम की मशाल को प्रज्वलित रखा।

5. पाकिस्तान का निर्माण निश्चित (Surety of the Formation of Pakistan)–कांग्रेस को यह स्पष्ट हो गया कि मुस्लिम लीग की सहमति के बिना, भारत की स्वतंत्रता की किसी भी योजना को आगे बढ़ाना संभव नहीं है। चर्चिल और जिन्ना की हठवादिता से यह स्पष्ट हो गया कि पाकिस्तान की कब्र पर ही, भारतीय स्वतंत्रता का झंडा फहराया जा सकता है।

आजाद हिंद फौज पर अभियोग
(Trail of the Indian National Army)

आजाद हिंद फौज की स्थापना: 1941 (Foundation of the Indian National Army)–ब्रिटिश सरकार ने रासबिहारी बोस को निर्वासित कर दिया। रासबिहारी बोस ने जापान जाकर **इंडियन इंडिपेंडेंस लीग**[1] की स्थापना की, जिसकी शाखाएं पूर्वी एशिया के प्रमुख शहरों में फैल गई। 1941 में उन्होंने आजाद हिंद फौज की स्थापना की। इसमें जापान द्वारा बंदी बनाए गए भारतीय सैनिक सम्मिलित हुए। इसी बीच सुभाषचंद्र बोस ने ब्रिटिश सरकार की आँखों में धूल झोंक कर काबुल होते हुए जर्मनी पहुँचकर हिटलर से हाथ मिलाया। वहाँ से वे जुलाई, 1943 में जापान पहुँचे और आजाद हिंद फौज का नेतृत्व

1. Indian Independence League.

संभाला। उन्होंने पुनः आजाद हिंद फौज को संगठित कर, आजाद हिंद सरकार की स्थापना की। उन्होंने **जयहिंद, दिल्ली चलो** और **तुम मुझे खून दो मैं तुम्हें आजादी दूंगा** का नारा, देकर सैनिकों को उत्साहित किया। आजाद हिंद फौज ब्रिटिश सेनाओं को रौंदते हुए और मणिपुर पर अपना झंडा फहराते हुए असम की सीमा तक पहुंच गई। लेकिन, इंफाल और कोहिमा के मोर्चे पर फौज असफल रही। इसी बीच, 14 अगस्त, 1945 को जापान ने युद्ध में आत्म-समर्पण कर दिया जिससे आजाद हिंद फौज को गहरा धक्का लगा और इसकी पराजय हो गई। सुभाषचंद्र बोस, हवाई जहाज से टोकियो के लिए रवाना हो रहे थे कि रास्ते में हवाई जहाज दुर्घटना ग्रस्त हो गया और सुभाषचंद्र बोस का निधन हो गया, जो एक शोध का विषय बना हुआ है। आजाद हिंद फौज के सेनापतियों, शाहनवाज, ढिल्लन और सहगल को गिरफ्तार कर लिया गया।

शाहनवाज, ढिल्लन और सहगल पर राजद्रोह का मुकदमाः नवंबर, 1945 (Seditionist Trial of Shahnawaj, Dhillon and Sehgal)–कैप्टन शाहनवाज, कैप्टन जी.के. सहगल और लेफ्टिनेंट गुरुबख्श सिंह ढिल्लन पर राजद्रोह का मुकदमा, ब्रिटिश सरकार ने इसलिए चलाया, क्योंकि वे भारतीय सेना छोड़कर आजाद हिंद फौज में सम्मिलित हुए थे। कांग्रेस ने इन फौजी अधिकारियों की रक्षा के लिए प्रयत्न किए। जवाहरलाल नेहरू ने तीस वर्षों के बाद इस मुकदमें की पैरवी के लिए बैरिस्टर की पोशाक पहनी। भूला भाई देसाई, सरदार पटेल और के.एम. मुंशी ने भी इन अधिकारियों की रक्षा के लिए मुकदमे की पैरवी की।

दिल्ली के लाल किले में मुकदमे की सुनवाई हुई। सैनिक न्यायालय ने तीनों फौजी अधिकारियों को मृत्यु दंड दिया। लेकिन, देश की प्रबल जनमत को देखते हुए ब्रिटिश सरकार को फांसी देने की हिम्मत नहीं हुई। वायसराय ने अपने विशेषाधिकार का प्रयोग करते हुए, इन फौजी अधिकारियों को रिहा कर दिया। देश खुशी से नाच उठा और कांग्रेस की प्रतिष्ठा में चार चाँद लग गए।

सैनिकों में विद्रोहः 1945-46 (Revolt in Army, Navy and Air Forces)–1945-46 में भारत के सैनिकों में विद्रोह हुआ जो ब्रिटिश सरकार की नींव को हिला दिया। जबलपुर में जहाँ **इंडियन आर्मी ऑर्डिनेंस** कोर का हेडक्वार्टर था और शस्त्रों का बहुत बड़ा गोदाम था, वहाँ सैनिकों ने विद्रोह कर दिया। फरवरी, 1946 में अंग्रेज अफसरों के दुर्व्यवहार से तंग आकर भारतीय विद्रोह हुआ। कराँची, कलकत्ता, बंबई, विशाखापट्टनम आदि स्थानों पर हड़तालें हुई। कराँची में ब्रिटिश और भारतीय सेना में भिड़त हो गई। भारतीय सैनिकों

ने जयहिंद, आजाद हिंद फौज जिंदाबाद, ब्रिटिश साम्राज्यवाद का नाश हो, इंकलाब जिंदाबाद का नारा लगाया, जिससे अंग्रेजों के दिल दहल गए। इससे यह स्पष्ट हो गया कि भारत में ब्रिटिश शासन खतरे में है। विदेशी राज्यों की दृष्टि में अंग्रेज गिर गए। यह स्पष्ट हो गया कि भारत में केवल जनता ही नहीं, बल्कि सेना भी विदेशी शासन को सहने के लिए तैयार नहीं है।

शिमला सम्मेलन के उपरांत
(After Simla Conference)

शिमला सम्मेलन की विफलता के बाद, लॉर्ड वैवेल ने भारतीय राजनीतिक गतिरोध को दूर करने के लिए अनेक कदम उठाए।

1. गवर्नर शासन का अंत (End of Governor's Rule)–लॉर्ड वैवेल ने प्रांतीय राज्यपालों का एक सम्मेलन 1945 में बुलाया, जिसमें यह निश्चित किया गया कि प्रांतों में राज्यपालों का शासन समाप्त कर दिया जाए और व्यवस्थापिका सभाओं के लिए आम निर्वाचन किए जाए।

2. मजदूर दल विजयी (Victory of Labour Party)–इंग्लैंड में 1945 में, जो आम चुनाव हुआ उसमें अनुदार दल की हार और मजदूर दल की जीत हुई। चर्चिल के स्थान पर लॉर्ड एटली इंग्लैंड के प्रधानमंत्री बने। एटली ने भारतीयों को यह आश्वासन दिया कि वे भारत में स्वायत शासन के लिए यथा संभव उपाय करेंगे।

3. शीघ्र स्वतंत्रता (Soon Independence)–एटली ने परामर्श के लिए लॉर्ड वैवेल को इंग्लैंड बुलाया। वहाँ से वापस आकर 18 सितंबर, 1945 को, उन्होंने घोषणा की कि ब्रिटिश सरकार, भारतीय नेताओं से वार्ता कर शीघ्र भारत को स्वतंत्र किया जाएगा। संविधान सभा के लिए भी प्रयास किया जाएगा।

4. लंदन में एटली की घोषणा (Attlee's Declaration in London)–एटली ने लंदन में भी यह घोषणा की कि भारत में नवनिर्वाचित प्रांतों में उत्तरदायी सरकार की स्थापना की जाएगी। संविधान सभा का निर्माण होगा और स्वायत्त शासन की स्थापना की जाएगी।

भारत में निर्वाचन: 1945-46 (Election in India)

भारतीय विधान सभाओं के लिए नए निर्वाचन 1945-46 के शीतकाल में हुआ। इसमें कांग्रेस को आशातीत सफलता मिली। मद्रास, बंबई, संयुक्त-प्रांत, उत्तर-पश्चिमी सीमा प्रांत और असम में कांग्रेस को बहुमत मिला और उसकी

सरकार बनी। मुस्लिम लीग की सरकार पंजाब, सिंध और बंगाल में बनी। पंजाब में संयुक्त सरकार बनी। अप्रैल, 1946 में नए मंत्रिमंडल का गठन किया गया। ग्यारह प्रांतों में से सात में कांग्रेस का मंत्रिमंडल बना।

निष्कर्ष–उपर्युक्त तथ्यों से यह स्पष्ट है कि सी.आर. फॉर्मूला, वैवेल योजना, शिमला सम्मेलन और इंग्लैंड में मजदूर दल का सत्तारूढ़ होना आदि घटनाओं ने भारतीय स्वतंत्रता के मार्ग को प्रशस्त किया।

प्रश्न
(Questions)

1. भारतीय राष्ट्रीय आंदोलन के इतिहास में सी.आर. फॉर्मूला की भूमिका की विवेचना कीजिए।
   Discuss the role of C.R. Formula in the history of the Indian National Movement.
2. वैवेल योजना लाने के कारणों और मुख्य उपबंधों का वर्णन करें।
   Describe the causes and main provisions of Wavell Plan.
3. शिमला सम्मेलन, 29 जून, 1945 के सफलता और असफलता की समीक्षा करें।
   Examine the success and failure of Simla Conference, 29 June, 1945.
4. 1945-46 के दौरान ब्रिटिश सरकार द्वारा सांविधानिक गतिरोध को दूर करने के प्रयासों का संक्षेप में वर्णन करें।
   Describe briefly the effort made by the British Government to remove the constitutional deadlock during 1945-46.

वस्तुनिष्ठ प्रश्न
(Objective Questions)

1. सी.आर. फॉर्मूला किस माह और वर्ष में पेश किया गया?
   (क) मार्च 1944 (ख) अप्रैल 1944
   (ग) मार्च 1945 (घ) जनवरी 1944
2. गांधीजी जेल से किस तिथि, माह और वर्ष में रिहा किए गए थे?
   (क) 6 मई 1945 (ख) 6 मई 1944
   (ग) 6 मई 1946 (घ) 9 मई 1944

3. *इंडिया विंस फ्रीडम* के लेखक कौन हैं?
   (क) नेहरू (ख) गांधी
   (ग) मौलाना आजाद (घ) सुभाषचंद्र बोस
4. वैवेल योजना की तिथि, माह और वर्ष क्या थे?
   (क) 14 जून 1946 (ख) 20 जून 1944
   (ग) 14 जून 1943 (घ) 14 जून 1945
5. "वे अपने थैले में भारत के लिए अनेक चीजें ले जा रहे हैं।" यह कथन किसका है?
   (क) लॉर्ड वैवेल (ख) लॉर्ड लिनलिथगो
   (ग) लॉर्ड रिपन (घ) लॉर्ड माउंट बेटन
6. शिमला सम्मेलन की तिथि, माह और वर्ष क्या थे?
   (क) 29 जून 1944 (ख) 29 जून 1945
   (ग) 26 जून 1943 (घ) 30 जून 1945
7. शिमला सम्मेलन की असफलता का मुख्य कारण क्या था?
   (क) द्वितीय विश्वयुद्ध की समाप्ति
   (ख) अंग्रेजों का विरोधी दृष्टिकोण
   (ग) जिन्ना की हठवादिता
   (घ) कांग्रेस द्वारा सहयोग
8. इंडियन इंडिपेंडेंस लीग की स्थापना जापान में किसने की थी?
   (क) च्यांग-काइ-शेक (ख) सुभाषचंद्र बोस
   (ग) चाऊ-एन-लाई (घ) रासबिहारी बोस
9. आजाद हिंद फौज की स्थापना किसने की थी?
   (क) रासबिहारी बोस (ख) सुभाषचंद्र बोस
   (ग) शाहनवाज (घ) ढिल्लन
10. आजाद हिंद फौज का नेतृत्व किसने संभाला था?
    (क) रासबिहारी बोस (ख) सुभाषचंद्र बोस
    (ग) शाहनवाज (घ) ढिल्लन
11. जयहिंद का नारा किसने दिया था?
    (क) नेहरू (ख) गांधी
    (ग) सुभाषचंद्र बोस (घ) रासबिहारी बोस

12. दिल्ली चलो का नारा किसने दिया था?
(क) गांधी (ख) पटेल
(ग) मौलाना आजाद (घ) सुभाषचंद्र बोस

13. "तुम मुझे खून दो, मैं तुम्हें आजादी दूंगा" का नारा किसने दिया था?
(क) सुभाषचंद बोस (ख) गांधी
(ग) नेहरू (घ) पटेल

14. 1945-46 के आम चुनाव में कांग्रेस का कितने प्रांतों में मंत्रिमंडल बना?
(क) 9 प्रांतों में (ख) 7 प्रांतों में
(ग) 11 प्रांतों में (घ) 6 प्रांतों में

15. "इस अवसर पर गांधीजी द्वारा जिन्ना से बातचीत किया जाना एक बड़ी भारी राजनीतिक भूल थी। इससे जिन्ना को एक नया और अतिरिक्त महत्व मिल गया। जिसका प्रयोग उन्होंने अपने उद्देश्य की सिद्धि के लिए पूरी तरह किया।" यह कथन किसका है?
(क) नेहरू (ख) पटेल
(ग) मौलाना आजाद (घ) सुभाषचंद्र बोस

16. "भारत के राजनीतिक इतिहास में शिमला सम्मेलन एक दुर्घटना है। यह प्रथम अवसर था, जबकि वार्ता भारत और ग्रेट ब्रिटेन के बीच आधारभूत राजनीतिक प्रश्न पर नहीं, बल्कि विभिन्न भारतीय वर्गों को विभाजित करने वाले सांप्रदायिक प्रश्न पर असफल हो गई।" यह कथन किसका है?
(क) गांधी (ख) पटेल
(ग) नेहरू (घ) मौलाना आजाद

उत्तर

(Answers)

1. (क) 2. (ख) 3. (ग) 4. (घ) 5. (क) 6. (ख) 7. (ग) 8. (घ) 9. (क) 10. (ख) 11. (ग) 12. (घ) 13. (क) 14. (ख) 15. (ग) 16. (घ)

14

कैबिनेट मिशन योजना (16 मई, 1946) तथा माउंटबेटन योजना (3 जून, 1947) (Cabinet Mission Plan and Mount Batten Plan)

कैबिनेट मिशन की पृष्ठभूमि (Background of the Cabinet Mission)

ग्रेट ब्रिटेन में चुनावः मजदूर दल सत्तारूढ़ (Election in the Great Britain: Labour Party in Power)–सी.आर. फॉर्मूला, वैवेल योजना और शिमला सम्मेलन की असफलता तथा चर्चिल की साम्राज्यवादी नीति के कारण, भारत का राजनीतिक संकट प्रकाष्ठा पर पहुंच गया था। इसी बीच ग्रेट ब्रिटेन में आम चुनाव हुए। चुनाव के समय मजदूर दल ने, अपने घोषणा पत्र में भारत के राजनीतिक गतिरोध को दूर करने का वादा किया था। चुनाव में मजदूर दल विजयी हुआ। चर्चिल के स्थान पर एटली, प्रधानमंत्री बने। एमरी के स्थान पर लॉर्ड पेथिक लॉरेंस[1] भारत सचिव बने। कॉमन सभा के नए सत्र का उद्‌घाटन करते हुए ब्रिटिश सम्राट ने अपने भाषण में कहा, "भारतीय जनता को दिए गए वचनों के अनुसार मेरी सरकार शीघ्र ही भारतीय जनमत के नेताओं से मिलकर, भारत में स्वायत्त शासन की स्थापना का यथाशक्ति प्रयत्न करेगी।"

इसी समय भारत में भी आम चुनाव हुआ और ग्यारह प्रांतों में से सात प्रांतों में, कांग्रेस की सरकार बनी। एटली ने सत्ता में आते ही एक संसदीय दल को, भारतीय निर्वाचन के अध्ययन हेतु भारत भेजा और सत्ता हस्तांतरण पर विचार करने को कहा। इसके साथ ही, लॉर्ड वैवेल को भारत की सांविधानिक गतिरोध पर विचार करने के लिए इंग्लैंड बुलाया गया।

1. Lord Pethick Lawrance.

एटली की ऐतिहासिक घोषणा: 15 मार्च, 1946 (Historical Declaration of Aattlee)

एटली भारतीय समस्या के प्रति सहानुभूति रखते थे। इसीलिए, 15 मार्च, 1946 को, एटली ने कॉमन सभा में एक ऐतिहासिक घोषणा की, "सम्राट की सरकार ने यह निर्णय कर लिया है कि भारत को स्वतंत्रता दे दी जाए। भारत को यह निर्णय करने का भी अधिकार होगा कि वह राष्ट्रमंडल से पृथक होना चाहता है या नहीं।" उसने यह भी कहा, "सरकार को अल्पसंख्यकों का पूरा ध्यान है और उन्हें बिना किसी भय के रहने की स्वतंत्रता दी जाएगी। फिर भी, हम अल्पसंख्यकों को बहुसंख्यकों के विकास पर निषेधाधिकार नहीं दे सकते हैं।"[1]

एटली ने यह भी कहा कि ब्रिटिश कैबिनेट के तीन मंत्रियों को भारत भेज रहे हैं, जो कि भारत के विभिन्न दलों के नेताओं से मिलकर भारत की समस्या का हल खोजेंगे।

कैबिनेट मिशन का भारत आगमन: 24 मार्च, 1946 (Arrival of the Cabinet Mission in India)

24 मार्च, 1946 को तीन कैबिनेट सदस्यों का मिशन भारत आया। लॉर्ड **पेथिक लॉरेंस** (भारत सचिव), **सर स्टाफोर्ड क्रिप्स** (बोर्ड ऑव ट्रेड के अध्यक्ष) और **ए.वी. एलेग्जेंडर** (फर्स्ट लॉर्ड ऑफ एडमिरेल्टी) मिशन के सदस्य थे। उन लोगों ने भारत आते ही–

1. सबसे पहले वायसराय और राज्यपालों का सम्मेलन बुलाया तथा उनके विचारों से अवगत हुए।
2. इसके बाद मिशन ने कांग्रेस, मुस्लिम लीग और अन्य दलों के प्रतिनिधियों से बातचीत की।
3. मिशन ने देशी राज्यों के प्रतिनिधियों से भी बातचीत की।

मिशन ने 182 बैठकों में, 472 भारतीय नेताओं से बातचीत की, जिसमें प्रमुख थे–महात्मा गांधी, जवाहरलाल नेहरू, सरदार वल्लभभाई पटेल, मौलाना अबुल कलाम आजाद, मुहम्मद अली जिन्ना, डॉ. श्यामा प्रसाद मुखर्जी, एम.आर. जयकर, सरतेज बहादुर सप्रू, मास्टर तारा सिंह एवं अन्य नेतागण। सभी नेताओं ने कैबिनेट मिशन का भव्य स्वागत किया। क्रिप्स ने कहा कि उनके पास पहले

---

1. "We are very mindfull of the rights of Minorities and Minorities should be able to live free from fear on the other hand, we cannot allow a Minority to place a veto on the advance of the Majority."—Attlee

से कोई निर्धारित योजना नहीं है, जो भी निर्णय होगा, वह भारतीय नेताओं से बातचीत के बाद ही होगा। पेथिक लॉरेंस ने मुस्लिम लीग को आश्वासन दिया कि उनकी सरकार लीग को, कांग्रेस के समान ही मुसलमानों के बहुमत का प्रतिनिधित्व करने वाली संस्था मानती है।

इसी बीच, अप्रैल 1946 में मुस्लिम लीग ने, अपने अधिवेशन में प्रस्ताव पारित करते हुए कहा "मुस्लिम लीग किसी भी ऐसे संविधान को स्वीकार नहीं करेगी, जिसमें अखंड भारत स्वीकार किया जाएगा, साथ ही इसी उद्देश्य के लिए वह किसी संविधान सभा में भी सहयोग न करेंगे।"

उधर कांग्रेस मुसलमानों के हितों की रक्षा के लिए उपाय खोज रही थी, लेकिन वह देश के विभाजन के विरुद्ध थी। भारत के अन्य दलों ने कांग्रेस के मत का समर्थन किया।

शिमला का त्रि-दलीय सम्मेलनः 5 मई, 1946 (Three Parties Conference at Simla)

कैबिनेट मिशन, विभिन्न नेताओं और वर्गों से मिलकर इस निष्कर्ष पर पहुँचा कि संविधान सभा के निर्माण, भारत की वैधानिक रूपरेखा और अंतरिम सरकार की स्थापना पर भारतीयों में मतभेद है। उसने कांग्रेस और मुस्लिम लीग के बीच समझौता कराने के उद्देश्य से, उसके तीन-तीन सदस्यों को शिमला आमंत्रित किया। कांग्रेस की ओर से सरदार पटेल, जवाहरलाल नेहरू और मौलाना अबुल कलाम आजाद तथा मुस्लिम लीग की ओर से मुहम्मद अली जिन्ना, नवाब इस्माइल खाँ और लियाकत अली खाँ ने भाग लिया। तीसरे दल के रूप में वायसराय और कैबिनेट मिशन ग्यारह मई तक चला। मिशन ने एक योजना प्रस्तुत की, जो निम्नलिखित सिद्धांतों पर आधृत थी।

(क) संघ शासन की स्थापना।

(ख) प्रांतों का स्वायत्त शासन।

(ग) अवशिष्ट अधिकारों का प्रांतों में निहित होना।

(घ) प्रांतों का दो भागों में विभाजन।

शिमला सम्मेलन ग्यारह मई तक चलता रहा और सभी पहलुओं पर काफी वाद-विवाद तथा विचार-विमर्श हुआ। लेकिन, मुस्लिम लीग ने पाकिस्तान की मांग को नहीं छोड़ा और उधर कांग्रेस ने भारत के विभाजन को स्वीकार नहीं किया। अंततः, बारह मई को इस सम्मेलन को असफल घोषित कर दिया।

कैबिनेट मिशन योजना के मुख्य उपबंधः 15 मई, 1946 (Main Provisions of the Cabinet Mission Plan)

जब कांग्रेस और मुस्लिम लीग के बीच कोई समझौता नहीं हो सका, तो कैबिनेट मिशन ने भारत के सांविधानिक गतिरोध को दूर करने के लिए एक योजना पेश की। उसमें उन्होंने कहा, "हमने मुस्लिम लीग की मांग, पाकिस्तान पर विचार किया है। हमारा विचार है कि इससे सांप्रदायिक समस्या हल नहीं होगीं, हम यह भी न्याय के अनुसार नहीं समझते कि पंजाब, बंगाल और असम के उन जिलों को, जिनमें हिंदुओं का बहुमत है, पाकिस्तान में शामिल कर दिया जाए। भारत भौगोलिक दृष्टि से अखंड है, इसलिए हम पाकिस्तान की मांग को अस्वीकार करते हैं और संयुक्त भारत के लिए निम्नलिखित योजना पेश करते हैं।" इस योजना को 16 मई 1946 को प्रकाशित की गया, जिसमें निम्न बातों का उल्लेख किया गया।

1. **पाकिस्तान की मांग की अस्वीकृति** (Rejection of the Demand of Pakistan)–कैबिनेट मिशन योजना ने स्पष्ट रूप से कहा, "हमने लीग की पाकिस्तान निर्माण की मांग पर विचार किया। लेकिन, हम सोचते हैं कि इससे सांप्रदायिक समस्या का समाधान नहीं हो सकेगा।"

2. **भारत के लिए संघ का प्रस्ताव** (Proposal for a Union of India)–कैबिनेट मिशन योजना के अनुसार संपूर्ण भारत में संघात्मक शासन की व्यवस्था की जाएगी, जिसमें ब्रिटिश प्रांत और देशी राज्यों को सम्मिलित किया जाएगा। संघात्मक सरकार के पास सुरक्षा, वैदेशिक और यातायात विभाग रहेंगे, शेष शक्तियाँ प्रांतों को दे दी जाएगी।

3. **संघ की व्यवस्थापिका और कार्यपालिका** (Legislature and Executive of the Union)–संघ की एक व्यवस्थापिका और कार्यपालिका होगी, जिसमें ब्रिटिश भारत के प्रांतों तथा देशी राज्यों के प्रतिनिधि होंगे।

4. **सांप्रदायिक प्रश्न** (Communal Question)–व्यवस्थापिका में किसी सांप्रदायिक प्रश्न पर कोई प्रस्ताव, उस समय तक पारित नहीं होगा, जब तक कि उस समुदाय के सदस्यों का बहुमत उसे स्वीकार न कर ले।

5. **अवशिष्ट शक्तियां प्रांतों को** (Residuary Powers to Provinces)–कैबिनेट मिशन योजना, यह तय किया गया कि ऐसे सभी विषय, जो केंद्र को नहीं दिए गए हैं, वे सभी प्रांतों के पास रहेंगे। सभी अवशिष्ट शक्तियाँ भी प्रांतों के पास रहेंगी।

6. भारतीय राज्यों के अधिकार (Rights of the Indian Native States)–जिन विषयों को देशी रियासतें संघ को नहीं सौपेंगी, उन सब पर उनका ही अधिकार रहेगा।

7. प्रांतों के ग्रुप (Groups of the Provinces)–प्रांतों को यह अधिकार दिया गया कि वे अपने अलग-अलग वर्ग बना सकते हैं और इस प्रकार बने वर्गों की पृथक विधायिका और कार्यपालिका होगी। मिशन ने प्रांतों के वर्गीकरण का उल्लेख निम्न प्रकार किया है–

(क) बंबई, मद्रास, उत्तर प्रदेश, बिहार, सेंट्रल प्रदेश और उड़ीसा,

(ख) पंजाब, उत्तर-पश्चिमी सीमाप्रांत और सिंध, तथा

(ग) बंगाल और असम।

8. संविधान पर पुनर्विचार (Reconsideration on the Constitution)–कैबिनेट मिशन ने यह भी प्रस्ताव रखा कि भारतीय संघ और प्रांतों के ग्रुपों के संविधानों में यह धारा रखी जाये कि कोई भी प्रांत अपने विधानमंडल के बहुमत द्वारा प्रस्ताव पास करके, उस योजना के आरंभ होने के दस वर्ष बाद तथा फिर दस वर्ष के पश्चात्, संविधान धाराओं पर दुबारा विचार करवाने के लिए प्रस्ताव पेश कर सके।

9. संविधान सभा की रचना (Composition of the Constituent Assembly)–कैबिनेट मिशन के अनुसार भारत का संविधान बनाने के लिए एक संविधान सभा का गठन किया जाएगा, जिसके कुल सदस्य 389 होंगे। इनमें 292 सदस्य गवर्नर प्रांतों के, 93 देशी रियासतों से और 4 चीफ कमिश्नर प्रांतों के होंगे। संविधान सभा की रचना का आधार निम्न प्रकार होगा–

(i) लगभग दस लाख व्यक्ति पर, संविधान सभा में एक सदस्य होगा।

(ii) संविधान सभा के सदस्यों का निर्वाचन, प्रांतीय विधान सभाओं द्वारा अप्रत्यक्ष रूप से करने की व्यवस्था की गई।

(iii) प्रत्येक प्रांत के सदस्यों की संख्या, उस प्रांत की विभिन्न जातियों को उसकी जनसंख्या के आधार पर निर्धारित करने की व्यवस्था की गई।

(iv) कैबिनेट मिशन ने केवल तीन मतदान संघ बनाने का सुझाव दिया–साधारण, मुस्लिम और सिख (केवल पंजाब में)।

10. अंतरिम सरकार (Interim Government)–केंद्र में शीघ्र ही एक अंतरिम सरकार की स्थापना की जाएगी, जिसे भारत के प्रमुख दलों का सहयोग

प्राप्त होगा। इसमें युद्ध-विभाग सहित सारे विभाग मंत्रियों को दे दिए जायेंगे, जिन्हें जनता का विश्वास प्राप्त होगा। प्रशासन और संक्रमण-काल में इस सरकार को ब्रिटिश सरकार अपना पूर्ण सहयोग देगी। इस सरकार में चौदह सदस्य होंगे।[1]

11. संधि (Treaty)–ग्रेट ब्रिटेन भारत को सत्ता सौंप देगा, इसलिए इसके फलस्वरूप जो मामले उत्पन्न होंगे, उनको तय करने के लिए भारत और ब्रिटेन के बीच में एक संधि होगी।

12. ब्रिटिश सर्वोच्चता की समाप्ति (End of the British Paramountcy)–कैबिनेट मिशन के अनुसार भारतीयों को सत्ता सौंपने के बाद ब्रिटिश सरकार की देशी रियासतों पर से भी सर्वोच्यता समाप्त हो जाएगी, लेकिन, यह सर्वोच्यता नयी सरकार को भी प्राप्त न होगी।

13. राष्ट्रमंडल से अलग होने का अधिकार (Right to Leave the Commonwealth)–कैबिनेट मिशन में कहा गया कि स्वतंत्रता के बाद भी भारत राष्ट्रमंडल का सदस्य बना रहेगा, लेकिन यदि वह चाहेगा, तो उसे राष्ट्रमंडल से अलग होने का अधिकार भी होगा।

कैबिनेट मिशन योजना का मूल्यांकन
(Evaluation of the Cabinet Mission Plan)

भारत में कैबिनेट मिशन योजना के प्रति मिश्रित प्रतिक्रिया हुई, लेकिन अधिकांश नेताओं और दलों ने इसका स्वागत किया।

गांधी के शब्दों में, "तत्कालीन परिस्थितियों में ब्रिटिश सरकार द्वारा प्रस्तुत यह सर्वोत्तम प्रलेख है। इस प्रलेख के लेखकों ने कम-से-कम उन बातों को स्थान अवश्य दिया, जिन पर सभी दल भारतीय स्वतंत्रता के चार्टर के निर्माण के लिए एकत्र हो सके।"

मौलाना अबुल कलाम आजाद के अनुसार, "कांग्रेस और मुस्लिम लीग दोनों द्वारा मिशन योजना की स्वीकृति, भारतीय स्वतंत्रता आंदोलन के इतिहास में एक गौरवपूर्ण घटना है। इसका अभिप्राय है कि भारतीय स्वतंत्रता के कठिन प्रश्न का निर्णय, वार्ता और समझौते से हुआ है, न कि हिंसा और विवाद से।"

इससे यह स्पष्ट है कि कैबिनेट मिशन योजना की भारतीय सांविधानिक विकास के इतिहास में एक महत्वपूर्ण भूमिका रही है।

1. अंतरिम सरकार के चौदह सदस्य इस प्रकार होने थे–छह कांग्रेसी (पाँच सवर्ण हिंदू और एक हरिजन), पाँच मुसलमान, एक भारतीय ईसाई, एक सिख तथा एक पारसी।

कैबिनेट मिशन योजना के गुण (Merits of the Cabinet Mission Plan)

कैबिनेट मिशन योजना के निम्नलिखित गुण विशेष रूप से उल्लेखनीय है–

1. **भारत की एकता सुरक्षित एवं पाकिस्तान की अस्वीकृति** (Preservation of India Unity and Rejection of Pakistan)–कैबिनेट मिशन ने पाकिस्तान की मांग को अस्वीकार कर दिया, क्योंकि इसकी स्थापना से सांप्रदायिक समस्या का समाधान नहीं होता और न मुसलमानों को कोई लाभ मिलता। सिख भी पंजाब का बंटवारा नहीं चाहते थे। मिशन के अंतर्गत एक संघ की व्यवस्था की गई, जिसको प्रतिरक्षा, संचार-साधन और वैदेशिक विभाग देने की योजना थी, शेष विषय प्रांतों को दिए जाने थे। मुस्लिम लीग केंद्र को अधिक शक्तियाँ देने के पक्ष में नहीं थी। अतएव, कांग्रेस और लीग के दृष्टिकोण में समन्वय स्थापित किया गया। इस प्रकार, भारत की एकता को सुरक्षित रखा गया।

2. **संविधान सभा का प्रजातंत्रीय आधार** (Democratic basis of the Constituent Asembly)–संविधान सभा की रचना प्रजातंत्रीय आधार पर रखी गई, क्योंकि देशी रियासतों और प्रांतों को जनसंख्या के आधार पर ही प्रतिनिधित्व दिया गया था। इसी तरह प्रत्येक संप्रदाय की जनसंख्या के अनुपात से स्थान दिए गए। अल्पसंख्यक वर्गों को जनसंख्या में अनुपात से अधिक स्थान देने की प्रथा का अंत कर दिया गया था।

3. **संविधान सभा में केवल भारतीय** (Only Indians in the Constituent Assembly)–संविधान सभा के सारे सदस्य भारतीय रखे गए, उसमें अंग्रेजों और यूरोपियनों को कोई स्थान नहीं दिया गया।

4. **सीमित सांप्रदायिक प्रतिनिधित्व** (Limited Communal Representation)–भारत सरकार अधिनियम, 1919 के अंतर्गत यूरोपियन आंग्ल-भारतीय समुदाय, भारतीय ईसाई तथा 1935 के अधिनियम द्वारा मजदूर, हरिजन और महिलाओं को अलग प्रतिनिधित्व दिया गया था। लेकिन, इस योजना में इन सभी के हितों को समाप्त कर दिया और केवल मुसलमानों एवं पंजाब में सिखों के लिए रखा गया।

5. **देशी रियासतों के लोगों के अधिकारों की मान्यता** (Recognition of the Rights of the People of Native States)–इस योजना के अनुसार देशी रियासतों के राजाओं से अपने प्रतिनिधियों को मनोनीत करने का अधिकार

छीन लिया गया और जनता को अपने प्रतिनिधि निर्वाचित करने का अधिकार दिया गया।

6. संविधान सभा की संप्रभुता (Sovereignty of the Constituent Assembly)–कैबिनेट मिशन योजना ने संविधान सभा को पूर्ण संप्रभु बनाया। इस प्रकार, भारतीयों को बिना किसी बाह्य हस्तक्षेप के स्वयं संविधान बनाने का अधिकार दिया गया।

7. अंतरिम सरकार की स्वायत्तता (Autonomy of the Interim Government)–योजना के अनुसार अंतरिम सरकार के सभी सदस्य भारतीय होंगे और प्रतिरक्षा विभाग पर भी उनका नियंत्रण रहेगा। शासन-संचालन में अंतरिम सरकार को अधिक से अधिक स्वतंत्रता दी जाएगी और ब्रिटिश सरकार इसे अपना पूरा सहयोग देगी।

8. भारत को राष्ट्रमंडल छोड़ने की स्वतंत्रता (Right of India to Leave Commonwealth)–मिशन योजना का एक सबसे बड़ा गुण यह था कि भारत को राष्ट्रमंडल में बने रहने या छोड़ने का अधिकार दिया गया।

कैबिनेट मिशन योजना के दोष (Demerits of the Cabinet Mission Plan)

विभिन्न आलोचकों ने कैबिनेट मिशन योजना के निम्नलिखित दोषों पर प्रकाश डाला है।

1. निर्बल केंद्रीय सरकार (Weak Central Government)–कैबिनेट मिशन योजना के अंतर्गत एक केंद्रीय सरकार की स्थापना की सिफारिश थी, जिसे केवल तीन विभाग-प्रतिरक्षा, संचार साधन और वैदेशिक सौंपे जाने थे। शेष सभी अधिकार, प्रांतीय सरकार को दिए गए। यहाँ तक कि अवशिष्ट अधिकार भी प्रांत को दिए गए। इस प्रकार, एक निर्बल केंद्रीय सरकार की स्थापना की योजना ने प्रस्तावित किया।

2. पाकिस्तान की अप्रत्यक्ष स्वीकृति (Acceptance of Pakistan Indirectly)–कैबिनेट मिशन योजना ने प्रत्यक्ष रूप से पाकिस्तान की मांग को ठुकरा दिया। लेकिन, प्रांतीय ग्रुपों की व्यवस्था करके, अप्रत्यक्ष रूप से पाकिस्तान की मांग को स्वीकार कर लिया गया।

3. प्रांतों के लिए पृथक् संविधान बनाने का अधिकार (Right of Provinces to Make Separate Constitution)–योजना के अंतर्गत प्रांतों

को पृथक् संविधान बनाने का अधिकार दिया गया था, जो भारत के लिए खतरनाक था।

4. देशी राज्यों को अनुचित अधिकार (Undue Rights to Native States)–देशी राज्यों को पूरी स्वतंत्रता दी गई कि वे भारतीय संघ में शामिल हो या नहीं? यह उनकी इच्छा पर निर्भर है। इससे भारत को अनेक टुकड़ों में बांटने की साजिश की गई।

5. प्रांतों के ग्रुप अवैज्ञानिक (Groups of Provinces Unscientific)–कैबिनेट मिशन के द्वारा ग्रुपों का निर्माण पाकिस्तान को नष्ट करने के लिए, अवैज्ञानिक आधार पर किया गया था। हिंदू बहुमत वाले असम को, मुस्लिम बहुमत बंगाल के साथ मिलाना अवैज्ञानिक था। प्रांतों को ग्रुप के आधार पर बांटना गलत था।

6. संविधान सभा पर प्रतिबंध (Restriction on the Constituent Assembly)–कैबिनेट मिशन के अंतर्गत जिस संविधान सभा का गठन किया गया था, वह अनेक प्रतिबंधों से घिरा हुआ था। संविधान सभा को ब्रिटिश सरकार के निर्देश पर चलना था और संधि की शर्तों का भी पालन करना था।

7. कुछ अस्पष्ट उपबंध (Some Vague Provisions)–कैबिनेट मिशन योजना में प्रांतों के बारे में जो बातें दी गई थीं, वे सब अस्पष्ट थीं। कांग्रेस और मुस्लिम लीग ने एक विषय के अलग-अलग अर्थ निकाले। अंतरिम सरकार की शक्तियाँ भी निश्चित नहीं की गई थी।

8. वायसराय की असीमित शक्तियाँ (Unlimited Powers to Viceroy)–मिशन योजना में वायसराय को असीमित शक्तियाँ दी गई। कांग्रेस ने कहा था, "प्रतिबंधों, आरक्षणों, अभिरक्षणों और वर्गहितों के संतुलन से, इस जंगल में स्वतंत्र भारत का स्पष्ट चित्र नहीं दिखलाई पड़ता।"

9. पूरी योजना की स्वीकृति या अस्वीकृति (Acceptance or Rejection of the whole Plan)–इस योजना को पूर्णरूप से स्वीकार या अस्वीकार किया जा सकता था, जो इसका बहुत बड़ा दोष था।

10. रजनीपाम दत्त ने कैबिनेट मिशन योजना की आलोचना करते हुए लिखा, "1946 की सांविधानिक योजना में भारतीय राजनीतिक जीवन के विभिन्न तत्वों के संतुलन की पुरानी प्रणाली का ही प्रयोग किया गया था। इस प्रणाली का मुख्य उद्देश्य प्रतिक्रियावादी देशी राजाओं की दूरी पर कांग्रेस और मुस्लिम लीग का इस प्रकार संतुलन करना था कि व्यवहार में कथित

स्वतंत्रता की मांग भी न रहे तथा अंतिम व वास्तविक सत्ता अंग्रेजों के ही हाथों में बनी रहे।"

कांग्रेस तथा मुस्लिम लीग के निर्णय (Decision of the Congress and the Muslim League)

कटु आलोचना के बाद भी मुस्लिम लीग ने कैबिनेट मिशन योजना को 6 जून 1946 को, अपनी स्वीकृति दे दी। कांग्रेस ने 14 जून 1946 को, दीर्घकालीन प्रस्तावों को स्वीकार कर, संविधान सभा में भाग लेने का निर्णय लिया। उसने अल्पकालिक प्रस्तावों को अस्वीकार कर दिया तथा अंतरिम सरकार में भाग नहीं लेने का निर्णय किया। वह राष्ट्रीय मुसलमानों को भी अंतरिम सरकार में स्थान देने के पक्ष में थी।

संविधान सभा का निर्वाचनः जुलाई 1946
(Election to the Constituent Assembly)

जुलाई 1946 में कैबिनेट मिशन योजना के अनुसार संविधान सभा का चुनाव हुआ। इसमें कांग्रेस को शानदार सफलता मिली। ब्रिटिश प्रांतों के लिए 210 सामान्य स्थानों में से, कांग्रेस ने 199 स्थान जीत लिए। जो 11 स्थान बाकी बचे, उनमें से पंजाब की यूनियनिस्ट पार्टी ने 2, स्वतंत्र उम्मीदवारों ने 6, कम्यूनिस्ट पार्टी ने एक, दलित उद्धार संघ ने 2 स्थान जीत लिए। 78 मुस्लिम स्थानों में से, मुस्लिम लीग ने 73 स्थान जीत लिए, शेष 5 स्थानों में से कांग्रेस ने 3 स्थान, पंजाब की यूनियनिस्ट पार्टी ने एक और बंगाल की कृषक प्रजा पार्टी ने एक स्थान जीत लिया।

संक्षेप में, 296 सदस्यों में से कांग्रेस का साथ देने के लिए 212 सदस्य थे और मुस्लिम लीग के 73 सदस्य थे। शेष 11 सदस्यों में से भी 6 कांग्रेस का नेतृत्व मानने के लिए तैयार थे।

मुस्लिम लीग द्वारा कैबिनेट मिशन योजना की अस्वीकृति (Rejection of the Cabinet Mission Plan by the Muslim League)

संविधान सभा में कांग्रेस के बहुमत को देखकर मुस्लिम लीग को धक्का लगा और उसे भय हुआ कि संविधान सभा में लीगी मुसलमानों की पूरी उपेक्षा की जाएगी। इसी कारण, 29 जुलाई, 1946 को, मुस्लिम लीग ने कैबिनेट मिशन योजना को ठुकरा दिया। इसके साथ ही, जिन्ना ने पाकिस्तान प्राप्ति हेतु सीधी कार्यवाही करने की धमकी भी दी। उन्होंने मांग की कि

पाकिस्तान के लिए संविधान सभा का निर्माण होना चाहिए। उधर सरकार ने भी घोषणा की, "यदि ऐसी संविधान सभा, जिसमें भारतीय जनसंख्या का एक बड़ा भाग सम्मिलित नहीं है, कोई संविधान बनाये तो, सम्राट की सरकार भारत के अनिच्छुक भागों पर उसे बलपूर्वक लागू नहीं करेगी।" इस घोषणा से मुस्लिम लीग को प्रोत्साहन मिला और 9 दिसंबर 1946 को, जब संविधान सभा की पहली बैठक प्रारंभ हुई, तो लीग के सदस्यों ने भाग नहीं लिया। इस संबंध में जवाहरलाल नेहरू की गलती बताते हुए, **मौलाना अबुल कलाम आजाद** ने लिखा है, "कांग्रेस के प्रधान पंडित जवाहरलाल नेहरू ने, 10 जुलाई 1946 को बंबई में एक प्रेस सम्मेलन में भाषण देते हुए कहा कि कांग्रेस संविधान सभा में भाग लेने के लिए सहमत हो गई है और कैबिनेट मिशन योजना को संशोधित या बदलने के लिए अपने आपको स्वतंत्र समझती है। कांग्रेस प्रधान का यह वक्तव्य सबसे बड़ी गलती थी। जिन्ना ने इस वक्तव्य का अपने लाभ के लिए प्रयोग किया और 29 जुलाई 1946 को अस्वीकार कर दिया।" मौलाना आजाद का आशय यह था कि इस वक्तव्य से मुस्लिम लीग को कैबिनेट मिशन योजना अस्वीकार करने का एक बहाना मिल गया।

वी.पी. मेनन ने भी लिखा है, "कांग्रेस प्रधान जवाहरलाल नेहरू ने 6 जुलाई, 1946 से शुरू होने वाले कांग्रेस के बंबई अधिवेशन में कहा कि जहाँ तक वह समझते हैं, कांग्रेस के लिए किसी अंतरकालीन या लम्बी योजना मानने का प्रश्न नहीं है। यह केवल उनके संविधान सभा में प्रवेश का प्रश्न है। कांग्रेस तब तक संविधान सभा में रहेगी जब तक वह उसमें रहना भारत के हित में समझेगी और जिस समय वह समझेगी कि इससे उसके उद्देश्य को हानि पहुँच रही है, तो वह बाहर आ जाएगी। हम वहाँ जाकर जो कुछ करेंगे, उसके लिए हम बिल्कुल स्वतंत्र होंगे। प्रांतों के समूहों के संबंध में नेहरू ने कहा कि बड़ी भारी संभावना यह है कि कोई ग्रुप नहीं बनेंगे।"

जिन्ना ने शीघ्र ही प्रतिक्रिया दिखाई। उन्होंने कहा कि मुस्लिम लीग ने पाकिस्तान की मांग को त्याग कर बड़ी भारी कुर्बानी की थी, लेकिन कांग्रेस ने प्रांतों के अनिवार्य समूहीकरण को नहीं माना है। कांग्रेस ने अंतर्कालीन सरकार को नहीं माना है और संविधान सभा में यह बहुमत के बल से मनमानी करना चाहती है। इसलिए मुस्लिम लीग इस योजना को अस्वीकार करती है। उसने पाकिस्तान की प्राप्ति के लिए सीधी कार्रवाही करने की धमकी दी।

18 जुलाई 1946 को दिए गए अपने वक्तव्य में, स्टॉफोर्ड क्रिप्स ने कॉमन सभा में कहा, "प्रांतों का समूहीकरण अनिवार्य है। चुनाव के बाद कोई भी प्रांत किसी समूह से अलग हो सकता है।

अंतरिम सरकार की स्थापना: 2 सितंबर, 1946 (Establishment of the Interim Government)

कैबिनेट मिशन योजना में एक अंतरिम सरकार की स्थापना की बात कही गई थी। इसमें कांग्रेस और मुस्लिम लीग को समान प्रतिनिधित्व देने की बात कही गई, जो कांग्रेस नहीं चाहती थी। 16 जून 1946 को वायसराय ने अपनी ओर से अंतरिम सरकार के निर्माण की घोषणा की। इसमें कहा गया था, "वायसराय कुछ प्रतिष्ठित व्यक्तियों को अंतरिम सरकार के निर्माण के लिए आमंत्रित कर रहा है। इसके साथ-साथ ये व्यक्ति, नए संविधान के निर्माण में भी सहायक होंगे।" मुस्लिम लीग ने अंतरिम सरकार में शामिल होने का निश्चय कर लिया, लेकिन कांग्रेस ने अस्वीकार कर दिया।

26 जून 1946 को, वायसराय ने पुनः एक वक्तव्य दिया और कांग्रेस तथा मुस्लिम लीग से काम-चलाऊ सरकार बनाने का आग्रह किया। अंतरिम सरकार के सदस्यों की संख्या चौदह रखी गई। लेकिन, 27 जुलाई, 1946 को मुस्लिम लीग ने अंतरिम सरकार में सम्मिलित होने से अस्वीकार कर दिया। उसने संविधान सभा में भी भाग न लेने का निश्चय किया तथा प्रत्यक्ष कार्रवाही के संबंध में एक प्रस्ताव पारित किया। मुस्लिम लीग के विपरीत, कांग्रेस ने वायसराय के प्रस्ताव को स्वीकार कर लिया और 2 सितंबर, 1946 को जवाहरलाल नेहरू के नेतृत्व में राष्ट्रीय सरकार का निर्माण किया गया। इसमें वायसराय द्वारा निम्नलिखित व्यक्ति नियुक्त किए गए–

जवाहरलाल नेहरू, सरकार वल्लभभाई पटेल, डॉ. राजेंद्र प्रसाद, आसिफ अली, सी. राजगोपालाचारी, शरतचंद्र बोस, डॉ. जॉन मथाई, सरदार बलदेव सिंह, सरसफात अहमद, जगजीवन राम, सैयद अली जहीर और सी.एच. भाभा। दो अन्य मुस्लिम सदस्यों की नियुक्ति और होनी थी।

मुस्लिम लीग अंतरिम सरकार में प्रवेश: 13 अक्टूबर, 1946 (Entrance of the Muslim League in the Interim Government)

वायसराय के निरंतर प्रयास से 13 अक्टूबर, 1946 को, मुस्लिम लीग ने भी अंतरिम सरकार में सम्मिलित होने का निश्चय किया। "मुस्लिम लीग अंतरिम

सरकार में इसीलिए सम्मिलित हुई थी, क्योंकि उसकी दृष्टि में मुसलमानों तथा अन्य संप्रदायों के हितों को कांग्रेस के हाथ में छोड़ना ठीक नहीं था।" मुस्लिम लीग का मुख्य उद्देश्य था, अपनी स्थिति को दृढ़ करना, पाकिस्तान की मांग को मनवाना, सरकारी कार्यों में रूकावट डालना और देश की प्रगति को अवरूद्ध करना।

मुस्लिम लीग ने पांच सदस्यों को मनोनीत किया–लियाकत अली खाँ, राजा गजन फरअली खाँ, अब्दुल राव निस्तार, चंद्रीगर और योगींद्रनाथ मंडल (अनुसूचित जाति के हिंदू थे), मंडल की नियुक्ति पर **अमिय चटर्जी** ने लिखा है, "लीग अपनी ओर से श्री मंडल को नियुक्त करके, भारत के सभी अल्पमतों के प्रतिनिधि होने का दावा कर रही थी। इसके अतिरिक्त, लीग यह भी दिखाना चाहती थी कि यदि कांग्रेस भारत के लोगों का प्रतिनिधित्व करने का दावा कर सकती है तो लीग भी सब अल्पमतों का, जिसमें हिंदुओं का भी एक वर्ग शामिल है, प्रतिनिधित्व करने का दावा कर सकती है।"

लॉर्ड वैवेल ने जवाहरलाल नेहरू को लिखा कि मुस्लिम लीग का लक्ष्य शासन–संचालन और संविधान निर्माण में पूर्ण सहयोग देना है। लेकिन, मुस्लिम लीग के सामूहिक उत्तरदायित्व के सिद्धांत को मान्यता नहीं दी, क्योंकि नई केंद्रीय सरकार को, वह मंत्रिमंडल नहीं मानती थी। परिणामत:, अंतरिम सरकार का एक इकाई के रूप में कार्य करना कठिन हो गया।

मुस्लिम लीग द्वारा प्रत्यक्ष कार्यवाही: 16 अगस्त 1946 (Direct Action by the Muslim League)

अंतरिम सरकार में सम्मिलित होने से पहले ही मुस्लिम लीग सीधी कार्यवाही का रास्ता अपना चुकी थी। 16 अगस्त, 1946 को मुस्लिम लीग ने पाकिस्तान की प्राप्ति के लिए सीधी कार्यवाही की।

बंगाल, कलकत्ता दंगे (Bengal, Calcutta Riots)–बंगाल में इस समय मुस्लिम लीग की सरकार थी, जिसमें सोहरावर्दी मुख्यमंत्री थे। 16 अगस्त को लीगी सरकार ने, बंगाल में सार्वजनिक छुट्टी घोषित कर दी।

वी.पी. मेनन के अनुसार, "उसी दिन कलकत्ता में बड़ी भारी लूट और मारकाट हुई। हिंदुओं की संपत्ति को बड़ी हानि पहुँची, लगभग पाँच हजार लोग इन झगड़ों में मारे गए, पंद्रह हजार घायल हुए और एक लाख बेघर हो गए।"

मौलाना अबुल कलाम आजाद–इस समय कलकत्ता में ही थे, उन्होंने लिखा है, "16 अगस्त का दिन भारत के इतिहास में काले अक्षरों में लिखा जाने वाला दिन है। उस दिन सामूहिक हिंसा के कारण आंतक, हत्या और खून

के सागर में डूब गया। सैकड़ों लोगों के जीवन का अंत हो गया। हजारों व्यक्ति घायल हुए और करोड़ों की संपत्ति नष्ट हुई। नगर में गुंडों का राज्य था।"[1]

डॉ. राजेंद्र प्रसाद ने लिखा है, "इस तरह का कत्लेआम कलकत्ता में कभी भी नहीं हुआ था। संभवत: नादिरशाह के दिल्ली वाले कत्लेआम के आलावा और भारत वर्ष के इतिहास में ऐसा उदाहरण नहीं मिलता है। यह लीग की सीधी कार्यवाही का एक उदाहरण था।"

स्टेट्समैन के अनुसार, "बंगाल के बड़े प्रांत की राजधानी में यह घृणापूर्ण रक्तपात मुस्लिम लीग का एक ऐसा राजनीतिक पग है, जिसमें वह स्वयं ही समस्त देश में कलंकित हो गई। लीगी मंत्रिमंडल शांति रखने में अयोग्य प्रकाशित हुआ है और उसे त्यागपत्र दे देना चाहिए।"

नोआखाली और अन्य स्थानों में, 16 अगस्त को लीग की सीधी कार्यवाही के कारण, संपूर्ण देश में सांप्रदायिक दंगे प्रारंभ हो गए। कलकत्ता के बाद नोआखाली में भी मुसलमानों ने हिंदुओं पर अत्याचार किए। उसकी प्रतिक्रिया स्वरूप बिहार, गढ़मुक्तेश्वर और अहमदाबाद में हिंदुओं ने भी मुसलमानों पर अत्याचार किए। इसके बाद, पंजाब और उत्तर-पश्चिमी सीमाप्रांत में भी दंगे हुए।

इस प्रकार, सुहरावर्दी की सरकार ने संप्रदायवाद को प्रोत्साहित किया। सारे शहर में दंगाइयों को पूरी छूट मिली और भयंकर दंगा शुरू हो गया। सांप्रदायिक दंगाइयों ने पाशविकता और बर्बरता का बर्ताव किया। बच्चों और बूढ़ों सहित निरपराध को मौत के घाट उतारा गया। आगलगी, संपत्ति और महिलाओं के साथ बलात्कार आम बात हो गई थी। कलकत्ता में गुंडों का राज्य कायम हो गया था। बंगाल की सुहारवर्दी सरकार ने, दंगे को दबाने के बजाय दंगाइयों और गुंडों को प्रोत्साहित किया। लीग का प्रत्यक्ष कार्यवाही दिवस, भारत के इतिहास में **काला दिवस** के नाम से अंकित है।

संविधान सभा की बैठक का प्रारंभ: 9 दिसंबर 1946
(Beginning of the Session of the Constituent Assembly)

संविधान सभा की बैठक के लिए निर्धारित तिथि 9 दिसंबर 1946 थी। जिन्ना को भय था कि संविधान सभा में कांग्रेस भारी बहुमत से विजयी होगी।

1. "The 16th of August was a black day in the history of India. Unprecedented mob violence plunged the great city into an orgy of bloodshed, murder and terror. Hundreds of lives were lost. Thousands were injured and property worth crores of rupees was destroyed. The city was in the grip of dooms days."—Maulana Azad. *India Wins Freedom*.

अतएव, उन्होंने लीग के प्रतिनिधियों को उसमें सम्मिलित नहीं होने का आदेश दिया। इस समस्या के समाधान हेतु, एटली ने कांग्रेस, मुस्लिम लीग और सिख समुदाय के प्रतिनिधियों से वार्ता की। उन्होंने लीग को खुश करने के लिए, ग्रुप फॉर्मूला की, उसके इच्छानुसार व्याख्या की, फिर भी लीग ने संविधान सभा का बहिष्कार किया।

कांग्रेस की कार्यसमिति ने एटली के वक्तव्य को अस्वीकृत किया और कहा कि प्रांतों का किसी ग्रुप में सम्मिलित होना अनिवार्य नहीं बनाया जाए। संविधान सभा की पहली बैठक पूर्व निर्धारित तिथि के अनुसार 9 दिसंबर 1946 को प्रारंभ हुई। मुस्लिम लीग के सदस्यों ने इसमें भाग नहीं लिया। **डॉ. सच्चिदानंद सिन्हा** इसके अस्थायी अध्यक्ष बने और **डॉ. राजेंद्र प्रसाद** को स्थायी अध्यक्ष चुना गया। यह **स्वशासित और स्वनिर्भित स्वतंत्र निकाय**[1] थी। **पंडित जवाहरलाल नेहरू** ने उद्देश्य-प्रस्ताव में कहा कि इसका उद्देश्य एक **सार्वभौम भारतीय गणतंत्र**[2] की स्थापना करना था।

लॉर्ड एटली की भारत छोड़ने की घोषणा: 20 फरवरी, 1947 (Lord Attlee's Declaration to Leave India)

1942 का भारत छोड़ो आंदोलन, क्रिप्स प्रस्ताव की असफलता, कैबिनेट मिशन योजना की अस्वीकृति, अंतरिम सरकार में लीग का असहयोग और लीग द्वारा 16 अगस्त 1946 को चलाए गए, पाकिस्तान के लिए सीधी कार्यवाही से फैले सांप्रदायिक दंगे–जैसी परिस्थितियों से बाध्य होकर, ब्रिटिश सरकार ने जून, 1948 तक, भारत छोड़ने का निर्णय लिया। लॉर्ड एटली ने ब्रिटिश संसद में 20 फरवरी, 1947 को एक ऐतिहासिक घोषणा निम्न प्रकार की।

"सम्राट की सरकार की यह हार्दिक इच्छा है कि उत्तरदायित्व का संपूर्ण भार, उनके हाथों सौंप दे जिनको भारत के समस्त दलों द्वारा निर्मित किया हुआ संविधान स्वीकार हो। वर्तमान स्थिति को अधिक दिन नहीं रहने दिया जाएगा। अत:, सम्राट की सरकार यह स्पष्ट करती है कि वह जून 1948 तक समस्त सत्ता, उत्तरदायी भारतीयों के हाथों में सौंप देगी। किंतु, यदि निश्चित तिथि तक इस प्रकार से संविधान निर्मित नहीं किया जाता है, तो ब्रिटिश सरकार को यह निश्चय करना होगा कि फिर सत्ता किसको उस तिथि पर हस्तांतरित की जाए। वह सत्ता ब्रिटिश भारत केंद्रीय सरकार को,

1. A Self-governing and self-determining Independent body.
2. A Sovereign Indian Republic.

वर्तमान प्रांतीय सरकार को अथवा किसी अन्य रीति से, जो भारतीयों के हित में सबसे अधिक उपयोगी सिद्ध हो, प्रदान करेगी।"[1]

महात्मा गांधी ने एटली की घोषणा का स्वागत किया और देश के विभाजन का घोर विरोध किया। उन्होंने कहा, "अगर सारे भारत में आग लग जाए, तो भी पाकिस्तान का निर्माण संभव नहीं है।"[2] उन्होंने यहाँ तक कहा, "पाकिस्तान का निर्माण मेरे शव पर होगा।"[3] बाद में लॉर्ड माउंटबेटन और सरदार पटेल के समझाने पर, गांधी ने देश विभाजन को स्वीकार कर लिया।

इस घोषणा के द्वारा कांग्रेस और मुस्लिम लीग के निषेधाधिकार का अंत कर दिया गया। यह भी स्पष्ट कर दिया गया कि ब्रिटिश सरकार उसी संविधान को स्वीकार करेगी, जिसको संविधान सभा ने सर्वसम्मति से पारित किया हो। घोषणा ने मुस्लिम लीग की पाकिस्तान मांग को बढ़ावा दिया। अंत में कहा गया, "वायसराय लॉर्ड वैवेल का स्थान, लॉर्ड माउंटबेटन लेंगे, जिनके हाथों से भारतीय जनता को शासन सत्ता सौंपने का कार्य संपन्न होगा।"

माउंटबेटन योजनाः 3 जून, 1947
(Mountbatten Plan)

23 मार्च, 1947 को लॉर्ड माउंटबेटन ने दिल्ली आकर वायसराय का पदभार ग्रहण किया। उन्होंने आते ही गांधी एवं अन्य नेताओं से विचार-विमर्श किया। उन्होंने जवाहरलाल नेहरू और सरदार पटेल से पाकिस्तान की मांग को स्वीकार कर लेने के लिए भी बात-चीत की। दोनों नेता परिस्थिति-वश माउंटबेटन के प्रस्ताव से सहमत हो गए। भारत की राजनीतिक समस्या के समाधान हेतु, अपनी योजना तथा भारत विभाजन पर स्वीकृति लेने के लिए, माउंटबेटन 18 मई, 1947 को लंदन गए। वहाँ से लौटकर 3 जून, 1947 को अपनी योजना प्रकाशित की जो **माउंटबेटन योजना** के नाम से प्रसिद्ध हुआ।

योजना प्रकाशित करने के पूर्व, वायसराय ने कांग्रेस और मुस्लिम लीग से योजना को स्वीकृत करा लिया था।

---

1. "The present state of uncertainly is brought with danger and cannot be indefinitely prolonged. His majesty's government with to make it clear that it is their definite intention to take necessary steps to effect the transference of power to responsible Indian hands by a date not latter than June, 1948."
—Attlee
2. "Even if the whole of India is in flames, it will not bring Pakistan."
3. "Pakistan would be made on my dead body."

माउंटबेटन योजना के मुख्य उपबंध
(Main Provisions of Mountbatten Plan)

माउंटबेटन योजना की मुख्य बातें निम्नांकित हैं–

1. **पाकिस्तान की स्वीकृति** (Acceptance of Pakistan)–माउंटबेटन योजना के अनुसार भारत विभाजन को स्वीकार कर लिया गया। यह तय हुआ कि भारत को दो अधिराज्यों में विभाजित कर दिया जाएगा, इंडिया और पाकिस्तान तथा दोनों को जून 1948 के बदले, 15 अगस्त, 1947 को ही स्वतंत्रता दे दी जाएगी।

2. **लंगड़ा पाकिस्तान** (Truncated Pakistan)–जिन्ना सारा बंगाल और सारा असम पाकिस्तान में समस्त पंजाब, उत्तर-पश्चिमी सीमाप्रांत, सिंध और बलूचिस्तान को मिलाना चाहते थे। लेकिन, माउंटबेटन योजना में कांग्रेसी नेताओं की इच्छानुसार, असम को पाकिस्तान से अलग कर दिया गया, क्योंकि यहाँ हिंदुओं का बहुमत था। इसी आधार पर पंजाब और बंगाल के विभाजन की व्यवस्था की गई। इस प्रकार, योजना का उद्देश्य हिंदू बहुमत वाले जिलों को भारत में और मुस्लिम बहुमत वाले जिलों को पाकिस्तान में सम्मिलित किया जाना था।

3. **कुछ प्रांतों में जनमत संग्रह** (Referendum in Some Provinces)–माउंटबेटन योजना के अनुसार पंजाब, सिंध, बलूचिस्तान, उत्तर-पश्चिमी सीमाप्रांत तथा असम से सिलहट जिले के मुस्लिम बहुमत वाले क्षेत्रों का, जनमत संग्रह के अधिकार के द्वारा भारत में रहने या न रहने की स्वतंत्रता दी गई।

4. **सीमा आयोग** (Boundary Commission)–जब यह निश्चित हो जाएगा कि बंगाल और पंजाब का विभाजन होना है, तो वायसराय द्वारा उनके लिए अलग-अलग सीमा आयोग नियुक्त किया जाएगा, जो कि इन प्रांतों की सीमा का निर्धारण करेगा।

5. **राष्ट्रमंडल से अलग होने का अधिकार** (Right to Leave the Commonwealth)–माउंटबेटन योजना में कहा गया कि भारत और पाकिस्तान दोनों नए अधिराज्यों को ब्रिटिश राष्ट्रमंडल से अलग होने का अधिकार होगा तथा वे अपनी पूर्ण स्वतंत्रता की घोषणा कर सकेंगे।

6. **अन्य उपबंध** (Other Provisions)–माउंटबेटन योजना के कुछ अन्य उपबंध इस प्रकार थे–

(i) सत्ता हस्तांतरण की तिथि जून, 1948 के बजाय, 15 अगस्त, 1947 निर्धारित कर दी गई।

(ii) रियासतों के संबंध में कहा गया कि 15 अगस्त, 1947 से उनके ऊपर से ब्रिटिश सर्वोच्यता हटा ली जाएगी और उन्हें दोनों अधिराज्यों में से किसी में भी मिलने या अपनी स्वतंत्रता की घोषणा करने का अधिकार होगा।

(iii) असम के सिलहट जिले में मुस्लिम बहुलसंख्या में थे, इसलिए यह व्यवस्था की गई कि वहाँ जनमत संग्रह द्वारा यह निर्णय कराया जाये कि वहाँ के लोग पाकिस्तान या भारत में मिलना चाहते हैं।

(iv) सिंध के विधानमंडल को यह निश्चय करने का अधिकार दिया गया कि वह किस ओर सम्मिलित होना चाहता है।

(v) माउंटबेटन योजना में यह भी कहा गया कि भारत और पाकिस्तान अधिराज्यों के बीच लेनदारियों और देनदारियों[1] को बांटने के लिए भी एक समझौता होगा।

माउंटबेटन योजना की स्वीकृति
(Acceptance of Mountbatten Plan)

मुस्लिम लीग द्वारा स्वीकृति–यद्यपि, 1944 में, सी.आर. फॉर्मूला के द्वारा जो पाकिस्तान जिन्ना को दिया जा रहा था, उसे उन्होंने लंगड़ा और दीमक लगा कहकर ठुकरा दिया था। लेकिन, माउंटबेटन के दबाव के कारण प्राय: वही पाकिस्तान, माउंटबेटन योजना के अंतर्गत 9 जून, 1947 को स्वीकार कर लिया।

कांग्रेस द्वारा अस्वीकृति–माउंटबेटन योजना पर कांग्रेस में दो मत वाले नेता थे। प्रथम, अस्वीकार के और दूसरे स्वीकार के पक्ष में थे। डॉ. राजेंद्र प्रसाद का मत था, "यदि भारत का विभाजन होना ही है, तो बिल्कुल पूर्णरूप से होना चाहिए, ताकि बाद में झगड़े की गुंजाइश ही न रहे।"

माउंटबेटन योजना पर विचार करने के लिए कांग्रेस की कार्यसमिति की बैठक दिल्ली में, 14 और 15 जून, 1947 को हुई। मौलाना अबुल कलाम आजाद, अब्दुल गफ्फार खाँ, पुरूषोत्तम दास टंडन, राष्ट्रवादी मुसलमान और पाकिस्तान के हिंदू सदस्यों ने, भारत विभाजन का घोर विरोध किया। **मौलाना आजाद** के शब्दों में, "इस योजना के प्रकाशन के बाद भारत की एकता को बनाए रखने की सारी आशाएं समाप्त हो गई। यह पहला अवसर था

1. Liabilities and Assests.

कि कैबिनेट मिशन योजना को अस्वीकृत कर दिया गया और विभाजन को आधिकारिक रूप से स्वीकृत कर लिया गया।"[1]

कांग्रेस द्वारा स्वीकृति–लेकिन, सरदार वल्लभभाई पटेल, गोविंद वल्लभ पंत, जवाहरलाल नेहरू, आचार्य कृपलानी, अन्य नेतागण और यहाँ तक कि महात्मा गांधी ने परिस्थितिवश, माउंटबेटन योजना को एक आवश्यक बुराई के रूप में स्वीकार कर लिया। विभाजन को स्वीकृत करते हुए अखिल भारतीय कांग्रेस समिति ने यह आशा व्यक्त की कि इस समय के बाद वर्तमान जोश ठंडा पड़ जाने पर भारत की समस्याओं पर समुचित दृष्टिकोण से विचार किया जाएगा और उस समय द्वि-राष्ट्र सिद्धांत निर्मूल सिद्ध होगा तथा वह त्याग दिया जाएगा। सरकारी योजनानुसार संभवतः भारत के कुछ भाग उससे अलग हो जाएँ, बड़े खेद के साथ वर्तमान दशा में अखिल भारतीय कांग्रेस समिति, माउंटबेटन योजना को स्वीकार कर रही है।

गोविंदवल्लभ पंत–पंडित गोविंद वल्लभ पंत ने माउंटबेटन योजना को परिस्थितिवश स्वीकार करते हुए कहा, "3 जून, 1947 की योजना स्वीकृति ही स्वतंत्रता प्राप्ति के लिए एकमेव मार्ग है। इससे शक्तिशाली केंद्र बन सकेगा और भारत की उन्नति हो सकेगी। कांग्रेस ने एकता के लिए बहुत कार्य किया है और इसके लिए अपना सब कुछ न्यौछावर कर दिया है। आज कांग्रेस को या तो इस योजना को स्वीकार करना है या आत्महत्या करनी है। उन्होंने कहा कि कैबिनेट मिशन योजना के ग्रुपों और निर्बल केंद्र से यह योजना अच्छी है।" इसके बाद कांग्रेस ने इसे स्वीकार कर लिया।

माउंटबेटन योजना की क्रियान्विति
(Execution of the Mountbatten Plan)

मुस्लिम लीग और फिर कांग्रेस द्वारा माउंटबेटन योजना की स्वीकृति के बाद, वायसराय माउंटबेटन ने योजना को लागू करना प्रारंभ कर दिया। पंजाब और बंगाल के हिंदू बहुमत वाले जिलों ने, भारत में सम्मिलित होने का निश्चय किया। उत्तरी-पश्चिमी सीमा प्रांत, सिंध, बलूचिस्तान और असम के सिलहट जिले ने तथा पश्चिमी पंजाब और पूर्वी बंगाल ने पाकिस्तान में सम्मिलित होने का निश्चय किया। दो नए अधिराज्यों भारत और पाकिस्तान, की स्थापना के लिए ब्रिटिश संसद ने 4 जुलाई, 1947 को **भारतीय स्वतंत्रता अधिनियम** पारित कर दिया।

1. "The publication of this statement means the end of all hope for preserving the unity of India. This was the first time that the cabinet mission plan was discorded and Pakistan accepted officially."—Maulana Azad

विभाजन को लागू करने के लिए 7 जून, 1947 को, एक विभाजन समिति का निर्माण किया गया। इसने भारत और पाकिस्तान के सैन्य संगठन के पुनर्निर्माण के सिद्धांतों को तय किया। सर रेडक्लिफ की अध्यक्षता में एक सीमा आयोग की नियुक्ति की गई। इसका कार्य बंगाल और पंजाब के विभाजित क्षेत्रों की निर्धारित करना था। इस प्रकार, ब्रिटिश सरकार ने भारत का विभाजन कर और स्वतंत्रता प्रदान करके, ब्रिटिश साम्राज्यवाद के दीपक को बुझा दिया। लेकिन, उसके विषाक्त धूएँ से भारत और पाकिस्तान के फेफड़े को सदा के लिए दूषित कर दिया, जिससे दोनों का स्वास्थ्य स्थायी रूप से खराब हो गया और अपने बीमार जीवन के लिए सदा एक-दूसरे की आलोचना करते चले आ रहे हैं।

प्रश्न
(Questions)

1. 1935 और 1947 के बीच भारतीय राष्ट्रीय आंदोलन का विवरण दीजिए।
   Give an account of the Indian National Movement between 1935 and 1947.
2. कैबिनेट मिशन योजना के मुख्य उपबंधों की विवेचना कीजिए।
   Discuss the main provisions of the Cabinet Mission Plan.
3. कैबिनेट मिशन योजना के गुण-दोषों का वर्णन करें।
   Describe the merits and demerits of the Cabinet Mission Plan.
4. कैबिनेट मिशन योजना क्या है? मुस्लिम लीग ने इसे क्यों अस्वीकृत कर दिया?
   What is the Cabinet Mission Plan? Why it was rejected by the Muslim League?
5. अंतरिम सरकार से आप क्या समझते हैं? मुस्लिम लीग द्वारा क्यों प्रत्यक्ष कार्यवाही की गई?
   What do you mean by the Interim government? Why did the Muslim League launch the direct Action?
6. माउंटबेटन योजना के मुख्य उपबंधों की समीक्षा करें।
   Examine the main provisions of the Mountbatten Plan.
7. माउंटबेटन योजना क्या है? कांग्रेस और मुस्लिम लीग ने इसे क्यों स्वीकार किया?
   What is Mountbatten Plan? Why did the Congress and the Muslim League accept it?

वस्तुनिष्ठ प्रश्न
(Objective Questions)

1. चर्चिल की हार के बाद इंग्लैंड के प्रधानमंत्री कौन बने?
   (क) लॉर्ड एटली (ख) चेम्बरलेन
   (ग) लॉयर्ड जार्ज (घ) मैकमिलन
2. एमरी के स्थान पर भारत सचिव कौन बने?
   (क) लॉर्ड कर्जन (ख) लॉर्ड पेथिक लॉरेंस
   (ग) लॉर्ड माउंटबेटन (घ) सर स्टॉफोर्ड क्रिप्स
3. 1945 के इंग्लैंड के आम चुनाव में कौन पार्टी विजयी हुई?
   (क) अनुदार दल (ख) उदार दल
   (ग) श्रमिक दल (घ) साम्यवादी दल
4. लॉर्ड एटली की ऐतिहासिक घोषणा किस तिथि, माह और वर्ष में की गई?
   (क) 15 मार्च, 1944 (ख) 15 मार्च, 1945
   (ग) 15 मार्च, 1947 (घ) 15 मार्च, 1946
5. कैबिनेट मिशन भारत में किस तिथि, माह और वर्ष में आया?
   (क) 24 मार्च, 1946 (ख) 24 मार्च, 1945
   (ग) 20 मार्च, 1946 (घ) 10 मार्च, 1946
6. कैबिनेट मिशन में कितने सदस्य थे?
   (क) पाँच (ख) तीन (ग) दस (घ) ग्यारह
7. कैबिनेट मिशन ने कितने भारतीय नेताओं से बातचीत की?
   (क) 470 (ख) 572 (ग) 472 (घ) 325
8. शिमला का त्रिदलीय सम्मेलन किस तिथि, माह और वर्ष में बुलाया गया?
   (क) 5 मई, 1945 (ख) 5 मई, 1944
   (ग) 10 मई, 1946 (घ) 5 मई, 1946
9. कैबिनेट मिशन योजना को किस तिथि, माह और वर्ष में प्रकाशित किया गया?
   (क) 16 मई, 1946 (ख) 16 मई, 1945
   (ग) 16 मई, 1944 (घ) 10 मई, 1946

10. संविधान सभा का निर्वाचन किस माह और वर्ष में हुआ?
    (क) जुलाई 1945 (ख) जुलाई 1946
    (ग) अगस्त 1946 (घ) जुलाई 1947
11. संविधान सभा के निर्वाचन में किस पार्टी को शानदार सफलता मिली?
    (क) मुस्लिम लीग (ख) यूनियनिस्ट पार्टी
    (ग) कांग्रेस पार्टी (घ) कृषक प्रजा पार्टी
12. मुस्लिम लीग ने कैबिनेट मिशन योजना को किस तिथि, माह और वर्ष में ठुकरा दिया?
    (क) 29 जुलाई, 1945 (ख) 29 जुलाई, 1944
    (ग) 20 अगस्त, 1946 (घ) 29 जुलाई, 1946
13. अंतरिम सरकार की स्थापना किस तिथि, माह और वर्ष में हुई?
    (क) 2 सितंबर, 1946 (ख) 2 सितंबर, 1945
    (ग) 2 सितंबर, 1944 (घ) 20 सितंबर, 1946
14. मुस्लिम लीग ने अंतरिम सरकार में किस तिथि, माह और वर्ष में प्रवेश करने का निश्चय लिया?
    (क) 13 अक्टूबर, 1945 (ख) 13 अक्टूबर, 1946
    (ग) 10 अक्टूबर, 1946 (घ) 15 अगस्त, 1944
15. मुस्लिम लीग द्वारा प्रत्यक्ष कार्यवाही किस तिथि, माह और वर्ष में की गई?
    (क) 16 अगस्त, 1945 (ख) 15 अगस्त, 1946
    (ग) 16 अगस्त, 1946 (घ) 16 अगस्त, 1947
16. संविधान सभा की पहली बैठक की तिथि, माह और वर्ष क्या थी?
    (क) 9 दिसंबर, 1945 (ख) 9 दिसंबर, 1944
    (ग) 7 दिसंबर, 1946 (घ) 9 दिसंबर, 1946
17. संविधान सभा के अस्थायी अध्यक्ष कौन थे?
    (क) सच्चिदानंद सिन्हा (ख) नेहरू
    (ग) राजेन्द्र प्रसाद (घ) अम्बेडकर
18. संविधान सभा के स्थायी अध्यक्ष कौन थे?
    (क) अम्बेडकर (ख) राजेन्द्र प्रसाद
    (ग) सच्चिदानंद सिन्हा (घ) नेहरू

19. लॉर्ड एटली ने भारत छोड़ने की घोषणा किस तिथि, माह और वर्ष में की थी?

(क) 20 फरवरी, 1946 (ख) 19 फरवरी, 1947
(ग) 20 फरवरी, 1947 (घ) 26 जनवरी, 1947

20. माउंटबेटन योजना को किस तिथि, माह और वर्ष में प्रकाशित किया गया?

(क) 3 जून, 1946 (ख) 30 जून, 1946
(ग) 30 जून, 1947 (घ) 3 जून, 1947

21. "सम्राट की सरकार ने यह निर्णय कर लिया है कि भारत को स्वतंत्रता दे दी जाए। भारत को यह निर्णय करने का भी अधिकार होगा कि वह राष्ट्रमंडल से पृथक होना चाहता है या नहीं।" यह कथन किसका है?

(क) लॉर्ड एटली (ख) लॉर्ड वैवेल
(ग) लॉर्ड माउंटबेटन (घ) सर स्टॉफोर्ड क्रिप्स

22. "तत्कालीन परिस्थितियों में ब्रिटिश सरकार द्वारा प्रस्तुत यह सर्वोत्तम प्रलेख है। इस प्रलेख के लेखकों ने कम-से-कम उन बातों को स्थान दिया, जिस पर सभी दल भारतीय स्वतंत्रता के चार्टर के निर्माण के लिए एकत्र हो सके।" यह कथन किसका है?

(क) नेहरू (ख) गांधी
(ग) पटेल (घ) मौलाना आजाद

23. "कांग्रेस और मुस्लिम लीग दोनों द्वारा मिशन योजना की स्वीकृति भारतीय स्वतंत्रता आंदोलन के इतिहास में एक गौरवपूर्ण घटना है। इसका अभिप्राय है कि भारतीय स्वतंत्रता के कठिन प्रश्न का निर्णय वार्ता और समझौते से हुआ है, न कि हिंसा और विवाद से।" यह कथन किसका है?

(क) गांधी (ख) नेहरू
(ग) मौलाना आजाद (घ) पटेल

24. "उस दिन कलकत्ता में बड़ी भारी लूट, मारकाट की गई। हिंदुओं की संपत्ति को बड़ी हानि पहुँची, लगभग पाँच हजार लोग इन झगड़ों में मारे गए, पंद्रह हजार घायल हुए और एक लाख बेघर हो गए।" यह कथन किसका है?

(क) मौलाना आजाद (ख) राजेन्द्र प्रसाद
(ग) गांधी (घ) वी.पी. मेनन

25. "इस तरह का कत्लेआम कलकत्ता में कभी भी नहीं हुआ था। संभवत: नादिरशाह के दिल्ली वाले कत्लेआम के अलावा और भारत वर्ष के इतिहास में ऐसा उदाहरण नहीं मिलता है। यह लीग की सीधी कार्यवाही का एक उदाहरण था।" यह कथन किसका है?

(क) राजेंद्र प्रसाद (ख) नेहरू

(ग) पटेल (घ) मौलाना आजाद

26. "अगर सारे भारत में आग लग जाए, तो भी पाकिस्तान का निर्माण संभव नहीं है।" यह कथन किसका है?

(क) नेहरू (ख) गांधी

(ग) पटेल (घ) मौलाना आजाद

27. "पाकिस्तान का निर्माण मेरी शव पर होगा।" यह किसने कहा है?

(क) पटेल (ख) मौलाना आजाद

(ग) गांधी (घ) नेहरू

28. "यदि भारत का विभाजन होना ही है, तो बिल्कुल पूर्ण रूप से होना चाहिए, ताकि बाद में झगड़े की गुंजाइश ही न रहे।" यह किसने कहा था?

(क) नेहरू (ख) गांधी (ग) पटेल (घ) राजेंद्र प्रसाद

29. "इस योजना के प्रकाशन के बाद भारत की एकता को बनाए रखने की सारी आशाएँ समाप्त हो गई। यह पहला अवसर था कि कैबिनेट मिशन योजना को अस्वीकृत कर दिया गया और विभाजन को आधिकारिक रूप से स्वीकृत कर लिया गया।" यह कथन किसका है?

(क) मौलाना आजाद (ख) पटेल

(ग) नेहरू (घ) राजेंद्र प्रसाद

उत्तर

(Answers)

1. (क) 2. (ख) 3. (ग) 4. (घ) 5. (क) 6. (ख) 7. (ग) 8. (घ) 9. (क) 10. (ख) 11. (ग) 12. (घ) 13. (क) 14. (ख) 15. (ग) 16. (घ) 17. (क) 18. (ख) 19. (ग) 20. (घ) 21. (क) 22. (ख) 23. (ग) 24. (घ) 25. (क) 26. (ख) 27. (ग) 28. (घ) 29. (क)

15

भारत का विभाजन (14 अगस्त, 1947) (India's Partition)

भारत के विभाजन पर दो मत पाये जाते हैं। पहला मत इसका विरोधी है और दूसरा मत इसका समर्थक।

भारत विभाजन के विरोधी (Against India's Partition)–प्रारंभ से ही कांग्रेस की भारत विभाजन विरोधी रही है। हिंदू, सिख और राष्ट्रवादी मुसलमान इसके विरोधी रहे हैं। मौलाना आजाद, अब्दुल गफ्फार खाँ और पुरुषोत्तम टंडन ने भारत विभाजन का खुलकर विरोध किया। महात्मा गांधी और डॉ. राम मनोहर लोहिया भी इसके विरोधी थे। उनके शब्दों में, "अगर कांग्रेस बँटवारा मंजूर करेगी, तो उसे मेरे शव के ऊपर करना पड़ेगा। जब तक मैं जीवित हूँ, मैं भारत के बँटवारे के लिए कभी राजी न हूँगा। और, अगर मेरा वश चला तो कांग्रेस को भी मंजूर करने की इजाजत न दूँगा।"

भारत विभाजन का समर्थन, एक आवश्यक बुराई के रूप में (Support of India's Partition as Necessary Evil)

पंडित जवाहरलाल नेहरू और सरदार वल्लभभाई पटेल भी शुरू से भारत विभाजन के कट्टर विरोधी थे। लेकिन, देश के अंदर 1946-47 में ऐसी घटनाएं घटी, जिसके कारण एक आवश्यक बुराई के रूप में, उन लोगों ने भारत विभाजन को स्वीकृत किया। माउंटबेटन के दबाव के कारण, नेहरू और पटेल ने, गांधी को भी भारत विभाजन के लिए मनवा लिया। भारतीय समस्या के निदान और स्वतंत्रता प्राप्ति के लिए भारत विभाजन को स्वीकार करना अनिवार्य हो गया। जैसा कि **इंद्र विद्या-वाचस्पति** ने लिखा है, "यह एक

ऐतिहासिक तथ्य है कि उस समय अनिवार्य समझ कर कांग्रेस के नेताओं ने विभाजन के साथ स्वाधीनता को स्वीकार किया।"

अब प्रश्न यह उठता है कि किन कारणों से बाध्य होकर, कांग्रेस ने भारत विभाजन को स्वीकार किया। यह जानना आवश्यक है। विभिन्न विद्वानों के अनुसार, भारत विभाजन में निम्नलिखित तथ्यों का हाथ रहा है।

1. ब्रिटिश सरकार की फूट डालो और शासन करो की नीति (Divide and Rule Policy of the British Government)–प्रारंभ से ही ब्रिटिश सरकार फूट डालो और शासन करो कि नीति का अनुसरण करती रही थी। उनकी यह नीति ही भारत विभाजन को अनिवार्य बनाने के लिए उत्तरदायी रही। कांग्रेस की स्थापना के पूर्व से ही, ब्रिटिश शासन की नीति का आधार प्रत्यक्ष या अप्रत्यक्ष रूप से यही नीति थी। उसके बाद जब भारतीय राष्ट्रीय जागरण का उदय हुआ, तब अंग्रेजों ने, मुसलमानों को हिंदुओं के विरुद्ध लड़ाना शुरू किया। इस लड़ाई को जारी रखने के लिए, अंग्रेजों के प्रोत्साहन से **इंडियन मुस्लिम लीग** की स्थापना की गई। जिसके कार्यविधियों के कारण हिंदू मुसलमान के संबंध निरंतर बिगड़ते गए। धीरे-धीरे मुस्लिम लीग की ओर से द्वि-राष्ट्र सिद्धांत का प्रतिपादन किया जाने लगा और आगे चलकर स्पष्ट रूप से पाकिस्तान की माँग की जाने लगी।

मेहता और पटवर्धन ने अपनी कृति सांप्रदायिक त्रयी[1] में लिखा है, "पाकिस्तान का विचार आंग्ल भारतीय नौकरशाही के लिए कोई नया विचार नहीं था।" जिसका अर्थ यह है कि यह विचार मुस्लिम लीग को उनके द्वारा ही दिया गया था। **थॉम्सन** ने भी अपनी पुस्तक **एनलिस्ट इंडिया फॉर फ्रीडम**[2] में लिखा है, "कुछ सरकारी अधिकारी, पाकिस्तान के विचार के प्रति बड़े उत्साही थे।"

इतना ही नहीं, 1909, 1919 और 1935 की सुधार योजनाओं में सांप्रदायिक चुनाव को स्थान देकर हिंदू और मुसलमान के बीच वैमनस्य उत्पन्न कर दिया गया। जिसने आगे चलकर पाकिस्तान की माँग को जन्म दिया। क्रिप्स प्रस्ताव, कैबिनेट मिशन योजना और माउंटबेटन योजना में किसी-न-किसी रूप में सांप्रदायिकता को स्थान देकर, अंग्रेजों ने पाकिस्तान के निर्माण को अवश्यम्भावी बना दिया। इस प्रकार, अंग्रेजों ने भारत में पृथक्तावाद, संप्रदायवाद और पारस्परिक फूट का बीज बोया, जिसने पाकिस्तान को जन्म दिया।

---

1. The Communal Triangle.
2. Enlist India for Freedom.

2. हिंदू और मुस्लिम के बीच पारस्परिक अविश्वास एवं असम्मान का दृष्टिकोण (Attitude of Disbelief and Disrespect between Hindus and Muslims)–अंग्रेजी सरकार की भेदभावपूर्ण नीति के कारण, हिंदू और मुस्लिम जातियों के लोग एक-दूसरे को अवश्विास और असम्मान की दृष्टि से देखने लगे। हिंदू और मुसलमानों के त्योहारों पर दंगे होने लगे और आपसी संबंध खराब होता गया। प्रशासन ने दंगों पर न्याय देने के स्थान पर पक्षपात करना शुरू किया। हिंदुओं में मुसलमानों को नीचा समझने की और मुसलमानों में हिंदुओं को काफिर समझने की भावना बढ़ती रही। इससे दोनों जातियों में अविश्वास बढ़ता गया और वे आपस में सदा झगड़ते रहे। जिसका परिणाम यह हुआ कि भारत को दो टुकड़ों में बाँटना पड़ा।

3. हिंदू सांप्रदायिकता का बुरा प्रभाव (Adverse Effect of Hindu Communalism)–हिंदू सांप्रदायिकता का उदय, मुस्लिम सांप्रदायिकता की प्रतिक्रिया के रूप में हुआ। उसकी कार्यविधियों से भारत विभाजन को बढ़ावा मिला। कट्टरपंथी हिंदुओं ने, हिंदुओं के हितों की रक्षा के लिए हिंदू-महासभा का संगठन किया। यह एक राष्ट्रवादी संस्था थी, जो 1930 के बाद कट्टर सांप्रदायवादी बन गई। मुस्लिम लीग के अलगाववाद के प्रवाह में हिंदू महासभा भी कट्टर हिंदू अलगाव की समर्थक बन गई। हिंदू महासभा के 1937 के अधिवेशन में वीर सावरकर ने कहा, "भारत को एक और एक सूत्र में बँधा राष्ट्र नहीं माना जा सकता, बल्कि हिंदू और मुसलमान मुख्य रूप से दो राष्ट्र हैं।" "फिर 1939 में उन्होंने कहा, "भविष्य में हमारी राजनीति विशुद्ध हिंदू राजनीति होगी।"

महासभा के नेताओं ने स्पष्ट रूप से कहा कि मुसलमान एक अलग राष्ट्र है, जिसका भारत में कोई स्थान नहीं है। अनेक अवसरों पर हिंदू महासभा के नेताओं ने अनुत्तरदायी और भड़कीले भाषण दिए। मुसलमानों ने यह अनुभव किया कि उनकी सभ्यता और संस्कृति की रक्षा तभी होगी, जब वे अलग मुस्लिम राज्य में रहेंगे। परिणामतः, अधिक-से-अधिक मुस्लिम लीग में सम्मिलित होकर, पाकिस्तान की मांग करने लगे। इस प्रकार, हिंदू सांप्रदायवाद ने मुसलमानों को पाकिस्तान की मांग के लिए प्रेरित और प्रोत्साहित किया, जिसके कारण भारत का विभाजन हुआ।

4. मुस्लिम लीग के प्रति कांग्रेस की तुष्टिकरण की नीति (The Congress Policy of Appeasement towards the Muslim League)–कुछ आलोचक भारत विभाजन के लिए कांग्रेस को दोषी ठहराते हैं। सबसे

पहले, लखनऊ पैक्ट, 1916 द्वारा कांग्रेस ने, मुस्लिम लीग से समझौता करके बड़ी भारी भूल की। 1919 में खिलाफत आंदोलन को असहयोग आंदोलन के साथ मिला लेना भी एक उसी प्रकार की भूल थी। 1931 के सांप्रदायिक निर्णय के प्रति कांग्रेस के रूख से भी भारत में मुस्लिम सांप्रदायवाद को बढ़ावा मिला। इसके बाद भी कांग्रेस, मुस्लिम लीग की मांगों के सामने, बराबर झुकती रही। इस तुष्टिकरण नीति के कारण मुस्लिम लीग, पाकिस्तान की मांग पर अड़ी रही, जो आगे चलकर उन्हें प्राप्त हुआ।

लाल बहादुर शास्त्री के अनुसार, "मुसलमानों की संतुष्टि करने की उत्सुकता में इसने अपने सिद्धांतों की बलि दे दी।"

5. जिन्ना की हठधर्मी (Obstinacy of Jinnah)–कांग्रेस की तुष्टिकरण नीति के अतिरिक्त, जिन्ना अपने द्वि-राष्ट्र सिद्धांत के प्रति अडिग रहे और पाकिस्तान की मांग के प्रति उनकी सदा हठधर्मी बनी रही। कांग्रेस और ब्रिटिश सरकार की ओर से अनेक योजनाओं को मुस्लिम लीग के समक्ष प्रस्तुत किया गया, जिसके आधार पर वे सम्मानपूर्वक एक अखंड भारत में रह सकते थे। लेकिन, जिन्ना की हठवादिता के कारण, ऐसा नहीं हो सका। हठधर्मी जिन्ना ने क्रिप्स प्रस्ताव, सी.आर. फॉर्मूला, वैवेल योजना, कैबिनेट मिशन योजना और अन्य ऐसे ही प्रस्तावों को ठुकरा दिया। परिणाम यह हुआ कि अंत में भारत का विभाजन करना पड़ा। इस संदर्भ में 3 जून, 1947 को लॉर्ड माउंटबेटन ने कहा था, "एक अखंड भारत, भारतीय समस्या का सर्वोत्तम समाधान होता। लेकिन, पाकिस्तान के अलावा अन्य किसी आधार पर दलों में समझौता होने की संभावना नहीं थी, इसलिए उन लोगों ने भारत विभाजन को बिना हिचक के साथ स्वीकृति दी थी।"[1]

6. मुसलमानों की अलगाव नीति (Isolationist Policy of Muslims)–बीसवीं सदी के प्रारंभ से ही मुस्लिम नेताओं ने अलगाववादी नीति को अपनाना शुरू कर दिया था। इसके पूर्व, ब्रिटिश सरकार की मुस्लिम विरोधी नीति के कारण मुस्लिम जाति बहुत पिछड़ गई थी और उसका विकास रुक गया था। मुसलमान भविष्य में हिंदू प्रमुख से भय खाने लगे थे। उनके नेता सर सैयद अहमद खाँ ने यह अनुभव किया कि हिंदुओं से अलग रहकर ही मुसलमान प्रगति कर सकता है। ब्रिटिश सरकार ने भी भारतीय राष्ट्रीयता और एकता की भावना को नष्ट

1. "A unified India would be by far the best solution of the Indian problem. But as there was no possibility of an agreement between the parties on any other basis than Pakistan, they had reluctantly agreed to divide India." —Lord Mountbatten

करने के लिए अलगाववादी नीति अपनाने के लिए प्रोत्साहित किया। धीरे-धीरे मुसलमानों की अलगाववादी नीति दृढ़तर होती गई। मुहम्मद इकबाल और मुहम्मद अली जिन्ना ने इस दिशा में विशेष कार्य किया। अलगाववाद ने सांप्रदायिकता का रूप ले लिया, जो आगे चलकर भारत विभाजन में सहायक सिद्ध हुआ।

7. हिंदुओं की अछूतवादी नीति (Touch me not Policy of Hindus)–कट्टरपंथी हिंदुओं की अछूतवादी नीति ने मुसलमान नेताओं की पृथकतावादी नीति के लिए, आग में घी का काम किया। वे मुसलमानों के सामाजिक बहिष्कार में विश्वास करते थे। उनके रीति-रिवाज और व्यवहार ने मुसलमानों को यह सोचने के लिए विवश कर दिया कि हिंदू-बहुल भारत में उनका धर्म, संस्कृति और भाषा सुरक्षित नहीं है। अतएव, हिंदुओं के प्रति मुसलमानों में घृणा की भावना उत्पन्न हुई। यह भावना दृढ़तर होती गई, जिसने आगे चलकर सांप्रदायिक विद्वेष का रूप ग्रहण कर लिया।

8. भारत को कमजोर बनाने की ब्रिटिश नीति (British Policy to Weaken India)–सोलहवीं सदी से अंग्रेज भारत का आर्थिक शोषण कर रहे थे और भविष्य में भी इसका लाभ उठाना चाहते थे। अतएव, इन्हें कमजोर भारत की आवश्यकता थी। इसका एक ही उपाय था, भारत का विभाजन। जिससे विभाजित भाग आपस में लड़ते रहें। अंग्रेजों ने ऐसी नीति अपनायी, जिसके कारण कांग्रेस को लीग की मांग को पाकिस्तान के रूप में स्वीकार करना पड़ा।

9. अखंड भारत के लिए पाकिस्तान आवश्यक (Pakistan Necessary for Unified India)–अनेक नेताओं का अनुमान था कि आर्थिक, भौगोलिक, राजनीतिक और सैनिक दृष्टिकोण से पाकिस्तान एक कमजोर राष्ट्र सिद्ध होगा। विषम परिस्थितियों और आंतरिक कमजोरियों के कारण, पाकिस्तान अधिक दिनों तक नहीं टिक सकता। अतएव, अंत में पाकिस्तान फिर भारत में मिल जाएगा।

आचार्य कृपलानी ने कहा है, "एक दृढ़ और सुखी प्रजातांत्रिक भारत अपने से अलग होने वाले भाग को पुनः वापस ला सकता है, क्योंकि हमारी स्वतंत्रता, भारत की एकता के बिना पूर्ण नहीं हो सकती है।"[1]

मौलाना आजाद और सरदार पटेल का भी मत था कि नया पाकिस्तान शीघ्र टूट जाएगा और फिर भारत में मिल जाएगा।

1. "A strong happy Democratic India can win back the seceding regions to its lap for the freedom we have achieved cannot be complete without the unity of India."—Acharya Kripalani

10. दबाव द्वारा अखंड भारत अवांछनीय (Unified India by Pressure Undesirable)–कांग्रेसी नेताओं को यह विश्वास हो गया था कि भारत के अधिकांश मुसलमान पाकिस्तान चाहते हैं। **सरदार वल्लभभाई पटेल** ने यह अनुभव किया कि चपरासी से लेकर अधिकारी वर्ग तक के सभी मुसलमान, केवल कुछ लोगों को छोड़कर, मुस्लिम लीग के अनुयायी थे और वे पाकिस्तान का निर्माण में अभिरूचि रखते थे। अतएव, दबाव के द्वारा प्राप्त किया हुआ अखंड भारत क्षणभंगुर होगा। उन्होंने बनारस हिंदू विश्वविद्यालय के दीक्षांत समारोह में भाषण देते हुए कहा था, "मैंने यह अनुभव किया कि देश का विभाजन स्वीकार न करने पर, देश अनेक टुकड़ों में बँटकर बर्बाद हो जाता।" **जवाहरलाल नेहरू** ने भी कहा था, "अगर उन्हें (लीग को) भारत में बने रहने के लिए बाध्य किया जाए, तो प्रगति और योजनाकरण संभव नहीं है।"[1]

11. सत्ता-हस्तांतरण की धमकी (Threat of Power-Transfer)–20 फरवरी, 1947 को, तत्कालीन ब्रिटिश प्रधानमंत्री लॉर्ड एटली ने यह घोषणा की कि एक निश्चित तिथि के अंदर हर हालत में सत्ता सौंप दी जाएगी। भारतीय नेताओं को यह भय हो गया कि अगर भारत का विभाजन नहीं हुआ, तो सत्ता-हस्तांतरण के समय गृह युद्ध छिड़ सकता है। इससे भारत अनेक टुकड़ों में बँट सकता है। यह भी संभव था कि माउंटबेटन योजना को स्वीकार नहीं करने पर, ब्रिटिश सरकार अपने निर्णय को भारतीयों पर लागू कर सकती थी। जो अधिक खतरनाक सिद्ध होता, पाकिस्तान का निर्माण अनिवार्य रूप से आवश्यक समझे जाना लगा।

12. लघु और संगठित भारत अधिक वांछनीय (Small and Unified India more Desirable)–अधिकांश कांग्रेसी नेता इस बात से सहमत थे कि एक लघु और संगठित भारत अधिक व्यावहारिक और वांछनीय है। भारत की विशालता उतनी महत्वपूर्ण नहीं है, जितनी की एकता। भारतीयों ने एक संयुक्त भारत की अपेक्षा, एक शक्तिशाली भारत को अधिक वांछनीय समझा। इस संदर्भ में, **पंडित गोविंद बल्लभ पंत** ने कहा था–

"पाकिस्तान की स्वीकृति से शेष भारत संगठित और सशक्त बन सकेगा, उन्नति करेगा और विश्व के राष्ट्रों में अपना स्थान प्राप्त करेगा। शेष भारत में द्वि-राष्ट्र सिद्धांत सहन नहीं किया जाएगा तथा प्रत्येक नागरिक को अपनी पूर्ण शक्ति राष्ट्र को देनी पड़ेगी। यदि मुसलमानों को यहाँ रहने के लिए

---

1. "If the (League) are forced to stay in India, no progress and planning will be possible."—Nehru

विवश किया गया, तो फूट और मनमुटाव के कारण प्रगति और योजना कुछ भी संभव नहीं है।"

13. सुडेटन आंदोलन (Sudetan Movement)–मुस्लिम लीग के देश विभाजन के आंदोलन को गति प्रदान करने में, सुडेटन आंदोलन का भी प्रभाव था। चेकोस्लोवाकिया के सुडेटन प्रदेश में जर्मन लोग रहते थे। वे उसे जर्मनी के साथ मिलाना चाहते थे। अंत में, उनकी माँगें स्वीकार कर ली गई और 1938 में, सुडेटन प्रदेश को चेकोस्लोवाकिया से अलग करके, जर्मनी के साथ मिला दिया गया। मुस्लिम नेता इससे काफी प्रभावित हुए और पाकिस्तान की मांग में तेजी लाने लगे।

14. अंतरिम सरकार की असफलता (Failure of Interim Government)–15 अक्टूबर, 1946 को जिस अंतरिम सरकार की स्थापना हुई, उसमें कार्य करने वाले लीगी मंत्रियों ने, कांग्रेसी मंत्रियों के शासन कार्य में पूरा असहयोग किया, जिसके कारण सरकार असफल हो गई। लियाकत अली वित्तमंत्री थे, जो छोटे कार्य के लिए भी धन नहीं देते थे। उनकी हठधर्मिता के कारण सरकार का कार्य ठप्प हो गया था। आपस में खींचातानी चल रही थी। **सरदार वल्लभभाई पटेल** को कहना पड़ा था, "एक वर्ष के मेरे प्रशासकीय अनुभव से मुझे यह विश्वास हो गया कि हम विनाश की ओर बढ़ रहे हैं।"

अंतरिम सरकार की असफलता से कांग्रेसी नेताओं को यह विश्वास हो गया कि स्थायी रूप से बनी सम्मिलित सरकार भी असफल रहेगी। अतएव, भारत विभाजन को स्वीकार करने में ही कुशलता है।

15. लीग की सीधी कार्यवाही और सांप्रदायिक दंगे (League's Direct Action and Communal Riots)–जब सांविधानिक साधनों से मुस्लिम लीग को सफलता नहीं मिली, तो उसने मुसलमानों को सांप्रदायिक उपद्रव की स्थिति उत्पन्न करने के लिए प्रोत्साहित किया। उसकी ओर से 16 अगस्त, 1946 को, सीधी कार्यवाही का क्रियान्वयन किया गया। जिसके कारण भारत के अनेक प्रांतों में भीषण दंगे हुए। सबसे अधिक दंगे कलकत्ता में हुए, जहाँ सुहरावर्दी की सरकार थी। इस सरकार ने मुसलमानों को दंगों के लिए प्रोत्साहित किया और दंगाइयों के विरुद्ध कोई कार्रवाही नहीं की गयी। **वी.पी. मेनन** के अनुसार, "उस दिन कलकत्ता में बड़ी भारी लूट और मारकाट की गई। हिंदुओं की संपत्ति को बड़ी हानि पहुँची, लगभग पाँच हजार लोग इन झगड़ों में मारे गए, पंद्रह हजार घायल हुए और एक लाख बेघर हुए।"

डॉ. राजेंद्र प्रसाद ने लिखा है, "इस तरह का कत्लेआम कलकत्ता में कभी भी नहीं हुआ था। संभवतः, नादिरशाह के दिल्ली वाले कत्लेआम के अलावा और भारत के इतिहास में ऐसा उदाहरण नहीं मिलता है। यह लीग की सीधी कार्यवाही का एक उदाहरण था।"

16 अगस्त को लीग की सीधी कार्यवाही के कारण, संपूर्ण देश में सांप्रदायिक दंगे शुरू हो गए। कलकत्ता के बाद नोआखाली में मुसलमानों ने हिंदुओं पर अत्याचार किए। इसके बाद, पंजाब और उत्तर-पश्चिमी सीमाप्रांत में भी दंगे हुए। बिहार, उत्तर प्रदेश, गढ़मुक्तेश्वर और अहमदाबाद में हिंदुओं ने भी मुसलमानों पर अत्याचार किए।

इन उपद्रवों के कारण, कांग्रेसी नेताओं का सांप्रदायिक सौहार्द का सपना टूट गया। वस्तुस्थिति के अनुसार, उन लोगों ने पाकिस्तान की माँग की पूर्ति के लिए भारत का विभाजन मान लिया।

16. सत्ता का लालच (Allurement of Power)–द्वितीय विश्वयुद्ध के पहले अर्थात् 1937 में कांग्रेसी नेता सात प्रांतों में शासन कर चुके थे। अतएव, वे किसी प्रकार से पुनः आने के पक्ष में थे। **माइकेल ब्रेचर** ने स्पष्ट शब्दों में लिखा है, "सत्ता का लालच कांग्रेसी नेताओं के लिए बहुत बड़ा आकर्षण था; क्योंकि वे इसका फल चख चुके थे। यह स्वाभाविक था कि विजय के मुहूर्त में वे इससे दूर नहीं रहना चाहते थे।"[1]

17. स्वतंत्रता प्राप्ति का सुनहरा अवसर (Golden Opportunity for Gaining Independence)–ग्रेट ब्रिटेन में मजदूर दल की सरकार की स्थापना हो गई थी, जो शीघ्र ही भारतीयों के स्वतंत्रता देना चाहती थी। लॉर्ड एटली ने एकाएक घोषणा की कि अंग्रेजी सरकार, भारत को शीघ्र ही स्वतंत्रता प्रदान करना चाहती है। भारतीय भी वर्षों से स्वतंत्रता प्राप्ति के लिए संघर्ष कर रहे थे। अतएव, वे किसी कीमत पर भारत को आजाद देखना चाहते थे। अगर ऐसा नहीं करते, तो स्वतंत्रता प्राप्ति में फिर वर्षों लग जाते। इसलिए, उन्होंने दासता से मुक्त होने के लिए भारत विभाजन के सिद्धांत को स्वीकार कर लिया।

18. कांग्रेस द्वारा संयुक्त सरकार बनाने से इंकार (Refusal of the Congress to form Coalition Government)–जिन प्रांतों में कांग्रेस का बहुमत था, उसमें कांग्रेस ने मुस्लिम लीग के साथ संयुक्त सरकार बनाने से

---

1. "The prize of power was also a great temptation for the Congress leaders who had already tasted its fruit and were naturally reluctant to part with it at the moment of triumph."—Michael Breacher

इंकार कर दिया। इससे जिन्ना के दृष्टिकोण में क्रांतिकारी परिवर्तन हुआ और उन्होंने अनुभव किया कि मुसलमानों के हितों की रक्षा के लिए पाकिस्तान का बनना आवश्यक है।

19. 1936-37 के आम चुनाव से मुस्लिम लीग को निराशा (Disappointment of the Muslim League with the General Election)–1936-37 के आम चुनाव से मुस्लिम लीग को बड़ी निराशा हुई, क्योंकि मुस्लिम बाहुल चार प्रांतों में–पंजाब, उत्तर-पश्चिमी सीमाप्रांत, सिंध और बंगाल में, वह सत्ता में नहीं आ सकी। वहाँ कांग्रेस की सरकार बनी। मुस्लिम लीग का भविष्य अंधकारमय हो गया। मुस्लिम लीग नए कार्यक्रम और नारों के आविष्कार में लग गयी, ताकि मुस्लिम समुदाय के दिल को जीता जा सके। इसी कारण भी, भारत का विभाजन आवश्यक समझा गया।

20. अंग्रेजों की मुस्लिम लीग के साथ सहानुभूति (Sympathy of Englishmen with the Muslim League)–प्रारंभ में अंग्रेज, मुसलमानों के विरुद्ध थे। लेकिन, बाद में वे मुसलमानों के हितैषी बन गए और हिंदुओं के कट्टर दुश्मन। उनकी सारी सहानुभूति मुस्लिम लीग की ओर रही। सांप्रदायिक दंगों में ब्रिटिश शासक ने मुसलमानों को भड़काया गया और इनाम दिया गया। अंग्रेज भारत को दो भागों में बाँटकर, उसे सदा के लिए कमजोर कर देना चाहते थे। **सरदार वल्लभभाई पटेल** ने भी स्वीकार किया है, "मुझे समझ में आया कि किस प्रकार राजनीतिक दिमाग की साजिश से, हमारे हितों की हत्या की जा रही थी और तभी मैं इस निश्चय पर पहुँचा कि सर्वोत्तम मार्ग यही है कि किसी भी कीमत पर, देश का विभाजन मानकर भी, किसी प्रकार इन विदेशियों से देश को छुटकारा दिलाया जाए।"

21. लॉर्ड माउंटबेटन का प्रभाव (The Influence of Lord Mountbatten)–लॉर्ड माउंटबेटन शीघ्र सत्ता का हस्तांतरण करना चाहते थे। वे भारत का विभाजन दोनों के हित में अच्छा समझते थे। उन्होंने अपने राजनीतिक चातुर्य, शिष्ट व्यवहार और व्यक्तित्व के प्रभाव से पहले सरदार पटेल को तथा फिर गांधी एवं नेहरू को, भारत और पाकिस्तान के रूप में विभाजन की योजना के लिए, सहमत कर लिया। लॉर्ड माउंटबेटन की पत्नी का भी बड़ा प्रभाव देश के नेताओं पर पड़ा, जिसके कारण भारत का विभाजन संभव हुआ। 14 अगस्त, 1947 को पाकिस्तान और 15 अगस्त, 1947 को भारत जैसे दो संप्रभु राज्यों का निर्माण किया गया।

भारत विभाजन का औचित्य
(Justification of the Partition of India)

कांग्रेस की अदूरदर्शिता (Shortsighteness of the Congress)–भारत विभाजन पर विद्वानों में मतभेद है। कांग्रेस की शीर्ष संस्था, नेताओं ने उस समय सांप्रदायिक आधार पर भारत का विभाजन और पाकिस्तान की स्थापना को स्वीकार कर उचित किया या अनुचित? यह एक विचारणीय प्रश्न है। लोगों का मत है कि कांग्रेसी नेता, माउंटबेटन की मीठी-मीठी बातों के बहकावे में आ गए, एक बार शक्ति और सत्ता के स्थानों पर पहुँचने के बाद उसे छोड़ना नहीं चाहते थे, वे संघर्ष करते-करते थक गए और अब अधिक संघर्ष करने को तैयार नहीं थे या उन्होंने भय और घबराहट के कारण मुस्लिम-संप्रदाय के सामने घुटने टेक दिए तथा अपनी नैतिक हार मान ली।

कुछ लोग भारत विभाजन का सारा उत्तरदायित्व कांग्रेस पर मढ़ते हैं। उनका मत है कि कांग्रेस ने अपनी अदूरदर्शिता और कमजोरी के कारण पाकिस्तान की मांग को स्वीकार कर लिया। डॉ. राम मनोहर लोहिया ने भारत विभाजन के लिए कांग्रेसी नेताओं की स्वार्थलोलुपता तथा बुढ़ापे की निराशा को दोषी ठहराया है। मौलाना आजाद भी भारत विभाजन के पक्ष में नहीं थे। अब्दुल गफ्फार खाँ और अन्य राष्ट्रवादी मुसलमान भी, भारत का विभाजन नहीं चाहते थे। जनसंघ के नेता भारत विभाजन को कांग्रेस की अदूरदर्शिता का परिणाम मानते हैं। पुरुषोत्तम दास टंडन ने भी कांग्रेस के भारत विभाजन के कदम की कटु आलोचना करते हुए कहा है, "माउंटबेटन योजना को स्वीकार करना लीग के सामने घुटने टेकना है। स्वतंत्रता के मार्ग में प्रत्येक देश को बाधाएँ उठानी पड़ती है। संयुक्त राज्य अमेरिका को भी यह दिन देखने पड़े थे। अतः, कांग्रेस कार्यकारिणी ने अपनी कमजोरी और निराशा की अवस्था में इस योजना को स्वीकार किया।"

परिस्थितियों की विवशता (Helplessness of the Circumstances)–कांग्रेस की भर्त्सना करने के पहले हमें उन परिस्थितियों पर विचार करना होगा, जिसने कांग्रेस को विभाजन स्वीकार करने के लिए विवश किया। लॉर्ड एटली ने एक निश्चित अवधि में भारत को स्वतंत्र करने की घोषणा कर दी थी। कांग्रेस और मुस्लिम लीग में किसी प्रकार का समझौता नहीं हो पा रहा था। देश सांप्रदायिक दंगों की विभीषिका में जल रहा था। अंग्रेज अधिकारी और ब्रिटिश सरकार भीतर-ही-भीतर सांप्रदायिक दंगों को बढ़ावा दे रहे थे।

अंतरिम सरकार में प्रवेश करके मुस्लिम लीग ने सरकार के काम को ठप्प कर दिया था। इन परिस्थितियों में, मुस्लिम लीग ने कांग्रेसी नेताओं का सिर दर्द इतना बढ़ा दिया था कि अंत में तंग आकर, पंडित जवाहरलाल नेहरू को कहना पड़ा, "सिर दर्द से छुटकारा पाने के लिए, वे सिर ही कटवा डालने को तैयार हो गए।"

कांग्रेस को, दो बुराइयों में से एक को चुनना था–देश का विभाजन या गृह युद्ध। कांग्रेस ने विभाजन को बड़ी कम बुराई समझा, क्योंकि कांग्रेसी नेताओं को यह आभास हो गया था कि ब्रिटिश सरकार, भारतीय समस्या का समाधान किए बिना चली जाएगी, जैसा उसने फिलिस्तीन में किया। ऐसी स्थिति में, भारत का भविष्य अंधकार में डूब जाता। इस परिस्थिति से विवश होकर कांग्रेस ने, भारत विभाजन के प्रस्ताव को स्वीकार करके, अपनी दूरदर्शिता का परिचय दिया है। जो देश विभाजन की आलोचना करते हैं, वे भावना को प्रवाह में बहकर अखंड भारत की बात करते हैं, जो दिवा स्वप्न था। तत्कालीन परिस्थितियों में कांग्रेस के पास विभाजन स्वीकार कर लेने के अतिरिक्त, कोई दूसरा मार्ग नहीं था। अतएव, कांग्रेस द्वारा भारत विभाजन की स्वीकृति औचित्यपूर्ण है।

निष्कर्ष–विभाजन के बाद भी भारत की सांप्रदायिक समस्या का सामधान नहीं हो सका। सांप्रदायिक दंगों का सिलसिला जारी है। लाखों लोग बेघर हैं और शरणार्थी बनकर कष्टमय जीवन व्यतीत कर रहे हैं। भारत और पाकिस्तान के बीच अनेक बार युद्ध हो चुके हैं तथा धमकी जारी है। दोनों के संबंधों में तनाव हुआ है। राजनीतिक सम्मेलन होते रहते हैं लेकिन, समस्यायें दिनों दिन बढ़ती ही जा रही हैं। देश का बँटवारा एक दुःखद घटना थी, जिसे भुलाया नहीं जा सकता है। इसने स्थायी रूप से दोनों के सिरदर्द को बढ़ा दिया है, जिसका एक मात्र समाधान भारत, पाकिस्तान और बांग्लादेश का एक महासंघ का निर्माण है। दोनों का उज्जवल भविष्य, उनकी पारदर्शिता, सौहार्द, मित्रता, प्रेम और सहयोग पर आश्रित है।

प्रश्न
(Questions)

1. किन कारणों से भारत का विभाजन हुआ? विवेचना करें।
   What causes did to the Partition of India? Discuss.
2. भारत विभाजन के पक्ष और विपक्ष में तर्क प्रस्तुत कीजिए।
   Give arguments in favour or disfavour of India's Partition.

3. भारत विभाजन के कारणों का वर्णन करें। क्या विभाजन न्यायोचित था?
   Describe the causes of India's Partition. What the Partition justified?
4. भारत विभाजन में मुस्लिम लीग की भूमिका को स्पष्ट करें।
   Explain the role of the Muslim League in the Partition of India.
5. भारत विभाजन में कांग्रेस की भूमिका की समीक्षा करें।
   Examine the role of the Congress in the Partition of India.
6. मौलाना आजाद, पुरुषोत्तम दास टंडन, जवाहरलाल नेहरू तथा डॉ. राम मनोहर लोहिया के भारत विभाजन पर विचारों की विवेचना कीजिए।
   Discuss the views of Maulana Azad, Prushottam Das Tondon, Jawahar Lal Nehru and Doctor Ram Monahar Lohia on India's partition.

वस्तुनिष्ठ प्रश्न
(Objective Questions)

1. भारत विभाजन का विरोध किसने किया था?
   (क) पुरुषोत्तम दास टंडन (ख) नेहरू
   (ग) पटेल (घ) माउंटबेटन
2. इनमें से भारत विभाजन का विरोध किसने नहीं किया था?
   (क) मौलाना आजाद (ख) नेहरू
   (ग) अब्दुल गफ्फार खाँ (घ) पुरुषोत्तम दास टंडन
3. इनमें से भारत विभाजन का समर्थन किसने नहीं किया था?
   (क) गांधी (ख) नेहरू
   (ग) पुरुषोत्तम दास टंडन (घ) लोहिया
4. भारत विभाजन का समर्थन किस रूप में किया गया?
   (क) एक सिद्धांत के रूप में
   (ख) एक परंपरा के रूप में
   (ग) एक संघर्ष के रूप में
   (घ) एक आवश्यक बुराई के रूप में
5. *सांप्रदायिक त्रयी* के लेखक कौन हैं?
   (क) मेहता और पटवर्धन (ख) गांधी और नेहरू
   (ग) जयप्रकाश और लोहिया (घ) जिन्ना और लियाकत अली

6. *एनलिस्ट इंडिया फॉर फ्रीडम* के रचयिता कौन हैं?
   (क) माउंटबेटन (ख) थॉम्सन
   (ग) कर्जन (घ) केटेलबी
7. इंडिया मुस्लिम लीग किसका संगठन था?
   (क) हिंदुओं का (ख) सिखों का
   (ग) मुसलमानों का (घ) ईसाइयों का
8. हिंदू महासभा का आधार क्या था?
   (क) इस्लाम (ख) ईसाइयत
   (ग) नानकवाद (घ) हिंदुत्व
9. वीर सावरकर किसके समर्थक थे?
   (क) हिंदू महासभा (ख) मुस्लिम लीग
   (ग) कांग्रेस (घ) कृषक प्रजा पार्टी
10. अछूतवादी नीति किसकी देन थी?
   (क) कट्टर मुस्लिम संप्रदाय (ख) कट्टर हिंदू पंथी
   (ग) सिख संप्रदाय (घ) ईसाई समाज
11. 20 फरवरी, 1947 को किसने घोषणा की थी?
   (क) लॉर्ड वैवेल (ख) माउंटबेटन
   (ग) एटली (घ) क्रिप्स
12. सुडेटन प्रदेश किस राज्य का हिस्सा था?
   (क) फ्रांस (ख) इंग्लैंड
   (ग) यूगोस्लोवाकिया (घ) चेकोस्लोवाकिया
13. अंतरिम सरकार की स्थापना किस तिथि, माह और वर्ष में हुई?
   (क) 15 अक्टूबर, 1946 (ख) 15 अक्टूबर, 1947
   (ग) 10 अक्टूबर, 1945 (घ) 10 अक्टूबर, 1946
14. लीग की सीधी कार्यवाही की तिथि और माह क्या थी?
   (क) 16 जनवरी (ख) 16 अगस्त
   (ग) 15 अगस्त (घ) 26 जनवरी
15. पाकिस्तान का स्वतंत्रता दिवस कौन सी तिथि, माह और वर्ष है?
   (क) 15 अगस्त, 1947 (ख) 14 अगस्त, 1946
   (ग) 14 अगस्त, 1947 (घ) 26 जनवरी, 1947

16. "अगर कांग्रेस बँटवारा मंजूर करेगी, तो उसे मेरी शव के ऊपर करना पड़ेगा। जब तक मैं जीवित हूँ, मैं भारत के बँटवारे के लिए कभी राजी न हूँगा। और, अगर मेरा बस चला तो कांग्रेस को भी मंजूर करने की इजाजत न दूँगा।" यह कथन किसका है?

(क) नेहरू (ख) पटेल

(ग) मौलाना आजाद (घ) गांधी

17. "यह एक ऐतिहासिक तथ्य है कि किस समय अनिवार्य समझकर कांग्रेस के नेताओं ने विभाजन के साथ स्वाधीनता को स्वीकार किया।" यह कथन किसका है?

(क) इंद्र विद्या वाचस्पति (ख) नेहरू

(ग) पटेल (घ) लोहिया

18. "पाकिस्तान का विचार आंग्ल भारतीय नौकरशाही के लिए कोई नया विचार नहीं था।" यह कथन किसने कहा था?

(क) नेहरू और लोहिया (ख) मेहता और पटवर्धन

(ग) गांधी और नेहरू (घ) जिन्ना और आजाद

19. "भविष्य में हमारी राजनीति विशुद्ध हिंदू राजनीति होगी।" यह कथन किसका है?

(क) अम्बेडकर (ख) राजेंद्र प्रसाद

(ग) वीर सावरकर (घ) लोहिया

20. "मुसलमानों को संतुष्ट करने की उत्सुकता में इसने अपने सिद्धांतों की बलि दे दी।" यह कथन किसका है?

(क) नेहरू (ख) सुभाष

(ग) लोहिया (घ) लालबहादुर शास्त्री

21. "एक दृढ़ और सुखी प्रजातांत्रिक भारत अपने से अलग होने वाले भाग को पुनः वापस ला सकता है, क्योंकि हमारी स्वतंत्रता भारत की एकता के बिना पूर्ण नहीं हो सकती है।" यह कथन किसका है?

(क) आचार्य कृपलानी (ख) नेहरू

(ग) पटेल (घ) मौलाना आजाद

22. "मैंने यह अनुभव किया कि देश का विभाजन स्वीकार न करने पर देश अनेक टुकड़ों में बँटकर बर्बाद हो जाता।" यह किसने कहा था?

(क) गांधी (ख) पटेल

(ग) नेहरू (घ) मौलाना आजाद

23. "एक वर्ष के मेरे प्रशासकीय अनुभव से मुझे यह विश्वास हो गया है कि हम विनाश की ओर बढ़ रहे हैं।" यह कथन किसका है?

(क) नेहरू (ख) राजेंद्र प्रसाद

(ग) पटेल (घ) मौलाना आजाद

24. "सत्ता का लालच कांग्रेसी नेताओं के लिए बहुत बड़ा आकर्षण था, क्योंकि वे इसका फल चख चुके थे। यह स्वाभाविक था कि विजय के मुहूर्त में वे इससे दूर नहीं रहना चाहते थे।" यह कथन किसका है?

(क) थॉम्पसन (ख) वैवेल

(ग) माउंटबेटन (घ) माइकेल ब्रेचर

25. "तब मुझे समझ में आया कि किस प्रकार राजनीतिक दिमाग की साजिश से हमारे हितों की हत्या की जा रही थी और तभी मैं इस निश्चय पर पहुँचा कि सर्वोत्तम मार्ग यही है कि सभी कीमत पर, देश का विभाजन मानकर भी, किसी प्रकार इन विदेशियों से देश का छुटकारा दिलाया जाए।" यह कथन किसका है?

(क) पटेल (ख) नेहरू

(ग) गांधी (घ) आचार्य कृपलानी

उत्तर

(Answers)

1. (क) 2. (ख) 3. (ग) 4. (घ) 5. (क) 6. (ख) 7. (ग) 8. (घ) 9. (क) 10. (ख) 11. (ग) 12. (घ) 13. (क) 14. (ख) 15. (ग) 16. (घ) 17. (क) 18. (ख) 19. (ग) 20. (घ) 21. (क) 22. (ख) 23. (ग) 24. (घ) 25. (क)

16

भारतीय स्वतंत्रता-प्राप्ति के सहायक तत्व एवं भारतीय स्वतंत्रता अधिनियम (18 जुलाई, 1947)
(Factors Responsible for Indian Independence and The Indian Independence Act)

भारतीय स्वतंत्रता-प्राप्ति के सहायक तत्व
(Factors Responsible for Indian Independence)

पृष्ठभूमि (Background)–अंग्रजों ने 15 अगस्त, 1947 को, भारत को क्यों स्वतंत्र किया? इसका एक लम्बा इतिहास है। 1857 से भारतीय राष्ट्रीय आंदोलन के सफल प्रयत्नों का ही यह प्रतिफल है। भारतीय राष्ट्रीय कांग्रेस, मुस्लिम लीग, हिंदू महासभा, अकाली दल, अनुसूचित जाति संघ, आंग्ल भारतीय संघ तथा विभिन्न वर्गों और समुदायों के अथक परिश्रम एवं संघर्ष के बाद ही, भारत स्वतंत्र हुआ। कुछ विद्वान भारतीय स्वतंत्रता का श्रेय इंग्लैंड की लेबर पार्टी को देते हैं, तो कुछ गांधी को। लेकिन, वास्तविकता यह है विभिन्न परिस्थितियों के कारण ही अंग्रेजों को भारत छोड़ना पड़ा। जैसा कि कहा गया है, "ब्रिटिश ताज के सबसे चमकदार रत्न को इतना चुपचाप और शांतिपूर्वक छोड़कर जाने पर बाध्य होना पड़ा था।"

वस्तुत:, भारत के स्वतंत्रता प्राप्ति में निम्नलिखित सहायक तत्वों का हाथ रहा है–

1. राष्ट्रीय आंदोलन की शक्ति (Force of National Movement)–1857 को तथाकथित सिपाही-विद्रोह, भारतीय राष्ट्रीय कांग्रेस की विधिवत स्थापना की गई जो अंतिम क्षणों तक भारत की आजादी के लिए लड़ती रही। गांधी के कुशल नेतृत्व में इसे सफलता भी मिली। अंग्रेज, भारतीय राष्ट्रीय आंदोलन

को दबाने हेतु समय-समय पर आर्थिक और प्रशासनिक सुधारों को लागू किया। इस संदर्भ में, भारतीय कौंसिल अधिनियम 1961, 1962, मॉर्ले-मिंटो सुधार, 1909, भारत सरकार अधिनियम उल्लेखनीय है। राष्ट्रीय आंदोलन को शांत करने के लिए द्वैध शासन, साइमन कमीशन, प्रांतीय स्वायत्तता, क्रिप्स प्रस्ताव, सी.आर. फॉर्मूला, वैवेल योजना, कैबिनेट मिशन योजना और माउंटबेटन योजना आदि सच्ची तस्वीर है। द्वितीय विश्वयुद्ध के बाद राष्ट्रीय आंदोलन काफी तीव्र हो गया। युद्ध में ग्रेट ब्रिटेन की आर्थिक कमर टूट गई। 1942 का भारत छोड़ो आंदोलन और महात्मा गांधी का **करो या मरो** के नारे से भारत में ब्रिटिश साम्राज्य की जड़े हिल गई और ऐसी परिस्थितियों का निर्माण हुआ कि 1945 में इंग्लैंड में लेबर पार्टी की सरकार बनते ही, तत्कालीन ब्रिटिश प्रधानमंत्री लॉर्ड एटली ने भारत को स्वतंत्र करने की घोषणा कर दी और जिसकी परिणति 15 अगस्त, 1947 को हुई।

इस प्रकार, भारतीय स्वतंत्रता में राष्ट्रीय आंदोलन की शक्ति या प्रबलवेग का विशेष हाथ रहा है। इसमें कांग्रेस, क्रांतिकारियों और महात्मा गांधी की भूमिका सराहनीय रही है।

मौलाना आजाद ने स्पष्ट शब्दों में कहा है, "स्वतंत्रता-जागरण अब छिपा न रह गया था। जनता और सैनिकों ने यह स्पष्ट घोषणा कर दी थी कि उन लोगों ने युद्ध में बलिदान इस आश्वासन पर दिया है कि लड़ाई की समाप्ति के बाद भारत स्वतंत्र हो जाएगा। आश्वासन की पूर्ति अवश्य होनी चाहिए।"[1]

मौलाना आजाद का यह कथन 15 अगस्त, 1947 को सत्यसिद्ध हुआ।

2. सेनाओं में राष्ट्रीय भावना का संचार (Infusion of National Feeling in the Army)–द्वितीय विश्वयुद्ध में भारतीय सेना ने विद्रोह किया, जिससे ब्रिटिश साम्राज्य को गहरा धक्का लगा। आजाद हिंद फौज का निर्माण, नौ-सैनिक विद्रोह और भारतीय वायुसेना की हड़ताल ने, ब्रिटिश सरकार को सचेत कर दिया कि भारतीय सेना पर विश्वास नहीं किया जा सकता। राष्ट्रीय आंदोलन को कुचलने में भारतीय सेना का प्रयोग खतरनाक होता। इसके साथ ही, अंग्रेज सैनिकों का भारत में रहना अधिक खर्चीला था। अतएव, सैनिक दृष्टिकोण से ब्रिटिश साम्राज्य का भारत में टिके रहना, कठिन दिखाई पड़ने लगा। भारत में सैनिक विद्रोह पर प्रकाश डालते हुए, **वी.पी. मेनन** ने लिखा

1. "These was no longer any thing secret about the upsurge of freedom. Men and officers of Defence force declared openly that they had poused out their blood in the war on the assurance that India would be free after the cesation of hostilities. This assurance must now be honoured."—Maulana Azad

है, "विद्रोह ने अंग्रेजों की आँखें खोल दीं और उन्होंने यह समझ लिया कि भारतीय राष्ट्रवाद को अब सेना में घुसने से नहीं रोका जा सकता। भारतीय सेना अब राष्ट्रवाद की ओर झुकने लगी थी और भारत में ब्रिटिश सेनाएँ इतनी नहीं थीं कि वे सब जगह भेजी जा सकें।"[1]

3. इंग्लैंड की स्थिति की दुर्बलता (Weakness of England's Position)–द्वितीय विश्वयुद्ध के पूर्व, इंग्लैंड विश्व में प्रथम शक्ति का राष्ट्र था। युद्ध में उसकी आर्थिक व्यवस्था अस्त-व्यस्त हो गई। उसके बड़े-बड़े उद्योग नष्ट हो गए। वह आर्थिक दृष्टि से कमजोर हो गया। वह सैन्य खर्च वहन करने की स्थिति में नहीं था। अतएव, वह भारत को सम्मान पूर्वक छोड़ना चाहता था।

फ्रांसिस टक्कर ने ठीक ही लिखा है, "अंग्रेजों के भारत को तुरंत छोड़ने का सर्वप्रथम कारण यह था भारतीय साम्राज्य को वहन करने के योग्य नहीं रह गई थीं, इस प्रकार, एक ओर इंग्लैंड बहुत ही दुर्बल हो गया था तथा दूसरी ओर भारतीय शासन बहुत ही खर्चीला था। अत:, आर्थिक दृष्टि से उसे कोई लाभ न रह गया। इस परिस्थिति में अंग्रेजों के लिए भारत छोड़ना ही श्रेयस्कर था।"

डॉ. राजेंद्र प्रसाद के शब्दों में, "ब्रिटेन को युद्ध में जन-शक्ति व साधनों की अत्यधिक हानि उठानी पड़ी थी। ब्रिटेन यद्यपि अब भी महाशक्ति था, तथापि वह पहले की तरह शक्तिशाली नहीं रह गया था और भारत को, और अधिक अपने अधीन रखना, अधिकाधिक कठिन होता जा रहा था। ब्रिटेन ने इस तथ्य को समझा तथा इस कारण, युद्ध समाप्त होने से पूर्व ही भारतीय स्वतंत्रता के कट्टर विरोधी, लॉर्ड चर्चिल ने वायसराय लॉर्ड वैवेल को यह निर्देश देकर भारत भेजा कि उनके द्वारा कांग्रेस के साथ समझौता करने का प्रयत्न किया जाना चाहिए।"

माइकेल ब्रेचर के अनुसार, "इंग्लैंड की कमजोर स्थिति भारत के पक्ष में इतनी सबल तथ्य थी कि 1945 में, यदि अनुदार दल सत्तारूढ़ होता, तो वह भी भारतीय स्वतंत्रता के प्रश्न को टाल नहीं सकता था।"[2]

1. "It was the muting that opened the eyes of Britain to the fact that Indian Nationalism could no longer be contained in the ring drawn with armed forces, as Indian personnel in the forces were beginning to succumb to the attraction of Nationalism and there was not enough British personnel to go the full round."—V.K. Manon
2. "The weakness of Britain was so strong a factor in favour of India that the transfer of power could not have been postponed even if conservatives had returned to office in 1945."—Michael Breacher

4. ग्रेट ब्रिटेन का भारत समर्थक जनमत (India Supporting Public Opinion of the Great Britain)–प्रारंभ में ब्रिटिश जनमत भारत के विरोध में था। अंग्रेज भारतीयों को शासन चलाने योग्य नहीं समझते थे। लेकिन, भारत सरकार अधिनियम, 1935 के अंतर्गत प्रांतों में कांग्रेस की सरकार बनी और भारतीयों ने उसे अच्छी तरह चलाया इससे उन लोगों की प्रशासनिक योग्यता का परिचय अंग्रेजों को मिला। द्वितीय विश्वयुद्ध में भी भारत ने इंग्लैंड का खुलकर सहयोग किया। इससे अंग्रेजों के हृदय में मित्रता का भाव उत्पन्न हुआ। ब्रिटिश समाज का एक शक्तिशाली वर्ग भारत की स्वतंत्रता के पक्ष में था। 1945 के आम चुनाव में लेबर पार्टी की विजय हुई। वह पहले से ही भारत को स्वतंत्रता देने के लिए कटिबद्ध थी, इस प्रकार ब्रिटिश जनमत के कारण भी भारत को स्वतंत्र करना पड़ा।

5. एशियाई नवजागरण की शक्ति (Forced Asian Renaissance)–द्वितीय विश्वयुद्ध के बाद एशियाई राष्ट्र, अपनी स्वतंत्रता के लिए जाग उठे। उनमें राष्ट्रीयता की लहर दौड़ गई। उन लोगों ने यह अनुभव किया कि पश्चिमी राष्ट्र उनका शोषण कर रहे हैं। अतः, उनकी प्रगति तभी संभव हो सकती है जब वह राष्ट्र स्वतंत्र होगा। भारत उन सभी देशों में अग्रणी था और स्वतंत्रता के लिए अथक प्रयास कर रहा था। पूरे एशिया में राष्ट्रीय जागरण आने से, इंग्लैंड को स्वतंत्रता देने के लिए विवश किया गया।

6. साम्यवाद का भय (Fear of Communism)–1945 के समय पश्चिमी प्रजातांत्रिक राज्यों और साम्यवादी रूस के बीच शीतयुद्ध चल रहा था। रूस साम्यवाद का प्रचार और प्रसार बड़े जोरों के साथ कर रहा था। इंग्लैंड साम्यवाद के प्रसार को रोकना चाहता था। उसे ऐसी आशंका हो रही थी कि ऐसा तो नहीं कहीं भारत साम्यवाद के जाल में फँस जाए। अतएव, भारत में साम्यवाद को रोकने के लिए, अंग्रेजों ने राष्ट्रीय भावना का सम्मान करते हुए, आजादी देने के लिए सोचने लगे। जैसा कि दिसंबर 1946 में, **लॉर्ड एटली** ने **लॉर्ड माउंटबेटन** से कहा था, "कांग्रेस और लीग को प्रभावित करने वाली राजनीतिक प्रवृत्तियों से सरकार अत्यन्त अप्रसन्न थी। यदि सावधानी नहीं बरती गयी, तो भारत को हम, गृहयुद्ध को ही नहीं, वरन् निश्चय ही एक सर्वाधिकारवादी राजनीतिक आंदोलन की भेंट कर देंगे। इस गतिरोध को दूर करने के लिए कार्यवाही आवश्यक है।"[1]

---

1. "If we were not very careful, we might will find ourselves handing India over not only to civil war, but to political movements of definitely totalitarian character. Urgent action was needed to break the deadlock."—Lord Attlee to Mountbatten in 1946.

7. अंतरराष्ट्रीय दबाव (International Pressure)–द्वितीय विश्वयुद्ध में अमेरिका और इंग्लैंड में पारस्परिक सहयोग था। अमेरिका हमेशा भारत को स्वतंत्र कराने के पक्ष में था। राष्ट्रपति रूजवेल्ट ने इच्छा प्रकट की थी कि भारत को स्वतंत्रता प्रदान करें, उससे ट्रूमैन ने भी अमेरिका की इस नीति का अनुसरण किया। इंग्लैंड के वश के बाहर की बात थी कि वह अमेरिका की बात को न माने।

चीन के तत्कालीन राष्ट्रपति **च्यांग-काई-शेक** ने भी, इंग्लैंड पर भारत को स्वतंत्र करने के लिए दबाव डाला था। रूस के हृदय में भी भारत के प्रति सहानुभूति थी। वह भी भारत को स्वतंत्र करना चाहता था। कॉमन सभा में **सर स्टॉफोर्ड क्रिप्स** ने स्वीकार किया, "अंतरराष्ट्रीय समुदाय, विशेषतः अमेरिका और सोवियत संघ के बढ़ते हुए दबाव के कारण, ब्रिटेन के लिए भारत पर अपनी सत्ता बनाये रखना, अत्यधिक कठिन हो गया है।"

इस प्रकार, अमेरिका, चीन और रूस के दबाव के कारण भी भारत की स्वतंत्रता का मार्ग प्रशस्त हुआ।

8. ब्रिटिश शासन का अप्रत्यक्ष योगदान (Indirect Contribution of the British Government)–अंग्रेजों ने अपने शासन काल में कुछ ऐसे कार्य किए, जिनसे राष्ट्रीय आंदोलन सशक्त बना और आगे चलकर भारत स्वतंत्र हुआ। सम्पर्क भाषा के रूप में अंग्रेजी का प्रसार, प्रशासकीय एकीकरण, यातायात और संचार के साधनों का विकास आदि कुछ कार्य ब्रिटिश शासन में ऐसे हुए, जिनके कारण संपूर्ण भारत के लोग एक-दूसरे के सम्पर्क में आए और उनमें उत्पन्न राष्ट्रीय एकता के कारण, भारतीय राष्ट्रीय आंदोलन को बल मिला। जिसके परिणामस्वरूप भारत आजाद हुआ।

9. भारतीय शासन अलाभकारी (Non-Profitable Indian Rule)–द्वितीय विश्वयुद्ध तक, भारत औद्योगिक और व्यापार के क्षेत्र में काफी प्रगति कर चुका था। लेकिन, युद्ध के समय इंग्लैंड से भारत में माल का आना बंद हो चुका था, जिसके कारण आर्थिक दृष्टि से भारत अब लाभकारी नहीं रह गया था। अंग्रेजों ने यह अनुभव किया कि अब मित्र भारत, आयात-निर्यात के दृष्टिकोण से, परतंत्र भारत से अधिक लाभकारी सिद्ध होगा। अंग्रेजों ने आर्थिक लाभ के लिए भारत को प्राप्त किया था। अतः, पुनः आर्थिक लाभ के लिए भारत को आजाद करना, उन्होंने उचित समझा। इससे भी भारतीय स्वतंत्रता को बल मिला है।

10. आजाद हिंद फौज के मुकदमे (Trial of the Indian National Army)–आजाद हिंद फौज के कुछ अफसरों पर (जैसे–शाहनवाज, ढिल्लन

और सहगल) चलाए गए मुकदमों के कारण भारत में अद्‌भूत राष्ट्रीय चेतना का उदय हुआ; जिसने ब्रिटिश सरकार द्वारा सत्ता-हस्तांतरण के निर्णय में मदद किया। आजाद हिंद फौज के बहादुर सिपाहियों की वीरता और देशभक्ति की गाथायें, संपूर्ण भारत में फैल चुकी थी। आजाद हिंद फौज के अधिकारियों पर मुकदमा चलाने के समाचार से सारे देश में आक्रोश की भावना उमड़ पड़ी। सारे भारत में उनकी रिहाई की मांग की गई और इस मांग के समर्थन में अनेक प्रदर्शन हुए। बाध्य होकर ब्रिटिश सरकार को उन्हें राजकीय क्षमा प्रदान करनी पड़ी। इससे जनता में अभार, उत्साह और खुशी की लहर दौड़ी। जिसके कारण ब्रिटिश सरकार को यह अनुभव हुआ कि अब भारत को स्वतंत्र कर देने में ही कुशलता है।

11. पाकिस्तान की मांग पर समझौता (Agreement on the Demand of Pakistan)–कांग्रेस और मुस्लिम लीग में पाकिस्तान की मांग को लेकर आपस में काफी मतभेद था। लेकिन, माउंटबेटन के प्रयास से कांग्रेस ने अखंड भारत के लक्ष्य को त्याग दिया और दूसरी ओर, मुस्लिम लीग ने **पंगु, कटे-छटे** तथा **दीमक लगे पाकिस्तान** को स्वीकार कर लिया। अतएव, अंग्रेजों को भारत छोड़ने के अलावा दूसरा कोई उपाय नहीं था।

12. कूटनीतिक चाल (Diplomatic Trick)–मौलाना अबुल कलाम आजाद जैसे राष्ट्रवादी नेताओं का मत है कि अंग्रेजों ने भारत में निरंतर अपनी स्थिति बनाये रखने की व्यवस्था करने के बाद ही भारत छोड़ा। उनके अनुसार इंग्लैंड द्वारा, भारत का विभाजन करने के बाद, भारत छोड़ने की योजना बनाना ही, फूट डालकर राज्य करने की नीति की पराकाष्ठा थी। पाकिस्तान में अपने पाँव जमाए रखने के लिए, अंग्रेजों ने भारत का विभाजन किया। इंग्लैंड को पाकिस्तान में स्थायी रूप से रहने का अवसर प्राप्त हुआ, जो उसकी एक कूटनीतिक चाल थी। जिसकी प्राप्ति में वह सफल हुआ।

13. भारतीय राष्ट्रीय कांग्रेस का योगदान (Contribution of the Indian National Congress)–1885 में अपनी स्थापना के बाद भारतीय राष्ट्रीय कांग्रेस ने, समयानुकूल अपनी नीतियों और कार्यक्रमों में परिवर्तन करते हुए, राष्ट्रीय आंदोलन को सफलता के शिखर तक पहुँचाया। मुस्लिम लीग, अछूत और आंग्ल भारतीय सांप्रदायिक तत्वों के विरोध का मुकाबला करते हुए भी, भारतीय राष्ट्रीय कांग्रेस ने अपने राष्ट्रीय चरित्र को बनाए रखा तथा राष्ट्रीय विकास में रूचि रखने वाले सभी तत्वों को वह एकता के सूत्र में बाँधे रही। अगर कांग्रेस ऐसा नहीं करती, तो राष्ट्रीय आंदोलन बिखर जाता। अतएव, कांग्रेस

ने जिस ढंग से राष्ट्रीय आंदोलन का संचालन करके उसे सफल बनाया, उसका भी स्वतंत्रता प्राप्ति में बड़ा हाथ रहा है। **माइकेल ब्रेचर** का भी कथन है, "भारत को स्वतंत्रता की प्राप्ति, ब्रिटिश राज और कांग्रेस दोनों की देन है।"[1]

14. महात्मा गांधी का चमत्कारी व्यक्तित्व (Charismatic Personality of Mahatma Gandhi)–भारतीय राष्ट्रीय कांग्रेस की प्रारंभिक भिक्षा नीति को लोकमान्य बाल गंगाधर तिलक ने, क्रांतिकारी नीति में बदल दिया। तिलक के निधन के बाद, महात्मा गांधी ने कांग्रेस का नेतृत्व सँभाला। **रॉलट ऐक्ट** और जलियाँवाला बाग के विरुद्ध, महात्मा गांधी का असहयोग आंदोलन ब्रिटिश राज के लिए एक चुनौती थी। स्वराज पार्टी का निर्माण, साइमन कमीशन में लाला लाजपतराय की कुर्बानी, नेहरू रिपोर्ट, दाण्डी यात्रा कर, नमक-कानून भंग करना, गांधी के सविनय अवज्ञा आंदोलन की सफलता थी। प्रथम, द्वितीय और तृतीय गोलमेज सम्मेलन की असफलता ने, ब्रिटिश राज को पतन की ओर उन्नमुख किया। भारत में 1919 में, द्वैध शासन और 1935 में प्रांतीय स्वायत्तता, ब्रिटिश राज की विवशता का परिचायक है।

1920 से भारतीय राष्ट्रीय आंदोलन की आँस महात्मा गांधी के ऊपर आश्रित थी। समस्त राष्ट्रीय गतिविधियों को चलाने का श्रेय महात्मा गांधी को जाता है। द्वितीय विश्वयुद्ध में महात्मा गांधी के आह्वान पर भारतीय सेना द्वारा ब्रिटिश सरकार को मदद करना, एक विशेष अर्थ रखता है। लेकिन, 1942 का गांधी द्वारा संचालित, **भारत छोड़ो आंदोलन** और **करो या मरो** के नारे ने ब्रिटिश साम्राज्यवाद की नींव को हिला दिया।

क्रिप्स प्रस्ताव, सी.आर. फॉर्मूला, वैवेल योजना, कैबिनेट मिशन योजना, लॉर्ड एटली की ऐतिहासिक घोषणा और अंत में माउंटबेटन योजना जैसे ब्रिटिश सरकार के उठाए गए कदमों के पीछे महात्मा गांधी के चमत्कारिक व्यक्तित्व का हाथ रहा है, जो आगे चलकर 15 अगस्त, 1947 को भारत माता को आजादी के आँचल से ढंकने में सफलीभूत हुआ।

15. ग्रेट ब्रिटेन में मजदूर दल का सत्तारूढ़ होना (Coming of Labour Party in the Great Britain)–1945 में, इंग्लैंड में आम चुनाव

1. "In short, the independence of India was the natural inevitable outcome of the process of creating national consciousness and common purpose accomplished by the British Raj unconsciously and by the Congress consciously by over extended period of time. In this sense, the British Raj contained within itself the seeds of its own destruction."—Machael Breacher. *Nehru: A Political Biography*.

हुआ जिसमें लेबर पार्टी विजयी हुई और लॉर्ड एटली प्रधानमंत्री बने। चुनाव घोषणा पत्र में ही, लेबर पार्टी ने भारतीय समस्याओं के समाधान का वचन दिया था। अतः, सत्ता ग्रहण करने के बाद, लॉर्ड एटली ने भारत को सत्ता सौंपने की बात कही।

वी.पी. मेनन ने ठीक ही कहा है, "सत्ता के शीघ्र हस्तांतरण का मुख्य कारण, 1945 में इंग्लैंड में श्रमिक दल द्वारा पूर्ण बहुमत प्राप्त करके सत्ता ग्रहण करना था।"

लॉरी कॉलिस और डॉमनिक लाप्येर के अनुसार, "एटली का विश्वास था कि यदि भारत बना रहेगा, तो ब्रिटेन के व्यापारिक और राजनीतिक हितों की पूरी हिफाजत होगी, अन्यथा यदि विद्रोह की स्थिति में रहेगा, तो ब्रिटेन के हितों को हानि पहुँचेगी।"

मौलाना अबुल कलाम आजाद के शब्दों में, "भारत में स्थिति इस प्रकार की थी कि हमारे विरोध के बावजूद ब्रिटेन भारत पर कुछ और वर्षों तक शासन कर सकता था। फ्रांस यद्यपि इंग्लैंड से भी निर्बल था, तथापि वह हिंद चीन में दस वर्षों तक बना रहा। पर एटली ऐसे व्यक्ति नहीं थे, जो भारतीय स्थिति का उपयोग ब्रिटेन के स्वार्थों के लिए करते। इसलिए, इस बात का श्रेय उस श्रमिक सरकार को भी दिया जाना चाहिए, जिसने सत्ता हस्तांतरण का कार्य शीघ्रता और सम्मानपूर्वक किया।"

16. माउंटबेटन योजना की स्वीकृति (Acceptance of Mountbatten Plan)–प्रारंभ से ही कांग्रेस एक अखंड भारत का सपना देख रही थीं दूसरी ओर, मुस्लिम लीग, पाकिस्तान की माँग पर अडिग थी। लेकिन, जब माउंटबेटन योजना कांग्रेस और लीग के नेताओं के सामने प्रस्तुत की गई, तो कांग्रेस और लीग दोनों ने उसकी व्यवहारिकता को ध्यान में रखते हुए, उसे स्वीकार कर लिया, यदि दोनों ने ऐसा नहीं किया होता, तो सत्ता हस्तांतरण संभव नहीं था। अतएव, इसके कारण भी भारतीय स्वतंत्रता का मार्ग प्रशस्त हुआ।

17. लॉर्ड मांउटबेटन का योगदान (Contribution of Lord Mountbatten)–भारत को स्वतंत्र करने में लॉर्ड माउंटबेटन और उनकी श्रीमती का बहुत बड़ा हाथ रहा है। दोनों का स्वभाव मधुर और व्यक्तित्व आकर्षक था, जिसके कारण भारतीय नेताओं ने भारत विभाजन की बात को स्वीकार किया, जिसके आधार पर पाकिस्तान और भारत राज्य का निर्माण किया गया। जैसा कि **फ्रीडम एट मिडनाइट** पुस्तक में स्पष्ट रूप से लिखा गया है, "लॉर्ड माउंटबेटन ने प्रधानमंत्री एटली से स्पष्ट कहा कि हमें भारत

की स्वाधीनता की तिथि निश्चित कर देनी चाहिए, जिससे भारतीयों को हम पर विश्वास हो जाए।"

18. कुछ महान व्यक्तियों का योगदान (Contribution of Some Great Persons)–भारतीय स्वतंत्रता के मार्ग को प्रशस्त करने में कुछ महान व्यक्तियों का भी योगदान रहा है। विजयलक्ष्मी पंडित, गगन बिहारी लाल मेहता, जे.जे. सिंह, के.एल. श्रीधरानी तथा अन्य व्यक्तियों ने, अपने भाषणों और लेखों के द्वारा पश्चिमी यूरोप तथा अमेरिका में भारतीय स्वतंत्रता के पक्ष को सबल किया। श्रीमती पर्लबक, लुई फिशर, लिन युतांग और नार्मन थॉमस जैसे कुछ अमेरिकी नागरिकों ने भी भारत के लिए स्वशासन का समर्थन किया।

निष्कर्ष–उपर्युक्त तथ्यों से यह स्पष्ट है कि भारतीय स्वतंत्रता में किसी एक तत्व का हाथ नहीं रहा है, बल्कि अनेक कारणों के परिणामस्वरूप भारत स्वतंत्र हुआ। इस पर विभिन्न विद्वानों का विचार निम्नांकित हैं–

पट्टाभि सीतारमैय्या के अनुसार, "भारतीय स्वतंत्रता, समय की गति और परिस्थितियों के दबाव का परिणाम थी।"[1]

डॉ. राजेंद्र प्रसाद ने लिखा है, "स्वतंत्रता की प्राप्ति काफी हद तक, जहाँ हमारे त्यागों और बलिदानों के फलस्वरूप हुई है, वहाँ वह विश्व की शक्तियों और घटनाओं का परिणाम भी है तथा इसके साथ ही, वह ब्रिटिश जाति के प्रजातांत्रिक आदर्शों एवं ऐतिहासिक परंपराओं की पूर्ति भी है।"[2]

माइकेल ब्रेचर के शब्दों में, संक्षेप में, भारतीय स्वतंत्रता ब्रिटिश शासन द्वारा अनजाने में और कांग्रेस के द्वारा प्रयत्नपूर्वक एक लम्बे समय से राष्ट्रीय चेतना तथा सामान्य उद्देश्य को बल देने के लिए किए जा रहे, कार्यों का स्वाभाविक एवं अवश्यम्भावी परिणाम था। इस दृष्टि से, ब्रिटिश राज्य में ही स्वयं विनाश के बीज निहित थे।"[3]

1. "Indian Independence was the outcome of the inexorable march of time and the force of circumstances."—P. Sitaramayya.
2. "While our achievement is in no small measure due to our own sufferings and sacrifices it is also the result of world forces and events and last though not least, it is the consummation and fulfilment of the historic tradition and democratic ideals of the British race."—Dr. Rajendra Prasad
3. "In short, the independence of India was the natural and inevitable outcome of the process of creating National consciousness and common purpose accomplished by the British Raj unconsciously and by the Congress consciously our an extended period of time. In this sense the British Raj contained with in itself the seeds of its own destruction."—Michael Breacher. Nehru—*A Political Biography*.

भारतीय स्वतंत्रता अधिनियम, 18 जुलाई, 1947
(Indian Independence Act)

भूमिका (Introduction)–माउंटबेटन योजना के आधार पर, इंग्लैंड की संसद में 4 जुलाई, 1947 को, भारतीय स्वतंत्रता विधेयक प्रस्तुत किया गया और वह 18 जुलाई, 1947 को विधिवत पारित होकर अधिनियम बन गया। इस संदर्भ में, लॉर्ड एटली ने कहा था, "इस अधिनियम द्वारा भारत के लिए विस्तृत संविधान की व्यवस्था नहीं की गई है। यह ऐसा अधिनियम है, जो भारत और पाकिस्तान के प्रतिनिधियों को अपना-अपना संविधान बनाने की क्षमता प्रदान करता है।"

भारतीय स्वतंत्रता अधिनियम, 1947 के मुख्य उपबंध (Main Provisions of the Indian Independence Act, 1947)

भारतीय स्वतंत्रता अधिनियम, 1947 के मुख्य उपबंध या घटनाएँ निम्नांकित हैं–

1. दो अधिराज्यों की स्थापना (Establishment of Two Dominions)– भारतीय स्वतंत्रता अधिनियम 1947 द्वारा भारत का बँटवारा कर दिया गया और पाकिस्तान की स्थापना कर दी गई। 15 अगस्त 1947 को, भारत और पाकिस्तान नामक दो अधिराज्य बना दिए जायेंगे और उनको ब्रिटिश सरकार, सत्ता सौंप देगी। दोनों अधिराज्यों की संविधान-सभाओं को संप्रभुता दे दी जाएगी।

2. दोनों अधिराज्यों के प्रदेशों का वर्णन (Description of Territories of the both Dominions)–भारत के अंतर्गत बंबई, मद्रास, यू.पी., सी.पी., बिहार, उड़ीसा, पूर्वी पंजाब, पश्चिमी बंगाल और मुस्लिम क्षेत्रों को छोड़कर असम, देहली, अजमेर मारवाड़ और कुर्ग रखे गए। पाकिस्तान के अंतर्गत पूर्वी बंगाल, सिंध, ब्रिटिश बलूचिस्तान, उत्तर-पश्चिमी सीमाप्रांत एवं असम के मुस्लिम बहुमत क्षेत्रों को रखा गया।

3. गवर्नर-जनरल की ब्रिटिश सम्राट द्वारा नियुक्ति (Appointment of Governor General by the British King)–नए संविधान के बनने तक भारत और पाकिस्तान दोनों राज्यों में ब्रिटिश सम्राट की ओर से नियुक्त एक-एक गवर्नर-जनरल रखने की व्यवस्था की गई। गवर्नर-जनरल का पद केवल आलंकारिक रखा गया।

4. संविधान सभाओं को नया संविधान बनाने का अधिकार (Power of Making Constitution of the Constituent Assembly)–दोनों राज्यों की संविधान सभाओं को यह अधिकार दिया गया कि वे अपनी इच्छानुसार

अपने अधिराज्यों के लिए नया संविधान बना सकें एवं ब्रिटिश राष्ट्रमंडल से अलग हो सकें।

5. 1935 के अधिनियम में अधिराज्यों को संशोधन करने का अधिकार (Power of Dominions to Amend the Act of 1935)–जब तक कि दोनों अधिराज्य भारत और पाकिस्तान अपना-अपना संविधान नहीं बनाते, तब तक प्रत्येक अधिराज्य और उसके प्रांतों में प्रशासन 1935 के अधिनियम द्वारा चलाया जाएगा। प्रत्येक अधिराज्य को 1935 के अधिनियम में इच्छानुसार संशोधन करने का अधिकार दिया गया। गवर्नर जनरल को 1935 के अधिनियम द्वारा, जो स्वविवेक और व्यक्तिगत निर्णय की शक्तियाँ दी गई थीं, वे स्वतंत्रता की प्राप्ति के बाद लागू नहीं रहेंगे।

6. ब्रिटिश सरकार के नियंत्रण की समाप्ति (End of the Control of the British Government)–ब्रिटिश सरकार का किसी भी अधिराज्य या उसके किसी प्रांत या उसके किसी भाग पर 15 अगस्त, 1947 के बाद कोई नियंत्रण नहीं रहेगा।

7. अधिराज्यों के विधानमंडलों को कानून बनाने की शक्ति (Power of Dominion's Legislatures to Make Law)–प्रत्येक अधिराज्य के विधानमंडल को उस अधिराज्य के शासन के लिए कानून, इस आधार पर अवैध नहीं समझा जाएगा कि इंग्लैंड के किसी कानून या भारतीय स्वतंत्रता अधिनियम, 1947 के किसी उपबंध या उसके अंतर्गत बनाए हुए, किसी नियम या विनियम से टकराता है।

8. ब्रिटिश सम्राट की शक्तियों की समाप्ति (End of the Powers of the British King)–ब्रिटिश सम्राट के पद से भारत का सम्राट नामक पद हटा दिया गया। इंग्लैंड के सम्राट के अधिराज्यों के कानून पर वीटो लगाने की शक्ति को समाप्त कर दिया गया। इसके बाद, कोई भी विधेयक उसकी अनुमति के लिए आरक्षित नहीं किया जाएगा। दोनों राज्यों के गवर्नर जरनल को यह शक्ति दे दी गयी है कि वे ब्रिटिश सम्राट के नाम पर किसी भी साधारण विधेयक को अनुमति दे सकें।

9. प्रांतीय विधेयक का आरक्षण नहीं (No Reservation for the Provincial Bill)–भारतीय स्वतंत्रता अधिनियम 1947 में, यह धारा डाली गई कि भविष्य में कोई प्रांतीय विधेयक ब्रिटिश सम्राट की अनुमति के लिए आरक्षित नहीं किया जाएगा। गवर्नर जरनल को मार्च 1948 तक, भारतीय स्वतंत्रता अधिनियम के उपबंधों को लागू करने तथा दो अधिराज्यों में परिसंपति

का बँटवारा करने एवं अंतरिम काल में 1935 के अधिनियम के किसी उपबंध से उत्पन्न कठिनाई को दूर करने की शक्ति दे दी गई।

10. भारत सचिव के पद की समाप्ति (Abolition of the Post of Secretary General)–भारतीय स्वतंत्रता अधिनियम, 1947 के अनुसार भारत सचिव के पद को समाप्त कर दिया गया और उसके कार्यों को राष्ट्रमंडल के सचिव को सुपुर्द कर दिया गया। वह भारत और पाकिस्तान से राष्ट्रमंडलीय मामलों की देखभाल करेगा।

11. भारतीय नागरिक सेवाओं के सदस्यों के अधिकारों की रक्षा करना (Protection of the Rights of the Members of the Indian Civil Services)–जो व्यक्ति भारत सचिव के द्वारा या सपरिषद भारत सचिव के द्वारा ब्रिटिश ताज के अधीन किसी नागरिक सेवा पर 15 अगस्त 1947 से पूर्व नियुक्त किए गए थे, वे स्वतंत्रता के बाद भी उस सेवा पर बने रहेंगे। उनके विशेषाधिकार, पदावधि, पेंशन, पारिश्रमिक और छुट्टियों के बारे में वही अधिकार प्राप्त होंगे, जो उनको स्वतंत्रता के पहले प्राप्त थे।

12. देशी रियासतों के ऊपर से ब्रिटिश सर्वोच्यता की समाप्ति (End of the British Paramountcy over the Indian States)–ब्रिटिश सम्राट की सरकार की जो सर्वोच्यता, देशी रियासतों पर थी, वह समाप्त हो गई और इसके साथ-साथ ब्रिटिश सरकार की जो संधियाँ और समझौते देशी रियासतों के साथ स्वतंत्रता अधिनियम को पारित करते समय थे, वे भी समाप्त हो गए।

ब्रिटिश सरकार के सभी कर्तव्यभार, क्षेत्राधिकार और कार्य, जो कि उन विभिन्न संधियों, सनदों, प्रचलनों, मौन अनुमति या और किसी अन्य कारण से उत्पन्न हुए थे, वे भी सब समाप्त हो गए तथा देशी रियासतें, नए अधिराज्यों की सरकारों से अपनी राजनीतिक संबंधों में स्वतंत्र होंगी।

दूसरे शब्दों में, ब्रिटिश सरकार का स्वतंत्रता के बाद, देशी रियासतों से कोई संबंध नहीं रहेगा एवं वे भारत या पाकिस्तान में मिलने या स्वतंत्र रहने के लिए मुक्त होंगी अर्थात् यह उनकी इच्छा पर निर्भर होगा कि वे भारत या पाकिस्तान में मिलें या पूर्णरूप से स्वतंत्र रहें।

इस तरह से, अंग्रेज भारत को अनेक छोटे-बड़े स्वतंत्र राज्यों में बांट गए। क्योंकि उन्होंने प्रत्येक देशी रियासत को स्वतंत्रता दे दी।

13. ब्रिटिश सरकार का कबीलों पर कोई प्राधिकार नहीं रहेगा (There will be no Authority of the British Government over Nomads)–भविष्य में, ब्रिटिश सरकार कबाइली क्षेत्रों पर किसी प्रकार के प्राधिकार का

प्रयोग नहीं करेगी और जो भी संधि या समझौता भारतीय स्वतंत्रता अधिनियम, 1947 को पारित करते समय कबीलों के साथ था, वह सब समाप्त हो जाएगा।

14. उत्तर-पश्चिमी सीमाप्रांत के कबीले (Nomads of the North-West Frontier)–उत्तर-पश्चिमी सीमाप्रांत के कबीलों से स्वतंत्रता के बाद पाकिस्तान की सरकार समझौता करेगी।

भारतीय स्वतंत्रता अधिनियम, 1947 का मूल्यांकन (Evaluation of the Indian Independence Act)

15 अगस्त 1947 की आधी रात को भारत स्वतंत्र हुआ और इस प्रकार एक लम्बे संघर्ष के बाद भारत में ब्रिटिश साम्राज्यवाद का अंत हुआ। भारतीय इतिहास में पुराने युग का अंत और एक नये युग का प्रारंभ हुआ। कुछ विद्वानों ने इस अधिनियम पर अपने विचार व्यक्त किए हैं, जो उल्लेखनीय हैं।

लॉर्ड एटली ने ब्रिटिश संसद में कहा था, "यह घटनाओं के लम्बे तांते की चरम सीमा है।"

के.एम. मुंशी के अनुसार, "भारत को अपनी स्वतंत्रता के लिए बहुत बड़ी कीमत चुकानी पड़ी।"[1]

लॉर्ड सैमुएल ने "इसे इतिहास में अनोखी घटना, बिना युद्ध के शांति-संधि कहा।"[2]

डॉ. राजेंद्र प्रसाद के शब्दों में, "भारत में ब्रिटिश प्रमुख का काल समाप्त होता है और अब से ब्रिटेन के साथ हमारा संबंध समानता, पारस्परिक सद्‌भावना तथा पारस्परिक लाभ के आधार पर होगा।"

अंत में, लॉर्ड एटली ने अपने विचार की व्यक्त करते हुए कहा कि भारतीयों के हाथों सत्ता–हस्तांतरण द्वारा ब्रिटिश शासन के लक्ष्य की पूर्ति हो गई। भारत एक संप्रभु, प्रजातांत्रिक, गणराज्य की स्थापना कर, संयुक्त राष्ट्र का सदस्य बना। इससे उसकी प्रतिष्ठा में चार चाँद लग गए और भारतीयों ने स्वतंत्रता के उन्मुक्त वातावरण में सांसें ली।

1. "It will suffice to state that India had to pay a very heavy price for freedom." —K.M. Munshi
2. "It was an event unique in history—a treaty of peace without war."—Lord Samuel

प्रश्न
(Questions)

1. भारतीय स्वतंत्रता की प्राप्ति में सहायक तत्वों की विवेचना कीजिए।
   Discuss the responsible factors for gaining Indian Independence.
2. भारतीय स्वतंत्रता अधिनियम, 1947 के मुख्य उपबंधों का वर्णन करें।
   Describe the main provisions of the Indian Independence Act, 1947.

वस्तुनिष्ठ प्रश्न
(Objective Questions)

1. भारत कब स्वतंत्र हुआ था?
   (क) 15 अगस्त, 1947 (ख) 14 अगस्त, 1947
   (ग) 15 अगस्त, 1948 (घ) 26 जनवरी, 1947
2. लेबर पार्टी किस देश की पार्टी है?
   (क) भारत (ख) इंग्लैंड
   (ग) अमेरिका (घ) चीन
3. इंग्लैंड में लॉर्ड चर्चिल के बाद कौन प्रधानमंत्री हुए?
   (क) चेम्बरलेन (ख) लॉयड जार्ज
   (ग) लॉर्ड एटली (घ) मैकमिलन
4. लॉर्ड एटली किस देश के प्रधानमंत्री थे?
   (क) अमेरिका (ख) फ्रांस
   (ग) रूस (घ) इंग्लैंड
5. भारतीय राष्ट्रीय कांग्रेस की स्थापना किस वर्ष हुई थी?
   (क) 1885 (ख) 1884 (ग) 1785 (घ) 1905
6. भारतीय प्रांतों में द्वैध शासन प्रणाली किस वर्ष लागू की गई?
   (क) 1909 (ख) 1919 (ग) 1892 (घ) 1935
7. भारतीय प्रांतों में प्रांतीय स्वायत्तता कब लागू की गई थी?
   (क) 1919 (ख) 1909 (ग) 1935 (घ) 1947
8. करो या मरो का नारा किसने दिया था?
   (क) पंडित नेहरू (ख) सरदार पटेल
   (ग) सुभाषचंद्र बोस (घ) महात्मा गांधी

9. भारतीय स्वतंत्रता अधिनियम किस तिथि, माह और वर्ष में पारित किया गया?
   (क) 18 जुलाई, 1947 (ख) 4 जुलाई, 1947
   (ग) 15 अगस्त, 1947 (घ) 18 जुलाई, 1948
10. "इंग्लैंड की कमजोर स्थिति, भारत के पक्ष में इतना सबल तथ्य थी कि 1945 में यदि अनुदार दल सत्तारूढ़ होता, तो वह भी भारतीय स्वतंत्रता के प्रश्न को टाल नहीं सकता था।" यह कथन किसका है?
    (क) महात्मा गांधी (ख) माइकेल ब्रेचर
    (ग) जवाहरलाल नेहरू (घ) मौलाना आजाद
11. "सत्ता के शीघ्र हस्तांतरण का मुख्य कारण, 1945 में इंग्लैंड में श्रमिक दल द्वारा पूर्ण बहुमत प्राप्त करके सत्ता ग्रहण करना था।" यह किसने कहा है?
    (क) महात्मा गांधी (ख) सरदार पटेल
    (ग) वी.पी. मेनन (घ) मौलाना आजाद
12. "भारतीय स्वतंत्रता समय की गति और परिस्थितियों के दबाव का परिणाम थी।" यह किसने कहा था?
    (क) प्यारेलाल (ख) सरदार पटेल
    (ग) जवाहरलाल नेहरू (घ) पट्टाभि सीतारमैय्या
13. "इस अधिनियम द्वारा भारत के लिए विस्तृत संविधान की व्यवस्था नहीं की गई है। यह ऐसा अधिनियम है, जो भारत और पाकिस्तान के प्रतिनिधियों को अपना-अपना संविधान बनाने की क्षमता प्रदान करता है।" यह कथन किसका है?
    (क) लॉर्ड एटली (ख) लॉर्ड वैवेल
    (ग) क्रिप्स (घ) माउंटबेटन
14. "यह घटनाओं के लंबे तांते की चरम सीमा है।" यह किसने कहा था?
    (क) लॉर्ड वैवेल (ख) लॉर्ड एटली
    (ग) लॉर्ड माउंटबेटन (घ) क्रिप्स
15. "भारत को अपनी स्वतंत्रता के लिए बहुत बड़ी कीमत चुकानी पड़ी।" यह कथन किसका है?
    (क) सरदार पटेल (ख) महात्मा गांधी
    (ग) के.एम. मुंशी (घ) राजगोपालाचारी

16. "इसे, इतिहास में अनोखी घटना–बिना युद्ध के शांति-संधि कहा।" यह किसने कहा था?

(क) लॉर्ड वैवेल (ख) लॉर्ड एटली

(ग) लॉर्ड माउंटबेटन (घ) लॉर्ड सैमुएल

17. "भारत में ब्रिटिश प्रभुत्व का काल समाप्त होता है और अब से ब्रिटेन के साथ हमारा संबंध समानता, पारस्परिक सद्भावना तथा पारस्परिक लाभ के आधार पर होगा।" यह कथन किसका है।

(क) डॉ. राजेंद्र प्रसाद (ख) महात्मा गांधी

(ग) सरदार पटेल (घ) जवाहरलाल नेहरू

उत्तर

(Answers)

1. (क) 2. (ख) 3. (ग) 4. (घ) 5. (क) 6. (ख) 7. (ग) 8. (घ) 9. (क) 10. (ख) 11. (ग) 12. (घ) 13. (क) 14. (ख) 15. (ग) 16. (घ) 17. (क)

17

भारतीय राष्ट्रीय आंदोलन के महान नेता (Great Leaders of the Indian National Movement)

1. पंडित मदन मोहन मालवीय (25 सितंबर 1861 से 12 नवंबर 1946) (Pandit Madan Mohan Malviya)

जन्म एवं शिक्षा (Birth and Education)–पंडित मदन मोहन मालवीय का जन्म प्रयाग में, 25 दिसंबर, 1861 में हुआ था। 1884 में उन्होंने बी. ए. पास की और 1891 में वकालत। उनकी बुद्धि बड़ी प्रखर थी। अगर वह चाहते तो वकालत द्वारा बड़ा वैभवपूर्ण जीवन व्यतीत कर सकते थे। लेकिन, वे समाज के लिए आए थे, अपने लिए नहीं। अतएव, उनका संपूर्ण जीवन सामाजिक, शैक्षणिक और राष्ट्र सेवा में बीता।

सामाजिक कार्यकर्ता: बनारस हिंदू विश्वविद्यालय: 4 फरवरी, 1918 (Social Worker: Banaras Hindu University)–मदन मोहन मालवीय एक महान सामाजिक कार्यकर्ता थे। उन्होंने बड़े परिश्रम से धन का संग्रह कर, 4 फरवरी, 1918 को बनारस हिंदू विश्वविद्यालय की स्थापना की, जिसने विश्व में एक गौरवपूर्ण स्थान प्राप्त किया। यह उनके जीवन की सबसे बड़ी उपलब्धि थी। वे हिंदी, हिंदू और हिंदुस्तान के कट्टर समर्थक थे। उन्होंने हिंदू महासभा का सभापतित्व तीन बार किया। उन्होंने उत्तर प्रदेश में उर्दू के प्रयोग का कड़ा विरोध किया और कहा कि सरकारी कार्यालयों में हिंदी का प्रयोग होना चाहिए। कचहरी में भी हिंदी का प्रयोग होना चाहिए। बहुत समय तक वे इलाहाबाद नगरपालिका के कौंसिलर और उपाध्यक्ष रहे तथा सुधार और विकास के अनेक कार्यों का संपादन किया।

राजनीतिक जीवन (Political Life)–मदन मोहन मालवीय एक पक्के राष्ट्रवादी थे। 1886 में, उन्होंने पहली बार कांग्रेस में सम्मिलित होकर, राजनीति में प्रवेश किया। उन्होंने '**बिना प्रतिनिधित्व का कोई कर नहीं**' का नारा दिया, तो राजनीतिक क्षेत्र में भूचाल आ गया। इनका, कांग्रेस की नीतियों से गंभीर मतभेद होने पर भी, उन्होंने कांग्रेस की नीतियों का खुलकर विरोध नहीं किया। वे व्यक्तिगत रूप से असहयोग आंदोलन और सविनय अवज्ञा आंदोलन के विरुद्ध थे, लेकिन कांग्रेस को नहीं छोड़ा। जैसा कि **पट्टाभि सीतारमैय्या** ने लिखा है, "अपने समय में भारी संख्या में रहने के बाद नरम दल वालों ने कांग्रेस को छोड़ा, श्रीमती एनी बेसेंट ने अधिकार जमाने के बाद शीघ्र इसे छोड़ दिया, किंतु अच्छे या बुरे सभी दिनों में, पंडितजी ने इसका साथ नहीं छोड़ा।"

1902 में मदन मोहन मालवीय उत्तर प्रदेश की विधान-परिषद के सदस्य निर्वाचित हुए। उन्होंने वहाँ वार्षिक बजट, उत्पादन और अन्य विधेयकों पर भाषण दिए। 1908 में उन्होंने लखनऊ में प्रांतीय कांग्रेस अधिवेशन की अध्यक्षता की और विकेन्द्रीकरण आयोग के समक्ष गवाही दी। 1909 में उन्होंने मॉर्ले-मिंटो सुधार का स्वागत किया। लेकिन, आगे चलकर उनका विचार इस संबंध में बदल गया, जैसा कि उनके 1919 के लाहौर कांग्रेस के, अध्यक्षीय भाषण से स्पष्ट होता है।

1910 में मालवीय जी, वायसराय की कौंसिल के सदस्य चुने गए। उन्होंने वहाँ **प्रेस तथा सिडीशस मीटिंग्स** विधेयक का कड़ा विरोध किया। उनके प्रयत्न से मजदूरों को बेचने की प्रथा का अंत हुआ। 1916 में उन्होंने भारत सरकार द्वारा नियुक्त **इंडियन इंडस्ट्रियल कमीशन** में सदस्य के रूप में काम किया।

1918 में मालवीय जी पुनः कांग्रेस के अध्यक्ष निर्वाचित हुए। इसके बाद, पंजाब की दुर्घटनाओं की जाँच के लिए नियुक्त कांग्रेस उपसमिति में भी उन्होंने काम किया और 1919 में रॉलट ऐक्ट का विरोध किया। 1924 में वे केंद्रीय व्यवस्थापिका के सदस्य स्वतंत्र कांग्रेसी के रूप में चुने गए। 1927 में वे राष्ट्रीय दल की केंद्रीय व्यवस्थापिका में प्रधान चुने गए।

मालवीय जी गांधी के असहयोग आंदोलन के विरोधी थे, लेकिन 1930 में उन्होंने सविनय अवज्ञा आंदोलन में खुलकर भाग लिया और जेल भी गए। 1931 में, वे गांधी के साथ दूसरे गोलमेज सम्मेलन में भाग लेने के लिए लंदन गए। 1932 में इलाहाबाद में उन्होंने एकता सम्मेलन की अध्यक्षता की। 1933 में उन्होंने फिर जवाहरलाल नेहरू के साथ जेल यात्रा की। 1934 में पटना कांग्रेस में उन्होंने सांप्रदायिक निर्णय का विरोध किया। इस समय तक

वे काफी वृद्ध हो चुके थे, लेकिन उनकी आत्मा वृद्ध नहीं हुई थी। फिर भी उनका राजनीतिक जीवन प्राय: समाप्त हो चुका था।

औद्योगिक प्रगति में रूचि (Interest in Industrial Progress)–मालवीय जी भारत की औद्योगिक प्रगति में अधिक अभिरूचि रखते थे। उनके प्रयत्न से 1905 में, बनारस में भारतीय औद्योगिक सम्मेलन हुआ और 1907 के बाद यू.पी. औद्योगिक सम्मेलन की बैठक इलाहाबाद में हुई।

हिंदू धर्म में आस्था (Faith in Hindu Religion)–मदन मोहन मालवीय पक्के सनातनी ब्राह्मण थे और हिंदू धर्म में उनकी पूरी आस्था थी। वे श्रीकृष्ण को भगवान का अवतार मानते थे। वे गीता के कर्म सिद्धांत में विश्वास रखते थे और उन्हें पूर्ण विश्वास था कि अधर्म और असत्य के स्थान पर धर्म और सत्य की विजय होती है। धर्म की रक्षा के लिए भगवान का अवतार होता है। वे तिलक, विवेकानंद और अरविंद घोष की तरह, हिंदू धर्म की श्रेष्ठता में विश्वास रखते थे।

मालवीय जी रूढ़िवादी हिंदू नहीं थे। उन्होंने काशी जैसे रूढ़िवादी ब्राह्मणों के गढ़ में, अछूतों को गले लगाया और जिन लोगों को रूढ़िवादी ब्राह्मणों ने दीक्षा देने से इन्कार किया, उन्होंने उन्हें दीक्षा दी। उन्होंने **हिंदू समाज** नाम की एक संस्था की स्थापना की तथा सनातन धर्म महासभा और गौसेवा संघ की भी सेवा करते रहे।

हिंदू-मुस्लिम एकता के समर्थक (Supporter of Hindu-Muslim Unity)–यद्यपि मालवीय जी कट्टर हिंदू थे, फिर भी सांप्रदायिक मामलों में बहुत उदार थे। यहाँ तक कि मौलाना मुहम्मद अली और शौकत अली भी उनकी धार्मिक उदारता से काफी प्रभावित हुए। इसका कारण यह था कि मालवीय जी हिंदुओं के शासन को मुसलमानों पर थोपना नहीं चाहते थे, बल्कि मुसलमानों की प्रत्येक उचित मांग को मानने के लिए तैयार थे। वे हिंदू-मुस्लिम एकता के समर्थक थे।

स्वराज के समर्थक (Supporter of Swaraj)–मालवीय जी स्वराज और स्वदेशी आंदोलन के समर्थक थे। वे स्वतंत्रता और सांविधानिक आंदोलन में विश्वास करते थे। वे चाहते थे कि शिक्षित भारतीयों को ऊँचे पद और विधान परिषदों में काफी प्रतिनिधित्व दिया जाए। उन्होंने राज्यपालों और गवर्नर-जनरल की कार्यकारिणी परिषद में, भारतीयों के उचित प्रतिनिधित्व की माँग की।

आत्म-निर्णय के अधिकार की माँग (Demand for the Right of Self-Determination)–मालवीय जी भारतीयों के लिए, आत्म-निर्णय के अधिकार की, सरकार से जबरदस्त माँग की थी। 1918 में दिल्ली कांग्रेस में अध्यक्षीय भाषण देते हुए, कहा था–"आत्म-निर्णय हमारा जन्म सिद्ध अधिकार है और हमें आशा है कि ब्रिटिश सरकार इसे अवश्य ही भारत में लागू करेगी।"

अहिंसा में विश्वास (Faith in Non-Violence)–मालवीय जी अहिंसा में पूर्ण विश्वास रखते थे। वे क्रांतिकारी या हिंसात्मक कार्यों की निंदा करते थे। यूरोपियनों की हत्या के विरोधी थे। कांग्रेस के 1909 के लाहौर अधिवेशन में उन्होंने कहा था, "मुझे यह सोचते हुए दु:ख होता है कि हमारे उस प्राचीन देश में, जहाँ अहिंसा अर्थात किसी को कष्ट न देना, प्रारंभिक युग से एक महान गुण बताया गया है–जहाँ किसी का जीवन लेना साधारणत: महान पाप माना जाता है। वहाँ हमारे नवयुवकों के मष्तिष्क इतने विकृत हो जाएँ कि वे बिना किसी कारण के इतने अमानुषिक हत्या के कुकृत्य करें।"

चंदा संग्रह में चतुर (Expert in Collection of Donation)– मालवीय जी एक राष्ट्रभक्त, शिक्षाविद् और समाज सुधारक थे। लोगों का कहना है कि मालवीय जी चंदा संग्रह में बड़े चतुर थे। 1918 में उन्होंने चंदा के माध्यम से धन संग्रह कर, बनारस हिंदू विश्वविद्यालय की स्थापना की, जो विश्व में बेमिसाल है। इसी तरह से उन्होंने **कस्तूरबा** निधि के लिए, एक करोड़ से अधिक रुपये संग्रह किये।

पत्रकार एवं संपादक (Journalist and Editor)–पंडित मदन मोहन मालवीय एक कुशल पत्रकार और संपादक भी थे। 1887 में उन्होंने **हिंदूस्तान** का संपादन किया। इसके बाद उन्होंने **इंडियन युनियन** का संपादन किया। उन्होंने हिंदी साप्ताहिक **अभ्युदय** भी निकाला। उन्होंने उत्तर प्रदेश में **लीडर** समाचार-पत्र के प्रकाशन में भी सक्रिय भूमिका निभाई।

एक महान वक्ता (A Great Orator)–मालवीय जी अपने समय के एक महान वक्ता भी थे। उनका अंग्रेजी और संस्कृत पर अधिकार था और वे धारा प्रवाह बोलते थे। कांग्रेस के मंच पर उनकी जादूगरी वाणी गूंजती रहती थी। इस संबंध में कुछ विद्वानों के विचार उल्लेखनीय है।

मैनचेस्टर गार्जियन के अनुसार, "श्री सुरेंद्रनाथ बैनर्जी के अतिरिक्त कांग्रेस का कोई ऐसा वक्ता नहीं था, जिसकी मालवीय जी से अधिक प्रशंसा होती हो।"

पट्टाभि सीतारमैय्या के शब्दों में, "पंडितजी की वकृताओं से लगभग आधी शताब्दी भरी पड़ी है और प्रत्येक अवसर पर जब कभी वे बोले, वे एक और दो घंटे के बीच के समय तक बोले।"

ह्यूम–1886 में कलकत्ता कांग्रेस में, मालवीय जी द्वारा दिए गए भाषण के विषय में, ह्यूम ने कांग्रेस की वार्षिक रिपोर्ट में लिखा है, "जिस भाषण का सबसे अधिक स्वागत हुआ, वह पंडित मदनमोहन मालवीय का था। उनके गौरवपूर्ण तथा सुंदर मुखाकृति ने, जिससे पांडित्य और प्रतिभा फूट पड़ती थी, प्रत्येक का ध्यान अपनी ओर आकर्षित कर लिया था। जिस व्यक्ति तथा आश्चर्यजनक प्रवाह के साथ वह भाषण दिया गया, उसने सबको मंत्रमुग्ध कर दिया।"

व्यक्तित्व (Personality)–पंडित मदनमोहन मालवीय का, भारतीय सार्वजनिक जीवन में एक अनोखा स्थान प्राप्त था। उनका व्यक्तित्व काफी आकर्षक था। उनकी वाणी में जादू छायी हुई रहती थी। उनका जीवन धर्म से ओत-प्रोत था। उनके जीवन में परोपकार, दया, सेवा, दान, निर्भीकता, कर्तव्य परायणता जैसे गुणों का सामंजस्य था। वे अपने उद्देश्य और कर्तव्य पर दृढ़ रहते थे। वे एक सच्चे समाजवादी, पक्के राष्ट्रवादी और कट्टर हिंदू थे। उनका राष्ट्रीय प्रेम स्वच्छ और निर्मल था, उन्होंने आजीवन देश की सेवा की। वे हमेशा समाज कल्याण के कार्य में लगे रहते थे। उनके आत्म-त्याग और कठिन परिश्रम पर मुग्ध होकर **एनी बेसेंट** ने कहा था, "आपने अपना सांसारिक जीवन, अपनी सर्वशक्ति तथा अपनी विलक्षण वाणी, क्या कहा जाए, अपना समस्त जीवन और अपना स्वास्थ्य तक, इस महान कार्य में लगा दिया।"

आचार्य पी.सी. रे के शब्दों, "महात्मा गाँधी के बाद किसी ऐसे अन्य व्यक्ति को पाना कठिन था, जिसने मालवीय जी के समान त्याग किया हो और विभिन्न प्रकार के कार्य करने का उन जैसा प्रमाण दिया हो।"

निधन (Death)–नोआखाली के भीषण सांप्रदायिक दंगे से मालवीय जी को बड़ा आघात लगा और वे 12 नवंबर, 1946 को भारत माता की गोद में चिरनिद्रा में विलीन हो गए।

2. मोतीलाल नेहरू (6 मई 1861–5 फरवरी 1931) (Motilal Nehru)

जन्म, शिक्षा एवं पेशा (Birth, Education and Profession)–मोतीलाल नेहरू का जन्म 6 मई, 1861 को हुआ था। वे एक कश्मीरी ब्राह्मण थे।

उनके पूर्वज इलाहाबाद में आकर बस गए थे। उनके पुत्र जवाहरलाल नेहरू थे। उनकी पौत्री इंदिरा गांधी और प्रपौत्र राजीव गांधी तथा संजय गांधी थे। मोतीलाल नेहरू एक मेधावी छात्र थे और वकालत पास करके, इलाहाबाद में वकालत करना प्रारंभ किया। थोड़े ही दिनों में, वे एक प्रसिद्ध वकील के रूप में निखरकर समाज के सामने आए। उनका जीवन ऐश्वर्य और सुख में बीता। वे विदेशी कीमती कपड़े पहनते थे और पेरिस से उनके कपड़े धुलकर आते थे। उन्हें धन और यश की कमी नहीं थी। उनकी पत्नी का नाम स्वरूप रानी था।

राजनीतिक जीवन (Political Life)–मोतीलाल नेहरू ने 1912 में, **इंडिपेंडेंट** नामक पत्र इलाहाबाद से निकालना प्रारंभ किया। 1917 से वे सक्रिय राजनीति में आए। पहले वे उदारवादी विचारधारा के समर्थक थे। लेकिन, बाद में 1919 के जालियांवाला हत्याकांड, पंजाब में मॉर्शल लॉ, एनी बेसेंट की गिरफ्तारी, महात्मा गांधी के संपर्क और अपने पुत्र जवाहरलाल के प्रभाव के कारण काफी हद तक उग्रवादी बन गए।

कांग्रेस जाँच कमैटी के सदस्य (Member of the Congress Inquiry Committee)–अमृतसर के हत्याकांड की जाँच करने के लिए, जो कमैटी कांग्रेस की तरफ से बैठाई गई थी, मोतीलाल नेहरू उसके सदस्य थे। इस कमैटी के अन्य सदस्य–गांधीजी, चित्तरंजन दास, फजलूल हक और अब्बास तय्यब जी थे। 1919 में अमृतसर कांग्रेस अधिवेशन के वे अध्यक्ष चुने गए। उन्होंने असहयोग आंदोलन में भाग लिया और जेल-यात्रा भी की।

स्वराज दल के निर्माणकर्ता (Maker of Swaraj Party)–जेल से छूटने के बाद 1923 में, चित्तरंजनदास से मिलकर, मोतीलाल नेहरू ने स्वराज पार्टी की स्थापना की। वे इसके सक्रिय सदस्य थे। वे केंद्रीय व्यवस्थापिका में स्वराज पार्टी के नेता चुने गए। उन्होंने वहाँ सरकार की गलत नीतियों की कड़ी आलोचना की और भारतीय स्वतंत्रता की जोरों से मांग की।

नेहरू रिपोर्ट (Nehru Report)–मोतीलाल नेहरू ने साइमन कमीशन का बहिष्कार किया। बाद में, सर्वदल सम्मेलन ने उनकी अध्यक्षता में भारत के भावी संविधान बनाने के लिए एक कमैटी का गठन किया गया। मोतीलाल नेहरू ने अपने अन्य सदस्यों के सहयोग से, भारत के लिए एक संविधान की रचना की, जो **नेहरू रिपोर्ट** के नाम से विख्यात हुआ। इसमें भारत की सांप्रदायिक और राजनीतिक समस्याओं का निदान किया गया था।

विदेशी कपड़ों का होलिका दहन (Burning Foreign Clothes)–मोतीलाल नेहरू कीमती-से-कीमती विदेशी कपड़ों का प्रयोग करते थे। लेकिन,

जब असहयोग आंदोलन में विदेशी वस्तुओं का बहिष्कार किया गया, तो मोतीलाल नेहरू ने स्वदेशी आंदोलन से प्रभावित होकर, अपने सभी विदेशी वस्त्रों को जलाना शुरू किया, जो हफ्तों तक जलता रहा। यह उनके त्याग और देशभक्ति का बहुत बड़ा उदाहरण है। उन्होंने नमक-भंग आंदोलन और सविनय अवज्ञा आंदोलन में भाग लिया। 1929 के कांग्रेस के लाहौर अधिवेशन में जवाहरलाल नेहरू द्वारा रखे गए, भारत के लिए पूर्ण स्वराज्य प्रस्ताव का मोतीलाल नेहरू ने जोरदार शब्दों में समर्थन किया।

निधन (Death)–मोतीलाल नेहरू को जेल में ही असाध्यरोग ने पकड़ लिया। उनका स्वास्थ्य दिनों दिन गिरता गया और अंततः, 5 फरवरी, 1931 में निधन हो गया। मरते समय जब उनसे पूछा गया कि अंतिम इच्छा क्या है, तो उन्होंने उत्तर दिया, "वे स्वाधीन भारत में मरना चाहते थे, लेकिन उनकी यह इच्छा पूरी नहीं हुई।"

महात्मा गांधी ने उनकी चिता की ओर संकेत करते हुए कहा था, "यह चिता नहीं, राष्ट्र-यज्ञ का हवन-कुंड है। इस यज्ञ में डाली गयी यह एक महान आहुति है।" इस प्रकार, भारत राष्ट्रीय आंदोलन का महान सपूत, अपने पुत्र जवाहरलाल नेहरू को छोड़कर चल बसे। उसके सपनों और इच्छाओं की पूर्ति जवाहरलाल नेहरू ने की, जिससे पिता की आत्मा को चिरशांति मिली।

3. महात्मा गांधी (2 अक्टूबर, 1869-30 जनवरी, 1948) (Mahatma Gandhi)

जन्म (Birth)–महात्मा गांधी मूलरूप से एक आध्यात्मिक संत थे। जिनका मूल उद्देश्य था–धार्मिक जीवन व्यतीत करना। लेकिन, महात्मा गांधी की धर्म-संबंधी धारणा परलौकिक नहीं, वरन् लौकिक थी और वे मानवता की सेवा को ही वास्तविक धर्म समझते थे। उनका सम्पूर्ण जीवन ही उनके दर्शन और आदर्शों की अभिव्यक्ति है। उन्होंने राजनीति का आध्यात्मीकरण किया। उसकी राजनीति सत्य और अहिंसा पर आधारित थी। सत्याग्रह उनका साधन था तथा भारत को स्वतंत्रता दिलाना उनका मूल लक्ष्य था।

मोहनदास करमचन्द गांधी का जन्म 2 अक्टूबर, 1869 को काठियावाड़ के पोरबन्दर में, एक सम्पन्न गुजराती वैश्य परिवार में हुआ था। उनके पिता करमचन्द गांधी राजकोट के दीवान थे। वे अपने पवित्र चरित्र, ईमानदारी और निष्पक्षता के लिए बहुत प्रसिद्ध थे। गांधीजी की माता पुतलीबाई एक धर्म परायण नारी थी। वह नित्य प्रातः मन्दिर जाती थी और पूजा-पाठ एवं सूर्य

की आराधना करके भोजन करती थी। अतएव, गांधीजी को ईश्वर भक्ति जैसे गुण माता-पिता से मिले। वे गंधी गोत्र (परिवार) के थे, इसलिए उन्हें गांधी कहा जाता था।

शिक्षा (Education)–गांधी की प्रारम्भिक शिक्षा गांव में हुई। वे पढ़ने में साधारण विद्यार्थी थे। उन्होंने 1887 में मैट्रिकुलेशन की परीक्षा तृतीय श्रेणी से उत्तीर्ण की। 1888 में, वे कानून पढ़ने के लिए इंग्लैंड भेजे गए। इंग्लैंड जाने के पूर्ण उन्होंने मांस, मदिरा और नारी-स्पर्श नहीं करने का वचन अपनी माता को दिया। 1891 में वे कानून परीक्षा उत्तीर्ण करके भारत लौटे। इंग्लैंड में उन्हें **श्रीमद्भगवद्गीता** तथा **आर्नल्ड** की पुस्तक **लाइट ऑफ एशिया**[1] पढ़ने का अवसर प्राप्त हुआ।

वैवाहिक जीवन (Married Life)–गांधीजी का विवाह तेरह वर्ष[2] की आयु में एक अत्यन्त ही धर्म परायण लड़की–कस्तूरबाई से कर दिया गया, जो उनसे उम्र में छह वर्ष बड़ी थी। दोनों का दाम्पत्य जीवन अत्यन्त ही प्रेरक, आनन्ददायी और मधुर रहा। कस्तूरबा गांधीजी के लिए स्थायी प्रेरणा स्त्रोत और प्रकाश स्तम्भ थी।

पेशा: 1891 (Profession: Legal Practice)–1891 में गांधीजी वकालत पास करने के बाद भारत वापस आए। उन्होंने काठियावाड़ और बम्बई में कुछ वर्षों तक वकालत की, लेकिन उनको सफलता नहीं मिली।

यात्रा: दक्षिण अफ्रीका: (1883 से 1914)–इसी बीच 1893 में एक गुजराती मुसलमान अब्दुला की ओर से एक मुकदमे की पैरवी करने के लिए गांधी को दक्षिण अफ्रीका को जाना पड़ा। उन्होंने उस मामले को पंच-निर्णय द्वारा निपटा दिया। इससे अब्दुला अति प्रसन्न हुआ।

दक्षिण अफ्रीका यात्रा के क्रम में, गांधी के साथ दो घटनाएं घटी–प्रथम, उन्हें रेलवे के प्रथम श्रेणी से निकाल दिया गया और सामान प्लेटफार्म पर फेंक दिया गया तथा रात्रि ठंड में बितानी पड़ी। द्वितीय, उन्हें एक टमटम के भीतर नहीं बैठने दिया, भीतर पैर रखने पर पीटा गया। गोरी जाति के लोग अफ्रीकी जाति पर, अत्याचार कर रह थे। इस संदर्भ में, गांधी ने सत्याग्रह आंदोलन चलाया और उन्हें सफलता भी मिली।

1. Light of Asia: Arnold
2. किसी पुस्तक में बारह वर्ष भी लिखा हुआ है।

भारत में राजनीतिक जीवनः 1915-1948 (Political Life in India)

भारत वापस 1915 (Back to India)–जुलाई 1914 में गांधीजी इंग्लैंड आए, फिर जनवरी 1915 में भारत लौटे। 1915 में, गोपाल कृष्ण गोखले का निधन हो गया। 1916 में गांधी ने कांग्रेस की सदस्यता प्राप्त की। 1920 में, लोकमान्य तिलक का भी निधन हो गया। उसके बाद, कांग्रेस और भारतीय राजनीति के नेतृत्व के संचालन का भार गांधी पर आया।

बिहार के चम्पारन में सत्याग्रह 1917 (Satyagraha in Champaran of Bihar)–भारत में महात्मा गांधी के राजनीतिक जीवन का प्रारम्भ, बिहार के चम्पारन में सत्याग्रह से होता है। बिहार के चम्पारन जिले में, अंग्रेजों ने नील बनाने के कुछ कारखाने स्थापित किए थे। वे किसानों को इस शर्त पर पेशगी[1] धन देते थे कि वे अपनी भूमि के कुछ भाग पर नील की खेती करेंगे तथा उस ऊपज को पूर्व-निर्धारित मूल्य पर बेच देंगे। जो किसान ऐसा नहीं करते थे, उन्हें बुरी तरह मारा-पीटा जाता था, मजदूरों का भी शोषण किया जाता था।

15 अप्रैल 1917 को, गांधी किसानों और मजदूरों पर किए जा रहे, अत्याचारों की जाँच करने हेतु मोतिहारी के लिए रवाना हुए। उन्हें गिरफ्तार कर लिया गया। गांधी ने किसानों और मजदूरों के दुःखों के विरुद्ध सत्याग्रह चलाया था। तत्कालीन लेफ्टीनेन्ट गवर्नर, सर एडवर्ड गेट ने गांधी से वार्ता करके एक आयोग का गठन किया। प्रत्येक किसान को नील की खेती करने की अनिर्वायता को समाप्त किया गया और अंग्रेजों के शोषण को समाप्त किया गया। इस प्रकार, भारत में गांधी की यह पहली बड़ी विजय थी।

अहमदाबाद के मजदूरों की सहायताः 1918 (Help to the Labourers of Ahmedabad)

अहमदाबाद की मिलों के मजदूर अपने वेतन में पचास प्रतिशत वृद्धि चाहते थे। निमन्त्रण पाकर, गांधी अहमदाबाद पहुँचे। उन्होंने मजदूरों की दशाओं का गहरा अध्ययन किया। उन्होंने मजदूरों को हड़ताल करने की सलाह दी और स्वयं अनशन रख लिया। मिल-मालिकों को झुकना पड़ा। मजदूरों के विवाद का निर्णय, पंचों द्वारा मान लिया गया। यह गांधी की दूसरी विजय थी।

खेड़ा-सत्याग्रहः गुजरात 1918 (Satyagraha in Khera: Gujarat)

गुजरात के खेड़ा जिला में किसानों की फसल नष्ट हो गयी। वहाँ अकाल पड़ गया। किसान करों की छूट चाहते थे। ब्रिटिश सरकार करों को कड़ाई के

1. Advance.

साथ वसूल करना चाहती थी। गांधी ने, सरकार से एक निष्पक्ष जाँच समिति नियुक्त करने की अपील की। लेकिन, ब्रिटिश सरकार ने इस अपील को अस्वीकार कर दिया। परिणामतः, गांधी की सलाह पर खेड़ा के दो हजार किसानों ने सत्याग्रह शुरू किया। काफी-यातना और दमन के बाद, अंत में ब्रिटिश सरकार को झुकना पड़ा तथा किसानों की मांगों को मान लिया। इससे गुजरात के किसानों में जागृति आयी और गांधीजी की प्रसिद्धि सम्पूर्ण भारत में फैल गई।

प्रथम विश्वयुद्ध 1914 और गांधी का सहयोग (The First World War and the Co-operation of Gandhi)

गांधी को विश्वास था कि ब्रिटिश साम्राज्य प्रजातंत्र की रक्षा के लिए लड़ रहा है। अतः, उन्होंने खेड़ा के किसानों, कांग्रेस और होमरूल लीग से प्रथम विश्वयुद्ध में, ब्रिटिश सरकार को सहायता करने की अपील की। उन्होंने नागरिकों को ब्रिटिश सेना में भर्ती के लिए प्रेरित किया। लेकिन, उनकी अपील को किसी ने नहीं माना। इसी सोच में, गांधीजी मरणासन्न बीमार पड़े। मित्र-राष्ट्रों की जीत से उन्हें प्रसन्नता हुई।

रॉलट ऐक्ट का घोर विरोध 1919 (Strong Opposition to Rowlatt Act)

प्रथम विश्वयुद्ध में भारतीयों ने, ब्रिटिश सरकार की सहायता की और बदले में स्वराज्य की आशा थी। लेकिन, 18 मार्च, 1919 को रॉलट बिल को एक कानून बना दिया गया। जिसके अनुसार, (i) किसी व्यक्ति को अराजकतावादी अपराध का संदेह होने पर, ब्रिटिश सरकार उन्हें गिरफ्तार कर जेल भेज सकती है, और (ii) राजद्रोह से पूर्ण साहित्य को रखना अपराध घोषित किया गया। गांधी ने इस कानून के विरोध में जनता को उपवास रखने, प्रार्थना करने और हड़ताल करने का आह्वान किया। 30 मार्च, 1919 को, स्वामी श्रद्धानन्द के नेतृत्व में दिल्ली में एक भारी जुलूस निकाला गया। जिसमें गोली चलने से पाँच व्यक्तियों की मृत्यु हो गयी। गांधीजी को गिरफ्तार कर, बम्बई जेल भेज दिया गया। यह खबर सम्पूर्ण भारत में आग की तरह फैल गयी।

जालियांवाला बाग का सामूहिक नरसंहार: अमृतसर 13 अप्रैल 1919 (Massacre of Jallianwala Bagh: Amritsar)

महात्मा गांधी की गिरफ्तारी के बाद, अहमदाबाद, लाहौर और अन्य स्थानों पर उपद्रव फैल गए। 10 अप्रैल, 1919 को, पंजाब में **डॉ. सत्यापाल** और **डॉ. किचलू** को गिरफ्तार किया गया। अमृतसर में इन्हें देखने के लिए जनता

की भीड़ उमड़ पड़ी। अंग्रेजी सेना ने गोली चलाकर दो व्यक्तियों को मार दिया। इसके विरोध में, पाँच अंग्रेजों की हत्या कर दी गयी।

13 अप्रैल, 1919 को, बैसाखी के दिन अमृतसर के जालियांवाले बाग में एक बड़ी भारी आम सभा हुई। जनरल डायर ने इस सभा को गैर-कानूनी घोषित किया। यह सभा शांतिपूर्ण चल रही थी। इसमें गांधी, सत्यापाल और किचलू को छुड़ाने की मांग हो रही थी। इसी बीच, जनरल डायर, एक सौ भारतीय और पचास अंग्रेजी सेना को लेकर पहुँचा। बिना चेतावनी दिए, अचानक 303 नम्बर की 1650 गोलियाँ चलाकर, असंख्य भारतीयों को मौत के घाट उतार दिया।

पंजाब के तत्कालीन गवर्नर सर माइकल ओडवायर ने डायर को तार द्वारा सूचित किया–"तुम्हारी कार्यवाही ठीक है, गवर्नर इसको स्वीकार करता है।"[1] इसके साथ ही, उसे मान की तलवार[2] और दो हजार पौंड भेंट किए गए।

इससे, गांधी और देशवासियों के हृदय पर गहरा आघात पहुँचा। दोषी को दंड और मृत व्यक्तियों के परिवारों को आर्थिक सहायता देने की मांग की गयी। गांधी, जो अंग्रेजों के सहयोगी थे, अब असहयोगी बन गए।

असहयोग एवं खिलाफत आंदोलन 1920 (Non-Co-operation and Khalifat Movement)

टर्की के खलीफा को दूसरी बार सिंहासन पर बैठाने, स्वराज की स्थापना करवाने और जालियांवाला बाग तथा अन्य स्थानों के हत्याकाण्डों के लिए दोषी अधिकारियों को दण्ड दिलवाने के लिए, महात्मा गांधी ने दिसम्बर 1920 को असहयोग एवं खिलाफत आंदोलन चलाया।

इस आंदोलन के अन्तर्गत विदेशी वस्तुओं, स्कूल, कॉलेज, कचहरी, कार्यालय आदि का बहिष्कार किया गया। स्वदेशी वस्तुओं के व्यवहार पर जोर दिया गया। यह आंदोलन जनवरी 1922 तक, खूब जोर से चला और हजारों भारतीयों को जेल भेजा गया। 5 फरवरी, 1922 को, उत्तर प्रदेश के चोरीचौरा में एक उग्र भीड़ ने पुलिस चौकी को आग लगा दी। गांधी ने असहयोग आंदोलन को हिंसक रूप लेने के कारण, तुरंत समाप्त कर दिया। इससे भारतीयों के मनोबल पर आघात पहुँचा। अन्त में, 10 मार्च 1922 को, गांधीजी को गिरफ्तार कर लिया गया।

1. "Your action correct, governor approves."—Pattabhi Sitaramayya. *The History of Congress.*
2. Sword of Honour.

हिन्दू-मुस्लिम एकता: हिन्दू महासभा एवं राष्ट्रीय स्वयं सेवक का जन्म 1924 (Hindu-Muslim Unity: Birth of Hindu Mahasabha and Rashtriya Swayam Sewak Sangh)

असहयोग आंदोलन की समाप्ति के बाद, अंग्रेजों ने विभिन्न स्थानों पर साम्प्रदायिक दंगें करवा दिए। हिन्दू-मुस्लिम एकता को भंग कर दिया गया। मालाबार के हिन्दुओं पर बहुत अत्याचार किए गए। इसलिए हिन्दुओं के हितों की रक्षा के लिए, हिन्दू महासभा और राष्ट्रीय स्वयं सेवक की स्थापना हुई। दशहरे के दिन, डॉ. केशव राव बलिराम हेडगेवार ने, नागपुर में राष्ट्रीय स्वयं सेवक की स्थापना की।

जेल से छूटने के बाद महात्मा गांधी ने हिन्दू-मुस्लिम एकता पर जोर दिया। उन्होंने मद्यनिषेध, ग्रामोद्धार, नारी उत्थान, हरिजनोद्धार एवं खादी प्रचार पर विशेष बल दिया। 1924 में वे कांग्रेस के प्रधान चुने गए। उन्होंने स्वराज दल को कौंसिलों में प्रवेश की आज्ञा दे दी, ताकि स्वतंत्रता आंदोलन को वहाँ भी चलाया जा सके।

सविनय अवज्ञा आंदोलन का नेतृत्व: 1930 (Leadership of Civil-Disobedience Movement)

भारत की सांविधानिक स्थिति और भारतीय जनता के असंतोष की जाँच पड़ताल के लिए, ब्रिटिश सरकार ने 1927 में साइमन कमीशन की नियुक्ति की। सभी भारतीय राजनीतिक दलों ने **'साइमन कमीशन वापस जाओ'** का नारा लगाकर, इसका बहिष्कार किया तथा लाला लाजपतराय को अपनी जीवन लीला समाप्त करनी पड़ी।

31 दिसम्बर, 1929 को कांग्रेस ने लाहौर अधिवेशन में, जवाहरलाल नेहरू की अध्यक्षता में पूर्ण स्वराज्य का प्रस्ताव पास किया। 26 जनवरी, 1930 को गांधी ने प्रत्येक भारतवासी को इसे प्राप्त करने के लिए प्रतिज्ञा करने को कहा। नमक पर अधिक कर लगा दिया गया था। अतएव, 12 मार्च, 1930 को नमक सत्याग्रह गांधीजी द्वारा प्रारम्भ किया गया, जो सविनय अवज्ञा आंदोलन के नाम से प्रसिद्ध हुआ। साबरमती आश्रम से लगभग दो सौ मील पैदल चलकर, 6 अप्रैल, 1930 को प्रात:काल प्रार्थना के बाद, गांधी ने समुद्र तट पर नमक बनाकर कानून भंग किया। इस कार्य से राष्ट्रीय आंदोलन की ज्योति आगे बढ़ी।

महात्मा गांधी ने सविनय अवज्ञा आंदोलन में निम्न कार्यों को सम्मिलित किया–

(i) गाँव-गाँव में नमक के कानूनों को तोड़ा जाए और नमक बनाया जाए।

(ii) विद्यार्थी सरकारी स्कूलों को और राज कर्मचारी सरकारी कार्यालयों को छोड़ दें।

(iii) नारियाँ शराब, अफीम और विदेशी कपड़े की दुकानों पर धरना दें।

(iv) विदेशी वस्त्रों को जलाया जाए।

(v) लोग सरकार को कर न दें।

सविनय अवज्ञा आंदोलन बहुत जोरों से फरवरी, 1931 तक चला। 3 जनवरी, 1932 को इसे पुनः चलाया गया और 7 अप्रैल, 1934 को गांधी ने इसे बिल्कुल समाप्त कर दिया।

गोलमेज सम्मेलनः 1930-33 (Round Table Conferences)

भारतीय समस्याओं के दूर करने हेतु, 1930 में पहला गोलमेज सम्मेलन लंदन में हुआ। जिसमें कांग्रेस ने भाग नहीं लिया। अतः, यह गोलमेज सम्मेलन पूर्णतः असफल रहा। 7 दिसम्बर 1931 को दूसरा गोलमेज सम्मेलन लंदन में प्रारम्भ हुआ। गांधी-इरविन समझौता के फलस्वरूप, गांधी ने कांग्रेस के प्रतिनिधि के रूप में भाग लिया। लेकिन, ब्रिटिश सरकार के सशंकित दृष्टिकोण के कारण, उन्हें निराश होकर भारत लौट जाना पड़ा। तीसरे गोलमेज सम्मेलन में कांग्रेस ने भाग नहीं लिया।

गांधी का आमरण-व्रत एवं पूना समझौता 1932 (Gandhi's Fast unto Death and Poona Pact)

16 अगस्त, 1932 को तत्कालीन ब्रिटिश प्रधानमंत्री रैम्जे मैक्डोनाल्ड ने साम्प्रदायिक पंचाट[1] की घोषणा की। इसके अंतर्गत दलित वर्गों या हरिजनों को हिन्दुओं से अलग करके, उनकी एकता को नष्ट किया गया था। 20 सितम्बर, 1932 को गांधी ने इसके विरूद्ध अपना आमरण-व्रत आरम्भ किया।

26 सितम्बर, 1932 को मदनमोहन मालवीय, डॉ. राजेन्द्र प्रसाद एवं अन्य नेताओं के प्रयत्न से गांधी और ब्रिटिश सरकार के बीच एक समझौता हुआ जो **पूना समझौता** के नाम से प्रसिद्ध हुआ। परिणामतः, गांधी ने अपना व्रत तोड़ा। इस समझौते के अनुसार हिन्दुओं और हरिजनों का प्रतिनिधित्व सम्मिलित ही रहा और हरिजनों को दुगने से अधिक स्थान दिए गए।

1. Communal Award.

गांधी तथा द्वितीय विश्वयुद्धः 1939-44 (Gandhi and the Second World War)

पहली सितंबर, 1939 को जर्मनी ने पोलैंड पर आक्रमण कर, सम्पूर्ण विश्व को द्वितीय विश्वयुद्ध की विभीषिका में झोंक दिया। तत्कालीन वायसराय लिनलिथगो ने भारत को भी युद्ध में शामिल कर दिया। गांधी ने अपना निजी विचार व्यक्त करते हुए **हरिजन** पत्रिका में लिखा–"अंग्रेजों को जो भी सहायता दी जाए, वह बिना शर्त के दी जानी चाहिए।"[1] लेकिन, कांग्रेस की कार्यसमिति ने इसका विरोध किया और उनके आदेश पर नौ प्रान्तों की कांग्रेसी सरकार को त्याग-पत्र देना पड़ा।

युद्ध के समय ब्रिटिश सरकार ने भारतीयों की स्वतंत्रता को कुचल दिया था। अतएव, गांधी ने स्वतंत्रता दिलाने के लिए, अक्टूबर 1940 में व्यक्तिगत सत्याग्रह शुरू किया। मई 1941 तक चौदह हजार लोगों ने सत्याग्रह किया। लेकिन, जापान के युद्ध में शामिल होने के कारण, गांधी ने व्यक्तिगत सत्याग्रह को समाप्त कर दिया।

गांधी द्वारा क्रिप्स प्रस्ताव की अस्वीकृति 22 मार्च, 1942 (Rejection of Cripps Proposal by Gandhi)

22 मार्च, 1942 को सर स्टॉफोर्ड क्रिप्स को, ब्रिटिश सरकार ने भारतीय समस्या के समाधान के लिए और युद्ध में भारतीयों का पूर्ण सहयोग प्राप्त करने के लिए भेजा। गांधी ने क्रिप्स के प्रस्ताव को अस्वीकार कर दिया, क्योंकि, उस प्रस्ताव में भारतीयों का हित निहित नहीं था।

भारत छोड़ो आंदोलनः करो या मरोः 9 अगस्त, 1942 (Quit India Movement: Do or Die)

क्रिप्स मिशन की असफलता के कारण, भारतीयों में असंतोष का वातावरण और भी काफी गम्भीर हो गया। इसी बीच, **अखिल भारतीय कांग्रेस समिति** ने 8 अगस्त, 1942 को, अंग्रेजों भारत छोड़ो का प्रस्ताव पारित किया तथा इसे 9 अगस्त, 1942 से सम्पूर्ण भारत में लागू किया गया।

गांधी, नेहरू, राजेंद्र प्रसाद, पटेल, जयप्रकाश जैसे नेताओं को गिरफ्तार कर लिया गया। लोहिया, अरुण आसफअली और उषा मेहता ने भूमिगत आंदोलन का संचालन किया। भारत में बड़े पैमाने पर आगजनी, तोड़फोड़, हिंसा, लूट और अराजकता फैली। सम्पूर्ण भारत हिंसा की अग्नि में जलने लगा।

1. "Gandhi wrote in Harijan that what ever support was to be given to the British should be given unconditionally." *The Harijan*, September 23, 1939.

गांधी और भारत की स्वतंत्रता 15 अगस्त, 1947 (Gandhi and India's Independence)

6 मई, 1944 को गांधीजी को जेल से छोड़ दिया। भारत में सांविधानिक गतिरोध को दूर करने के लिए वावेल योजना, 1945 और मंत्रिमंडल मिशन, 1946 में भेजा गया। 2 सितम्बर, 1946 को जवाहरलाल नेहरू के नेतृत्व में, अन्तरिम सरकार का गठन किया गया। लेकिन, मुस्लिम लीग ने सहयोग नहीं दिया। उसकी सीधी कार्रवाई से कलकत्ता, नोआखाली, दिल्ली, पंजाब, बिहार और अन्य स्थानों पर भयंकर दंगें हुए। इसी बीच, इंग्लैंड में एटली प्रधानमंत्री बने। उसने माउण्बेटन योजना, 1947 में भेजी। जिसके द्वारा भारत का विभाजन हुआ। भारत और पाकिस्तान को अलग-अलग स्वतंत्र राष्ट्र घोषित किया गया। इस प्रकार, गांधी के अथक प्रयास से 15 अगस्त, 1947 को भारत स्वतंत्र हुआ।

साम्प्रदायिक दंगें एवं गांधी का निधन 30 जनवरी, 1947 (Communal Riots and Death of Gandhi)

भारत विभाजन के बाद कलकत्ता, नोआखाली, दिल्ली, पंजाब और बिहार में भयंकर दंगें हुए। पाकिस्तान में हिन्दुओं को कत्ल किया जाने लगा। जिसके कारण लाखों हिन्दू भागकर दिल्ली आ गए। गांधी ने साम्प्रदायिक दंगें को शान्त करने के लिए बंगाल, बिहार और दिल्ली का दौरा किया। इसके लिए उन्होंने आमरण-व्रत भी रखा। अंत में, दंगा को शांत किया गया।

इसी बीच, पाकिस्तान ने भारत से प्रतिरक्षा स्टोरों के बदले पचपन करोड़ रुपये की मांग की। नेहरू और पटेल ने कहा कि पाकिस्तान में हिन्दू शरणार्थी कई अरब रुपये की सम्पत्ति और बैंकों में जमा रुपये छोड़ आए हैं। पाकिस्तान की सरकार ने उनको जब्त कर लिया है। अतएव, पाकिस्तान की सरकार पहले उस धन को वापस करे और फिर पचपन करोड़ रुपये की मांग करे। पाकिस्तान ने उनकी सम्पत्ति वापस करने से अस्वीकार कर दिया। गांधीजी के आग्रह पर भारत सरकार ने उन्हें पचपन करोड़ की धनराशि दे दी। इससे भारतीयों के मन में भारी क्षोभ हुआ।

गांधीजी को मुसलमानों के प्रति सहानुभूति होने के कारण, युवा हिन्दुओं के मन में बेचैनी का सागर उमड़ने लगा। अन्ततः, 30 जनवरी 1948 को बिरला भवन, दिल्ली की प्रार्थना सभा में, नाथूराम गोडसे ने, गोली सीने पर चलाकर महात्मा गांधी को राजघाट की समाधि में चिरनिद्रा में सुला दिया। आज

राजघाट पर बापू की समाधि, उनके राजनीतिक व्यक्तित्व का प्रकाश-स्तम्भ बनकर सम्पूर्ण मानव समाज को स्वतंत्रता के लिए आलौकित कर रही है। हे राम। गांधी के आध्यात्मिक व्यक्तित्व और ईश्वर में पूर्ण आस्था की अभिव्यक्ति है। ऐसे महान आत्मा के प्रति सम्पूर्ण राष्ट्र नत-मस्तक है।

4. देशबंधु चित्तरंजन दासः 4 नवंबर, 1870-16 जून, 1925 (Desh Bandhu Chittranjan Das)

जन्म, शिक्षा एवं पेशा (Birth, Education and Profession)-चित्तरंजनदास का जन्म 4 नवंबर, 1870 में, कलकत्ता के एक वैष्णव बंगाली परिवार में हुआ था। वे बचपन से ही मेधावी छात्र थे। वे बैरिस्टरी पास करके, कलकत्ता हाई कोर्ट में वकालत करने लगे और शीघ्र ही एक प्रसिद्ध बैरिस्टर की श्रेणी में आ गए।

अरविंद घोष का मुकदमाः 1908 (The Case of Aurobindo Ghose)-1908 में क्रांतिकारियों के द्वारा अलीपुर में बम का बिस्फोट किया गया, जो अलीपुर बम के नाम से जाना जाता है। इसमें अरविंद घोष को गिरफ्तार किया गया और उन पर मुकदमा चलाया गया। चित्तरंजन दास ने मुकदमे की बहस और पैरवी की, जिसके फलस्वरूप वह मुकदमे जीत गए। अरविंद घोष को जेल से मुक्त किया गया और खुशियाँ मनाई गई। इस अलीपुर बमकांड मुकदमे की विजय होने से, चित्तरंजन दास की प्रसिद्धि देश-विदेश में फैल गई। वे एक प्रसिद्ध बैरिस्टर के रूप में विख्यात हुए।

राजनीतिक जीवनः 1917 (Political Life)-1917 से चित्तरंजन दास का राजनीतिक जीवन प्रारंभ होता है। उन्होंने लोकमान्य तिलक के राष्ट्रीय दल का समर्थन किया। उन्होंने कलकत्ता कांग्रेस में भाग लिया और यह मांग की कि भारत को उसकी रूचि के अनुकूल संविधान मिलना चाहिए।

1919-1920 की राजनीति में (In Politics)-चित्तरंजन दास ने 1919 के, **मॉट-फोर्ड सुधारों** के विषय में अमृतसर के कांग्रेस अधिवेशन में एक प्रस्ताव पेश किया, जिसमें इन सुधारों को अपर्याप्त और निराशाजनक बताया गया। 1920 के गांधी के असहयोग आंदोलन के प्रारंभ में, चित्तरंजन दास विरोध कर रहे थे। लेकिन, जैसे ही कांग्रेस से स्वीकृति मिल गई, उन्होंने इसे स्वीकार कर लिया और असहयोग, आंदोलन में कूद पड़े। उनके प्रचार के कारण, बंगाल में हजारों नर-नारियों ने असहयोग आंदोलन में भाग लिया। **प्रिंस ऑफ वेल्स** के बहिष्कार में आप जेल भेजे गए।

कांग्रेस अध्यक्षः 1922 (Congress President)–1922 में आप गया कांग्रेस के अध्यक्ष बने, लेकिन कार्यक्रम पर मतभेद होने के कारण आपने त्यागपत्र दे दिया।

स्वराज दलः 1923 (Swaraj Party)–इसके बाद, चित्तरंजन दास ने मोतीलाल नेहरू से हाथ मिलाकर, एक स्वराज पार्टी की स्थापना की। उनके नेतृत्व में, 1923 के आम चुनाव में उन्हें काफी सफलता मिली। चित्तरंजन दास ने देश का दौरा कर, स्वराज पार्टी के सिद्धांतों और कार्यक्रमों का प्रचार किया। इसके साथ ही, बंगाल में द्वैध शासन को उन्होंने असफल बना दिया।

बंगाल कौंसिल के दलीय नेता (Party Leader in the Bengal Council)–चित्तरंजन दास बंगाल कौंसिल में दलीय नेता बने। अपने ज्ञान और वाक्-चातुर्य से बंगाल सरकार के विरूद्ध कई बार अविश्वास प्रस्ताव पास करवाया। वे भारत के लिए अधिराज्य स्थिति प्राप्त करना चाहते थे। उन्होंने विरोधी दल में रहते हुए भी, ब्रिटिश सरकार को गलत नीतियों की कटु आलोचना की। वे भारत के लिए संघात्मक शासन चाहते थे, जिसमें इकाइयों को सांस्कृतिक स्वायत्तता हो।

त्यागीः सुभाष की गिरफ्तारीः 1927 (Sacrificer: Arrest of Subhash)–चित्तरंजन दास एक महान त्यागी थे। सुभाषचंद्र बोस उनके शिष्य थे। सरकार ने, 1924 में उनको गिरफ्तार कर लिया। उस समय चित्तरंजन दास कलकत्ता के नगर निगम के मेयर थे। उन्होंने सुभाषचंद्र बोस के सारे कार्यों की जिम्मेदारी स्वयं ली और सरकार को कहा कि मुझे गिरफ्तार करो। यह उनके बड़े त्याग का उदाहरण है।

देशबंधु उपाधि (Deshbandhu Title)–चित्तरंजन दास के महान त्याग के कारण ही, भारत की जनता ने उन्हें देशबंधु की उपाधि से विभूषित किया।

महान देशभक्त (Great Patriot)–चित्तरंजन दास एक महान देशभक्त थे। मातृभूमि के प्रति आपकी भावना बड़ी ही तीव्र थी। उनके शब्दों में, "अपने देश के लिए कार्य करना, मेरे लिए धर्म का ही अंग है। यह मेरे जीवन के आदर्शवाद का कम न होने वाला एक हिस्सा है। अपने देश की भावना में ही मैं ईश्वर का साक्षात्कार करता हूँ।"

निधन (Death)–अधिक व्यस्तता के कारण, चित्तरंजन दास का शरीर क्षीण हो चुका था, देश के हवन-कुंड में अपना सब कुछ होम देने वाले, इस महान सपूत का 16 जून, 1925 को निधन हो गया।

महात्मा गांधी ने उनकी मृत्यु पर कहा था, "मनुष्यों में से एक देवता जाता रहा और आज बंगाल विधवा के समान हो गया।"

तत्कालीन बंगाल के गवर्नर ने उनके निधन पर प्रशंसा भरे शब्दों में कहा था, "देशबंधु दास में अपने विरोधी की स्थिति की दुर्बलताओं को तोड़ने की सहज बुद्धि थी और इसके साथ-साथ उनमें अपनी योजनाओं को कार्यान्वित करने का दृढ़ संकल्प तथा निश्चय भी था, जिसने उनको अपनी योग्यतम सहयोगियों से भी ऊपर उठा दिया था।"

निष्कर्ष–इस प्रकार, भारतीय राष्ट्रीय आंदोलन के इतिहास में देशबंधु चित्तरंजन दास का नाम स्वर्णाक्षरों से लिखा हुआ है। वे बंगाल के महान देशभक्त, त्यागी और स्वतंत्रता सेनानी के रूप में विख्यात है। सारा देश और विशेषतः बंगाल उनके सद्‌गुणों, निर्भीकता, राजनीतिक दूरदर्शिता, त्याग और देशभक्ति के लिए नत मस्तक है।

5. सरदार वल्लभभाई पटेल (31 अक्टूबर, 1875–15 दिसंबर, 1950)
(Sardar Vallabhbhai Patel)

जन्म, शिक्षा एवं पेशा (Birth, Education and Profession)–सरदार वल्लभभाई पटेल का जन्म 31 अक्टूबर, 1875 को, पटलाद तालुका के करमसद गाँव में हुआ था। घर की आर्थिक स्थिति ठीक नहीं रहने के कारण, उनकी शिक्षा थोड़ी हुई और वे मुख्तारी करने लगे। लेकिन, इससे उनको संतोष नहीं हुआ और उन्होंने लंदन जाकर बैरिस्टरी की परीक्षा पास की। वे गुजरात लौटकर बैरिस्टरी करने लगे। थोड़े ही दिनों में, वे गुजरात के एक विख्यात बैरिस्टर की श्रेणी में आ गए। बाल्यावस्था से ही पटेल देशभक्त थे और भारत को स्वतंत्र देखना चाहते थे।

राजनीतिक जीवनः गांधी का संपर्क 1918 (Political Life: Contact with Gandhi)–1918 से सरदार पटेल का राजनीतिक जीवन प्रारंभ होता है। वे राजनीति में तब आए, जब गांधी ने गुजरात में साबरमत्ती आश्रम की स्थापना की और उनके महान व्यक्तित्व से पटेल काफी प्रभावित हुए। 1918 में चंपारन से लौटने के बाद, जब गांधी ने गुजरात के खेड़ा में लगान न देने का आंदोलन चलाया। पटेल ने इस आंदोलन को बड़े उत्साह के साथ संगठित किया और सफलता पाई।

1923 में सरदार पटेल अहमदाबाद की नगरपालिका के अध्यक्ष चुने गए। उन्होंने गांधी द्वारा संचालित असहयोग आंदोलन में भी भाग लिया।

बारदोली सत्याग्रहः 1928 (Bardoli Satyagraha)–1928 में पटेल ने बारदोली सत्याग्रह में भाग लिया। उन्होंने बंबई सरकार को **बाईस** के स्थान पर **सात** प्रतिशत कर लगाने के लिए बाध्य किया। उन्होंने बारदोली सत्याग्रह का सफल नेतृत्व किया, जिससे किसानों को सफलता मिली और उनमें नयी आशा का संचार हुआ। इस सत्याग्रह में पटेल ने जिस लगन से काम किया, उसके कारण बारदोली के किसानों ने उन्हें सरदार की उपाधि से विभूषित किया और फिर शीघ्र ही बारदोली के सरदार संपूर्ण भारत के सरदार बन गए।

सविनय अवज्ञा आंदोलनः 1930 (Civil Disobedience Movement)–1930 में गांधी द्वारा सविनय अवज्ञा आंदोलन चलाया गया। सरदार पटेल ने इसमें सक्रिय भूमिका निभायी। जिसके कारण, उन्हें जेल में कठोर यातनाएँ भुगतनी पड़ी। इससे पटेल की प्रसिद्धि बढ़ गई। संपूर्ण भारत में उनका नाम फैल गया।

1931 में कांग्रेस अधिवेशन में, सरदार पटेल को अध्यक्ष बनाया गया। उनके त्याग, लगन और कठोर परिश्रम के कारण, उन्हें तीन बार कांग्रेस का अध्यक्ष चुना गया।

कांग्रेसी मंत्रिमंडलः 1937 (Congress's Cabinet)–भारत सरकार अधिवेशन, 1935 के अनुसार 1937 में आम चुनाव हुए। कांग्रेस को आशातीत सफलता मिली। सात प्रांतों में कांग्रेस का मंत्रिमंडल बना। मंत्रिमंडलों पर निगरानी रखने के लिए पार्लियामेंटरी बोर्ड बनाया गया। सरदार पटेल इसके अध्यक्ष हुए। उन्होंने कांग्रेसी मंत्रिमंडलों के संचालन में अपने अपूर्व कौशल का परिचय दिया। वे बड़े अनुशासन प्रिय व्यक्ति थे और अनुशासन के निर्वाह में बड़ी कठोरता बरतते थे। इसलिए, उन्हें लोग डिक्टेटर कहते थे। लेकिन, सरदार पटेल इन बातों की कोई परवाह नहीं करते थे। वास्तव में, वे व्यक्ति की अपेक्षा संगठन की परवाह अधिक करते थे।

भारत छोड़ो आंदोलनः 1942 जेल-यात्रा (Quit India Movement: Jail-Journey)–1942 के भारत छोड़ो आंदोलन में, सरदार पटेल ने महत्वपूर्ण भूमिका निभायी। वे शीघ्र ही गिरफ्तार कर लिए गए और जेल में रखकर उनको यातनाएँ दी गई। शिमला सम्मेलन के समय उन्हें जेल से मुक्त किया गया।

अंतरिम सरकारः 1946 (Interim Government)–सरदार पटेल में नेतृत्व शक्ति के साथ-साथ कार्य करने की भी अद्वितीय क्षमता थी। 1946 में, भारत में अंतरिम सरकार का गठन किया गया। वे उप-प्रधानमंत्री बने

और गृह-विभाग को सँभाला। मुस्लिम लीग की **सीधी कार्यवाही** के कारण, कलकत्ता, यू.पी., बिहार, पंजाब, असम और अन्य स्थानों पर भयंकर सांप्रदायिक दंगे हुए, जिसमें हजारों निर्दोष व्यक्तियों को मौत के घाट उतार दिया गया। कलकत्ता और नोआखाली में भीषण दंगे हुए। संपूर्ण भारत की व्यवस्था चरमरा गई। चारों तरफ जंगल राज्य हो गया। ऐसी स्थिति में, सरदार पटेल ने मोर्चा संभाला और दंगाई क्षेत्रों में, शांति की स्थापना की। उन्होंने बड़ी दृढ़ता के साथ परिस्थितियों का सामना किया।

सरदार पटेल ने भारतीय सेनाओं का भी पुनर्गठन बड़ी सफलता के साथ किया।

देशी रियासतों का भारत में विलय (Merger of Native States in India)–15 अगस्त, 1947 को भारत स्वतंत्र हुआ। उस समय देशी रियासतों ने एक कठिन और जटिल समस्या उपस्थित कर दी। लगभग 562 देशी रियासतों पर से, ब्रिटिश सार्वभौम सत्ता उठा ली गई और उन्हें भारत या पाकिस्तान में मिलने या स्वतंत्र रहने का अधिकार दिया गया। इससे सारे देश की एकता को खतरा था और अव्यवस्था फैलने का भय था। सरदार पटेल ने अपनी राजनीतिज्ञता और दूरदर्शिता से उन सभी राज्यों का, भारत में विलीयकरण करवा दिया। हैदराबाद के निजाम को भी बाध्य किया। पाक आक्रमण के बाद कश्मीर के राजा हरिसिंह ने भी आत्म-समर्पण किया और कश्मीर को भारत-विलय की संधि पर हस्ताक्षर कर दिए। स्वतंत्र भारत में एक अखंड भारत का निर्माण, पटेल की सबसे बड़ी उपलब्धि है, इसी कारण वे **लौहपुरुष**[1] की उपाधि से सम्मानित किए गए।

लंदन टाइम्स ने लिखा था, "भारतीय रियासतों के एकीकरण का उनका कार्य, उन्हें बिस्मार्क और संभवत, उससे भी ऊँचा स्थान प्रदान कर देता है।"

अल्पसंख्यकों के हितैषी (Well-wisher of Minorities)–सरदार पटेल के संबंध में मुसलमानों में गलत धारणा फैली हुई थी। वे मुसलमानों के कट्टर दुश्मन समझे जाते थे। लेकिन, यह धारणा गलत थी। वे अल्पसंख्यकों के हितैषी थे। 1931 के कांग्रेस अधिवेशन में, सरदार पटेल ने अपने अध्यक्षीय भाषण में कहा था, "कांग्रेस किसी ऐसे संविधान को स्वीकार नहीं करेगी, जिसमें सांप्रदायिक समस्या का संतोषजनक हल न किया हो। मैं तो एक हिंदू होने के नाते, अल्पसंख्यकों को एक स्वदेशी लेखनी तथा कागज दे दूँगा, वे अपनी बात उस पर लिख दें और मैं हस्ताक्षर कर, उनका समर्थन कर दूँगा।"

1. Iron Man.

वस्तुतः, सरदार पटेल सांप्रदायिक नहीं थे, लेकिन वे अनुचित तुष्टिकरण के समर्थक भी नहीं थे।

निर्भीक व्यक्ति (Bold Person)–सरदार पटेल बड़े निर्भीक व्यक्ति थे और बहुत निर्भय होकर, महान व्यक्तियों से भी बातें करते थे। एक बार उन्होंने **चर्चिल** को मुँह तोड़ उत्तर देते हुए कहा था, "आप लोग यह सोच समझकर बोलना सीखें कि अब आप स्वतंत्र भारत से बात कर रहे हैं।"

कोमल हृदयी (Soft Hearted)–लौहपुरुष कहे जाने वाले सरदार पटेल का हृदय बड़ा ही कोमल था। जैसा कि **एस.के. पाटिल** ने लिखा है, "सरदार यदि अपने महान कार्यों के कारण राष्ट्र के लिए थे, तो वे मानवीय गुणों में इससे भी महान थे और उनके बाहरी कठोर आवरण के पीछे, एक कोमल भावुक हृदय छिपा हुआ था। संभवतः, कई युगों में केवल एक ही बार इस प्रकार के व्यक्ति उत्पन्न होते हैं।"

पटेल, गांधी और नेहरू के पूरक (Patel Supplementary to Gandhi and Nehru)–विद्वानों का मत है कि सरदार पटेल अपने विचारों और कार्यों में गांधी एवं नेहरू के पूरक थे। इसी कारण उनके निधन के समय लंदन के **मैनचेस्टर गार्जियन** ने लिखा था, "पटेल के बिना गांधीजी के विचारों का प्रभाव व्यवहार में पूरा नहीं उतरता और नेहरू के आदर्शवाद का क्षेत्र कम हो जाता। पटेल स्वतंत्रता संग्राम के संगठनकर्ता ही नहीं रहे, बल्कि संग्राम की समाप्ति पर, नए भारत के निर्माता भी बने। एक ही व्यक्ति विद्रोही और राजनीतिज्ञ के रूप कभी-कभी ही सफल होता है तथा इस संबंध में सरदार पटेल एक अपवाद थे।"

निधन (Death)–15 दिसंबर, 1950 को, अखंड भारत के निर्माता और लौहपुरुष कहे जाने वाले सरदार वल्लभभाई पटेल का आकस्मिक निधन हो गया। देश ने एक सच्चा देशभक्त और सपूत खो दिया। आधुनिक भारत के इतिहास में भारत एकीकरण के संदर्भ में उनका नाम अमर रहेगा।

सरदार पटेल के व्यक्तित्व पर कुछ व्यक्तियों के मत (Some Opinions of the Persons on the Personality of Sardar Patel)

सरदार पटेल के व्यक्तित्व पर कुछ व्यक्तियों का मत द्रष्टव्य है–

लुई फिशर (Luis Fischer)–"गांधीजी और जवाहरलाल के व्यक्तित्व में चलने वाले कांग्रेस के राजनीतिक कर्णधार वल्लभभाई पटेल हैं।"

के. एम. मुंशी के शब्दों में, "गांधीजी के सामने उनका पूर्ण आत्म-समर्पण, जो प्राय: आध्यात्मिक ढंग का था, उनकी महान प्रबंध शक्ति, राष्ट्रीय शक्ति के मुख्य स्तम्भ, सामान्य प्रशासन को बनाये रखने का उनकी सामर्थ्य, उनका साहसी नेतृत्व, मनुष्यों की भावनाओं और आकाँक्षाओं को जान लेने की पूरी शक्ति व ब्रिटिश शासन के प्रति उनकी समझौता न करने की प्रवृत्ति, ने उन्हें भारतीय स्वतंत्रता संग्राम में जबरदस्त शक्ति का केंद्र बना दिया था।"

जॉन गुन्थर के अनुसार, "पटेल बहुत अच्छे दलीय नेता थे। जब एक बार गांधीजी कोई मार्ग निश्चित कर लेते हैं, तब उस पर सबके चलाने का भार पटेल का होता था। वे राजनीतिक मशीन के निर्माता थे और वे ही कांग्रेसी मंत्रिमंडलों को नियंत्रित करते थे।"

रामास्वामी वेंकटरामन ने सरदार पटेल के योगदान के बारे में 21 अक्टूबर, 1990 को निम्नलिखित विचारों को व्यक्त किए था–"सरदार वल्लभभाई पटेल में इस्पात की शक्ति तथा सोने की शुद्धता का मेल था। वे पूर्णतया ईमानदार तथा स्पष्ट वक्ता थे। स्वर्गीय पटेल आदेष्टा और प्रतिपक्षी दोनों बराबर की योग्यता के साथ बन सकते थे।"[1]

"बंदीगृह में प्राय: रहने के कारण, सरदार पटेल निजी विलासों के प्रति उदासीन बन गए थे। उनमें आश्चर्यजनक धैर्य था, जो उनके धर्म का एक अंग था। देशी रियासतों के एकीकरण में सरदार पटेल की अत्यन्त महत्वपूर्ण भूमिका का, शब्दों में पर्याप्त रूप से वर्णन नहीं किया जा सकता है। यदि नेहरू आधुनिक भारत के निर्माता थे, तो सरदार पटेल को संयुक्त भारत का इंजीनियर माना जा सकता है।"[2]

"पंडित जवाहरलाल नेहरू उनको एक विश्वसनीय मंत्री मानते थे। उनके साथी उनका बहुत सम्मान करते थे और लोगों की उनमें असीम श्रद्धा थी। इसलिए पटेल हर आने वाले समय के लिए, विश्वास तथा चरित्र का एक स्तम्भ बन गए हैं।"[3]

---

1. "Sardar Vallabhbhai Patel Combined in him strength of steel and the purity of gold. Direct, totally honest and frank, the late Patel could be a commandant as well as combatant with equal efficiency."—R. Venkataraman
2. "Sardar Patel's role in the integration of the Indian states could never lie adequately described in words. If Nehru was regarded as an architect, Sardar Vallabhbhai Patel must be regarded as united India engineer."—R. Venkataraman
3. "Implicity trusted by menter respected by his colleagues, venerated by the people, Sardar Patel is an all time reference point for India a pillar of confidence and character."—R. Venkataraman

6. सरोजिनी नायडू (13 फरवरी, 1878–2 मार्च, 1949) (Sarojini Naidu)

जन्म, शिक्षा एवं पेशा (Birth, Education and Profession)–सरोजिनी नायडू का जन्म 13 फरवरी, 1878 को, हैदराबाद के डॉ. अधोरनाथ चटोपाध्याय के घर में हुआ था। बचपन से ही वह पढ़ने में काफी तेज थीं और उनका झुकाव कविता-लेखन की ओर था। वह उच्च शिक्षा हेतु लंदन गई थीं। जातीयता के बंधन को तोड़कर उन्होंने, एक ब्राह्मण डॉ. गोविंद रागुलू नायडू से दाम्पत्य जीवन स्थापित कर लिया था। उन्हें चार संतानें हुई।

राजनीतिक जीवनः 1916–1929 (Political Life)–सरोजिनी नायडू का राजनीतिक जीवन 1916 से प्रारंभ होता है, जब उन्होंने लखनऊ कांग्रेस अधिवेशन में भाग लिया। इसी समय भारत की नारियों में उन्हें उच्च स्थान प्राप्त हुआ। भारत में उन्होंने नारी आंदोलन का प्रारंभ किया और उनके उत्थान के लिए संघर्षरत रही।

1921 में सरोजिनी नायडू लंदन गई, जहाँ भारतीय नारियों के मताधिकार की मांग की। वहाँ से लौटने पर उन्होंने गांधी के असहयोग आंदोलन में सक्रिय भूमिका निभायी।

1925 के कानपुर कांग्रेस-अधिवेशन में, सरोजिनी नायडू को अध्यक्ष निर्वाचित किया गया। नारी को एक सम्मान दिया गया। इससे नायडू की प्रतिष्ठा में चार चाँद लग गए। 1929 में वे अफ्रीका भी गई।

नमक सत्याग्रह आंदोलनः 1930 (Salt Satyagraha Movement)–1930 में नमक सत्याग्रह आंदोलन के समय जब गांधीजी को गिरफ्तार करके जेल भेज दिया गया, तो उस समय सत्याग्रह आंदोलन का नेतृत्व नायडू ने किया। 1931 में उन्होंने द्वितीय गोलमेज सम्मेलन में भाग लिया।

1936–37 के चुनाव में नायडू ने समस्त देश का दौरा करके, कांग्रेस की नीतियों और कार्यक्रमों का प्रचार किया। 1942 के भारत छोड़ो आंदोलन में उनकी भूमिका सराहनीय रही।

सभानेत्रीः 1946 (President)–1946 में सरोजिनी नायडू ने एशियाई देशों के सम्मेलन में सभानेत्री के पद को सुशोभित किया।

गवर्नर (Governor)–जब भारत स्वतंत्र हुआ, तो सरोजिनी नायडू को उत्तर प्रदेश का गवर्नर बनाकर, उसकी प्रतिष्ठा को बढ़ाया गया। उन्होंने बहुत ही अच्छे ढंग से उत्तर प्रदेश के शासन को चलाया।

कवयित्री भारत कोकिला (Poetess India Nightingle)–सरोजिनी नायडू को बचपन से ही अंग्रेजी में कविता लिखने का बड़ा शौक था। उन्होंने अनेक कविताओं की रचना की और उनका प्रकाशन भी हुआ। लेकिन, अंग्रेजों ने कभी भी उनको अंग्रेजी कवयित्री के रूप में नहीं स्वीकार किया। उन्हें अंग्रेजी साहित्य में एक कवयित्री के रूप में स्थान नहीं मिला। उनकी कवितायें पठनीय और सारगर्भित हैं।

सरोजिनी नायडू के स्वर में माधुर्य था। उनकी बोली कोयल की तरह कोमल, सुरीली और मधुर थी। जिसके कारण उन्हें भारत **कोकिला** कहकर सम्मानित किया गया।

नारी आंदोलन की प्रणेता (Founder of Woman Movement)–भारत में नारी आंदोलन की प्रणेता के रूप में नायडू को जाना जाता है। उन्होंने नारी के सामाजिक, शैक्षणिक, आर्थिक और राजनीतिक स्थिति में सुधार लाने के लिए अथक प्रयास किया।

निधन (Death)–ऐसे देश भक्त और स्वतंत्रता सेनानी का 2 मार्च, 1949 को आकस्मिक निधन हो गया और भारत की नारी जगत का एक अध्याय सदा के लिए बंद हो गया।

7. चक्रवर्ती राजगोपालाचारी (8 दिसंबर, 1879-1972) (Chakravarti Rajagopalachari)

जन्म, शिक्षा एवं पेशा (Birth, Education and Profession)–8 दिसंबर 1879 को चक्रवर्ती राजगोपालाचारी का जन्म सलेम (मद्रास) में एक ब्राह्मण परिवार में हुआ था। बाल्यावस्था से ही वे एक कुशाग्रबुद्धि के छात्र थे। उन्होंने वकालत की परीक्षा पास की। उसके बाद उन्होंने वकालत को एक पेशे के रूप में स्वीकार किया। थोड़े ही दिनों में, उनकी वकालत चमक उठी और चारों तरफ उनकी प्रसिद्धि फैल गई।

राजनीतिक जीवन 1917 (Political Life)–1917 में राजाजी ने राजनीति में प्रवेश किए और महात्मा गांधी के व्यक्तित्व से काफी प्रभावित हुए। इसी वर्ष एनी बेसेंट द्वारा चलाए गए, होमरूल आंदोलन में उन्होंने खुलकर भाग लिया। वे वकालत छोड़कर राजनीति में सक्रिय रूप से भाग लेने लगे। उन्होंने कौंसिल प्रवेश का जमकर विरोध किया था और अपने ओजस्वी भाषण तथा अकाट्य तर्कों द्वारा, कांग्रेस के प्रतिनिधियों को इस प्रश्न पर अपने पक्ष में कर लिया था। उसी समय से कांग्रेस में उनकी महत्ता बढ़ गई थी। कांग्रेस के

प्रस्तावों और घोषणा-पत्र के निर्माण में उनकी भूमिका सराहनीय रही। उन्होंने पूना समझौते की रूपरेखा भी तैयार की थी।

मुख्यमंत्रीः 1937 (Chief Minister)–1937 में भारत में आम चुनाव हुआ। जिसमें कांग्रेस पार्टी को ग्यारह प्रांतों में से सात प्रांतों में बहुमत प्राप्त हुआ। राजाजी ने मद्रास के मुख्यमंत्री पद को सँभाला और बड़ी कुशलता के साथ प्रशासन को चलाया।

क्रिप्स प्रस्तावः 1942 एवं सी.आर. फॉर्मूला (Cripps Proposal and C.R. Formula)–भारत में राजनीतिक गतिरोध को दूर करने के लिए, ब्रिटिश सरकार ने सर स्टॉफोर्ड क्रिप्स को भारत भेजा। क्रिप्स ने प्रशासनिक सुधार हेतु कुछ तथ्यों को रखा, जो क्रिप्स प्रस्ताव के नाम से विख्यात हुआ। राजाजी ने क्रिप्स प्रस्ताव के विचार-विमर्श में महत्वपूर्ण भूमिका निभायी।

राजाजी पाकिस्तान निर्माण के पक्ष में थे। उनका कथन था कि हिंदू-मुस्लिम एकता के लिए यह आवश्यक है कि जिन्ना की पाकिस्तान की मांग को स्वीकार कर लिया जाए। इसी समस्या के समाधान हेतु उन्होंने कुछ सिद्धांतों का निर्माण किया, जो **सी.आर. फॉर्मूला** के नाम से विख्यात हुआ गाँधी ने **सी.आर. फॉर्मूला** के आधार पर हिंदू-मुस्लिम एकता को स्थापित करने के लिए जिन्ना से बातचीत की।

अंतरिम सरकारः 1946 (Interim Government)–1946 में भारत में ब्रिटिश सरकार के आदेश पर, अंतरिम सरकार की स्थापना की गई, जिसमें राजाजी को मंत्री बनाया गया।

गवर्नर-जनरल एवं मुख्यमंत्री (Governor General and Chief Minister)–15 अगस्त, 1947 को भारत स्वतंत्र हुआ। इसके पूर्व लॉर्ड माउंटबेटन भारत का गवर्नर-जनरल था। उनके जाने के बाद राजगोपालाचारी ने भारत के अंतिम गवर्नर-जनरल के पद को संभाला और अपनी प्रशासनिक कुशलता का परिचय दिया। इसके बाद, वे पुनः मद्रास के मुख्यमंत्री चुने गए और बड़ी दक्षता के साथ प्रशासन को चलाया।

स्वतंत्र पार्टी (Swatantra Party)–कांग्रेस पार्टी के विरोध में स्वतंत्र पार्टी का निर्माण किया गया। राजाजी इसके संस्थापक थे। संपूर्ण भारत में घूम-घूमकर राजाजी ने अन्य नेताओं के साथ स्वतंत्र पार्टी की नीतियों और सिद्धांतों की व्याख्या की तथा भ्रष्ट कांग्रेसी सरकार की आलोचना भी की।

व्यक्तित्व (Personality)–राजगोपालाचारी का व्यक्तित्व बड़ा आकर्षक था। वे राजनीति में कभी भी विवादास्पद नहीं बने। वे एक उच्चकोटि के

वक्ता, कुशल प्रशासक, अनुभवी राजनीतिक, अच्छे लेखक और महान संत थे। उनका भारतीय सम्यता और संस्कृति की ओर काफी झुकाव था। उनकी सर्वगुण सम्पन्नता के कारण, उन्हें भारत का भीष्म पितामह कहा जाता था। वे दक्षिण भारत के सबसे लोकप्रिय नेता थे और भारत में उनका स्थान स्तुत्य था। वे कोमल हृदय के व्यक्ति थे और गरीबों के मसीहा भी। वे एक उच्चकोटि के विद्वान और दार्शनिक भी थे। भारतीय प्रशासन में उनका स्थान अमर रहेगा।

निधन–एक बहुत ही लंबी उम्र तक जीवन का उपभोग करने के बाद, राजगोपालाचारी जैसे महान सपूत का 1972 में निधन हो गया। दक्षिण भारत का एक महान मनीषी और संत, इतिहास के पृष्ठों में समा गया।

8. डॉक्टर राजेंद्र प्रसाद (3 दिसंबर, 1884-28 फरवरी, 1963) (Dr. Rajendra Prasad)

जन्म, शिक्षा एवं पेशा (Birth, Education and Profession)–डॉ. राजेंद्र प्रसाद का जन्म बिहार के सारण जिले के जीरादेई गाँव में, एक प्रतिष्ठित कायस्थ परिवार में 3 दिसंबर, 1884 को हुआ था। 1902 में उन्होंने मैट्रिकुलेशन की परीक्षा पास की और कलकत्ता के **प्रेसीडेंसी कॉलेज** में भर्ती हुए। 1907 में, उन्होंने एम.ए. की परीक्षा पास की और मुजफ्फरपुर के **ग्रीयर कॉलेज** में प्राध्यापक नियुक्त हुए उसके बाद, उन्होंने कानून का अध्ययन किया और 1911 से कलकत्ता हाईकोर्ट में वकालत आरंभ किया। 1916 में वे पटना आकर, पटना हाईकोर्ट में वकालत करने लगे। वे एक नामी वकील की श्रेणी में आ गए और उनकी प्रसिद्धि चारों तरफ फैलने लगी।

राजनीतिक जीवनः 1917 देश सेवा (Political Life: 1917 Service to the Country)–डॉ. राजेंद्र प्रसाद 1917 के चंपारन सत्याग्रह के समय गांधीजी के संपर्क में आए और उनके शिष्य बन गए। यहीं से उनका राजनीतिक जीवन प्रारंभ होता है।

डॉ. राजेंद्र प्रसाद में देश सेवा और समाज सेवा की भावना कूट-कूट कर भरी हुई थी। उनके शब्दों में, "इस अनित्य संसार में धन, मर्यादा, यश सबका अंत हो जाता है। दूसरे लोग समझते हैं कि धनवान अपने सुवर्ण को लेकर सुखी है, लेकिन जानने वाले जानते हैं कि आनंद बाहर से नहीं, हृदय के अंदर उत्पन्न होता है। यदि मेरे जीवन में कोई महत्वाकांक्षा रही है, तो यही कि अपने देश की किंचित सेवा कर सकूँ।"

असहयोग आंदोलनः 1920 (Non-Co-operation Movement)–1920 में, महात्मा गांधी द्वारा असहयोग आंदोलन चलाया गया। राजेंद्र प्रसाद ने उसमें सक्रिय भाग लिया। इसके बाद, सभी कांग्रेस आंदोलनों में उन्होंने भाग लिया और जेल की भी यातनाएँ सही।

राजनीतिक सहभागिताः 1923 से 1933 (Political Participation)–असहयोग आंदोलन में कूदने के साथ, राजेंद्र प्रसाद ने अपनी वकालत छोड़ दी और उस समय से कांग्रेस के कर्णधार बने रहे। 1923 में वे कांग्रेस के महामंत्री बने। 1928 में उन्होंने साइमन कमीशन का बहिष्कार किया और सर्वदलीय सम्मेलन में भाग लिया। 1930 में उन्होंने सविनय अवज्ञा आंदोलन को सफल बनाने के लिए प्रयत्न किया।

बिहार में भूकंपः 1934 (Earthquake in Bihar)–1934 में बिहार के मुंगेर और दरभंगा क्षेत्रों में भीषण भूकंप हुआ। राजेंद्र प्रसाद ने इसमें तन, मन और धन से लोगों की सेवा की। इस सेवा से उनका यश संपूर्ण भारत में फैल गया। वे एक महान सामजसेवी और दु:खियों के सेवक बन गए। बिहार में, वे कांग्रेस के महान नेता बन गए।

राजनीतिक क्रियाकलापः 1935-1945 (Political Activity)–डॉ. राजेंद्र प्रसाद ने संसदीय बोर्ड के सदस्य के रूप में 1936-37 के निर्वाचन का संचालन किया। 1939 में वे पुनः कांग्रेस के अध्यक्ष चुने गए। उन्होंने हिंदू और मुसलमान एवं जमींदार और किसान में एकता लाने के लिए सदा प्रयत्न किया। 1942 के भारत छोड़ो आंदोलन में उन्होंने सक्रिय भाग लिया।

अंतरिम सरकारः 1946–1946 में अंतरिम सरकार का गठन किया गया। पंडित जवाहरलाल नेहरू प्रधानमंत्री बने। उनके सौजन्य से डॉ. राजेंद्र प्रसाद खाद्यमंत्री बने।

संविधान सभा के अध्यक्षः 1946 (President of the Constituent Assembly: 1946)–1946 में डॉ. राजेंद्र प्रसाद को संविधान सभा का अध्यक्ष चुना गया और उनके निर्देशन में भारतीय संविधान का निर्माण हुआ, जिसे 26 जनवरी, 1950 से, भारत में लागू किया गया।

प्रथम राष्ट्रपतिः 26 जनवरी, 1950–जब भारत में 26 जनवरी, 1950 को भारतीय संविधान को लागू किया गया, तो डॉ. राजेंद्र प्रसाद भारत के प्रथम राष्ट्रपति के पद पर चुने गए, दूसरे आम चुनाव के बाद भी, वे दुबारा राष्ट्रपति पद पर चुने गए। 12 मई, 1962 को उनका राष्ट्रपति का कार्यकाल

समाप्त हो गया और उन्होंने अपना कार्यभार नए राष्ट्रपति डॉ. सर्वपल्ली कृष्णन् को सौंप दिया।

सदाकत आश्रम, पटना (Sadaquat Ashram, Patna)–राष्ट्रपति पद से सेवा-निवृत्त होने के बाद, डॉ. राजेंद्र प्रसाद सदाकत आश्रम, पटना में रहने लगे। उनका जीवन बड़ा सादा था। वे आम शौचालय का व्यवहार करते थे। यह उनके जीवन की बड़ी विशेषता थी। वहाँ रहकर वह समाज और देश की सेवा करते रहे। 21 अक्टूबर 1962 में चीनी आक्रमण पर उन्होंने कहा था, "देश की सीमा पर काले बादल मंडरा रहे हैं। भारत को नौजवानों की जरूरत है, जो उसकी आजादी की रक्षा कर सकें। देश की आजादी की रक्षा के लिए समस्त देशवासियों को एक हो जाना चाहिए। मुझे पूरा विश्वास है कि देशवासी, देश की आजादी की रक्षा करेंगे, चाहे उसकी कोई भी कीमत क्यों न चुकानी पड़े।"[1]

रचना (Work)–डॉ. राजेंद्र प्रसाद की प्रसिद्ध रचना 'विभाजित भारत'[2] है। जिसमें उन्होंने तत्कालीन राजनीति का वर्णन किया है।

विद्यापीठ की स्थापना (Foundation of Vidyapeetha)–डॉ. राजेंद्र प्रसाद हिंदी को राष्ट्रभाषा बनाने के समर्थक थे। उन्होंने विद्या के प्रचार हेतु बिहार में एक विद्यापीठ की स्थापना की, जिसमें बच्चों को राष्ट्रीय शिक्षा दी जाती थी।

त्यागी जीवन (Sacrificed Life)–डॉ. राजेंद्र प्रसाद ने भारतीय स्वतंत्रता आंदोलन के समय त्यागी जीवन बिताया। उन्होंने धन और परिवार सभी को छोड़ा। यहाँ तक कि राष्ट्रपति पर आसीन होने के बाद, दस हजार मासिक वेतन के स्थान पर अठाईस सौ रुपये लेते थे। यह उनके महान त्याग का परिचय है।

सादा जीवनः उच्च विचार (Simple Living: High Thinking)–डॉ. राजेंद्र प्रसाद का जीवन बड़ा सादा था। उनमें कोई तड़क-भड़क नहीं था और शक्ति का दंम ही था। राष्ट्रपति बनने पर भी, वे सभी व्यक्तियों से मिलते थे। इतने बड़े पद पर होते हुए भी, उनका भोजन और पोशाक साधारण था। वे हमेशा भूँजा के स्वाद को भी लेते थे। वे सादा-जीवन और उच्च विचार सिद्धांत में विश्वास रखते थे। उनका चरित्र सदा उज्जवल और निर्मल रहा। वस्तुतः, वे एक महामानव, समाज सेवी, देशभक्त और गरीबों के मसीहा थे।

देश रत्न–भारत माता की महान सेवा के कारण ही, डॉ. राजेंद्र प्रसाद को भारत सरकार ने देश रत्न से सम्मानित करके, उनके व्यक्तित्व में चार चाँद लगा दिए। वे भारतीय सभ्यता, संस्कृति और आदर्श के प्रतीक थे।

1. *नवभारत टाइम्स*, दिल्ली, 22 अक्टूबर, 1962.
2. Divided India.

निधन–28 फरवरी, 1963 को इस महान तपस्वी का निधन हो गया। संपूर्ण भारत, उनके निधन से शोक में डूब गया और राष्ट्रीय ध्वज को झुका दिया गया। ऐसे स्वतंत्रता सेनानी अमरता के प्रतीक हैं।

9. मौलाना अबुल कलाम आजाद (11 नवंबर, 1888–22 फरवरी, 1958) (Maulana Abul Kalam Azad)

जन्म एवं शिक्षा (Birth and Education)–मौलाना अबुल कलाम आजाद का जन्म 11 नवंबर, 1888 को मक्का में हुआ था। वे सोलहवीं सदी के प्रसिद्ध मुसलमान संत, हजरतशेख जमालुद्दीन के वंशज थे। इसलिए, मौलाना आजाद धर्मशास्त्रों के पंडित माने जाते थे। उनके पिता सूफी थे, उन्होंने अरबी-फारसी में अनेक मूल्यवान ग्रंथ लिखे थे। उनका बचपन मक्का में बीता। उन्होंने मिस्र की अल्अजहर यूनिवर्सिटी में शिक्षा प्राप्त की। वे अरबी और फारसी के विद्वान थे, जो उनको पिता से विरासत में मिली।

भारत आगमनः 1903 (India Arrival)–1903 में मौलाना आजाद के पिता भारत चले आए और 1906 में स्थायी रूप से कलकत्ता में बस गए।

पेशाः पत्रकारः 1912 (Profession: Journalist)–1912 में मौलाना आजाद ने '**अलहिलाल**' नामक पत्र निकालना शुरू किया। इसके द्वारा उन्होंने सर सैयद अहमद खाँ द्वारा फैलाई हुई, विचारधारा का विरोध किया तथा मुसलमानों को कांग्रेस के नेतृत्व में स्वतंत्रता संग्राम में भाग लेने के लिए प्रेरित किया। अतएव, उनका सबसे बड़ा योगदान भारतीय राजनीति में, सांप्रदायिकता का विरोध और राष्ट्रवाद का प्रचार करना था।

हिंदू-मुस्लिम एकता 1916 (Hindu-Muslim Unity)–अलहिलाल के माध्यम से, मौलाना आजाद द्वारा प्रचारित विचारधारा के परिणामस्वरूप 1913 में मुस्लिम लीग की नीति में परिवर्तन हुआ। उन्होंने हिंदू-मुस्लिम एकता के लिए काफी प्रयास किया, जिसके परिणामस्वरूप 1916 में, कांग्रेस और मुस्लिम लीग में समझौता हुआ, जो **लखनऊ पैक्ट** के नाम से जाना जाता है।

गांधी का प्रभावः असहयोग आंदोलनः 1920 (Influence of Gandhi Non-Co-operation Movement)–1920 में महात्मा गांधी ने असहयोग आंदोलन चलाया और खिलाफत आंदोलन को उसी में मिला दिया। मौलाना आजाद, गांधी के असहयोग आंदोलन से काफी प्रभावित हुए और वे उनके भक्त

बन गए तथा कांग्रेस में पूरी आस्था रखने लगे। उन्होंने 1920 के असहयोग और खिलाफत आंदोलन में, मुसलमानों को बहुत अधिक संख्या में शामिल किया और स्वयं जेल भी गए।

स्वराज पार्टी कांग्रेस अध्यक्षः 1923 (Swaraj Party: Congress President)–1923 में मौलाना आजाद को जेल से मुक्त कर दिया गया। उन्होंने मोतीलाल नेहरू और चित्तरंजन दास को स्वराज पार्टी के निर्माण में मदद की और उनकी नीतियों का खुलकर प्रचार-प्रसार किया।

1923 में ही, कांग्रेस के दिल्ली अधिवेशन में मौलाना आजाद को अध्यक्ष चुना गया। उन्होंने अध्यक्षीय भाषण में घोषणा करते हुए कहा, "आजादी इंसान का पैदाइशी हक है। कोई सख्श खुदा के बंदे को गुलाम नहीं बना सकता। गुलामी को चाहे जितने सियासती जुल्मों के जरिए आजाद साबित किया जाये। लेकिन, गुलामी तो आखिर गुलामी है और गुलामी खुदा के मंशा के खिलाफ है। भारत आजाद होगा और इससे, उसे दुनिया की कोई ताकत नहीं रोक सकती।"

इसके बाद, 1940 में आजाद, पुनः कांग्रेस के अध्यक्ष चुने गए और 1946 तक इस पद पर बने रहे।

कांग्रेस आंदोलनों में सक्रिय भागः 1930 और 1942 (Active Participation in the Congress Movements)–मौलाना आजाद ने समय-समय पर चलाये गए, कांग्रेस द्वारा सभी आंदोलनों में भाग लिया। वे कांग्रेस के भक्त और गांधी अनुयायी थे। 1930 के सविनय अवज्ञा आंदोलन में उन्होंने भाग लिया। इसके बाद, 1942 के भारत छोड़ो आंदोलन में आजाद ने महत्वपूर्ण भूमिका निभायी।

पाकिस्तान के विरोधी 1946 (Against Pakistan)–प्रारंभ से ही मौलाना आजाद सांप्रदायिकतावाद और पाकिस्तान के विरूद्ध थे। वे एक अखंड भारत में विश्वास रखते थे। 1946 में, जब भारत का बंटवारा निश्चित हो गया और गांधी, नेहरू तथा सरदार पटेल ने इसे मान लिया, तो मौलाना आजाद, डॉ. राममनोहर लोहिया एवं अब्दुल गफ्फार खाँ ने इसका जमकर विरोध किया।

शिक्षामंत्री 1947-1958 (Education Minister)–स्वतंत्र भारत में जवाहरलाल नेहरू के नेतृत्व में केंद्रीय सरकार का गठन किया गया। मौलाना आजाद, नेहरू के विश्वासी मित्र थे और उनके अंतरंग मंत्रिमंडल के सदस्य भी थे। नेहरू जी हमेशा उनसे राष्ट्रीय और अंतरराष्ट्रीय समस्याओं पर परामर्श लेते रहते थे। उन्होंने अपने मंत्रिमंडल में, मौलाना आजाद को शिक्षामंत्री बनाया

और आजाद, इस पद पर मृत्यु-पर्यन्त बने रहे। मौलाना आजाद, एक शिक्षाविद् होने के नाते, शिक्षा विभाग को बड़ी ईमानदारी और चतुराई से चलाया।

अध्यक्ष (President)–मौलाना आजाद ने मुसलमानों की प्रसिद्ध संस्था **'जमायत-उल उलमाये-हिंद'** के अध्यक्ष पद को भी सुशोभित किया था।

बड़े विद्वानः रचनाएँ (Great Scholar: Works)–मौलाना आजाद उर्दू, अंग्रेजी, अरबी और फारसी के बड़े विद्वान व्यक्ति थे। उन्होंने अनेक पुस्तकों की रचना भी की है। उन्होंने कुरान पर एक टीका लिखी है, जिसे **'तरजुमने कुरान'** कहा जाता है। यह टीका उर्दू में है और अत्यन्त प्रामाणिक मानी जाती है।

मौलाना आजाद की प्रसिद्ध पुस्तक **'इंडिया विनस फ्रीडम'**[1] है जिसमें भारतीय राजनीति की विशद् व्याख्या की गई है। इसमें राष्ट्रीय आंदोलन के अनेक तथ्यों का रहस्योघाटन किया गया। समाज के सामने वास्तविक तथ्यों को रखा गया है। इस पुस्तक से आजाद की ख्याति विदेशों में भी फैल गई।

निधन–मौलाना अबुल कलाम आजाद का आकस्मिक निधन 22 फरवरी, 1958 को दिल्ली में हुआ। सारा भारत शोक में डूब गया और राष्ट्रीय झंडे झुका दिए गए। भारत का एक महान स्वतंत्रता सेनानी और शिक्षाविद् इतिहास के पन्नों की वस्तु बन गया। उनकी मजार पुरानी दिल्ली में जामा मस्जिद के पास, परेड ग्राउंड में निर्मित की गई है, जहाँ प्रतिदिन हजारों राष्ट्रभक्त फूल-मालाओं और अगरबत्ती जलाकर उस महान व्यक्ति की आत्मा को चिरनिद्रा में रहने के लिए प्रेरित करते रहते हैं। उनके सिद्धांतों को मानना ही उनकी सच्ची श्रद्धांजलि होगी।

मौलाना आजाद के राजनीतिक विचार (Political Views of Maulana Azad)

1940 का अध्यक्षीय भाषण (Presidential Speech)–मौलाना आजाद 1923 और 1940 में, कांग्रेस के अध्यक्ष बने और 1946 तक बने रहे। मार्च 1940 के रामगढ़ का उनका अध्यक्षीय भाषण, उनके राजनीतिक विचारों को स्पष्ट करता है। उनके शब्दों में, "नौ करोड़ मुसलमानों के लिए सबसे अच्छा और सही मार्ग वही है, जो कि मैंने 1912 में दर्शाया था अर्थात् मुसलमान, कांग्रेस में बड़ी संख्या में शामिल हो और विदेशी शासन और उसकी समर्थक मुस्लिम लीग का कड़ा विरोध करें। मैं मुसलमान हूँ और इस पर गर्व करता हूँ। इस्लाम की तेरह सौ वर्ष की परंपरायें मेरी विरासत है। इस्लाम की शिक्षाएँ,

1. *India Wins Freedom*

इतिहास, साहित्य, कलाएँ और सभ्यताएँ, मेरी विरासत है और संपत्ति है तथा इनकी रक्षा करना मेरा कर्तव्य है।"

"मैं भारतीय होने का गर्व करता हूँ और मैं उस अखंड एकता का भाग हूँ, जो कि भारतीय राष्ट्रीयता है। तेरह सौ वर्षों में हिंदू और मुस्लिम संस्कृतियों का मेल हुआ और यह इतिहास की महत्वपूर्ण घटना है। हमने भारत को लोकतंत्र और मानव एकता का संदेश दिया। भारत ने, अपनी समृद्ध संस्कृति के द्वार हमारे लिए खोल दिए। इस तरह से दोनों संस्कृतियों का संगम, गत तेरह सौ वर्षों में हुआ है। इतिहास ने हमारी साँझी सफलताओं को समृद्ध किया हमारी भाषाएँ, साहित्य, काव्य संस्कृति, कला, वेश-भूषा रीति-रिवाज, दैनिक जीवन की घटनाएँ आदि सभी साँझे प्रयत्नों की अमिट छाप है।"

"यह साँझी संपत्ति, साँझी राष्ट्रीयता की विरासत है। गत तेरह सौ वर्षों में इक्कट्ठे जीवन ने, हमको एक साझी राष्ट्रीयता में ढाल दिया है। हमारी सफलता तीन तत्त्वों पर है, (क) एकता, (ख) अनुशासन, और (ग) गांधी के नेतृत्व में पूर्ण विश्वास।

राष्ट्रवाद (Nationalism)–मौलाना आजाद का राष्ट्रवाद, लोकतांत्रिक और धर्म-निरपेक्ष था। गांधी ने कहा, "उनका राष्ट्रवाद में ऐसा ही सतेज विश्वास है, जैसा कि इस्लाम में है।" मौलाना आजाद को इस्लाम धर्म में पूरा विश्वास था, लेकिन उनका राष्ट्रवाद, धर्म पर आधारित नहीं था। उनका मत था कि भारत में अनेक मतावलम्बी है और राष्ट्रवाद को किसी संप्रदाय या धर्म से जोड़ने से देश में एकता उत्पन्न होने की बजाय, आपस में विभाजन उत्पन्न होगा। भारत में राष्ट्रवाद की अनुभूति हिंदू-मुस्लिम एकता के बिना असंभव थी।

हिंदू-मुस्लिम एकता (Hindu-Muslim Unity)–मौलाना आजाद हिंदू-मुस्लिम एकता के कट्टर समर्थक थे और भारत विभाजन के कट्टर दुश्मन। उन्होंने भारत की विभिन्नताओं में एकता का दर्शन किया। वे राष्ट्रीय जीवन की विभिन्न धाराओं में, एकता की आशा का अनुभव करते थे। उनका मत था कि दोनों संप्रदायों का एक साँझा लक्ष्य होना चाहिए और वह है–देश की स्वतंत्रता। मुसलमानों को कांग्रेस में शामिल होना चाहिए, क्योंकि पैगम्बर को भी अबू सूफिमन पर काबू पाने के लिए ऐसा ही करना पड़ा था।

सांप्रदायिकता का विरोध (Against Communalism)–मौलाना आजाद ने, सदैव सांप्रदायिकता का विरोध किया। उनका कथन था कि हिंदू और मुसलमान में कभी भी विरोध नहीं होगा, वे आपस में लड़कर खून की

धारायें नहीं बहायेंगे। उन्होंने सांप्रदायिकता को मिटाने के लिए अंतिम साँस तक प्रयास किया।

सर सैयद अहमद खाँ का अलीगढ़ आंदोलन (Aligarh Movement of Sir Syed Ahmed Khan)–सर सैयद अहमद खाँ ने **'मुहम्डन ऐंग्लो-ओरियंटल'** कॉलेज की स्थापना अलीगढ़ में की, जो 1918 में उनकी मृत्यु के बाद एक विश्वविद्यालय बन गया। मौलाना आजाद का कथन था कि सर सैयद अहमद खाँ ने इसके माध्यम से मुसलमानों को अंग्रेजी शिक्षा का ज्ञान कराया और पश्चिमी विज्ञान और साहित्य की शिक्षा भी दी, लेकिन, मुसलमानों को अंग्रेजों के अधीन कर दिया। मुसलमान कांग्रेस के दुश्मन बन गए। मौलाना आजाद ने पहली जून 1912 से **अलहिलाल** पत्र निकाल कर, सर सैयद अहमद खाँ के विचारों का डटकर विरोध किया।

अल्पसंख्यकों के प्रति दृष्टिकोण (Attitude Towards Minorities)–मौलाना आजाद अल्पसंख्यकों के हितों के सदा समर्थक रहे हैं। उन्होंने कहा–(क) भारत के लिए चाहे जैसा भी संविधान अंगीकृत किया जाए, उसमें अल्पसंख्यकों के अधिकारों की पूरी सुरक्षा होगी। (ख) अल्पसंख्यक वर्ग स्वयं निर्णय करे कि उनके अधिकारों और हितों के लिए किन संरक्षणों की आवश्यकता है?

महात्मा गांधी के प्रति दृष्टिकोण (Attitude Towards Mahatma Gandhi)–महात्मा गांधी अहिंसा को एक धर्म मानते थे, जबकि मौलाना आजाद एक नीति। इसके बावजूद, आजाद ने, गांधी को अपना पूरा समर्थन दिया और उनके एक गहरे और विश्वसनीय मित्र बन गए। उन्होंने कहा कि अहिंसा को धर्म के रूप में अपनाने के बजाए, कांग्रेस को स्वतंत्रता पर अधिक जोर देना चाहिए।

द्वितीय विश्वयुद्ध के प्रति दृष्टिकोण (Attitude Towards the Second World War)–मौलाना आजाद को अनेक बिंदुओं पर गांधी से असहमति थी। उन्होंने प्रिंस ऑफ वेल्स के स्वागत के बहिष्कार, गोलमेज सम्मेलन में भाग लेने, असहयोग आंदोलन को वापस लेने, द्वितीय विश्वयुद्ध में जापानियों को अंग्रेजों के विरूद्ध सहायता देने के प्रश्न पर खुले रूप में गांधी से असहमति प्रकट की।

आजाद और जिहाद (Azad and Jehad)–मौलाना आजाद युद्ध के विरोधी और शांति के पुजारी थे। उनका यह विश्वास था कि इस्लाम, युद्ध की स्वीकृति तब तक नहीं देता, जब तक कि अवश्यम्भावी न हो जाये। युद्ध

और इस्लाम दोनों परस्पर विरोधी हैं। स्थायी शांति स्थापित करने के लिए इस्लाम जिहाद का प्रचार करता है, न कि युद्ध का। इस्लाम मानव जाति के लिए शांति का संदेश देता है। जिहाद का सार संतोष, दृढ़ संकल्प और त्याग का संग्रह या क्षेत्रीय विस्तारवाद नहीं है, बल्कि अन्याय, युद्ध और अत्याचार का विरोध है।

खिलाफत आंदोलन (Supporter of Khilafat Movement)–मौलाना आजाद ने, खिलाफत आंदोलन का समर्थन किया। यह आंदोलन धार्मिक नहीं, बल्कि स्वतंत्रता के लिए आंदोलन था। इससे भारतीय मुसलमानों में विदेशी शासकों के विरूद्ध लड़ने की भावना उत्पन्न होगी और वे अपने देशवासियों को भी एक जुट कर सकेंगे। अतएव, खिलाफत आंदोलन का अर्थ, देश की स्वतंत्रता और शरियत भेजने की स्थापना है।

साधनः अहिंसात्मक असहयोग (Means: Non-Violent Non-Co-operation)–मौलाना आजाद उदारवादियों की भिक्षावृति साधन से सहमत नहीं थे। वे प्रभावशील साधन के समर्थक थे। उन्होंने अहिंसात्मक असहयोग की एक योजना तैयार की। इस योजना के गुण थे–(क) एकता, (ख) न्यायपूर्ण कार्य, (ग) संतोष, (घ) संगठन, और (ङ) स्वतंत्रता के उद्देश्य के लिए आत्म-त्याग की भावना।

देश विभाजन के विरोधी (Against the Partition of the Country)–प्रारंभ से ही मौलाना आजाद, भारत के बँटवारे के विरुद्ध थे। वे पाकिस्तान का निर्माण किसी भी मत पर नहीं चाहते थे। उन्होंने देश के बँटवारे का न केवल राजनीतिक और सांस्कृतिक आधार पर, बल्कि धार्मिक आधार पर भी विरोध किया। देश का बँटवारा हिंदू और मुसलमान दोनों के लिए हानिकारक है। यह इस्लाम की भावना के विरूद्ध भी है। वे आपस में एकता और मेलजोल सिखाता है, बँटवारा और शत्रुता नहीं।

आजाद के व्यक्तित्व के प्रति विद्वानों के विचार (Opinions of Scholars towards Azad's Personality)–मौलाना आजाद के व्यक्तित्व के संबंध में निम्नलिखित विद्वानों का विचार उल्लेखनीय हैं।

महात्मा गांधी के शब्दों में, "मुझे आजाद से 1920 से संपर्क में आने का सौभाग्य प्राप्त हुआ है। इस्लाम के ज्ञान में उनको कोई भी मात नहीं दे सकता है। वे अरबी के अत्यंत उच्चकोटि के विद्वान हैं। उनका राष्ट्रवाद इतना ही सुदृढ़ है, जितना कि उनका इस्लाम में विश्वास है।"

राजगोपालाचारी ने लिखा है, "यदि इस समय भारत में कोई व्यक्ति है, जो अकबर महान के धार्मिक मेल-जोल की नीति और सामंजस्य पूर्ण धार्मिक सिद्धांत का प्रतिनिधित्व करता है, जिसने हमारे देश पर चार सौ वर्ष पूर्व राज्य किया, तो वह मौलाना अबुल कलाम आजाद है।"

"इतिहास और प्रबुद्ध स्त्री तथा पुरुषों के विचार मौलाना साहिब की सेवाओं की प्रशंसा किए बिना नहीं रहेंगे, जबकि उत्तेजित भावनाएँ शांत हो जायेंगीं और मनुष्य के निर्णय स्वतंत्र होंगे। मौलाना साहिब का वैज्ञानिक दृष्टिकोण और व्यापक विद्धता, उन लोगों के लिए एक आश्चर्य है जो कि ऐसे महान विभूतियों को अंग्रेजी विश्वविद्यालय की शिक्षाओं से जोड़ते हैं।"

सरदार वल्लभभाई पटेल के मतानुसार, "छह वर्ष की इस परेशानी के समय (1940-46) में एक, भी ऐसा अवसर नहीं आया, जबकि मौलाना आजाद अपने इस अध्यक्ष पद की प्रतिष्ठा और गरिमा को बनाए रखने में असफल हुए हो। उन्होंने कभी भी कांग्रेस की प्रतिष्ठा को कलंकित नहीं होने दिया। यदि उनके स्थान पर कोई अन्य व्यक्ति होता, तो वह इतनी हिम्मत और दृढ़ संकल्प नहीं दिखा पाता, जैसा कि उन्होंने लंबे छह वर्ष के काल में इस महान पद से संबंधित जिम्मेदारियों को निभाते समय दिखाया।"

"स्वतंत्रता के इस संघर्ष में, इस वर्तमान स्थिति तक लाने का श्रेय मौलाना साहिब को जाता है। हमने अंग्रेजों से भारत छोड़ने के लिए 1945 में कहा। उन्होंने अब हमें कहा है कि वे भारत को छोड़ने के लिए तैयार हैं। अब हम उन तरीकों पर बातचीत कर रहे हैं, जिनसे वे बिना किसी झगड़े के आसानी से भारत को छोड़कर चले जाएँ। बस सारी सफलता के लिए मौलाना आजाद प्रशंसा के अधिकारी हैं।"

निष्कर्ष–इस प्रकार, भारतीय राष्ट्रीय आंदोलन में मौलाना आजाद ने एक राष्ट्रवादी मुसलमान, सच्चे देशभक्त, महान स्वतंत्रता सेनानी, कुशल प्रशासक और एक अच्छे शिक्षाविद् के रूप में भारत माता की जो सेवा की है, उससे उनकी अमरता सिद्ध होती है। वस्तुतः, भारतीय राष्ट्रीय आंदोलन में मौलाना आजाद का व्यक्तित्व बेमिसाल और उनकी भूमिका सराहनीय है।

10. जवाहरलाल नेहरू (14 नवंबर, 1889-27 मई, 1964) (Jawahar Lal Nehru)

जन्म, शिक्षा एवं पेशा (Birth, Education and Profession)– जवाहरलाल नेहरू का जन्म 14 नवंबर, 1889 को इलाहाबाद में हुआ था। उनकी

माता का नाम स्वरूप रानी और पिता का नाम पंडित मोतीलाल नेहरू था; जो अपने समय के प्रसिद्ध वकील थे। वे काफी सुखी-संपन्न व्यक्ति थे। उनके कपड़े पेरिस से धुलकर आते थे। इस विलासितापूर्ण वातावरण में जवाहरलाल नेहरू का बचपन बीता। उन्होंने प्रारंभिक शिक्षा घर में प्राप्त की। उसके बाद उनको पढ़ने के लिए इंग्लैंड भेज दिया गया। मैट्रिक की परीक्षा उन्होंने इंग्लैंड के विख्यात पब्लिक स्कूल **हैरी** से पास की। **कैम्ब्रिज विश्वविद्यालय** के **ट्रिनिटी** कॉलेज से उन्होंने विज्ञान के विषयों के साथ बी.एस.सी. ऑनर्स की परीक्षा पास की। 1912 में उन्होंने इनर टैम्पिल से बैरिस्टरी की डिग्री प्राप्त की। इस वर्ष भारत लौटकर, इलाहाबाद हाईकोर्ट में उन्होंने वकालत शुरू की। लेकिन, इसमें उनका मन नहीं लगा।

राजनीतिक जीवनः 1912-25 (Political Life)–जवाहरलाल नेहरू के हृदय में देश सेवा की ज्वाला धधक रही थी। वे राजनीति की ओर आकर्षित हुए। पहली बार 1912 में, उन्होंने राजनीति में प्रवेश किया और पटना के कांग्रेस अधिवेशन में भाग लिया। इसके बाद वे कांग्रेस के सभी अधिवेशनों में भाग लेते रहे।

1914 में नेहरू ने गोखले की अपील पर पचास हजार रुपये इकट्ठा किये और उसको प्रवासी भारतीयों की सहायता के लिए अफ्रीका भेजा। इसमें उन्हें काफी सफलता मिली। 1916 में उन्होंने एनी बेसेंट और तिलक द्वारा चलाये गए, **होमरूल शासन** में भाग लिया। 1920 में गांधी द्वारा चलाए गए असहयोग आंदोलन में भी उन्होंने भाग लिया और जेल की यातनाएँ भी सही। उन्होंने बाद में सभी युवक, किसान और स्वतंत्रता आंदोलनों में भाग लिया।

1923 में विदेशी कपड़े की दुकान पर धरना देते हुए, पुनः नेहरू बंदी बना लिए गए। 1923 से 1925 तक, वे प्रयाग नगरपालिका के अध्यक्ष चुने गए और बड़ी योग्यता, दक्षता और निर्भीकता से इसके दायित्वों का पालन किया।

पत्नी का इलाज ब्रुसेल्स 1926-27 (Treatment of Wife Brussels)–1926 में नेहरूजी अपनी पत्नी का इलाज कराने यूरोप गए। 1927 में वहीं से वे ब्रुसेल्स (बेल्जियम) जाकर दलित राष्ट्रों के सम्मेलन में सम्मिलित हुए।

महामंत्रीः 1923-29 (General Secretary)–जवाहरलाल नेहरू, 1923-29 तक कांग्रेस के महामंत्री के पद पर आसीन रहे और देश का दौरा करके कांग्रेस की नीतियों का प्रचार किया। इसके साथ ही, वे युवकों में राष्ट्रीय चेतना का विकास करके, राष्ट्रीय आंदोलन की गति को तेज करते रहे।

नेहरू रिपोर्ट का विरोध: 1928 (Against Nehru Report)–1928 में पंडित मोतीलाल नेहरू की अध्यक्षता में, भारतीय संविधान के निर्माण हेतु एक कमैटी बनी। इसके प्रतिवेदन को **नेहरू रिपोर्ट** के नाम से जाना जाता है। इसमें भारत के लिए औपनिवेशिक स्वराज्य की मांग की गई थी। 1928 में कांग्रेस के कलकत्ता अधिवेशन में, जवाहरलाल नेहरू ने **नेहरू रिपोर्ट** का जोरदार शब्दों में विरोध किया।

लाहौर अधिवेशन: पूर्ण स्वराज्य: 1929 (Complete Independence)–1929 में लाहौर में उनकी अध्यक्षता में कांग्रेस का ऐतिहासिक सम्मेलन हुआ। इसकी अध्यक्षता जवाहरलाल नेहरू कर रहे थे। काफी वाद-विवाद और जोशीले भाषणों के बाद, कांग्रेस का लक्ष्य औपनिवेशिक राज्य से हटाकर **पूर्ण स्वाधीनता** घोषित किया गया। यह जवाहरलाल की बहुत बड़ी विजय थी।

सविनय अवज्ञा आंदोलन: जेल: 1930 (Civil Disobedience Movement Jail)–1930 में गांधी द्वारा सविनय अवज्ञा आंदोलन चलाया गया। उन्होंने दाण्डी की यात्रा करके, नमक-कानून को भंग किया। इसका व्यापक प्रभाव संपूर्ण भारत में पड़ा। जवाहरलाल नेहरू ने इस आंदोलन में सक्रिय भूमिका निभायी और इसके लिए वे जेल भी गए।

दु:खान्त (Tragedy)–1931 में मोतीलाल नेहरू, 1936 में कमला नेहरू और 1938 में स्वरूप रानी का निधन हुआ, जिससे जवाहरलाल नेहरू को गहरा दु:ख हुआ।

भारत छोड़ो आंदोलन: 1942 (Quit India Movement)–1942 को कांग्रेस के द्वारा, **भारत छोड़ो आंदोलन** प्रस्ताव को पारित किया गया। यह एक क्रांतिकारी प्रस्ताव था। इसे नौ अगस्त से लागू होना था, लेकिन ब्रिटिश सरकार ने आठ ही अगस्त की रात्रि में, कांग्रेस के नेताओं को गिरफ्तार कर लिया। इसमें गांधी, नेहरू और अन्य नेता गिरफ्तार कर, जेल में बंद कर दिए गए। नेहरू को जेल में अनेक यातनाएँ भी दी गई।

रचनाएँ: जेल (Works: Jail)–पंडित जवाहरलाल नेहरू ने जेल में रहकर कुछ रचनाएँ की। जिससे उनकी प्रसिद्धि संपूर्ण संसार में फैल गई। *Glimpses of World History* and *The Discovery of India* उनमें विशेष रूप से उल्लेखनीय हैं। नेहरू जी एक महान लेखक और इतिहासकार थे। *Letters from a Father to his Daughter, An Autobiography My Experiments with Truth and Bunch of Letters* जैसे ग्रंथ उनकी कृतियां हैं।

अंतरिम सरकारः 1946 (Interim Government)–जवाहरलाल नेहरू ने भारतीय राष्ट्रीय आंदोलन का सफल संचालन किया। उन्होंने पाँच बार कांग्रेस के अध्यक्ष पद को सुशोभित किया और अनेक बार जेल गए। 1946 में जवाहरलाल नेहरू के नेतृत्व में अंतरिम सरकार का गठन किया गया। वे प्रधानमंत्री के पद पर रहकर, देश की सेवा में संलग्न हो गए।

स्वतंत्र भारत के जीवन-पर्यन्त प्रधानमंत्रीः 1947-64–15 अगस्त 1947 को भारत स्वतंत्र हुआ। जवाहरलाल नेहरू ने दिल्ली के लाल किले पर, राष्ट्रीय ध्वज को फहराया और उनका ऐतिहासिक भाषण हुआ। उन्होंने भारतीयों को भारत की प्रगति के लिए प्रोत्साहित किया। उन्होंने 27 मई, 1964 तक, प्रधानमंत्री पद पर बने रहकर, देश की अमूल्य सेवा की।

चाचा नेहरू (Uncle Nehru)–जवाहरलाल नेहरू बच्चों में काफी लोकप्रिय थे। उनका कथन था कि भारत के उज्जवल भविष्य के सृष्टिकर्ता बच्चे ही हैं। अतएव, बच्चों ने उन्हें प्यार से **चाचा नेहरू** कहना शुरू किया और 14 नवंबर, उनके जन्म दिवस पर स्कूल में बच्चे चाचा नेहरू दिवस मनाते हैं और उनके प्रति श्रद्धांजलि अर्पित कर, सम्मान व्यक्त करते हैं।

निधन (Death)–भारत के महान सपूत, स्वतंत्रता सेनानी और आधुनिक भारत के निर्माता का, 27 मई, 1964 को दिल्ली में दिल के दौरे से निधन हो गया। यह दुःखद समाचार सुनकर सारा संसार शोक में डूब गया। राष्ट्रीय ध्वज को झुका दिया गया। भारत की एक ज्योति बुझ गई। 28 मई को उनका दाह-संस्कार राजघाट समाधि से थोड़ी दूर पर, राजकीय सम्मान के साथ कर दिया गया। देश-विदेश के राष्ट्राध्यक्षों और नेताओं ने दिल्ली आकर, उस महान दिवंगत आत्मा के प्रति श्रद्धांजलि अर्पित की।

जवाहरलाल नेहरू के राजनीतिक विचार एवं व्यक्तित्व
(Political Views and Personality of Jawahar Lal Nehru)

जवाहरलाल नेहरू के राजनीतिक विचारों को अति संक्षेप में निम्नलिखित रूप से उल्लेख किया जा सकता है।

व्यापक दृष्टिकोण (Wide Approach)–जवाहरलाल नेहरू का दृष्टिकोण बड़ा व्यापक और उदार था। वे अंधविश्वास, रूढ़िवादिता, धर्मान्धता और सांप्रदायिकता से घृणा करते थे। उन्होंने सांप्रदायिता के अंत के लिए काफी प्रयत्न किया।

प्रजातंत्र, समाजवाद और धर्मनिरपेक्षता में आस्था (Faith in Democracy, Socialism and Secular State)–जवाहरलाल नेहरू, इंग्लैड के फेबियनवाद से काफी प्रभावित हुए थे। जिसके कारण, उनका झुकाव समाजवाद की ओर अधिक था। उन्हें प्रजातंत्र और धर्मनिरपेक्षता में पूरी आस्था थी। उनके प्रयत्नों से ही आवाडी अधिवेशन में समाजवादी ढांचे को कांग्रेस ने अपने को अपना लक्ष्य घोषित किया। समाजवाद की स्थापना की पूर्ति हेतु, उन्होंने पंचवर्षीय योजनाओं को लागू किया। जिससे देश का विकास हो सके।

जातिभेद, उपनिवेशवाद, पूँजीवाद और साम्राज्यवाद के विरोधी (Against Racial Discrimination, Colonialism, Capitalism and Imperialism)–जवाहरलाल नेहरू प्रारंभ से ही जातिभेद, उपनिवेशवाद, पूँजीवाद और साम्राज्यवाद के कट्टर विरोधी थे। इन कुरीतियों को दूर करने के लिए, उन्होंने जीवन भर संघर्ष किया।

समानता, स्वतंत्रता और भातृत्व के प्रेमी (Lover of Equality, Liberty and Fraternity)–नेहरू जी प्रत्येक व्यक्ति की समानता में विश्वास रखते थे। समाज में अमीर और गरीब में, किसी भी प्रकार का विभेद नहीं होना चाहिए। प्रत्येक व्यक्ति को उनके व्यक्तित्व के समग्र विकास के लिए स्वतंत्रता मिलनी चाहिए, इसका उपयोग कानून के अंतर्गत ही किया जा सकता है। नेहरू जी सभी को भाई समझते थे। आपस में भाई-भाई का संबंध होना चाहिए।

स्वतंत्रता सेनानी, देश प्रेमी और त्यागी (Freedom Fighter, Patriot and Sacrificer)–जवाहरलाल नेहरू ने अपना राजनीतिक जीवन, 1912 में प्रारंभ किया और उन्होंने कांग्रेस से अपना अभिन्न संबंध स्थापित कर लिया। राष्ट्रीय आंदोलन में उनका योगदान सराहनीय है। वे एक महान देशप्रेमी और राष्ट्रभक्त थे। उन्होंने विदेशी कपड़ों का बहिष्कार कर, खादी कपड़ों का व्यवहार किया। लोगों का कहना है कि उनका शरीर इतना कोमल था कि खादी के कपड़ों से कभी-कभी खून की धारा भी निकलती थी। वह आजादी के क्रम में नौ बार जेल गए और लगभग तीन हजार दो सौ बासठ (3262) दिन जेल में बिताए। उनका विलासित पूर्ण जीवन कष्ट में बदल गया। उन्होंने एक महान संत के रूप में, राष्ट्रीय संग्राम में भाग लिया।

मानवतावादी और अंतरराष्ट्रवादी (Humanist and Internationalist)–पंडित नेहरू एक अंतरराष्ट्रीय व्यक्ति थे। वे मानवता के पुजारी थे। तटस्थ राष्ट्रों के बांडुंग और बेलग्रेड सम्मेलनों में, उन्होंने बड़ी महत्वपूर्ण भूमिका निभाई और

सभी राष्ट्रों से अच्छे संबंध स्थापित करने का प्रयत्न किया। अंतरराष्ट्रीय क्षेत्र में पंचशील सिद्धांत, उनका सबसे बड़ा योगदान है। विश्व के सभी राष्ट्रों के साथ उनके संबंध काफी मधुर थे। उनकी लोकप्रियता संपूर्ण विश्व में फैली हुई थी। वे मानवता के प्रेमी थे।

अंहिसा और शांति के पुजारी (Worshiper of Non-Violence and Peace)–नेहरू गांधी के विश्वासपात्र थे उनका राष्ट्रीय आंदोलन अहिंसा और शांति पर आधारित था। अंतरराष्ट्रीय क्षेत्र में वे अहिंसा और शांति के पुजारी रहे हैं।

पक्के राष्ट्र रक्षक (Great National Protectator)–जवाहरलाल नेहरू पक्के राष्ट्र के रक्षक थे। 20 अक्टूबर, 1962 को चीन ने, भारत पर बड़े पैमाने पर आक्रमण किया। 22 अक्टूबर, 1962 को राष्ट्र के नाम संदेश प्रसारित करते हुए दृढ़ता के साथ, उन्होंने कहा, "दुश्मन के हमले के सामने हम अपना सिर कभी नहीं झुका सकते, चाहे उसका नतीजा कुछ भी हो।"

उन्होंने आगे कहा, "देश की आजादी कायम रखने के लिए, हमें अपनी हर चीज न्यौछावर करने के लिए तैयार रहना चाहिए। इस समय हमें आपसी झगड़े और खुदगर्जी में नहीं पड़ना चाहिए और हमें एक होकर दुश्मन का मुकाबला करना चाहिए। प्रारंभ में कुछ चौकियाँ क्यों न खोनी पड़े, पर जीत हमारी ही होगी। हम ऐसी स्थिति में सफल न होने की नीति को नहीं छोड़ेंगे।"[1]

8 नवंबर, 1962 में, लोकसभा में नेहरू ने कहा था, "चीन साम्राज्यवादी हमलावरों की चुनौती हमें मंजूर है, चाहे उसका कोई भी परिणाम क्यों न निकले। हमारा यह दृढ़ संकल्प है कि भारत हमारा प्यारा देश, किसी भी हमलावर के आगे नहीं झुकेगा और उसे निकालकर ही दम लेगा। भारत की लाखों-करोड़ों जनता ने संगठित रूप से यह दिखा दिया है कि उसे चीन की यह चुनौती मंजूर है। आज देश में जो एकता और जोशो-खरोश का वातावरण दिखाई दे रहा है, यह शायद ही कभी दिखाई दिया हो।"[2]

इस प्रकार, नेहरू ने चीनी आक्रमण का डटकर मुकाबला किया और देशवासियों के उत्साह को बनाए रखा।

आधुनिक भारत के निर्माता (Maker of New India)–पंडित नेहरू को आधुनिक भारत का निर्माता माना जाता है। वे भारत को अमेरिका, रूस, इंग्लैंड, फ्रांस और जर्मनी के धरातल पर लाना चाहते थे। इसके लिए उन्होंने दुर्गापुर,

1. *नवभारत टाइम्स*, दिल्ली
2. *हिंदुस्तान*, 9 नवंबर, 1962

बोकारो और राउरकेला के सार्वजनिक क्षेत्र में स्टील फैक्ट्री की स्थापना की। हटिया में भारी यंत्र मशीन का कारखाना खोला गया। देश के विभिन्न क्षेत्रों में अनेक उद्योग स्थापित किए गए। वे देश से गरीबी, भुखमरी, बेरोजगारी और अन्य समस्याओं को दूर करना चाहते थे। इस दिशा में, पंचवर्षीय योजनाएँ, सामुदायिक विकास कार्यक्रम, राष्ट्रीय विस्तार योजना और पंचायत राज-योजना जैसे कदम नेहरू जी के द्वारा उठाये गए।

पंडित नेहरू का व्यक्तित्व (Personality of Pandit Nehru)–विभिन्न विद्वानों ने जवाहरलाल नेहरू के व्यक्तित्व के बारे में निम्नलिखित रूप से अपने विचारों को व्यक्त किया है–

महात्मा गांधी ने कहा था, "बहादुरी में कोई उनसे बड़ा नहीं सकता और देश प्रेम में उनसे आगे कौन जा सकता है। कुछ लोग कहते हैं कि वे उतावले और अधीर हैं। यह तो समय का एक विशिष्ट गुण है। फिर भी, जहाँ उनमें एक वीर योद्धा की उग्रता, स्फूर्ति तथा अधीरता है, वहाँ एक राजनीतिज्ञ का विवेक भी है। निस्संदेह वे अपनी परिस्थिति से बहुत आगे की बातें सोचने वाले उग्रवादी है। वे स्फटिक मणि की तरह पवित्र हैं। उनकी सत्यशीलता सुरक्षित है। मैं जानता हूँ कि मेरी मृत्यु के बाद, वे मेरी भाषा बोलेंगे।"[1]

चेस्टर बाउल्स के शब्दों में, "भारत में जवाहरलाल नेहरू की राजनीतिक शक्ति इस सीमा तक बढ़ी हुई थी कि वे आसानी से उसी प्रकार एक व्यक्ति के शासन का मार्ग अपना सकते थे, जिस प्रकार दूसरे अनेक विकासशील देशों के नेताओं ने किया था। लेकिन, इसके विपरीत, उन्होंने अपने अपार व्यक्तित्व प्रभाव का प्रयोग, रचनात्मक ढंग से भारत की लोकतंत्रीय संस्थाओं को और अधिक सबल बनाने के लिए किया।"

राधाकृष्णन–नेहरू की मृत्यु से देश का एक युग समाप्त हो गया। नेहरू का जीवन अनंत सेवा व समर्पण का जीवन था। वे हमारी पीढ़ी के महानतम व्यक्ति थे। वे एक ऐसे अद्वितीय राजनीतिज्ञ थे, मानवजाति के प्रति जिनकी सेवाएँ सदा स्मरण की जायेंगी।"

निष्कर्ष–इस प्रकार, भारतीय राष्ट्रीय आंदोलन तथा स्वतंत्र भारत के इतिहास में जवाहरलाल नेहरू का नाम अमर रहेगा। वे एक महान देश-भक्त, स्वतंत्रता सेनानी, त्यागी, कुशल प्रशासक, स्वप्न-द्रष्टा, गरीबों के मसीहा और आधुनिक

1. "He is pure as a crystal and truthful beyond suspicion the nation is safe in his hand and I know this that when I am gone, he will speak my language."

भारत के निर्माता थे। उनकी वीरता, उत्साह, तेज, योग्यता और सद्गुणों से भारत के युवक सदा प्रेरणा ग्रहण करते रहेंगे।

11. खाँ अब्दुल गफ्फार खाँ (1890-20 जनवरी, 1988) (Khan Abdul Gaffar Khan)

जन्म (Birth)–खाँ अब्दुल गफ्फार खाँ का जन्म 1890 में, **पेशावर** जिला के, उत्मनजाई ग्राम में हुआ था।

जीवन का उद्देश्य (Aim of Life)–अब्दुल गफ्फार खाँ के जीवन का उद्देश्य था, पठानों में जागृति उत्पन्न करना। वह अपने भोग-विलास के जीवन को छोड़कर, इस पुनीत कार्य में लग गए। पठानों के सामाजिक, आर्थिक, शैक्षणिक और राजनीतिक जीवन में कैसे परिवर्तन लाया जाए? इन पहलुओं पर वे बराबर सोचते और संघर्ष करते रहते थे। अपने पठान भाईयों के उत्थान की उनमें इतनी तीव्र इच्छा थी कि उन्होंने ब्रिटिश सेना में कमीशन लेने से इन्कार कर दिया तथा इंग्लैंड में उच्च शिक्षा प्राप्ति के अवसर को ठुकरा दिया।

राजनीतिक जीवन 1919 (Political Life)–महात्मा गांधी ने 1919 में रॉलट ऐक्ट के विरोध में अपना आंदोलन चलाया। इससे प्रभावित होकर अब्दुल गफ्फार खाँ ने इसी प्रकार के आंदोलन का नेतृत्व, उत्तर-पश्चिमी सीमाप्रांत में किया और उन्हें सफलता मिली। जिसके कारण, अब्दुल गफ्फार खाँ की प्रसिद्धि बढ़ गई।

खुदाई खितमतगार आंदोलन (Khudai Khitmatgar Movement)–1920 में कांग्रेस के नागपुर अधिवेशन में गफ्फार खाँ ने भाग लिया। उन्होंने खितमतगार आंदोलन चलाया। इस आंदोलन से उसका नाम विश्व में फैल गया। वे पठानों के असली नेता समझे जाने लगे।

सविनय अवज्ञा आंदोलनः जेल (Civil Disobedience Movement: Jail)–लखनऊ में कांग्रेस का अधिवेशन हुआ। अब्दुल गफ्फार खाँ ने पहली बार यहाँ महात्मा गांधी और जवाहरलाल नेहरू से भेंट की तथा उन लोगों से काफी प्रभावित हुए। 1930 में गांधी द्वारा चलाये गए, सविनय अवज्ञा आंदोलन में उन्होंने भाग लिया। उन्होंने उत्तर-पश्चिमी सीमाप्रांत में इस आंदोलन को बड़ी तेजी के साथ चलाया और महात्मा गांधी के कार्यों में सहयोग दिया। इससे उनके व्यक्तित्व में चार चाँद लग गए।

इसी बीच, उन्हें गुजरात जेल में बंद कर दिया गया और 1931 में **'गांधी-इरविन समझौते'** के समय छोड़ा गया। उन्होंने अपने सीमाप्रांत में

ब्रिटिश सरकार को लगान न देने का अभियान प्रारंभ किया। 1932 में, **लॉर्ड विलिंगडन** ने उन्हें दुबारा गिरफ्तार करके जेल में डाल दिया। उन्होंने कांग्रेस के दमन करने का भी प्रयत्न किया, लेकिन सफलता नहीं मिली।

एक सिपाही 1934 (A Sepoy)–1934 में अब्दुल गफ्फार खाँ को, कांग्रेस ने प्रधान पद देने का प्रस्ताव रखा। लेकिन, उन्होंने यह कहकर उसे ठुकरा दिया कि उन्होंने एक सिपाही के रूप में जन्म लिया है और उसी रूप में मरेगें। इसके बाद, उन्होंने 1942 के, भारत छोड़ो आंदोलन में भाग लिया।

चौदह वर्ष जेल (Fourteen Years Jail)–1920 से 1947 तक अब्दुल गफ्फार खाँ, भारतीय आंदोलन में सक्रिय रहे। उन्होंने अपने जीवन के चौदह कीमती वर्ष, ब्रिटिश सरकार के जेल में काटे। उन्हें जेल में बहुत यातनायें दी गई। जिसे वे सहर्ष झेलते रहे।

सीमा प्रांत में कांग्रेस की जीत 1946–1946 में मुस्लिम बहुल प्रांत में निर्वाचन हुआ। जिसमें अब्दुल गफ्फार खाँ ने कांग्रेस को उत्तर-पश्चिमी सीमाप्रांत में जिताया। वहाँ पर उनके बड़े भाई डॉक्टर खाँ साहिब के नेतृत्व में कांग्रेस का मंत्रिमंडल बना।

पाकिस्तान के विरोधी (Against Pakistan)–अब्दुल गफ्फार खाँ को भारत के प्रति काफी मोह और प्रेम था। उन्होंने मुस्लिम लीग की सांप्रदायिक नीतियों और पाकिस्तान का घोर विरोध किया। जब कांग्रेस ने परिस्थितियों से विवश होकर, देश के बँटवारे को स्वीकार कर लिया, तो उन्होंने महात्मा गांधी से कहा कि कांग्रेस ने हमें भेड़ियों (मुस्लिम लीगियों) के सामने फेंक दिया है। वस्तुतः, महात्मा गांधी, अब्दुल गफ्फार खाँ और मौलाना अबुल कलाम आजाद, पाकिस्तान की स्थापना के विरूद्ध थे। लेकिन, ब्रिटिश सरकार और जिन्ना आपस में मिले हुए थे और उनके षड्यत्रों के सामने उनकी एक न चली।

सांप्रदायिक दंगे 1946 (Communal riots)–जिन्ना की **सीधी कार्यवाही** के कारण कलकत्ता और नोआखाली में भीषण दंगे हुए, जिसमें हजारों निर्दोष मुस्लिम और हिंदू भाईयों को मौत के घाट उतार दिया गया। लाखों रुपये की संपत्ति नष्ट हो गई। यू.पी., बिहार, पंजाब, दिल्ली एवं अन्य स्थानों पर भी दंगे फैल गए। इससे गांधी को बहुत दुःख हुआ और अंततः, पाकिस्तान को स्वीकार कर लिया गया।

बादशाह खाँः सीमांत गांधी (Badshah Khan: Frontier Gandhi)–पठान लोग, प्रेम और आदर से अब्दुल गफ्फार खाँ को बादशाह

खाँ कहकर पुकारते थे। भारतीय राष्ट्रीय आंदोलन में एक सेनानी के रूप में बादशाह खाँ ने अपनी भूमिका निभायी। वे कांग्रेस कार्य समिति के महत्वपूर्ण सदस्य थे। उन्होंने 1947 तक उत्तर-पश्चिमी सीमाप्रांत में, पठानों को, स्वतंत्रता आंदोलन में भाग लेने के लिए प्रेरित किया। उन्होंने पठानों को सफलतापूर्वक ब्रिटिश राज्य के विरूद्ध, एक नयी दिशा प्रदान की और हिंसा से उनका रूख अहिंसा की तरफ मोड़ दिया। वे महात्मा गांधी के पक्के अनुयायी थे और अहिंसा में पूरी आस्था रखते थे। उन्होंने गांधीजी के सत्य, अहिंसा, सत्याग्रह और अन्य सिद्धांतों को, अपने जीवन में ग्रहण करके उत्तर-पश्चिमी सीमाप्रांत की धरती पर, उतारने का प्रयत्न किया। इसीलिए, बड़े गर्व के साथ खाँ अब्दुल गफ्फार खाँ को, सीमांत गांधी कहा जाता है।

सीमांत गांधी की विदाई: 1947 (Farewell to Frontier Gandhi)–बादशाह खाँ को, पाकिस्तान की स्वीकृति से गहरा दु:ख हुआ। लॉर्ड माउंटबेटन की 3 जून, 1947 की योजना को, कांग्रेस की स्वीकृति मिलने के बाद, महात्मा गांधी ने, अत्यन्त दु:खी मन से बादशाह खाँ उर्फ सीमांत गांधी को, दिल्ली रेलवे स्टेशन पर भावभीनी विदाई दी।

पख्तूनिस्तान की मांग: 16 वर्ष जेल (Demand for Pakhtunistan Sixteen Years Jail)–पाकिस्तान बनने से बादशाह खाँ को खुशी नहीं हुई। वे पठानों के लिए पख्तूनिस्तान की मांग करते रहे। इस पर वे आत्म-निर्णय के अधिकार पर बल देते थे। पख्तूनिस्तान आंदोलन के क्रम में, वे सोलह वर्षों तक, पाकिस्तान की जेल में बंद रहे।

भारत चिकित्सा हेतु (India for Treatment)–बादशाह खाँ ने 1985 में, कांग्रेस के शताब्दी समारोह में भाग लिया। वे काफी थक चुके थे और उनका स्वास्थ्य ठीक नहीं चल रहा था। इलाज के क्रम में, वे दो बार भारत आए। पुन: वे बंबई इलाज के लिए आए। कुछ ही दिनों में उन्हें अस्पताल से छुट्टी दे दी गयी। लेकिन, कुछ ही दिनों में वे भारत फिर आए और अखिल भारतीय महासभा में भाग लिया।

भारत रत्न की उपाधि (Bharat Ratna Title)–बादशाह खाँ जब अस्पताल में बेहोश पड़े थे, तो उसी समय भारत सरकार ने, 14 अगस्त, 1987 को उन्हें **भारत रत्न** की सर्वोच्च उपाधि से विभूषित किया और उसके सम्मान को बढ़ाया। इस सम्मान को भारत के राष्ट्रपति ने, बादशाह खाँ के सुपुत्र खाँ अब्दुल वली खाँ को भेंट किया।

सादा जीवन (Simple Life)–बादशाह खाँ का जीवन बड़ा ही सरल और सादा था। उन्होंने राजनीति में आते ही भोग विलास को छोड़ दिया था। वे सादा जीवन और उच्च विचार में विश्वास रखते थे। वे महात्मा गांधी के सादा जीवन से काफी प्रभावित हुए थे। एक कमीज और एक पैजामा ही उनकी पोशाक थी। एक बार वे भारत गए, जब वे हवाई जहाज से उतरने लगे, तो लोग उनकी बैग की तलाशी करने लगे। बादशाह खाँ ने कहा कि मेरा समान मेरे पास है। वे एक कमीज और पैजामा का एक पैकेट काखतर दबाये हुए थे। लोग उनकी सादगी और महानता को देखकर दंग रह गए। सभी ने इनके सादे जीवन की सराहना की।

निधन (Death)–बेहोशी के 158 वें दिन, 20 जनवरी, 1988 को बादशाह खाँ का अपनी मातृभूमि पेशावर में निधन हो गया। बादशाह, बादशाहों के बादशाह की दुनिया में चिरशांति और स्वर्गिक आनंद में सदा के लिए लीन हो गए।

राजीव गांधी ने वहाँ जाकर उन्हें अपनी श्रद्धांजलि अर्पित की। भारत के लाखों लोगों ने, इस महान आत्मा को श्रद्धांजलि अर्पित की और उनकी आत्मा की चिरशांति हेतु, भगवान से प्रार्थना की।

12. सुभाषचंद्र बोस (23 जनवरी, 1897–1945) (Subhash Chandra Bose)

जन्म, शिक्षा एवं पेशा (Birth, Education and Profession)–सुभाषचंद्र बोस का जन्म 23 जनवरी, 1897 को, कटक में हुआ था। बचपन से ही वे एक मेधावी छात्र थे। उनकी शिक्षा-दीक्षा की अच्छी व्यवस्था की गई। उन्होंने कैम्ब्रिज से आनर्स की परीक्षा पास की और इंग्लैंड में ही परीक्षा देकर **आई.सी.एस.** में चौथा स्थान प्राप्त किया। लेकिन, उन्हें इससे प्रसन्नता नहीं हुई। उनका मन देश सेवा के लिए बेचैन था। अतएव, उन्होंने 1921 में **आई.सी.एस.** (ICS) के पद से त्यागपत्र दे दिया।

राजनीतिक जीवनः गांधी से भेंट 1921 (Political Life: Meeting with Gandhi)–भारत में महात्मा गांधी कांग्रेस का नेतृत्व कर रहे थे। उन्होंने 1920 में असहयोग आंदोलन प्रारंभ कर दिया था। सुभाषचंद्र बोस, सरकारी नौकरी से त्यागपत्र देने के बाद, देश सेवा करने के लिए बेचैन हो उठे। उन्होंने गांधी से भेंट की, लेकिन उनके कार्यक्रमों से प्रभावित नहीं हुए। यद्यपि उनको असहयोग आंदोलन में, राष्ट्रीय स्वयं सेवक दल का कमांडर बनाया गया।

सी.आर. दास से भेंटः प्राचार्य 1921 (Meeting with C.R. Das: Principal)–1921 में सुभाष की भेंट, देशबंधु चित्तरंजन दास से हुई, जो उस समय बंगाल के महान नेता थे। वे उनके व्यक्तित्व से काफी प्रभावित हुए और उनके शिष्य, भक्त तथा सहयोगी बन गए। 1921 में सुभाष, चित्तरंजन दास द्वारा स्थापित राष्ट्रीय कॉलेज के प्राचार्य बन गए। उन्हें एक पत्र के संपादन की जिम्मेदारी भी दे दी गई। इस पत्र के द्वारा सुभाष ने, अपने क्रांतिकारी विचारों का काफी प्रचार-प्रसार किया।

स्वराज पार्टीः कार्यपालिका पदाधिकारीः जेल 1923 (Swaraj Party: Executive Officer: Jail)–1923 में मोतीलाल नेहरू के सहयोग से, कांग्रेस से अलग होकर एक स्वराज पार्टी का निर्माण किया। सुभाषचंद्र बोस ने स्वराज पार्टी की नीतियों और कार्यक्रमों के प्रचार में काफी सहयोग दिया। इसी वर्ष चित्तरंजन दास कलकत्ता कॉरपोरेशन के मेयर बने, तो उन्होंने सुभाषचंद्र बोस को, कार्यपालिका पदाधिकारी नियुक्त किया।

इंडिपेंडेंट लीग की स्थापनाः 1925-28 (Formation of Independent League)–सुभाष ने कार्यपालिका पदाधिकारी के कार्यों का बड़ी कुशलता के साथ संपादन किया। उन्होंने कलकत्ता कॉरपोरेशन में अनेक प्रगतिशील कार्यों का निष्पादन किया। जिसके कारण, 1925 में बंगाल अराजक आदेश के अंतर्गत, सुभाष को गिरफ्तार करके बर्मा के मांडले जेल में भेज दिया गया।

जेल से छूटने पर सुभाषचंद्र बोस रचनात्मक कार्यों में लग गए। वे खादी का प्रचार, छात्र-युवक संघों का संगठन और राष्ट्रीय स्कूल-कॉलेजों की स्थापना का काम करने लगे। नेहरू रिपोर्ट के विरूद्ध उन्होंने, एक अलग पार्टी बनाई, जिसका नाम इंडिपेंडेंट लीग रखा। उन्होंने साइमन कमीशन के बहिष्कार के लिए सख्त कार्यवाही अपनाने का सुझाव दिया।

पूर्ण स्वराज्यः 1929 (Complete Independence)–1929 में कांग्रेस का अधिवेशन हुआ। कांग्रेस के इतिहास में इस अधिवेशन का बहुत बड़ा महत्व है। क्योंकि, सुभाषचंद्र बोस, जवाहरलाल नेहरू, श्री निवास आयंगर तथा अन्य नेताओं ने मिलकर, **औपनिवेशिक स्वराज** के स्थान पर **भारत को पूर्णस्वराज** दिलाने के प्रस्ताव को पारित करवाया। यह सुभाष और नेहरू की बहुत बड़ी विजय थी। कांग्रेस का स्पष्ट लक्ष्य निर्धारित हो गया।

जेलः मेयर 1930 (Jail: Mayor)–सुभाषचंद्र बोस के क्रांतिकारी कार्यों और विचारों के लिए 1930 में, ब्रिटिश सरकार ने गिरफ्तार करके उन्हें जेल भेज दिया। वहाँ से छूटने के बाद कलकत्ता कॉरपोरेशन का निर्वाचन हुआ,

उसमें सुभाष की पार्टी ने बहुत अधिक मतों से विजय प्राप्त कर ली और वे इसके मेयर बनाए गए। लेकिन, पुनः उन्हें जेल भेज दिया गया। उन्होंने गांधी-इरविन समझौते का घोर विरोध किया। कराची अधिवेशन के अवसर पर, उन्होंने महात्मा गांधी की नीतियों की तीव्र आलोचना की। गोलमेज सम्मेलन से गांधी के खाली हाथ लौटने पर पुनः सत्याग्रह हुआ और इसमें नेताजी फिर गिरफ्तार कर लिए गए।

स्विट्जरलैंड इलाज हेतु (Switzerland for Treatment)–अनेक बार जेल में रहने के कारण, सुभाषजी का स्वास्थ्य काफी गिर चुका था। अंत में, वे इलाज हेतु स्विट्जरलैंड चले गए।

गांधी से मतभेद (Difference with Gandhi)–प्रारंभ से ही सुभाषचंद्र बोस का, गांधी से मतभेद चल रहा था। उन्होंने स्विटजरलैंड में ही इलाज के दौरान एक वक्तव्य दिया और कहा कि, "राजनीतिक नेता के रूप में गांधी असफल रहे हैं, और कांग्रेस को नए सिरे से संगठित करना चाहिए। यदि ऐसा न किया गया, तो एक नया दल स्थापित करना पड़ेगा।"

सुभाषचंद्र बोस उग्रविचारों के प्रतिनिधि थे। महात्मा गांधी और अन्य नेताओं से उनका मौलिक मतभेद था। गांधी अपने लक्ष्य की प्राप्ति हेतु अच्छे साधनों का प्रयोग करना चाहते थे। लेकिन, सुभाष भारतीय स्वतंत्रता की प्राप्ति के लिए, किसी भी तरह का साधन अपनाने के लिए तैयार थे।

कांग्रेस अध्यक्ष 1938 (Congress President)–1938 में सुभाषचंद्र बोस, कांग्रेस के अध्यक्ष निर्वाचित हुए। 1939 में गांधी और कांग्रेस कार्य-समिति की इच्छा के विरूद्ध सुभाषचंद्र बोस पुनः कांग्रेस के अध्यक्ष निर्वाचित हुए। इसमें पट्टाभि सीतारमैय्या गांधी के उम्मीदवार थे, जिनकी करारी हार हुई। इसी अवसर पर गांधी ने कहा, "पट्टाभि की हार, मेरी हार है।"

फॉरवर्ड ब्लॉक की स्थापना (Formation of Forward Bloc)–सुभाषचंद्र बोस के अध्यक्ष बनाने के विरोध में, कांग्रेस कार्यसमिति के अनेक सदस्यों ने त्यागपत्र दे दिया। इससे सुभाषजी को काफी दुःख हुआ। उन्होंने कांग्रेस को टूट से बचाने के लिए, कांग्रेस के अध्यक्ष पद से त्यागपत्र देकर अपनी महानता को प्रदर्शित किया। इसके बाद, उन्होंने एक नयी पार्टी **फॉरवर्ड ब्लॉक** का निर्माण किया।

द्वितीय विश्वयुद्धः जेल (The Second World War: Jail)–द्वितीय विश्वयुद्ध के प्रारंभ होने पर, सुभाष ने सम्पूर्ण भारत की यात्रा की और देशवासियों को शिक्षा दी कि वे अंग्रेजों को देश से बाहर निकाले। ब्रिटिश

सरकार सुभाष को अपना कट्टर शत्रु समझती थी। उनके क्रांतिकारी भाषणों पर वह कड़ी निगरानी रखती थी। क्रांतिकारी भाषणों के कारण, जुलाई 1940 में कलकत्ता में उन्हें गिरफ्तार कर लिया गया और जेल में बंद कर दिया गया।

घर नजरबंदः पलायन 1941 (House Arrest: Escaped)–लेकिन, सुभाषचंद्र बोस का स्वास्थ्य अधिक खराब होने के कारण, उन्हें जेल से छोड़ दिया गया और घर पर नजरबंद रखा गया। इस समय उन्होंने सरकार को एक पत्र लिखा, जो इस प्रकार था, "मुझे अवश्य मर जाना चाहिए, जिससे भारत स्वतंत्र और प्रतापी हो। अपने देशवासियों से मुझे यही कहना है कि भूलना नहीं है कि दासता मनुष्य के लिए सबसे बड़ा पाप है।"

29 जनवरी, 1941 को, सुभाषजी रहस्मय ढंग से अपने मकान से भाग निकले और दिल्ली, पेशावर होते हुए हिटलर से मिलने के लिए जर्मनी गए। फिर, वहाँ से रूस होते हुए जापान पहुँचे। भारत को स्वतंत्र कराने के लिए वे विदेशों से सहायता लेने चाहते थे।

आजाद हिंद फौज 1943 (Indian National Army)–सितंबर, 1941 में ही रासबिहारी बोस ने, जापान द्वारा बंदी बनाए गए लगभग साठ हजार भारतीय सैनिकों के मेल से, **आजाद हिंद फौज** का संगठन किया था। यह फौज रासबिहारी बोस को, भारतीय स्वतंत्रता प्राप्ति के सहायतार्थ जापान सरकार द्वारा दी गई थी। इसमें वे सैनिक थे, जिन्हें जापानियों ने अंग्रेजो को हराकर कैदी बना लिया था। फौज के प्रथम सेनापति कैप्टन मोहन सिंह के साथ जब सुभाषचंद्र बोस जापान पहुँचे, रासबिहारी बोस ने उन्हें आजाद हिंद फौज का नेतृत्व करने को कहा। सेना संचालन का अनुभव नहीं होने पर भी, सुभाषचंद्र बोस ने अपने आकर्षक व्यक्तित्व, संगठन क्षमता और जोश भरने वाले हृदय के बल पर, आजाद हिंद फौज का और भी तेजी के साथ नेतृत्व किया। परिणामतः, आजाद हिंद फौज ने अनेक युद्धों का सामना किया। उन्होंने देशवासियों का आह्वान करते हुए कहा, "हमारी मातृभूमि स्वतंत्रता चाहती है। तुम मुझे अपना खून दो और मैं तुम्हें आजादी दूँगा।" उन्होंने **जयहिंद और दिल्ली चलो** का नारा दिया, जिसने लाखों भारतीयों को, स्वतंत्रता की बलिवेदी पर न्यौछावर होने के लिए प्रेरित किया।

आजाद हिंद फौज का युद्ध अभियान बड़ी तेजी से चला। उन्होंने बर्मा की लड़ाई में अपूर्व वीरता का परिचय दिया और कुछ समय के बाद, यह सेना असम तक पहुँची। इसने मणिपुर, इम्फाल और एशेवपुर आदि को अपने कब्जे में कर लिया। लेकिन, अचानक जापान के परास्त होने के कारण, आजाद हिंद

फौज तितर-बितर हो गई और उनके अफसरों को गिरफ्तार कर लिया गया। वस्तुतः, अमेरिका ने, जापान के हिरोशिमा **और नागासाकी** शहर पर एटमबम गिराकर, वहाँ की आबादी और सभ्यता को समाप्त कर दिया। इससे बाध्य होकर, जापान ने 14 अगस्त, 1945 में, मित्र राष्ट्रों के सामने आत्मसमर्पण कर दिया। जिसके कारण, जापान आजाद हिंद फौज को, राशन और अस्त्र-शस्त्र देने से लाचार हो गया।

निधन (Death)–इसी बीच सुभाषचंद्र बोस हवाई जहाज से टोकियों के लिए रवाना हुए। किवदंती है कि यह हवाई जहाज मौसम खराबी के कारण पहाड़ों से टकराकर दुर्घटना ग्रस्त हो गया, जिसमें नेताजी सुभाषचंद्र बोस का आकस्मिक निधन हो गया। इतिहासकारों ने उनके मरने की पुष्टि कर दी है। लेकिन, अभी भारत का एक वर्ग नेताजी को जीवित मान रहा है। वस्तुतः, उनका निधन एक रहस्यमय वस्तु बनी हुई है।

व्यक्तित्व (Personality)–सुभाषचंद्र बोस एक क्रांतिकारी, सच्चे देशभक्त और राष्ट्रीय स्वतंत्रता के प्रबल समर्थक थे। उनके शानदार व्यक्तित्व के बारे में निम्न विद्वानों ने अपना मत प्रकट किया है–

आर.सी. मजूमदार ने लिखा है, "गांधीजी के बाद भारतीय स्वतंत्रता संघर्ष में सबसे प्रमुख व्यक्ति निःसंदेह, सुभाषचंद्र बोस ही थे।"

भारतीय राष्ट्रीय आंदोलन में, सुभाषचंद्र बोस और उनकी आजाद हिंद फौज को महत्वपूर्ण स्थान प्राप्त है। नेताजी एक महान उपासक थे। विद्यार्थी जीवन में ही उन्होंने एक अंग्रेज अध्यक्ष को, भारत की निंदा करने के कारण दंड दिया था, उन्होंने इस प्रकार अपनी देशभक्ति का परिचय दिया था।

पट्टाभि सीतारमैय्या ने नेताजी के विशाल व्यक्तित्व की प्रशंसा करते हुए लिखा है, "सुभाषबाबू अपने आप में एक महान इतिहास थे। उनमें महान आकर्षण था तथा विभिन्न महान चीजों का मिश्रण निहित था। बचपन से ही उनका जीवन तूफानी था। उनमें रहस्यवाद और वास्तविकता, गहरी धार्मिक भावना और व्यावहारिक कठोर बुद्धि, गहरी और प्रभावी देश-भक्ति का विभिन्न मिश्रण था तथा दंभ का पूर्णतया अभाव था।"[1]

1. "Subhash–What history, what charm, what complications. A stormy life from boyhood onward, a strange combination of mysticism and reality of intense religious fever and stem practical sensed deep emotional susceptibility and cold calculating pragmatism."—P. Sitaramayya.

निष्कर्ष–सुभाषचंद्र बोस स्वतंत्रता-संग्राम के एक अमर सेनानी थे। उनमें अपूर्व वीरता, श्रेष्ठ और आदर्श विचार, स्पष्ट दृष्टिकोण, दूरदर्शिता एवं संगठन की अपूर्व शक्ति थी। आजाद हिंद फौज ने यह सिद्ध कर दिया, "हिंदुस्तान अब भी वीरभूमि है और एक भारतीय हृदय में अपने देश की प्रतिष्ठा का वही भाव है, जिसकी रक्षा तथा समृद्धि के लिए उसके पूर्वजों ने लहू बहाया था।"

13. लालबहादुर शास्त्री (2 अक्टूबर, 1904 से 11 जनवरी, 1966) (Lalbahadur Shastri)

जन्म एवं शिक्षा (Birth and Education)–लालबहादुर शास्त्री का जन्म 2 अक्टूबर, 1904 को, वाराणसी के मध्यमवर्गीय कायस्थ परिवार में हुआ था। उनकी प्रारंभिक शिक्षा वाराणसी के **हरिश्चंद्र स्कूल** में हुई। **काशी विद्यापीठ** से उन्होंने शास्त्री की डिग्री ली और उस समय से उनके नाम के पीछे **शास्त्री** शब्द जुड़ गया। वे लालबहादुर शास्त्री कहे जाने लगे।

असहयोग आंदोलन 1920 (Non-Cooperation Movement)–1920 में, महात्मा गांधी ने संपूर्ण देश में असहयोग आंदोलन चलाया और युवकों को आगे आने का आह्वान किया, उस समय लालबहादुर, दसवीं कक्षा में पढ़ रहे थे और उनकी आयु लगभग सोलह वर्ष की थी। उन्होंने पढ़ाई की अपेक्षा, देश सेवा को अधिक महत्व दिया, और असहयोग आंदोलन में कूद पड़े तथा जेल भी गए।

लाला लाजपतराय से संपर्क 1925-26 (Contact with Lala Lajpat Rai)–धीरे-धीरे शास्त्रीजी की अभिरूचि देश की वर्तमान राजनीति में होने लगी। 1925 में, वे लाला लाजपतराय के संपर्क में आए और उनके जीवन से काफी प्रभावित हुए। 1926 में, वे सर्वेन्ट्स ऑफ द पीपुल सोसाइटी[1] का आजीवन सदस्य बन गए।

इलाहाबाद आगमन (Allahabad Arrival)–इसके बाद वे इलाहाबाद में आकर बस गए। यहाँ उनका संपर्क पंडित जवाहरलाल नेहरू से हुआ। हरिजनों के उद्धार के लिए उन्होंने बहुत ही सराहनीय कार्य किया। इससे गांधी और नेहरू दोनों अति प्रसन्न हुए और उनकी पीठ थपथपायी।

कांग्रेस से संपर्क एवं पद 1935-46 (Contact with the Congress)–1935 में, शास्त्रीजी उत्तर प्रदेश की कांग्रेस कमैटी के महासचिव बनाए गए।

1. Servants of the People Society.

1937 में वे उत्तर प्रदेश की विधान सभा के सदस्य निर्वाचित किए गए और जनता की पूरी सेवा किए। 1940 में, गांधी ने उन्हें व्यक्तिगत सत्याग्रह के लिए चुन लिया। 1941 में, वे उत्तर प्रदेश की विधान सभा के सदस्य पुनः निर्वाचित किए गए और इस पद पर 1946 तक डटे रहे। 1942 के भारत छोड़ो आंदोलन में उन्होंने खुलकर भाग लिया। उन्हें अनेक कष्टों का सामना करना पड़ा। वे देश की आजादी के लिए सदा संघर्षशील रहे।

संसदीय सचिव (Parliamentary Secretary)–स्वतंत्रता प्राप्ति के समय लालबहादुर शास्त्री की लोकप्रियता काफी बढ़ गई थी। उन दिनों उत्तर प्रदेश के मुख्यमंत्री, पंडित गोविंदवल्लभ पंत थे। उन्होंने शास्त्री जी को अपना संसदीय सचिव नियुक्त किया और बाद में उन्हें पूर्ण मंत्री के पद का भार दिया गया। पंडित नेहरू के कहने पर, वे उत्तर प्रदेश कांग्रेस के महासचिव बने।

सांसदः 1952-63 (Parliamentarian)–1952 में, लालबहादुर शास्त्री राज्य सभा के सदस्य बने और केंद्रीय मंत्रिमंडल में रेलवे तथा परिवहन विभाग के मंत्री बनाए गए। लेकिन रेलवे में एक बड़ी दुर्घटना हुई, जिसके कारण उसे पद से त्यागपत्र देना पड़ा। 1957 के आम चुनाव में वे, लोक सभा के सदस्य निर्वाचित हुए और उन्होंने परिवहन तथा यातायात मंत्रालय को सँभाला। 4 अप्रैल, 1961 को जब गोविंदवल्लभ पंत का निधन हुआ, तो शास्त्री को गृह मंत्रालय दिया गया। उन्होंने बड़ी दक्षता के साथ विभाग को चलाया। 1963 में, उन्होंने नेपाल की यात्रा की और भारत-नेपाल संबंध को सुधारा।

प्रधानमंत्रीः 9 जून 1964 (Prime Minister)–27 मई 1964 को, पंडित जवाहरलाल नेहरू का दिल का दौरा पड़ने से आकस्मिक निधन हो गया। नेहरू मंत्रिमंडल में वे विभागहीन मंत्री थे और नेहरू के काफी विश्वस्त थे। 9 जून, 1964 को, उन्हें भारत का दूसरा प्रधानमंत्री बनाया गया।

भारत पाक युद्धः 1965: जय जवान, जय किसान (Indo-Pak War: Jai Jawan, Jai Kisan)–लालबहादुर का प्रधानमंत्रित्व काल एक बड़े संकट से गुजरा है। यद्यपि उनका कद नाटा था, लेकिन उनका हृदय और मस्तिष्क विशाल था। वे महान देश भक्त, उत्साही जवान और देश के रक्षक थे। वे हिंदू, हिंदी और हिंदुस्तान के मालवीय जी के समान कट्टर समर्थक थे।

1965 में पाकिस्तान ने कच्छ की सीमाओं पर अतिक्रमण करना प्रारंभ कर दिया। उसने 10 फरवरी, 1965 को कंजरकोट और 10 अप्रैल को सरदार पोस्ट पर, अधिकार जमा लिया। लालबहादुर शास्त्री ने इन पाकिस्तानी हरकतों को चुनौती के रूप में स्वीकार कर लिया और अपनी सेना को जवाबी कार्रवाही

के लिए भेजा। पुनः सितंबर 1965 में पाकिस्तान ने कश्मीर पर आक्रमण कर दिया। भारतीय सेनाओं ने आक्रमण का सख्त मुकाबला किया। और पाकिस्तान को बुरी तरफ से पराजित किया।

शास्त्री जी ने सैनिकों के उत्साह को बढ़ाने के लिए, **जय जवान और जय किसान** का नारा दिया। जब भारतीय सेना, लाहौर को अपने कब्जे में लेकर, कराची पहुँचने लगी, तो पाकिस्तान सरकार की घड़बड़ाहट बढ़ गई और वह अमेरिका तथा रूस के माध्यम, से भारत से शांति समझौते का प्रयास करने लगा। पाकिस्तान की सेना ने आत्म-समर्पण किया। हिंदुस्तान की बहुत बड़ी विजय हुई। पाकिस्तान द्वारा प्रयोग किए गए, अमेरिकी टैंक को भारत के बहादुर सैनिक **हमीद** ने बर्बाद करके, शहीद हो गया। अप्रत्यक्ष रूप से इसमें पाकिस्तान की नहीं, बल्कि अमेरिका की जबरदस्त हार हुई।

ताशकंद समझौताः जनवरी 1966 (Tashkant Agreement)–सोवियत रूस के प्रधानमंत्री **कोसीगिन** ने, भारत-पाक युद्ध से उत्पन्न समस्याओं के समाधान हेतु, भारत और पाकिस्तान के प्रधानों को ताशकंद में आमंत्रित किया। जनवरी 1966 के प्रथम सप्ताह में, **लालबहादुर शास्त्री** और **राष्ट्रपति अयूब खाँ** ताशकंद गए। काफी वाद-विवाद के बाद 10 जनवरी, 1966 को कोसीगिन के नेतृत्व में दोनों देशों के प्रधानों ने एक समझौते पर हस्ताक्षर किया, जो बाद में **ताशकंद** समझौता के नाम से विख्यात हुआ।

निधनः 11 जनवरी 1966 (Death)–अचानक 11 जनवरी, 1966 को, रहस्यात्मक परिस्थितियों में एक बजे रात्रि में ह्रदय गति रूक जाने के कारण, ताशकंद में ही लालबहादुर शास्त्री का निधन हो गया। सारा भारत और विश्व शोक में डूब गया। राष्ट्रीय ध्वज झुका दिए गए। विश्व के बड़े-बड़े देशों के राष्ट्रपतियों, प्रतिनिधियों और देश के मंत्रियों, राज्यपालों और आम जनता ने दिल्ली पहुँचकर, इस लालबहादुर की शव-यात्रा में सम्मिलित होकर, उन्हें श्रद्धा-सुमन से, अपनी श्रद्धांजलि अर्पित की। **जय जवान और जय किसान** के नारों से गगन गूँजने लगा। एक मध्यमवर्गीय परिवार के व्यक्ति का, निधन के बाद इतना सम्मान शायद ही किसी को विश्व में मिला हो। जितना राजकीय सम्मान शास्त्री जी को मिला, उतना गांधी, पटेल और नेहरू को भी नहीं मिला था। भारतीय राष्ट्रीय आंदोलन का सेनानी और आधुनिक भारत का सबसे निर्भीक, उत्साही तथा जुझारू प्रधानमंत्री का नाम, भारतीय इतिहास में स्वर्णाक्षरों से लिखा जायेगा। उनकी वीरता, साहस और बहादुरी की गुणगाथा भारत की आने वाली पीढ़ियाँ सदा गुणगान करती रहेगी। **जय जवान, जय किसान, जय लाल, जय बहादुर और जय शास्त्री अमर रहे।**

14. इंदिरा गांधी (19 नवंबर, 1917–31 अक्टूबर, 1984) (Indira Gandhi)

जन्म, शिक्षा एवं पेशा (Birth, Education and Profession)–इंदिरा गांधी का जन्म, 19 नवंबर, 1917 को इलाहाबाद में हुआ था। उनके माता-पिता का नाम कमला नेहरू और जवाहरलाल नेहरू तथा दादा मोतीलाल नेहरू थे। वह इकलौती संतान थी। **संत मेरी कॉनवेंट** में उनकी प्रारंभिक शिक्षा हुई। 1934 में, उन्होंने मैट्रिकुलेशन की परीक्षा पास की। 1938 में, इंग्लैंड जाकर **ब्रिस्टल के बैडमिंटन स्कूल** तथा **ऑक्सफोर्ड के मेम्बर ऑफ चायना कमिटि** में उन्होंने उच्च शिक्षा प्राप्त की।

दांपत्य जीवन (Conjugal Life)–गांधीजी के आग्रह पर और देश में एक आदर्श उपस्थित करने के लिए, इंदिरा गांधी की शादी एक पारसी फिरोज गांधी से 26 मार्च, 1942 में हुई। प्रारंभ में इनका दांपत्य जीवन बड़ा ही मधुर रहा। संजय गांधी और राजीव गांधी, नामक दो पुष्प खिले। जिनका विवाह मेनका गांधी और सोनिया गांधी से क्रमशः हुआ। वरूण गांधी, राहुल गांधी और प्रियंका इंदिरा जी के पौत्र-पौत्री हुए। संजय गांधी का निधन, हवाई जहाज दुर्घटना में हुआ, जबकि राजीव गांधी की मृत्यु बम बिस्फोट में हुई। 8 सितंबर, 1960 को, फिरोज गांधी का निधन हो गया।

राजनीतिक जीवनः 1928-63 (Political Life)–1928 में सर्वप्रथम इंदिरा ने गांधीजी द्वारा स्थापित, बाल-चर्खा संघ में भाग लिया। 1930 में वानर सेना का निर्माण कर, इंदिरा ने सविनय अवज्ञा आंदोलन में भाग लिया। 1934 में उन्होंने **भारतीय राष्ट्रीय कांग्रेस** की सदस्यता ग्रहण कर ली।

1942 के भारत छोड़ो आंदोलन में इंदिरा ने सक्रिय भूमिका निभायी और जेल भी गई। फरवरी 1955 में वे कांग्रेस कार्यकारिणी समिति और उसी वर्ष कांग्रेस की केंद्रीय निर्वाचन-समिति की सदस्या चुनी गई। दूसरे वर्ष वह केंद्रीय संसदीय बोर्ड की सदस्या और 1959 में भारतीय राष्ट्रीय कांग्रेस की अध्यक्षा निर्वाचित की गई।

सूचना एवं प्रसारण मंत्रीः 1964 (Information and Broadcasting Minister)–जवाहरलाल नेहरू के निधन के बाद, 2 जुलाई, 1964 में लालबहादुर शास्त्री-मंत्रिमंडल में इंदिरा गांधी ने, सूचना एवं प्रसारण मंत्री पद को सुशोभित किया और इस मंत्रालय को बड़ी कुशलता के साथ चलाया।

प्रधानमंत्री 24 जनवरी, 1966 (Prime Minister)–लालबहादुर शास्त्री के आकस्मिक निधन के बाद, 24 जनवरी, 1966 को इंदिरा जी, प्रधानमंत्री के पद को ग्रहण किया। आम चुनाव के बाद, 13 मार्च, 1967 को वे पुनः प्रधानमंत्री बनी।

1969-71 के कार्यकाल में, इंदिरा गांधी ने अनेक महत्वपूर्ण निर्णय लिए। उन्होंने बैंकों का राष्ट्रीयकरण किया और प्रिवीपर्स का भी उन्मूलन किया। उन्होंने गैर-कांग्रेसी उम्मीदवार, **वी.वी. गिरि** को राष्ट्रपति निर्वाचित होने में अहम भूमिका निभायी। 1971 के आम चुनाव में कांग्रेस के दो-तिहाई स्थानों पर विजय हुई और इंदिरा गांधी प्रधानमंत्री चुनी गई। इसी वर्ष भारत-पाक युद्ध हुआ, जिसमें भारतीय सेना ने अपना जौहर दिखाया। पाक सेना की करारी हार हुई तथा उन्होंने पाकिस्तान से अलग कर, एक स्वतंत्र संप्रभु राज्य **बांग्लादेश** का निर्माण किया। यह इंदिरा जी की कुटिल नीति की भारी विजय थी जिसने उनको देश का एक मात्र नेता बना दिया।

इलाहाबाद उच्च न्यायालय का निर्णयः 1975 (Allahabad High Court's Decision)–कुछ वर्षों के बाद इंदिरा गांधी के विरूद्ध जन-आंदोलन प्रारंभ हुआ और उनके निर्वाचन को इलाहाबाद हाई कोर्ट में चुनौती दी गई। सारे तथ्यों की जाँच करने के बाद, इलाहाबाद हाई कोर्ट ने, इंदिरा जी के निर्वाचन को अवैध घोषित कर दिया। इससे भारतीय राजनीति में सनसनी फैल गई और इंदिरा का सिंहासन डोल गया।

आंतरिक आपातकालीन घोषणाः 25 जून 1975 (Declaration of Internal Emergency)–इंदिरा जी के निर्वाचन को अवैध करार देने की घटना ने, भारतीय राजनीति में एक नया मोड़ ला दिया। इंदिरा गांधी ने कानून की मर्यादा को भंग करके, 25 जून, 1975 को संपूर्ण भारत में आंतरिक आपातकालीन की घोषणा कर दी। इस बीच उन्होंने एक तानाशाह के रूप में, देश को कठोर शासन दिया। कड़े अनुशासन का संचार हुआ, लेकिन नागरिकों की आजादी को समाप्त कर दिया गया। विरोधी पार्टियों ने इस कठोर शासन का कड़ा विरोध किया। जयप्रकाश नारायण के नेतृत्व में, संपूर्ण क्रांति का आंदोलन चलाया गया। लोगों में जन-आक्रोश का संचार हुआ और इंदिरा विरोधी वातावरण तैयार किया गया।

आम चुनावः मार्च 1977: संयुक्त सरकार (General Election, Coalition Government)–मार्च 1977 में भारत में, आम चुनाव हुआ। संकटकाल की उद्घोषणा और इंदिरा जी के कठोर शासन के कारण कांग्रेस

पार्टी की करारी हार हुई। इंदिरा जी को भी पराजय का मुँह देखना पड़ा। विरोधी दलों के द्वारा मोरारजी देसाई के नेतृत्व में, मंत्रिमंडल का निर्माण किया गया। इंदिरा जी को तिहाड़ जेल की हवा खानी पड़ी।

कांग्रेस का विभाजन 1978 (Division of the Congress)–कांग्रेस की करारी हार और इंदिरा की तानाशाही दृष्टिकोण एवं व्यवहार के कारण, कांग्रेस का दो दलों में विभाजन हो गया। एक कांग्रेस (ओ) और दूसरा कांग्रेस (इ) बना। पहले का नेतृत्व कामराज और दूसरे का इंदिरा गांधी ने किया।

आम चुनावः जनवरी 1980 (General Election)–आपस में मतभेद होने के कारण, संयुक्त सरकार का चलना कठिन हो गया और ऐसी परिस्थिति उत्पन्न हो गई कि जनवरी 1980 में देश में, आम चुनाव कराना पड़ा। देश की जनता संयुक्त सरकार के कार्यकलापों से क्षुब्ध थी, जिसके कारण चुनाव में पुनः कांग्रेस (इ) को बहुमत प्राप्त हुआ और 14 जनवरी, 1980 को इंदिरा गांधी ने फिर प्रधानमंत्री के पद को सँभाला तथा इंदिरा प्रियदर्शनी पदवी को सार्थक सिद्ध किया।

गुट-निरपेक्ष सम्मेलनः अध्यक्षः 7 मार्च, 1983 (Non-Alignment Conference: President)–7 मार्च, 1983 को, गुट-निरपेक्ष के अध्यक्षों की बैठक दिल्ली में हुई। इसमें इंदिरा गांधी, सम्मेलन की अध्यक्षता बनी। यह भारत के लिए, बड़े गौरव और शान की बात थी।

असम और पंजाब की समस्यायें (Problems of Assam and the Punjab)–इसी बीच असम और पंजाब की समस्याओं ने विकराल रूप धारण कर लिया था। असम में **बोडो आंदोलन** ने उग्ररूप ले लिया था। नागाओं की समस्याओं का भी समाधान नहीं हो पाया था। आपातकाल में पंजाब के गोल्डनटेम्पल में इंदिरा गांधी ने, सेना के द्वारा घुसे हुए आतंकवादियों और देशद्रोहियों का सफाया कर दिया था, जिसकी प्रतिशोध की अग्नि पंजाबियों के हृदय में सुलग रही थी।

उड़ीसाः अंतिम भाषणः 30 अक्टूबर, 1984 (Orissa: Last Speech)–इंदिरा गांधी का अंतिम भाषण, उड़ीसा में 30 अक्टूबर, 1984 को हुआ था। उसमें उन्होंने अपने देशवासियों से बलिदान देने का आह्वान करते हुए कहा, "उनके खून का एक-एक कतरा देश के काम आए।"

निधनः 30 अक्टूबर, 1984 (Death)–30 अक्टूबर, 1984 को, इंदिरा गांधी के निजी गार्ड ने ही, उन्हें गोलियों का निशाना बनाकर भून डाला। वह

छटपटा कर धरती पर गिर गई और अखिल भारतीय आर्युसंस्थान में उन्हें भर्ती किया गया, जहाँ तुरंत मृत घोषित कर दिया गया। तीन पंजाबी हत्यारों ने भारत की रोशनी को बुझा दिया। यह भारत के इतिहास में कलंकपूर्ण दिन सिद्ध हुआ। आने वाली भावी पीढ़ी, बेअंत सिंह और उनके साथियों को जनता कभी भी माफ नहीं करेगी। उनके प्रति संवेदना प्रकट करने के लिए और श्रद्धांजलि अर्पित करने के लिए, महान नेताओं का जमघट दिल्ली में लगा। जो उनके चुम्बकीय व्यक्तित्व को चरितार्थ करने के लिए काफी है।

इंदिरा गांधी का व्यक्तित्व (Personality of Indira Gandhi)–भारतीय राजनीति में एक प्रधानमंत्री के रूप में इंदिरा गांधी की भूमिका सराहनीय रही है। इनके निधन से भारतीयों ने, न केवल एक महान देश-भक्त, राष्ट्र निर्माता, राष्ट्रीय एकता-अखंडता का प्रतीक, हिंदू-मुस्लिम एकता का योद्धा, राष्ट्रीय गरिमा का रक्षक, समाजवाद का पोषक और दलितों, हरिजनों एवं गरीबों का सच्चा रखवाला खो दिया। इसके साथ ही, विश्व ने एक शांति का अग्रदूत, तीसरी दुनिया का अगुआ, निरपेक्ष गुट का प्रवक्ता, इतिहास निर्माता तथा मानवता की उत्प्रेरक शक्ति खो दी। इससे भारत और विश्व दोनों को काफी क्षति हुई। महिला जगत सूनी हो गई।

इंदिरा गांधी में आत्मविश्वास, अदम्य साहस, राष्ट्र सम्मान में आस्था, कूटनीति में चातुरी, सफल विदेश नीति, और संस्कृति में रूचि, बाल प्रेम, अद्वितीय स्मरण-शक्ति, मित्रों की चिंता, आधुनिक विचारों-तकनीकों को ग्रहण करने की शक्ति आदि, एक साथ उनमें विद्यमान थीं, जो उनके समकालीन विश्व के नेताओं में दुर्लभ था।

वस्तुतः, इंदिरा प्रियदर्शनी भारतीय प्रशासन की वह कड़ी है, जिसे भुलाया नहीं जा सकता है। भारतीय राष्ट्रीय आंदोलन के इतिहास में उनका योगदान कम और स्वतंत्र भारत में अधिक है। इंदिरा जी समस्त भारतीय नारी के आदर्श और विश्व महिला जगत में एक अनोखा स्थान रखती है। जब तक इस धरती पर चाँद-सितारें होंगे, तब तक अपने पिता पंडित नेहरू की तरह उनकी समाधि पर श्रद्धा-सुमन अर्पित होते रहेंगे।

प्रश्न

(Questions)

1. भारतीय राष्ट्रीय आंदोलन में पंडित मदनमोहन मालवीय के राजनीतिक जीवन का वर्णन करें।

Describe the political life of Pandit Madan Mohan Malviya in the Indian National Movement.

2. पंडित मदनमोहन मालवीय के सामाजिक और शैक्षणिक क्षेत्रों में योगदानों की समीक्षा करें।

   Examine the contributions of Pandit Madan Mohan Malaviya in the Social land Educational fields.

3. "मालवीय जी के जीवन की सबसे बड़ी उपलब्धि, बनारस हिंदू विश्वविद्यालय की स्थापना है।" कैसे?

   "The greatest achievement of Malaviyajee's life is establishment of Banaras Hindu University." How?

4. मोतीलाल नेहरू की राजनीतिक उपलब्धियों का मूल्यांकन कीजिए।

   Estimate the Political achievements of Motilal Nehru.

5. भारतीय राष्ट्रीय आंदोलन में महात्मा गांधी के योगदानों का वर्णन करें।

   Describe the contributions of Mahatma Gandhi in the Indian National Movement.

6. "महात्मा गांधी को छोड़कर, भारतीय राष्ट्रीय आंदोलन शून्य है।" विवेचना कीजिए।

   "The Indian National Movement minus Mahatma Gandhi is zero." Discuss.

7. भारतीय राष्ट्रीय आंदोलन में देशबंधु चित्तरंजन दास के मुख्य योगदानों की समीक्षा करें।

   Examine the main contributions of Deshbandhu Chittranjan Das in the Indian National Movement.

8. भारतीय राष्ट्रीय आंदोलन में सरदार वल्लभभाई पटेल के योगदानों की व्याख्या करें।

   Explain the main contributions of Sardar Vallabhbhai Patel in the Indian National Movement.

9. स्वतंत्र भारत के एकीकरण में सरदार पटेल के योगदानों की समीक्षा करें।

   Examine the contributions of Sardar Patel in the Integration of Free India.

10. "सरदार पटेल को लौहपुरुष क्यों कहा जाता है?" विवेचन कीजिए।

    Why Sardar Patel is called Iron man? Discuss.

11. भारतीय राष्ट्रीय आंदोलन में सरोजिनी नायडू की भूमिका की विवेचना करें।

    Discuss the role of Sarojini Naidu in the Indian National Movement.

12. भारतीय राष्ट्रीय आंदोलन में चक्रवर्ती राजगोपालाचारी के मुख्य योगदानों का वर्णन करें।

    Describe the main contributions of Chakravarti Rajagopalachari in the Indian National Movement.

13. भारतीय राष्ट्रीय आंदोलन में डॉ. राजेंद्र प्रसाद के योगदानों की व्याख्या करें।

    Explain the contributions of Dr. Rajendra Prasad in the Indian National Movement.

14. डॉ. राजेंद्र प्रसाद के व्यक्तित्व का मूल्यांकन एक भारतीय राष्ट्रपति के रूप में कीजिए।

    Evaluate the personality of Dr. Rajendra Prasad as the Indian President.

15. संविधान सभा के अध्यक्ष के रूप में डॉ. राजेंद्र प्रसाद की भूमिका की विवेचना कीजिए।

    Discuss the role of Dr. Rajendra Prasad as the President of the Constituent Assembly.

16. मौलाना अबुल कलाम आजाद के राजनीतिक जीवन का वर्णन करें।

    Describe the political life of Maulana Abul Kalam Azad.

17. मौलाना आजाद के राजनीतिक विचारों का मूल्यांकन कीजिए।

    Evaluate the political views of Maulana Azad.

18. भारतीय राष्ट्रीय आंदोलन में जवाहरलाल नेहरू के योगदानों की समीक्षा करें।

    Examine the contributions of Jawaharlal Nehru in the Indian National Movement.

19. जवाहरलाल नेहरू के प्रमुख राजनीतिक विचारों की विवेचना कीजिए।

    Discuss the main Political Ideas of Jawaharlal Nehru.

20. भारतीय राष्ट्रीय आंदोलन में खाँ अब्दुल गफ्फार खाँ के योगदानों की समीक्षा करें।

    Examine the contributions of Khan Abdul Gaffar Khan in the Indian National Movement.

21. "खाँ अब्दुल गफ्फार खाँ उत्तर-पश्चिमी सीमाप्रांत के पठानों के मसीहा थे।" कैसे?
"Khan Abdul Gaffar Khan was messiah for the Pathans of the north-west frontier." How?

22. भारतीय राष्ट्रीय आंदोलन में सुभाषचंद्र बोस के योगदानों की समीक्षा करें।
Examine the contributions of Subhash Chandra Bose in the Indian National Movement.

23. सुभाषचंद्र बोस के व्यक्तित्व का मूल्यांकन, आजाद हिंद फौज के मुख्य सेनापति के रूप में कीजिए।
Estimate the personality of Subhash Chandra Bose as the Chief Commander of the Azad Hind Fauz.

24. सुभाषचंद्र बोस के भारत स्वतंत्रता की प्राप्ति हेतु, युद्ध-अभियान का वर्णन करें।
Describe the war-compaign of Subhash Chandra Bose for getting Independence of India.

25. भारतीय राष्ट्रीय आंदोलन में लालबहादुर शास्त्री के राजनीतिक जीवन का वर्णन करें।
Describe the political life of Lal Bahadur Shastri in the Indian National Movement.

26. भारतीय प्रशासन में एक प्रधानमंत्री के रूप में लालबहादुर शास्त्री की भूमिका को स्पष्ट करें।
Explain the role of Lal Bahadur Shastri as the Prime Minister in the Indian Administration.

27. भारत-पाक युद्ध, 1965 में लालबहादुर शास्त्री की भूमिका की समीक्षा करें।
Examine the role of Lal Bahadur Shastri in the Indo-Pak War, 1965.

28. इंदिरा गांधी के राजनीतिक जीवन का मूल्यांकन करें।
Estimate the Political Life of Indira Gandhi.

29. भारतीय राष्ट्रीय आंदोलन में इंदिरा गांधी के योगदानों का वर्णन करें।
Describe the contributions of Indira Gandhi in the Indian National Movement.

30. भारतीय प्रशासन में एक प्रधानमंत्री के रूप में इंदिरा गांधी के प्रमुख योगदानों की समीक्षा करें।

Examine the main contributions of Indira Gandhi as the Prime Minister of India in the Indian Administration.

वस्तुनिष्ठ प्रश्न

(Objective Questions)

1. पंडित मदनमोहन मालवीय का जन्म कहाँ हुआ था?

(क) प्रयाग (ख) वाराणसी

(ग) लखनऊ (घ) कानपुर

2. पंडित मदनमोहन मालवीय का जन्म किस तिथि, माह और वर्ष में हुआ था?

(क) 25 दिसंबर (ख) 25 दिसंबर 1861

(ग) 25 नवंबर 1871 (घ) 20 दिसंबर 1861

3. 1887 में *हिंदुस्तान* का संपादन किसने किया था?

(क) तिलक (ख) लाला लाजपतराय

(ग) पंडित मदनमोहन मालवीय (घ) सुरेंद्रनाथ बैनर्जी

4. इंडियन यूनियन का संपादन किसने किया था?

(क) तिलक (ख) गोखले

(ग) गांधी (घ) पंडित मालवीय

5. हिंदी साप्ताहिक *अभ्युदय* किसने निकाला था?

(क) पंडित मालवीय (ख) तिलक

(ग) गोखले (घ) गांधी

6. पंडित मदनमोहन मालवीय का निधन किस तिथि, माह और वर्ष को हुआ?

(क) 12 नवंबर 1945 (ख) 12 नवंबर 1946

(ग) 26 नवंबर 1946 (घ) 15 अगस्त 1946

7. मोतीलाल नेहरू का जन्म किस तिथि, माह और वर्ष में हुआ था?

(क) 6 मई 1862 (ख) 5 मई 1961

(ग) 6 मई 1861 (घ) 6 मई 1871

8. मोतीलाल नेहरू का निधन किस तिथि, माह और वर्ष को हुआ था?
   (क) 5 फरवरी 1930 (ख) 2 फरवरी 1931
   (ग) 26 जनवरी 1931 (घ) 5 फरवरी 1931
9. 1912 में इलाहाबाद से *इंडिपेंडेंट* नामक पत्रिका किसने निकाली थी?
   (क) मोतीलाल नेहरू (ख) जवाहरलाल नेहरू
   (ग) पंडित मालवीय (घ) गांधी
10. 1923 में चित्तरंजन दास ने स्वराज पार्टी की स्थापना किसके साथ मिलकर की थी?
   (क) जवाहरलाल नेहरू (ख) मोतीलाल नेहरू
   (ग) सुरेंद्रनाथ बैनर्जी (घ) पंडित मालवीय
11. नेहरू रिपोर्ट के अध्यक्ष कौन थे?
   (क) जवाहरलाल नेहरू (ख) मौलाना आजाद
   (ग) मोतीलाल नेहरू (घ) गांधी
12. महात्मा गांधी का जन्म किस तिथि, माह और वर्ष में हुआ था?
   (क) 2 अक्टूबर 1869 (ख) 2 अक्टूबर 1879
   (ग) 21 अक्टूबर 1869 (घ) 22 अक्टूबर 1869
13. महात्मा गांधी का निधन किस तिथि, माह और वर्ष को हुआ था?
   (क) 30 जनवरी 1948 (ख) 30 जनवरी 1947
   (ग) 2 अक्टूबर 1948 (घ) 2 अक्टूबर 1949
14. मोहनदास करमचंद गांधी का जन्म किस स्थान पर हुआ था?
   (क) काठियावाड़ (ख) पोरबंदर
   (ग) गुजरात (घ) साबरमती आश्रम
15. महात्मा गांधी किस जाति के थे?
   (क) ब्राह्मण (ख) क्षत्रिय (ग) वैश्य (घ) शूद्र
16. *लाइट ऑफ एशिया* के लेखक कौन हैं?
   (क) गांधी (ख) नेहरू
   (ग) शेक्सपियर (घ) आर्नल्ड
17. गांधीजी दक्षिण-अफ्रीका किस वर्ष गए थे?
   (क) 1893 (ख) 1894 (ग) 1895 (घ) 1905

18. गांधी दक्षिण-अफ्रीका से भारत कब लौटे?
(क) 1914 (ख) 1915 (ग) 1916 (घ) 1917

19. गांधी ने चंपारन में किस वर्ष सत्याग्रह किया था?
(क) 1916 (ख) 1915 (ग) 1917 (घ) 1919

20. चंपारन में किसकी खेती होती थी?
(क) जूट (ख) ईख (ग) चाय (घ) नील

21. खेड़ा-सत्याग्रह किस वर्ष हुआ था?
(क) 1918 (ख) 1916 (ग) 1917 (घ) 1920

22. प्रथम विश्वयुद्ध का प्रारंभ किस वर्ष में हुआ था?
(क) 1915 (ख) 1914 (ग) 1918 (घ) 1919

23. रॉलट ऐक्ट ने किस तिथि, माह और वर्ष में कानून का रूप लिया था?
(क) 18 मार्च 1918 (ख) 20 मार्च 1919
(ग) 18 मार्च 1919 (घ) 18 फरवरी 1919

24. जालियांवाला बाग हत्याकांड किस तिथि, माह और वर्ष में हुआ था?
(क) 13 अप्रैल 1918 (ख) 23 अप्रैल 1918
(ग) 30 अप्रैल 1919 (घ) 13 अप्रैल 1919

25. जालियांवाला बाग हत्याकांड में किसने गोली चलवायी थी?
(क) जनरल डायर (ख) कर्जन
(ग) लॉर्ड लिंटन (घ) सांडर्स

26. महात्मा गांधी ने असहयोग आंदोलन कब चलाया था?
(क) 1921 (ख) 1920 (ग) 1930 (घ) 1940

27. हिंदू महासभा की स्थापना किस वर्ष हुई?
(क) 1923 (ख) 1934 (ग) 1924 (घ) 1947

28. राष्ट्रीय स्वयं सेवक संघ के संस्थापक कौन थे?
(क) तिलक (ख) लाला लाजपतराय
(ग) दयानंद सरस्वती (घ) हेडगेवार

29. गांधी ने सविनय अवज्ञा आंदोलन किस वर्ष चलाया?
(क) 1930 (ख) 1931 (ग) 1920 (घ) 1929

30. कांग्रेस का लाहौर अधिवेशन किस वर्ष हुआ?
(क) 1927 (ख) 1929 (ग) 1928 (घ) 1939

31. साइमन कमीशन की नियुक्ति किस वर्ष हुई?
(क) 1925 (ख) 1926 (ग) 1927 (घ) 1928

32. पूना समझौता किस वर्ष हुआ?
(क) 1930 (ख) 1931 (ग) 1934 (घ) 1932

33. द्वितीय विश्वयुद्ध का प्रारंभ किस वर्ष में हुआ था?
(क) 1939 (ख) 1938 (ग) 1937 (घ) 1942

34. हरिजन पत्रिका के संपादक कौन थे?
(क) नेहरू (ख) गांधी
(ग) तिलक (घ) मौलाना आजाद

35. भारत छोड़ो आंदोलन किस वर्ष हुआ था?
(क) 1940 (ख) 1953
(ग) 1942 (घ) 1939

36. करो या मरो का नारा किसने दिया था?
(क) नेहरू (ख) जय प्रकाश
(ग) सुभाष (घ) गांधी

37. भारत कब स्वतंत्र हुआ?
(क) 15 अगस्त 1947 (ख) 14 अगस्त 1947
(ग) 15 अगस्त 1946 (घ) 15 अगस्त 1948

38. देशबंधु चित्तरंजन दास का जन्म किस तिथि, माह और वर्ष में हुआ था?
(क) 3 नवंबर 1870 (ख) 4 नवंबर 1870
(ग) 12 नवंबर 1871 (घ) 4 नवंबर 1871

39. चित्तरंजन दास का निधन किस तिथि, माह और वर्ष में हुआ था?
(क) 16 जून 1924 (ख) 26 जून 1925
(ग) 16 जून 1925 (घ) 6 जून 1925

40. 1922 में गया कांग्रेस के अध्यक्ष कौन बने थे?
(क) मोतीलाल नेहरू (ख) मौलाना आजाद
(ग) पटेल (घ) चित्तरंजन दास

41. स्वराज दल के संस्थापक कौन थे?
(क) चित्तरंजन दास (ख) नेहरू
(ग) पटेल (घ) मौलाना आजाद

42. देशबंधु की उपाधि किसको दी गई थी?
(क) मोतीलाल नेहरू (ख) चित्तरंजन दास
(ग) अरविंद घोष (घ) टैगोर

43. सरदार वल्लभभाई पटेल का जन्म किस तिथि, माह और वर्ष में हुआ था?
(क) 31 अक्टूबर 1885 (ख) 26 जनवरी 1875
(ग) 31 अक्टूबर 1875 (घ) 15 अगस्त 1874

44. सरदार पटेल का निधन किस तिथि, माह और वर्ष में हुआ था?
(क) 15 दिसंबर 1952 (ख) 25 दिसंबर 1950
(ग) 30 दिसंबर 1954 (घ) 15 दिसंबर 1950

45. भारत में लौहपुरुष किसको कहा जाता है?
(क) पटेल (ख) नेहरू
(ग) तिलक (घ) लाला लाजपतराय

46. भारत में देशी रियासतों की संख्या लगभग कितनी थी?
(क) 662 (ख) 562 (ग) 555 (घ) 500

47. निम्नलिखित में से किस भारतीय महिला को भारत-कोकिला कहकर सम्मानित किया गया?
(क) विजयलक्ष्मी पंडित (ख) उषा मेहता
(ग) सरोजिनी नायडू (घ) अरुणा आसफअली

48. सरोजिनी नायडू ने किस राज्य में गवर्नर के पद को सुशोभित किया?
(क) पश्चिम बंगाल (ख) बिहार
(ग) मध्य प्रदेश (घ) उत्तर प्रदेश

49. राजगोपालाचारी का जन्म किस तिथि, माह और वर्ष में हुआ था?
(क) 8 दिसंबर 1879 (ख) 9 दिसंबर 1879
(ग) 8 दिसंबर 1869 (घ) 7 जनवरी 1879

50. राजगोपालाचारी का निधन किस वर्ष में हुआ था?
(क) 1970 (ख) 1972 (ग) 1971 (घ) 1962

51. राजगोपालाचारी का जन्म किस स्थान पर हुआ था?
(क) कन्याकुमारी (ख) मदुरै
(ग) सलेम (घ) पोरबंदर

52. सी.आर. फॉर्मूला के जनक कौन थे?
    (क) नेहरू (ख) पटेल
    (ग) जिन्ना (घ) राजगोपालाचारी

53. 1937 में मद्रास में कौन मुख्यमंत्री थे?
    (क) राजगोपालाचारी (ख) सरोजिनी नायडू
    (ग) गोविंद वल्लभ पंत (घ) मौलाना आजाद

54. भारत के अंतिम गवर्नर-जनरल कौन थे?
    (क) लॉर्ड वैवेल (ख) राजगोपालाचारी
    (ग) माउंटबेटन (घ) क्रिप्स

55. स्वतंत्रपार्टी के संस्थापक सदस्य कौन थे?
    (क) नेहरू (ख) मौलाना आजाद
    (ग) राजगोपालाचारी (घ) लालबहादुर शास्त्री

56. राजेंद्र प्रसाद का जन्म किस तिथि, माह और वर्ष में हुआ था?
    (क) 3 दिसंबर 1885 (ख) 23 दिसंबर 1884
    (ग) 13 नवंबर 1884 (घ) 3 दिसंबर 1884

57. राजेंद्र प्रसाद का निधन किस तिथि, माह और वर्ष में हुआ था?
    (क) 28 फरवरी 1963 (ख) 28 फरवरी 1964
    (ग) 27 फरवरी 1963 (घ) 26 जनवरी 1963

58. राजेंद्र प्रसाद का जन्म किस स्थान पर हुआ था?
    (क) छपरा (ख) जीरादेई
    (ग) बलिया (घ) सीवान

59. बिहार में भूकंप किस वर्ष में आया था?
    (क) 1935 (ख) 1936
    (ग) 1934 (घ) 1930

60. संविधान सभा के स्थायी अध्यक्ष कौन थे?
    (क) सच्चिदानंद (ख) अम्बेडकर
    (ग) मौलाना आजाद (घ) राजेंद्र प्रसाद

61. स्वतंत्र भारत के प्रथम राष्ट्रपति कौन थे?
    (क) राजेंद्र प्रसाद (ख) जाकिर हुसैन
    (ग) वी.वी. गिरि (घ) राधाकृष्णन

62. सदाकत आश्रम कहाँ स्थित है?
(क) पटनासिटी (ख) पटना
(ग) राँची (घ) दानापुर

63. 'देश-रत्न' की उपाधि किसे दी गई थी?
(क) गांधी (ख) जाकिर हुसैन
(ग) राजेंद्र प्रसाद (घ) राधा कृष्णन

64. *Divided India* के रचयिता कौन थे?
(क) नेहरू (ख) गांधी
(ग) मौलाना आजाद (घ) राजेंद्र प्रसाद

65. मौलाना आजाद का जन्म किस तिथि, माह और वर्ष में हुआ था?
(क) 11 नवंबर 1888 (ख) 12 नवंबर 1888
(ग) 11 नवंबर 1889 (घ) 21 नवंबर 1888

66. मौलाना आजाद का निधन किस तिथि, माह और वर्ष में हुआ था?
(क) 22 फरवरी 1959 (ख) 22 फरवरी 1958
(ग) 22 जनवरी 1958 (घ) 26 फरवरी 1958

67. मौलाना आजाद का जन्म कहाँ हुआ था?
(क) मदीना (ख) पेशावर
(ग) मक्का (घ) कलकत्ता

68. मौलाना आजाद, मक्का से आकर कहाँ बस गए थे?
(क) दिल्ली (ख) मद्रास
(ग) बंबई (घ) कलकत्ता

69. *अलहिलाल पत्रिका* किसने निकाली थी?
(क) मौलाना आजाद (ख) मोहम्मद अली
(ग) जिन्ना (घ) जाकिर हुसैन

70. भारत के प्रथम शिक्षामंत्री कौन थे?
(क) जाकिर हुसैन (ख) मौलाना आजाद
(ग) लालबहादुर शास्त्री (घ) राधाकृष्णन

71. *India Wins Freedom* के लेखक कौन हैं?
(क) नेहरू (ख) पटेल
(ग) मौलाना आजाद (घ) गांधी

72. 'तरजुमने कुरान' के टीकाकार कौन हैं?
(क) जाकिर हुसैन (ख) जिन्ना
(ग) अब्दुल गफ्फार खाँ (घ) मौलाना आजाद

73. जवाहरलाल नेहरू का जन्म किस तिथि, माह और वर्ष में हुआ था?
(क) 14 नवंबर 1889 (ख) 14 नवंबर 1884
(ग) 14 नवंबर 1888 (घ) 19 नवंबर 1889

74. नेहरू का निधन किस तिथि, माह और वर्ष में हुआ था?
(क) 27 मई 1963 (ख) 27 मई 1964
(ग) 20 मई 1964 (घ) 27 मई 1965

75. जवाहरलाल नेहरू का जन्म कहाँ हुआ था?
(क) वाराणसी (ख) लखनऊ
(ग) इलाहाबाद (घ) कानपुर

76. जवाहरलाल नेहरू ने मैट्रिकुलेशन किस स्कूल से किया था?
(क) हरिशचंद्र स्कूल, वाराणसी
(ख) पब्लिक स्कूल, इलाहाबाद
(ग) पब्लिक स्कूल, दिल्ली
(घ) पब्लिक स्कूल हैरो, इंग्लैंड

77. नेहरू ने किस विश्वविद्यालय से बी.सी. की डिग्री प्राप्त की?
(क) कैम्ब्रिज विश्वविद्यालय
(ख) दिल्ली विश्वविद्यालय
(ग) ऑक्सफोर्ड विश्वविद्यालय
(घ) हार्वर्ड विश्वविद्यालय

78. नेहरू ने किस वर्ष बैरिस्टरी पास किया था?
(क) 1911 (ख) 1912 (ग) 1913 (घ) 1914

79. कांग्रेस लाहौर अधिवेशन, 1929 के अध्यक्ष कौन थे?
(क) मोतीलाल नेहरू (ख) सुभाषचंद्र बोस
(ग) जवाहरलाल नेहरू (घ) राजेंद्र प्रसाद

80. *Glimpses of World History* के लेखक कौन हैं?
(क) गांधी (ख) मोतीलाल नेहरू
(ग) राधाकृष्णन (घ) जवाहरलाल नेहरू

81. *The Discovery of India* के लेखक कौन हैं?
(क) जवाहरलाल नेहरू (ख) मोतीलाल नेहरू
(ग) पटेल (घ) मौलाना आजाद

82. *Letters from a Father to his Daughter* के लेखक कौन हैं?
(क) गांधी (ख) जवाहरलाल नेहरू
(ग) पटेल (घ) विजयलक्ष्मी पंडित

83. भारत के प्रथम प्रधानमंत्री कौन थे?
(क) मोरारजी देसाई (ख) लालबहादुर शास्त्री
(ग) जवाहरलाल नेहरू (घ) गुलजारीलाल नंदा

84. खाँ अब्दुल गफ्फार खाँ का जन्म किस वर्ष में हुआ था?
(क) 1891 (ख) 1892 (ग) 1882 (घ) 1890

85. पेशावर जिला के उत्मनजाई ग्राम में किस नेता का जन्म 1890 में हुआ था?
(क) खाँ अब्दुल गफ्फार खाँ
(ख) मौलाना आजाद
(ग) जिन्ना
(घ) सर सैयद अहमद

86. पठानों में खुदाई खितमतगार, आंदोलन किसने चलाया था?
(क) जिन्ना (ख) बादशाह खाँ
(ग) मौलाना आजाद (घ) लियाकत मिचां

87. पाकिस्तान में पख्तूनिस्तान आंदोलन के संचालक कौन थे?
(क) जिन्ना (ख) अयूब खाँ
(ग) अब्दुल गफ्फार खाँ (घ) मौलाना आजाद

88. भारत सरकार ने 14 अगस्त 1987 को भारत रत्न की उपाधि किसको प्रदान की थी?
(क) अयूब खाँ (ख) जिन्ना
(ग) भुट्टो (घ) अब्दुल गफ्फार खाँ

89. सीमांत गांधी का निधन किस तिथि, माह और वर्ष में हुआ था?
(क) 20 जनवरी 1988 (ख) 20 जनवरी 1980
(ग) 20 जनवरी 1989 (घ) 26 जनवरी 1988

90. सुभाषचंद्र बोस का जन्म किस तिथि, माह और वर्ष में हुआ था?
(क) 26 जनवरी 1897 (ख) 23 जनवरी 1897
(ग) 15 अगस्त 1899 (घ) 26 जनवरी 1898

91. सुभाषचंद्र बोस का निधन, वायु दुर्घटना में किस वर्ष हुआ था?
(क) 1944 (ख) 1946 (ग) 1945 (घ) 1947

92. इंग्लैंड में ICS की परीक्षा किसने पास की थी?
(क) नेहरू (ख) पटेल (ग) गांधी (घ) सुभाष

93. सुभाषचंद्र बोस बंगाल के किस नेता से अधिक प्रभावित हुए थे?
(क) चित्तरंजनदास (ख) टैगोर
(ग) अरविंद घोष (घ) विवेकानंद

94. 'Independent League' की स्थापना किसने की थी?
(क) चित्तरंजनदास (ख) सुभाषचंद्र बोस
(ग) जिन्ना (घ) मोतीलाल नेहरू

95. Forward Bloc की स्थापना किसने की थी?
(क) चित्तरंजनदास (ख) अरविंद घोष
(ग) सुभाषचंद्र बोस (घ) रासबिहारी बोस

96. 1914 में जापान में आजाद हिंद फौज का संगठन किसने किया था?
(क) सुभाषचंद्र बोस (ख) अरविंद घोष
(ग) चित्तरंजन दास (घ) रासबिहारी बोस

97. 'आजाद हिंद फौज' का नेतृत्व किसने संभाला था?
(क) सुभाषचंद्र बोस (ख) शाहनवाज
(ग) सहगल (घ) ढिल्लन

98. लालबहादुर शास्त्री का जन्म किस तिथि, माह और वर्ष में हुआ था?
(क) 26 अक्टूबर 1904 (ख) 2 अक्टूबर 1904
(ग) 21 अक्टूबर 1905 (घ) 20 अक्टूबर 1906

99. लालबहादुर शास्त्री का निधन किस तिथि, माह और वर्ष में हुआ था?
(क) 11 जनवरी 1967 (ख) 26 जनवरी 1965
(ग) 11 जनवरी 1966 (घ) 15 अगस्त 1966

100. लालबहादुर शास्त्री भारत के प्रधानमंत्री किस तिथि, माह और वर्ष में बने थे?

(क) 9 जून 1965 (ख) 19 जून 1964
(ग) 9 जून 1963 (घ) 9 जून 1964

101. जय जवान जय किसान का नारा किसने दिया था?
(क) लालबहादुर शास्त्री (ख) गांधी
(ग) नेहरू (घ) सुभाषचंद्र बोस

102. 'ताशकंद समझौता' किस देश में हुआ था?
(क) जर्मनी (ख) रूस
(ग) हालैंड (घ) स्विट्जरलैंड

103. 'ताशकंद समझौता' पर हस्ताक्षर किस तिथि, माह और वर्ष में किया गया था?
(क) 9 जनवरी 1966 (ख) 10 जनवरी 1967
(ग) 10 जनवरी 1966 (घ) 26 जनवरी 1966

104. इंदिरा गांधी का जन्म किस तिथि, माह और वर्ष को हुआ था?
(क) 19 नवंबर 1918 (ख) 18 नवंबर 1918
(ग) 9 नवंबर 1917 (घ) 19 नवंबर 1917

105. इंदिरा गांधी का निधन किस तिथि, माह और वर्ष में हुआ था?
(क) 31 अक्टूबर 1984 (ख) 31 अक्टूबर 1983
(ग) 30 अक्टूबर 1984 (घ) 26 जनवरी 1984

106. इंदिरा गांधी का जन्म कहाँ हुआ था?
(क) दिल्ली (ख) इलाहाबाद
(ग) इंग्लैंड (घ) स्विट्जरलैंड

107. इंदिरा गांधी भारत की प्रधानमंत्री किस तिथि, माह और वर्ष में बनी?
(क) 24 जनवरी 1967 (ख) 26 जनवरी 1966
(ग) 24 जनवरी 1966 (घ) 15 अगस्त 1975

108. इंदिरा गांधी ने भारत में आंतरिक आपातकालीन की घोषणा किस तिथि, माह और वर्ष में की थी?
(क) 25 जून 1976 (ख) 25 जून 1974
(ग) 26 जून 1977 (घ) 25 जून 1975

109. इंदिरा गांधी का अंतिम भाषण उड़ीसा में किस तिथि, माह और वर्ष में हुआ था?
(क) 30 अक्टूबर 1984 (ख) 20 अक्टूबर 1985
(ग) 26 जनवरी 1984 (घ) 15 अगस्त 1984

उत्तर

(Answers)

1. (क) 2. (ख) 3. (ग) 4. (घ) 5. (क) 6. (ख) 7. (ग) 8. (घ) 9. (क) 10. (ख) 11. (ग) 12. (घ) 13. (क) 14. (ख) 15. (ग) 16. (घ) 17. (क) 18. (ख) 19. (ग) 20. (घ) 21. (क) 22. (ख) 23. (ग) 24. (घ) 25. (क) 26. (ख) 27. (ग) 28. (घ) 29. (क) 30. (ख) 31. (ग) 32. (घ) 33. (क) 34. (ख) 35. (ग) 36. (घ) 37. (क) 38. (ख) 39. (ग) 40. (घ) 41. (क) 42. (ख) 43. (ग) 44. (घ) 45. (क) 46. (ख) 47. (ग) 48. (घ) 49. (क) 50. (ख) 51. (ग) 52. (घ) 53. (क) 54. (ख) 55. (ग) 56. (घ) 57. (क) 58. (ख) 59. (ग) 60. (घ) 61. (क) 62. (ख) 63. (ग) 64. (घ) 65. (क) 66. (ख) 67. (ग) 68. (घ) 69. (क) 70. (ख) 71. (ग) 72. (घ) 73. (क) 74. (ख) 75. (ग) 76. (घ) 77. (क) 78. (ख) 79. (ग) 80. (घ) 81. (क) 82. (ख) 83. (ग) 84. (घ) 85. (क) 86. (ख) 87. (ग) 88. (घ) 89. (क) 90. (ख) 91. (ग) 92. (घ) 93. (क) 94. (ख) 95. (ग) 96. (घ) 97. (क) 98. (ख) 99. (ग) 100. (घ) 101. (क) 102. (ख) 103. (ग) 104. (घ) 105. (क) 106. (ख) 107. (ग) 108. (घ) 109. (क)